AF753042

Internal Investigations

Schriften zum Strafrecht und Strafprozeßrecht

Herausgegeben von Manfred Maiwald
und Carsten Momsen

Band 112

PETER LANG
Frankfurt am Main · Berlin · Bern · Bruxelles · New York · Oxford · Wien

Frederike Wewerka

Internal Investigations

Private Ermittlungen im Spannungsfeld von strafprozessualen Grundsätzen und Anforderungen eines globalisierten Wirtschaftsstrafverfahrens

Eine Problemanalyse unter besonderer Berücksichtigung des Falles Siemens

PETER LANG
Internationaler Verlag der Wissenschaften

Bibliografische Information der Deutschen Nationalbibliothek
Die Deutsche Nationalbibliothek verzeichnet diese Publikation in der Deutschen Nationalbibliografie; detaillierte bibliografische Daten sind im Internet über http://dnb.d-nb.de abrufbar.

Zugl.: Bucerius Law School, Diss., 2012

H 360
ISSN 0938-6181
ISBN 978-3-631-63746-3
© Peter Lang GmbH
Internationaler Verlag der Wissenschaften
Frankfurt am Main 2012
Alle Rechte vorbehalten.

Das Werk einschließlich aller seiner Teile ist urheberrechtlich geschützt. Jede Verwertung außerhalb der engen Grenzen des Urheberrechtsgesetzes ist ohne Zustimmung des Verlages unzulässig und strafbar. Das gilt insbesondere für Vervielfältigungen, Übersetzungen, Mikroverfilmungen und die Einspeicherung und Verarbeitung in elektronischen Systemen.

www.peterlang.de

Meinen Eltern

Vorwort

Die vorliegende Arbeit wurde im Frühjahrstrimester 2012 von der Bucerius Law School, Hochschule für Rechtswissenschaft in Hamburg, als Dissertation angenommen. Die mündliche Prüfung fand am 16. Mai 2012 statt. Rechtsprechung und Literatur befinden sich auf dem Stand März 2011. Einige aktuellere Beiträge konnten vor Drucklegung noch berücksichtigt werden.

Mein herzlicher Dank gilt zunächst meinem Doktorvater, Herrn Professor Dr. Frank Saliger, der mir von Anbeginn meines Promotionsvorhabens das nötige Vertrauen entgegengebracht und mir bei der Ausgestaltung des Themas freie Hand gelassen hat. Herrn Professor Dr. Thomas Rönnau möchte ich für die Erstellung des Zweitgutachtens sowie für sein stetes Interesse an dem Thema der Arbeit herzlich danken. Herrn Professor Dr. Manfred Maiwald sowie Herrn Professor Dr. Carsten Momsen danke ich sehr für die Aufnahme der Arbeit in diese Schriftenreihe.

Ermöglicht wurde die Erstellung der Arbeit nicht zuletzt durch die Studienstiftung des deutschen Volkes, die mir ein großzügiges Promotionsstipendium gewährt hat. Für diese Unterstützung möchte ich mich an dieser Stelle noch einmal ganz besonders bedanken.

Meinem Studienkollegen und Freund Dr. Benedikt Vogt danke ich für die unzähligen Kaffeepausen, die den Promotionsalltag aufgelockert haben, sowie für seine Hilfe beim abschließenden Korrekturlesen der Arbeit.

Von Herzen danken möchte ich schließlich meinem Freund Dr. Peter Volkmann für seine grenzenlose Unterstützung, auch bei der Erstellung dieser Arbeit.

Gewidmet ist diese Arbeit meinen Eltern in Liebe und Dankbarkeit.

Hamburg, im Mai 2012 — Frederike Wewerka

Inhaltsverzeichnis

Kapitel 1 Einleitung

Der umfassende Einsatz von Privatpersonen zur systematischen Aufklärung von Verdachtsmomenten innerhalb eines Unternehmens ist eine im US-amerikanischen Rechtskreis seit Jahrzehnten erprobte und anerkannte Methode der Sachverhaltsaufklärung. In Deutschland war diese Form unternehmensinterner Privatermittlungen lange Zeit unbekannt. Dies änderte sich erst mit der spektakulären Korruptionsaffäre bei der Siemens AG.

Unmittelbar nach Bekanntwerden der Korruptionsvorwürfe gegen die Siemens AG und einer ersten Durchsuchung der Geschäftsräume durch die Münchener Staatsanwaltschaft entschied sich das Unternehmen für die Einleitung einer umfassenden unternehmensinternen Untersuchung und beauftragte eine US-amerikanische Anwaltskanzlei mit der Durchführung der entsprechenden Ermittlungen. Der Ermittlungsauftrag war dabei von vornherein nicht auf die Unternehmenszentrale in München begrenzt, sondern sollte sich auch auf verschiedene Tochtergesellschaften und Unternehmenssparten außerhalb Deutschlands erstrecken. Für die Siemens AG war dieser Entschluss insbesondere im Hinblick auf die durch eine frühere Registrierung an der New Yorker Stock Exchange entstandene erhöhte Rechtfertigungslast gegenüber der US-amerikanischen Börsen- und Wertpapieraufsicht, der Securities and Exchange Commission, von entscheidender Bedeutung. Aber auch gegenüber der Münchener Staatsanwaltschaft wollte das Unternehmen auf diesem Weg seine Kooperationsbereitschaft demonstrieren, um im Gegenzug ein Entgegenkommen bei der Sanktionsfindung zu erlangen.

Die mit der Durchführung derartiger Privatermittlungen verbundenen Probleme, Anforderungen und Haftungsrisiken hat der Fall Siemens in der Folge beispielhaft aufgezeigt und den Themenkomplex dieser sog. *Internal Investigations* damit auch in Deutschland in den Fokus der wissenschaftlichen juristischen Diskussion gerückt.

Doch nicht nur für börsennotierte Großunternehmen und weltweit operierende Konzerne wie die Siemens AG ist diese neue Form privater Straftataufklärung von Bedeutung. Angesichts der Tatsache, dass die deutschen Strafverfolgungsbehörden ihre Ermittlungsaufgabe zunehmend privatisieren, indem Unternehmen bestimmte Anzeige- und Aufklärungspflichten auferlegt, Privatpersonen gezielt mit Aufklärungsmaßnahmen beauftragt werden oder im Nachhinein zur Einleitung eines Strafverfahrens auf privat erlangte Erkenntnisse zurückgegriffen wird, stellt sich auch für mittelständische deutsche Unternehmen zunehmend die Frage, ob und in welcher Form bei einem Verdacht auf Gesetzesverstöße innerhalb des Unternehmens die Durchführung interner Ermittlungen geboten sein kann. Dabei ist von besonderer Bedeutung, dass eine Kooperation mit den Ermittlungsbehörden auch nach deutschem Recht erhebliche Vorteile für das Unternehmen, insbesondere eine Minderung der zu erwartenden Sanktionen, mit sich bringen kann, so dass Internal Investigations vermehrt als Instrument der Krisenbewältigung eingesetzt werden.

Die Durchführung von Internal Investigations wirft jedoch stets eine Vielzahl praktischer, haftungsrelevanter sowie straf(verfahrens)rechtlicher Fragen auf. Insbesondere für die betroffenen Mitarbeiter sind unternehmensinterne Ermittlungen mit einem hohen Risiko verbunden, müssen sie doch befürchten, dass im Verlauf der Ermittlungen eigenes Fehlverhalten aufgedeckt und mit zivil-, arbeits- oder strafrechtlichen Konsequenzen geahndet wird. Aus Sicht der Unternehmensleitung ist vor allem der Erfolg der unternehmensinternen Untersuchung von entscheidender Bedeutung, so dass deren reibungsloser Ablauf gewährleistet werden muss. Für das betroffene Unternehmen ist es daher unverzichtbar, sich frühzeitig mit den formellen Anforderungen, den rechtlichen Rahmenbedingungen sowie den Grenzen derartiger Ermittlungen auseinanderzusetzen. Die bestehenden rechtsstaatlichen Gewährleistungen, namentlich die strafprozessualen Verfahrensrechte der Mitarbeiter, dürfen durch ein „Outsourcing" der hoheitlichen Ermittlungsaufgabe auf private Ermittler nicht umgangen werden. Andernfalls droht nicht nur weitere negative Presseberichterstattung, die dem Unternehmen bereits für sich genommen erheblichen Schaden zufügen kann, sondern auch der Erfolg der unternehmensinternen Untersuchung wird in Frage gestellt, wenn die im Rahmen der Ermittlung gewonnenen Beweise aufgrund von Verfahrensfehlern in späteren Zivilrechts-, Arbeitsrechts- oder Strafprozessen gegen die verantwortlichen Mitarbeiter nicht verwertet werden können.

Die aufgezeigten Probleme, die diese neuartige Form privater Straftataufklärung mit sich bringt, sind in der bisherigen Diskussion nicht hinreichend beleuchtet, geschweige denn einer zufriedenstellenden Lösung zugeführt worden. Da der Fall Siemens kein Einzelfall bleiben, sondern der Einsatz von externen Ermittlern zur Aufklärung unternehmensinterner Gesetzesverstöße aufgrund der erkennbaren Privatisierungstendenzen weiter zunehmen wird, erscheint es angezeigt, sich mit dem Phänomen der Internal Investigations sowie den damit einhergehenden juristischen Fragestellungen differenziert und umfassend auseinanderzusetzen.

Im Verlauf dieser Arbeit soll zunächst die Bedeutung derartiger Ermittlungen für deutsche Unternehmen aufgezeigt werden, wobei zwischen rein nationalen Sachverhalten und Sachverhalten mit grenzüberschreitendem Bezug unterschieden wird (Kapitel 2). Sodann wird der US-amerikanische Hintergrund von Internal Investigations einschließlich der anzuwendenden US-amerikanischen

Rechtsvorschriften näher beleuchtet und der typische Ablauf einer Internal Investigation am Beispiel des Falles Siemens dargestellt (Kapitel 3). Anschließend wird zu der spezifischen Problematik von Internal Investigations Stellung genommen, wobei zunächst die Frage der grundsätzlichen Zulässigkeit geklärt und sodann die rechtlichen Schranken aufgezeigt werden, denen derartige unternehmensinterne Ermittlungen durch Privatpersonen nach geltendem Recht unterliegen (Kapitel 4). Nach der Darstellung der generellen rechtlichen Rahmenbedingungen unternehmensinterner Privatermittlungen widmet sich die Arbeit der Frage, welche juristischen Probleme grenzüberschreitende interne Ermittlungen mit Bezug zum US-amerikanischen Kapitalmarktrecht aufweisen. Sodann wird untersucht, ob die Ermittlungen, wie sie sich im Fall Siemens konkret dargestellt haben, insgesamt mit dem deutschen Recht vereinbar waren oder vielmehr gegen geltende Rechtsvorschriften verstoßen wurde. Daran anknüpfend wird diskutiert, welche Folgen ein etwaiger Rechtsverstoß nach sich ziehen kann (Kapitel 5). Schließlich werden in einem letzten Kapitel – mit Blick auf zu erwartende weitere Anwendungsbeispiele für Internal Investigations – losgelöst vom Fall Siemens die verschiedenen in Literatur und Rechtsprechung zu der Problematik von Internal Investigations vertretenen Lösungsansätze vorgestellt und ihre Vor- und Nachteile herausgearbeitet (Kapitel 6).

Kapitel 2 Begriff und Bedeutung von Internal Investigations

I. Begriffsdefinition

Ein und derselbe Sachverhalt kann vielfach Gegenstand von verschiedensten Untersuchungen und Aufklärungsmaßnahmen sein. Daher gilt es zunächst zu klären, welche Form von Ermittlungsmaßnahmen von dem Begriff Internal Investigations umfasst wird.

Eine Legaldefinition des Begriffs „Internal Investigations" besteht weder in den Vereinigten Staaten von Amerika (USA) noch in der Bundesrepublik Deutschland (Deutschland).[1] Bei unbefangenem Begriffsverständnis lässt sich unter diesen Begriff daher zunächst jegliche Form der unternehmensinternen Sachverhaltsaufklärung subsumieren, die nicht durch staatliche Stellen veranlasst und durchgeführt wird. Insofern ist die Bezeichnung als *Internal* Investigations im Sinne einer Abgrenzung gegenüber der Ermittlungstätigkeit staatlicher Stellen zu verstehen.[2] Es lässt sich damit festhalten, dass es sich bei dem Phänomen der Internal Investigations um eine Form privater Sachverhaltsaufklärung handelt.

Private Ermittlungstätigkeit kann aber viele verschiedene Formen annehmen. Neben privaten Recherchen oder Erkundigungen des Unternehmens und seiner Betriebsangehörigen werden auch die auf die Aufklärung von Straftaten gerichteten Ermittlungen durch Rechtsanwälte in ihrer Funktion als Beistand des Unternehmens oder Untersuchungen durch vom Unternehmen beauftragte Detektive erfasst.[3] Private Sachverhaltsaufklärung reicht damit von bloßen Recherchen über das Ausfindigmachen und die Befragung von Zeugen bis hin zum zielgerichteten Suchen nach schriftlichem Beweismaterial.[4] Sofern im US-rechtlichen Kontext der Begriff Internal Investigations verwendet wird, ist jedoch stets ein ganz spezifischer Typus von internen Ermittlungen gemeint.[5] Zur Abgrenzung von anderen Formen der privaten Sachverhaltsaufklärung soll der Begriff Internal Investigations im Folgenden im Sinne des US-amerikanischen Begriffsverständnisses verwendet werden.

---

1 *Behrens*, RIW 2009, 22 m. Fn. 2.

2 *Behrens*, RIW 2009, 22 m. Fn. 1; *Wagner*, in Wabnitz/Janovsky, Hdb WiStra, Kap. 28 Rn. 15.

3 *Krey*, Problematik privater Ermittlungen, S. 21.

4 *Baumann*, Ermittlungen des Verteidigers, S. 25.

5 *Behrens*, RIW 2009, 22; *Wagner*, CCZ 2009, 8; *Mengel/Ullrich*, NZA 2006, 240 (240 f.).

Im US-amerikanischen Kontext bezeichnet der Begriff Internal Investigations solche unternehmensinternen Untersuchungen,

- die bei Verdacht eines Verstoßes gegen bestehende Gesetze oder sonstige Regeln von dem betroffenen Unternehmen selbst in Auftrag gegeben werden,
- die auf die Aufklärung dieser möglichen innerbetrieblichen Gesetzesverstöße gerichtet sind,
- die typischerweise von externen Beratern, meistens spezialisierten Rechtsanwälten, durchgeführt werden und
- die zwar grundsätzlich von etwaigen parallel verlaufenden Ermittlungsmaßnahmen staatlicher Behörden unabhängig sind, typischerweise aber gleichwohl in Zusammenhang mit (drohenden) staatlichen Verfahren wegen der genannten Regelverletzungen stehen.[6]

Im Unterschied zu normalen Betriebsprüfungen sind Internal Investigations in der Regel anlassbezogen, d.h. ihnen liegt ein Verdacht hinsichtlich eines Verstoßes gegen bestehende Gesetze oder sonstige Regeln zugrunde.[7] Dennoch beschränken sich die Ermittlungen, sind sie erst einmal in Gang gesetzt worden, nicht nur auf die Aufklärung des konkreten Verdachtsmoments und damit auf eine Tat oder einen Tatkomplex im strafprozessualen Sinne der §§ 155, 264 StPO, sondern haben vielmehr eine unternehmens- oder sogar konzernweite Sichtung des Daten- und Urkundenbestandes und damit das gezielte Fahnden nach möglichen weiteren strafrechtlich relevanten Verfehlungen zum Gegenstand.[8] Damit gehen Internal Investigations auch in ihrem Umfang über den einer normalen Betriebsprüfung weit hinaus.

Primäres Ziel von Internal Investigations ist die Aufklärung möglicher unternehmensinterner Gesetzesverstöße, vor allem in Hinblick auf Korruptionsdelikte. Im Zuge der internen Ermittlungen soll Beweismaterial gesichtet und gesammelt werden, um die an möglichen Gesetzesverstößen beteiligten Organmit-

---

6 *Wastl*, NWB 2010, 2221 (2222); *Behrens*, RIW 2009, 22; *Breßler/Kuhnke/Schulz/Stein*, NZA 2009, 721; *Mengel/Ullrich*, NZA 2006, 240 (240 f.); *Wagner,* in: *Wabnitz/Janovsky*, Hdb WiStra, Kap. 28 Rn. 15.

7 *Brückner*, BB-Special 4/2010, 21 (22); *Knierim*, StV 2009, 324 (324 f.). So auch im Fall Siemens.

8 *Jahn*, StV 2009, 41 (42); *Wagner*, CCZ 2009, 8; *Wastl/Litzka/Pusch*, NStZ 2009, 68; *Wastl*, Kreditwesen 2008, 604 (607). Siehe ferner das Statement des Vorsitzenden des Prüfungsausschusses *Cromme* auf der Siemens-Hauptversammlung vom 25.01.2007, abrufbar unter http://www.siemens.com/press/pool/de/events/hauptversammlung/sie_hv_speech_cromme_1430860.pdf, S. 3. (Diese und alle im Folgenden angegebenen Webseiten wurden zuletzt am 15.02.2011 abgerufen).

glieder und Mitarbeiter ausfindig zu machen und diese zur Verantwortung ziehen zu können. Damit dienen Internal Investigations nicht zuletzt auch der Vorbereitung von arbeitsrechtlichen Maßnahmen, wie z.B. Abmahnung oder Kündigung, oder der Geltendmachung von Schadensersatzansprüchen gegenüber den als Täter identifizierten Personen.[9]

Darüber hinaus haben Internal Investigations oftmals eine „Selbstreinigung" des Unternehmens zum Ziel oder dienen der Bestandsaufnahme bei Einführung eines unternehmensweiten Compliance-Systems.[10] Nicht selten ziehen die bei Internal Investigations offen gelegten unternehmensinternen Missstände auch die Notwendigkeit einer (strafbefreienden) Selbstanzeige gegenüber den Kartell- oder Finanzbehörden nach sich.[11] Für Emittenten von Wertpapieren, die den US-amerikanischen Kapitalmarktvorschriften unterliegen, kann unter Umständen sogar eine Pflicht zur Durchführung von Internal Investigations bestehen, wenn das Unternehmen andernfalls seiner Pflicht zur Unternehmensberichterstattung an die US-amerikanische Börsenaufsicht nicht nachkommen kann.[12]

Zentrale Erkenntnisquellen der internen Ermittlungen sind neben der umfassenden Sichtung von Dokumenten vor allem Befragungen der Mitarbeiter in sog. *Interviews*, die in ihrem Ablauf einer strafprozessualen Vernehmung sehr ähnlich sind.[13] Da die internen Aufklärungsmaßnahmen im Rahmen der Internal Investigations allerdings durch Privatpersonen durchgeführt werden, unterliegen diese in der Regel keiner Bindung an eine bestimmte Verfahrensordnung, sondern sind im Gegenteil unabhängig von einem bestimmten Beweismittelkanon oder einer bestimmten förmlichen Herangehensweise und orientieren sich allein an einer möglichst effektiven und umfassenden Beweismittelbeschaffung.[14]

---

9 *Brückner*, BB-Special 4/2010, 21 (24); *Breßler/Kuhnke/Schulz/Stein*, NZA 2009, 721. Die Unterlassung einer solchen Klärung kann einen Untreuevorwurf gegenüber dem Vorstand und die Haftung des Aufsichtsrats begründen, BGH NJW 2002, 1585 (1587 f.); OLG Düsseldorf NZG 2008, 713 (713 f.) sowie *Lenckner/Perron*, in: S/S, StGB, § 266 Rn. 35a.

10 *Breßler/Kuhnke/Schulz/Stein*, NZA 2009, 721; *v. Hehn/Hartung*, DB 2006, 1909 (1910).

11 *Breßler/Kuhnke/Schulz/Stein*, NZA 2009, 721. Vgl. auch *Brückner*, BB-Special 4/2010, 21 (24).

12 Sec. 10 A Securities Exchange Act. Siehe dazu noch ausführlicher unter Kapitel 2 III.2.b) sowie *Knierim*, StV 2009, 324 (327) und *Wagner*, CCZ 2009, 8 (9 f.).

13 *Breßler/Kuhnke/Schulz/Stein*, NZA 2009, 721; *Dann/Schmidt*, NJW 2009, 1851 (1852); *v. Rosen*, BB 2009, 230 (231); *v. Hehn/Hartung*, DB 2006, 1909 (1914).

14 *Meyer-Goßner*, StPO, § 136a Rn. 2 f.; *Diemer*, in: KK-StPO, § 136a Rn. 3; *Rogall*, in: SK-StPO, § 136a Rn. 10; *Knierim*, StV 2009, 324 (328); *Wagner*, CCZ 2009, 8; *Cromme*, Statement auf der Siemens-Hauptversammlung am 25.01.2007, Fn. 8, S. 5.

II. Bedeutung von Internal Investigations in rein nationalen Sachverhalten

Eine rechtliche Pflicht zur Durchführung von Internal Investigations im Sinne des oben genannten Begriffsverständnisses besteht nach deutschem Recht grundsätzlich nicht.[15] Dennoch können deutsche Unternehmen – abhängig von ihrer Größe und rechtlichen Organisationsform – im Einzelfall zumindest faktisch dazu verpflichtet sein, einen bestimmten Sachverhalt aufzuklären.[16] Eine solche faktische Pflicht zur Sachverhaltsaufklärung kann sich insbesondere aus den allgemeinen Compliance-Anforderungen, wie sie zum Teil durch den Deutschen Corporate Governance Kodex (DCGK) statuiert werden, sowie aus verschiedenen spezialgesetzlichen Regelungen, insbesondere des Kapitalmarkt-, Aktien-, Kartell- und Vergaberechts ergeben.[17] Aber auch die in den letzten Jahren zunehmende Anwendung der §§ 130, 30 OWiG hat die Unternehmen dazu veranlasst, vermehrt eigene Sachverhaltsaufklärung zu betreiben.[18] Unabhängig davon kann die Durchführung von Internal Investigations im Einzelfall ein zweckmäßiges Instrument des Krisenmanagements darstellen.[19]

Diese verschiedenen rechtlichen Aspekte, die zu einem vermehrten Auftreten von Internal Investigations in deutschen Unternehmen geführt haben, sollen im Folgenden näher erläutert werden.

1. Corporate Governance/Corporate Compliance als Ausgangspunkt für interne Kontroll- und Aufklärungsmaßnahmen

Die Regelungen zu Corporate Governance bzw. Corporate Compliance haben zum Ziel, für eine gesetzmäßige Organisation des Unternehmens sowie der Unternehmensabläufe zu sorgen und dadurch den nach den Regeln der Technik und Sorgfalt vorhersehbaren Schaden vom Unternehmen, seinen Mitarbeitern sowie von Kunden und Gläubigern abzuhalten.[20]

---

15 *Behrens*, RIW 2009, 22 (29).

16 *Knierim*, StV 2009, 324 (326 f.).

17 *Knauer/Buhlmann*, AnwBl 2010, 387 (388); *Knierim*, StV 2009, 324 (326 ff.).

18 *Wastl*, NWB 2010, 2221 (2228); *Knierim*, StV 2009, 324 (326); *Pfordte*, in: Strafverteidigung im Rechtsstaat, S. 740 (742).

19 *Momsen*, ZIS 2011, 508 (511); *Theile*, StV 2011, 381 (382); *Behrens*, RIW 2009, 22 (29).

20 *Knierim*, StV 2009, 324 (326); *Schneider*, ZIP 2003, 645 (648). Vgl. auch *Klindt*, NJW 2006, 3399.

a) Corporate Governance versus Corporate Compliance – Begriffsbestimmung

Während der Begriff Corporate Governance in etwa „Unternehmensverfassung“ bedeutet und die Organisationsstrukturen eines Unternehmens beschreibt, steht der Begriff Compliance für die Einhaltung und Befolgung von gesetzlichen Geboten und regulatorischen Standards und verlangt damit nichts anderes, als dass sich Unternehmen und ihre Organe im Einklang mit geltendem Recht bewegen müssen.[21]

Beide Begriffe sind weitestgehend deckungsgleich und unterscheiden sich vor allem durch die Perspektive: Corporate Governance reflektiert die Sichtweise der „Regulierer“, die – motiviert durch spektakuläre Betrugs- und Bilanzfälschungsfälle (z.B. *FlowTex*[22], *Schneider*[23]) oder Fälle von als unangemessen empfundenen Vergütungen der Vorstands- und Aufsichtsratsmitglieder (Fall *Mannesmann*[24]) – durch die Einführung von freiwilligen Verhaltenskodizes, wie beispielsweise des DCGK, Gläubiger und Investoren schützen wollen.[25] Compliance hingegen umschreibt den Blickwinkel der betroffenen Unternehmen als den „Regulierten“, die unternehmensinterne Regelverstöße als Risiko für das Unternehmen begreifen und diesem durch vorbeugende Unternehmensorganisation zu begegnen suchen.[26]

Seit der Überarbeitung des DCGK vom 14.06.2007 wird der Begriff Compliance in Ziffer 4.1.3. DCGK wie folgt legaldefiniert:

> „Der Vorstand hat für die Einhaltung der gesetzlichen Bestimmungen und der unternehmensinternen Richtlinien zu sorgen und wirkt auf deren Beachtung durch die Konzernunternehmen hin (Compliance).“

---

21 *Hauschka*, in: Hauschka, Corporate Compliance, § 1 Rn. 1 f.; *Menzies*, Sarbanes-Oxley und Corporate Compliance, S. 2.

22 Für einen kurzen Überblick zum FlowTex-Skandal siehe das Hamburger Abendblatt vom 19.06.2004, http://www.abendblatt.de/politik/deutschland/article259532/Der-Flowtex-Skandal.html sowie den Artikel auf spiegel-online vom 27.10.2006, http://www.spiegel.de/wirtschaft/0,1518,444950,00.html.

23 Vgl. zu diesem Fall u.a. Financial Times Deutschland, Agenda: Das Modell Jürgen Schneider, Art. vom 09.04.2009.

24 Siehe hierzu BGH, Urt. vom 21.12.2005, NJW 2006, 522 m. Anm. *Rönnau*, NStZ 2006, 218 ff.

25 *Hauschka*, in: Hauschka, Corporate Compliance, § 1 Rn. 2 ff.; *Hopt*, in: Hommelhoff/Hopt/v. Werder, Hdb Corporate Governance, S. 32.

26 *Hauschka*, in: Hauschka, Corporate Compliance, § 1 Rn. 2 ff.; *Wehnert*, FS Müller, S. 731. Kritisch *Kort*, NZG 2008, 81: Diese Beschreibung sei „zum Verständnis…wenig hilfreich“.

b) Compliance als eine Form unternehmensinternen Risikomanagements

Compliance lässt sich folglich als unternehmensinternes Risikomanagement begreifen, das zum Ziel hat, die unternehmensinternen Risiken zu identifizieren, zu analysieren und zu steuern.[27] Als Risikomanagement und Risikocontrolling ist Compliance damit entsprechend § 76 AktG und Ziffer 4.1.4 DCGK auch ein Bestandteil einer an den Grundsätzen des Corporate Governance Kodex ausgerichteten Unternehmensverfassung und eine zentrale Aufgabe der Unternehmensleitung.[28] Die Leitungsorgane des Unternehmens haben dabei nicht nur entsprechende Maßnahmen zu treffen, um unternehmensinterne Risiken zu identifizieren und Regelverstöße zu vermeiden, sondern auch die Angemessenheit und Effektivität des Risikomanagements zu überwachen.[29]

Es gibt zahllose Beispiele für Compliance-Verstöße, die zu enormen Haftungsrisiken für das Unternehmen und seine Organe führen können. Alle denkbaren Compliance-Verstöße aufzuzählen, würde den Rahmen dieser Arbeit sprengen.[30] Zur Veranschaulichung, welche Haftungsrisiken Regelverstöße einzelner Mitarbeiter für das Unternehmen haben können, sollen lediglich zwei besonders drastische Beispiele herangezogen werden: Das erste Beispiel stammt aus dem Bereich des Kartellrechts. Hier kann ein einziger Verstoß gegen deutsches oder europäisches Kartellrecht mitunter Bußgelder in dreistelliger Millionenhöhe nach sich ziehen und dadurch das Unternehmen als Ganzes in seiner Existenz gefährden.[31] Aber auch die sich in letzter Zeit häufenden Korruptionsfälle – man denke nur an *Siemens* oder *MAN* – zeigen, welche immensen Auswirkungen Compliance-Verstöße haben können. Neben erheblichen Bußgeldern droht die Abschöpfung der erlangten Gewinne durch Verfall (§§ 73 ff. StGB bzw. § 29a OWiG) sowie gegebenenfalls der Ausschluss von der Vergabe öf-

---

27 *Hauschka*, in: Hauschka, Corporate Compliance, § 1 Rn. 4. Vgl. auch *Benz/Heißner/John*, in: Dölling, Hdb Korruptionsprävention, 2. Kap. Rn. 118 ff. und *v. Hehn/Hartung*, DB 2006, 1909 (1909 f.).

28 *Rieble*, Ritsumeikan Law Review 26 (2009), 191 (192); *Vetter*, in: Wecker/van Laak, Compliance, S. 37; *Menzies*, Sarbanes-Oxley und Corporate Compliance, S. 5; *Schneider*, ZIP 2003, 645 (647).

29 *Hauschka*, in: Hauschka, Corporate Compliance, § 1 Rn. 5; *Schneider*, ZIP 2003, 645 (647 f.).

30 Vgl. die umfangreiche Darstellung bei *Hauschka*, in: Hauschka, Corporate Compliance, § 1 Rn. 8 ff.

31 *Hauschka*, in: Hauschka, Corporate Compliance, § 1 Rn. 8; *Dreher*, ZWeR 2004, 75 (76); *Lampert*, BB 2002, 2237.

fentlicher und privater Aufträge.[32] Nicht zu unterschätzen sind auch die (Image-) Schäden, die dem betroffenen Unternehmen durch negative Berichterstattung in den Medien drohen.[33] Schließlich hat eine funktionierende Compliance-Organisation angesichts der zunehmenden Anzahl von Verfahren vor der US-amerikanischen Börsenaufsicht, der *Securities and Exchange Commission* (SEC), heute eine ganz grundlegende Bedeutung für die Entwicklung und den Bestand von Unternehmen.[34]

Compliance erfordert Maßnahmen, um das rechtmäßige Verhalten der Unternehmensmitarbeiter und Organmitglieder im Hinblick auf alle gesetzlichen Gebote und Verbote zu gewährleisten.[35] Welche Vorsorgemaßnahmen Unternehmen treffen und mit welcher Intensität sie deren Einhaltung überwachen müssen, um Compliance-Verstöße zu verhindern, kann nicht allgemeingültig beantwortet werden, sondern ist insbesondere abhängig von Branche und Größe des Unternehmens sowie dessen Kapitalmarktbezug.[36] Ein effektives Compliance-Programm sollte aber in jedem Fall Vorgaben für die Aufbau- und Ablauforganisation des Unternehmens, für die Ausgestaltung und fachgerechte Überwachung von Arbeitsprozessen sowie für die Einführung eines unternehmensinternen Kontroll- und Überwachungssystems enthalten.[37] Sind in dem Unternehmen bereits Unregelmäßigkeiten vorgekommen oder ist wegen besonderer Umstände mit Regelverstößen konkret zu rechnen, sind an die Compliance-Organisation entsprechend gesteigerte Anforderungen zu stellen.[38]

---

32 *Hauschka*, in: Hauschka, Corporate Compliance, § 1 Rn. 8; *Bachmann/Prüfer*, ZRP 2005, 109 (110).

33 Man denke nur an die Berichterstattung im Fall Siemens. Zum generellen Einfluss der Berichterstattung in den Medien auf Verlauf, Inhalt und Ergebnis des Strafverfahrens vgl. die Beilage „Medien und Strafjustiz“, StV 2005, 166 ff. Zu den generellen Auswirkungen von negativer Berichterstattung auf das Image eins Unternehmens im Zusammenhang mit unzureichenden Compliance-Strukturen siehe *Bürkle*, BB 2005, 565 (566).

34 *Göpfert/Merten/Siegrist*, NJW 2008, 1703. Zu diesem Aspekt noch ausführlich unter Kapitel 2 III.

35 *Bürkle*, BB 2005, 565; *Menzies*, Sarbanes-Oxley und Corporate Compliance, S. 2; *Schneider*, ZIP 2003, 645.

36 *Knierim*, StV 2009, 324 (326); *Mosiek*, wistra 2003, 370 (372); *Schneider*, ZIP 2003, 645 (646 f.).

37 *Knierim*, StV 2009, 324 (326). Vgl. auch *Klindt*, NJW 2006, 3399 (3400).

38 *Hauschka/Greeve*, BB 2007, 165 (167); *Schmid*, in: Müller-Gugenberger/Bieneck, Wistra, § 30 Rn. 121.

c) Rechtspflicht zur Compliance-Organisation?

Dass die Errichtung einer Compliance-Organisation wünschenswert und sinnvoll erscheint, sagt allerdings noch nichts darüber aus, ob deutsche Unternehmen auch rechtlich zur Einführung einer entsprechenden Organisationsstruktur verpflichtet sind.

aa) Rechtliche Vorgaben zur Corporate Compliance

Es existieren einige gesellschafts- und kapitalmarktrechtliche Regelungen, die im weiteren Sinne Vorgaben für eine unternehmensinterne Compliance-Organisation enthalten oder zumindest mittelbar auf die Errichtung einer entsprechenden Unternehmensorganisation hinwirken können.

Zu nennen ist hierbei zunächst § 91 Abs. 2 AktG, der dem Vorstand einer Aktiengesellschaft die Einrichtung eines geeigneten Überwachungssystems auferlegt, damit Entwicklungen, die den Fortbestand der Gesellschaft gefährden können, früh erkannt werden. Daneben erheben auch die für Finanz- bzw. Wertpapierdienstleistungsunternehmen geltenden § 25a Abs. 1 KWG und § 33 WpHG die Errichtung eines unternehmensinternen Überwachungssystems zu einer gesetzlich verankerten Organisationspflicht. Mit § 64a VAG gilt seit dem 01.01.2008 eine vergleichbare Vorschrift auch für Versicherungsunternehmen.[39]

Bereits vor Inkrafttreten des § 91 Abs. 2 AktG im Jahre 1999 war unbestritten, dass aus der in § 76 AktG normierten Leitungsaufgabe des Vorstands einer Aktiengesellschaft eine Pflicht zur Einrichtung eines Überwachungssystems resultiert.[40] Obschon eine entsprechende Pflicht im GmbHG nicht ausdrücklich normiert ist, ist auch dort allgemein anerkannt, dass die Einrichtung eines unternehmensinternen Überwachungssystems zu der Sorgfalt eines ordentlichen und gewissenhaften Geschäftsleiters gehört.[41] Selbst der Gesetzgeber ging insoweit davon aus, dass Risikosteuerungspflichten auch für Gesellschaften mit be-

---

39 Vgl. dazu *Dreher/Schaaf*, WM 2008, 1765. Konkretisiert werden diese aufsichtsrechtlichen Organisationspflichten durch die sog. „MaRisk" (Rundschreiben der BaFin zur Ausgestaltung des Risikomanagements bei deutschen Finanzinstituten und Versicherungen) sowie die sog. „MaComp" (Rundschreiben der BaFin bzgl. der Mindestanforderungen an Compliance und die weiteren Verhaltens-, Organisations- und Transparenzpflichten nach §§ 31 ff. WpHG).

40 *Hauschka*, in: Hauschka, Corporate Compliance, § 1 Rn. 5 Fn. 7; *Hüffer*, AktG, § 76 Rn. 9a.

41 BGHZ 152, 280 (283); *Altmeppen*, in: Roth/Altmeppen, GmbHG, § 41 Rn. 15; *Kleindiek*, in: Lutter/Hommelhoff, GmbHG, § 43 Rn. 22; *Schneider*, in: Scholz, GmbHG, § 43 Rn. 96.

schränkter Haftung gelten und § 91 Abs. 2 AktG „Ausstrahlungswirkung auf den Pflichtenrahmen der Geschäftsführer auch anderer Gesellschaftsformen" haben soll.[42]

Eine mittelbare Pflicht zur Errichtung einer Compliance-Organisation ergibt sich daneben aus § 161 AktG[43] in Verbindung mit den Regelungen des DCGK. Danach sind Vorstand und Aufsichtsrat einer börsennotierten Aktiengesellschaft dazu verpflichtet, für jedes Geschäftsjahr eine sog. Entsprechenserklärung abzugeben, in der sie sich entweder zu den Empfehlungen des DCGK bekennen oder aber die Gründe für dessen Nichtbeachtung darlegen müssen.[44] Diese Erklärung ist den Aktionären dauerhaft zugänglich zu machen.[45] Da den Organmitgliedern bei Nichterfüllung dieser Erklärungspflicht gemäß §§ 93, 116 AktG eine persönliche Haftung drohen kann[46] und die Nichtbefolgung der entsprechenden Empfehlungen des DCGK mit einem Rechtfertigungszwang versehen ist sowie darüber hinaus zu einem Vertrauensverlust bei potentiellen Anlegern, Kunden, Mitarbeitern und der Öffentlichkeit führen kann,[47] kann für die Unternehmensleitung eine faktische Pflicht entstehen, den Empfehlungen des DCGK zu entsprechen.[48] Schließlich ist die Entsprechenserklärung gemäß § 285 Nr. 16 und § 314 Nr. 8 HGB auch Teil des Anhangs zum (Konzern-) Jahresabschluss und unterliegt gemäß §§ 316, 317 HGB der Prüfung durch den Abschlussprüfer.[49]

Als weitere Rechtsgrundlage für die Obliegenheit zur Ergreifung von Compliance-Maßnahmen lässt sich ferner § 130 OWiG heranziehen, der die Existenz von Aufsichtspflichten voraussetzt und den Betriebsinhaber bzw. über § 9 OWiG das Leitungsorgan des Unternehmens dazu anhält, deren Einhaltung zu überwachen. Verletzt das Leitungsorgan des Unternehmens seine Aufsichtspflichten und kommt es infolgedessen zu einer straf- oder bußgeldbewehrten Zuwiderhandlung gegen Pflichten, die dem Unternehmen obliegen, kann jedes

---

42 Begr. BT-Drs. 13/9712, S. 15.

43 Eingeführt durch das TrPublG vom 19.07.2002.

44 Sog. „comply or explain"-Erklärung, siehe dazu *Wehnert*, FS Müller, S. 729 (730); *Gerum*, Corporate Governance System, S. 390; *Lutter*, ZHR 166 (2002), 523 ff.

45 *Hommelhoff/Schwab*, in: Hommelhoff/Hopt/v.Werder, Hdb Corporate Governance, S. 61 f.

46 *Becker*, Haftung, S. 150 ff.; *Hommelhoff/Schwab*, in: Hommelhoff/Hopt/v.Werder, Hdb Corporate Governance, S. 69; *Lutter*, ZHR 166 (2002), 523 (527).

47 Vgl. zu letzterem Aspekt *Gerum*, Corporate Governance System, S. 389 f.

48 Nach *Hommelhoff/Schwab* besteht der Anreiz, den Kodex einzuhalten, in der Drohung mit „adverser Publizität", also einer für das Unternehmen ungünstigen Information der Öffentlichkeit, in: Hommelhoff/Hopt/v. Werder, Hdb Corporate Governance, S. 58 f.

49 *Hommelhoff/Schwab*, in: Hommelhoff/Hopt/v.Werder, Hdb Corporate Governance, S. 55; *Menzies*, Sarbanes-Oxley und Corporate Compliance, S. 8.

einzelne Mitglied des Leitungsorgans zur Rechenschaft gezogen werden. Berücksichtigt man, dass viele der öffentlich-rechtlichen Pflichten, die ein Unternehmen erfüllen muss, mit einem Bußgeld bewehrt sind – man denke nur an das Kartell-, Kapitalmarkt-, Umwelt- oder Datenschutzrecht – und bedenkt man ferner, dass § 130 OWiG eine persönliche Haftung für die Mitglieder des Leitungsorgans statuiert, lässt sich dem Ordnungswidrigkeitenrecht zumindest mittelbar eine Verpflichtung zur Errichtung einer entsprechenden Compliance-Organisation entnehmen.[50]

Eine faktische Pflicht zur Durchführung von internen Aufklärungsmaßnahmen kann sich außerdem dadurch ergeben, dass sich die Leitungsorgane einer Gesellschaft wegen Untreue strafbar machen können, wenn sie es bei begründeten Anhaltspunkten für eine Pflichtverletzung innerhalb des Unternehmens unterlassen, diese Pflichtverletzung aufzuklären und entsprechende Schadensersatzansprüche gegen die betreffenden Mitarbeiter geltend zu machen.[51] Entsprechendes gilt nach einem obiter dictum des Bundesgerichtshofes (BGH)[52] auch für den Compliance-Beauftragten eines Unternehmens, wonach dieser umfassend als Garant für solche Straftaten der Unternehmensmitarbeiter strafrechtlich einzustehen hat, die als Folge mangelhafter Überwachung und Kontrolle in Zusammenhang mit der Tätigkeit des Unternehmens begangen wurden.

Schließlich existieren mit § 52a BImSchG, § 53 KrW/AbfG, § 9 GwG oder § 12 AGG noch einige spezialgesetzliche Regelungen, die den jeweiligen Unternehmen im Einzelfall Organisationspflichten auferlegen und so die Einführung von Compliance-Strukturen begünstigen können.[53]

---

50 *Vetter*, in: Wecker/van Laak, Compliance, S. 37; a.A. *Engelhart*, Sanktionierung, S. 509 f.

51 BGH NJW 2002, 1585, (1587 f.); OLG Düsseldorf NZG 2008, 713 (713 f.); *Saliger*, in: S/S/W, StGB, § 266 Rn. 33; *Wehnert*, FS Müller, S. 729 (730); *Schmid*, in: Müller-Gugenberger/Bieneck, WiStra, § 31 Rn. 28; *Mosiek*, wistra 2003, 370 (374). Dies folgt daraus, dass Risikosteuerungspflichten der Unternehmensleitung dem wirtschaftlichen Wohl des Unternehmens dienen und damit originär und ausschließlich dessen Vermögensinteressen betreffen. Die Verletzung einer derartigen Pflicht ist daher grundsätzlich geeignet, eine Strafbarkeit sämtlicher Organmitglieder wegen Untreue zu begründen. Ein Überblick über die im Zusammenhang mit Compliance bestehenden Strafbarkeitsrisiken für Führungskräfte findet sich bei *Kuhlen*, in: Maschmann, Compliance und Arbeitsrecht, S. 11 ff.

52 BGH NJW 2009, 3173 (3175).

53 *Rieble*, Ritsumeikan Law Review 26 (2009), 191 (194). Zu den öffentlich-rechtlichen Organisationspflichten eines Unternehmens insgesamt siehe *Spindler*, Unternehmensorganisationspflichten, S. 15 ff.

bb) Bestehen einer generellen Rechtspflicht zur Einführung einer Compliance-Organisation?

Schneider ist der Auffassung, aus der Existenz der vorgenannten spezialgesetzlichen Organisationspflichten sowie unter Berücksichtigung der von § 130 OWiG vorausgesetzten Aufsichtspflichten, die innerhalb eines Unternehmens bestehen sollten, im Wege einer Gesamtanalogie eine generelle „Verpflichtung zur Einrichtung einer Compliance-Organisation" „für alle Unternehmen" ableiten zu können.[54]

Dem lässt sich entgegenhalten, dass die Existenz nur einiger weniger spezialgesetzlicher Bestimmungen, die eine entsprechende Pflicht zur Einrichtung einer Compliance-Organisation vorsehen, nicht zwingend den Schluss auf das Bestehen einer allgemeingültigen Rechtspflicht nahe legt.[55] Im Gegenteil spricht die nur vereinzelte spezialgesetzliche Normierung von Aufsichts- und Organisationspflichten vielmehr dafür, dass eine generelle und damit für alle Unternehmen gültige Rechtspflicht zur Errichtung einer Compliance-Organisation gerade nicht geschaffen werden sollte.[56] Auch kommt den im DCGK enthaltenen Organisations- und Überwachungspflichten keinerlei Rechtsverbindlichkeit zu, handelt es sich bei diesen doch lediglich um „Empfehlungen" oder „Anregungen", von denen die Unternehmen abweichen können.[57] Schließlich lässt sich auch aus § 91 Abs. 2 AktG keine generelle Rechtspflicht zur Einführung eines Kontroll- und Überwachungssystems für alle Unternehmen ableiten. Erstens gilt diese Norm nur für Aktiengesellschaften und zweitens führt nicht jeder Compliance-Verstoß zu einer von § 91 Abs. 2 AktG vorausgesetzen Existenzgefährdung für das Unternehmen als Ganzes.[58]

cc) Zwischenergebnis

Es lässt sich damit festhalten, dass es trotz des Bestehens einiger spezialgesetzlich normierter Pflichten zur Errichtung eines unternehmensinternen Kontroll- und Überwachungssystems grundsätzlich Angelegenheit der Leitungsorgane bleibt, zu entscheiden, wie sie die Rechtstreue des Unternehmens gewährleisten

---

54 *Schneider*, ZIP 2003, 645 (648).

55 Ebenso *Kort*, NZG 2008, 81 (84) und *Bürkle*, BB 2005, 565 (567 f.).

56 In diesem Sinne auch *Engelhart*, Sanktionierung, S. 510 f.; *Hauschka*, in: Hauschka, Corporate Compliance, § 1 Rn. 23, *ders.*, ZIP 2004, 877 (878) sowie *Bachmann/Prüfer*, ZRP 2005, 109 (111).

57 *Gerum*, Corporate Governance System, S. 389 f.

58 *Hauschka*, ZIP 2004, 877 (878).

und ob sie hierzu eine Organisation schaffen wollen oder nicht.[59] Als zentrale Aufgabe der Unternehmensleitung stehen Compliance-Maßnahmen gemäß § 93 Abs. 1 Satz 2 AktG (analog)[60] generell unter dem Vorbehalt des unternehmerischen Ermessens der Geschäftsleitung und unterliegen damit der *Business Judgement Rule.*[61]

Eine generelle Rechtspflicht zur Einführung einer Compliance-Struktur besteht nach deutschem Recht demnach grundsätzlich nicht. Allerdings wird die Geschäftsleitung wegen der Gefahr, bei Gesetzesverstößen von Mitarbeitern ansonsten selbst persönlich haftbar zu sein, oftmals schon aus eigenem Interesse auf die Errichtung einer Compliance-Organisation drängen. Aufgrund der steigenden Anzahl von Haftungstatbeständen kann sich die Geschäftsleitung letztlich nur durch die Schaffung einer funktionierenden Organisations- und Überwachungsstruktur gegen unternehmensinterne Gesetzesverstöße absichern und die Einhaltung der dem Unternehmen obliegenden gesetzlichen Verpflichtungen garantieren.[62] Zudem kann eine funktionierende Compliance-Struktur dazu beitragen, den Unternehmenserfolg langfristig zu sichern.[63]

d) Zusammenhang zwischen Compliance und Internal Investigations

Entschließt sich ein Unternehmen aus den soeben genannten Gründen dazu, eine Compliance-Struktur einzurichten, wird es auch auf die Durchführung von internen Ermittlungen nicht verzichten können. Denn wie bereits unter I.1.b) beschrieben, setzt eine effektive Compliance neben einer entsprechenden Organisation des Unternehmens auch voraus, dass die Angemessenheit und Funktionsfähigkeit des Risikomanagements sowohl durch regelmäßig stattfindende als auch durch anlassbezogene unternehmensinterne Kontrollen überprüft werden.[64]

---

59 *Rieble*, Ritsumeikan Law Review 26 (2009), 191 (198); *Hauschka*, ZIP 2004, 877 (878). Vgl. auch *Wehnert*, FS Müller, S. 729 (730).

60 Analoge Anwendung von § 91 Abs. 2 Satz 3 AktG auf die GmbH, siehe *Altmeppen*, in: Roth/Altmeppen, GmbHG, § 41 Rn. 15; *Zöllner/Noack*, in: Baumbach/Hueck, GmbHG, § 43 Rn. 7; *Kleindiek*, in: Lutter/Hommelhoff, GmbHG, § 43 Rn. 23.

61 *Vetter*, in: Wecker/van Laak, Compliance, S. 37. Vgl. auch *Fleischer*, in: Spindler/Stilz, AktG, § 91 Rn. 37, 53.

62 *Wecker/Galla*, in: Wecker/van Laak, Compliance, S. 59, 65. Vgl. auch *Wehnert*, FS Müller, S. 729 (730): „Faktischer Zwang zur Einrichtung einer Compliance Abteilung".

63 *Wecker/Galla*, in: Wecker/van Laak, Compliance, S. 59; *Menzies*, Sarbanes-Oxley und Corporate Compliance, S. 4.

64 *Bock*, Criminal Compliance, S. 588 ff.; *Schneider*, NZG 2010, 1201; *ders.*, ZIP 2003, 645 (647 f.); *Hauschka*, in: Hauschka, Corporate Compliance, § 1 Rn. 5; *Knierim*, StV 2009, 324 (326 f.). Vgl. auch *Brückner*, BB-Special 4/2010, 21 (22); *Wagner*, CCZ

Insbesondere soweit Hinweise auf Gesetzesverletzungen oder Unregelmäßigkeiten innerhalb des Unternehmens bestehen, müssen die Leitungsorgane diesen unverzüglich nachgehen, um im Einzelfall nicht selbst gemäß §§ 30, 130 OWiG oder § 266 StGB persönlich zur Verantwortung gezogen zu werden[65] oder sich gemäß § 93 Abs. 2 AktG bzw. § 43 Abs. 2 GmbHG zivilrechtlich schadensersatzpflichtig zu machen.[66] In diesem Zusammenhang wird eine Pflicht zur Ermittlung des Sachverhalts jedenfalls immer dann befürwortet, wenn es um Verdachtsmomente geht, die von erheblicher Bedeutung für das Unternehmen sind und deren Aufklärung damit zugleich auch der „Sorgfalt eines ordentlichen und gewissenhaften Geschäftsleiters" im Sinne des § 93 Abs. 1 AktG entspricht.[67]

Besteht der Verdacht, es habe einen Regelverstoß gegeben, wird sich die Geschäftsführung des jeweiligen Unternehmens im Rahmen einer „Standortbestimmung" zunächst einen Überblick über die Geschäftsvorgänge im Unternehmen verschaffen und wesentliche Risikobereiche ausloten wollen.[68] Dafür wird sie entweder die eigene Rechtsabteilung bzw. die interne Revision oder aber auch externe Berater mit dem umfassenden Sichten von Dokumenten und der Befragung von Mitarbeitern beauftragen.[69]

Zumindest diese anlassbezogenen Kontrollen lassen sich dann, wenn hiermit externe Ermittler beauftragt werden, was häufig zweckmäßig erscheint,[70] als ei-

---

2009, 8 (11 f.) sowie *v. Hehn/Hartung*, DB 2006, 1909 (1911, 1913) und *Fleischer*, in: Fleischer, Hdb Vorstandsrecht, § 8 Rn. 35, 37; *ders.*, AG 2003, 291 (294).

65 BGH NJW 2002, 1585 (1587 f.); OLG Düsseldorf NZG 2008, 713 (713 f.); *Saliger*, in: S/S/W, StGB, § 266 Rn. 33; *Wehnert*, FS Müller, S. 729 (730); *Schmid*, in: Müller-Gugenberger/Bieneck, WiStra, § 31 Rn. 28; *Fleischer*, in: Spindler/Stilz, AktG, § 77 Rn. 52; *Gürtler*, in: Göhler, OWiG, § 130 Rn. 11; *Mosiek*, wistra 2003, 370 (374).

66 Nach § 93 Abs. 2 AktG ist der Vorstand gehalten, seine Entscheidungen „auf der Grundlage angemessener Information" zu treffen. Klärt der Vorstand Verdachtsmomente nicht angemessen auf und trifft er infolge der unzureichenden Informationsbasis falsche unternehmerische Entscheidungen, kommt ihm die Business Judgement Rule nicht zugute und die Gefahr einer persönlichen Haftung nach § 93 Abs. 2 AktG vergrößert sich, siehe dazu *Wagner*, CCZ 2009, 8 (15 f.) und *Kort*, NZG 2008, 81 (84).

67 *Wagner*, CCZ 2009, 8 (12 f.). Vgl. auch *Fleischer*, in: Fleischer, Hdb Vorstandsrecht, § 8 Rn. 35, 38 sowie *ders.*, AG 2003, 291 (294).

68 Diese Untersuchungen werden auch als sog. „Compliance Audits" bezeichnet, *Wybitul*, BB 2009, 606 (608).

69 *Peemöller*, in: Freidank/Peemöller, Corporate Governance, S. 13, 148; *Lampert*, BB 2002, 2237 (2239); *Walisch*, Organisatorische Prävention, S. 86.

70 *Behrens*, RIW 2009, 22 (29); *v. Hehn/Hartung*, DB 2006, 1909 (1911); *Lampert*, BB 2002, 2237 (2242). Anders als Mitarbeiter der Rechtsabteilung genießen externe Anwälte den Schutz des Anwaltsprivilegs, so dass sämtliche Korrespondenz zwischen ihnen und dem Unternehmen im Hinblick auf den aufzudeckenden Regelverstoß und die

ne Form von Internal Investigations begreifen: Sie werden durch das Unternehmen selbst initiiert und stehen darüber hinaus oftmals im Zusammenhang mit der Verteidigung gegen behördliche oder gerichtliche Vorwürfe.[71]

Keine Form von Internal Investigations im Sinne des hier zugrunde gelegten Begriffsverständnisses stellen hingegen externe Regelprüfungen wie beispielsweise die gesetzliche Abschlussprüfung nach §§ 316 ff. HGB oder § 6 PublG oder eine durch eine Fachaufsichtsbehörde angeordnete steuerliche oder versicherungsrechtliche Betriebsprüfung dar.[72] Hier fehlt es – wie bei der gesetzlichen Abschlussprüfung – am Merkmal der Anlassbezogenheit der internen Ermittlungsmaßnahmen oder aber – wie bei der von außen angeordneten und durch Mitarbeiter der Fachaufsichtsbehörde durchgeführten Betriebsprüfung – am Merkmal der eigenen Initiierung der Ermittlungsmaßnahmen durch das Unternehmen. Ebenfalls nicht unter den Begriff der Internal Investigations lassen sich Ermittlungen und Bewertungen des Unternehmens durch externe Rating-Agenturen oder im Rahmen von Investoren in Auftrag gegebene Due Diligences subsumieren.[73]

2. Aufsichtsrechtliche Auskunftsersuchen und das vergaberechtliche Gebot der Selbstreinigung als Anlass für Internal Investigations

Auch aufsichtsrechtliche Auskunftsersuchen oder das vergaberechtliche Gebot der Selbstreinigung können aus Sicht des Unternehmens die Durchführung von Internal Investigations im Einzelfall erforderlich erscheinen lassen.

a) Aufsichtsrechtliche Auskunftsersuchen und Internal Investigations

Gesetze, die Unternehmen einer besonderen Aufsicht unterstellen, enthalten neben weitreichenden Regelungen in Bezug auf die Ausgestaltung der unternehmerischen Organisation auch verschiedene verwaltungsrechtliche Befugnisse,

zu wählende Strategie dem Zugriff der Behörden entzogen ist, EuGH, Urt. vom 14.09.2010, NJW 2010, 3557 (3559 f.) – *Akzo Nobel Chemicals Ltd v. Kommission.*

71 Vgl. *Knierim*, StV 2009, 324 (327); *Wagner*, CCZ 2009, 8 (10 f.); *Salvenmoser/Schreier*, in: Achenbach/Ransiek, Hdb WiStra, Kap. XV Rn. 15 sowie *Lampert*, BB 2002, 2237 (2239).

72 Vgl. *Knierim*, StV 2009, 324 (327).

73 Vgl. *Knierim*, StV 2009, 324 (327).

die die jeweilige Aufsichtsbehörde zu einzelfallbezogenen Anordnungen, insbesondere zu umfassenden Auskunftsersuchen ermächtigen.[74]

Gemäß § 44 Abs. 1 Satz 1 KWG kann ein Kredit- oder Finanzdienstleistungsinstitut beispielsweise dazu verpflichtet sein, der Bundesanstalt für Finanzdienstleistungsaufsicht (BaFin) „auf Verlangen Auskünfte über alle Geschäftsangelegenheiten zu erteilen und Unterlagen vorzulegen".[75] Dieses Auskunftsverlangen kann alle Angelegenheiten umfassen, die unmittelbar oder mittelbar mit dem beaufsichtigten Unternehmen und seinen Tätigkeiten zusammen hängen.[76] Auf der Grundlage dieser Ermächtigung ist die BaFin zur Abfrage einzelner Informationen genauso befugt wie zur Versendung von umfassenden „Fragenkatalogen", die zum Teil über hundert Einzelabfragen enthalten.[77] Zwar enthält die Vorschrift keine expliziten Vorgaben dahingehend, dass in bestimmten Fällen eine interne Sachverhaltsaufklärung durch das Unternehmen vorzunehmen und wie diese im einzelnen auszugestalten ist.[78] Sie ermöglicht der BaFin aber faktisch, von dem Unternehmen eine umfassende Sachverhaltsaufklärung zu verlangen:[79] Kann das Unternehmen die von der BaFin angeforderten Auskünfte nicht erteilen oder die geforderten Unterlagen nicht umgehend vorlegen, weil sich die Geschäftsleitung zunächst einen Überblick über die jeweiligen Geschäftsvorgänge verschaffen oder die entsprechenden Unterlagen auftreiben muss, kann es gezwungen sein, die notwendigen Fakten durch (umfassende) interne Ermittlungen zu beschaffen. Dies gilt umso mehr, als eine nicht richtig, nicht vollständig oder nicht rechtzeitig erteilte Auskunft eine Ordnungswidrigkeit nach § 56 Abs. 3 Nr. 9 KWG begründet.[80]

Ähnliche Bestimmungen, die ein umfassendes Auskunftsersuchen der zuständigen Aufsichtsbehörde nebst der Möglichkeit, entsprechende Unterlagen anzufordern, ermöglichen, finden sich beispielsweise in § 88 Abs. 2 SGB IV für den Bereich der Sozialversicherungsträger, in § 32e Abs. 2 GWB für den Bereich des Kartellrechts sowie – rechtsübergreifend – in Art. 18-20 VO (EG) 1/2003.[81]

---

74 *Behrens*, RIW 2009, 22 (29). Vgl. auch *Feigen*, in: Strafverteidigung im Rechtsstaat, S. 466 (467 f.).

75 Eine ähnliche Ermächtigung der BaFin enthalten auch § 4 Abs. 3 WpHG sowie § 83 Abs. 1 VAG.

76 *Braun*, in: B/F/S-M, KWG, § 44 Rn. 38.

77 *Behrens*, RIW 2009, 22 (29).

78 *Behrens*, RIW 2009, 22 (30).

79 *Behrens*, RIW 2009, 22 (29 f.).

80 *Häberle*, in: Erbs/Kohlhaas, Strafrechtliche Nebengesetze, § 44 KWG Rn. 7.

81 Siehe zu letzterem Aspekt *Buntschek/Biermann*, wistra 2004, 457 (458).

b) Vergaberechtliches Gebot der Selbstreinigung

Vielen aufsichtsrechtlichen Bestimmungen ist überdies gemein, dass nur Unternehmen, die die erforderliche Zuverlässigkeit besitzen, gewisse Genehmigungen erhalten oder an öffentlichen Bieterverfahren teilnehmen können.

In welchem Zusammenhang diese Bestimmungen zur Durchführung von Internal Investigations stehen, soll am Beispiel des Vergaberechts näher aufgezeigt werden.

aa) Auftragssperre und Eintrag in Korruptionsregister bei Unzuverlässigkeit

Sowohl nach den einschlägigen Regelungen des europäischen (Art. 45 Vergabekoordinierungs-Richtlinie 2004/18/EG) als auch denjenigen des deutschen Vergaberechts (§ 6 Abs. 3 Nr. 1 und 2 lit. g VOB/A n.F.[82], § 6 Nr. 5c VOL/A n.F.[83] und § 4 Abs. 9 lit. c VOF n.F.[84]) können solche Bewerber vom Wettbewerb um die Vergabe öffentlicher Aufträge ausgeschlossen werden, die nachweislich eine „schwere Verfehlung" begangen haben, die ihre Zuverlässigkeit in Frage stellt.[85] Auch wenn das Vergabeverfahren bereits abgeschlossen ist und der Auftraggeber erst im Rahmen der anschließenden Verhandlungen mit den potentiellen Auftragnehmern von Umständen erfährt, die die Unzuverlässigkeit eines der Unternehmen begründen, kann der Auftraggeber dieses gemäß § 16 Abs. 4 VOL/A n.F. bzw. § 16 Abs. 1 Nr. 2 lit. c VOB/A n.F. vom weiteren Vergabeverfahren ausschließen.[86] Bei einer erwiesenen schweren Verfehlung wird das Unternehmen ferner von nachfolgenden Auftragsvergabeverfahren desselben Auftraggebers ausgeschlossen, soweit es den Auftraggeber nicht zwischenzeitlich von der Wiederherstellung seiner Zuverlässigkeit überzeugen kann.[87]

Darüber hinaus ist der Auftraggeber, sollte er sich wegen einer schweren Verfehlung eines Bieters für dessen Ausschluss vom laufenden Vergabeverfahren entscheiden, in nahezu allen Bundesländern durch Gesetz oder Verordnung verpflichtet, das Unternehmen einer entsprechenden Registerstelle als unzuver-

---

82 Vergabe- und Verdingungsordnung für Bauleistungen – Teil A vom 31.07.2007, in Kraft getreten am 11.06.2010.

83 Vergabe- und Vertragsordnung für Leistungen – Teil A vom 20.11.2009, in Kraft getreten am 11.06.2010.

84 Vergabeordnung für freiberufliche Leistungen vom 18.11.2009, in Kraft getreten am 11.06.2010.

85 *Prieß*, NZBau 2009, 587; *Prieß/Stein*, NZBau 2008, 230; *Ohrtmann*, NZBau 2007, 201 (202).

86 *Ohrtmann*, NZBau 2007, 201 (205), OLG Düsseldorf VergabeR 2001, 419 (422); OLG Frankfurt VergabeR 2004, 642 (646).

87 *Ohrtmann*, NZBau 2007, 278.

lässig zu melden.[88] Ein solcher Eintrag in ein sog. „Vergabe-“ oder „Korruptionsregister“ hat für ein Unternehmen, das sich regelmäßig um öffentliche Aufträge bewirbt, deswegen weitreichende Konsequenzen, weil alle öffentlichen Auftraggeber gesetzlich angewiesen sind, sich vor Zuschlagserteilung beim landeseigenen Korruptionsregister zu informieren, ob für das favorisierte Unternehmen ein Eintrag im Register vorliegt, der dessen Zuverlässigkeit in Frage stellt.[89]

Schließlich muss der Auftraggeber bei einem konkreten Verdacht auf straf- oder wettbewerbsrechtlich relevante Verfehlungen die zuständige Staatsanwaltschaft einschalten.[90]

bb) Das Tatbestandsmerkmal der schweren Verfehlung

Ein Unternehmen gilt dann als unzuverlässig, wenn es sich eine schwere Verfehlung zurechnen lassen muss.[91]

Insbesondere Ordnungswidrigkeiten oder Straftaten, wie namentlich der Vorwurf der Bestechung oder Bestechlichkeit, der Untreue oder des (Submissions-) Betrugs, aber auch Verstöße gegen das Außenwirtschaftsgesetz oder Verfehlungen des Bieters während des Vergabeverfahren, wie z.B. unrichtige Angaben oder sonstige Manipulationsversuche,[92] können eine schwere Verfehlung im Sinne der oben genannten Vorschriften darstellen.[93]

Der bloße Verdacht einer Straftat bzw. eines sonst relevanten Verstoßes ist jedoch für sich allein genommen nicht ausreichend, um die Unzuverlässigkeit eines am Vergabeverfahren beteiligten Unternehmens zu begründen. Vielmehr muss der Vorwurf einer schweren Verfehlung auch „nachweislich“ sein, also kritischer Prüfung durch ein mit der Sache befasstes Gericht standhalten können und geeignet sein, die Zuverlässigkeit des Bieters nachvollziehbar in Frage zu stellen.[94] Der Auftraggeber muss im Rahmen seiner Prüfung zu dem Ergebnis gelangen, dass der Bieter aufgrund seines Verhaltens nicht mehr die Gewähr

---

88 Vgl. die Übersicht bei *Jansen*, WuW 2005, 502 (512 m. Fn. 47). Siehe ferner *Ohrtmann*, NZBau 2007, 278 (279) und *Bernsmann/Gatzweiler*, Verteidigung bei Korruptionsfällen, Rn. 1135 ff.

89 *Ohrtmann*, NZBau 2007, 278 (279). Vgl. auch *Nötzel*, in: Dölling, Hdb Korruptionsprävention, Kap. 10 Rn. 103, 105.

90 *Jansen*, WuW 2005, 502 (508 f.). Vgl. auch *Bernsmann/Gatzweiler*, Verteidigung bei Korruptionsfällen, Rn. 919 f.

91 *Prieß/Stein*, NZBau 2008, 230.

92 OLG Düsseldorf VergabeR 2005, 207 (210).

93 OLG Frankfurt VergabeR 2004, 642 (645); *Ohrtmann*, NZBau 2007, 201 (202).

94 OLG Saarbrücken NZBau 2004, 346 (347); *Ohrtmann*, NZBau 2007, 201 (203).

dafür bietet, die verlangte Leistung in der geforderten Art und Weise zu erbringen.[95]

Wurde die schwere Verfehlung im Rahmen der beruflichen Tätigkeit des Bewerbers begangen, ist mit Blick auf die den oben genannten Vorschriften zugrunde liegende europarechtliche Vorgabe des Art. 45 Abs. 2 lit. d der RL 2004/18/EG im Rahmen einer europarechtskonformen Auslegung regelmäßig davon auszugehen, dass sie die Zuverlässigkeit des Bewerbers ernsthaft in Frage stellt.[96]

cc) Wiederherstellung der Zuverlässigkeit durch Selbstreinigung

Allerdings erkennen die Gerichte in ständiger Rechtsprechung an, dass ein Unternehmen, das – z.B. nach dem Bekanntwerden von Bestechungsvorwürfen – als unzuverlässig gilt, ausnahmsweise dann nicht vom Vergabeverfahren auszuschließen ist, wenn es eine sog. „Selbstreinigung" durchgeführt und auf diesem Weg seine Zuverlässigkeit wiederhergestellt hat.[97]

Da die Beurteilung der Zuverlässigkeit eines Unternehmens eine in die Zukunft gerichtete Prognoseentscheidung darstellt, reicht allein die Begehung einer schweren Verfehlung in der Vergangenheit nicht aus, um einen Bieter auszuschließen.[98] Vielmehr muss die Vergabestelle im Einzelnen prüfen, ob aufgrund des beanstandeten Verhaltens in der Vergangenheit auch im Hinblick auf die Vergabe zukünftiger Aufträge Zweifel an der Zuverlässigkeit des Bewerbers bestehen.[99] Dies soll nach der Rechtsprechung einiger Oberlandesgerichte dann nicht der Fall sein, wenn das Unternehmen im Zuge einer Selbstreinigung glaubwürdige und erfolgversprechende Maßnahmen ergriffen hat, um die in der Vergangenheit vorgefallenen Rechtsverletzungen für die Zukunft auszuschließen.[100]

Eine Selbstreinigung setzt voraus, dass sich das Unternehmen ernsthaft und nachhaltig darum bemüht, den dem jeweiligen Rechtsverstoß zugrunde liegenden Sachverhalt vollständig aufzuklären, einen eventuell entstandenen Schaden

---

95 *Jansen*, WuW 2005, 502 (509).

96 *Ohrtmann*, NZBau 2007, 201 (204).

97 OLG Brandenburg NZBau 2008, 277 (279); OLG Frankfurt VergabeR 2004, 642 (645); OLG Saarbrücken NZBau 2004, 346; OLG Düsseldorf NZBau 2003, 578 (580). Siehe ferner *Weyand*, Vergaberecht, Kap. 86 Rn. 308; *Prieß*, NZBau 2009, 587 sowie *Prieß/Stein*, NZBau 2008, 230.

98 *Prieß/Stein*, NZBau 2008, 230.

99 OLG Frankfurt VergabeR 2004, 642 (645).

100 OLG Brandenburg NZBau 2008, 277 (279); OLG Frankfurt VergabeR 2004, 642 (645); OLG Saarbrücken NZBau 2004, 346; OLG Düsseldorf NZBau 2003, 578 (580).

wiedergutzumachen und die erforderlichen personellen und organisatorischen Konsequenzen zu ziehen.[101] Dies beinhaltet die Veranlassung einer unternehmensinternen Sonderprüfung – gegebenenfalls durch externe Ermittler –, innerhalb derer die Verdachtsmomente umfassend aufgearbeitet werden, ebenso wie die Weitergabe der im Wege der internen Aufklärungsmaßnahmen zu Tage geförderten Beweise an die zuständige Ermittlungsbehörde und die präventive Einrichtung einer Compliance-Organisation.[102] Im Rahmen der Sachverhaltsaufklärung ist das Unternehmen ferner gehalten, sowohl mit den Ermittlungsbehörden als auch mit den betroffenen Vergabestellen zusammenzuarbeiten.[103]

Vermag das Unternehmen die zuständige Behörde davon zu überzeugen, dass es die Selbstreinigung ernsthaft und konsequent betrieben hat, begünstigt dies die Annahme, dass das Unternehmen auch in Zukunft etwaig auftretenden Verdachtsmomenten nachgehen und bei Vorliegen eines hinreichenden Verdachts die gebotenen Maßnahmen ergreifen wird und somit die erforderliche Zuverlässigkeit wieder besitzt.[104] Eine nur bruchstückhafte oder erst auf Nachfrage gleichsam sukzessive Aufdeckung des der Zuwiderhandlung zugrunde liegenden Sachverhalts vermag die Behörde hingegen nicht von der Wiederherstellung der Zuverlässigkeit zu überzeugen.[105]

dd) Internal Investigations als Voraussetzung einer (erfolgreichen) Selbstreinigung

Die durch das vergaberechtliche Gebot der Selbstreinigung veranlassten internen Ermittlungsmaßnahmen stellen letztlich auch einen Fall von Internal Investigations dar, da sie alle Merkmale wie Anlassbezogenheit, Initiierung der Ermittlungen durch das Unternehmen sowie die zielgerichtete und umfassende Aufklärung der zugrunde liegenden Gesetzesverstöße erfüllen.

---

101 *Weyand*, Vergaberecht, Kap. 86 Rn. 309; *Ohrtmann*, NZBau 2007, 278 (280).

102 OLG Brandenburg NZBau 2008, 277 (279 f.); OLG Frankfurt VergabeR 2004, 642 (647 f.); OLG Düsseldorf NZBau 2003, 578 (580 f.); *Weyand*, Vergaberecht, Kap. 86 Rn. 312; *Prieß/Stein*, NZBau 2008, 230.

103 OLG Düsseldorf, Beschl. vom 09.04.2003 – Az.: Verg 66/02; *Prieß/Stein*, NZBau 2008, 230.

104 OLG Brandenburg NZBau 2008, 277 (279); OLG Frankfurt VergabeR 2004, 642 (647 f.); OLG Düsseldorf NZBau 2003, 578 (580); OLG Düsseldorf Beschl. vom 09.04.2003 – Az.: Verg 66/02; LG Berlin, Urt. vom 22.03.2006 – Az.: 23 O 118/04; *Weyand*, Vergaberecht, Kap. 86 Rn. 309.

105 *Weyand*, Vergaberecht, Kap. 86 Rn. 310.

c) Zwischenergebnis

Damit lässt sich festhalten, dass auch aufsichtsrechtliche Auskunftsersuchen der zuständigen Aufsichtsbehörde sowie das vergaberechtliche Gebot der Selbstreinigung die Durchführung von Internal Investigations in Unternehmen auslösen können – und wie zahlreiche Beispiele aus der Praxis belegen[106] – auch vermehrt auslösen.

Oftmals verpflichten sich die Unternehmen sogar schon zeitlich vor dem Bekanntwerden der „schweren Verfehlung“ oder einem entsprechenden Auskunftsverlangen der jeweiligen Aufsichtsbehörde, sozusagen in einer Art vorauseilendem Gehorsam, zur umfassenden Sachverhaltsaufklärung und zur unbedingten Kooperation mit den Ermittlungsbehörden und Vergabestellen, um ihre abhanden gekommene Zuverlässigkeit schnellstmöglich wieder herzustellen.[107] Insoweit können Internal Investigations im Bereich des Aufsichtsrechts nicht nur ein notwendiges, sondern auch ein zweckmäßiges Instrument zur Bewältigung von Krisensituationen darstellen.

3. Internal Investigations aufgrund der vermehrten Anwendung von §§ 130, 30 OWiG

Dass auch die in der Praxis vermehrt auftretende Anwendung der §§ 130, 30 OWiG als Grund für die zunehmende Durchführung von Internal Investigations in deutschen Unternehmen herangezogen werden kann, soll im Folgenden näher beleuchtet werden.

a) Hintergrund: Möglichkeit der Verhängung einer Unternehmensgeldbuße nach § 30 OWiG

Zwar kennt das deutsche Recht im Unterschied zum US-amerikanischen Recht (noch) keine Unternehmensstrafbarkeit. Nach § 30 Abs. 1 i.V.m. Abs. 4 OWiG kann aber im Einzelfall auch gegen das Unternehmen als solches eine selbständige Geldbuße festgesetzt werden, nämlich dann, wenn bestimmte Leitungspersonen des Unternehmens „eine Straftat oder Ordnungswidrigkeit begangen [haben], durch die Pflichten, welche die juristische Person oder Personenvereini-

106 Vgl. nur OLG Brandenburg NZBau 2008, 277 ff. sowie OLG Düsseldorf NZBau 2003, 578 ff.

107 *Breßler/Kuhnke/Schulz/Stein*, NZA 2009, 721 (726); *Ohrtmann*, NZBau 2007, 201 (205).

gungen treffen, verletzt worden sind oder die juristische Person oder die Personenvereinigung bereichert worden ist oder werden sollte".[108]

Die Geldbuße, die das Unternehmen zu erwarten hat, beträgt dabei gemäß § 30 Abs. 2 OWiG im Fall einer vorsätzlich verwirklichten Straftat bis zu 1 Mio. EUR, im Fall einer Fahrlässigkeitstat immerhin noch bis zu 500.000 EUR. Nach § 17 Abs. 4 OWiG, der über § 30 Abs. 3 OWiG auch auf Geldbußen nach § 30 OWiG Anwendung findet, soll die Geldbuße darüber hinaus mindestens den wirtschaftlichen Vorteil übersteigen, den der Täter aus seiner Tat gezogen hat, und darf zu diesem Zweck auch die grundsätzlich festgelegten Höchstmaße von 1 Mio. bzw. 500.000 EUR überschreiten.[109] Insbesondere im Kartellrecht ist von der Möglichkeit, ein Bußgeld direkt gegen das Unternehmen zu verhängen, von Anfang an reger Gebrauch gemacht worden, wobei die Unternehmensgeldbußen oft spektakuläre Höhen erreicht haben.[110]

aa) § 30 OWiG als wirkungsvolle Sanktion mit breitem Anwendungsbereich

Als Kompensation für fehlende Strafnormen zur Unternehmensstrafbarkeit hat die selbständige Verbandsgeldbuße nach § 30 Abs. 4 OWiG bis heute eine stetig zunehmende Bedeutung in der Praxis der Ermittlungsbehörden und Strafgerichte erlangt.[111]

Während das OWiG von 1968 die Möglichkeit einer Verbandsgeldbuße noch unter sehr einschränkenden Bedingungen vorsah, sind diese Beschränkungen in einer mehrstufigen Entwicklung schrittweise abgebaut worden und § 30 OWiG damit zu einem wirkungsvollen Instrument mit breitem Anwendungsbereich gediehen.[112] So wurde die Höhe der möglichen Geldbuße bei einer vorsätzlichen Zuwiderhandlung von anfänglich 100.000 DM durch das 2. Gesetz zur Bekämpfung der Wirtschaftskriminalität (2. WiKG) bereits um das Zehnfache, nämlich auf 1 Mio. DM erhöht, und schließlich durch das „EU-Rechtsinstrumente-AG" vom 22.08.2002[113] nochmals auf nunmehr 1 Mio. EUR

---

108 Siehe hierzu ausführlich *Bock*, Criminal Compliance, S. 263 ff., 362 ff. sowie *Engelhart*, Sanktionierung, S. 373 ff., 444 ff.

109 *Behrens*, RIW 2009, 22 (30); *Samson/Langrock*, DB 2007, 1684 (1685).

110 *Müller-Gugenberger*, in: Müller-Gugenberger/Bieneck, WiStra, § 23 Rn. 39; *Dreher*, ZWeR 2004, 75 (76, 81 f.). Mittlerweile kann das Bußgeld bis zu 10% des weltweiten Gesamtumsatzes des der Behördenentscheidung vorangegangenen Geschäftsjahres betragen, *Hart-Hönig*, in: Strafverteidigung im Rechtsstaat, S. 530 (541).

111 *Eidam*, wistra 2003, 447 (447 f.).

112 *Müller-Gugenberger*, in: Müller-Gugenberger/Bieneck, WiStra, § 23 Rn. 39; *Eidam*, wistra 2003, 447.

113 Gesetz „zur Ausführung des Zweiten Protokolls vom 19. Juni 1997 zum Übereinkommen über den Schutz der finanziellen Interessen der Europäischen Gemeinschaften, der

angehoben. Auch der Täterkreis der von § 30 OWiG vorausgesetzten Anknüpfungstat wurde schrittweise erweitert. Im Gegensatz zu der anfänglichen Begrenzung des Täterkreises auf vertretungsberechtigte Personen (heute noch zu finden in § 30 Abs. 1 Nr. 1-3 OWiG), werden mittlerweile alle Personen erfasst, denen eigenverantwortliche Leitungs- und Kontrollbefugnisse übertragen wurden (siehe die Generalklausel in § 30 Abs. 1 Nr. 5 OWiG).[114] Schließlich wurde auch der Kreis der Unternehmensträger, die mit einer Geldbuße belegt werden können, auf BGB-Außengesellschaften und freiberufliche Partnerschaften erweitert, so dass heute praktisch alle als Unternehmensträger in Betracht kommenden Rechtsformen erfasst sind.[115]

Zweck der Vorschrift ist es einerseits, die Vorteile abzuschöpfen, die dem jeweiligen Unternehmen durch eine in seinem Interesse begangene Straftat oder Ordnungswidrigkeit zugeflossen sind, und andererseits die Leitungsorgane des Unternehmens dazu anzuhalten, zu gewährleisten, dass es künftig nicht zu erneuten Rechtsverstößen kommt.[116]

bb) Aufsichtspflichtverletzung nach § 130 OWiG als Anknüpfungstat

Besondere Bedeutung erlangt § 30 OWiG im Zusammenspiel mit § 130 OWiG.[117] Eine der wichtigsten betriebsbezogenen Pflichten, deren Verletzung dem Verband als Anknüpfungs- und Bezugstat im Sinne des § 30 OWiG zugerechnet werden kann, ist die Aufsichtspflicht nach § 130 OWiG.[118] Wie unter I.1.c)aa) bereits kurz beschrieben, stellt es nach § 130 OWiG eine Ordnungswidrigkeit dar, wenn der Inhaber eines Betriebes vorsätzlich oder fahrlässig diejenigen Aufsichtsmaßnahmen unterlässt, die erforderlich sind, um eine

---

Gemeinsamen Maßnahme betreffend die Bestechung im privaten Sektor vom 22. Dezember 1998 und des Rahmenbeschlusses vom 29. Mai 2000 über die Verstärkung des mit strafrechtlichen und anderen Sanktionen bewehrten Schutzes gegen Geldfälschung im Hinblick auf die Einführung des Euro", BGBl. I, S. 3387, in Kraft seit 30.08.2002; obige von *Achenbach*, wistra 2002, 441 (443) geprägte Bezeichnung hat sich weitgehend durchgesetzt.

114 *Müller-Gugenberger*, in: Müller-Gugenberger/Bieneck, WiStra, § 23 Rn. 42, 42a; *Achenbach*, wistra 2002, 441 (443).

115 *Müller-Gugenberger*, in: Müller-Gugenberger/Bieneck, § 23 Rn. 43; *Rogall*, in: KK-OWiG, § 30 Rn. 28a.

116 *Bock*, Criminal Compliance, S. 263; *Gürtler,* in: Göhler, OWiG, Vor § 29a Rn. 10 f.; *Rogall*, in: KK-OWiG, § 30 Rn. 16 ff.; *Eidam*, wistra 2003, 447 (448).

117 *Rogall*, in: KK-OWiG, § 30 Rn. 20, § 130 Rn. 6. Vgl. auch *Gürtler,* in: Göhler, OWiG, Vor § 29a Rn. 11a: „Die Sanktionsregelung des § 30 steht in engem und untrennbaren Zusammenhang mit der Aufsichtspflichtverletzung nach § 130".

118 *Pelz*, in: Hauschka, Corporate Compliance, § 6 Rn. 2; *Eidam*, wistra 2003, 447 (453).

Zuwiderhandlung gegen betriebsbezogene Pflichten zu verhindern, sofern deren Verletzung mit Strafe oder Geldbuße bedroht ist und die Zuwiderhandlung durch gehörige Aufsicht verhindert oder wesentlich erschwert worden wäre. Zu den Aufsichtsmaßnahmen i.S.d. § 130 OWiG zählen damit alle Leitungs-, Koordinierungs-, Organisations-, Sorgfalts- und Kontrollpflichten, die von dem Unternehmen im Rahmen des Zumutbaren zu erwarten sind.[119] Über § 9 OWiG wird der Kreis der Aufsichtspflichtigen über den Betriebsinhaber hinaus auf sonstige vertretungsberechtigte oder mit der Wahrnehmung spezifischer Leitungsaufgaben beauftragte Personen, sog. Repräsentanten, ausgedehnt.[120]

Bezugspunkt der von § 130 OWiG statuierten Aufsichtspflicht ist zum einen die Einhaltung der betriebsbezogene Pflichten, d.h. solcher Pflichten, die sich aus der Beachtung aller Gebote und Verbote ergeben, die sich an den Betriebsinhaber bzw. die Geschäftsführung des Unternehmens als Anlagenbetreiber, Arbeitgeber oder Teilnehmer am Wettbewerb und Außenwirtschaftsverkehr etc. wenden.[121] Zum anderen kann die Aufsichtspflicht aber auch darauf gerichtet sein, die Begehung von Allgemeindelikten, wie z.B. Körperverletzung oder Untreue zu verhindern, sofern diese Straftaten im Zusammenhang mit der Tätigkeit für das Unternehmen stehen und nicht bloß bei Gelegenheit begangen werden.[122]

Über § 130 OWiG wird eine Sanktionsmöglichkeit gegen das Unternehmen somit auch in den Fällen ermöglicht, in denen die eigentliche Zuwiderhandlung durch eine Person begangen wurde, die nicht im Sinne von § 30 Abs. 1 Nr. 5 OWiG mit eigenverantwortlichen Leitungs- und Kontrollbefugnissen ausgestattet ist.[123]

b) Zusammenhang mit Internal Investigations

Warum die vermehrte Anwendung der §§ 30, 130 OWiG zu einer Zunahme von Internal Investigations geführt hat, lässt sich durch folgende Überlegungen plausibel machen: Der Betriebsinhaber kann sich der ihm obliegenden Aufsichts-

---

119 *Rogall*, in: KK-OWiG, § 130 Rn. 40; *Eidam*, wistra 2003, 447 (453); *Hermanns/Kleier*, Grenzen der Aufsichtspflicht, S. 37 ff.

120 *Gürtler,* in: Göhler, OWiG, § 9 Rn. 2, Vor § 29a Rn. 11a; *Rogall*, in: KK-OWiG, § 30 Rn. 20.

121 *Pelz*, in: Hauschka, Corporate Compliance, § 6 Rn. 3; *Gürtler*, in: Göhler, OWiG, § 30 Rn. 19; *Rogall*, in: KK-OWiG, § 30 Rn. 74.

122 Herrschende Meinung, siehe OLG Celle wistra 2005, 160; *Bock*, Criminal Compliance, S. 367 f.; *Förster*, in: Rebmann/Roth/Herrmann, OwiG, § 130 Rn. 7; *Gürtler,* in: Göhler, OWiG, § 30 Rn. 20, § 130 Rn. 18; *Többens*, NStZ 1999, 1 (5). A.A. etwa *Rogall*, KK-OWiG, § 130 Rn. 85; *Hermanns/Kleier*, Grenzen der Aufsichtspflicht, S. 76 f. sowie *Schünemann*, Unternehmenskriminalität, S. 113 f., 121 f.

123 *Gürtler,* in: Göhler, OWiG, Vor § 29a Rn. 11a.

pflicht auch durch eine Delegation der verschiedenen Leitungs-, Koordinierungs-, Organisations-, Sorgfalts- und Kontrollpflichten nicht vollständig entledigen.[124] Gemäß § 130 Abs. 1 Satz 2 OWiG verwandelt sich die ursprüngliche Aufsichtspflicht in diesem Fall vielmehr in die Pflicht des Betriebsinhabers, die von ihm mit der Aufsicht beauftragten Personen sorgfältig auszuwählen und zu überwachen. Die letzte Verantwortung verbleibt damit immer beim Betriebsinhaber bzw. dem jeweiligen Leitungsorgan des Unternehmens, der bzw. das dann für einen entsprechenden Organisationsmangel zur Rechenschaft gezogen werden kann.[125] Allein schon wegen dieser Gefahr der persönlichen Haftung, aber vor allem wegen der erheblichen Bußgelder, die bei einem Verstoß gegen § 30 OWiG gegen das Unternehmen verhängt werden können, haben die verantwortlichen Leitungsorgane eines Unternehmens ein evidentes Interesse daran, dass die von § 130 OWiG geforderten Aufsichtsmaßnahmen durchgeführt werden und eine entsprechende Organisations- und Überwachungsstruktur innerhalb des Unternehmens errichtet wird, die geeignet ist, künftige straf- oder bußgeldbewehrte Verstöße gegen betriebs- oder unternehmensbezogene Pflichten zu verhindern.[126] Dies gilt umso mehr, als die eigenständige Festsetzung einer Geldbuße gegen das Unternehmen schon dann zulässig ist, wenn im Falle einer Aufsichtspflichtverletzung nach § 130 OWiG nicht ermittelt werden kann, wer für die unterbliebene Aufsichtsmaßnahme zuständig war und ob das Unterbleiben auf einem Organisationsmangel innerhalb des Unternehmens beruht.[127]

Dementsprechend muss nicht nur eine geeignete Organisations- und Überwachungsstruktur innerhalb des Unternehmens errichtet, sondern diese auch auf ihre Effektivität hin kontrolliert werden.[128] Dafür ist zumindest eine regelmäßige stichprobenartige Kontrolle erforderlich.[129] Unter Umständen kann es aber auch notwendig sein, umfassende Geschäftsprüfungen durchzuführen. Letzteres ist insbesondere dann der Fall, wenn Stichproben einzelner Vorgänge nicht geeig-

---

124 *Bock*, Criminal Compliance, S. 602 f.; *Pelz*, in: Hauschka, Corporate Compliance, § 6 Rn. 13.

125 *Bock*, Criminal Compliance, S. 603. Vgl. dazu auch BGHSt 25, 158 (163).

126 *Momsen*, ZIS 2011, 508; *Pelz*, in: Hauschka, Corporate Compliance, § 6 Rn. 2, 12, 33 ff.; *Rogall*, in: KK-OWiG, 30 Rn. 16. Vgl. auch *Wagner*, CCZ 2009, 8 (13) und *Kuhlen*, in: Maschmann, Compliance und Arbeitsrecht, S. 11 (19).

127 *Eidam*, wistra 2003, 447 (454 f.).

128 *Rogall*, in: KK-OWiG, § 130 Rn. 58; *Förster*, in: Rebmann/Roth/Hermann, OWiG, § 130 Rn. 16; *Hermanns/Kleier*, Grenzen der Aufsichtspflicht, S. 40

129 BGHSt 9, 319 (323); 25, 158 (163); OLG Köln wistra 1994, 315; *Rogall*, in: KK-OWiG, § 130 Rn. 60; *Fleischer*, AG 2003, 291 (294).

net sind, um bereits begangene Verstöße aufzudecken.[130] Auch der Umstand, dass § 130 OWiG den Aufsichtspflichtigen nach allgemeiner Ansicht nicht nur zur Kontrolle, sondern darüber hinaus auch dazu verpflichtet, gegen bereits begangene Straftaten oder Ordnungswidrigkeiten einzuschreiten,[131] begründet eine Pflicht zur umfassenden Aufklärung des dem Pflichtverstoß zugrunde liegenden Sachverhalts.[132] Solche umfassenden Überprüfungen des Geschäftsbetriebs mit dem Ziel der Sachverhaltsermittlung stellen – da sie durch die Unternehmensleitung selbst initiiert werden und auf die Aufklärung von innerbetrieblichen Straftaten gerichtet sind – letztlich eine Form von Internal Investigations dar.

4. Freiwilliger Einsatz von Internal Investigations als Instrument des Krisenmanagements

Auch wenn nach deutschem Recht grundsätzlich keine allgemeine Pflicht zur Durchführung von Internal Investigations besteht, haben die vorstehenden Ausführungen gezeigt, dass Internal Investigations in einer Vielzahl von Fällen gleichwohl ein zweckmäßiges Instrument zur Krisenbewältigung sein können.

Abgesehen von den zuvor dargestellten Einzelfällen ergibt sich dies allgemein daraus, dass sowohl nach deutschem Verwaltungs- als auch nach dem deutschen Ordnungswidrigkeiten- und Strafrecht die Möglichkeit besteht, interne Aufklärungsmaßnahmen eines Unternehmens zu dessen Gunsten auf verschiedenen Ebenen zu berücksichtigen:

a) Ermessensentscheidungen im Verwaltungsverfahren

Im Verwaltungsverfahren ist den Behörden in der Mehrzahl der Fälle Ermessen eröffnet, innerhalb dessen sie eine entsprechende Kooperationsbereitschaft des Unternehmens positiv honorieren können. Da verwaltungsrechtliche Eingriffsbefugnisse grundsätzlich einen präventiven Zweck verfolgen, also auf die Vermeidung künftiger Regelverletzungen gerichtet sind, entbehren sie einer strafenden Komponente.[133] Bemüht sich das Unternehmen, gegen das sich das verwaltungsrechtliche Einschreiten richten soll, eigenständig um die Aufklärung des relevanten Sachverhalts, demonstriert es durch die Kooperation bei der Aufklärung von in der Vergangenheit liegendem Fehlverhalten gleichzeitig seinen Wil-

---

130 BGH NStZ 1986, 34; OLG Köln wistra 1994, 315; *Pelz*, in: Hauschka, Corporate Compliance, § 6 Rn. 25; *Fleischer*, AG 2003, 291 (294).

131 *Gürtler*, in: Göhler, OWiG, § 130 Rn. 11; *Rogall*, in: KK-OWiG, § 130 Rn. 40.

132 *Wastl*, NWB 2010, 2221 (2228); *Wagner*, CCZ 2009, 8 (13).

133 *Behrens*, RIW 2009, 22 (31).

len zu zukünftigem regelkonformen Verhalten.[134] Diese kooperative Einstellung des Unternehmens kann im Rahmen des Ermessens bei der Frage berücksichtigt werden, ob angesichts dieser Umstände ein regelnder Eingriff durch die Behörde überhaupt noch erforderlich erscheint. Dies gilt umso mehr, als die jeweiligen Behörden trotz des insoweit geltenden Amtsermittlungsgrundsatzes bei ihren Ermittlungen teilweise auf eine Kooperation der Unternehmen angewiesen sind und eigene Aufklärungsbeiträge des Unternehmens die Behörden entlasten. Der Amtsermittlungsgrundsatz verpflichtet die zuständige Behörde nicht dazu, sämtliche der für das jeweilige Verfahren relevanten Tatsachen selbst zu erheben. Die Behörde kann vielmehr auch auf die durch das Unternehmen selbst beschafften Unterlagen zurückgreifen und ihren weiteren Ermittlungen zugrunde legen, sofern sie nur der ihr obliegenden Kontrollpflicht in Bezug auf Wahrheit und Stichhaltigkeit dieser Unterlagen ausreichend nachkommt.[135]

Darüber hinaus können eigene Aufklärungsmaßnahmen des Unternehmens – wie am Beispiel des Vergaberechts unter I.2.b) bereits dargestellt – im Einzelfall geeignet sein, die im Kontext verwaltungsrechtlicher Entscheidungen relevante Zuverlässigkeit eines Unternehmens wieder herzustellen.[136]

b) Opportunitätsprinzip im Ordnungswidrigkeitenrecht

Im Ordnungswidrigkeitenrecht gilt sowohl bezüglich der Frage, ob ein Verfahren eröffnet werden soll, als auch bezüglich der Frage, mit welchen der an sich zulässigen Mitteln eine Tat verfolgt werden soll, gemäß § 47 Abs. 1 OWiG das Opportunitätsprinzip.[137] Dies bedeutet, dass der zuständigen Verfolgungsbehörde bei diesen Entscheidungen ein Ermessensspielraum eröffnet ist, innerhalb dessen sie alle Umstände des Falles abwägen muss und dabei auch Aufklärungsmaßnahmen des Unternehmens zu dessen Gunsten berücksichtigen kann.[138]

Daneben besteht die Möglichkeit, die Durchführung von Internal Investigations im Rahmen der Bußgeldzumessung zu berücksichtigen.[139] Dies ergibt sich daraus, dass positives Nachtatverhalten bei der Bemessung des Bußgelds privi-

---

134 Vgl. grundlegend BGHSt 1, 105 (106) sowie *Behrens*, RIW 2009, 22 (31) und *Wiesner*, WuW 2005, 606 (609).

135 *Kopp/Ramsauer*, VwVfG, § 24 Rn. 10a ff.; *Behrens*, RIW 2009, 22 (30).

136 *Behrens*, RIW 2009, 22 (31).

137 *Bohnert*, in: KK-OWiG, § 47 Rn. 2 f.; *Seitz,* in: Göhler, OWiG, § 47 Rn. 5.

138 *Behrens*, RIW 2009, 22 (31); *Knierim*, FS Volk, S. 247 (257) sowie *Wiesner*, WuW 2005, 606 (609).

139 *Behrens*, RIW 2009, 22 (31); *Hart-Hönig*, in: Strafverteidigung im Rechtsstaat, S. 530 (536); *Gürtler*, in: Göhler, OWiG, § 30 Rn. 35.

legierend zu berücksichtigen ist. Die allgemeinen Zumessungsgrundsätze des § 17 Abs. 3 OWiG finden insoweit auch im Rahmen des § 30 OWiG Anwendung, auch wenn diese Vorschrift keine explizite Verweisung auf § 17 Abs. 3 OWiG enthält.[140] Im Bereich des Kartellrechts besteht mit der im Jahr 2000 erlassenen Richtlinie für die Festsetzung von Geldbußen (sog. Bonusregelung) sogar eine ausdrückliche Regelung zu dieser Frage.[141] Danach wird Unternehmen, die an Kartellverstößen beteiligt waren, Bußgeldfreiheit oder zumindest eine Herabsetzung der Geldbuße in Aussicht gestellt, wenn diese im Gegenzug Hinweise zur Ermittlung eines den Behörden zuvor nicht bekannten Kartells geben.[142] Weitere Faktoren, die bei der Bemessung der Bußgeldhöhe eine Rolle spielen, sind die Art der Zusammenarbeit mit den Behörden sowie die Mitwirkung an den Untersuchungen der Behörden.[143]

Auch für die *Siemens AG* (Siemens) haben sich die umfassende Kooperation mit der Münchener Staatsanwaltschaft sowie die eigenen Aufklärungsbemühungen ausgezahlt. So heißt es in einem der Bußgeldbescheide der Staatsanwaltschaft München I, die in Bezug auf den Fall Siemens ergangen sind:

> „Zugunsten der Siemens AG konnte erheblich mildernd berücksichtigt werden, dass sie während den Ermittlungen in außergewöhnlich großem Umfang mit den Ermittlungsbehörden kooperiert hat und ihnen jede Unterstützung bei der Aufklärung der Vorwürfe gewährt hat."[144]

c) Neue Kronzeugenregelung im Strafrecht

Bis zur Einführung des neu geschaffenen § 46b StGB durch das „Gesetz zur Änderung des Strafgesetzbuches – Strafzumessung bei Aufklärungs- und Präventionshilfe"[145] mit Wirkung zum 01.09.2009 bestand im deutschen Strafrecht – anders als im Ordnungswidrigkeitenrecht (vgl. die obige Darstellung) – nur vereinzelt die Möglichkeit, Bemühungen zur Sachverhaltsaufklärung unter

140 *Gürtler*, in: Göhler, OWiG, § 30 Rn. 36a; *Rogall*, in: KK-OWiG, § 30 Rn. 115; *Wegner*, wistra 2000, 361 (362).

141 Bekanntmachung Nr. 68/2000 über die RL des Bundeskartellamts für die Festsetzung von Geldbußen vom 17.04.2000, mittlerweile ersetzt durch die Bekanntmachung Nr. 9/2006.

142 *Behrens*, RIW 2009, 22 (31); *Wiesner*, WuW 2005, 606 (606 f.); *Wegner*, wistra 2000, 361 (366).

143 *Behrens*, RIW 2009, 22 (31); *Wiesner*, WuW 2005, 606 (607); *Wegner*, wistra 2000, 361 (365, 367).

144 Siehe den Bußgeldbescheid der Staatsanwaltschaft München I, S. 12, zu finden unter http://www.siemens.com/press/pool/de/events/2008-12-PK/MucStaats.pdf.

145 StrÄndG, BGBl. I 2009, S. 2288.

Rückgriff auf normierte Kronzeugenregelungen,[146] allgemeine Strafzumessungsgrundsätze (§ 46 StGB) sowie die Opportunitätsregelungen der §§ 153 ff. StPO zu honorieren. Mit Einfügung der Kronzeugenregelung des § 46b StGB verfügt nunmehr auch das deutsche Strafrecht über eine weitreichende, gesetzlich verankerte Honorierungsmöglichkeit von Aufklärungs- und Präventionsmaßnahmen.[147]

Um in den Genuss dieser gesetzlich normierten Strafmilderungsmöglichkeit zu gelangen, muss der Kronzeuge dazu beitragen, dass eine Tat nach § 100 Abs. 2 StPO aufgedeckt (§ 46b Abs. 1 Satz 1 Nr. 1 StGB) oder die Begehung einer solchen Tat noch verhindert werden kann (§ 46b Abs. 1 Satz 1 Nr. 2 StGB). Dabei ist nicht erforderlich, dass der Kronzeuge selbst an der Tat beteiligt war, zu deren Aufklärung er beiträgt. Vielmehr muss zwischen der mit Hilfe des Kronzeugen aufgedeckten bzw. verhinderten Tat auf der einen und der dem Kronzeugen zur Last gelegten Tat auf der anderen Seite keinerlei Zusammenhang bestehen.[148] Kronzeuge kann jeder werden, der einer Straftat aus dem Bereich der mittleren oder schwereren Kriminalität, d.h. einer Straftat, die mit einer im Mindestmaß erhöhten Freiheitsstrafe oder mit lebenslanger Freiheitsstrafe bedroht ist, verdächtigt wird. Was den Straftatkatalog des § 100a Abs. 2 StPO anbelangt, so werden von diesem nicht zur Kapitaldelikte, sondern auch „typische" Wirtschaftsstraftaten wie Betrug, Subventionsbetrug, Bankrott, Bestechung und Steuerhinterziehung erfasst.[149]

Auch wenn sich nur Individuen, nicht aber ein Unternehmen selbst auf die Kronzeugenregelung des § 46b StGB berufen können, wird diese Neuregelung eine Ausweitung unternehmensinterner Sachverhaltsaufklärung im Rahmen von Internal Investigations begünstigen. Denn erstens kann die Unternehmensleitung durch eigene Ermittlungen möglichen „Enthüllungen" eines Kronzeugen, der z.B. von korruptionsrelevanten Vorfällen in einem Unternehmen Kenntnis hat und dieses Wissen unter dem Druck eines gegen ihn laufenden Ermittlungsverfahrens gemäß § 46b StGB zur eigenen Entlastung den Strafverfolgungsbehörden offenbart, sowie der mit diesen Anschuldigungen verbundenen negativen Öffentlichkeitswirkung für das Unternehmen vorbeugen.[150] Zweitens verdeutlicht die Neuregelung mit der ausdrücklichen Möglichkeit einer Strafmilderung

---

146 Insbesondere §§ 129 Abs. 6 Nr. 2, 129a Abs. 7 StGB und § 31 BtMG.

147 *Sahan/Berndt*, BB 2010, 647 (647 f.).

148 *Sahan/Berndt*, BB 2010, 647; *Frank/Titz*, ZRP 2009, 137 (139).

149 Allerdings erfasst der Katalog des § 100a StPO die genannten Delikte überwiegend nur dann, wenn ein besonders schwerer Fall der Deliktsbegehung vorliegt. Einzige Ausnahme ist insoweit die Bestechung und Bestechlichkeit von Amtsträgern nach §§ 332, 334 StGB.

150 Vgl. *Sahan/Berndt*, BB 2010, 647 (649, 651 f.).

bei Unterstützung der Aufklärungstätigkeit der Strafverfolgungsorgane nochmals die ohnehin schon allgemein bestehende Bereitschaft der Strafjustiz, bei privaten Bemühungen zur Aufklärung des einer Verfehlung zugrunde liegenden Sachverhalts Zugeständnisse bei der Sanktionsfindung zu machen, die dann sowohl den beteiligten Mitarbeitern als auch den Unternehmensverantwortlichen und schließlich – über § 30 OWiG – auch dem Unternehmen selbst zu Gute kommen können.[151]

5. Vorteile von externen Ermittlern

Lässt sich anhand der Betrachtung dieser rechtlichen Rahmenbedingungen konstatieren, dass interne Ermittlungen durch das Unternehmen im Einzelfall durchaus ein geeignetes Instrument zur Krisenbewältigung darstellen, soll nun noch kurz aufgezeigt werden, welche Vorteile die Einschaltung von externen Ermittlern, insbesondere von Anwälten und/oder Wirtschaftsprüfern mit sich bringt.

Im Unterschied zu unternehmensinternen Syndikusanwälten[152] sowie sonstigen privaten Ermittlern können sich externe Anwälte auf das sog. Anwaltsprivileg berufen, haben also die Möglichkeit eines Zeugnisverweigerungsrechts nach § 53 Abs. 1 Nr. 3 StPO sowie die damit korrespondiere Möglichkeit, bestimmte Unterlagen gegenüber den gegebenenfalls parallel ermittelnden Behörden nicht offen legen zu müssen, § 97 Abs. 1 StPO.[153] Entsprechendes gilt gemäß § 46 Abs. 1 OWiG auch im Bereich des Ordnungswidrigkeitenrechts. Die Einschaltung externer Ermittler hat für das Unternehmen daher den immensen Vorteil, dass es selbst darüber entscheiden kann, welche Informationen der jeweiligen Ermittlungsbehörde zur Verfügung gestellt werden und welche dem Zugriff Dritter entzogen bleiben.

Darüber hinaus stellt sich die Einschaltung externer Ermittler immer dann als vorteilhaft dar, wenn der Vorwurf von Gesetzesverstößen sich auch oder gerade gegen die Leitungsebene des Unternehmens richtet. Anders als interne Ermittler, die den Unternehmensinteressen verpflichtet sind, können externe, also

---

151 Vgl. *Sahan/Berndt*, BB 2010, 647 (647 f., 650) sowie *Peglau*, wistra 2009, 409 (413). Vgl. zu diesem Aspekt ferner die obigen Ausführungen unter Kapitel 2 II.4.b).

152 Ob sich auch *Inhouse*-Juristen, d.h. Syndikusanwälte, gegenüber den Ermittlungsbehörden auf ein Zeugnisverweigerungsrecht berufen können, ist in Deutschland umstritten, *Buntschek/Biermann*, wistra 2004, 457 (460 f.); *Senge*, in: KK-StPO, § 53 Rn. 15 m.w.N. Der EuGH hat dem Zeugnisverweigerungsrecht von Syndikusanwälten mit Urteil vom 14.09.2010, NJW 2010, 3557 (3559 f.) – *Akzo Nobel Chemicals Ltd v. Kommission*, eine Absage erteilt.

153 *V. Hehn/Hartung*, DB 2006, 1909 (1912 f.); *Buntschek/Biermann*, wistra 2004, 457 (460).

unternehmensfremde Ermittler eine größere Objektivität gegenüber den Geschehnissen wahren und so eine umfassende und wahrheitsgetreue Aufklärung der Regelverstöße garantieren.[154] Eng damit zusammen hängt die mit der Einschaltung Externer in der Regel verbundene positivere Außenwirkung. Durch die Beauftragung einer „neutralen Stelle" dokumentiert die Unternehmensleitung, dass sie willens ist, „reinen Tisch zu machen" und für die Regelverstöße Verantwortung zu übernehmen.[155] Nicht zu vergessen ist schließlich, dass die Ermittler bei internen Untersuchungen häufig unter enormen Zeitdruck stehen und den Sachverhalt bald möglichst aufklären sollen. Eine schnelle und effiziente Sachverhaltsaufklärung setzt jedoch personelle Kapazitäten voraus, die nicht in jedem Unternehmen vorhanden sind.[156] Auch dies ist ein nicht zu unterschätzender Punkt, der für die Beauftragung von externen Ermittlern spricht.

6. Zwischenergebnis

Als Zwischenergebnis lässt sich festhalten, dass die Durchführung von unternehmensinternen Aufklärungsmaßnahmen aufgrund zahlreicher Vorgaben des deutschen Rechts begünstigt wird. Zudem können unternehmensinterne Untersuchungen im Einzelfall ein zweckmäßiges Instrument des Krisenmanagements darstellen, weil sie nach deutschem Recht sowohl im Rahmen der verwaltungsrechtlichen Ermessensentscheidungen als auch bei der Höhe der Straf- bzw. Bußgeldzumessung im Straf- und Ordnungswidrigkeitenrecht berücksichtigt werden können und sie aus Sicht des Unternehmens generell eine geringere Eingriffsintensität aufweisen als staatlich veranlasste Ermittlungen.[157] Eine explizite rechtliche Verpflichtung zur Durchführung unternehmensinterner Aufklärungsmaßnahmen besteht hingegen nicht.

Gleichwohl ist eine mit dem US-amerikanischen Rechtssystem vergleichbare Anreizwirkung zur Durchführung von Internal Investigations im deutschen Recht aufgrund folgender Gründe nicht zu verzeichnen: Abgesehen von der oben genannten Richtlinie des Bundeskartellamts gibt es im deutschen Recht keine verlässlichen Maßstäbe für Sanktionsprivilegierungen, wie sie im US-

154 Vgl. *Brückner*, BB-Special 4/2010, 21 (23); *Lomas/Kramer*, Corporate Internal Investigations, Rn. 6.73 und 6.78; *Partsch*, FCPA, S. 58 f. sowie *v. Hehn/Hartung*, DB 2006, 1909 (1913).

155 *Schürrle/Olbers*, CCZ 2010, 102 (105); *Behrens*, RIW 2009, 22 (33). Vgl. auch *Brückner*, BB-Special 4/2010, 21 (23) sowie *Lomas/Kramer*, Corporate Internal Investigations, Rn. 6.73.

156 *Behrens*, RIW 2009, 22 (33); *Dann*, AnwBl 2009, 84 (86). Vgl. auch *Schürrle/Olbers*, CCZ 2010, 102 (105) sowie *Wessing II*, in: Volk, MAH WiStra, § 11 Rn. 177.

157 *Mathews*, Ohio State Law Journal 45 (1984), 655 (671).

Recht mit den *Federal Sentencing Guidelines* oder den verschiedenen von der US-amerikanischen Börsenaufsicht sowie vom US-amerikanischen Justizministerium erlassenen Richtlinien bestehen. Dies gilt sowohl auf der Ebene des geschriebenen Rechts als auch auf der Ebene der individuellen Absprachen. Eine regelrechte Kultur der Absprachen im Sinne von „Aufklärung des Sachverhalts durch externe Anwälte als Ermittler gegen Strafmilderung", wie sie im US-amerikanischen Rechtskreis schon seit Jahrzehnten praktiziert wird, hat sich im deutschen Recht bislang nicht etabliert.[158] Darüber hinaus verzichten die deutschen Behörden selbst dann, wenn sie von der Effizienz der unternehmensinternen Aufklärungsbemühungen überzeugt sind, aufgrund des im deutschen Recht geltenden Amtsermittlungsgrundsatzes selten auf eigene Ermittlungen.[159] Schließlich rechtfertigt die Höhe der hierzulande verhängten Sanktionen gegen Unternehmen, die im Vergleich zum US-amerikanischen Recht in der Regel deutlich niedriger ausfallen, oftmals nicht den Aufwand, den die Durchführung von kostenintensiven Internal Investigations mit sich bringt.[160]

III. Cross-Border-Investigations

Im US-amerikanischen Rechtskreis sind Internal Investigations hingegen ein altbekanntes Phänomen. Bereits in den 1970er Jahren begann die Securities and Exchange Commission (SEC), es Unternehmen bei Regelverstößen zur Pflicht zu machen, umfassende interne Ermittlungen zur Sachverhaltsaufklärung durchzuführen.[161] Neu ist allerdings, dass sich der Einflussbereich der SEC aufgrund der zunehmenden Internationalisierung der Wirtschaftsbeziehungen vermehrt auch auf grenzüberschreitende Sachverhalte erstreckt.[162] Damit einher geht nicht nur die extraterritoriale Anwendung von US-amerikanischen Gesetzen und Bestimmungen auf europäische und andere nicht US-amerikanische Unternehmen, sondern auch die vermehrte Einleitung von grenzüberschreitenden Sonderermitt-

---

158 Vgl. *Knauer/Buhlmann*, AnwBl 2010, 387 sowie *Behrens*, RIW 2009, 22 (31). Zu den einschlägigen Richtlinien des US-amerikanischen Rechts siehe nachfolgend unter Kapitel 3 I.4.c),e) und f).

159 *Behrens*, RIW 2009, 22 (31); *Lomas/Kramer*, Corporate Internal Investigations, Rn. 6.60.

160 *Behrens*, RIW 2009, 22 (31).

161 *Behrens*, RIW 2009, 22 (24); *v. Hehn/Hartung*, DB 2006, 1909; *Mathews*, Ohio State Law Journal 45 (1984), 655 (655 f.). Zum Ursprung sowie zur historischen Entwicklung der Internal Investigations im US-amerikanischen Rechtsraum siehe noch ausführlich unter Kapitel 3 I.2.

162 *Wybitul*, BB 2009, 606; *v. Rosen*, BB 2009, 230; *Wehnert*, FS Müller, S. 729 (732); *Schulte/Görts*, RIW 2006, 561.

lungen durch die SEC,[163] die – um eine begriffliche Abgrenzung zu unternehmensinternen Ermittlungen in rein nationalen Sachverhalten zu schaffen – im Folgenden als *Cross Border Investigations* bezeichnet werden sollen.[164] Wohin diese Entwicklung führt und welche Probleme sie mit sich bringt, soll nachfolgend am Beispiel des Engagements europäischer Unternehmen am US-amerikanischen Kapitalmarkt dargestellt werden.

1. Grenzüberschreitende Anwendung US-amerikanischer Rechtsvorschriften auf deutsche Unternehmen

Europäische Gesellschaften, die an einer US-amerikanischen Börse notiert sind, unterliegen dem US-amerikanischen Kapitalmarktrecht und damit der Aufsicht durch die SEC.[165] Dies führt dazu, dass einige Regelungen und Gepflogenheiten des US-amerikanischen Rechtssystems über das Hoheitsgebiet der USA hinaus auf den in Europa ansässigen Mutterkonzern der am US-Kapitalmarkt registrierten Gesellschaft Anwendung finden.[166] Genau diese Situation stellt sich im Fall der Cross Border Investigations, bei denen die Grundsätze und Rahmenbedingungen, die für die Durchführung von Internal Investigations nach US-amerikanischem Rechtsverständnis gelten, ohne Änderung auf in Deutschland ansässige Unternehmen angewandt werden.[167]

2. Überblick über Einleitung und rechtliche Rahmenbedingungen einer Cross Border Investigation

a) Einleitung der Ermittlungen durch die SEC

Sobald die SEC den Verdacht hegt, dass ein an einer US-amerikanischen Börse gelistetes Unternehmen gegen US-amerikanische Kapitalmarktvorschriften verstoßen hat, richtet sie eine meist relativ unspezifische Anfrage an die Unternehmensleitung, in der sie diese auffordert, zu den Verdachtsmomenten Stellung zu nehmen.[168] Hintergrund dieser Anfrage sind die aufsichtsrechtlichen Befugnisse, die der SEC aufgrund des *Sarbanes Oxley Act* (SOA) und insbesondere des *Foreign Corrupt Practices Act* (FCPA) zustehen, und die sich unter anderem auf

---

163 *Wybitul*, BB 2009, 606 (606, 611). Vgl. auch *Wastl*, Kreditwesen 2008, 604 (606).

164 Zur Begrifflichkeit vgl. *Wybitul*, BB 2009, 606.

165 *V. Rosen*, BB 2009, 230; *Wehnert*, NJW 2009, 1191; *Schulte/Görts*, RIW 2006, 561.

166 *V. Rosen*, BB 2009, 230.

167 Vgl. dazu *Wastl*, Kreditwesen 2008, 604.

168 *Theile*, StV 2011, 381; *v. Rosen*, BB 2009, 230; *Wastl/Litzka/Pusch*, NStZ 2009, 68.

alle Gesellschaften erstrecken, deren Wertpapiere in den USA eingetragen oder die zur Einreichung regelmäßiger Berichte bei der SEC verpflichtet sind.[169]

b) Faktischer Zwang zur Durchführung von Internal Investigations

Zwar enthält das US-amerikanische Recht keine explizite Verpflichtung zur Durchführung von Internal Investigations.[170] Allerdings wirken sich nach anglo-amerikanischer Strafzumessungsdoktrin die umfassende Kooperation mit der SEC und anderen Ermittlungsbehörden sowie die Aufarbeitung von möglicherweise strafrechtlich relevanten Verhaltensweisen durch das Unternehmen selbst strafmildernd aus.[171] Auch im Rahmen eines aufsichtsrechtlichen Verfahrens, das die SEC wegen eines Regelverstoßes gegen das jeweilige Unternehmen einleiten kann, wird sich die Kooperationsbereitschaft und der Wille zur Aufklärung des Regelverstoßes regelmäßig positiv auf die Sanktionsfindung auswirken. In dieser Hinsicht sehen die einschlägigen US-Regelungen die Möglichkeit vor, nicht nur das „Ob“ einer Internal Investigation, sondern auch deren Ausgestaltung im Einzelnen bei der Sanktionierung zu berücksichtigen.[172] Darüber hinaus ist den zuständigen Behörden bei ihrer Entscheidung, ob und in welcher Form sie gegen ein verdächtiges Unternehmen vorgehen wollen, ein weiter Ermessensspielraum eingeräumt, innerhalb dessen sie eigene Aufklärungsmaßnahmen des Unternehmens positiv bewerten können.[173] Unzureichende Aufklärung durch die Unternehmen oder mangelnde Kooperation führt hingegen dazu, dass die SEC eine formelle Untersuchung startet, die mit einer vollständigen Offenlegung aller Fakten, inklusive Unternehmensgeheimnissen, verbunden sein und erhebliche (Geld-)Strafen nach sich ziehen kann.[174]

Angesichts der üblicherweise sehr hohen Strafen, die bei einem Verstoß gegen den FCPA oder den SOA verhängt werden können, hat sich in den USA die Praxis etabliert, dass betroffene Unternehmen bei der Aufdeckung von Unregelmäßigkeiten in einer Art vorauseilendem Gehorsam auch ohne vorherige Aufforderung durch die SEC entsprechende interne Untersuchungen starten, um

169 Z.B. § 78 dd-1 FCPA und Sec. 302, 1105 SOA. Siehe auch *Wastl/Litzka/Pusch*, NStZ 2009, 68 (69) sowie *Schulte/Görts*, RIW 2006, 561.

170 *Behrens*, RIW 2009, 22 (23). Dazu noch ausführlicher unter Kapitel 3 I.1.

171 *Engelhart*, Sanktionierung, S. 238; *Dann/Schmidt*, NJW 2009, 1851; *Hart-Hönig*, in: Strafverteidigung im Rechtsstaat, S. 530 (536); *Jahn*, StV 2009, 41; *Wastl/Litzka/Pusch*, NStZ 2009, 68 (69); *Wybitul*, BB 2009, 606 (610).

172 *Behrens*, RIW 2009, 22 (26); *Wybitul*, BB 2009, 606. Siehe dazu noch ausführlich unter Kapitel 3 I.4.e).

173 *Behrens*, RIW 2009, 22 (26). Vgl. auch *Wagner*, CCZ 2009, 8 (9).

174 *Hubbell*, Stanford Law Review 32 (1980), 1163 (1172).

eine möglichst umfassende Kooperationsbereitschaft gegenüber der SEC zu demonstrieren und dadurch in den Genuss eines möglichst großzügigen Entgegenkommens bei der Sanktionsfindung zu gelangen.[175] Im Hinblick auf die Art und Weise der Durchführung der internen Ermittlungsmaßnahmen orientieren sich die Unternehmen an denjenigen Kriterien, die von der SEC und dem amerikanischen Justizministerium, dem *Department of Justice* (DOJ), in verschiedenen Richtlinien aufgestellt worden sind.[176] Diese Kriterien sehen unter anderem vor, die internen Ermittlungen nicht durch unternehmenseigene Leute durchzuführen, sondern hierfür externe Ermittler, meistens von der SEC explizit benannte Anwälte einer „Vertrauenskanzlei" zu engagieren, die im Auftrag der Unternehmen und auf deren Kosten tätig werden.[177] Zum Abschluss einer solchen Internal Investigation werden die Ergebnisse der internen Untersuchung der SEC mit dem Ziel präsentiert, diese davon zu überzeugen, von der Erhebung einer Klage gegen das Unternehmen abzusehen.[178]

Hieraus wird ersichtlich, dass die mit der kooperativen Durchführung von interner Sachverhaltsaufklärung bezweckte Verringerung oder gar Vermeidung von Strafen oder sonstigen Sanktionen für die US-amerikanischen Unternehmen das Hauptmotiv für die Durchführung von Internal Investigations darstellt.[179] Im Einzelfall, insbesondere dann, wenn die ohne Kooperation drohenden Bußgelder eine für das betroffene Unternehmen existenzbedrohende Höhe annehmen, wenn das Unternehmen also keine echte Wahl mehr hat, ob es die angedrohte Sanktion akzeptiert oder aber kooperiert, lässt sich für das betroffene Unternehmen von einem faktischen Zwang zur Durchführung von Internal Investigations sprechen.

---

175 *Behrens*, RIW 2009, 22 (24 ff.); *Wehnert*, FS Müller, S. 729 (732, 735); *dies.*, FS Strafrechtsausschuss BRAK, S. 175 (180); *v. Hehn/Hartung*, DB 2006, 1909 (1913).

176 Hierbei handelt es sich um die vom DOJ erlassene Richtlinie mit der Bezeichnung *Federal Prosecution of Corporations* aus dem Jahr 2000, die nach zahlreichen Überarbeitungen unter der Bezeichnung *Principles of Federal Prosecution of Business Organizations* in das US-Attorneys' Manual eingefügt wurde, sowie das von der SEC im Jahr 2001 erlassene *Statement on the Relationship of Cooperation to Agency Enforcement Decisions*, auch bekannt als *Leon-Meredith-Report*. Dazu ausführlich unter Kapitel 3 I.4.e) und f) und.

177 *Theile*, StV 2011, 381; *Wehnert*, FS Müller, S. 729 (732, 736); *Mathews*, Ohio State Law Journal 45 (1984), 655 (667 f.).

178 *Partsch*, FCPA, S. 72; *Wehnert*, FS Müller, S. 729 (733 f., 735).

179 Ebenso *Wagner*, CCZ 2009, 8 (10). Vgl. ferner *Engelhart*, Sanktionierung, S. 263 f.

3. Bedeutung für deutsche Unternehmen

Nicht nur Siemens ist bislang Ziel einer solchen grenzüberschreitenden Sonderermittlung geworden, vielmehr haben schon einige deutsche Unternehmen, die am US-amerikanischen Kapitalmarkt tätig sind, Bekanntschaft mit der SEC und ihren Ermittlungsmethoden gemacht.[180] Dabei hat sich stets gezeigt, dass die Durchführung einer umfangreichen Cross Border Investigation – neben den beträchtlichen Kosten, die eine solche Untersuchung verursacht[181] – zu weiteren erheblichen Nachteilen wie Rufschäden, Kunden- und Kursverlusten, strafrechtlicher Verfolgung von Mitarbeitern und Managern sowie zivilrechtlichen Schadensersatzverfahren führen kann.[182]

Dennoch hat sich keines der betroffenen Unternehmen gegen die Durchführung der durch die SEC initiierten und kontrollierten internen Ermittlungen gewehrt und es auf ein streitiges Gerichtsverfahren in den USA ankommen lassen. Vielmehr stand am Ende einer Cross Border Investigation immer eine Einigung mit der SEC.[183] Siemens beispielsweise einigte sich Ende 2008 vergleichsweise mit der SEC, um die mehrjährige Untersuchung der US-amerikanischen Kanzlei *Debevoise & Plimpton LLP* (Debevoise), die durch den Korruptionsskandal im Unternehmen veranlasst wurde, zu beenden. Siemens musste wegen Verstößen gegen den FCPA letztlich rund 600 Mio. EUR „Strafe“[184] zahlen, konnte dadurch aber ein streitiges Gerichtsverfahren in den USA vermeiden und das Verfahren damit wesentlich schneller abschließen als sonst bei Vollzug des FCPA üblich.[185] Der von Siemens gezahlte Betrag setzt sich zusammen aus einem

180 So z.B. die DaimlerChrysler AG, die in den Jahren 2004-2006 Zielobjekt einer Cross Border Investigation war, *Schulte/Görts*, RIW 2006, 561.

181 Siemens zahlte mehr als 700 Mio. Euro für den Einsatz der externen Anwälte von Debevoise, *Sorge*, managermagazin, Art. vom 15.12.2008, www.manager-magazin.de/unternehmen/artikel/ 0,2828,596564,00.html.

182 *Wybitul*, BB 2009, 606 (611); *Samson/Langrock*, DB 2007, 1684 (1684, 1686). Vgl. auch die Berichte in den Medien, insbesondere das Handelsblatt, Art. vom 19.11.2004 (Fall DaimlerChrysler), sowie den Art. vom 26.04.2007 auf der website des managermagazins, www.manager-magazin.de/unternehmen/artikel/0,2828,479538,00.html (Fall Siemens).

183 *V. Rosen*, BB 2009, 230. So auch im Fall DaimlerChrysler, wo das Verfahren wegen FCPA-Verletzungen gegen eine Vergleichszahlung von 640 Mio. USD eingestellt wurde, *Schulte/Görts*, RIW 2009, 561. Generell werden über 90% aller Untersuchungen der SEC in einverständlicher Weise beigelegt, *Halfpap*, Kapitalmarktaufsicht, S. 133.

184 Der Begriff wird hier allgemein und nicht im engeren Sinn des StGB verwendet.

185 *Sorge*, managermagazin, Art. vom 15.12.2008, Fn. 181; *Hildebrand*, Welt Online, Art. vom 15.12.2008, http://www.welt.de/welt_print/article2878188/Siemens-bezahlt-Korruption-teuer.html; Siemens-Pressemitteilung vom 15.12.2008, http://www.siemens.com/press/pool/de/events/2008-12-PK/summary-d.pdf, S. 8.

Bußgeld in Höhe von rund 350 Mio. EUR, das Siemens an das US-amerikanische Justizministerium entrichtete, sowie einer Gewinnabschöpfung von rund 270 Mio. EUR, die die SEC aufgrund eines wegen Verstößen gegen den FCPA eingeleiteten Zivilverfahrens verhängte.[186] Daneben zahlte Siemens zur Beendigung des laufenden Korruptionsverfahrens in Deutschland noch insgesamt 596 Mio. EUR. Dieser Betrag setzt sich zusammen aus einer Gewinnabschöpfung sowie einem Bußgeld in Höhe von insgesamt 201 Mio. EUR, die vom Landgericht München angeordnet wurden,[187] sowie aus einem von der Staatsanwaltschaft München I verhängten Bußgeld in Höhe von 395 Mio. EUR wegen Aufsichtspflichtverletzung nach §§ 30 Abs. 1 und 4, 130 Abs. 1 OWiG.[188] Ohne eine Einigung mit den US-amerikanischen Behörden wäre der Schaden für Siemens – nicht zuletzt wegen der weiteren negativen Berichterstattung in den Medien, aber auch wegen der ansonsten noch drastischeren Sanktionen – wohl deutlich höher ausgefallen.[189]

Das Maß der Kooperation mit den zuständigen Behörden sowie den US-Ermittlern und die Bereitschaft zur Unterstützung derselben bei der Aufklärung des der Verfehlung zugrunde liegenden Sachverhalts sind dabei nicht nur wichtige Aspekte bei der Bemessung der gegen das Unternehmen verhängten Strafe. Eine Einigung mit der SEC kommt vielmehr grundsätzlich überhaupt nur dann zu Stande, wenn der der Verfehlung zugrunde liegende Sacherhalt vom Unternehmen vollständig und umfassend aufgearbeitet wurde.[190] Es wird vom Unternehmen erwartet, dass es selbst alle notwendigen Informationen liefert. Es hat nicht nur die entsprechenden Unterlagen an die SEC herauszugeben, sondern

---

186 Berichterstattung der Siemens AG vom 15.12.2008, http://www.siemens.com/press/de/events/2008-12-pk.php. Siehe auch das Urteil des United District Court for the District of Columbia in Sachen *SEC v. Siemens AG* einschließlich der entsprechenden Verpflichtungserklärung der Siemens AG, http://www.siemens.com/press/pool/de/events/2008-12-PK/SEC.pdf, sowie das korrespondierende Urteilsmemorandum des DOJ, http://www.siemens.com/press/pool/de/events/2008-12-PK/DOJ2.pdf, S. 10 f., 25.

187 Siehe die Berichterstattung in der FAZ vom 8.10.2007, http://www.faz.net/aktuell/wirtschaft/recht-steuern/auch-unternehmen-koennen-bestraft-werden-siemens-akzeptiert-millionenbusse-1485778.html.

188 Bußgeldbescheid der Staatsanwaltschaft München I, Fn. 144.

189 *Wybitul*, BB 2009, 606. Vgl. auch *Halfpap*, Kapitalmarktaufsicht, S. 133. Dies wird auch in der Begründung des Urteilsmemorandums des DOJ deutlich, Fn. 186, S. 14.

190 *Wybitul*, BB 2009, 606. Vgl. auch *Hart-Hönig*, in: Strafverteidigung im Rechtsstaat, S. 530 (536); *Schulte/Görts*, RIW 2009, 561 (567) und *Senderowitz/Ugarte/Cortez*, wistra 2008, 281 (283).

dieser auch seine eigenen Ermittlungsergebnisse in einem umfassenden Abschlussbericht zusammengefasst zur Verfügung zu stellen.[191]

Für ein von einer Cross Border Investigation betroffenes Unternehmen muss es damit entscheidend darauf ankommen, den der Verfehlung zugrunde liegenden Sachverhalt im Rahmen von internen Ermittlungen so lückenlos wie möglich aufzuklären und das Untersuchungsergebnis der SEC unter Darlegung der bereits getroffenen selbstreinigenden Maßnahmen mit dem Ziel zu unterbreiten, dass die SEC und das DOJ von weiteren – gegebenenfalls existenzbedrohenden – Maßnahmen Abstand nehmen.[192]

---

191 *Dann/Schmidt*, NJW 2009, 1851; *Wybitul*, BB 2009, 606; *Partsch*, FCPA, S. 83. Vgl. auch *Mathews*, Ohio State Law Journal 45 (1984), 655 (662 f.).

192 *Wagner*, CCZ 2009, 8 (9); *Wehnert*, FS Müller, S. 729 (732, 735). Vgl. auch das Statement von *Cromme*: „Wenn die Amerikaner alle Folterinstrumente genutzt hätten, die das US-Rechtssystem zur Verfügung stellt, hätte Siemens in eine existenziell bedrohliche Krise geraten können", Handelsblatt vom 19.12.2008, http://www.handelsblatt.com/unternehmen/industrie/cromme-erleichtert-nach-einigung-mit-behoerden;2113055.

Kapitel 3 Am Beispiel von Siemens: Die SEC und ihr Ermittlungsauftrag

Welche rechtlichen Rahmenbedingungen der SEC und ihrem Ermittlungsauftrag zugrunde liegen und wie eine von der SEC initiierte Ermittlung im Einzelnen abläuft, soll nun am Beispiel des Falles Siemens erläutert werden.

Dafür wird zunächst der US-amerikanische Hintergrund der Internal Investigations, einschließlich des US-Sanktionensystems sowie des Aufbaus und der Funktionsweise der SEC, beschrieben (unter I.), bevor die Voraussetzungen der Anwendbarkeit der US-Regulatorien auf deutsche Unternehmen näher erläutert werden (unter II.). Anschließend erfolgt eine Darstellung des typischen Ablaufs einer von der SEC initiierten Ermittlung in einem deutschen Unternehmen am Beispiel des Falles Siemens (unter III.).

I. US-rechtlicher Hintergrund der SEC und ihrer Ermittlungen

1. Keine Rechtspflicht zur Durchführung von Internal Investigations

Aufgrund der starken Verbreitung von Internal Investigations im US-amerikanischen Raum liegt die Vermutung nahe, das US-amerikanische Recht enthielte eine Verpflichtung zur Durchführung von Internal Investigations. Eine nähere Betrachtung der einschlägigen Rechtsnormen zeigt jedoch, dass weder US-Bundesgesetze noch das US-amerikanische *case law* oder sog. *US-rules*, d.h. Verordnungen der Verwaltungsbehörden, Unternehmen ausdrücklich dazu verpflichten, Internal Investigations durchzuführen.[1]

Lediglich aus Sec. 10A des *Securities Exchange Act* (SEA) kann sich – zumindest für Emittenten von Wertpapieren – eine (mittelbare) Verpflichtung zur Durchführung von Internal Investigations ergeben. Nach dieser Vorschrift obliegen dem Abschlussprüfer einer Gesellschaft zahlreiche Berichtspflichten gegenüber dem *audit committee* (Prüfungsausschuss), dem *board of directors* (Aufsichtsrat) und unter Umständen auch unmittelbar gegenüber der SEC, die sich insbesondere darauf beziehen, ob es im Berichtsjahr zu Rechtsverletzungen durch Mitarbeiter des Unternehmens gekommen ist, welche Auswirkungen diese Rechtsverletzungen gehabt haben und ob die Gesellschaft in geeigneter Weise

---

1 *Behrens*, RIW 2009, 22 (23); *Dann/Schmidt*, NJW 2009, 1851; *Mathews*, Ohio State Law Journal 45 (1984), 655.

auf die Rechtsverletzung reagiert hat.[2] Zur Klärung dieser Fragen ist es in der Praxis durchaus üblich, dass die Gesellschaft selbst die Durchführung einer Internal Investigation veranlasst und dafür – um die Akzeptanz der Untersuchungsergebnisse beim Abschlussprüfer zu steigern – unabhängige Anwälte oder Wirtschaftsprüfer mit der Untersuchung beauftragt.[3] Schließlich können die Leitungsorgane einer nach US-amerikanischem Recht gegründeten Gesellschaft aufgrund der ihnen obliegende Sorgfaltspflicht (*duty of care*) – ähnlich wie auch Vorstand bzw. Geschäftsführer einer deutschen Gesellschaft[4] – im Einzelfall zur Aufklärung von Verdachtsmomenten mittels Durchführung einer Internal Investigations verpflichtet sein, weil sie nur so eine im Sinne der Business Judgement Rule angemessene Informationsgrundlage für ihr weiteres Handeln schaffen können.[5]

Insgesamt lässt sich die enorme Popularität von Internal Investigations in den USA vorrangig auf die Ausgestaltung des US-amerikanischen Sanktionensystems zurückführen, das Unternehmen starke Anreize bietet, den einer Verfehlung zugrunde liegenden Sachverhalt im Rahmen einer Internal Investigation aufzuklären.[6] Zu nennen sind hierbei insbesondere der FCPA von 1977, der SOA aus dem Jahr 2002 sowie die im *United States Sentencing Guidelines Manual* (USSG) niedergelegten Regeln zur Strafzumessung nebst den dazu ergangenen Memoranda.[7] Diese Rahmenbedingungen können – wie oben unter Kapitel 2 III.2.b) bereits dargestellt – im Einzelfall zwar einen faktischen Zwang zur Durchführung von Internal Investigations erzeugen, von einer rechtlichen Verpflichtung, den einer Verfehlung zugrunde liegenden Sachverhalt intern aufzuklären, kann aber deswegen nicht ausgegangen werden. Vielmehr stellt sich die „freiwillige" Durchführung von Internal Investigations als Ergebnis einer Kombination aus einem sehr hohen abstrakten Strafmaß und einem zugleich sehr ausgeprägten Ermessensspielraum der Behörden dar.[8]

---

2 *Wagner*, CCZ 2009, 8 (10). Vgl. auch die Ausführungen der SEC in den Anordnungen *In the Matter of Seidelmann*, Exchange Release No. 50179 vom 11.08.2004, http://www.sec.gov/litigation/admin/34-50179.htm, und *In the Matter of PKF*, Securities Act Release No. 8675 vom 12.04.2006, http://www.sec.gov/litigation/admin/2006/33-8675.pdf.

3 *Wagner*, CCZ 2009, 8 (10). Vgl. auch *Knierim*, StV 2009, 324 (327).

4 Siehe zur vergleichbaren Lage im deutschen Recht bereits oben unter Kapitel 2 II.1.d).

5 *Wagner*, CCZ 2009, 8 (10).

6 *Behrens*, RIW 2009, 22 (23); *Bittmann/Molkenbur*, wistra 2009, 373; *Wagner*, CCZ 2009, 8 (10).

7 *Hart-Hönig*, in: Strafverteidigung im Rechtsstaat, S. 530 (531 f.); *Wehnert*, FS Müller, S. 729 (731); *Bannenberg*, in: Wabnitz/Janovsky, Hdb WiStra, Kap. 10 Rn. 140.

8 *Behrens*, RIW 2009, 22 (24 f., 26).

Auch die sich aus Sec. 21(a)(1) SEA ergebende Befugnis der SEC, bei dem Verdacht eines Verstoßes gegen geltendes Wertpapierrecht einschließlich der von ihr erlassenen Regeln Ermittlungen zur Aufklärung des Sachverhalts durchzuführen, ändert an diesem Befund (keine Rechtspflicht zur Durchführung von Internal Investigations) nichts. Denn diese von Mitarbeitern der SEC durchgeführten Aufklärungsmaßnahmen stellen als Ermittlungen einer staatlichen Stelle gerade keine Internal Investigations im Sinne der hier zugrunde gelegten Begriffsdefinition, d.h. keine durch das Unternehmen veranlasste und damit private Straftataufklärung dar.

2. Historische Entwicklung des Phänomens Internal Investigations

Unternehmensinterne Ermittlungen in Form von Internal Investigations haben ihren Ursprung in den großen Bilanzskandalen sowie in der Watergate-Affäre, die die USA Ende der 1960er und Anfang der 1970er Jahre erschütterten.[9] Um die Durchsetzung des US-amerikanischen Wertpapierrechts trotz unzureichender personeller Kapazitäten effektiver zu gestalten, begann die SEC zu dieser Zeit damit, es Unternehmen bei vermuteten Unregelmäßigkeiten zur Auflage zu machen, Internal Investigations durchzuführen bzw. von externen Experten durchführen zu lassen und die Ergebnisse der Ermittlungen der SEC zur Verfügung zu stellen.[10] Im Gegenzug wurde den Unternehmen ein Entgegenkommen bei der späteren Sanktionsfindung in Aussicht gestellt.[11]

Dieses Angebot der SEC stieß auf große Resonanz der Unternehmen, die – zum Teil vorausschauend und ohne vorherige Aufforderung durch die Behörden – entsprechende interne Untersuchungen durchführten, um damit von Anordnungen der SEC verschont zu werden und so einen weiteren Ermessensspielraum bezüglich der Durchführung der Untersuchung und der Auswahl der Ermittler zu erhalten.[12] Angesichts der ausgeprägten Kooperationsbereitschaft der Unternehmen und der aus Sicht der SEC durch die internen Untersuchungen er-

---

9 *Behrens*, RIW 2009, 22 (24); *Partsch*, FCPA, S. 2; *Mathews*, Ohio State Law Journal 45 (1984), 655 (655 ff.).

10 *Behrens*, RIW 2009, 22 (24); *Huber*, in: Verhandlungen des 67. DJT, L 134; *Androulakis*, Globalisierung der Korruptionsbekämpfung, S. 123; *Hubbell*, Stanford Law Review 32 (1980), 1163 (1167).

11 Sog. „Voluntary Disclosure Program“ der SEC, dazu *Mathews*, Ohio State Law Journal 45 (1984), 655 (668). Siehe ferner *Huber*, in: Verhandlungen des 67. DJT, L 134.

12 *Behrens*, RIW 2009, 22 (24 f.); *Androulakis*, Globalisierung der Korruptionsbekämpfung, S. 123, 126. Vgl. auch *Brown*, Delaware Journal of Corporate Law 26 (2001), 1 (35) sowie *Hubbell*, Stanford Law Review 32 (1980), 1163 (1167 f.).

zielten Ermittlungserfolge wurde die Anordnung zur Durchführung von Internal Investigations im Laufe der 1970er Jahre zu einer Standardauflage.[13]

Der Erlass des FCPA im Jahr 1977 sorgte in der Folge dafür, dass Internal Investigations weiterhin im Bewusstsein der Unternehmen verankert blieben. Um die Einhaltung der im FCPA verankerten Rechnungslegungs- und Anti-Korruptionsregelungen gewährleisten zu können, sahen sich die Leitungsorgane der betroffenen Unternehmen oftmals gezwungen, sich mittels einer internen Untersuchung den notwendigen Überblick über die Vorkommnisse innerhalb des Unternehmens zu verschaffen.[14]

Erst mit dem Release Nr. 44969 vom 23.10.2001, auch bekannt als *Leon-Meredith-Report* oder *Seabord-Report*, wurde die lang geübte Praxis der Internal Investigations schließlich „formalisiert", wenngleich nicht in Form eines allgemeingültigen Gesetzes, sondern lediglich in Form einer rein informatorischen Zwecken dienenden Veröffentlichung.[15] Damit gibt es bis heute keine verbindlichen Vorgaben zur konkreten Ausgestaltung der Ermittlungen sowie zu den Kriterien, die die SEC bei ihren Entscheidungen, ob überhaupt ein offizielles Verfahren eingeleitet werden soll und welche Sanktionen beantragt werden, zugrunde legt. Allerdings finden die von der SEC im Leon-Meredith-Report anhand eines Einzelfalls aufgestellten Leitlinien für die Durchführung von Internal Investigations grundsätzlich auf alle von der SEC geleiteten Verfahren Anwendung, so dass sie immerhin eine Orientierungshilfe bieten.[16]

3. Überblick über das US-amerikanische Sanktionssystem

Ein Regelverstoß durch ein Unternehmen kann nach US-amerikanischem Recht privatrechtliche, verwaltungsrechtliche oder strafrechtliche Folgen nach sich

---

13 *Behrens*, RIW 2009, 22 (24); *Mathews*, Ohio State Law Journal 45 (1984), 655 (658, 662, 665).

14 *Menzies*, Sarbanes-Oxley und Corporate Compliance, S. 30; *Mathews*, Ohio State Law Journal 45 (1984), 655 (670 f); *Reed*, University of Chicago Law Review 47 (1980), 803 (804, 812).

15 Releases sind mit den Rundschreiben der BaFin vergleichbare, nicht rechtsverbindliche Veröffentlichungen der SEC, die vor allem dazu dienen, die Marktteilnehmer über die zukünftige Verwaltungspraxis der SEC zu informieren; *Behrens*, RIW 2009, 22 (25); *Halfpap*, Kapitalmarktaufsicht, S. 131.

16 *Behrens*, RIW 2009, 22 (25, 28). Zu den Einzelheiten des Leon-Meredith-Reports noch ausführlich unter Kapitel 3 I.4.e).

ziehen.[17] In Bezug auf Internal Investigations sind dabei vor allem die hoheitlichen Folgen, d.h. die verwaltungsrechtlichen und die strafrechtlichen Sanktionen von Bedeutung.[18] Da es im US-amerikanischen Recht jedoch an einer strikten Trennung zwischen Privatrecht und öffentlichem Recht fehlt,[19] bietet es sich an, nach den für die Sanktionierung zuständigen Stellen zu unterscheiden, nämlich dem für die strafrechtliche Verfolgung zuständigen DOJ und der für die nicht-strafrechtliche, aber hoheitliche Sanktionierung zuständigen SEC.[20] Dass eine der Behörden bereits Sanktionen verhängt hat, schließt ein Tätigwerden der andere Behörde allerdings nicht von vornherein aus. Vielmehr können das DOJ und die SEC das betroffene Unternehmen unabhängig voneinander parallel mit strafrechtlichen, zivilrechtlichen oder administrativen Sanktionen belegen.[21] In der Regel wird das DOJ aber erst tätig, wenn es durch die SEC zum Zwecke der Strafverfolgung mit einem Vorgang befasst wird.[22]

Aufbau, Funktion und Arbeitsweise beider Behörden werden nun im Folgenden kurz dargestellt.

a) Die Securities and Exchange Commission

aa) Überblick

Die SEC ist eine sog. *independent regulatory agency*, d.h. eine Verwaltungsbehörde, die außerhalb der Ministerien steht, mit einer gewissen Unabhängigkeit gegenüber dem Präsidenten ausgestattet und lediglich dem Kongress rechenschaftspflichtig ist.[23] Wie viele andere *independent agencies* besitzt auch die SEC die Kompetenz zum Erlass von Richtlinien und Regeln mit Gesetzeskraft, die den Rang von Bundesrecht aufweisen.[24] Im Rahmen des ihr eingeräumten weiten Ermessensspielraums kann die SEC darüber hinaus auch rechtsdurchsetzend[25] und rechtsprechend[26] tätig werden. Dies beinhaltet die Befugnis zum Ab-

---

17 *Halfpap*, Kapitalmarktaufsicht, S. 138 f.; *Rimbeck*, Fehlerhafte Ad-hoc Mitteilungen, S. 24.

18 *Behrens*, RIW 2009, 22 (23).

19 *Hay*, US-Amerikanisches Recht, Rn. 80.

20 Vgl. auch *Behrens*, RIW 2009, 22 (23) und *Wehnert*, FS Müller, S. 729 (731).

21 *Walisch*, Organisatorische Prävention, S. 53. Vgl. auch *Hart-Hönig*, in: Strafverteidigung im Rechtsstaat, S. 530 (534).

22 *Wehnert*, FS Müller, S. 729 (731). Vgl. auch *Partsch*, FCPA, S. 70 und *Weigend*, Anklagepflicht und Ermessen, S. 116.

23 *Behrens*, RIW 2009, 22 (23); *Hay*, US-Amerikanisches Recht, Rn. 83 f.; *Halfpap*, Kapitalmarktaufsicht, S. 118; *Riegert*, Administrative Law, S. 35.

24 Daher resultiert auch die Bezeichnung als independent *regulatory* agency, *Hay*, US-Amerikanisches Recht, Rn. 84; *Halfpap*, Kapitalmarktaufsicht, S. 117, 126 f.

25 Insb. durch *investigations* oder *inspections*.

halten von Anhörungen und zum Erlass von bindenden Verwaltungsakten sowie einzelfallbezogenen Anordnungen[27] genauso wie das Recht, umfassende Ermittlungen durchzuführen.[28]

Als für die Börsenaufsicht zuständige Bundesbehörde ist es die Aufgabe der SEC, potentielle Investoren mit allen kapitalmarktrelevanten Informationen zu versorgen, Anleger zu schützen und überhaupt die Integrität und Effektivität des US-amerikanischen Kapitalmarkts zu gewährleisten.[29] Seit dem Erlass des SOA im Jahre 2002 überwacht die SEC darüber hinaus vermehrt die Errichtung und Ausgestaltung funktionierender Compliance-Strukturen in Unternehmen.[30] Für ihre Tätigkeit stand der SEC im US-Haushalt der Jahre 2008 und 2009 jeweils ein Budget von über 900 Mio.,[31] im Jahr 2010 sogar von über 1 Mrd. USD zur Verfügung.[32] Rund 55% des Jahresbudgets gibt die SEC dabei für die Bereiche *enforcement* und *examinations* aus.[33]

bb) Aufbau und Arbeitsweise der SEC

Die Gründung der SEC geht zurück auf den Securities Exchange Act von 1934.[34] Als für die Kapitalmarktaufsicht zuständige Behörde sollte die SEC das im Zuge der Weltwirtschaftskrise von 1929 verloren gegangene Vertrauen der Öffentlichkeit in den Wertpapiermarkt wiederherstellen und künftigen Fehlentwicklungen am Kapitalmarkt durch ihr Einschreiten entgegenwirken.[35] Im Jahr 1975 wurden die Befugnisse der SEC durch eine Reform erweitert. Neben der

---

26 Eine quasi-judizielle Tätigkeit übt die SEC im Rahmen der sog. *adjudication* durch *orders*, d.h. verbindliche Einzelfallentscheidungen, aus. Im Rahmen dieses Verfahrens kann die SEC eine Neuinterpretierung bestimmter Kapitalmarktvorschriften oder von der SEC erlassener *rules* vornehmen.

27 Vgl. zum Ganzen *Halfpap*, Kapitalmarktaufsicht, S. 117, 126 ff. sowie *Fischer*, Corporate Governance und Sarbanes-Oxley Act, S. 113.

28 *Partsch*, FCPA, S. 70.

29 *Fischer*, SEC and BaFin, S. 12; *Halfpap*, Kapitalmarktaufsicht, S. 114, 123 ff.; *Reed*, University of Chicago Law Review 47 (1980), 803 (806).

30 Vgl. *Jahn*, StV 2009, 41; *Halfpap*, Kapitalmarktaufsicht, S. 114 sowie *Wehnert*, FS Müller, S. 729 (733).

31 http://www.sec/gov/about/secfy08congbudgjust.pdf bzw. http://www.sec.gov/about/secfy09congbudgjust.pdf; http://www.sec.gov/about/secpar/secpar2009.pdf, S. 15; *Jahn*, StV 2009, 41 und *Wybitul*, BB 2009, 606.

32 http://www.sec.gov/about/secfy10congbudgjust.pdf.

33 http://www.sec.gov/about/secpar/secpar2009.pdf, S. 15.

34 *Berman*, in: Berman, SEC Regulation, S. 1; *Riegert*, Administrative Law, S. 37.

35 *Halfpap*, Kapitalmarktaufsicht, S. 111; *Berman*, in: Berman, SEC Regulation, S. 2 f. Vgl. auch *Rimbeck*, Fehlerhafte Ad-hoc Mitteilungen, S. 11, 21.

bloßen Aufsicht kann sie seitdem auch in erhöhtem Maße gestaltend und regulierend auf den Kapitalmarkt einwirken.[36]

An der Spitze der SEC steht die *commission* (Kommision), deren fünf Mitglieder vom Präsidenten vorgeschlagen und vom Senat ernannt werden.[37] Die regelmäßige Amtszeit der *commissioners* beträgt fünf Jahre.[38] Eine erhöhte Unabhängigkeit der Kommission wird dadurch gewährleistet, dass nicht mehr als drei Kommissionsmitglieder derselben politischen Partei angehören sollen.[39]

Der Verwaltungsunterbau der SEC gliedert sich in vier verschiedene Abteilungen, von denen die *Enforcement Division* als für die Rechtsdurchsetzung zuständige Abteilung mit Blick auf die Durchführung von Internal Investigations von entscheidender Bedeutung ist.[40] Denn es ist die Aufgabe der Enforcement Division, mögliche Regelverletzungen zu ermitteln, den Sachverhalt umfassend aufzuklären und sodann eine Empfehlung an die Kommission auszusprechen, den Vorgang entweder vor Gericht zu bringen oder sich mit dem betroffenen Unternehmen vergleichsweise zu einigen.[41] In aller Regel folgt die Kommission der Einschätzung der Enforcement Division, ohne dem betroffenen Unternehmen zuvor Gelegenheit zur Stellungnahme zu geben.[42] Ist die Kommission der Auffassung, dass es zu einer Regelverletzung – beispielsweise zu einem Verstoß gegen den FCPA – gekommen ist und dass Maßnahmen zur Durchsetzung des Gesetzes angezeigt sind, ist sie befugt, ein entsprechendes Verfahren vor einem Bundesgericht oder einem Verwaltungsgericht anzustrengen.[43]

Der Mitarbeiterstab der SEC setzt sich vornehmlich aus Juristen, Wirtschaftsprüfern, Technikern und Finanzanalysten zusammen.[44] In den Jahren 2008 und 2009 umfasste der Mitarbeiterstab der SEC rund 3500 Vollzeitmitarbeiter, von denen rund ein Viertel im Bereich Enforcement beschäftigt war.[45]

Ihren Hauptsitz hat die SEC in Washington D.C.[46] Daneben betreibt sie 11 regionale Geschäftsstellen in New York, Boston, Atlanta, Chicago, Forth Worth,

---

36 *Halfpap*, Kapitalmarktaufsicht, S. 111.

37 Sec. 4 (a) SEA. Vgl. auch *Berman*, in: Berman, SEC Regulation, S. 4 und *Riegert*, Administrative Law, S. 38.

38 *Fischer*, SEC and BaFin, S. 20; *Berman*, in: Berman, SEC Regulation, S. 4.

39 Vgl. Sec. 4 (a) SEA.

40 *Behrens*, RIW 2009, 22 (23).

41 *Wehnert*, FS Müller, S. 729 (734 f.); *Partsch*, FCPA, S. 69; *Berman*, in: Berman, SEC Regulation, S. 7.

42 *Halfpap*, Kapitalmarktaufsicht, S. 133.

43 *Partsch*, FCPA, S. 69.

44 *Halfpap*, Kapitalmarktaufsicht, S. 117.

45 http://www.sec.gov/about/secpar/secpar2009.pdf, S. 15; *Jahn*, StV 2009, 41; *Halfpap*, Kapitalmarktaufsicht, S. 117.

46 *Halfpap*, Kapitalmarktaufsicht, S. 117.

Denver, Los Angeles, Seattle und Philadelphia, die sich – mit großer Selbständigkeit ausgestattet – schwerpunktmäßig mit Ermittlungstätigkeiten befassen.[47]

cc) Rechtliche Rahmenbedingungen

Die für die Aufgabenwahrnehmung der SEC wichtigsten Gesetzesbestimmungen bilden der *Administrative Procedure Act*, der die rechtsstaatlichen Mindestanforderungen für Verwaltungsverfahren enthält, der *Securities Act* von 1933, der Regelungen zur Emission von Wertpapieren und zur Registrierung öffentlicher Zeichnungsangebote umfasst und der bereits erwähnte Securities Exchange Act von 1934, durch den die SEC gegründet wurde und der Bestimmungen zu Aufbau und Befugnissen der SEC enthält. Von besonderer Bedeutung sind außerdem die von der SEC selbst erlassenen Verordnungen sowie einschlägige Gerichtsentscheidungen.[48]

Während sich der Securities Act seit seinem Erlass nur marginal verändert hat, ist der Securities Exchange Act Gegenstand zahlreicher Novellierungen gewesen, durch die Einfluss und Befugnisse der SEC stetig ausgebaut wurden.[49] Mit dem Erlass des Sarbanes Oxley Act im Jahre 2002, der den Unternehmen erweiterte Veröffentlichungspflichten sowie Maßnahmen zur Gewährleistung einer ordnungsgemäßen Unternehmensführung auferlegt, hat der Einfluss der SEC einen neuen Höhepunkt erreicht.[50]

b) Das Department of Justice

Das DOJ wurde 1870 gegründet.[51] Als Justizministerium ist das Department of Justice unter anderem für die Strafverfolgung zuständig.[52] Aber auch die zivilrechtliche Durchsetzung der im FCPA enthaltenen Buchführungs- und Bilanzierungsbestimmungen gegenüber nicht börsennotierten Unternehmen fällt in den Zuständigkeitsbereich des DOJ.[53]

---

47 *Fischer*, SEC and BaFin, S. 23 f.; *Halfpap*, Kapitalmarktaufsicht, S. 117 f., 121; *Rimbeck*, Fehlerhafte Ad-hoc Mitteilungen, S. 22; *Lotze*, Kapitalmarktrecht und Internet, S. 66.

48 *Behrens*, RIW 2009, 22 (23); *Halfpap*, Kapitalmarktaufsicht, S. 113; *Riegert*, Administrative Law, S. 58 f.

49 *Halfpap*, Kapitalmarktaufsicht, S. 113.

50 Vgl. *Wehnert*, FS Müller, S. 729 (733) sowie *Fischer*, SEC and BaFin, S. 19.

51 http://www.justice.gov/02organizations/about.html.

52 Fn. 51. Siehe ferner *Wehnert*, FS Müller, S. 729 (731) und *Schulte/Görts*, RIW 2006, 561 (561 f.).

53 *Partsch*, FCPA, S. 3.

Geht es allerdings um den Verstoß eines börsennotierten Unternehmens gegen strafbewehrte Kapitalmarktvorschriften oder gegen die Betrugsbestimmungen des FCPA, wird das DOJ in der Regel erst nach Aufforderung der SEC tätig. Nur wenn die SEC als für börsennotierte Unternehmen zuständige Aufsichtsbehörde bei der Untersuchung der Regelverstöße zu dem Ergebnis gelangt, dass ein Straftatbestand verwirklicht sein könnte, wird sie das Ergebnis ihrer Untersuchung nach ihrem Ermessen dem DOJ vorlegen[54] oder – was in der Praxis häufig der Fall ist – zusammen mit dem DOJ weiter ermitteln.[55] Dabei können sich die weiteren Ermittlungen nicht nur gegen die mutmaßlichen Täter der Vergehen, sondern auch gegen das Unternehmen als solches richten. Denn nach dem in den USA geltenden Konzept der Unternehmensstrafbarkeit unterliegen auch juristische Personen der Strafverfolgung, wenn ihnen das strafrechtlich relevante Verhalten ihrer Mitarbeiter zugerechnet werden kann.[56]

aa) Überblick über den Ablauf des Strafverfahrens

Ähnlich dem Verfahren vor der SEC gliedert sich auch das US-amerikanische Strafverfahren[57] in verschiedene Phasen. Ausgangspunkt jedes Strafverfahrens ist die Durchführung von Ermittlungen, für die – mangels einer spezialgesetzlichen Sonderzuständigkeit – das *Federal Bureau of Investigations* (FBI) zuständig ist.[58] Auf der Grundlage der Ermittlungsergebnisse entscheidet die Anklagebehörde, die *US-Attorneys*, die ebenfalls eine Abteilung des DOJ darstellen, ob eine Anklage bei einem *District Court* erhoben wird.[59] Beim zuständigen District Court beschließt sodann eine *grand jury* darüber, ob das Hauptverfahren eröffnet werden soll.[60] Im Rahmen des Hauptverfahrens wird allerdings lediglich die Schuld oder Unschuld des Angeklagten festgestellt. Die eigentliche Sanktionsfindung erfolgt in einem weiteren, sich dem Hauptverfahren anschließenden eigenständigen Strafzumessungsverfahren.[61] Im Rahmen der Strafzumessung orientieren sich die Richter dabei an dem United States Sentencing

54 Die SEC ist nicht verpflichtet, das DOJ überhaupt einzuschalten, *Halfpap*, Kapitalmarktaufsicht, S. 147.
55 *Behrens*, RIW 2009, 22 (25).
56 *Hay*, US-Amerikanisches Recht, Rn. 688.
57 Nachfolgend wird ausschließlich das Strafverfahren nach Bundesrecht zugrunde gelegt; die zum Teil bestehenden Abweichungen in den Einzelstaaten der USA bleiben außer Betracht.
58 *Behrens*, RIW 2009, 22 (25); *Partsch*, FCPA, S. 67 f.; *Schmid*, Strafverfahren, S. 36 f.
59 *Behrens*, RIW 2009, 22 (25). Vgl. auch *Schmid*, Strafverfahren, S. 39 ff.
60 *Behrens*, RIW 2009, 22 (25); *Weigend*, Anklagepflicht und Ermessen, S. 128 f.
61 *Meyer*, ZStW 118 (2006), 512 (520); *Walther*, MschKrim 2005, 362 (363).

Guidelines Manual, welches Richtlinien für die Berechnung des konkreten Strafmaßes enthält.[62]

bb) Bedeutung von Internal Investigations für das Strafverfahren

Bedeutung erlangen Internal Investigations im Rahmen des Strafverfahrens an zwei Stellen: Erstens bei der Entscheidung, ob überhaupt Anklage gegen das verdächtige Unternehmen bzw. dessen Mitarbeiter erhoben wird und zweitens bei der Zumessung der konkreten Strafhöhe.[63]

Sowohl bezüglich der Frage, ob überhaupt Anklage erhoben wird, als auch im Rahmen der Strafzumessung steht den US-Attorneys bzw. den Richtern ein weiter Ermessensspielraum zu.[64] In beiden Fällen kann die Durchführung von Internal Investigations im Rahmen der Ermessensentscheidungen zugunsten des jeweiligen Unternehmens honoriert werden.[65] Um im Hinblick auf die Frage, ob Anklage erhoben wird, eine annähernd gleichmäßige Ausübung des Ermessens sicherzustellen, hat das DOJ im Jahre 1999 Richtlinien erlassen, die die wesentlichen Faktoren aufzählen, die bei dieser Entscheidung zu berücksichtigen sind.[66] Hierzu zählt neben dem Bestehen von Compliance-Programmen auch die Kooperationsbereitschaft des betroffenen Unternehmens mit den Strafverfolgungsbehörden, die sich insbesondere durch die selbständige Aufklärung von Sachverhalten mittels Internal Investigations ausdrücken kann.[67]

Auch im Rahmen der US Sentencing Guidelines wird die Durchführung von Internal Investigations dem Unternehmen positiv angerechnet. So wird innerhalb des Verschuldensgrades, der neben der Schwere des Tatunrechts einen großen Einfluss auf die Bemessung der Strafe hat, berücksichtigt, ob das Unternehmen zur Zeit des Rechtsverstoßes ein effizientes Compliance-Programm errichtet hatte und ob das Unternehmen durch „self-reporting" und „cooperation" Verant-

---

62 *Alder*, Strafzumessungsrichtlinien, S. 25.

63 *Behrens*, RIW 2009, 22 (25); *Bannenberg*, in: Wabnitz/Janovsky, Hdb WiStra, Kap. 10 Rn. 142.

64 *Partsch*, FCPA, S. 68.

65 *Behrens*, RIW 2009, 22 (25 f.).

66 Principles of Federal Prosecution of Business Organizations, sog. *Holder Memorandum.* Im Januar 2003 wurde dieses durch das sog. *Thompson-Memorandum*, im Dezember 2006 durch das sog. *McNulty-Memorandum* und im August 2008 schließlich durch die sog. *Filip-Guidelines* ersetzt. Siehe dazu *Behrens*, RIW 2009, 33 (25).

67 Siehe Chapter VI und VII des Holder-Memorandums sowie *Behrens*, RIW 2009, 22 (26) und *Wehnert*, FS Müller, S. 729 (734). Vgl. auch *Baker*, Cornell Law Review 89 (2004), 310 (326 f.).

wortung für den Regelverstoß übernimmt.[68] Inwieweit das Unternehmen den Anforderungen an „self-reporting“ und „cooperation“ Genüge getan hat, beurteilt sich gemäß § 8C2.5 (g) USSG danach, ob das Unternehmen entsprechende Verdachtsfälle vor einem Einschreiten der Strafverfolgungsbehörden freiwillig offen gelegt und mit Hilfe einer umfassenden Internal Investigation aufgeklärt hat.[69]

4. Einschlägige US-amerikanische Bestimmungen

Neben der Kenntnis des Aufbaus, der Funktion sowie der Arbeitsweise von SEC und DOJ ist das Wissen um diejenigen US-rechtlichen Bestimmungen, die Einfluss auf die Durchführung von Internal Investigations haben, für das Verständnis dieses Phänomens von entscheidender Bedeutung. Einer näheren Erläuterung bedürfen in diesem Zusammenhang der Securities Act sowie der Securities Exchange Act, der Foreign Corrupt Practices Act, das United States Sentencing Guidelines Manual, der Sarbanes Oxley Act sowie der von der SEC veröffentlichte Leon-Meredith-Report und die verschiedenen Richtlinien des DOJ.

a) Securities Act von 1933 und Securities Exchange Act von 1934

Der in Folge des Börsenzusammenbruchs vom 29.10.1929 im Jahr 1933 erlassene Securities Act (SA) sowie der Securities Exchange Act von 1934 (SEA) zählen zu den wichtigsten Kapitalmarktgesetzen der USA. Sie statuieren weitgehende Ermittlungsbefugnisse der SEC und enthalten darüber hinaus Regelungen zur zivil- und strafrechtlichen Verantwortlichkeit der Emittenten und sonstiger am Kapitalmarkt agierender Personen.[70] Der SEA enthält zudem grundlegende Bestimmungen zum Börsenorganisationsrecht und gestaltet dadurch einen Teil der Rahmenbedingungen des US-amerikanischen Kapitalmarkts.[71]

Während der SA Regelungen zur Emission von Wertpapieren sowie bezüglich der Registrierung öffentlicher Zeichnungsangebote bei der SEC enthält, also vorwiegend für die Erstemission von Aktien einschlägig ist, enthält der SEA Regelungen zur Regulierung des Sekundärmarkts.[72] Daneben bildet der SEA die Rechtsgrundlage für die SEC und stattet diese mit weitreichenden aufsichts-

---

68 § 8C2.5 (g) USSG. Siehe auch *Hart-Hönig*, in: Strafverteidigung im Rechtsstaat, S. 530 (536).

69 Siehe die Anforderungen in § 8C2.5 (g) USSG. Vgl auch *Behrens*, RIW 2009, 22 (26).

70 *Behrens*, RIW 2009, 22 (26 f.)

71 Vgl. *Lotze*, Kapitalmarktrecht und Internet, S. 61.

72 *Rimbeck*, Fehlerhafte Ad-hoc Mitteilungen, S. 12; *Schuster*, Börsenrecht, S. 112; *Stürmer*, RIW 1983, 641 (642).

rechtlichen Kompetenzen im Bereich des Kapitalmarkts aus.[73] Gemäß Sec. 21(a)(1) SEA ist die SEC beispielweise zur Durchführung umfassender Ermittlungen ermächtigt, wenn der Verdacht besteht, ein Aufsichtssubjekt habe gegen geltendes Wertpapierrecht verstoßen oder ein solcher Verstoß stehe kurz bevor.[74]

Beiden Gesetzen liegt das Konzept einer *full and fair disclosure* zugrunde, dessen Ziel es ist, potentielle Investoren mit den notwendigen kapitalmarktrelevanten Informationen zu versorgen und diese gleichzeitig vor Falschinformationen in den öffentlich zugänglichen Registrierungsunterlagen sowie den von den Emittenten veröffentlichten Prospekten zu schützen.[75] Hierzu statuiert der SA eine generelle Registrierungspflicht für Wertpapiere und eine damit korrespondierende Prospektpflicht.[76] Der SEA versucht, die gewünschte Transparenz durch verschiedenste Publizitätserfordernisse für bereits emittierte Wertpapiere, durch Registrierungspflichten für Börsen und Broker sowie durch einen umfassenden zivil- und strafrechtlichen Sanktionsapparat zu erreichen.[77]

Darüber hinaus enthalten beide Gesetze sog. *anti-fraud provisions*, die betrügerische Wertpapierverkäufe verhindern sollen, indem unter anderem Insider-Trading und Marktmanipulationen verboten werden, und die unabhängig davon Geltung erlangen, ob die gehandelten Wertpapiere zuvor überhaupt registriert wurden.[78]

Da die Vorschriften des SEA jedoch sehr allgemein gehalten sind und sich demnach insbesondere bei komplexen Konzernstrukturen häufig nur schwer nachvollziehen lässt, welche Person für ihre Einhaltung verantwortlich ist, führen die dort statuierten Sanktionsmöglichkeiten in der Praxis ein Schattendasein. Die Ahndung von Bilanzmanipulationen wird seit Inkrafttreten des Sarbanes Oxley Acts im Jahr 2002 vielmehr auf die dort enthaltenen Sanktionsvorschriften gestützt.[79] Die Strafsanktionen für verbotenen Insiderhandel sind hingegen dem *Insider Trading and Securities Fraud Enforcement Act* zu entnehmen.[80]

---

73 Siehe dazu schon oben unter Kapitel 3 I.3.a)cc) sowie *Halfpap*, Kapitalmarktaufsicht, S. 113.

74 *Loss/Seligman*, Securities Regulation, S. 1205.

75 *Rimbeck*, Fehlerhafte Ad-hoc Mitteilungen, S. 11 f.; *Lotze*, Kapitalmarktrecht und Internet, S. 60 f.

76 *Behrens*, RIW 2009, 22 (27); *Halfpap*, Kapitalmarktaufsicht, S. 113; *Lotze*, Kapitalmarktrecht und Internet, S. 60 f.

77 *Halfpap*, Kapitalmarktaufsicht, S. 113.

78 Secs. 17 und 12 SA. Siehe auch *Behrens*, RIW 2009, 22 (27) sowie *Lotze*, Kapitalmarktrecht und Internet, S. 60 f.

79 *Walisch*, Organisatorische Prävention, S. 40 f.

80 *Walisch*, Organisatorische Prävention, S. 52.

b) Foreign Corrupt Practices Act von 1977

Der Erlass des FCPA im Jahr 1977 geht zurück auf den Watergate-Skandal Anfang der 1970er Jahre, der eine Reihe von finanziellen Zuwendungen US-amerikanischer Firmen an die Republikanische Partei von *Richard Nixon* sowie an ausländische Regierungsmitglieder betraf, und in dessen Folge die SEC im Jahr 1973 Korruptionsermittlungen gegen ca. 9000 Unternehmen aufnahm.[81] Zur Zeit seines Erlasses stellte der FCPA ein internationales Unikum dar, enthielt er doch als erstes und einziges Gesetz weltweit Vorschriften, die die Bestechung ausländischer Staatsbediensteter unter Strafe stellten.[82] Nach einer geringfügigen Änderung des FCPA im Jahr 1988, der aber die Struktur sowie die Reichweite der Bestechungsverbote unberührt ließ,[83] wurden die Bestechungsvorschriften anlässlich der OECD-Antikorruptionskonvention im Jahr 1998 weiter verschärft.[84] Da der FCPA in der Folge zu einem Vorreiter für eine Vielzahl von Gesetzgebungsakten außerhalb der USA avanciert ist, ist er ein gutes Beispiel dafür, wie US-Regularien über das Hoheitsgebiet der USA hinaus die Präventionspraxis von Unternehmen weltweit beeinflussen können.[85]

Der FCPA regelt zwei Bereiche: Zum einen enthält er Antikorruptionsbestimmungen, die insbesondere die Bestechung ausländischer Amtsträger unter Strafe stellen (sog. *anti-bribery provisions*), zum anderen werden Buchführungspflichten statuiert, die die Transparenz erhöhen und auf diese Weise Schmiergeldzahlungen entgegenwirken sollen (sog. *books and records provisions*).[86] Die Bestimmungen des FCPA sind integriert in den *United States Code, Chapter 15: Commerce and Trade* (15 U.S.C.), §§ 78dd-1 ff.

---

81 *Partsch*, FCPA, S. 2; *Walisch*, Organisatorische Prävention, S. 30 f.; *Brown*, Delaware Journal of Corporate Law 26 (2001), 1 (34, 36). Einen guten Überblick über die Korruptionsaffären der 1970er Jahre bieten auch *Androulakis*, Globalisierung der Korruptionsbekämpfung, S. 121 ff. und *Posadas*, Duke Journal of Comparative and International Law 10 (1999-2000), S. 345 ff.

82 *Androulakis*, Globalisierung der Korruptionsbekämpfung, S. 149 f.; *Walisch*, Organisatorische Prävention, S. 31.

83 Durch die *Foreign Corrupt Practices Amendments of 1988*, siehe hierzu ausführlich *Androulakis*, Globalisierung der Korruptionsbekämpfung, S. 207 ff.

84 Durch den sog. *International Anti-Bribery and Fair Competition Act*, siehe *Spies*, MMR 2009, XIII sowie *Partsch*, FCPA, S. 35 f.

85 *Bussmann/Matschke*, wistra 2008, 88; *Androulakis*, Globalisierung der Korruptionsbekämpfung, S. 149. Vgl. auch *Hart-Hönig*, in: Strafverteidigung im Rechtsstaat, S. 530 (531 f.) sowie *Menzies*, Sarbanes-Oxley und Corporate Compliance, S 25.

86 *Behrens*, RIW 2009, 22 (27 m. Fn. 33); *Partsch*, FCPA, S. 5; *Schulte/Görts*, RIW 2006, 561 (562); *Reed*, University of Chicago Law Review 47 (1980), 803 (811).

Zuständig für die Durchsetzung der im FCPA enthaltenen Regelungen sind sowohl die SEC als auch das DOJ.[87] Während das DOJ die Kompetenz für alle strafrechtlichen sowie diejenigen zivilrechtlichen Verfahren besitzt, die sich gegen nicht börsennotierte Unternehmen und natürliche Personen richten, ist die SEC ausschließlich für zivilrechtliche Verfahren gegen börsennotierte Aktienemittenten zuständig.[88]

aa) Anti-Bribery Provisions

(1) Anwendungsbereich

Die Antibestechungsvorschriften finden auf drei Adressatenkategorien Anwendung: Erstens auf *Emittenten*, d.h. auf Gesellschaften, deren Wertpapiere in den USA eingetragen oder die zur Einreichung regelmäßiger Berichte bei der SEC verpflichtet sind, zweitens auf *domestic concerns*, d.h. auf alle in den USA ansässigen Unternehmen, US-amerikanischen Staatsbürger sowie in den USA Ortsansässigen, und drittens – allerdings erst seit 1998 – auch auf *non-US-persons*, d.h. ausländische Personen oder Unternehmen, die Bestechungshandlungen vorgenommen haben, die sich irgendwie auf das Hoheitsgebiet der USA auswirken.[89] Diese großzügige Auslegung hat zur Folge, dass auch deutsche Unternehmen dem Anwendungsbereich des FCPA unterfallen, wenn ihre Aktien an einer US-Börse gehandelt werden.[90]

Während bis zur Reform des FCPA im Jahre 1998 von Emittenten und domestic concerns begangene Bestechungshandlungen nur dann unter Strafe standen, wenn sie einen territorialen Bezug zu den USA aufwiesen, insbesondere in dem die *US-Mail* oder Handels- oder Wirtschaftseinrichtungen der US-Bundesstaaten (sog. *interstate commerce*) zur Förderung der unerlaubten Zahlungen in Anspruch genommen wurden, können die Bestechungstatbestände des FCPA heutzutage schon dann verwirklicht werden, wenn die Tathandlung vollständig außerhalb des US-amerikanischen Hoheitsgebiets begangen wird und keinerlei Bezug zum interstate commerce der USA aufweist.[91] Dies hat zur Folge, dass eine US-amerikanische Gesellschaft schon dann haftbar gemacht wer-

87 *Wehnert*, NJW 2009, 1190 (1191); *Schulte/Görts*, RIW 2006, 561 (562).

88 *Partsch*, FCPA, S. 3, 67 ff.; *Bassett*, Alberta Law Review 36 (1998), 455 (461, 464).

89 15 U.S.C. §§ 78dd-1(a), 78dd-1(g), 78-2(a), 78dd-2(i), 78dd-3(a) und 78dd-3(f)(1); *Spies*, MMR 2009, XIII; *Partsch*, FCPA, S. 5 f., 26; *Androulakis*, Globalisierung der Korruptionsbekämpfung, S. 151, 415; *Schulte/Görts*, RIW 2006, 561 (563 f.); *Bassett*, Alberta Law Review 36 (1998), 455 (468).

90 *Bannenberg*, in: Wabnitz/Janovsky, Hdb WiStra, Kap 10 Rn. 141.

91 *Androulakis*, Globalisierung der Korruptionsbekämpfung, S. 157; *Schulte/Görts*, RIW 2006, 561 (564).

den kann, wenn einer ihrer ausländischen Mitarbeiter irgendwo auf der Welt einen Amtsträger besticht.[92] Anderes gilt nach wie vor für ausländische Emittenten und Tochtergesellschaften von US-amerikanischen Unternehmen, die nur dann dem FCPA unterfallen, wenn die Bestechungshandlung einen territorialen Bezug zu den USA aufweist.[93] Allerdings soll es für die erforderliche territoriale Beziehung schon ausreichen, dass im Zuge der Bestechungshandlung eine Überweisung oder ein Telefonat in die USA vorgenommen wurde.[94]

Angesichts dieser weiten Auslegung und in Anbetracht der in diesem Zusammenhang zu erwähnenden Fälle DaimlerChrysler und Siemens ist die Relevanz des FCPA für deutsche Unternehmen nicht zu unterschätzen.[95] Dass das DOJ und die SEC durchaus bereit sind, auch im Fall von ausschließlich im Ausland erfolgten Korruptionshandlungen gegen ausländische Staatsbürger vorzugehen, haben sie bereits in Sachen *Vereinigte Staaten von Amerika und Securities and Exchange Commission* gegen *KPMG Siddharta Siddharta & Harsono* gezeigt, in der das DOJ und die SEC aufgrund des Verdachts, die Beschuldigten hätten eine unerlaubte Zahlung an einen indonesischen Finanzbeamten genehmigt, eine in dieser Form bisher beispiellose gemeinsame Zivilrechtsklage gegen einen indonesischen Wirtschaftsprüfer und einen der Senior Partner der Wirtschaftsprüfungsgesellschaft KPMG angestrengt haben.[96] Aber auch im Fall Siemens erachtete die SEC die bloße Benutzung von Einrichtungen des US-amerikanischen interstate commerce für Bestechungszahlungen, die ausländische Tochtergesellschaften von Siemens an ausländische Amtsträger in unterschiedlichen Ländern vornahmen, indem beispielweise Zahlungen über US-amerikanische Banken oder mit Hilfe US-amerikanischer Firmen abgewickelt wurden, indem Fax- oder Postsendungen in die oder aus den USA verschickt oder Treffen auf US-amerikanischem Hoheitsgebiet abgehalten wurden, als ausreichend, um einen Verstoß gegen den FCPA zu bejahen.[97]

---

92 *Partsch*, FCPA, S. 6 f.

93 *Schulte/Görts*, RIW 2006, 561 (564).

94 *Androulakis*, Globalisierung der Korruptionsbekämpfung, S. 157; *Partsch*, FCPA, S. 7, 27; *Walisch*, Organisatorische Prävention, S. 33.

95 *Behrens*, RIW 2009, 22 (27); *Wehnert*, NJW 2009, 1190 (1191).

96 Civil Action No. H-01-3105 (S.D.Tex 2001), http://www.sec.gov/litigation/litreleases/lr17127.htm. Vgl. dazu auch *Partsch*, FCPA, S. 28.

97 Siehe dazu die Anklageschrift der SEC gegen die Siemens AG, zu finden unter http://www.siemens.com/press/pool/de/events/2008-12-PK/SEC.pdf, S. 32 f.

(2) Bestechungstatbestände

Auffällig ist zunächst, dass die grundsätzlich sehr weit gefassten Bestechungstatbestände des FCPA anders als die §§ 331-334 StGB nur die Geberseite im Blick haben, also nur das Versprechen oder Gewähren eines Vorteils, nicht aber dessen Annahme sanktionieren.[98] Diese Einschränkung lässt sich wohl auf die Geschichte des FCPA zurückführen, der ursprünglich erlassen wurde, um das Verhalten von US-Bürgern und Unternehmen zu sanktionieren, der aber möglichst nicht in die Kompetenzen anderer Staaten eingreifen sollte.[99]

Durch den FCPA wird – anders als in Deutschland – nicht nur die Bestechung ausländischer Amtsträger,[100] sondern auch die Bestechung von Funktionären einer ausländischen politischen Partei oder internationalen öffentlichen Institution oder eines Bewerbers um ein politisches Amt im Ausland unter Strafe gestellt. Darüber hinaus ist – um Umgehungen zu vermeiden – sogar die Bestechung sonstiger Personen strafbar, sofern die Zahlung oder das Zahlungsversprechen in dem Wissen erfolgt ist, dass die jeweilige Person die Zahlung oder das Versprechen an eine der zuvor genannten ausländischen Funktionäre oder Amtsträger weiterleiten wird (sog. *vicarious liability*).[101] Keine Anwendung findet der FCPA hingegen auf Bestechungszahlungen an Führungskräfte und Mitarbeiter von Privatunternehmen, die keine Regierungsbetriebe sind.[102]

Abgesehen von diesen beiden Ausnahmen entsprechen die verschiedenen Korruptionstatbestände des FCPA im Wesentlichen den §§ 331-334 StGB:

Die Zahlung oder das Zahlungsversprechen bzw. das Inaussichtstellen eines sonstigen Vorteils muss in korrupter Weise geeignet und bestimmt sein, eine amtsbezogene Handlung, Entscheidung oder Unterlassung einer der oben genannten Funktionäre mit dem Ziel zu beeinflussen, dem Unternehmen bei einem bestimmten Geschäftsabschluss, bei der Fortsetzung oder Vermittlung von Geschäften oder bei der Anbahnung oder Ausweitung der allgemeinen Geschäfts-

---

98 *Partsch*, FCPA, S. 5; *Schulte/Görts*, RIW 2006, 561 (562).

99 *Partsch*, FCPA, S. 5.

100 Hierunter fallen alle Führungskräfte oder Mitarbeiter einer ausländischen Regierung oder eines Ministeriums, einer Behörde oder Einrichtung einer solchen sowie einer öffentlichen internationalen Organisation oder Personen, die in amtlicher Eigenschaft oder im Namen einer solchen Regierung, eines solchen Ministeriums, einer solchen Behörde oder Einrichtung oder für eine solche öffentliche internationale Organisation oder in deren Namen handeln, vgl. 15 U.S.C. §§ 78dd-1(f)(1)(A), 78dd-2(h)(2)(A), 78dd-3(f)(2)(A).

101 *Androulakis*, Globalisierung der Korruptionsbekämpfung, S. 157 f.; *Partsch*, FCPA, S. 7. Vgl. auch *Menzies*, Sarbanes-Oxley und Corporate Compliance, S. 27.

102 *Partsch*, FCPA, S. 16.

beziehungen einen unangemessenen Vorteil zu verschaffen (sog. *corrupt purposes*).[103]

Wie auch im deutschen Recht ist es im Rahmen des FCPA ausreichend, dass der Empfänger dazu verleitet wird, seinen Einfluss auf eine amtsbezogene Handlung auszuüben. Nicht erforderlich ist hingegen, dass es tatsächlich zu der beabsichtigten Handlung kommt.[104]

Ausgenommen von der Strafdrohung sind allerdings – und das stellt einen weiteren Unterschied zum deutschen Recht dar – solche Beschleunigungs- und Schmiergeldzahlungen an ausländische Amtsträger niedriger Ränge, die „Routinevorgänge von Regierungsbehörden" ausführen.[105] Unter diese Ausnahmeregelung fallen beispielsweise die Bearbeitung von Genehmigungsanträgen, Lizenzen, Visa und sonstigen amtlichen Dokumenten sowie das Bereitstellen von Polizeischutz, Elektrizitäts- oder Wasserversorgung sowie ähnlicher Handlungen, die gewöhnlich von offizieller Seite erledigt werden.[106] Die Abgrenzung zur strafbaren Korruption richtet sich danach, ob der Amtsträger eine Handlung vornimmt, zu der er ohnehin verpflichtet gewesen wäre (dann keine strafbare Zahlung), oder ob er aufgrund der Zahlung pflichtwidrig handelt (dann strafbare Bestechung).[107]

Der subjektive Tatbestand der verschiedenen Korruptionstatbestände erfordert jeweils – insoweit über das deutsche Recht hinausgehend – qualifizierten Vorsatz in Form einer korrupten Absicht, sog. *corrupt intent*.[108] Dafür ist erforderlich, dass die Handlung nicht nur mit dem Wissen, sondern auch in der Absicht vorgenommen wurde, den Empfänger des Schmiergelds zu einer pflichtwidrigen Handlung zu verleiten oder sonst eine unangemessene Bevorzugung vorzunehmen.[109] Ausreichend ist allerdings auch das bewusste Verschließen vor Umständen, welche auf die Rechtswidrigkeit der jeweiligen Zahlung oder des

---

103 Siehe *Spies*, MMR 2009, XIII; *Partsch*, FCPA, S. 7 f. sowie *Schulte/Görts*, RIW 2006, 561 (562).

104 *Schulte/Görts*, RIW 2006, 561 (562); *Menzies*, Sarbanes-Oxley und Corporate Compliance, S. 26. Für das deutsche Recht vergleiche nur *Fischer*, StGB, § 331 Rn. 10, § 333 Rn. 9.

105 15 U.S.C. §§ 78dd-1(b), 78dd-2(b) und 78dd-3(b). Siehe dazu *Androulakis*, Globalisierung der Korruptionsbekämpfung, S. 158, 160, 209.

106 Siehe *Partsch*, FCPA, S. 13 f. sowie *Menzies*, Sarbanes-Oxley und Corporate Compliance, S. 27 f.

107 *Schulte/Görts*, RIW 2006, 561 (563).

108 *Partsch*, FCPA, S. 11; *Androulakis*, Globalisierung der Korruptionsbekämpfung, S. 159 f.

109 *United States v. Liebo*, 923 F.2d 1308, 1312 (8th Cir.) 1991, http://ftp.resource.org/courts.gov/c/F2/923/923.F2d.1308.89-5621.html; *Schulte/Görts*, RIW 2006, 561 (562).

Zahlungsversprechens schließen lassen, so dass sich ein Unternehmen schon dann strafbar machen kann, wenn es die hohe Wahrscheinlichkeit, dass ein Mitarbeiter oder sonst beauftragter Dritter das bereitgestellte Geld für eine Schmiergeldzahlung verwenden wird, bewusst ignoriert.[110] Um dieses Haftungsrisiko zu vermeiden, können die Unternehmen oftmals gezwungen sein, signifikante Maßnahmen zur Vermeidung von Schmiergeldzahlungen, wie beispielsweise vertragliche Absicherungen, Zusicherungen und eben auch interne Kontrollen und Untersuchungen, zu ergreifen.[111]

(3) Verteidigungsmittel

Gegen den Vorwurf der strafbaren Korruption stehen dem Beschuldigten nach dem FCPA zwei Verteidigungsmittel, sog. *affirmative defenses*, zu. Unter diesem Begriff versteht das *common law* alles, was der Beschuldigte oder Beklagte im straf- oder zivilrechtlichen Verfahren zu seiner Entlastung vorbringen kann.[112]

Gemäß 15 U.S.C. §§ 78dd-1(c)(1), 78dd-2(c)(1) und 78dd-3(c)(1) kann der Beschuldigte zum einen geltend machen, dass die entsprechende Zahlung oder das entsprechende Zahlungsversprechen nach der im Drittland geltenden Gesetzeslage rechtmäßig war.

Gemäß 15 U.S.C. §§ 78dd-1(c)(2), 78dd-2(c)(2) und 78dd-3(c)(2) kann der Beschuldigte sich darüber hinaus – vergleichbar dem Ausschlussgrund der Sozialadäquanz nach deutschem Recht – auch darauf berufen, dass die fragliche Zahlung den Umständen nach angemessenen war und in gutem Glauben an ihre Rechtmäßigkeit geleistet wurde sowie den Zweck verfolgte, ein bestimmtes Produkt oder eine Dienstleistung zu fördern oder einen Vertrag mit einer öffentlichen Institution abzuschließen oder zu erfüllen.

Für beide Ausnahmetatbestände trägt der Beschuldigte jedoch in der Regel die volle Beweislast.[113]

---

110 *Schulte/Görts*, RIW 2006, 561 (562); *Partsch*, FCPA, S. 12, 52. Vgl. auch *Androulakis*, Globalisierung der Korruptionsbekämpfung, S. 161 f.

111 *Partsch*, FCPA, S. 13, 52 ff.

112 *Schulte/Görts*, RIW 2006, 561 (563).

113 *Schulte/Görts*, RIW 2006, 561 (562). Vgl. auch *Spies*, MMR 2009, XIII (XIV): In den meisten Fällen gelinge es den Angeschuldigten nicht, den Nachweis zu führen, dass die Schmiergeldzahlungen nach dem Recht des Ziellandes legal sind.

bb) Books and Records Provisions

Neben den Bestechungsvorschriften enthält der FCPA Bestimmungen im Hinblick auf die Einhaltung bestimmter Buchführungsstandards sowie bezüglich der Einrichtung interner Kontrollmechanismen, die sich allerdings nur an Emittenten richten, d.h. ausschließlich für solche Unternehmen – unabhängig von deren Sitz – gelten, deren Wertpapiere in den USA gelistet sind oder die aufgrund des Securities Exchange Acts gegenüber der SEC meldepflichtig sind.[114]

Zweck der Buchführungs- und Kontrollbestimmungen ist es, der Zahlung von Schmiergeldern durch erhöhte Anforderungen an die Transparenz der Rechnungslegung entgegenzuwirken.[115]

Zuständig für die Durchsetzung der Buchführungsbestimmungen ist in erster Linie die SEC. Aber auch das DOJ kann tätig werden, wenn wegen einer vermuteten vorsätzlichen Umgehung interner Kontrollmaßnahmen oder der wissentlichen Fälschung von Büchern, Bilanzen oder sonstigen Unterlagen eine strafrechtliche Verfolgung angezeigt erscheint.[116]

(1) Buchführungsvorschriften

Der FCPA verpflichtet Emittenten dazu, Bücher, Unterlagen und Abschlüsse zu erstellen und zu führen bzw. zu verwahren, aus denen mit ausreichender Ausführlichkeit und in ordnungsgemäßer Weise Transaktionen und Verfügungen ersichtlich sind, die über das Vermögen erfolgt sind.[117] Ein Verstoß gegen diese Bestimmungen des FCPA liegt vor, falls Bücher gar nicht oder nicht mit der notwendigen Ausführlichkeit geführt werden oder bewusst falsche Einträge vorgenommen oder einzelne Umstände der Transaktion verschleiert werden.[118]

Die Buchführungsvorschriften finden unabhängig davon Anwendung, ob die Emittenten im In- oder Ausland operieren und ob bei ihnen ein Verdacht im Hinblick auf etwaige Bestechungshandlungen besteht oder nicht.[119] Allerdings wird ein Verstoß gegen die Antikorruptionsbestimmungen in der Regel auch einen Verstoß gegen die Pflichten zur ordnungsgemäßen Buchführung bedingen und umgekehrt eine ordnungsgemäße Buchführung in der Regel mit einer

---

114 *Partsch*, FCPA, S. 17; *Schulte/Görts*, RIW 2006, 561 (565).

115 *Behrens*, RIW 2009, 22 (27 m. Fn. 33); *Sporkin*, Northwest Journal of International Law and Business 18 (1998), 269 (274).

116 *Androulakis*, Globalisierung der Korruptionsbekämpfung, S. 164; *Partsch*, FCPA, S. 17.

117 15 U.S.C. § 78m(b)(2)(A).

118 *Partsch*, FCPA, S. 17; *Schulte/Görts*, RIW 2006, 561 (564).

119 *Partsch*, FCPA, S. 18; *Menzies*, Sarbanes-Oxley und Corporate Compliance, S. 28; *Brown*, Delaware Journal of Corporate Law 26 (2001), 40.

rechtmäßigen Zahlungspraxis verbunden sein.[120] So hat sich auch die SEC im Fall Siemens nicht darauf beschränkt, in ihrer Anklageschrift die Bestechungszahlungen an ausländische Amtsträger anzuprangern, sondern zusätzlich darauf hingewiesen, dass Siemens dadurch gleichzeitig gegen die Buchführungspflichten des FCPA verstoßen habe:

> „In particular, Siemens paid approximately $1,4 billion in bribes to foreign government officials. Doing so involved the falsification of Siemens' books and records by employees throughout the Company."[121]

(2) Pflichten zur Einrichtung interner Kontrollmaßnahmen

15 U.S.C. § 78m(b)(2)(B)(i) verlangt darüber hinaus, dass innerhalb des Unternehmens ein Kontrollsystem installiert wird, das eine „ausreichende Gewähr" für die Einhaltung der Buchführungspflichten bietet. Wie dieses Kontrollsystem genau auszusehen hat, wird vom FCPA indes nicht vorgegeben. Entscheidend ist vielmehr, ob das System insgesamt geeignet erscheint, die Zielsetzungen des Gesetzes zu erfüllen, also eine transparente Buchführung zu gewährleisten.[122]

Auch gegen diese Pflicht hat Siemens nach Auffassung der SEC verstoßen, da das Unternehmen bis zum Bekanntwerden der Korruptionshandlungen im Jahr 2006 trotz der generellen Kenntnis, dass Korruption in vielen Bereichen des Unternehmens ein gängiges Mittel zur Akquirierung neuer Aufträge darstellte, weder interne Kontrollen der Buchführung durchgeführt noch ein effektives Compliance System eingerichtet hatte.[123]

(3) Zivil- und strafrechtliche Haftung

Zivilrechtlich haftbar ist der Emittent schon dann, wenn er die Anforderungen an eine ordnungsgemäße Buchführung fahrlässig nicht beachtet.[124] Strafrechtlich zur Verantwortung gezogen werden kann das Unternehmen hingegen nur, wenn es die Installation eines internen Kontrollsystems vorsätzlich unterlässt bzw. umgeht oder vorsätzlich falsche Buchungen vornimmt.[125]

---

120 *Bannenberg*, in: Wabnitz/Janovsky, Hdb WiStra, Kap 10 Rn. 142; *Schulte/Görts*, RIW 2006, 561 (565).

121 Anklageschrift der SEC gegen die Siemens AG, Fn. 97, S. 33 f.

122 Vgl. die Rede des SEC Chairman *Williams* vor der SEC Developments Conference der AICPA (13.01.1981), http://www.sec.gov/news/speech/1981/011381williams.pdf.

123 Siehe die Anklageschrift der SEC gegen die Siemens AG, Fn. 97, S. 34 ff.

124 *SEC v. McNulty*, 137 F 3d 732 (2d Cir. 1998), http://ftp.resource.org/courts.gov/c/F3/137/137.F3d.732.97-6122.html; *Schulte/Görts*, RIW 2006, 561 (565).

125 15 U.S.C. § 78m(b)(4-5).

Obwohl sich die Buchführungs- und Kontrollpflichten direkt an den Emittenten richten, kommt auch eine strafrechtliche Haftung von natürlichen Personen – namentlich leitenden Angestellten – in Betracht, wenn diese die ihnen obliegenden Pflichten nicht berücksichtigen.[126]

cc) Bußgeldhöhe und Strafmaß

Ein Verstoß gegen den FCPA kann für das betroffene Unternehmen existenzbedrohende Folgen haben: Verstößt das Unternehmen vorsätzlich gegen die Bestechungsvorschriften des FCPA kann es mit einer Geldstrafe von bis zu 2 Mio. USD belegt werden, bei einem Verstoß gegen die Buchführungsvorschriften können sogar bis zu 25 Mio. USD Strafe pro Einzelfall verhängt werden.[127] Natürliche Personen haben bei einem vorsätzlichen Verstoß gegen die Antikorruptionsbestimmungen mit einer Geldstrafe von bis zu 100.000 USD und/oder Haft von bis zu fünf Jahren zu rechnen.[128] Verstoßen sie vorsätzlich gegen die Buchführungsbestimmungen des FCPA, reicht die Geldstrafe bis zu 5 Mio. USD und die Haftstrafe kann bis zu 20 Jahre betragen.[129] Im Gegensatz zu früher können die individuellen Strafen mittlerweile auch unabhängig von einer Verurteilung des Unternehmens verhängt werden.[130] Im Unterschied zum deutschen Recht ist es den Unternehmen überdies verboten, die Geldstrafen ihrer Mitarbeiter zu bezahlen.[131]

Die wirklich existenzbedrohenden Auswirkungen, die ein Verstoß gegen den FCPA nach sich ziehen kann, ergeben sich jedoch daraus, dass ergänzend zu den Bestimmungen des FCPA der *Alternative Fines Act* Anwendung findet, der bestimmt, dass sich die Höhe der Strafe auch nach den erlangten Vorteilen bzw. dem verursachten Schaden richten soll.[132] Die hat zur Folge, dass im Einzelfall noch weitaus höhere Strafen möglich sind: Die tatsächliche Geldstrafe kann bis zum Zweifachen des Schadens, der dem Opfer durch den Verstoß entstanden ist, oder des aus der Bestechungshandlung erlangten Vorteils betragen.[133]

---

126 *Schulte/Görts*, RIW 2006, 561 (565).

127 *Behrens*, RIW 2009, 22 (27); *Partsch*, FCPA, S. 22 f.; *Menzies*, Sarbanes-Oxley und Corporate Compliance, S. 29.

128 15 U.S.C. §§ 78dd-2(g)(2)(A), 78dd-3(e)(2)(A), 78ff(c)(2)(A).

129 15 U.S.C. § 78ff(a).

130 *Androulakis*, Globalisierung der Korruptionsbekämpfung, S. 164; *Schulte/Görts*, RIW 2006, 561 (566).

131 15 U.S.C. §§ 78dd-2(g)(3), 78dd-3(e)(3), 78ff(c)(3); *Bannenberg*, in: Wabnitz/Janovsky, Hdb WiStra, Kap 10 Rn. 141.

132 http://www.justice.gov/criminal/fraud/fcpa/docs/lay-persons-guide.pdf.

133 *Behrens*, RIW 2009, 22 (27); *Partsch*, FCPA, S. 22 f.; *Schulte/Görts*, RIW 2006, 561 (565 f.).

Darüber hinaus können Unternehmen, die gegen den FCPA verstoßen haben, gemäß den Richtlinien des *US Office of Management and Budget* auch von der Vergabe öffentlicher Aufträge sowie jeglicher vertraglicher Beziehungen mit dem Fiskus ausgeschlossen werden.[134] Ferner kann ein Verstoß gegen den FCPA zum Verlust von Ausfuhrgenehmigungen und sogar zum Ausschluss von der Teilnahme am Aktienhandel führen.[135] Auch diese Bestimmungen können die betroffenen Unternehmen in die Existenznot treiben.

In den letzten Jahren hat die Einleitung von Ermittlungsverfahren wegen Verstößen gegen den FCPA stetig zugenommen und die Tendenz ist weiter steigend.[136] Dass auch deutsche Unternehmen diese Drohkulisse des FCPA durchaus ernst nehmen, wird deutlich, wenn man die Fälle DaimlerChrysler und Siemens betrachtet. Beide Unternehmen waren bereit, zum Zwecke eines Vergleichs mehr als 600 Mio. USD (DaimlerChrysler) bzw. 600 Mio. EUR (Siemens) an DOJ und SEC zu zahlen, um so die Einleitung eines Straf- bzw. Zivilverfahrens wegen Verstoßes gegen den FCPA sowie die damit verbundenen weiteren negativen Folgen für das Unternehmen zu vermeiden.

c) United States Sentencing Guidelines Manual

aa) Entstehungsgeschichte

Der Erlass der United States Federal Sentencing Guidelines im Jahr 1987 geht zurück auf den *Sentencing Reform Act* von 1984 und ersetzte auf bundesweiter Ebene das zuvor in etwa der Hälfte der Einzelstaaten praktizierte System der „unbestimmten Strafzumessung“ (*indeterminate sentencing*), das den Richtern bei der Straffindung nur das Höchst- sowie das Mindestmaß für die jeweilige Strafe vorgab und ihnen ansonsten einen weiten Ermessensspielraum zubilligte.[137]

Mit dem Ziel, eine umfassende Begrenzung und Lenkung des richterlichen Ermessens zu erreichen und dadurch ein gegenüber dem System des indeterminate sentencing gerechteres und transparenteres Strafzumessungsverfahren zu schaffen, setzte der US-amerikanische Gesetzgeber auf Basis des Sentencing Reform Acts Mitte der 1980er Jahre eine unabhängige Strafzumessungskommission (*United States Sentencing Commission* – USSC) ein, die den Auftrag hatte,

---

134 *Androulakis*, Globalisierung der Korruptionsbekämpfung, S. 164.

135 *Partsch*, FCPA, S. 23 f.; *Schulte/Görts*, RIW 2006, 561 (566).

136 http://www.secactions.com/?p=922. Vgl. Auch *Spies*, MMR 2009, XIII sowie *Menzies*, Sarbanes-Oxley und Corporate Compliance, S. 30.

137 *Bussmann/Matschke*, wistra 2008, 88 (89); *Walther*, MschKrim 2005, 362 (363 f.); *Klein*, Valparaiso University Law Review 39 (2004-2005), 693 (693 f.); *Alder*, Strafzumessungsrichtlinien, S. 75 f.

bundesweit geltende Richtlinien für die Strafzumessung auszuarbeiten.[138] Darüber hinaus sollte der Erlass der Sentencing Guidelines auch dazu dienen, erkannte Unzulänglichkeiten des *US Criminal Code* auszugleichen.[139] Die Guidelines wurden dabei nicht – wie es eine wörtliche Übersetzung des Begriffs nahe legen würde – als informelle Richtlinien, sondern vielmehr als zwingendes Gesetzesrecht konzipiert.[140]

bb) Aufbau und Funktionsweise

Es ist das Ziel der Sentencing Guidelines, unter Einbeziehung von festgelegten Bonus- und Maluskriterien, die in ein logisch-hierarchisches Schema eingegliedert sind, eine Art Algorithmus für die Strafzumessung bereitzustellen.[141] Dabei folgen sie einem sog. *modified real offense system*: Ausgangspunkt für die Strafzumessung ist das Delikt, wegen dessen der Täter schuldig gesprochen wurde. Jeder im US Criminal Code beschriebenen Straftat wird durch das United States Sentencing Guidelines Manual (USSG) ein *base offense level* zugeordnet, wonach dem Täter je nach Schwere der begangenen Tat eine bestimmte Anzahl von Maluspunkten angelastet wird.[142] Das durch den base offense level geschaffene grobe Raster der Strafzumessung wird dann im Folgenden einerseits anhand verschiedener festgelegter *real offenses*, d.h. sich am tatsächlichen Geschehensablauf orientierender Faktoren, wie beispielsweise besonderen Strafschärfungs- oder Strafmilderungsgründen (*specific offense characteristics*) und Aspekten des Tat-, Nachtat- und Prozessverhaltens des Täters (*relevant conduct*), andererseits anhand der kriminellen Vergangenheit des Täters (*criminal history*) modifiziert.[143] Die so errechneten Maluspunkte aus der Schwere des Tatunrechts auf der einen und dem Verschuldensgrad des Täters (*culpability score*) auf der anderen Seite werden in einem letzten Schritt mit Hilfe des – ebenfalls in den Guide-

---

138 *Engelhart*, Sanktionierung, S. 121 f., 124 f.; *Meyer*, ZStW 118 (2006), 512 (515); *Walther*, MschrKrim 2005, 362 (364); *Linklater/McElyea*, RIW 1994, 117 (119). Zum Zweck der Sentencing Guidelines vergleiche ferner USSG § 1A.3.

139 *Alder*, Strafzumessungsrichtlinien, S. 81.

140 Vgl. *Mistretta v. United States*, 488 US 361, 391 (1989); *Stinson v. United States*, 508 US 36, 42 (1993).

141 *Bussmann/Matschke*, wistra 2008, 88 (89); *Alder*, Strafzumessungsrichtlinien, S. 27 f.; *Brown*, Delaware Journal of Corporate Law 26 (2001), 1 (79).

142 *Hauschka*, in: Hauschka, Corporate Compliance, § 1 Rn. 40; *Alder*, Strafzumessungsrichtlinien, S. 25, 35 f., 93; *Brown*, Delaware Journal of Corporate Law 26 (2001), 1 (80). Diebstahl hat z.B. einen base offense level von 4, so dass dem Dieb 4 Maluspunkte angelastet werden.

143 *Meyer*, ZStW 118 (2006), 512 (516 ff.); *Walther*, MschrKrim 2005, 362 (365); *Alder*, Strafzumessungsrichtlinien, S. 25, 37 ff., 93.

lines enthaltenen – Strafzumessungsrasters (*sentencing table*) einem konkreten Strafrahmen zugeordnet.[144]

Zunächst galten diese Richtlinien nur für die Bestrafung von Individuen. Seit dem Erlass der *Guidelines for the Sentencing of Organizations* im November 1991, die heute als Chapter 8 in das USSG inkorporiert sind, finden diese Grundsätze der Strafzumessung auch auf juristische Personen oder sonstige *organizations* Anwendung.[145] Anstelle der Verhängung einer Freiheitsstrafe tritt allerdings die Verhängung von Geldstrafen.[146]

Abweichungen von dem sich aus dem sentencing table ergebenden Strafrahmen nach oben oder nach unten (sog. *departures*) sind nur in besonderen Fällen zulässig und bedürfen stets einer ausführlichen Begründung.[147] Ein im Zusammenhang mit Internal Investigations besonders wichtiger – und im Rahmen der Darstellung der Cross Border Investigations bereits mehrfach angesprochener – Grund für eine *downward departure*, d.h. eine Abweichung vom vorgegebenen Strafrahmen zugunsten des Täters, stellt die umfassende Kooperation des Täters mit den Behörden dar.[148] Gleiches gilt für die freiwillige Offenlegung weiterer Straftaten gegenüber der Behörde.[149] Auch die Einführung effektiver Compliance-Strukturen stellt einen in den USSG verankerten Milderungsgrund dar.[150] Kooperiert der Täter in diesem Sinne umfassend mit den Behörden und gibt diesen dadurch zu verstehen, dass er auch bereit ist, die Verantwortung für

---

144 *Meyer*, ZStW 118 (2006), 512 (518); *Alder*, Strafzumessungsrichtlinien, S. 27, 30. Abgebildet ist der sentencing table z.B. bei *Darmer*, South Carolina Law Review 56 (2004-2005), 533 (542).

145 *Engelhart*, Sanktionierung, S. 129 ff., 144; *Brown*, Delaware Journal of Corporate Law 26 (2001), 1 (80). Vgl. auch *Hauschka*, in: Hauschka, Corporate Compliance, § 1 Rn 40.

146 *Linklater/McElyea*, RIW 1994, 117 (119 f.). Der Begriff „organization" umfasst alle nicht natürlichen Personen, wie corporations, partnerships, associations, joint-stock companies, unions, trusts, pension funds, unincoporated organizations, governments und political subdivisions und non-profit organizations, *Linklater/McElyea*, RIW 1994, 117 (119 Fn. 14).

147 *Walther*, MschrKrim 2005, 362 (365); *Darmer*, South Carolina Law Review 56 (2004-2005), 533 (543).

148 USSG § 5K1.1 bzw. § 8C4.1; *Behrens*, RIW 2009, 22 (26); *Walther*, MschrKrim 2005, 362 (365). Vgl. ferner *Alder*, Strafzumessungsrichtlinien, S. 54 f., 57.

149 USSG § 5K2.16. *Baker*, Cornell Law Review 89 (2003-2004), 310 (316, 326).

150 USSG § 8B2.1, § 8C2.5. Siehe dazu ausführlich *Engelhart*, Sanktionierung, S. 162 ff.; *Hauschka*, in: Hauschka, Corporate Compliance, § 1 Rn. 41 f.; *Walisch*, Organisatorische Prävention, S. 59 ff. sowie *Hart-Hönig*, in: Strafverteidigung im Rechtsstaat, S. 530 (536) und *Bussmann/Matschke*, wistra 2008, 88 (89).

sein Verhalten zu übernehmen, eröffnet er sich damit zugleich die Chance auf eine zum Teil erheblich mildere Bestrafung.[151]

cc) Fall Siemens

Um die Anwendung des USSG auf Unternehmen zu verdeutlichen, soll an dieser Stelle der Fall Siemens und die vom DOJ angestellte Berechnung der gegen das Unternehmen verhängten Strafzahlung als Beispiel herangezogen werden. Gemäß den Sentencing Guidelines hat das DOJ auf Seite 12 seines Urteilsmemorandums zunächst den Siemens anzulastenden total offense level (1) und den culpability score (2) bestimmt, um sodann im Einklang mit dem sentencing table die zu verhängende Strafe berechnen zu können (3):[152]

(1) Berechnung der Tatschwere (offense level)

Anzuwendende Norm der USSG	Strafschärfende/strafmildernde Aspekte	Maluspunkte
§ 2B1.1(a)(2)	Die aufgrund der Schwere der verwirklichten Straftat dem Täter in jedem Fall anzulastenden Maluspunkte (*base offense level*)	6
§ 2B1.1(b)(1)(P)	Verursachen eines Vermögensverlusts von mindestens 400 Mio. USD	30
§ 2B1.1(b)(2)(c)	Mehr als 250 Opfer/Geschädigte	6
§ 2B1.1(b)(9)	Tathandlung hat auch außerhalb der USA stattgefunden (*significant conduct outside US/sophisticated means*)	2
Tatschwere insgesamt (*total offense level*)		44

151 Vgl. *Meyer*, ZStW 118 (2006), 512 (526); *Klein*, Valparaiso University Law Review 39 (2004-2005), 693 (729 f.); *Brown*, Delaware Journal of Corporate Law 26 (2001), 1 (86).

152 Vgl. zum Ganzen das Urteilsmemorandum des DOJ, S. 12, http://www.siemens.com/press/pool/de/events/2008-12-PK/DOJ2.pdf.

(2) Berechnung des Verschuldensgrades (culpability score)

Anzuwendende Norm der USSG	Strafschärfende/strafmildernde Aspekte	Maluspunkte/ Bonuspunkte
§ 8C2.5(a)	Ausgangspunkt für die Berechnung (*base score*)	5
§ 8C2.5(b)(1)	5000 oder mehr Mitarbeiter und leitende Angestellte involviert/weit verbreitete Toleranz von Korruption (*pervasive tolerance*)	5
§ 8C2.5(g)(2)	Umfassende Kooperation und Schuldeingeständnis	-2
Verschuldensgrad insgesamt (*total culpability score*)		8

(3) Berechnung der zu verhängenden Strafe (fine range)

Anzuwendende Norm der USSG	Höhe der Strafe
Basisstrafe (*base fine*): Entweder die einem offense level von 44 nach USSG § 8C2.4(a)(1) und (d) zugeordnete Strafe (72,5 Mio. USD) oder der finanzielle Vorteil aus der Tat (843,5 Mio. USD), USSG § 8C2.4(a)(2)	843,5 Mio. USD
Mulitiplikatoren bei einem Verschuldensgrad von 8 (USSG § 8C2.6)	Zwischen 1.6 und 3.2
Strafrahmen (*fine range*) nach USSG § 8C2.7	Zwischen 1,35 Mrd. und 2,7 Mrd. USD

Wie man der letzten Tabelle (3) entnehmen kann, hätte die strikte Anwendung der Sentencing Guidelines zu einer exorbitant hohen Strafzahlung für Siemens von bis zu 2,7 Mrd. USD führen können. Zugunsten von Siemens hat das DOJ jedoch abermals unter anderem die außergewöhnliche Kooperationsbereitschaft des Unternehmens, insbesondere durch Unterstützung bei der Sachverhaltsaufklärung durch Durchführung der Internal Investigations, sowie dessen Bemühungen zur Verbesserung der unternehmensinternen Compliance-Struktur strafmildernd berücksichtigt und als ausreichende Legitimation für eine downward departure, also eine Abweichung vom vorgegebenen Strafrahmen des USSG zugunsten des Täters, erachtet.[153]

dd) *Verfassungswidrigkeit der Sentencing Guidelines*

Auch wenn die Federal Sentencing Guidelines vom US Supreme Court am 15.01.2005 für mit dem *Sixth Amendment* (*right to a jury trial*) unvereinbar und damit als verfassungswidrig eingestuft wurden[154] und daher heute keine bindende und unmittelbare, sondern vielmehr nur noch „beratende" Wirkung beanspruchen, werden sie dennoch von vielen Richtern weiterhin unverändert als Orientierungshilfe für die Strafzumessung herangezogen.[155] Auch im Fall Siemens haben sich DOJ und Unternehmen auf die Anwendung des USSG als „advisory guideline" geeinigt.[156] Daraus wird ersichtlich, dass die Guidelines ihre Bedeutung für die Unternehmen nicht eingebüßt haben, sondern mit der Drohkulisse ihres drakonischen Strafsystems weiterhin einen starken Anreiz für die Unternehmen darstellen, mittels Durchführung von Internal Investigations umfassend mit den Behörden zu kooperieren, um so in den Genuss einer Strafmilderung zu gelangen.

d) Sarbanes Oxley Act von 2002

aa) *Überblick*

Als Antwort auf verschiedene Skandale am US-amerikanischen Kapitalmarkt, wie beispielsweise *Enron* oder *Worldcom* – zwei Unternehmen, die aufgrund massiver Bilanzfälschungen Insolvenz beantragen mussten, – und dem damit verbundenen Vertrauensverlust der Anleger wurde im Jahr 2002 der Sarbanes Oxley Act (SOA) erlassen.[157]

Ziel des SOA ist es, die Corporate Governance börsennotierter Unternehmen zu stärken, was insbesondere durch eine drastische Verschärfung der Pflichten zur Finanzberichterstattung, eine Erweiterung der Vorschriften zur Haftung von Vorständen und Wirtschaftsprüfern, der Verpflichtung zur Einrichtung von internen Kontrollsystemen und Präventionsmaßnahmen sowie durch eine exzessi-

---

153 Urteilsmemorandum des DOJ, Fn. 152, S. 14.

154 *United States v. Booker*, 125 S.Ct. 738 (2005).

155 *Hart-Hönig*, in: Strafverteidigung im Rechtsstaat, S. 530 (536 m. Fn. 45); *Bussmann/Matschke*, wistra 2008, 88 (89); *Meyer*, ZStW 118 (2006), 512 (540 ff.); *Walther*, MschrKrim 2005, 362 (375 f.).

156 Urteilsmemorandum des DOJ, Fn. 152, S. 14.

157 *Engelhart*, Sanktionierung, S. 79; *Rimbeck*, Fehlerhafte Ad-hoc Mitteilungen, S. 15; *Block*, BKR 2003, 774; *Hilber/Hartung*, BB 2003, 1054.

ve Ausweitung kapitalmarktrechtlicher Strafvorschriften erreicht werden soll.[158] Nicht zu Unrecht wird der SOA daher als dasjenige US-amerikanische Kapitalmarktgesetz bezeichnet, das für börsennotierte bzw. SEC-registrierte Unternehmen die weitreichendsten Auswirkungen seit Erlass des Securities Acts und des Securities Exchange Acts in den Jahren 1933 und 1934 mit sich bringt.[159]

Da der SOA überdies unter gewissen Umständen auch für Tochterunternehmen von an US-Börsen notierten Gesellschaften gilt,[160] sind gemäß einer Studie der Wirtschaftsprüfungsgesellschaft *Ernst & Young* auch in Deutschland insgesamt etwa 300 Unternehmen von dem Gesetz betroffen.[161] Darüber hinaus war der SOA Vorbild für den Erlass einiger ausländischer Kodifikationen zur Steigerung des Vertrauens der Anleger in die Finanzberichterstattung[162] und hat insgesamt einen nicht zu unterschätzenden Einfluss auf die Unternehmenskultur weltweit erlangt.[163]

bb) Adressatenkreis

Wer in den persönlichen Anwendungsbereich des SOA fällt, lässt sich nicht allgemein bestimmen, sondern ist abhängig von der jeweiligen Vorschrift.[164]

Hauptsächlich betroffen von den Regelungen des SOA sind *issuers*, d.h. Emittenten, deren Wertpapiere gemäß Sec. 12 SEA bei der SEC registriert sind, die gemäß Sec. 15(d) SEA regelmäßig Berichte bei der SEC einzureichen haben oder die einen Antrag auf Registrierung gestellt haben, der noch nicht wirksam geworden ist, aber auch nicht zurückgenommen wurde.[165] Damit werden vor

---

158 *Wastl*, Kreditwesen 2008, 604 (606); *Bussmann/Matschke*, wistra 2008, 88 (89); *Fischer*, Corporate Governance und Sarbanes-Oxley Act, S. 110 f., 114; *Block*, BKR 2003, 774; *Menzies*, Sarbanes-Oxley und Corporate Compliance, S. 15.

159 *Simpson*, in: Berman, SEC Regulation, S. 301; *Arbeitskreis „Externe und Interne Überwachung der Unternehmung" der Schmalenbach-Gesellschaft für Betriebswirtschaft e.V.*, BB 2004, 2399.

160 Siehe hierzu *Fischer*, Corporate Governance und Sarbanes-Oxley Act, S. 111, 121 f.

161 *Bussmann/Matschke*, wistra 2008, 88 (91).

162 Siehe u.a. den Entwurf eines „Financial Instruments and Exchange Law" in Japan, das kanadische Gesetz „Bill 198", den irländischen „Companies Act" sowie das französische Gesetz „Loi de Sécurité Financière". Auch in Australien wurden einige Regelungen des SOA in den „Corporate Law Economic Reform Program (Audit Reform and Corporate Disclosure) Act 2004" integriert. Siehe ferner den Maßnahmenkatalog des Bundesjustizministeriums und des Bundesfinanzministeriums, Presseerklärung vom 25.02.2002.

163 *Bussmann/Matschke*, wistra 2008, 88 (91).

164 *Block*, BKR 2003, 774.

165 Sec. 2(7) SOA i.V.m. Sec. 3 SEA. Siehe *Block*, BKR 2003, 774.

allem diejenigen Unternehmen erfasst, deren Wertpapiere an einer US-amerikanischen Börse notiert sind oder die wegen der Nutzung des interstate commerce[166] einer Registrierungspflicht unterliegen.[167]

Auf deutsche Unternehmen finden die entsprechenden Regelungen des SOA dann Anwendung, wenn diese entweder erstens an einer US-amerikanischen Börse notiert sind oder zweitens in Berührung mit dem interstate commerce kommen und 500 oder mehr Wertpapierinhaber haben – wovon wiederum mindestens 300 in den USA ansässig sein müssen – oder drittens Wertpapiere öffentlich anbieten und deshalb gegenüber der SEC einer Registrierungspflicht unterliegen.[168] Ausnahmen gelten allerdings für solche deutschen Unternehmen, bei denen weniger als 50% der stimmberechtigten Anteile direkt oder indirekt von US-Staatsbürgern gehalten werden und weder die Mehrheit der *executive officers* (Geschäftsführer) oder *directors* (Vorstände) US-amerikanische Bürger oder Einwohner sind, noch sich weniger als 50% des Vermögens des Unternehmens in den USA befindet und bei denen schließlich auch die Geschäftsführung nicht hauptsächlich in den USA stattfindet.[169] Zusammenfassend lässt sich sagen, dass die Regelungen des SOA für alle Unternehmen gelten, die den US-amerikanischen Kapitalmarkt nutzen, unabhängig davon, wo sich ihr gesellschaftsrechtlicher Sitz befindet.[170]

Innerhalb des jeweiligen Unternehmens richten sich die Vorschriften des SOA sowie die dazu erlassenen Ausführungsregelungen der SEC insbesondere an den Vorstand, die Interne Revision, den Aufsichtsrat und den Abschlussprüfer der jeweiligen Gesellschaft.[171]

---

166 Zum Begriff des interstate commerce schon oben unter Kapitel 3 I.4.b)aa)(1). Definiert wird der Begriff im Übrigen in Sec. 3(a)(17) SEA.

167 *Block*, BKR 2003, 774 (774 f.).

168 *Behrens*, RIW 2009, 22 (27); *Arbeitskreis „Externe und Interne Überwachung der Unternehmung" der Schmalenbach-Gesellschaft für Betriebswirtschaft e.V.*, BB 2004, 2399 (2406); *Block*, BKR 2003, 774 (775).

169 Unternehmen, die die genannten Merkmale erfüllen, werden als *Foreign Private Issuers* bezeichnet, *Block*, BKR 2003, 774 (775).

170 *Fischer*, Corporate Governance und Sarbanes-Oxley Act, S. 111, 121; *Arbeitskreis „Externe und Interne Überwachung der Unternehmung" der Schmalenbach-Gesellschaft für Betriebswirtschaft e.V.*, BB 2004, 2399

171 *Arbeitskreis „Externe und Interne Überwachung der Unternehmung" der Schmalenbach-Gesellschaft für Betriebswirtschaft e.V.*, BB 2004, 2399. Darüber hinaus enthält der SOA auch Regelungen, die allein Wirtschaftsprüfungsgesellschaften betreffen und diese einer weitreichenden Registrierungs- und Offenlegungspflicht unterwerfen, *Hilber/Hartung*, BB 2003, 1054 (1054 f.).

cc) *Tatbestände*

(1) Zertifizierung der Jahresberichte und interne Kontrollen (Secs. 302, 404, 906 SOA)

Gemäß Sec. 302 SOA ist das Geschäftsführungsorgan des jeweiligen Unternehmens verpflichtet, bestimmte Offenlegungskontrollen und -verfahren (*disclosure controls and procedures*) einzurichten und für eine effektive interne Kontrolle des Finanzberichtswesens (*internal control over financial reporting*) zu sorgen.[172] Durch die Kontrollen soll sichergestellt werden, dass alle notwendigen Unternehmensinformationen angemessen dokumentiert, verarbeitet, zusammengefasst und berichtet werden.[173] Hinzu tritt die Pflicht, eine zivil- und strafrechtlich relevante Erklärung (*certification*) bezüglich der Rechnungslegung und der Berichterstattung über die Rechnungslegung gegenüber der SEC abzugeben, in der die verantwortlichen Führungskräfte durch ihre Unterschrift bestätigen, dass sie die Geschäftsberichte geprüft haben und diese nach ihrem Kenntnisstand alle relevanten Angaben enthalten sowie die wirtschaftliche Lage und das Ergebnis des Unternehmens zutreffend wiedergeben.[174] Gemäß Sec. 906 SOA kann die wissentliche Abgabe einer falschen Erklärung mit einer Geldbuße von bis zu 5 Mio. USD sowie einer Freiheitsstrafe von bis zu 20 Jahren sanktioniert werden.[175] Darüber hinaus ist in Sec. 304 SOA eine Gewinnabschöpfungsregelung enthalten, nach der das Management erhaltene Boni und Aktienoptionen sowie einen etwaigen aus dem Verkauf von Aktien erhaltenen Gewinn zurückzuzahlen hat, wenn sich ein Jahresabschluss als fehlerhaft erweist.[176]

Sec. 404 SOA sieht schließlich vor, dass der Jahresbericht einen internen Kontrollbericht (*internal control report*) enthalten muss, in dem die Verantwortlichkeit des Leitungsorgans für die Einrichtung und Aufrechterhaltung angemes-

---

172 *Menzies*, Sarbanes-Oxley und Corporate Compliance, S. 15; *Arbeitskreis „Externe und Interne Überwachung der Unternehmung" der Schmalenbach-Gesellschaft für Betriebswirtschaft e.V.*, BB 2004, 2399 (2400); *Block*, BKR 2003, 774 (775).

173 *Arbeitskreis „Externe und Interne Überwachung der Unternehmung" der Schmalenbach-Gesellschaft für Betriebswirtschaft e.V.*, BB 2004, 2399 (2340).

174 *Bussmann/Matschke*, wistra 2008, 88 (89); *Fischer*, Corporate Governance und Sarbanes-Oxley Act, S. 117; 144; *Arbeitskreis „Externe und Interne Überwachung der Unternehmung" der Schmalenbach-Gesellschaft für Betriebswirtschaft e.V.*, BB 2004, 2399 (2340); *Block*, BKR 2003, 774 (775).

175 *Bussmann/Matschke*, wistra 2008, 88 (90); *Arbeitskreis „Externe und Interne Überwachung der Unternehmung" der Schmalenbach-Gesellschaft für Betriebswirtschaft e.V.*, BB 2004, 2399 (2340).

176 *Arbeitskreis „Externe und Interne Überwachung der Unternehmung" der Schmalenbach-Gesellschaft für Betriebswirtschaft e.V.*, BB 2004, 2399 (2400).

sener interner Kontrollstrukturen festzustellen und die Effektivität der Überwachungsmaßnahmen zu bewerten ist.[177]

Wie diese Offenlegungskontrollen und -verfahren ausgestaltet werden sollen, hat die SEC nicht im Einzelnen festgelegt. Vielmehr erwartet die SEC, dass jeder Emittent ein auf seine individuelle Situation angepasstes Kontrollverfahren entwickelt.[178]

(2) Einrichtung von Prüfungsausschüssen

Gemäß Sec. 301 SOA und den dazu ergangenen SEC-Verordnungen hat das Unternehmen einen Prüfungsausschuss (*audit committee*) einzurichten, dessen Aufgabe es ist, die Rechnungslegung und das Finanzberichtswesen des Unternehmens zu überwachen, den Abschlussprüfer zu ernennen und die Rechnungslegung zu prüfen.[179] Kommt das Unternehmen dieser Verpflichtung nicht nach, gilt das gesamte *board of directors* – in deutschen Unternehmen der Aufsichtsrat – als Prüfungsausschuss.[180] Das audit committee hat ferner ein Verfahren zu etablieren, um Beschwerden im Hinblick auf die Rechnungslegung entgegennehmen und bearbeiten zu können.[181]

(3) Weitere Regelungen

Im Übrigen enthält der SOA Vorschriften, die die Darlehensgewährung an Mitglieder der Unternehmensführung ausschließen (Sec. 402 SOA), die den Schutz von Whistleblowern sicherstellen sollen (Sec. 806 SOA) oder die den Emittenten verpflichten, offen zu legen, ob die Unternehmensführung einen sog. *code of ethics* beachtet (Sec. 406 SOA).[182]

---

177 *Fischer*, Corporate Governance und Sarbanes-Oxley Act, S. 117; *Arbeitskreis „Externe und Interne Überwachung der Unternehmung" der Schmalenbach-Gesellschaft für Betriebswirtschaft e.V.*, BB 2004, 2399 (2400); *Block*, BKR 2003, 774 (775).

178 *Block*, BKR 2003, 774 (775).

179 *Arbeitskreis „Externe und Interne Überwachung der Unternehmung" der Schmalenbach-Gesellschaft für Betriebswirtschaft e.V.*, BB 2004, 2399 (2402).

180 *Block*, BKR 2003, 774 (778).

181 *Arbeitskreis „Externe und Interne Überwachung der Unternehmung" der Schmalenbach-Gesellschaft für Betriebswirtschaft e.V.*, BB 2004, 2399 (2403); *Block*, BKR 2003, 774 (779).

182 *Fischer*, Corporate Governance und Sarbanes-Oxley Act, S. 117 f., 150; *Block*, BKR 2003, 774 (783, 787).

dd) Sanktionen

Neben der schon erwähnten Zahlung erheblicher Geldbußen, der Verhängung von Freiheitsstrafen von bis zu 20 Jahren oder der persönlichen Einstandspflicht der Unternehmensführung durch Abschöpfung erlangter Gewinne, ist die SEC gemäß Secs. 1105 und 305 SOA i.V.m. Sec. 21(d)(2) SEA ferner befugt, die Mitglieder der Leitungsorgane bei einem Verstoß gegen die anti-fraud-Verpflichtung[183] ihres Amtes zu entheben oder sogar ein Berufsverbot auszusprechen.[184]

e) Leon-Meredith-Report

Mit dem Release Nr. 44969 vom 23.10.2001, auch bekannt als *Leon-Meredith-* oder *Seabord-Report*,[185] legte die SEC erstmals dar, welche Kriterien sie bei ihrer Entscheidung, ob im Fall eines Verstoßes gegen geltendes Kapitalmarktrecht ein Enforcement-Verfahren eingeleitet wird und welche Sanktionen ergriffen werden sollen, berücksichtigt.

Auch wenn die Veröffentlichung nicht in Form eines allgemeingültigen Gesetzes, sondern lediglich in Form eines rein informatorischen Zwecken dienenden *release* und aus Anlass eines konkreten Einzelfalls erfolgte, hat die SEC dennoch betont, dass sie die dort aufgelisteten Kriterien grundsätzlich in allen von ihr geleiteten Verfahren berücksichtigt, so dass die betroffenen Unternehmen gut beraten sind, sich an diesen Kriterien zu orientieren.[186]

Als entscheidende Kriterien hebt die SEC in dieser Richtlinie die Aspekte *self-policing* (das Bestehen von Compliance- und Überwachungsstrukturen innerhalb des Unternehmens), *self-reporting* (die freiwillige Offenlegung von Fehlverhalten), *remediation* (Maßnahmen zur Sanktionierung von Fehlverhalten/Maßnahmen zur Verhinderung künftigen Fehlverhaltens) und *cooperation with law enforcement authorities* (das Ausmaß der Kooperationsbereitschaft des Unternehmens mit staatlichen Aufsichtsbehörden) hervor. Ob und in welchem

---

183 D.h. Verpflichtung, sämtliche betrügerische Handlungen zu unterlassen. Insoweit unterscheidet der SOA zwischen Betrugsfällen der Bilanzmanipulation und sonstigen illegalen Handlungen, die von Personen mit bedeutender Funktion bei der Erstellung der Finanzberichterstattung begangen werden.

184 *Fischer*, Corporate Governance und Sarbanes-Oxley Act, S. 118; *Arbeitskreis „Externe und Interne Überwachung der Unternehmung" der Schmalenbach-Gesellschaft für Betriebswirtschaft e.V.*, BB 2004, 2399 (2400).

185 Zu finden unter http://www.sec.gov/litigation/investreport/34-44969.htm.

186 Vgl. auch *Behrens*, RIW 2009, 22 (25, 28). Zugleich hat die SEC aber auch betont, dass die von ihr im Leon-Meredith-Report aufgelisteten Kriterien keinesfalls abschließend sind.

Ausmaß das Unternehmen diese Aspekte erfüllt, prüft die SEC anhand einer ganzen Reihe von Untergesichtspunkten, die unter anderem die Art und Schwere des Gesetzesverstoßes und die Höhe der verursachten Schäden, aber auch die Effektivität der ergriffenen Maßnahmen zur Verhinderung künftigen Fehlverhaltens, die Bereitschaft des Unternehmens, das Fehlverhalten gegenüber staatlichen Strafverfolgungsstellen und sonstigen Aufsichtsbehörden freiwillig offenzulegen und mit diesen zu kooperieren, und schließlich insbesondere die Art und Weise der Ausgestaltung von internen Aufklärungsmaßnahmen betreffen. Im Zusammenhang mit der Ausgestaltung dieser Internal Investigations kommt es für die SEC entscheidend darauf an, ob die Untersuchungen durch Angestellte des Unternehmens oder externe Anwälte durchgeführt wurden, ob die Untersuchungen darauf gerichtet waren, etwaige Gesetzesverstöße umfassend aufzuklären oder ob sie sich nur auf einen bestimmten Unternehmensbereich bezogen, und schließlich ob das Unternehmen der SEC die Ermittlungsergebnisse unmittelbar nach Ende der Untersuchungen vollständig zur Verfügung gestellt hat oder nicht.[187]

f) Richtlinien des DOJ

Ergänzend zu dem USSG veröffentlichte das DOJ im Februar 2000 eine Richtlinie mit der Bezeichnung *Federal Prosecution of Corporations* (sog. *Holder-Memorandum*), in der das DOJ verschiedene Kriterien festlegte, die die Mitarbeiter des DOJ bei der Entscheidung, wie ein verdächtiges Unternehmen zu behandeln ist, berücksichtigen sollen. Neben der Art und Schwere des Vergehens, der Verbreitung von Fehlverhalten im Unternehmen sowie eines etwaigen deliktischen Vorverhaltens des Unternehmens soll nach diesen Richtlinien – insoweit vergleichbar mit den von der SEC im Leon-Meredith-Report aufgestellten Kriterien – insbesondere berücksichtigt werden, ob das Unternehmen etwaiges Fehlverhalten rechtzeitig und freiwillig offen gelegt und auch ansonsten seine Bereitschaft zur Kooperation mit den zuständigen staatlichen Ermittlungsbehörden demonstriert hat, ob das Unternehmen über ein effektives Compliance-Programm verfügt und ob das Unternehmen bereits Maßnahmen zu Behebung der Missstände, die zum Begehen der Straftat geführt haben, eingeleitet hat.[188]

Im Jahr 2003 wurden diese Kriterien durch das DOJ verschärft. Die überarbeitete Richtlinie mit dem Titel *Principles of Federal Prosecution of Business*

---

187 Vgl. dazu direkt den im Leon-Meredith-Report enthaltenen Fragenkatalog.

188 Vgl. das Holder-Memorandum, zu finden unter http://www.justice.gov/criminal/fraud/documents/reports/1999/charging-corps.PDF. Siehe ferner *Engelhart*, Sanktionierung, S. 232 ff.; *Behrens*, RIW 2009, 22 (25); *Partsch*, FCPA, S. 73 f.; *Baker*, Cornell Law Review 89 (2003-2004), 310 (327).

Organizations (sog. *Thompson-Memorandum*)[189] enthält eine Reihe von Forderungen des DOJ an Unternehmen, die das jeweilige Unternehmen erfüllen muss, um eine Anklage zu verhindern oder Pluspunkte bei der Bewertung des unternehmerischen Fehlverhaltens sammeln zu können.[190] Im Hinblick auf die bereits im Holder-Memorandum verankerte generelle Kooperationspflicht des Unternehmens hob das DOJ im Thompson-Memorandum hervor, dass Mitarbeiter, die Verantwortung für das Fehlverhalten tragen, unbedingt zur Rechenschaft zu ziehen seien und dass das Unternehmen zur Demonstration seiner unbeschränkten Kooperationsbereitschaft auch auf das *attorney-client* sowie das *work-product privilege* (das Anwaltsgeheimnis bzw. das korrespondierende Beschlagnahmeprivileg) verzichten müsse.[191] Ferner heißt es in der Begründung des Thompson-Memorandums ausdrücklich, dass die Qualität der Kooperation in Zweifel gezogen werde, wenn sich der Anschein ergebe, das Unternehmen versuche seine (schuldigen) Mitarbeiter zu schützen, indem z.B. Verteidigerkosten vom Unternehmen übernommen oder die betroffenen Mitarbeiter ohne Sanktion weiter beschäftigt werden.[192]

Angesichts der erheblichen Strafen, die Unternehmen bei einem Verstoß gegen den FCPA oder SOA im Einzelfall drohen können, ist der Anreiz für die Unternehmen, auf die in den beschriebenen Memoranden aufgestellten Forderungen des DOJ einzugehen, verständlicherweise sehr groß. Daher verwundert es nicht, dass zahlreiche Unternehmen den Mitarbeitern des DOJ zum Teil über Jahre hinweg Zugang zum Unternehmen gewährt und ehemalige eigene Mitarbeiter unter völliger Aufgabe des attorney-client privilege einer Anklage ausgesetzt haben.[193]

Aufgrund erheblicher Kritik an den strengen Forderungen, die das DOJ im Holder- bzw. Thompson-Memorandum aufgestellt hat, wurde im Dezember 2006 das sog. *McNulty-Memorandum* erlassen, das gegenüber dem Thompson-Memorandum gewisse Abschwächungen enthält. So darf gemäß Sec. VII B No. 2 des McNulty-Memorandums die Übernahme von Verteidigerkosten durch das Unternehmen nicht länger als Kriterium für eine unzureichende Kooperation des

189 Zu finden unter http://www.justice.gov/dag/cftf/corporate_guidelines.htm.

190 *Wehnert*, NJW 2009, 1190; *dies.*, FS Strafrechtsausschuss BRAK, S. 175 (179).

191 Section II Nr. 4 und 8 des Thompson-Memorandums.

192 Section VII des Thompson-Memorandums. Siehe hierzu auch *Wehnert*, NJW 2009, 1190 (1190 f.); *dies.*, FS Strafrechtsausschuss BRAK, S. 175 (179 f.) sowie *Baker*, Cornell Law Review 89 (2004), 310 (328).

193 *Wehnert*, FS Strafrechtsausschuss BRAK, S. 175 (180). Vgl. auch *Baker*, Cornell Law Review 89 (2004), 310 (329).

Unternehmens gewertet werden.[194] Nachdem auch das US-Berufungsgericht für den Second Circuit im Fall *United States v. Stein*[195] entschied, das DOJ habe das Recht des Beschuldigten auf Rechtsbeistand (verankert im *Sixth Amendment*) verletzt, indem dessen Arbeitgeber auf der Grundlage des Thompson-Memorandums dazu veranlasst worden sei, die Bereitstellung von Verteidigerkosten an Bedingungen zu knüpfen bzw. die Übernahme von Verteidigerkosten gänzlich zu verweigern, hat das DOJ am 28.08.2008 seine Richtlinien für die Untersuchung und Verfolgung von Unternehmensstraftaten erneut erheblich modifiziert.[196] Die Änderungen sehen vor, dass das Unternehmen nun nicht mehr alle relevanten Informationen offen legen muss, sondern dass zwischen *privileged information* und den *underlying facts* zu differenzieren ist. Während die US-Attorneys die Offenlegung letzterer Informationen nach wie vor zur Grundlage der Bewertung der Kooperationsbereitschaft des Unternehmens machen dürfen, ist ihnen ein Zugriff auf Unterlagen, die dem attorney-client-Bereich unterliegen, also zu den „privilegierten" Informationen gehören, nicht mehr gestattet. Allerdings steht es den Unternehmen weiterhin frei, auf das attorney-client privilege zu verzichten und die entsprechenden Unterlagen den US-Attorneys freiwillig zur Verfügung zu stellen. Gleiches gilt für Unterlagen, die dem work-product privilege unterliegen. Schließlich ist es den US-Attorneys entsprechend den neuen Richtlinien verwehrt, den Umstand, dass das Unternehmen die Rechtsanwaltshonorare beschuldigter Mitarbeiter übernimmt oder deren Verteidigung in sonstiger Weise sicherstellt, zum Nachteil des Unternehmens zu bewerten.[197]

Als Bestandteil des US-Attorneys' Manual gelten diese Richtlinien sowohl für Mitarbeiter des DOJ als auch der SEC.[198]

Fraglich ist allerdings, inwieweit diese Abschwächungen von der Praxis angenommen werden.[199] Da das Unternehmen privilegierte, also dem attorney-client oder dem work-product privilege unterliegende Informationen zwar nicht mehr offen legen muss, um Bonuspunkte im Hinblick auf Anklagevermeidung

---

194 Das McNulty-Memorandum ist im Internet abrufbar unter http://www.justice.gov/dag/speeches/2006/mcnulty_memo.pdf.

195 http://lawprofessors.typepad.com/whitecollarcrime_blog/files/07-3042-cr_opn.pdf.

196 *Wehnert*, NJW 2009, 1190 (1192). Diese Änderungen wurden nicht in ein gesondertes Memorandum aufgenommen, sondern direkt in das US-Attorney's Manual eingefügt. Abrufbar sind diese Richtlinien im Internet unter http://www.justice.gov/opa/documents/corp-charging-guidelines.pdf.

197 Siehe zum Ganzen Section 9- 28.720 der Richtlinien sowie *Wehnert*, NJW 2009, 1190 (1192).

198 *Wehnert*, NJW 2009, 1190 (1192).

199 Vgl. *Engelhart*, Sanktionierung, S. 256 ff.; *Wehnert*, NJW 2009, 1190 (1190, 1192).

und Höhe der Strafe attestiert zu bekommen, diese Unterlagen aber nach wie vor offen legen darf, bleibt abzuwarten, ob die Unternehmen der Handhabung der neuen Richtlinien durch das DOJ und die SEC vertrauen oder vielmehr – um jedweder negativen Bewertung ihrer Kooperationsbereitschaft vorzubeugen – weiterhin auf das attorney-client sowie das work-product privilege verzichten und sämtliche Unterlagen freiwillig offen legen werden. Dies gilt umso mehr, als die beschriebenen Richtlinien keinerlei Bindungswirkung entfalten.[200] Darüber hinaus kann die Unterscheidung und Trennung zwischen privilegierten Informationen und den zugrunde liegenden Fakten im Einzelfall Schwierigkeiten bereiten.[201]

5. Sanktionsmechanismen der SEC

Um die Einhaltung der soeben dargestellten verschiedenen Gesetze garantieren zu können, stehen der SEC unterschiedliche Sanktionsmechanismen zur Verfügung, die im folgenden Abschnitt kurz dargestellt werden sollen.

a) Einleitung eines Ermittlungsverfahrens

Erhält die SEC Hinweise auf mögliche Regelverletzungen, wird sie typischerweise zunächst informell mit ihren Untersuchungen beginnen.[202] Solche *informal investigations* sind dadurch gekennzeichnet, dass sie nicht auf einem offiziellen Beschluss der Kommission, Ermittlungen durchzuführen, d.h. auf einer sog. *formal order* beruhen.[203]

Im Rahmen der informellen Untersuchung stehen den Mitarbeitern der SEC noch keinerlei Zwangsbefugnisse zu.[204] Demnach hat die SEC nur die Möglichkeit, den Sachverhalt durch rein informatorische Befragungen der Mitarbeiter oder eine freiwillige Offenlegung von Dokumenten aufzuklären und ist in diesem Stadium der Untersuchung daher besonders auf die Kooperationsbereitschaft des betroffenen Unternehmens angewiesen.[205]

---

200 *Wehnert*, NJW 2009, 1190 (1192).

201 *Wehnert*, NJW 2009, 1190 (1192 f.).

202 *Behrens*, RIW 2009, 22 (24); *v. Rosen*, BB 2009, 230; *Wehnert*, FS Müller, S. 729 (735); *Mahoney*, in: Berman, SEC Regulation, S. 618.

203 *Halfpap*, Kapitalmarktaufsicht, S. 133.

204 *Behrens*, RIW 2009, 22 (24); *Senderowitz/Ugarte/Cortez*, wistra 2008, 281 (282); *Loss/Seligman*, Securities Regulation, S. 1209.

205 *Partsch*, FCPA, S. 69; *Lotze*, Kapitalmarktrecht und Internet, S. 69; *Mössle*, Extraterritoriale Beweisbeschaffung, S. 50 f.

Erhärtet sich im Zuge der informellen Untersuchung der Verdacht einer Regelverletzung oder verweigert das Unternehmen jegliche Kooperation mit den Ermittlungsbeamten, wird die zuständige Abteilung der SEC in Form eines *memorandum* gegenüber der Kommission die Empfehlung aussprechen, ein formelles Ermittlungsverfahren zu eröffnen.[206] In aller Regel folgt die Kommission den Empfehlungen des ihr vorgelegten Memorandums, ohne dem von den Untersuchungen Betroffenen zuvor Gelegenheit zur Stellungnahme zu geben.[207]

Der offizielle Beschluss der Kommission, ein Ermittlungsverfahren einzuleiten, verleiht den zuständigen Beamten der SEC die sog. *subpoena power*, die sie dazu ermächtigt, hoheitlich und unter Einsatz von Vorladungen und anderen Zwangsmitteln Auskünfte zu verlangen oder die Anfertigung bestimmter Dokumente anzuordnen.[208] Wird eine solche im Rahmen der subpoena power erteilte Anordnung der SEC durch das betroffene Unternehmen nicht befolgt, wird ein spezielles Durchsetzungsverfahren vor einem US-District Court angestrengt, in dessen Verlauf insbesondere auch Durchsuchungsanordnungen ergehen können.[209]

Führen die von der SEC eingeleiteten Untersuchungen zu dem Ergebnis, dass tatsächlich eine Regelverletzung vorliegt, werden die zuständigen Ermittler der Kommission die Einleitung eines *Enforcement-Verfahrens* empfehlen, innerhalb dessen die Kommission dann von verschiedenen Sanktionsmechanismen Gebrauch machen kann (dazu sogleich unter b)).[210] Eine letzte Möglichkeit, ein Enforcement-Verfahren abzuwenden, besteht darin, der Kommission eine Petition (sog. *wells submission*) zu überreichen, in der der Betroffene dezidiert darlegt, weshalb aus seiner Sicht keine Gründe für die Eröffnung eines Enforcement-Verfahrens vorliegen.[211]

Bestehen hingegen keine ausreichenden Anhaltspunkte für das Vorliegen eines Regelverstoßes, wird das Ermittlungsverfahren eingestellt und der Betroffene hierüber informiert.[212]

---

206 *Behrens*, RIW 2009, 22 (24); *Halfpap*, Kapitalmarktaufsicht, S. 133.

207 *Halfpap*, Kapitalmarktaufsicht, S. 133.

208 *Behrens*, RIW 2009, 22 (24); *Lotze*, Kapitalmarktrecht und Internet, S. 69; *Mahoney*, in: Berman, SEC Regulation, S. 618 f.

209 *Halfpap*, Kapitalmarktaufsicht, S. 137.

210 *Behrens*, RIW 2009, 22 (24); *Lotze*, Kapitalmarktrecht und Internet, S. 69 ff.; *Mössle*, Extraterritoriale Beweisbeschaffung, S. 52 ff.

211 *Partsch*, FCPA, S. 78 f.; *Halfpap*, Kapitalmarktaufsicht, S. 138; *Mahoney*, in: Berman, SEC Regulation, S. 623; *Loss/Seligman*, Securities Regulation, S. 1206 f.

212 *Halfpap*, Kapitalmarktaufsicht, S. 138.

b) Sanktionsmechanismen innerhalb des Enforcement-Verfahrens

Innerhalb des Enforcement-Verfahrens stehen der SEC verschiedene Wege zur Verfügung, um die von ihr zu überwachenden Kapitalmarktvorschriften durchzusetzen und Verstöße zu sanktionieren. Eine Möglichkeit besteht darin, ein externes Verfahren vor einem Bundesgericht anzustrengen (*federal court proceedings* – dazu unter aa)), eine andere Möglichkeit in der Eröffnung eines internen Verwaltungsverfahrens (*administrative proceedings* – dazu unter bb)). Häufig beschreitet die SEC auch informelle Wege zur Beilegung eines Ermittlungsverfahrens, beispielsweise durch eine sog. *consent decree* (dazu unter cc)). Schließlich besteht in zahlreichen Fällen die Möglichkeit, einen Fall zwecks Strafverfolgung an das DOJ abzugeben (dazu unter dd)).

Welche Art von Verfahren die SEC einleitet, hängt entscheidend vom Verhalten des betroffenen Aufsichtssubjekts ab. Wie oben unter I.4.e) bereits beschrieben, hat die SEC im Rahmen des im Jahre 2001 veröffentlichten Leon-Meredith-Reports das Ausmaß der Kooperationsbereitschaft des Unternehmens, das Bestehen und die Effektivität von Compliance- und Überwachungsstrukturen innerhalb des Unternehmens, die freiwillige Offenlegung von Fehlverhalten und schließlich die zur Sanktionierung eines etwaigen Fehlverhaltens der Mitarbeiter getroffenen Maßnahmen als entscheidende Kriterien herausgearbeitet, die sie innerhalb des ihr zustehenden Ermessens im Hinblick auf Einleitung und Art des Rechtsdurchsetzungsverfahrens berücksichtigt. Je nachdem, in welchem Umfang das betroffene Aufsichtssubjekt diese Kriterien erfüllt und mit der SEC kooperiert, wird die SEC festgestellte Verstöße entweder vor ein Zivil- oder Verwaltungsgericht bringen und formell sanktionieren oder aber auf eine zügige und informelle Erledigung des Verfahrens hinarbeiten.[213]

aa) Federal Court Proceedings

Sämtliche der von der SEC zu überwachenden Kapitalmarktgesetze ermächtigen die SEC dazu, im Fall von Verstößen gegen geltende Rechtsvorschriften oder von ihr erlassene Regeln die Anordnung von verschiedenen zivilrechtlichen Sanktionen bei einem Bundesgericht zu beantragen.[214] Die SEC kann insbesondere auf den Erlass von einstweiligen oder dauerhaften Verfügungen hinwirken, die dem Aufsichtssubjekt ein bestimmtes Tun oder Unterlassen vorschreiben

---

213 *Partsch*, FCPA, S. 82 f., 84. Vgl. dazu auch *Halfpap*, Kapitalmarktaufsicht, S. 139 und *Hubbell*, Stanford Law Review 32 (1980), 1163 (1172). Zu beachten ist allerdings, dass auch die Erfüllung aller Kriterien keine Garantie dafür bietet, dass die SEC keine Maßnahmen einleiten wird.

214 *Halfpap*, Kapitalmarktaufsicht, S. 139; *Loss/Seligman*, Securities Regulation, S. 1230.

(sog. *injunctions*).[215] Daneben kann sie eine sog. *disgorgement order* beantragen, durch die illegal erlangte Gewinne abgeschöpft werden können, oder das Gericht bitten, die Vermögensbestände des Aufsichtssubjekts vorübergehend zum Schutz der Investoren „einzufrieren" (sog. *asset freeze*).[216] Auch gegen die Leitungsorgane eines Unternehmens kann die SEC vorgehen, indem sie beim zuständigen Bundesgericht ein Tätigkeitsverbot für *officers* oder *directors* eines Unternehmens beantragt, die gegen die Betrugsbestimmungen des SA oder des SEA verstoßen und dadurch ihre Untauglichkeit als Führungsperson des Unternehmens offenbart haben (sog. *officer and director bars*).[217] Schließlich kann das Gericht auf Antrag der SEC gegen das betroffene Unternehmen oder die delinquente Person je nach Schwere des Verstoßes auch Geldstrafen bis zu einer maximalen Höhe von 550.000 USD verhängen, wenn gegen geltendes Kapitalmarktrecht oder gegen eine administrative Anordnung der SEC verstoßen wurde.[218] Die Verhängung einer Geldstrafe wird dabei oftmals mit dem Erlass eines disgorgement orders, also der Abschöpfung der illegal erlangten Gewinne kombiniert, was das betroffene Unternehmen im Einzelfall in finanzieller Hinsicht empfindlich treffen kann.[219]

bb) Administrative Proceedings

Als independent regulatory agency besitzt die SEC auch originäre Eingriffs- und Sanktionsbefugnisse (vgl. dazu schon oben unter I.3.a)aa)), kann also im Rahmen des von ihr zu initiierenden administrativen Verfahrens selbständig zahlreiche Sanktionen verhängen.[220] Das entsprechende Verfahren wird durch die Enforcement-Division eingeleitet und findet vor *administrative judges* statt, die eine Zwitterstellung zwischen deutschen Verwaltungsbeamten und Verwaltungsrichtern einnehmen,[221] und die über den Erlass der beantragten Sanktion entscheiden.[222]

---

215 *Behrens*, RIW 2009, 22 (24); *Halfpap*, Kapitalmarktaufsicht, S. 139 f.; *Rimbeck*, Fehlerhafte Ad-hoc Mitteilungen, S. 29.

216 *Halfpap*, Kapitalmarktaufsicht, S. 140 f.; *Rimbeck*, Fehlerhafte Ad-hoc Mitteilungen, S. 33 f., 37.

217 *Wehnert*, FS Müller, S. 735; *Halfpap*, Kapitalmarktaufsicht, S. 141 f.

218 *Behrens*, RIW 2009, 22 (24); *Halfpap*, Kapitalmarktaufsicht, S. 142.

219 Vgl. *Loss/Seligmann*, Securities Regulation, S. 1231.

220 *Halfpap*, Kapitalmarktaufsicht, S. 142 f. Vgl. auch *Riegert*, Administrative Law, S. 34 f., 38.

221 Diese administrative judges sind einerseits Beamte der SEC und werden von der Kommission ernannt, andererseits verfügen sie aber behördenintern über eine gewisse Unabhängigkeit, *Behrens*, RIW 2009, 22 (24).

222 *Rimbeck*, Fehlerhafte Ad-hoc Mitteilungen, S. 46.

Als mögliche Sanktion kommt auch im Rahmen des Verwaltungsverfahrens zunächst der Erlass einer *cease and desist order*, d.h. einer behördlichen Unterlassungsanordnung in Betracht, mit der dem Unternehmen das Unterlassen weiterer Gesetzesverstöße vorgeschrieben werden kann.[223] Insoweit entspricht die cease and desist order der gerichtlichen injunction, hat aber den Vorteil, dass ihr Erlass an geringere Voraussetzungen geknüpft ist, insbesondere eine Wiederholungsgefahr nicht nachgewiesen werden muss, und die genaue Ausgestaltung der dem Aufsichtssubjekt auferlegten Belastungen im Ermessen der SEC liegt.[224] Daneben besteht auch im verwaltungsrechtlichen Verfahren die Möglichkeit, illegal erlangte Gewinne abzuschöpfen sowie Geldstrafen zu verhängen.[225] Des Weiteren kann die SEC Finanzdienstleistern, die vorsätzlich gegen das bundesstaatliche Wertpapierrecht verstoßen haben, die Zulassung entziehen, gegenüber delinquenten Personen zeitlich begrenzte oder dauerhafte Tätigkeitsverbote aussprechen sowie das betroffene Unternehmen vom Handel mit Wertpapieren vorübergehend ausschließen, ohne dass das Unternehmen zuvor angehört werden muss.[226] Zwei weitere, wegen der damit einhergehenden negativen Presseberichterstattung höchst effektive Sanktionsmittel bestehen schließlich in der *censure*, d.h der öffentlichen Tadelung des Unternehmens, sowie in der Veröffentlichung eines *reports of investigations*, in dem die SEC ihre Ermittlungsergebnisse, inklusive etwaiger Gesetzesverstöße des Aufsichtssubjekts offen legt.[227] Häufig entscheidet sich die SEC nicht nur für eine der soeben aufgezählten Sanktionsmöglichkeiten. Vielmehr können die verschiedenen Sanktionsmittel beliebig miteinander kombiniert werden.[228]

cc) Informelle Verfahrensbeendigung

Oft wird jedoch auch ein informeller Weg der Verfahrensbeendigung gewählt und das Ermittlungsverfahren durch einen Vergleich zwischen dem betroffenen Aufsichtssubjekt und der SEC (sog. *consent decree*) eingestellt.[229] Ein solcher Vergleich ist in der Regel mit der Erklärung des beschuldigten Aufsichtssubjekts

223 *Mahoney*, in: Berman, SEC Regulation, S. 628; *Loss/Seligman*, Securities Regulation, S. 1232.

224 *Halfpap*, Kapitalmarktaufsicht, S. 143 f.; *Rimbeck*, Fehlerhafte Ad-hoc-Mitteilungen, S. 46 f.

225 *Behrens*, RIW 2009, 22 (24).

226 *Halfpap*, Kapitalmarktaufsicht, S. 144 f. Vgl. auch *Brown*, Delaware Journal of Corporate Law 26 (2001), 1 (91 ff.).

227 Secs. 15(b)4, 21(a) SEA. Dazu *Halfpap*, Kapitalmarktaufsicht, S. 146 und *Brown*, Delaware Journal of Corporate Law 26 (2001), 1 (51).

228 *Halfpap*, Kapitalmarktaufsicht, S. 146.

229 *Behrens*, RIW 2009, 22 (24).

verbunden, dass es für die Zukunft ein bestimmtes Tun unterlassen wird und darüber hinaus bereit ist, eine bestimmte Geldbuße zu zahlen.[230] Ein Schuldeingeständnis im Hinblick auf den dem Aufsichtssubjekt zu Last gelegten Verstoß muss dieses im Rahmen seiner Vergleichserklärung hingegen nicht abgeben.[231] Dies ist insbesondere im Hinblick auf mögliche Schadensersatzklagen von Mitbewerbern oder geschädigten Anlegern von Vorteil, da nach US-amerikanischem Zivilprozessrecht die im Rahmen eines Vergleichs getroffenen Feststellungen zu den entscheidungserheblichen Tatsachen- und Rechtsfragen – anders als vergleichbare Feststellungen, die in einem streitigen Verfahren getroffenen werden – in einem Folgeprozess keinerlei Bindungswirkung entfalten.[232]

Auch das von der SEC im Fall Siemens eingeleitete Verfahren wurde Ende 2008 durch eine vergleichsweise Einigung zwischen beiden Parteien gegen Zahlung von rund 270 Mio. Euro beigelegt.[233] Siemens konnte auf diesem Weg ein streitiges Gerichtsverfahren in den USA und damit auch eine abschließende Klärung der Schuldfrage vermeiden.

dd) Strafverfolgung

Die originäre Strafverfolgungsbefugnis steht zwar nicht der SEC, sondern vielmehr der *Criminal Division* des DOJ zu. Allerdings geht die Initiative zur Strafverfolgung oftmals von der SEC aus, kann sie doch auf Basis ihrer Ermittlungsergebnisse im Rahmen des ihr eingeräumten Ermessens in der Regel frei darüber entscheiden, ob sie einen Fall zwecks Einleitung eines Strafverfahrens an das DOJ abgibt oder es zunächst – trotz des Verdachts im Hinblick auf das Vorlie-

---

230 *Halfpap*, Kapitalmarktaufsicht, S. 138; *Partsch*, FCPA, S. 85.

231 *Behrens*, RIW 2009, 22 (24).

232 Vgl. Rule No. 408 der *US Federal Rules of Evidence*, nach der ein Vergleich nicht „als Nachweis der Haftung für einen Anspruch oder dessen Höhe oder die Ungültigkeit desselben" herangezogen werden kann. Hat eine Partei hingegen ein Schuldeingeständnis abgegeben, so entfaltet dieses auch in einem späteren Zivilprozess Bindungswirkung. Ähnliches gilt, wenn eine Partei aufgrund eines streitigen Verfahrens verurteilt wurde: Auch dann können die im Ausgangsverfahren festgestellten Tatsachen- und Rechtsfragen – anders als nach deutschem Zivilprozessrecht – im Einzelfall gegenüber am Ausgangsprozess nicht beteiligten Dritten Bindungswirkung entfalten, so dass dieser sich in einem etwaigen Folgeprozess auf die entsprechenden Feststellungen berufen kann, siehe dazu *Böhm*, Amerikanisches Zivilprozessrecht, Rn. 784, 797 sowie *Gottwald*, in: MünchKomm-ZPO, § 328 Rn. 152.

233 Siehe dazu die Klageschrift der SEC, das Urteil des United District Court for the District of Columbia in Sachen *SEC v. Siemens AG* sowie die entsprechende Verpflichtungserklärung der Siemens AG, alle Dokumente zu finden unter http://www.siemens.com/press/pool/de/events/2008-12-PK/SEC.pdf.

gen einer Straftat – bei zivilrechtlichen Ermittlungen belässt.[234] Darüber hinaus bedient sich das DOJ im Rahmen seiner strafrechtlichen Ermittlungen nicht selten der Expertise der SEC, indem Anwälte der SEC zur Unterstützung der Strafverfolgungsbehörden abgestellt oder sogar gemeinsame, aus Mitarbeitern des DOJ und der SEC bestehende spezielle Arbeitsgruppen gebildet werden.[235] Daneben kann das DOJ auch verlangen, dass die SEC ihre eigenen Ermittlungsergebnisse gegenüber dem DOJ offenlegt.[236]

Auch im Fall Siemens ging die Einleitung eines informellen Untersuchungsverfahrens wegen des Verdachts des Verstoßes gegen den FCPA zunächst von der SEC aus, die aber sodann das DOJ als für die Verfolgung der Korruptionsfälle zuständige Behörde in die Ermittlungen einschaltete. Im Verlauf der bei Siemens im Auftrag des Unternehmens von Debevoise durchgeführten internen Untersuchungen kooperierten die SEC und das DOJ eng und standen Debevoise und der von Siemens zusätzlich als Verteidiger eingeschalteten US-amerikanischen Kanzlei *Davis Polk & Wardwell LLP* (Davis Polk) als gemeinsame Ansprechpartner zur Verfügung. Der Fall Siemens ist damit ein typisches Beispiel für die Einbindung der SEC in Strafverfolgungsverfahren und die enge Kooperation von SEC und DOJ, die es der SEC über ihre Funktion als Börsenaufsichtsbehörde hinaus im Einzelfall ermöglicht, einen nicht zu unterschätzenden Einfluss auf Einleitung und Ablauf des Strafverfahrens zu erlangen.

c) Zwischenergebnis

Für die von Ermittlungen der SEC betroffenen Unternehmen stellen die soeben dargestellten Sanktionsmechanismen einen Grund mehr dar, sich den im Leon-Meredith-Report niedergelegten Kriterien der SEC zu beugen und umfassend zu kooperieren. Schließlich kann so nicht nur ein zivil- oder verwaltungsrechtliches Verfahren, sondern im Einzelfall auch eine strafrechtliche Anklage vermieden werden.[237] Aber selbst wenn die SEC das DOJ in die Ermittlungen einschaltet und sodann ein Strafverfahren eingeleitet wird, zahlt sich die Kooperation des Unternehmens mit SEC und DOJ in aller Regel aus. Denn auch das DOJ hat in seinen Richtlinien zur Verfolgung von Unternehmensstraftaten mehrfach betont, dass es eine umfassende und bedingungslose Kooperation mit den zuständigen Strafverfolgungsbehörden zugunsten des Unternehmens berücksichtigt und auch

---

234 *Halfpap*, Kapitalmarktaufsicht, S. 147; *Partsch*, FCPA, S. 70; *Loss/Seligman*, Securities Regulation, S. 1213 f. Vgl. auch die Regelung in Sec. 21(d)(1) SEA.

235 *Rimbeck*, Fehlerhafte Ad-hoc Mitteilungen, S. 25; *Mössle*, Extraterritoriale Beweisbeschaffung, S. 55.

236 *Halfpap*, Kapitalmarktaufsicht, S. 147; *Partsch*, FCPA, S. 70.

237 Vgl. *Partsch*, FCPA, S. 87.

die Federal Sentencing Guidelines, an denen sich das DOJ bei der Bemessung der zu verhängenden Strafe im Rahmen eines Vergleichs orientiert, sehen für eine umfassende Kooperation des Unternehmens eine zum Teil erhebliche Reduzierung des anzusetzenden Verschuldensgrades vor.[238]

II. Voraussetzungen der Anwendbarkeit von US-Regulatorien auf deutsche Unternehmen

Nicht jeder Verstoß eines deutschen Unternehmens gegen eine US-amerikanische Kapitalmarktvorschrift führt dazu, dass sich das Unternehmen dem Sanktionssystem der SEC ausgesetzt sieht. Vielmehr ist ein solcher Gesetzesverstoß nur dann von Bedeutung, wenn das Unternehmen auch in den personellen Anwendungsbereich dieser Norm fällt.[239] Die gerichtliche Durchsetzung der US-amerikanischen Regelungen muss das Unternehmen bei einem entsprechenden Verstoß darüber hinaus nur dann befürchten, wenn insoweit auch die Zuständigkeit der US-Gerichte eröffnet ist, also sowohl die *subject matter jurisdiction* als auch die *personal jurisdiction* gegeben sind.[240]

Dass diese Fragen nicht allgemeingültig, sondern nur anhand der jeweils verletzten Norm beantwortet werden können, wurde im Rahmen der Erörterung der einzelnen einschlägigen Regelwerke bereits angedeutet. Weitere Schwierigkeiten entstehen dadurch, dass die grundsätzlichen Anknüpfungspunkte für die extraterritoriale Anwendung der US-amerikanischen *Securities Laws*[241] nach materiellem Recht auf der einen und die Anknüpfungsmomente für die Zuständigkeit der US-amerikanischen Gerichtsbarkeit für Sachverhalte mit Auslandsbezug auf der anderen Seite sich nicht sauber voneinander trennen lassen, sondern sich zum Teil überschneiden.[242] Im Folgenden wird dennoch versucht, die wichtigsten Anknüpfungsmomente für eine Einbeziehung deutscher Unternehmen in das US-amerikanische Rechts- und Sanktionssystem normübergreifend und verallgemeinernd darzustellen.

---

238 Vgl. die Anklageschrift des DOJ im Fall Siemens, S. 11 f., 16, zu finden unter http://www.siemens.com/press/pool/de/events/2008-12-PK/DOJ2.pdf. Siehe zu diesem Aspekt bereits oben unter Kapitel 3 I.4.c).

239 *Behrens*, RIW 2009, 22 (26).

240 *Mahoney*, in: Berman, SEC Regulation, S. 616; *Schuster*, Börsenrecht, S. 348.

241 Unter den Begriff *Securities Laws* fallen all diejenigen Vorschriften, die das Kapital- und Anlegerschutzrecht im weitesten Sinne regeln, siehe *Stürmer*, RIW 1983, 641 (642).

242 Siehe hierzu *Schuster*, Börsenrecht, S. 307 f.

1. Anknüpfungspunkte für die Geltung US-amerikanischer Normen für deutsche Unternehmen

Ein Unternehmen unterliegt nur dann der Aufsicht durch die SEC, wenn sein Tätigwerden einen Bezug zum US-amerikanischen Kapitalmarkt aufweist. Dieser Bezug kann durch verschiedene Umstände hergestellt werden. Zum einen kann ein deutsches Unternehmen sich im Rahmen eines *dual listing* neben der Registrierung in seinem Heimatstaat zusätzlich freiwillig an einer US-Börse listen lassen.[243] Zum anderen kann ein Unternehmen, soweit sein Tätigwerden eine hinreichend enge Verbindung zum US-amerikanischen Wertpapierhandel aufweist, im Einzelfall verpflichtet sein, seine Wertpapiere bei der SEC registrieren zu lassen.[244] Auch eine solche Registrierungspflicht vermag die Anwendung US-amerikanischer Regelungen auf deutsche Unternehmen und damit zugleich die Aufsicht durch die SEC zu begründen.[245] Schließlich können SEC und DOJ im Fall von Verstößen gegen anti-fraud provisions, d.h. insbesondere bei Verstößen gegen das Verbot von Insider-Trading oder Marktmanipulationen sowie bei vom FCPA erfassten Bestechungshandlungen, auch gegen deutsche Unternehmen vorgehen, soweit nur ein irgendwie gearteter Bezug zur Wirtschaftsordnung der USA besteht.[246]

Der Grund für diese extraterritoriale Anwendung der US-Securities Laws liegt in dem Bestreben, durch die US-amerikanischen Kapitalmarktgesetze den Schutz von Anlegern und Gläubigern umfassend sicherzustellen.[247] Würden die US-amerikanischen Securities Laws nur für registrierte Wertpapieremittenten oder nur dann Anwendung finden, wenn die verbotene Handlung auf dem Hoheitsgebiet der USA stattfand, drohten nach Ansicht der US-amerikanischen Gerichte manipulative Einwirkungen von außen, die erhebliche Auswirkungen auf

---

243 *Behrens*, RIW 2009, 22 (27). Aufgrund der Registrierung der Siemens-Aktien an der NYSE ist dies z.B. der Anknüpfungspunkt im Fall Siemens, siehe *Bittmann/Molkenbur*, wistra 2009, 373.

244 Anknüpfungspunkt ist dabei stets die Benutzung einer Einrichtung des interstate commerce, siehe *Schuster*, Börsenrecht, S. 114, 309, 318, 336 f.

245 *Senderowitz/Ugarte/Cortez*, wistra 2008, 281; *Mann/Barry*, in: Berman, SEC Regulation, S. 574. Vgl. ferner *Behrens*, RIW 2009, 22 (27) sowie *Schuster*, Börsenrecht, S. 116 f.

246 Siehe dazu schon oben unter Kapitel 3 I.4.b)aa)(1) sowie *Behrens*, RIW 2009, 22 (27); *Androulakis*, Globalisierung der Korruptionsbekämpfung, S. 154. Vgl. ferner *Meng*, Extraterritoriale Jurisdiktion, S. 334.

247 *Meng*, Extraterritoriale Jurisdiktion, S. 331; *Lotze*, Kapitalmarktrecht und Internet, S. 119.

den US-amerikanischen Kapitalmarkt haben und den Schutz der Anleger dadurch negativ beeinflussen könnten.[248]

In welchem Maß die US-amerikanischen Gesetze extraterritorial angewendet werden, ist dabei abhängig vom Regelungsgegenstand und der konkreten Zielsetzung der jeweiligen Norm. Zu unterscheiden ist insbesondere zwischen der extraterritorialen Anwendung der Registrierungs- und Zulassungsvorschriften auf der einen und der grenzüberschreitenden Geltung der anti-fraud provisions auf der anderen Seite.[249]

a) Extraterritoriale Anwendung der Registrierungs- und Offenlegungspflichten

Jedes Unternehmen, dass seine Wertpapiere (*securities*) auf dem US-amerikanischen Kapitalmarkt platzieren will, muss sich gemäß Sec. 5 SA und Sec. 12 SEA bei der SEC registrieren lassen. Vor der Registrierung ist dem Unternehmen jeglicher Handel mit Wertpapieren verboten.[250] Gemäß Sec. 15(a) SEA gilt diese Registrierungspflicht darüber hinaus auch für jedes als *broker* oder *dealer* tätige Unternehmen, das lediglich die Einrichtungen der US-amerikanischen Wirtschaftsordnung, insbesondere den interstate commerce, zum Handel mit Wertpapieren nutzen will. Da der Begriff des interstate commerce gemäß seiner Definition nicht nur den inneramerikanischen, sondern auch den Handel mit anderen Staaten erfasst,[251] und Wertpapiere im Sinne des deutschen Begriffsverständnisses stets unter den US-amerikanischen Begriff der securities fallen,[252] ist jedes deutsche Unternehmen, das sich in irgendeiner Weise am US-amerikanischen Kapitalmarkt betätigen will, zur Registrierung bei der SEC verpflichtet. Bevor eine solche Registrierung wirksam wird, ist das Unternehmen gemäß Sec. 15(d) SEA darüber hinaus zur Einreichung regelmäßiger Berichte bei der SEC verpflichtet, die der Information der Kapitalmarkteilnehmer dienen sollen.

Ein deutsches Unternehmen, das in der soeben beschriebenen Weise am US-amerikanischen Kapitalmarkt teilnimmt, ist zur Einhaltung der entsprechenden

248 *Mann/Barry*, in: Berman, SEC Regulation, S. 525; *Lotze*, Kapitalmarktrecht und Internet, S. 78.

249 *Lotze*, Kapitalmarktrecht und Internet, S. 79; *Schuster*, Börsenrecht, S. 308.

250 Siehe auch *Halfpap*, Kapitalmarktaufsicht, S. 113; *Meng*, Extraterritoriale Jurisdiktion, S. 345 f.; *Lotze*, Kapitalmarktrecht und Internet, S. 61, 81; *Bassett*, Alberta Law Review 36 (1998), 455 (459).

251 Siehe die Definition des *interstate commerce* in Sec. 2(a)(7) SA und Sec. 3(a)(17) SEA. Vgl. auch *Schuster*, Börsenrecht, S. 312.

252 Sec. 2(a)(1) SA und Sec. 3(a)(10) SEA. Vgl. auch *Stürmer*, RIW 1983, 641 (642).

US-amerikanischen Kapitalmarktgesetze verpflichtet und unterliegt insoweit gemäß Sec. 21 SEA auch der Aufsicht durch die SEC. Bestehen Anhaltspunkte, dass ein deutsches Unternehmen gegen geltendes Kapitalmarktrecht oder die verschiedenen anti-fraud provisions verstoßen hat, ist die SEC nach dieser Vorschrift auch dazu ermächtigt, zum Zweck der Sachverhaltsaufklärung Ermittlungen in diesem Unternehmen durchzuführen. Dies gilt grundsätzlich, d.h. soweit völkerrechtliche Gesichtspunkte nicht entgegenstehen,[253] auch dann, wenn das Unternehmen seinen Sitz außerhalb der USA hat.[254]

b) Anknüpfungspunkte bei der extraterritorialen Geltung der anti-fraud provisions

Ist ein deutsches Unternehmen bei der SEC registriert, ist es nicht nur an die verschiedenen Offenlegungspflichten gebunden, die die US-amerikanischen Securities Laws statuieren, sondern unterliegt auch den zahlreichen Betrugs- und Bestechungsvorschriften des SA, SEA und FCPA.[255]

Allerdings wird der Anwendungsbereich der verschiedenen anti-fraud provisions durch die US-Gerichte noch deutlich weiter ausgelegt. Um einen effektiven Schutz des US-amerikanischen Kapitalmarkts insgesamt sowie der Anleger und Investoren im Besonderen gewährleisten zu können, sollen die Bestechungsvorschriften nicht nur auf registrierte Wertpapieremittenten oder domestic concerns Anwendung finden, sondern auch auf ausländische Unternehmen, wenn diese die entsprechende Tathandlung entweder auf US-amerikanischem Hoheitsgebiet verübt haben oder die Tat zwar vollständig außerhalb der USA begangen wurde, aber dennoch wesentliche Auswirkungen auf den US-amerikanischen Kapitalmarkt hatte.[256] Als Anknüpfungspunkte für die extraterritoriale Anwendung der Bestechungsvorschriften dienen damit wahlweise entweder das Territorialitätsprinzip (Anknüpfung an den *significant conduct*) oder das Wirkungsprinzip (Anknüpfung an den *significant effect*).[257]

---

253 Dazu noch ausführlich unter Kapitel 5 I.1.

254 *Lotze*, Kapitalmarktrecht und Internet, S. 112 ff.

255 Siehe z.B. Secs. 12, 17(a) SA, Secs. 10(b), 14(e), 15(c), 30(a) SEA i.V.m. den Rules 10b-5 und 14a-9 SEA sowie § 78dd(1)(a) FCPA. Siehe auch *Bassett*, Alberta Law Review 36 (1998), 455 (458) und *Brown*, Hastings International and Comparative Law Review 22 (1999), 407 (439 ff.).

256 *Meng*, Extraterritoriale Jurisdiktion, S. 335, 337, 342; *Lotze*, Kapitalmarktrecht und Internet, S. 105 f. Siehe dazu schon oben unter Kapitel 3 I.4.b)aa)(1).

257 *Meng*, Extraterritoriale Jurisdiktion, S. 343, 346; *Stürmer*, RIW 1983, 641 (643).

2. Zuständigkeit US-amerikanischer Gerichte für deutsche Unternehmen

Eine Zuständigkeit der US-amerikanischen Gerichte ist im Einzelfall stets nur dann begründet, wenn sowohl die subject matter jurisdiction als auch die personal jurisdiction gegeben sind.[258] Dabei beantwortet die Prüfung der subject matter jurisdiction die Frage, ob der Gesetzgeber dem Gericht die Befugnis verliehen hat, den zur Entscheidung stehenden Sachverhalt nach den Normen des inländischen Rechts zu beurteilen.[259] Die Prüfung der subject matter jurisdiction ist damit nicht mit einer reinen Zuständigkeitsfrage nach den Kategorien des deutschen Prozessrechts gleichzusetzen, sondern kann immer nur mit Blick auf die konkrete Norm vorgenommen werden.[260] Die generelle Zuständigkeit der US-amerikanischen Gerichte sowie deren Befugnis, einen Sachverhalt mit internationalen Bezügen zu beurteilen, hängt damit entscheidend von der Reichweite und dem Geltungsbereich der jeweils anwendbaren kapitalmarktrechtlichen Vorschrift ab.[261] Im Rahmen der Prüfung der personal jurisdiction hat das Gericht auf zweiter Stufe zu entscheiden, ob seine Entscheidungsgewalt auch die konkret beteiligten Parteien und deren Rechtsbeziehungen zueinander erfasst.[262] Die Frage nach der personal jurisdiction entspricht damit funktional in etwa der örtlichen und internationalen Zuständigkeit eines deutschen Gerichts.[263]

a) Ausdrückliche Zuständigkeitszuweisungen

Die grundsätzliche Zuständigkeit der US-amerikanischen Gerichte im Hinblick auf die Beurteilung von Verstößen gegen Registrierungspflichten, Insiderhandel, sonstige anti-fraud- sowie Bestechungsvorschriften ergibt sich aus Sec. 22(a)SA und Secs. 21(d)(1), 27 und 30(b) SEA.[264] Entsprechend dieser Regelungen kann jeder Verstoß gegen den SA, den SEA und alle aufgrund dieser Gesetze erlassenen weiteren Regeln der SEC durch die US-Gerichte geahndet werden. Wie sich aus Secs. 21(d)(1) und 27 SEA ergibt, ist die Zuständigkeit der US-amerikanischen Gerichte dabei nicht auf die Beurteilung von zivilrechtlichen Streitigkeiten beschränkt, sondern erfasst auch die Jurisdiktion in Strafsachen.

---

258 *Mahoney*, in: Berman, SEC Regulation, S. 616; *Schuster*, Börsenrecht, S. 348.

259 *Lotze*, Kapitalmarktrecht und Internet, S. 108.

260 *Lotze*, Kapitalmarktrecht und Internet, S. 108.

261 *Lotze*, Kapitalmarktrecht und Internet, S. 108.

262 *Lotze*, Kapitalmarktrecht und Internet, S. 112.

263 *Junker*, Discovery, S. 383.

264 *Lotze*, Kapitalmarktrecht und Internet, S. 107; *Meng*, Extraterritoriale Jurisdiktion, S. 335.

In persönlicher Hinsicht finden die kapitalmarktrechtlichen Vorschriften gemäß Sec. 30(b) SEA grundsätzlich nur dann Anwendung, wenn die betreffende Person der Gerichtsbarkeit eines US-amerikanischen Gerichts unterliegt. Im Hinblick auf Wertpapiertransaktionen erklären Sec. 22(a) SA und Sec. 27 SEA diejenigen US-amerikanischen Gerichte alternativ für zuständig, in deren Bezirk (1) der Beklagte seinen Wohn- oder Geschäftssitz hat oder (2) die Transaktion durchgeführt worden ist oder (3) der Beklagte angetroffen wurde.[265]

Für deutsche Unternehmen bedeutet dies, dass sie auch dann, wenn sie ihren Sitz außerhalb der USA haben, die entsprechende Wertpapiertransaktion aber auf dem Hoheitsgebiet der USA stattfand, im Falle eines dabei verwirklichten Verstoßes gegen geltendes Kapitalmarktrecht der US-amerikanischen Gerichtsbarkeit unterliegen können.[266]

b) Anknüpfung an significant conduct oder significant effect

In der Entscheidung *International Shoe Co. v. Washington* hat der US Supreme Court die Begründung der internationalen Zuständigkeit der US-amerikanischen Gerichte über die soeben genannten traditionellen Anknüpfungspunkte aufgegeben und aus Sec. 30(b) SEA vielmehr eine generelle Ermächtigung der US-Gerichte zur Beurteilung internationaler Sachverhalte abgeleitet, wenn die betroffene Person zwar keinen personellen Bezug zum US-amerikanischen Hoheitsgebiet im Sinne der obigen Anknüpfungspunkte aufweist, sie aber gleichwohl „certain minimum contacts" zu diesem hat.[267] Dies soll im Fall eines Verstoßes gegen kapitalmarktrechtliche Vorschriften immer dann der Fall sein, wenn dieser entweder durch eine Handlung verursacht wurde, die auf dem Hoheitsgebiet der USA stattfand (*significant conduct doctrine*) oder die fragliche Verhaltensweise, selbst wenn sie außerhalb der USA stattfand, wesentliche Auswirkungen auf den US-amerikanischen Markt hatte (*significant effect doctrine*).[268] Die significant effect doctrine ist dabei nicht nur im Fall zivilrechtlicher Klagen, sondern auch im Rahmen der Strafverfolgung anwendbar und ver-

---

265 *Lotze*, Kapitalmarktrecht und Internet, S. 113

266 Vgl. *Junker*, Discovery, S. 383. Die Frage, ob und auf welchem Weg die Zustellung einer entsprechenden Klageschrift bzw. einer gerichtlichen Anordnung an ein deutsches Unternehmen möglich ist, soll hier ausgeklammert bleiben, siehe dazu ausführlich *Bertele*, Souveränität und Verfahrensrecht, S. 376 ff., 389 ff.

267 326 US 310 (1945); *Mössle*, Extraterritoriale Beweisbeschaffung, S. 216.

268 *Meng*, Extraterritoriale Jurisdiktion, S. 335; *Lotze*, Kapitalmarktrecht und Internet, S. 109. Siehe dazu ausführlich *Schuster*, Börsenrecht, S. 510 ff. und 527 ff. Die significant effect doctrine wurde erstmals angewendet in *Schoenbaum v. Firstbrook*, 403 F. 2d 200 (2nd Cir. 1967).

mag dadurch die strafrechtliche Verfolgung ausländischer Personen und Unternehmen zu begründen, die gegen den FCPA verstoßen haben.[269] Um eine völkerrechtlich unzulässige Ausuferung der Zuständigkeit von US-amerikanischen Gerichten für internationale Sachverhalte zu vermeiden, wird die Zuständigkeitsgrenze jedoch dort gezogen, wo die Begründung der US-amerikanischen Gerichtsbarkeit die „traditional notions of fair play and substantial justice" verletzen würde.[270] Mindestvoraussetzung für die Zuständigkeit der US-amerikanischen Gerichte ist danach, dass der Sachverhalt zumindest minimale Berührungspunkte zum Forum aufweist (sog. *minimum contacts doctrine*).[271]

III. Typischer Ablauf einer von der SEC initiierten Ermittlung

Im Anschluss an die Darstellung der für Internal Investigations geltenden rechtlichen Rahmenbedingungen einschließlich der der SEC zur Verfügung stehenden Sanktionsmechanismen sowie der Voraussetzungen der Anwendbarkeit der US-Regulatorien auf deutsche Unternehmen soll im Folgenden der typische Ablauf einer von der SEC initiierten Ermittlung in einem deutschen Unternehmen am Beispiel des Falles Siemens aufgezeigt werden.

1. Einleitung einer grenzüberschreitenden Ermittlung

Der für die Einleitung einer Cross Border Investigation ausschlaggebende Verdacht einer Gesetzes- oder Regelverletzung kann aus unterschiedlichsten Quellen herrühren. Möglich ist zum Beispiel, dass der Verdacht auf einem Hinweis aus dem Unternehmen selbst beruht, sei es dass eine Anschuldigung über eine sog. *Whistleblower*-Hotline kundgetan wird oder sei es, dass ein unternehmensinternes Monitoring-System oder eine Due Diligence entsprechende Verdachtsmomente zutage fördern.[272] Denkbar erscheint jedoch auch, dass Konkurrenten, Mitarbeiter, Kunden oder Zulieferer öffentlich Anschuldigungen gegen das Un-

---

269 *Brown*, Hastings International and Comparative Law Review 22 (1999), 407 (447).

270 *Lotze*, Kapitalmarktrecht und Internet, S. 114; *Junker*, Discovery, S. 383. Siehe auch *Helicopteros Nacionales de Columbia v. Hall*, 466 US 408, 414 (1984).

271 Siehe die Leitentscheidung des US Supreme Court: *International Shoe v. Washington*, 326 US 310 (1945), sowie *Mössle*, Extraterritoriale Beweisbeschaffung, S. 203.

272 *Wagner*, CCZ 2009, 8 (11). Vgl. auch *Wessing*, in: Strafverteidigung im Rechtsstaat, S. 907 (912 f.).

ternehmen erheben (so im Fall DaimlerChrysler[273]) oder die zuständige Regulierungsbehörde von Unregelmäßigkeiten erfährt und selbständig die Staatsanwaltschaft einschaltet.[274] Spätestens wenn der Verdacht eines Gesetzesverstoßes an die Öffentlichkeit dringt oder bekannt wird, dass die deutsche Staatsanwaltschaft gegen ein bestimmtes Unternehmen ermittelt, wird die SEC hellhörig werden. Im Fall Siemens war es das Unternehmen selbst, das die SEC auf den Verdacht unternehmensinterner Korruptionsverstöße aufmerksam machte: Unmittelbar nach der Durchsuchung des Firmensitzes durch die Münchener Staatsanwaltschaft musste Siemens als an der *New York Stock Exchange* (NYSE) gelistetes Unternehmen gemäß Sec. 13(a) bzw. 15(d) SEA seinen US-amerikanischen Jahresabschluss (sog. *Form 20-F*) bei der SEC einreichen. Da dieser Bericht dem Wahrheits- und Vollständigkeitsgebot unterliegt und ein Verstoß gegen diese Pflichten gemäß Sec. 32 SEA mit Strafe bewehrt ist, sah sich Siemens verpflichtet, die Ermittlungen der Münchener Staatsanwaltschaft wegen des Verdachts der Korruption auch gegenüber der SEC offenzulegen.

Wie bereits beschrieben,[275] beginnt die SEC bei Bekanntwerden von Verdachtsmomenten zunächst informell mit ihren Ermittlungen. Da die Mitarbeiter der SEC in diesem Stadium des Verfahrens noch über keinerlei Zwangsbefugnisse verfügen und dementsprechend auf eine umfassende Kooperation des Unternehmens angewiesen sind, wird die SEC das betroffene Unternehmen in der Regel zunächst nur mit vagen Vorwürfen konfrontieren und ihm die Möglichkeit geben, informell dazu Stellung zu nehmen.[276] Erhärtet sich der Verdacht eines Gesetzesverstoßes, wird die SEC – zur Schonung der eigenen personellen Ressourcen – das betroffene Unternehmen dann typischerweise auffordern, eine ihrer US-amerikanischen „Vertrauenskanzleien“ auf eigene Kosten mit der umfassenden Aufklärung sämtlicher Umstände des mutmaßlichen Gesetzesverstoßes zu beauftragen.[277] Die von der SEC favorisierten Kanzleien zeichnen sich insbesondere dadurch aus, dass deren Teams von früheren US-amerikanischen Staatsanwälten oder ehemaligen Mitarbeitern der SEC geleitet werden.[278] Mit Blick auf die Ausgestaltung des US-amerikanischen Rechtssystems, das für Gesetzesverstöße einerseits hohe Strafen vorsieht, andererseits die Kooperation des Un-

---

273 *Werres*, managermagazin 7/2008, S. 40 (48); *Özgenc*, focus online vom 04.09.2006, www.focus.de/auto/neuheiten/daimlerchrysler-ein-star-im-zwielicht_aid_214443.html; *Schulte/Görts*, RIW 2006, 561.

274 *Wagner*, CCZ 2009, 8 (11); *Partsch*, FCPA, S. 66, 71.

275 Oben unter Kapitel 3 I.5.a).

276 *V. Rosen*, BB 2009, 230.

277 *Wastl*, Kreditwesen 2008, 604 (606). Vgl. auch *Wybitul*, BB 2009, 606 (607).

278 *Jahn*, StV 2009, 41.

ternehmens auf mehreren Stufen des Verfahrens positiv honoriert,[279] werden die Unternehmen dieser Forderung der SEC in aller Regel nachkommen – wenn sie nicht schon selbständig unmittelbar nach Bekanntwerden der Vorwürfe in einer Art vorauseilendem Gehorsam zur Demonstration ihrer unbegrenzten Kooperationsbereitschaft eine externe Anwaltskanzlei, die das Vertrauen der SEC genießt, mit der Aufklärung des der Verfehlung zugrunde liegenden Sachverhalts beauftragt haben.[280]

Auch Siemens verharrte nicht untätig, bis die SEC wegen des im Raum stehenden Korruptionsverdachts gegen das Unternehmen eine formal order erlassen und ein förmliches Untersuchungsverfahren einleiten konnte. Vielmehr bemühte sich Siemens umgehend, eine den Anforderungen der SEC entsprechende „Vertrauenskanzlei“ mit der Durchführung von internen Ermittlungen zu beauftragen: Unmittelbar nach Bekanntwerden der gegen Siemens laufenden Ermittlungsverfahren in Deutschland und den USA im November 2006 berief der damalige Vorsitzende des Prüfungsausschusses des Aufsichtsrats für den 29.11.2006 ein Treffen ein, an dem unter anderem der Vorsitzende des Aufsichtsrats, der Finanzvorstand sowie der Chief Compliance Officer teilnahmen und auf dem beschlossen wurde, die US-amerikanische Kanzlei Debevoise mit der umfassenden Aufklärung der im Raum stehenden Korruptionsvorwürfe zu betrauen.[281]

Doch nicht nur im Hinblick auf das „Ob“ einer solchen Ermittlung, sondern auch bezüglich der genauen Durchführung dieser Internal Investigations nimmt die SEC erheblichen Einfluss auf das betroffene Unternehmen, hat sie doch im Leon-Meredith-Report diejenigen Kriterien aufgelistet, die für sie in Bezug auf die Ausgestaltung von internen Aufklärungsmaßnahmen von entscheidender Bedeutung sind und die sie bei ihrer Entscheidung, ob im Fall eines Verstoßes gegen US-amerikanisches Kapitalmarktrecht ein Enforcement-Verfahren eingeleitet wird und welche Sanktionen ergriffen werden sollen, berücksichtigt.[282] In Anlehnung an diese Kriterien hat sich für die unter der Aufsicht der SEC durchgeführten internen Ermittlungen ein typischer Ablauf herausgebildet, der im Folgenden am Beispiel des Falles Siemens dargestellt wird.

Aber auch wenn das Unternehmen der Aufforderung der SEC, eine externe Anwaltskanzlei mit den Untersuchungen zu beauftragen, nicht nachkommt und

---

279 Dazu schon ausführlich oben unter Kapitel 3 I.3. und 4.

280 *Behrens*, RIW 2009, 22 (23 f.); *v. Rosen*, BB 2009, 230; *Wessing*, in: Strafverteidigung im Rechtsstaat, S. 907 (913). Vgl. auch *Schulte/Görts*, RIW 2006, 561 (567).

281 Siemens-Pressemitteilung vom 15.12.2008, zu finden unter http://www.siemens.com/press/pool/de/events/2008-12-PK/summary-d.pdf, S. 2 f.

282 *Behrens*, RIW 2009, 22 (27 f.); *v. Rosen*, BB 2009, 230; *Wastl*, Kreditwesen 2008, 604 (606 f.). Vgl. dazu auch *v. Hehn/Hartung*, DB 2006, 1909 (1913).

die SEC daraufhin eine förmliche Untersuchung startet, gelten die folgenden Ausführungen zum typischen Ablauf einer Cross Border Investigation im Wesentlichen entsprechend.

Die nachfolgende Schilderung des Ablaufs der Internal Investigations bei Siemens basiert auf Informationen, die ich zum Teil aus Zeitungsberichten und wissenschaftlichen Beiträgen, überwiegend aber durch persönliche Gespräche mit (ehemaligen) Siemens-Mitarbeitern, die in die unternehmensinternen Untersuchungen involviert waren oder selbst interviewt wurden,[283] *gewonnen habe. Nachfolgende Aussagen zum Sachverhalt im Fall Siemens, die nicht mit Fußnoten belegt werden, geben die Erlebnisse und Eindrücke der von mir interviewten Siemens-Mitarbeiter wieder.*

2. Typischer Ablauf einer Cross Border Investigation in einem deutschen Unternehmen am Beispiel von Siemens

Eine Cross Border Investigation gliedert sich typischerweise in folgende Arbeitsschritte, die zum Teil parallel ablaufen:

a) Zusammenstellung von Daten (Data Collection)

Am Anfang jeder internen Untersuchung steht in der Regel die umfassende Sicherung sämtlicher Daten, die im Zusammenhang mit dem jeweiligen Untersuchungsgegenstand stehen.[284] Hierfür fordern die Mitarbeiter der SEC bzw. die mit der Untersuchung beauftragten externen Anwälte das Unternehmen zunächst auf, dafür Sorge zu tragen, dass die entsprechenden Daten nicht überspielt, gelöscht oder auf andere Art und Weise unterdrückt werden.[285] Meistens machen die Ermittler dabei mehr oder minder präzise Vorgaben, welche Daten im Rahmen dieses Arbeitsschritts gesucht und welche Unterlagen sichergestellt werden sollen.[286] Dann beginnen die Ermittler, verdächtige Aktenordner zu durch-

283 Die von mir interviewten Siemens-Mitarbeiter gehörten entweder der Führungsriege von ausländischen Siemens-Regionalgesellschaften an, die von den Investigations direkt betroffen waren, waren Mitarbeiter der zentralen Siemens-Rechtsabteilung oder waren in leitender Position im Bereich Compliance tätig. Insgesamt habe ich mit acht (ehemaligen) Siemens-Mitarbeitern gesprochen.

284 *Wybitul*, BB 2009, 606 (608); *v. Hehn/Hartung*, DB 2006, 1909 (1914). Zu einer Übersicht über die Informationsquellen, die im Rahmen der data collection oftmals gesichtet werden, siehe die Aufzählung bei *Partsch*, FCPA, S. 65 f.

285 *Wybitul*, BB 2009, 606 (608).

286 *Wybitul*, BB 2009, 606 (610).

forsten, Computerfestplatten zu scannen und den E-Mail-Verkehr der Mitarbeiter zu durchleuchten.[287] Im Zuge der Ermittlungen bei Siemens wurden dafür zwei externe Datenräume angelegt – einer in München-Perlach, einer in England[288] – in denen die entsprechenden Dokumente gesammelt wurden. Insgesamt sollen auf diese Art und Weise im Fall Siemens über 100 Millionen Dokumente gesichert worden sein.[289]

b) Datensichtung und Datenauswertung (Data Review)

Nachdem alle relevanten in Papier- und EDV-Form vorhandenen Daten, Dokumente, E-Mails und sonstigen Unterlagen zusammengetragen worden sind, werden sie in einem nächsten Arbeitsschritt umfassend gesichtet und hinsichtlich ihrer Bedeutung für die Ermittlung bewertet.[290] Typischerweise erfolgt gleichzeitig mit der Durchsicht dieser Geschäftsunterlagen eine Überprüfung der einschlägigen Buchhaltungsunterlagen durch eine ebenfalls beauftragte Wirtschaftsprüfungsgesellschaft[291] – so auch im Fall Siemens, wo Debevoise die Wirtschaftsprüfer der *Deloitte & Touche GmbH* (Deloitte) zu Hilfe zog.[292]

Die Auswertung der zusammengetragenen Daten stellt neben der Befragung von Mitarbeitern (dazu sogleich) einen der wichtigsten Schritte einer Internal Investigation dar.[293] Im Fall Siemens wurden rund 82 Millionen Dokumente elektronisch durchkämmt, weitere 14 Millionen Dokumente gesichtet, 38 Millionen Finanztransaktionen analysiert und 10 Millionen Bankbelege durchgesehen.[294]

---

287 *Hildebrand*, Welt am Sonntag vom 21.09.2008, http://www.welt.de/wams_print/article2473233/Aufklaerung-de-luxe.html.

288 Urteilsmemorandum des DOJ, Fn. 152, S. 21.

289 *Hildebrand*, Welt Online vom 15.12.2008, http://www.welt.de/welt_print/article2878188/Siemens-bezahlt-Korruption-teuer.html.

290 *Wastl/Litzka/Pusch*, NStZ 2009, 68 (68 f.); *Wybitul*, BB 2009, 606 (610); *v. Hehn/Hartung*, http://www.wilmerhale.com/files/Publication/5809f85f-899a-4d74-bc12-d0c5f839f127/Presentation/PublicationAttachment/9e2988a0-7047-412c-bd1a-da5dc017bc69/Independent_investigations_ 082005.pdf.

291 *Wastl/Litzka/Pusch*, NStZ 2009, 68 (68 f.); *Partsch*, FCPA, S. 64.

292 *Sorge*, managermagazin vom 15.12.2008, www.manager-magazin.de/unternehmen/artikel/0,2828,596564,00.html; Siemens-Pressemitteilung vom 15.12.2008, Fn. 281, S. 3.

293 *Wybitul*, BB 2009, 606 (610).

294 Siemens-Pressemitteilung vom 15.12.2008, Fn. 281, S. 5.

c) Befragung von Mitarbeitern und anderen Beteiligten (Interviews)

Mit den im Rahmen der Datenauswertung erlangten Erkenntnissen werden in einem nächsten Schritt vor allem diejenigen Mitarbeiter, die in dem Verdacht stehen, an etwaigen Gesetzesverstößen beteiligt gewesen zu sein oder auch nur Kenntnisse davon zu haben, im Rahmen sog. *Interviews* konfrontiert.[295] Diese Interviews dauern nicht selten vier bis fünf Stunden und zeichnen sich unter anderem dadurch aus, dass dem Interviewten mehrere (meistens zwischen drei und fünf) externe Ermittler gleichzeitig gegenüber sitzen. Im Rahmen der Interviews wird von den Mitarbeitern eine umfassende Kooperation verlangt, die eine uneingeschränkte Offenbarung aller, auch den Ermittlern unbekannter Sachverhalte voraussetzt.[296] Darauf werden die befragten Mitarbeiter in der Regel zu Beginn der Interviews explizit hingewiesen. Bei Siemens erfolgte dies zusätzlich durch ein Informationsschreiben an die Belegschaft, das folgende Passage enthielt:

> „Der Prüfungsausschuss des Aufsichtsrates hat die Rechtsanwaltskanzlei [...] mit der Durchführung einer unabhängigen Untersuchung der aktuellen Compliance-Vorgänge sowie der internen Compliance-Systeme beauftragt. Alle Arbeitnehmer sind verpflichtet, im Rahmen der Untersuchung mit der Rechtsanwaltskanzlei [...] vollumfänglich zu kooperieren."[297]

Welchen Umfang die Interviews annehmen können, wird deutlich, wenn man die Zahlen im Fall Siemens betrachtet: Im Rahmen der durch die Anwälte von Debevoise durchgeführten Ermittlungen wurden insgesamt 1.750 Interviews und weitere 800 informelle Gespräche mit Siemens-Mitarbeitern aller Konzernbereiche im In- und Ausland geführt.[298]

aa) Amnestieangebot

Da die Mitarbeiter im Fall einer selbstbelastenden Aussage mit arbeitsrechtlichen Sanktionen oder gar Strafverfolgung rechnen müssen, ist ihre Aussagebereitschaft (trotz bestehender und zum Teil weitreichender arbeitsvertraglicher Auskunftspflichten[299]) naturgemäß sehr gering.[300] Um die Mitarbeiter dennoch

---

295 *Jahn*, StV 2009, 41 (42); *Wastl/Litzka/Pusch*, NStZ 2009, 68 (69).

296 *Wastl/Litzka/Pusch*, NStZ 2009, 68 (69).

297 Abgedruckt bei *Sieg*, FS Buchner, S. 859 (862).

298 Zahlen entnommen aus der Siemens-Pressemitteilung vom 15.12.2008, Fn. 281, S. 5. *Werres*, managermagazin 7/2008, S. 40 (44), geht sogar von vier- bis fünftausend vernommenen Mitarbeitern aus.

299 Dazu später noch ausführlich unter Kapitel 5 II.1.c)aa)(1) und (3)(a).

zu einer Kooperation mit den internen Ermittlern zu bewegen, wird ihnen im Vorfeld der Befragung häufig eine arbeits- und haftungsrechtliche „Amnestie" angeboten, wonach sich das Unternehmen in seiner Funktion als Arbeitgeber für den Fall, dass sich die Mitarbeiter *vor* dem eigentlichen Interview zu einer umfassenden und wahrheitsgemäßen Aussage sowie einer bedingungslosen Kooperation mit den Ermittlern verpflichten, bereit erklärt, von dem Erlass bestimmter Sanktionen wie beispielsweise einer Kündigung, der Geltendmachung von Schadensersatzansprüchen oder einer Strafanzeige gegen den jeweiligen Mitarbeiter abzusehen und den Aussageinhalt vertraulich zu behandeln.[301] So heißt es beispielsweise im Amnestieangebot, das der Siemens-Zentralvorstand im Oktober 2007 erlassen hat, um die Untersuchungen von Debevoise zu unterstützen:

> „Das Unternehmen wird gegenüber Mitarbeitern, die [...] das Unternehmen freiwillig und wahrheitsgemäß [...] vollständig über mögliche Verstöße gegen die Gesetze zum Verbot der Korruption [...] informieren, [...] keine Ansprüche auf Schadensersatz geltend machen und [...] das Beschäftigungsverhältnis nicht einseitig lösen."[302]

Gleichzeitig hat Siemens die Mitarbeiter explizit darauf hingewiesen, dass die Amnestieregelung nur unternehmensintern gilt und keine Bindungswirkung im Hinblick auf die Entscheidung der deutschen Strafverfolgungsbehörden, ein strafrechtliches Ermittlungsverfahren einzuleiten, entfaltet:

> „Diese Regelung bindet in keiner Weise staatliche Strafverfolgungs- oder sonstige Ermittlungsbehörden. Das Unternehmen kann Arbeitnehmer nicht davon freistellen, dass Ermittlungen von staatlichen Behörden eingeleitet bzw. durchgeführt werden [...] Die Strafverfolgungs- und sonstigen Ermittlungsbehörden sind in ihrer Entscheidung selbstverständlich frei, ob sie die Kooperation des Arbeitnehmers berücksichtigen."[303]

Denjenigen Siemens-Mitarbeitern, die sich trotz Amnestieangebots weigerten, mit den internen Ermittlern zu kooperieren oder die nur eingeschränkt zur Aussage bereit waren, soll zum Teil – zumindest zu Beginn der internen Ermittlungen – mit erheblichen arbeits- und haftungsrechtlichen Konsequenzen, wie bei-

300 *Breßler/Kuhnke/Schulz/Stein*, NZA 2009, 721; *Dann/Schmidt*, NJW 2009, 1851. Vgl. auch *Hubbell*, Stanford Law Review 32 (1980), 1163 (1172 f.).

301 *Breßler/Kuhnke/Schulz/Stein*, NZA 2009, 721; *Wastl/Pusch*, RdA 2009, 376 (376 f.).

302 Rundschreiben Nr. 2/2008 des Siemens-Zentralvorstandes vom 31.10.2007, abgedruckt bei *Sieg*, FS Buchner, S. 859 (870 f.) sowie in Auszügen bei *Jahn*, StV 2009, 41 (42). Vom Amnestieangebot ausgenommen waren jedoch einige hochrangige Siemens-Manager, darunter Mitglieder des Siemens-Vorstands, Mitglieder der Bereichsvorstände sowie (Finanz-)Vorstände von Siemens-Regionalgesellschaften, siehe die Siemens-Pressemitteilung vom 15.12.2008, Fn. 281, S. 7.

303 Auszug aus dem Siemens-Amnestieangebot, abgedruckt bei *Sieg*, FS Buchner, S. 859 (871).

spielsweise der Zurückhaltung von Gehaltsbestandteilen, der ordentlichen oder außerordentlichen Kündigung oder der Geltendmachung von zivilrechtlichen Schadensersatzansprüchen wegen Beteiligung an Korruptionshandlungen gedroht worden sein:[304]

> „Die Betroffenen müssen sich in den Interviews vollständig ausziehen. Wenn nicht, dann werden sie hart angegangen, bis hin zu Drohungen.“[305]

Bis zum Ablauf des Amnestieangebots Ende Februar 2008 haben sich laut dem Compliance-Bericht der Siemens AG aus dem Jahre 2008 insgesamt 123 Mitarbeiter gemeldet, die von der Regelung Gebrauch machen wollten. 82 Mitarbeitern wurde eine solche „Amnestie“ gewährt.[306]

Für diejenigen Siemens-Mitarbeiter, die aufgrund ihrer leitenden Funktion im Unternehmen vom Amnestieangebot nicht erfasst wurden,[307] sowie für diejenigen Mitarbeiter, die sich erst nach Ende des Amnestieangebots zu einer Kooperation mit dem Unternehmen und den privaten Ermittlern bereit erklärten, schuf Siemens im April 2008 eine Art individualisierte Kronzeugenregelung, die – insoweit vergleichbar dem Amnestieangebot – für kooperationsbereite Mitarbeiter ein Absehen von arbeits- und haftungsrechtlichen Konsequenzen vorsah.[308]

bb) Belehrung

Das einzelne Interview beginnt meistens mit einer Belehrung des zu befragenden Mitarbeiters durch eine sog. *upjohn warning*, in der der betroffene Mitarbeiter darauf hingewiesen wird, dass das Unternehmen sich vorbehält, die im Rahmen der Interviews erlangten Informationen zur Demonstration seiner Kooperationsbereitschaft den Behörden gegenüber offen zu legen.[309] Oft wird der befragte Mitarbeiter zudem ein weiteres Mal darauf hingewiesen, dass er arbeitsrechtlich zur Aussage verpflichtet ist und welche arbeits- oder haftungsrechtlichen

---

304 *Jahn*, StV 2009, 41 (42); *v. Rosen*, BB 2009, 230 (231); *Wastl/Litzka/Pusch*, NStZ 2009, 68 (69). Zu weiteren möglichen arbeits- und haftungsrechtlichen Konsequenzen, die der Mitarbeiter befürchten muss, noch ausführlicher unten unter Kapitel 3 III.2.e).

305 Zitat von Rechtsanwalt *Daniel Amelung*, der einige Siemens-Mitarbeiter vertritt, abgedruckt bei *Hildebrand*, Welt am Sonntag vom 21.09.2008, Fn. 287.

306 Zu finden ist der Compliance-Bericht unter http://w1.siemens.com/annual/08/de/corp_governance/ nachhaltigkeitsbericht.htm.

307 Siehe Fn. 302.

308 Siehe hierzu die Siemens-Pressemitteilung vom 15.12.2008, Fn. 281, S. 7 sowie das Urteilsmemorandum des DOJ, Fn. 152, S. 20.

309 *Dann/Schmidt*, NJW 2009, 1851 (1852); *Jahn*, StV 2009, 41 (42); *v. Hehn/Hartung*, DB 2006, 1909 (1914).

Konsequenzen eine unzureichende Aussagebereitschaft nach sich ziehen kann.[310] Selten werden die Mitarbeiter hingegen explizit darüber belehrt, dass sie sich im Fall einer wahrheitsgemäßen Aussage gegebenenfalls selbst belasten und dass ihre selbstbelastende Aussage in einem etwaigen nachfolgenden Strafverfahren gegen sie verwendet werden kann.[311]

Im Fall Siemens soll eine offizielle Belehrung der zu befragenden Mitarbeiter durch die Ermittler von Debevoise zwar mehrheitlich unterblieben sein, jedoch soll sich Siemens im Vorfeld der Befragungen darum bemüht haben, die Belegschaft per Rundschreiben oder im Rahmen von persönlichen Gesprächen über ihre Rechte und Pflichten gegenüber den externen Ermittlern zu informieren. Siemens hat seine Mitarbeiter ferner davon in Kenntnis gesetzt, dass das Unternehmen und die externen Ermittler eng mit den deutschen Strafverfolgungsbehörden zusammenarbeiten.[312] Ein Zugeständnis an die von den Interviews betroffenen Arbeitnehmer dahingehend, dass sie die Aussage verweigern können, wenn sie ansonsten Gefahr liefen sich selbst zu belasten, hat es indessen bei Siemens wohl nicht gegeben. Vielmehr ist stattdessen stets die umfassende Kooperationspflicht der Mitarbeiter betont worden.

cc) Hinzuziehung eines Rechtsbeistands

Obwohl der einzelne Mitarbeiter grundsätzlich keinen Anspruch auf die Hinzuziehung eines Rechtsbeistands hat,[313] wird ihm dies vom Unternehmen regelmäßig gestattet. Da die Befragungen durch die privaten Ermittler darauf abzielen, herauszufinden, ob der befragte Mitarbeiter „Mitwisser" der im Raum stehenden Regelverletzungen ist oder an ihnen sogar irgendwie beteiligt war und insofern eine strafverfolgungsrechtliche Dimension erhalten,[314] gebietet es die arbeitgeberseitige Fürsorgepflicht, den Arbeitnehmern zu erlauben, zu den Interviews in

---

310 *Wessing*, in: Strafverteidigung im Rechtsstaat, S. 907 (922); *de Vries*, in: Arbeitsstrafrecht im Umbruch, § 4 Rn. 56; *Partsch*, FCPA, S. 60; *Schulte/Görts*, RIW 2006, 561 (567 m. Fn. 47).

311 *Wessing*, in: Strafverteidigung im Rechtsstaat, S. 907 (922); *Westphal*, in: Verhandlungen des 67. DJT, L129; *Wastl*, WirtschaftsWoche, www.wiwo.de/unternehmen-maerkte/szenisch-effektvoll-und-ueberraschend-303167/.

312 Siehe das Siemens-Amnestieangebot, abgedruckt bei *Sieg*, FS Buchner, S. 859 (871).

313 *Jahn*, StV 2009, 41 (42); *Göpfert/Merten/Siegrist*, NJW 2008, 1703 (1708).

314 *Dann/Schmidt*, NJW 2009, 1851 (1852) unter Berufung auf ArbG Berlin, Urt. vom 28.07.2005 – 28 Ca 10016/05: Der Betroffene hat einen Anspruch darauf, in Begleitung eines Anwalts zu erscheinen, wenn er befürchten muss, sich selbst strafrechtlich zu belasten. Ebenso *Mengel/Ullrich*, NZA 2006, 240 (244).

Begleitung eines Rechtsbeistands zu erscheinen.[315] In der Regel werden die Mitarbeiter bei ihrer ersten Befragung jedoch auf die Hinzuziehung eines Rechtsbeistandes verzichten, weil sie auf diese Möglichkeit gar nicht oder zu spät hingewiesen werden[316] oder glauben, durch Hinzuziehung eines Verteidigers eine irgendwie geartete Schuld zu signalisieren.[317] Dies hat zur Folge, dass der Mitarbeiter abermals nicht über mögliche zivil- und strafrechtliche Folgen seiner Aussage aufgeklärt wird.[318]

Die Mitarbeiter von Siemens erhielten in dieser Hinsicht von ihrem Arbeitgeber Unterstützung: Ihnen wurde auf Kosten des Unternehmens ein Rechtsanwalt als „Zeugenbeistand" zur Seite gestellt, der sie zu den Befragungen begleitete. Zwar durfte dieser Zeugenbeistand in den Ablauf des Interviews nicht eingreifen. Der Arbeitnehmer konnte sich aber im Vorfeld der Befragung mit dem Zeugenbeistand besprechen und sich auch im Hinblick auf die Gefahr der Selbstbelastung beraten lassen.[319] Darüber hinaus war es den zu den Interviews geladenen Mitarbeitern gestattet, auf eigene Kosten einen Rechtsanwalt zu der Befragung mitzubringen.[320] Diese Zugeständnisse sollten dazu dienen, die Mitarbeiter so weit wie möglich auf die Interviews vorzubereiten und ihre Gesprächsbereitschaft während des Interviews zu erhöhen.[321]

dd) Atmosphäre während der Interviews – „talk or walk"

Die Atmosphäre, die während der Interviews herrscht, wird von den Betroffenen vielfach als „vernehmungsähnlich" beschrieben: Der zu befragende Mitarbeiter sieht sich einer Vielzahl von unbekannten Personen gegenüber, die teilweise bereits als US-Attorneys oder Ermittler bei der SEC gearbeitet haben und die ihn über vier bis fünf Stunden mit unangenehmen Fragen konfrontieren, so dass er sich gehemmt fühlen kann, Einwände und Bedenken zu artikulieren und vielfach auch gar nicht in der Lage sein wird, die Tragweite seiner Äußerungen abzu-

315 LAG Hamm MDR 2001, 1361 (1362); *Maschmann*, AuA 2009, 72 (76); *Sieg*, FS Buchner, S. 859 (869): „Aus Gründen der Fürsorgepflicht gegenüber seinem Arbeitnehmer hat der Arbeitgeber sicherzustellen, dass die strukturelle Berufs-Überlegenheit der Vernehmer nicht noch durch unnötige Überheblichkeit bei der Vernehmung verstärkt wird."

316 *Dann/Schmidt*, NJW 2009, 1951 (1952).

317 *Wastl*, WirtschaftsWoche, Fn. 311.

318 *Wessing*, in: Strafverteidigung im Rechtsstaat, S. 907 (922 f., 925).

319 *Sieg*, FS Buchner, S. 859 (863).

320 *Sieg*, FS Buchner, S. 859 (863); Siemens-Pressemitteilung vom 15.12.2008, Fn. 281, S. 5 f.

321 *Sieg*, FS Buchner, S. 859 (863).

schätzen und die Erklärungen der externen Ermittler richtig zu verstehen.[322] Beruflicher Ehrgeiz und das ständige „Kompetenzgerangel" mit den ebenfalls ermittelnden staatlichen Strafverfolgern trieb viele der Investigatoren im Fall Siemens sogar dazu, ihre Befragten „nicht mehr vom Haken zu lassen" (Zitat eines Ermittlers),[323] sondern so lange nachzubohren, bis irgendeine vermeintlich brauchbare Information gefunden war oder sich der Mitarbeiter schließlich in Widersprüche verstrickte.

Erschwerend kommt hinzu, dass die Interviews überwiegend nicht auf Deutsch, sondern auf Englisch geführt werden.[324] Trotz der Beiziehung eines Simultanübersetzers kommt es – und kam es auch im Fall Siemens – häufig zu Verständigungsproblemen.[325]

Während der gesamten Befragung befindet sich der Mitarbeiter in einer Zwickmühle: Ist die eigene Aussage unzureichend, wird ihm eine Amnestie verwehrt und es besteht die Gefahr von schwerwiegenden und mitunter sogar existenzbedrohenden arbeits- und/oder haftungsrechtlichen Konsequenzen wie beispielsweise einer Verdachtskündigung oder der Konfrontation mit Schadensersatzforderungen. Andererseits ist sich der Mitarbeiter darüber bewusst, dass die Gefahr besteht, dass seine Aussage an die deutsche Staatsanwaltschaft weiter geleitet wird und der Mitarbeiter sich dann – auf der Grundlage von Beweisen oder zumindest Indizien, die er durch seine Aussage selbst geliefert hat – einem strafrechtlichen Ermittlungsverfahren ausgesetzt sieht.[326] Schließlich wird die besondere Atmosphäre der Interviews auch dadurch geprägt, dass die Ermittler keineswegs zur Objektivität verpflichtet und damit – wie beispielsweise deutsche Staatsanwälte gemäß § 160 Abs. 2 StPO – verpflichtet sind, Umstände zu ermitteln, die den Mitarbeiter entlasten, sondern vielmehr einseitig die Interessen des Unternehmens vertreten.[327]

---

322 *Dann/Schmidt*, NJW 2009, 1951 (1952); *v. Rosen*, BB 2009, 230 (231). Vgl. auch *Werres*, managermagazin 7/2008, S. 40 (44): „Die Anwälte schüchtern ein, wo sie können." Siehe ferner die Presseberichterstattung über den Fall DaimlerChrysler, focus online vom 17.09.2006, www.focus.de/finanzen/news/daimlerchrysler_aid_115654.html: Die Vernehmungen durch die US-amerikanischen Anwälte von Skadden Arps hätten teilweise bis zu 14 Stunden gedauert.

323 *Sieg*, FS Buchner, S. 859 (869).

324 *Sieg*, FS Buchner, S. 859 (862); *Wastl*, WirtschaftsWoche, Fn. 311.

325 Siehe dazu *Sieg*, FS Buchner, S. 859 (862).

326 Dazu eingehend *Wessing*, in: Strafverteidigung im Rechtsstaat, S. 907 (921 f.) sowie *Wastl*, WirtschaftsWoche, Fn. 311. Vgl. auch *Fritz/Nolden*, CCZ 2010, 170 (172 f.) sowie *Westphal*, in: Verhandlungen des 67. DJT, L 129.

327 Vgl. *Wastl*, WirtschaftsWoche, Fn. 311, sowie *Knierim*, StV 2009, 324 (325). Zu den Auswirkungen und Gefahren, die eine interessengeleitete Vernehmung hervorrufen kann, siehe eingehend *Hassemer/Matussek*, Opfer als Verfolger, S. 26 f., die insbeson-

Nach verbreiteter Einschätzung hat die geschilderte Atmosphäre während der Interviews die Folge, dass die „Chance des Einzelnen hier wirklich frei zu entscheiden im Sinne eines: 'Nein ich möchte schweigen, ich möchte nicht kooperieren' […] aufgrund der wirtschaftlichen Bedrängnis, in die er gerät, gegen null [geht]."[328]

ee) Protokollierung der Aussage

Sofern die Aussage des Mitarbeiters protokolliert wird – was im Rahmen von Internal Investigations eher selten der Fall ist, da Protokolle über eine Vernehmung im Regelfall nicht dem work-product privilege unterliegen (sie geben nicht die mentalen Prozesse des Anwalts wieder) und damit dem ungestörten Zugriff der Ermittlungsbehörden ausgesetzt wären[329] – haben die befragten Mitarbeiter ein erhebliches Interesse daran, die Protokolle nach Abschluss der Vernehmung einzusehen und ihren Inhalt zu überprüfen. Dies gilt insbesondere angesichts der Tatsache, dass die Interviews oftmals auf Englisch geführt werden, sich über mehrere Stunden erstrecken und die Mitarbeiter zum Schluss nicht wissen, was genau protokolliert wurde und wo die Mitschriften landen.[330] Eine Einsichtnahme wird den Interviewten aber häufig – auch im Fall Siemens – verweigert.[331]

Begründet wird die Verweigerung der Einsichtnahme damit, dass es sich bei den Mitschriften der Interviews um bloße Notizen handele, die deshalb nach Einschätzung der Ermittler nicht aus der Hand gegeben werden müssen, und dass sich Ermittler und Unternehmen andernfalls gegenüber der SEC und dem DOJ nicht auf das attorney-client privilege berufen könnten.[332] Tatsächlich ha-

---

dere eine „Verschmutzung der Erkenntnisquellen" sowie einen „Missbrauch der Verfahrensrolle" befürchten.

328 *Knauer*, in: Verhandlungen des 67. DJT, L 160. Ähnlich *Westphal*, in: Verhandlungen des 67. DJT, L 129: „Zwang zur disclosure"; *Amelung*, Welt am Sonntag vom 21.09.2008, http://www.welt.de/wams_print/article2473233/Aufklaerung-de-luxe.html: „Die Betroffenen müssen sich in den Interviews vollständig ausziehen" sowie *Maschmann*, AuA 2009, 72 (76): Es werde nach der Devise „talk or walk" verfahren. Zu möglichen strafprozessualen Konsequenzen dieser Erkenntnis später noch ausführlich unter Kapitel 5 II. sowie Kapitel 6.

329 Siehe *Partsch*, FCPA, S. 61. Statt der Anfertigung eines Protokolls werden daher oftmals nur als Memo bezeichnete Notizen erstellt, *Wastl*, WirtschaftsWoche, Fn. 311 sowie *Westphal*, in: Verhandlungen des 67. DJT, L130.

330 *Maschmann*, AuA 2009, 72 (76); *Sieg*, FS Buchner, S. 859 (863).

331 *Jahn*, StV 2009, 41 (42); *v. Rosen*, BB 2009, 230 (231); *Sieg*, FS Buchner, S. 859 (863); *Werres*, manager magazin 7/2008, S. 40 (44); *Wastl*, WirtschaftsWoche, Fn. 311.

332 *Sieg*, FS Buchner, S. 859 (863, 865).

ben die befragten Arbeitnehmer gemäß § 83 Abs. 1 Satz 1 BetrVG sogar das Recht, die Mitschriften aus den Interviews einzusehen. Bei den Notizen handelt es sich um einen Teil der über den jeweiligen Arbeitnehmer geführten Personalakte[333] und aus dem allgemeinen Persönlichkeitsrecht des Arbeitnehmers folgt das Recht, sich Kenntnis über alle personenbezogenen Daten zu verschaffen, die der Arbeitgeber über ihn sammelt.[334] Daran ändert auch der Umstand nichts, dass die Notizen nicht durch den Arbeitgeber selbst, sondern durch vom Arbeitgeber engagierte US-amerikanische Rechtsanwälte angefertigt wurden und zum Zeitpunkt der Mitschrift nicht feststeht, ob die Notizen überhaupt an Dritte weitergeleitet werden oder den interviewenden Anwälten vielmehr nur als „Gedächtnisstütze" dienen sollen. Denn erstens ist § 83 BetrVG als zwingende Vorschrift ausgestaltet und gilt damit auch für im Auftrag des Arbeitgebers ermittelnde US-amerikanische Anwälte.[335] Zweitens kann der Befragte überhaupt nicht kontrollieren und sich daher auch nicht sicher sein, dass die Mitschrift über seine Befragung nicht doch irgendwie in die Hände dritter Personen gelangt.[336] Auch die Form der Mitschrift – bloße Notizen statt förmlichem Protokoll – steht einer Klassifizierung derselben als Teil der Personalakte nicht entgegen: Das Bundesarbeitsgericht (BAG) vertritt insoweit keinen formalen, sondern einen materiellen Aktenbegriff.[337] Entscheidend ist damit der Inhalt der Mitschriften. Sobald sich diese auf Vorgänge beziehen, die die persönlichen und dienstlichen Verhältnisse des Arbeitnehmers betreffen und die in einem inneren Zusammenhang mit dem Arbeitsverhältnis stehen, sind sie Teil der Personalakte, in die der Arbeitnehmer gemäß § 83 BetrVG Einsicht nehmen darf.[338] Schließlich muss dem Arbeitnehmer auch deshalb Einsicht in die Notizen gewährt werden, weil die Herausgabe der Mitschriften im Rahmen eines strafrechtlichen Ermittlungsverfahrens erzwungen werden kann und die jeweilige Mitschrift sodann als Beweis verwendet werden könnte – einem Beschlagnahmeverbot gemäß § 97 Abs. 1 Nr. 2 i.V.m. § 53 Abs. 1 Nr. 2 oder Nr. 3 StPO unterliegen die Aufzeichnungen mangels Mandantenbeziehung zwischen befragtem Arbeitnehmer und privaten Ermittlern genauso wenig wie diese Mitschriften dem attorney-client privilege bzw. dem work-product privilege nach US-amerikanischem Recht un-

333 *Maschmann*, AuA 2009, 72 (76); *Sieg*, FS Buchner, S. 859 (863 f.).

334 *Thüsing*, in: Richardi, BetrVG, § 83 Rn. 4, 16 ff., 26.

335 *Thüsing*, in: Richardi, BetrVG, § 83 Rn. 20; *Sieg*, FS Buchner, S. 859 (863).

336 *Maschmann*, in: Maschmann, Compliance und Arbeitsrecht, S. 149 (177); *Sieg*, FS Buchner, S. 859 (864).

337 BAG AuR 1981, 124; *Lakies*, in: Düwell, BetrVG, § 83 Rn. 2; *Maschmann*, AuA 2009, 72 (76 f.).

338 Siehe nur BAG NZA 1988, 654 (655) sowie *Fritz/Nolden*, CCZ 2010, 170 (176 f.) und *Sieg*, FS Buchner, S. 859 (864 f.).

terfallen.[339] Der betroffene Mitarbeiter muss daher zumindest das Recht haben, zu erfahren, ob seine Aussage wahrheitsgemäß protokolliert wurde.[340] Im Fall Siemens ist dies von besonderer Bedeutung, da die Mitarbeiter vor den Befragungen per Rundschreiben explizit darauf hingewiesen wurden, dass Siemens sowie die externen Ermittler von Debevoise eng mit den Strafverfolgungsbehörden zusammenarbeiten werden und diese keineswegs an eine den Arbeitnehmern unter Umständen gewährte Amnestie gebunden sind.

Vor diesem Hintergrund haben sich die Arbeitnehmervertreter von Siemens mit Fortschreiten der Internal Investigations dafür stark gemacht, dass die befragten Mitarbeiter nach Ende der Befragung Einsicht in das Protokoll nehmen und eventuelle Fehler berichtigen können. Sie stießen dabei insbesondere deshalb auf Widerstand, weil Debevoise stets sein unabhängiges Untersuchungs-Mandat betonte und die Leitungsorgane von Siemens eine größtmögliche Kooperationsbereitschaft gegenüber der SEC demonstrieren wollten.[341]

d) Übermittlung der Untersuchungsergebnisse

aa) Kommunikation mit dem Unternehmen und Übermittlung an die SEC

Die Ergebnisse der Datenauswertung und der Interviews berichtet die mandatierte Anwaltskanzlei zunächst dem Unternehmen, übermittelt diese zu einem späteren Zeitpunkt in Form von Zwischenberichten aber auch direkt an die SEC. Am Ende der Internal Investigations wird ein Abschlussbericht erstellt, der eine Zusammenfassung der wesentlichen Ermittlungsergebnisse enthält und der der SEC ebenfalls übergeben wird.[342] Da der Abschlussbericht unter anderem als Ausgangspunkt für Vergleichsverhandlungen mit der SEC dient, sollte darin ausführlich dargelegt werden, weshalb das Unternehmen ein offizielles Enforcement-Verfahren weder für notwendig noch für angemessen erachtet und weshalb auch auf eine strafrechtliche Anklage verzichtet werden sollte.[343]

---

339 Das Bestehen eines Beschlagnahmeverbots in derartigen Konstellationen hat das LG Hamburg mit Beschluss v. 15.10.2010 - 608 Qs 18/10, NJW 2011, 942 ff. ausdrücklich verneint und damit eine Diskussion entfacht. Siehe dazu *Momsen/Grützner*, DB 2011, 1792 (1796 f. m.w.N.).

340 *Senge/Nack*, in: KK-StPO, § 53 Rn. 13, 15, § 97 Rn. 13; *Gercke*, in: HK-StPO, § 53 Rn. 11, 13 f., § 97 Rn. 46, 49; *Wessing*, WirtschaftsWoche vom 13.09.2008, http://www.wiwo.de/unternehmen-maerkte/das-koennte-toedlich-treffen; *Sieg*, FS Buchner, S. 859 (865).

341 Vgl. *Sieg*, FS Buchner, S. 859 (865), *Hildebrand*, Welt am Sonntag vom 21.09.2008, Fn. 287, sowie *Wessing*, WirtschaftsWoche vom 13.09.2008, Fn. 340.

342 *Wybitul*, BB 2009, 606 (611); *Mathews*, Ohio State Law Journal 45 (1984), 655 (662 f.).

343 *Partsch*, FCPA, S. 78, 85.

(1) Keine Pflicht zur schriftlichen Dokumentation der Ergebnisse

Eine rechtliche Pflicht, Art und Umfang der Vorgehensweise sowie die durch die Internal Investigations gewonnenen Erkenntnisse und Ergebnisse schriftlich zu dokumentieren, besteht gleichwohl nicht.[344] Allerdings sind für das Unternehmen insoweit folgende Faktoren gegeneinander abzuwägen: Ein ausführlicher schriftlicher Abschlussbericht erhöht gegenüber einer lediglich mündlichen Berichterstattung die Gefahr, dass sein Inhalt ungebeten an die Öffentlichkeit gelangt oder gar die vollständige Offenlegung des Berichts erzwungen wird.[345] Weigert sich das Unternehmen, den Ermittlungsbehörden einen schriftlichen Abschlussbericht vorzulegen, besteht andererseits die Gefahr, dass es in den Verdacht unzureichender Kooperationsbereitschaft gerät, was sich wiederum nachteilig auf einen angestrebten Vergleich auswirken oder das Risiko eines formellen Enforcement-Verfahrens erhöhen kann.[346] Da letzterer Aspekt für das Unternehmen angesichts der im Rahmen des US-amerikanischen Sanktionssystems möglichen drakonischen Strafen in der Regel bedrohlicher erscheint[347] und die meisten Unternehmen ohnehin beabsichtigen, ihre Ermittlungsergebnisse zumindest teilweise offen zu legen, ist zu vermuten, dass die meisten Unternehmen die Gefahr einer ungewollten Offenlegung in Kauf nehmen und sich für einen umfangreichen schriftlichen Abschlussbericht entscheiden werden.

Werden die Cross Border Investigations durch Mitarbeiter der SEC selbst, also im Rahmen eines formellen Untersuchungsverfahrens, durchgeführt, wird in jedem Fall ein schriftlicher Abschlussbericht durch die Beamten der SEC angefertigt.[348]

(2) Umfang der Offenlegung

Bis zu der wichtigen Änderung der Richtlinien des DOJ über die *Prosecution of Business Organizations* am 28.08.2008 – an denen sich auch die SEC orientiert[349] – war es unter dem bis dahin geltenden Thompson- bzw. McNulty-Memorandum[350] üblich, dass die SEC das von einer internen Untersuchung be-

344 *Knierim*, StV 2009, 324 (325).

345 Beispielsweise durch Wettbewerber im Rahmen eines nach US-amerikanischem Recht angestrengten Schadensersatzverfahrens. Vgl. auch *Lomas/Kramer*, Corporate Internal Investigations, Rn. 6.67.

346 *Partsch*, FCPA, S. 61.

347 Vgl. *Partsch*, FCPA, S. 72.

348 *Halfpap*, Kapitalmarktaufsicht, S. 135, 138, 147.

349 Vgl. *Wehnert*, NJW 2009, 1190 (1192); *dies.*, FS Müller, S. 729 (734).

350 Zu den einzelnen Memoranden sowie der letzten Änderung der Richtlinien vom 28.08.2008 siehe ausführlich oben unter Kapitel 3 I.4.f).

troffene Unternehmen aufforderte, die mit der Untersuchung beauftragten externen Anwälte von ihrer Schweigepflicht zu entbinden und sämtliche Ermittlungsergebnisse offen zu legen.[351] Aus Angst, bei Nichtbefolgung dieses Ersuchens als unkooperativ eingeschätzt zu werden und dadurch das Ziel eines möglichst weitgehenden Entgegenkommens der SEC bei der Sanktionsfindung zu verfehlen, gaben die betroffenen Unternehmen diesem Ersuchen der SEC in der Regel nach und machten ihr alle Untersuchungsergebnisse uneingeschränkt zugänglich. Vereinzelt wurde schon in der bloßen Übermittlung der Untersuchungsergebnisse an die SEC ein konkludenter Verzicht auf das Anwaltsprivileg gesehen.[352] Mit Inkrafttreten der soeben genannten Änderung der Richtlinien des DOJ dürfen die US-amerikanischen Fahnder die Inanspruchnahme des attorney-client privilege nicht mehr als mangelnde Kooperation werten.[353] Aus Unsicherheit darüber, ob die Mitarbeiter von DOJ und SEC diese Richtlinien tatsächlich beachten, werden dennoch viele Unternehmen die von ihnen beauftragten Anwälte von der Verschwiegenheitspflicht entbinden und auch etwaige dem work-product privilege unterliegende Unterlagen an die US-amerikanischen Behörden herausgeben.[354]

Bei formellen Ermittlungen durch Mitarbeiter der SEC hingegen finden mangels einer Mandanten-Verteidiger-Beziehung das attorney-client privilege sowie das work-product privilege von vornherein keine Anwendung.[355]

(3) Fall Siemens

Nach Angaben von Siemens haben sich Debevoise und Deloitte stets mit dem für die Untersuchung zuständigen Ausschuss des Aufsichtsrats[356] über den Umfang der Untersuchung sowie die Vorgehensweise abgestimmt. Darüber hinaus haben die externen Ermittler dem zuständigen Ausschuss sowie dem gesamten Aufsichsrat regelmäßig, d.h. mindestens alle acht Wochen, ausführlich über die Fortschritte sowie die im Rahmen der Ermittlungen gewonnenen Erkenntnisse

351 *Wastl/Litzka/Pusch*, NStZ 2009, 68 (69); *Wybitul*, BB 2009, 606 (607).

352 *SEC v. Dresser Indus. Inc.*, 453 F. Supp 573, 576 (D.D.C. 1978); *Reed*, University of Chicago Law Review 47 (1979-1980), 803 (808, 810 f.).

353 *Wybitul*, BB 2009, 606 (611).

354 Vgl. *Wastl*, WirtschaftsWoche, Fn. 311.

355 *Hubbell*, Stanford Law Review 32 (1980), 1163 (1169, 1174).

356 Zunächst wurde die interne Untersuchung durch den Prüfungsausschuss des Aufsichtsrats, der Debevoise auch das Mandat erteilt hatte, überwacht, bis der Aufsichtsrat am 25.04.2007 die Zuständigkeit für Compliance-relevante Themen, einschließlich der Internal Investigations, dem neu bestellten Compliance-Ausschuss übertrug, siehe die Siemens-Pressemitteilung vom 15.12.2008, Fn. 281, S. 2 f.

Bericht erstattet.[357] Des Weiteren wurde kurz nach Beginn der internen Untersuchung bei Siemens ein zentrales „Project Office Compliance Investigation“ (POCI) eingerichtet, das die Zusammenarbeit zwischen den externen Anwälten und den Siemens-Mitarbeitern koordinieren und die Anwälte bei ihren Ermittlungen, insbesondere beim Arrangieren der Interviewtermine sowie bei der Daten- und Dokumentenbeschaffung im In- und Ausland, unterstützen sollte.[358]

Auch der SEC und dem DOJ erstattete Debevoise regelmäßig Bericht über den Stand der Ermittlungen.[359] Eine direkte Kommunikation zwischen dem Aufsichtsrat als dem für die interne Untersuchung zuständigen Organ und der SEC gab es hingegen nicht. Vielmehr kommunizierte nur der Siemens-Vorstand über die neben Debevoise als Unternehmens-„Verteidiger“ eingeschaltete US-amerikanische Kanzlei Davis Polk direkt mit der SEC. Hierbei ging es indes nicht um den Ablauf und die Ergebnisse der internen Untersuchung, sondern vielmehr um eine möglichst rasche und schonende Beendigung der gegen Siemens bereits laufenden straf- und zivilrechtlichen Verfahren in den USA.

bb) Übermittlung an deutsche Ermittlungsbehörden

Auch deutschen Ermittlungsbehörden werden die Ergebnisse der internen Untersuchung in der Regel zur Verfügung gestellt. Dies kann auf zweierlei Wegen geschehen: Zum Teil werden die Untersuchungsergebnisse direkt von der SEC an die zuständige deutsche Staatsanwaltschaft weitergeleitet.[360] Möglich ist aber auch, dass das Unternehmen selbst der Staatsanwaltschaft die Ermittlungsergebnisse informell zur Verfügung stellt.[361] Dabei stellt sich die Weitergabe der Ermittlungsergebnisse an die zuständige deutsche Staatsanwaltschaft – anders als man auf den ersten Blick vermuten könnte – jedoch nicht unbedingt als eine Art „Freundschaftsdienst“ des betroffenen Unternehmens dar, um die Staatsanwaltschaft bei ihren Ermittlungen zu unterstützen, sondern beruht abermals auf den Vorgaben der SEC sowie des DOJ: Sowohl die SEC als auch das DOJ haben im Rahmen des Leon-Meredith-Reports bzw. in den Richtlinien betreffend die Verfolgung von Unternehmensstraftaten hervorgehoben, dass es für die Bewertung der Kooperationsbereitschaft eines Unternehmens entscheidend darauf ankommt, ob das Unternehmen sein Fehlverhalten nicht nur gegenüber der SEC bzw. dem DOJ, sondern auch gegenüber der Öffentlichkeit sowie anderen natio-

357 Siemens-Pressemitteilung vom 15.12.2008, Fn. 281, S. 3.

358 Siemens-Pressemitteilung vom 15.12.2008, Fn. 281, S. 6.

359 Urteilsmemorandum des DOJ, Fn. 152, S. 3.

360 *Partsch*, FCPA, S. 4.

361 *Dann/Schmidt*, NJW 2009, 1851; *Wastl/Litzka/Pusch*, NStZ 2009, 68 (69). Vgl. auch *Wehnert*, NJW 2009, 1190 (1191).

nalen Ermittlungsbehörden offen gelegt, ihnen alle einschlägigen Informationen zur Verfügung gestellt und mit ihnen kooperiert hat.[362]

Um Schadensersatzklagen von Wettbewerbern und Aktionären zu vermeiden,[363] haben einige Unternehmen mit Hilfe entsprechender Verschwiegenheitsvereinbarungen versucht, die Weitergabe und Veröffentlichung von Informationen durch die SEC zu verhindern. Die US-amerikanischen Gerichte haben dies bislang allerdings nicht anerkannt.[364] Angesichts der im Rahmen des Leon-Meredith-Report ausgesprochenen ausdrücklichen Aufforderung der SEC, die Untersuchungsergebnisse zu veröffentlichen, und der bei mangelnder Kooperation des Unternehmens zu erwartenden Nachteile, werden sich deutsche Unternehmen, die von einer Cross Border Investigation betroffen sind, den Vorgaben der SEC im Zweifel beugen und die Ermittlungsergebnisse den deutschen Behörden auch unaufgefordert zur Verfügung stellen.[365]

Dies ist auch im Fall Siemens geschehen: Bereits kurz nach der Mandatierung von Debevoise traten Vertreter des Unternehmens gemeinsam mit Anwälten von Debevoise an die Münchener Staatsanwaltschaft heran, um dieser zu erläutern, wie die geplante interne Untersuchung aussehen würde.[366] Nach anfänglichen Startschwierigkeiten – die Staatsanwälte wollten sich von den US-amerikanischen Ermittlern nicht in ihre Kompetenzen eingreifen lassen, die Anwälte von Debevoise sahen sich durch die Staatsanwaltschaft in ihren Ermittlungen behindert – haben das Unternehmen, die externen Ermittler von Debevoise und die Münchener Staatsanwaltschaft im weiteren Verlauf der Investigations eng kooperiert.[367] Dies soll nach Berichten von (ehemaligen) Siemens-Mitarbeitern sogar soweit gegangen sein, dass Debevoise und die Münchener

---

362 Dazu bereits ausführlich oben unter Kapitel 3 I.e) und f).

363 Wurde ein öffentlicher Auftrag aufgrund von Bestechung an ein Konkurrenzunternehmen vergeben, können die betroffenen Unternehmen nach dem *Racketeer Influenced and Corrupt Organizations Act* gegen das Unternehmen vorgehen, vgl. 18 U.S.C. §§ 1962, 1964, zu finden unter http://www.law.cornell.edu/uscode/18/usc_sup_01_18_10_I_20_96.html. Auch Anleger haben die Möglichkeit, wegen korruptionsbedingter Kursverluste auf Schadensersatz gerichtete Sammelklagen (sog. *class actions*) anzustrengen, vgl. Rule 23 der *Federal Rules of Civil Procedure*, zu finden unter http://www.law.cornell.edu/rules/frcp/.

364 *Schulte/Görts*, RIW 2006, 561 (568).

365 Vgl. *Dann/Schmidt*, NJW 2009, 1851; *Wastl/Litzka/Pusch*, NStZ 2009, 68 (69) sowie *Wehnert*, NJW 2009, 1190 (1191).

366 Siemens-Pressemitteilung vom 15.12.2008, Fn. 281, S. 7.

367 Vgl. zu diesem Aspekt die Sachverhaltsdarstellung des OLG München NZG 2009, 665 (667); *Hamm*, NJW 2010, 1332 (1335 m. Fn. 9) sowie *Knauer*, in: Verhandlungen des 67. DJT, L 160, wenngleich Lezterer seine Ausführungen nicht nur auf den Fall Siemens bezieht.

Staatsanwaltschaft ihre Ermittlungsergebnisse gegenseitig ausgetauscht haben.[368] Da die Münchener Staatsanwaltschaft über Informationen aus den internen Interviews verfügte, ohne die jeweiligen Personen aber selbst vernommen zu haben, steht jedenfalls fest, dass Ergebnisse aus der internen Untersuchung in die Hände der Münchener Staatsanwaltschaft gelangt sind.[369] Dafür sollen nicht nur die Anwälte von Debevoise verantwortlich sein, vielmehr sollen auch Mitarbeiter von Siemens selbst der Münchener Staatsanwaltschaft entsprechendes Beweismaterial übergeben haben.

cc) *Art und Weise der Übermittlung*

Die Weitergabe der Untersuchungsergebnisse erfolgt hauptsächlich durch die Übersendung des Abschlussberichts sowie der relevanten Unterlagen in elektronischer Form.[370] Üblich ist darüber hinaus auch eine mündliche Berichterstattung an die SEC und das DOJ in Form von Präsentationen oder Telefonaten.[371] In der Regel werden nur die wirklichen Sachbeweise, d.h. Dokumente, Korrespondenz oder Kontoübersichten schriftlich übermittelt. Die im Rahmen der Interviews gewonnenen Informationen werden – zumindest soweit die Interviews, wie im Regelfall, nicht protokolliert wurden – lediglich mündlich oder als Teil des Abschlussberichts weitergegeben.[372]

Im Fall Siemens wurden insgesamt etwa 100 000 Seiten an die SEC und das DOJ übermittelt.[373] Nicht bekannt ist, welche und wieviele Unterlagen daneben auch der Münchener Staatsanwaltschaft zur Verfügung gestellt wurden.[374] Unklar ist ferner, ob auch die Mitschriften, die von den Interviews gefertigt wur-

---

368 Anders jedoch das offizielle Statement der Siemens AG, Pressemitteilung vom 15.12.2008, Fn. 281, S. 8: „Es wurde sichergestellt, dass die Staatsanwaltschaft wie auch Debevoise jeweils unabhängig voneinander und ohne gegenseitige Beeinflussung zu ihren entsprechenden Ergebnissen kommen konnten."

369 Vgl. *Westpfahl*, in: Verhandlungen des 67. DJT, L 130; *Hildebrand*, Welt am Sonntag vom 21.09.2008, Fn. 287, sowie *Knauer/Buhlmann*, AnwBl 2010, 387 (388 f.). Dies wurde mir auch von den von mir interviewten Siemens-Mitarbeitern bestätigt.

370 *Wybitul*, BB 2009, 606 (611).

371 So auch im Fall Siemens, siehe die Darstellung des Sachverhalts im Urteilsmemorandum des DOJ, Fn. 152, S. 3.

372 *Westphal/Huber*, in: Verhandlungen des 67. DJT, L 130, 135.

373 *Hildebrand*, Welt Online vom 15.12.2008, Fn. 289.

374 *Westphal*, in: Verhandlungen des 67. DJT, L 130: Die im Rahmen der Internal Investigations gewonnenen Sachbeweise wurden „kartonweise bei der Staatsanwaltschaft angeliefert."

den, direkt an die Staatsanwaltschaft weitergegeben oder ob die im Rahmen der Interviews gewonnenen Beweise nur mündlich übermittelt wurden.[375]

e) Mögliche Konsequenzen für das Unternehmen und seine Mitarbeiter

Entsprechend den im Leon-Meredith-Report dargelegten Kriterien berücksichtigt die SEC im Hinblick auf die Kooperationsbereitschaft des Unternehmens neben der Offenlegung von Informationen gegenüber staatlichen Stellen, ob das Unternehmen als Antwort auf die Ermittlungsergebnisse personelle Konsequenzen gezogen, d.h. sich von den für den Gesetzesverstoß verantwortlichen Mitarbeitern getrennt oder diese anderweitig zur Rechenschaft gezogen hat.[376]

Insoweit kommen folgende arbeits- und haftungsrechtlichen Konsequenzen – soweit im Einzelfall zulässig – in Betracht:

- Ordentliche oder außerordentliche Tat- oder Verdachtskündigung,
- Verlust von Pensionsansprüchen,
- Zurückbehaltung von Gehalt oder Gehaltsbestandteilen,
- Nichtfreistellung von Verfahrenskosten, insbesondere keine Übernahme der Honorare für einen individuellen Rechtsbeistand des einzelnen Mitarbeiters durch das Unternehmen,
- Konfrontation des Mitarbeiters mit zivilrechtlichen Schadensersatzansprüchen wegen dessen Beteiligung am Gesetzesverstoß.[377]

Für ein börsennotiertes Unternehmen ist darüber hinaus zu überlegen, unter welchen Voraussetzungen es im Hinblick auf die behördlichen Ermittlungen, die internen Untersuchungen oder aber die im Rahmen der Ermittlungen festgestellten Tatsachen sowie die daraus resultierenden Konsequenzen zur Veröffentlichung einer Ad-hoc-Mitteilung nach § 15 Abs. 1 Satz 1 WpHG verpflichtet ist.[378]

---

375 Für letzteres *Westpfahl*, in: Verhandlungen des 67. DJT, L 130.

376 Leon-Meredith-Report, http://www.sec.gov/litigation/investreport/34-44969.htm. Siehe auch *Wybitul*, BB 2009, 606 (611) und *Schulte/Görts*, RIW 2006, 561 (567).

377 Dazu insgesamt *Jahn*, StV 2009, 41 (42); *Wybitul*, BB 2009, 606 (611) sowie *Göpfert/Merten/Siegrist*, NJW 2008, 1703 (1706 f.).

378 *Behrens*, RIW 2009, 22 (28 f.). Zu der Frage, unter welchen Umständen dies der Fall ist, siehe die ausführliche Darstellung bei *Lomas/Kramer*, Corporate Internal Investigations, Rn. 6.86 ff.

Kapitel 4 Zur Problematik von Internal Investigations

Nachdem im voranstehenden Kapitel Hintergrund und Ablauf einer typischen Internal Investigation dargestellt wurden, soll im nun folgenden Kapitel zunächst untersucht werden, ob die Beauftragung von Privatpersonen mit der Durchführung von umfassenden internen Ermittlungen zur Aufklärung von Verdachtsmomenten nach deutschem Recht generell als zulässig anzusehen ist (dazu unter I.) und welche rechtlichen Grenzen privater Ermittlungstätigkeit gesetzt sind (dazu unter II.). Im Anschluss daran wird erläutert, warum sich Cross Border Investigations, d.h. interne Ermittlungen, die unter dem bestimmenden Einfluss der SEC stehen und damit einen grenzüberschreitenden Bezug aufweisen, aus Sicht des deutschen Rechts als besonders problematisch erweisen (dazu unter III.).

I. Generelle Zulässigkeit privater Ermittlungen nach deutschem Strafprozessrecht

Da Internal Investigations auf eigene Initiative des jeweiligen Unternehmens, d.h. nicht auf Veranlassung der deutschen Strafverfolgungsbehörden durchgeführt werden, handelt es sich um eine Form privater Straftataufklärung.[1] Zulässigkeit und Grenzen privater Ermittlungstätigkeit sind gesetzlich nicht geregelt. Vielmehr findet die StPO ausdrücklich nur auf staatliche Strafverfolgungsbehörden wie Polizei und Staatsanwaltschaft Anwendung.[2] Dennoch werden den im Rahmen der internen Ermittlungen eingesetzten Ermittlungspersonen – wie gesehen – oftmals umfassende Befragungs-, Analyse- und Recherchebefugnisse durch das Unternehmen eingeräumt.[3] Auch wenn die Frage der generellen Zulässigkeit von privater Straftataufklärung heute überwiegend bejaht wird,[4] haben die Ermittlungsmethoden der US-amerikanischen Kanzlei Debevoise im Fall Siemens doch erneut die Frage nach den Grenzen privater Ermittlungen sowie nach der Verwertbarkeit der erzielten Ergebnisse aufgeworfen.[5]

1 *Wagner*, in Wabnitz/Janovsky, Hdb WiStra, Kap. 28 Rn. 15.

2 *Meyer-Goßner*, StPO, § 136a Rn. 2 f.; *Diemer*, in: KK-StPO, § 136a Rn. 3; *Rogall*, in: SK-StPO, § 136a Rn. 7; *Eckhardt*, Private Ermittlungsbeiträge, S. 4, 11 f.; *Wagner*, in Wabnitz/Janovsky, Hdb WiStra, Kap. 28 Rn. 17.

3 *Knierim*, StV 2009, 324 (328).

4 Siehe nur *Bittmann/Molkenbur*, wistra 2009, 373 (374) sowie *Rückel*, FG Peters, S. 265.

5 *Wagner*, in Wabnitz/Janovsky, Hdb WiStra, Kap. 28 Rn. 17.

Dies hängt nicht zuletzt auch mit einer Zunahme der Interessenkonflikte zusammen, die interne Untersuchungen von privaten Ermittlern hervorrufen können. Während der Beschuldigte früher oftmals selbständig darüber entscheiden konnte, ob und inwieweit er mit dem Unternehmen kooperierte und seinen Verteidiger von der Schweigepflicht entband, hat der Beschuldigte diese Entscheidung heute regelmäßig nicht mehr in der Hand. Denn wie die obigen Ausführungen bereits gezeigt haben, sehen sich Unternehmen angesichts der ansonsten drohenden erheblichen Nachteile (Geldbußen bzw. Geldstrafen, Ausschluss von der Vergabe öffentlicher Aufträge, negative Presseberichterstattung etc.) häufig sogar dazu gezwungen, die Interessen des eigenen Mitarbeiters zu übergehen und ihn zu einer umfassenden Kooperation mit den Ermittlungspersonen zu bewegen.[6] Die auf diesem Weg durch die Befragung des Mitarbeiters gewonnenen und unter Umständen für den einzelnen Mitarbeiter belastenden Informationen werden von den Unternehmensanwälten – zur Demonstration der vollen Kooperationsbereitschaft des Unternehmens – nicht selten an die staatlichen Ermittlungsbehörden weitergereicht.[7] Was mithin für das Unternehmen durchaus vorteilhaft sein kann, kann für den betroffenen Mitarbeiter schwerwiegende Konsequenzen bis hin zu Strafverfolgung nach sich ziehen.

1. Zulässigkeit privater Ermittlungen im Allgemeinen

Bedenken gegen die Zulässigkeit von privater Straftataufklärung haben sich seit jeher daraus ergeben, dass die StPO die grundsätzliche Ermittlungsbefugnis den Strafverfolgungsbehörden, d.h. der Staatsanwaltschaft und ihren Hilfsbeamten zuschreibt.[8] Es stellt sich also die Frage, ob die Offizialmaxime, die besagt, dass der Staat Straftaten von Amts wegen (*ex officio*) zu verfolgen hat,[9] noch Raum für private Ermittlungen lässt oder aber die Ermittlungstätigkeit abschließend den Strafverfolgungsbehörden zuweist. Daneben könnte private Straftataufklärung auch gegen den in Art. 33 Abs. 4 GG verankerten Beamtenvorbehalt verstoßen und deshalb unzulässig sein.

---

6 *Wehnert*, FS Strafrechtsausschuss BRAK, S. 175. Auf welche Art und Weise die Unternehmensmitarbeiter im Einzelnen zu einer Aussage „genötigt" werden, wurde im Rahmen der Ausführungen zu den Ermittlungen im Fall Siemens bereits dargestellt, siehe oben unter Kapitel 3 III.2.c).

7 *V. Hehn/Hartung*, DB 2006, 1909 (1914).

8 *Bockemühl*, Private Ermittlungen, S. 32. Vgl. auch *Schilling*, Illegale Beweise, S. 132 ff.

9 *Weßlau*, in: SK-StPO, Vor §§ 151 ff. Rn. 3. Die Offizialmaxime ist zwar in der StPO nicht ausdrücklich normiert, ist aber ein in § 152 Abs. 1 StPO vorausgesetztes Konstitutionsprinzip des deutschen Strafprozesses, *Schoreit*, in: KK-StPO, § 152 Rn. 9.

a) Verfassungsrechtlicher Beamtenvorbehalt als Begrenzung privater Ermittlungen?

Vereinzelt wird geltend gemacht, eine auf die systematische Aufklärung und Verfolgung von Straftaten gerichtete private Ermittlungstätigkeit verstoße gegen den in Art. 33 Abs. 4 GG normierten beamtenrechtlichen Funktionsvorbehalt, wonach die Ausübung hoheitlicher Befugnisse – und hierzu ist die Strafverfolgungstätigkeit unstreitig zu zählen[10] – in der Regel Angehörigen des öffentlichen Dienstes zu übertragen ist, die in einem öffentlich-rechtlichen Dienst- und Treueverhältnis stehen.[11] Allerdings erfährt der Geltungsbereich dieser Verfassungsbestimmung schon aus seinem Wortlaut heraus eine doppelte Einschränkung, da die Ausübung hoheitlicher Befugnisse nur *in der Regel* Beamten vorbehalten ist und zudem nur *dauerhafte* Tätigkeiten erfasst werden. So besteht denn auch im Ergebnis weitestgehend Einigkeit darüber, dass Art. 33 Abs. 4 GG kein unmittelbares Privatisierungsverbot zu entnehmen ist.[12] Zudem ist zu beachten, dass private Ermittlungen in der Regel lediglich darauf gerichtet sind, etwaige Verdachtsmomente aufzuklären, den privaten Ermittlern aber nicht zugleich die Befugnis eingeräumt wurde, diese Straftaten auch zu ahnden.[13] Vielmehr obliegt die formelle Verfolgung und Aburteilung der Straftaten nach wie vor dem Staat. Darüber hinaus stehen Privatermittlern bei ihrer Tätigkeit anders als den Beamten der Strafverfolgungsbehörden keine Zwangsbefugnisse zu, so dass auch insoweit kein Übergriff in den Kernbereich staatlicher Strafrechtspflege zu befürchten ist.[14] Schließlich geht es bei der Beurteilung der Zulässigkeit privaten Ermittlungshandelns um die Bewertung tatsächlicher Gegebenheiten, nicht aber um die Frage, ob der Staat generell befugt ist, Privatpersonen mit Strafverfolgungsaufgaben zu beleihen. Nur letztere Frage wird überhaupt vom Regelungsbereich des Art. 33 Abs. 4 GG erfasst.[15]

---

10 *Jachmann*, in: v. Mangoldt/Klein/Stark, GG, Art. 33 Rn. 34; *Lämmerzahl*, Beteiligung Privater, S. 159.

11 So insbesondere *Mende*, Grenzen privater Ermittlungen, S. 99, 104 f., 108.

12 *Jachmann*, in: v. Mangoldt/Klein/Stark, GG, Art. 33 Rn. 38; *Lämmerzahl*, Beteiligung Privater, S. 166; *Kämmerer*, Privatisierung, S. 401 ff.; *Kunig*, in: v. Münch/Kunig, GG, Art. 33 Rn. 42.

13 Anders stellte sich die Situation dar, wenn Privatpersonen – wie beispielsweise bei der Verkehrsüberwachung – nicht nur mit der Feststellung von Verkehrsübertretungen, sondern zugleich auch mit deren Ahndung betraut werden, vgl. AG Alsfeld NJW 1995, 1503 (1505) und AG Berlin-Tiergarten NStZ-RR 1996, 277 (277 f.) sowie *Radtke*, NZV 1995, 428 (430).

14 *Bockemühl*, Private Ermittlungen, S. 35.

15 *Battis*, in: Sachs, GG, Art. 33 Rn. 45; a.A. *Krölls*, GewArch 1997, 445 (451) und *Hoffmann-Riem*, ZRP 1977, 277 (278 ff.), der entsprechende verfassungsrechtliche Beden-

Art. 33 Abs. 4 GG steht daher der Zulässigkeit von privater Ermittlungstätigkeit nicht generell entgegen.

b) Private Ermittlungstätigkeit versus Offizialmaxime

Im Hinblick auf eine mögliche Kollision der privaten Ermittlungen mit der Offizialmaxime lässt sich zunächst festhalten, dass die Offizialmaxime nicht uneingeschränkt Geltung beansprucht, sondern innerhalb der StPO an einigen Stellen eine Durchbrechung erfährt. Zu nennen sind hier neben dem Privatklageverfahren (§§ 374 ff. StPO) vor allem die Antragsdelikte, die die Strafverfolgung von der Stellung eines Strafantrags durch den Verletzten abhängig machen. Hinzu tritt der Umstand, dass den durch eine Straftat Verletzten keinerlei Pflicht zur Anzeige der Straftat trifft, sondern dass er grundsätzlich befugt ist, etwaige aus der Straftat resultierende zivilrechtliche Schadensersatzansprüche ohne jede Einschaltung der Strafverfolgungsorgane durchzusetzen und er es damit – sofern die Staatsanwaltschaft nicht auf anderem Weg von der Straftat Kenntnis erlangt – faktisch in der Hand hat, eine Strafverfolgung zu verhindern.[16]

Aber auch unabhängig von diesen der StPO immanenten Einschränkungen steht die Offizialmaxime als Verfahrensprinzip privaten Ermittlungen nicht grundsätzlich im Wege, besagt sie doch nur, dass der Staat diejenigen Straftaten, für die ein Anfangsverdacht im Sinne der §§ 152 Abs. 2, 160 Abs. 1 StPO vorliegt, von Amts wegen aufzuklären hat, nicht jedoch, dass damit gleichzeitig ein „generelles strafprozessuales Ermittlungsmonopol nach Art des staatlichen Gewaltmonopols“ geschaffen werden sollte.[17] Soweit in diesem Zusammenhang noch ins Feld geführt wird, dass private Ermittlungen deshalb unzulässig sein sollen, weil sie zwangsläufig Interessen anderer berühren oder unter Umständen sogar verletzen, lässt sich dem entgegenhalten, dass dies nicht zwingend die prinzipielle Unzulässigkeit privater Ermittlungen nach sich ziehen muss. Dem Schutz dieser gegenläufigen Interessen kann bei der Bestimmung der rechtlichen

---

ken gegen die Ausübung von Aufgaben der hoheitlichen Gefahrenabwehr und Strafverfolgung auch dann für angezeigt hält, wenn der Staat dieses Terrain lediglich faktisch preisgibt.

16 *Salvenmoser/Schreier*, in: Achenbach/Ransiek, Hdb WiStra, Kap. XV Rn. 25 f.; *Gercke*, in: HK-StPO, § 152 Rn. 1 f.; *Bockemühl*, Private Ermittlungen, S. 33 f.; *Krey*, Problematik privater Ermittlungen, S. 26 f., 31.

17 *Bockemühl*, Private Ermittlungen, S. 35; *Krey*, Problematik privater Ermittlungen, S. 31; a.A. *Hassemer/Matussek*, Opfer als Verfolger, S. 10 sowie *Mende*, Grenzen privater Ermittlungen, S. 84: „Das Monopol des Staates in diesem Bereich ist jedoch in seinem Kern betroffen, wenn Privatpersonen an Stelle des Staates zielgerichtet und in umfassender Art und Weise auf eigene Faust ermitteln.“

Grenzen von privater Straftataufklärung ausreichend Rechnung getragen werden.[18]

Im Gegenteil erscheint die private Ermittlungsbefugnis des betroffenen Bürgers sogar systemkonform: Das Bundesverfassungsgericht (BVerfG) hat im Jahr 1974 die Ermittlungsbefugnis des Bürgers aus seiner Stellung als mit eigenen Rechten ausgestatteter Verfahrensbeteiligter abgeleitet und damit als Ausfluss seines Persönlichkeitsrechts nach Art. 2 Abs. 1 i.V.m. Art. 1 Abs. 1 GG eingestuft.[19] Dieses prinzipielle Recht des Einzelnen auf „aktive Teilnahme an dem ihm zukommenden Rechtsschutz" umfasst nach Auffassung *Kreys* mindestens folgende drei Aspekte:

- Die Befugnis des Verletzten, etwaige zivilrechtliche Schadensersatzansprüche zu verfolgen und die zu deren Durchsetzung erforderlichen Ermittlungen durchzuführen,
- das Recht des Opfers einer Straftat, sein strafrechtliches Genugtuungsinteresse zu verfolgen, indem es durch eigene Ermittlungen zur Bestrafung des Täters beiträgt, sowie
- die Berechtigung des Verletzten zwecks Verhinderung weiterer Schädigungen durch den Straftäter bzw. die Art der Straftat private Recherchen zur Aufklärung von Art, Umfang und Schadensfolgen einer Straftat sowie zur Ermittlung des Täters sowie etwaiger Straftatbeteiligter zu unternehmen.[20]

Schließlich droht die Offizialmaxime durch ausufernde private Ermittlungstätigkeit auch nicht faktisch unterlaufen zu werden. Denn zum einen besitzt eine Privatperson bei eigenen und damit privaten Ermittlungsmaßnahmen – anders als die staatlichen Strafverfolgungsbehörden – keinerlei Zwangsbefugnisse,[21] und zum anderen sind private Ermittlungen von vornherein durch das in § 164 StPO normierte Verbot der Behinderung von obrigkeitlichen Ermittlungsmaßnahmen begrenzt.[22]

---

18 *Krey*, Problematik privater Ermittlungen, S. 27, 48 ff. Vgl. auch *Moraht*, Private Straftatermittlungen, S. 66 f.

19 Jeder Bürger habe ein Recht auf „aktive Teilnahme [...] an dem ihm zukommenden Rechtsschutz", BVerfGE 38, 105 (114). Zum selben Ergebnis kommen auch *Salvenmoser/Schreier*, in: Achenbach/Ransiek, Hdb WiStra, Kap. XV Rn. 23; *Bockemühl*, Private Ermittlungen, S. 32; *Moraht*, Private Straftatermittlungen, S. 14; *Krey*, Problematik privater Ermittlungen, S. 23 ff. Vgl. *Hassemer/Matussek*, Opfer als Verfolger, S. 13 f.

20 *Krey*, Problematik privater Ermittlungen, S. 24 f.

21 Eine Ausnahme bilden hier nur die sog. Jedermannsrechte (§§ 32, 34 StGB und § 16 OwiG, §§ 227 ff., 859 f., 904, 1029 BGB sowie § 127 StPO).

22 *Maier*, KR 2001, 670 (671); *Krey*, Problematik privater Ermittlungen, S. 32.

c) Generelles Bedürfnis nach privater Sachverhaltsaufklärung

Private Ermittlungen sind mithin nicht nur generell als mit dem deutschen Strafprozessrecht vereinbar anzusehen, sondern es besteht sogar in mehrfacher Hinsicht ein Bedürfnis nach interner Sachverhaltsaufklärung durch privat agierende Ermittler. Dies ergibt sich erstens aus dem einfachen Umstand, dass der Rahmen, der den staatlichen Strafverfolgungsbehörden zur Verfügung steht, von vornherein begrenzt ist: Neben der generellen Beschränkung ihres Tätigwerdens durch gesetzliche Vorgaben (die privaten Ermittler genießen bei ihren Ermittlungen Freiheiten, die staatlichen Ermittlern vorenthalten sind,[23]) ist insbesondere auf die oftmals unzureichende personelle Ausstattung der Strafverfolgungsbehörden hinzuweisen.[24] Zweitens sind private Ermittlungen häufig auch unter den Gesichtspunkten Sachnähe, Sachkompetenz und Eigenverantwortlichkeitsprinzip unverzichtbar – man denke hier nur an private Sicherheitsvorkehrungen wie betriebsinterne Sicherheitsdienste oder Ladendetektive.[25] Drittens benötigt effektive Strafverteidigung vielfach einen Überraschungseffekt, der durch private Ermittlungen ganz anders genutzt werden kann, als dies bei vorheriger Einschaltung und Information öffentlicher Stellen geschehen könnte.[26]

Darüber hinaus liegt es regelmäßig im Unternehmensinteresse, die Staatsanwaltschaft zur Einstellung eines etwaigen Ermittlungsverfahrens gegen Mitarbeiter des Unternehmens oder eines laufenden Ordnungswidrigkeitenverfahrens gegen das Unternehmen selbst zu veranlassen. Dieses Bestreben ist jedoch oft nur dann Erfolg versprechend, wenn das Unternehmen an der Aufklärung des Sachverhalts, der Gegenstand des Ermittlungsverfahrens ist, mitwirkt.[27] Wie

---

23 Private Ermittler sind nicht nur in der Wahl ihrer Emittlungsmethoden freier, da sie nicht den Begrenzungen der StPO unterliegen, sondern können auch über die territorialen Grenzen der Bundesrepublik Deutschland hinaus tätig werden. Siehe *Hamm*, NJW 2010, 1332 (1335); *Maier*, KR 2001, 670 (671). Vgl. ferner *Pfordte*, in: Strafverteidigung im Rechtsstaat, S. 740 (741).

24 Hierzu eingehend *Krey*, Problematik privater Ermittlungen, S. 35 ff. Siehe auch *Knierim*, FS Volk, 247 (253 f., 257 f.) und *Dallmeyer*, in: Heghmanns/Scheffler, Hdb Strafverfahren, B. II. Rn. 367. Kritisch hingegen *Hassemer/Matussek*, Opfer als Verfolger, S. 50 f.

25 *Krey*, Problematik privater Ermittlungen, S. 35, 37 f. Vgl. auch *Maier*, KR 2001, 670 (671). A.A. *Hassemer/Matussek*, Opfer als Verfolger, S. 51 f., die der Auffassung sind, dass private Ermittlungen die staatlichen Strafverfolgungsbehörden gar nicht entlasten könnten und dürften, da sie auf rechtsfehlerhafte Weise organisiert und die Ermittlungsergebnisse deshalb fehlerträchtig seien.

26 Siehe zu diesem Aspekt ausführlich *Neuhaus*, in: Widmaier, MAH Strafverteidigung, Teil C § 15 Rn. 13 sowie *Rückel*, FG Peters, S. 265 (270).

27 *Dahs*, NJW 1985, 1113 (1116). Vgl. auch *Stern*, StraFo 1992, 58 (58, 60).

oben bereits erläutert,[28] besteht nach dem deutschen Ordnungswidrigkeitenrecht ferner die Möglichkeit, eigene Aufklärungsbemühungen des Unternehmens nicht nur bei der Entscheidung, ob ein bereits laufendes Verfahren eingestellt werden soll, sondern auch bei der Frage, ob überhaupt ein staatliches Ermittlungsverfahren eröffnet wird, und schließlich auch bei der Bemessung eines etwaig zu zahlenden Bußgeldes positiv zu honorieren. Auch im Hinblick auf diese Aspekte können private Ermittlungen demnach sinnvoll sein oder sogar notwendig erscheinen.

Schließlich darf in diesem Zusammenhang nicht verkannt werden, dass staatliche Ermittler, obwohl sie im Hinblick auf die Durchführung ihrer Ermittlungen rechtlich zur Objektivität verpflichtet sind (§ 160 Abs. 2 StPO), tatsächlich häufig einseitig ermitteln und sich an Vorstellungen von einem Tatgeschehen, einem Tatablauf oder einer bestimmten Täterpersönlichkeit orientieren, die durch einen Teil des Ermittlungsverfahrens begründet sein mögen.[29] Dabei wird den Beschuldigten entlastendes Material nicht selten übersehen.[30] An dieser Stelle können sich dann wiederum private Ermittlungen als für den Beschuldigten unverzichtbar erweisen.[31]

Zusammenfassend lässt sich festhalten, dass private Ermittlungen nicht nur zulässig sind, sondern sich als sinnvolle und sachgerechte Entlastung der Strafverfolgungsorgane und Ergänzung der staatlichen Strafverfolgungsmöglichkeiten darstellen.[32]

d) Zulässigkeit privater Ermittlungen des Beschuldigten sowie seines Verteidigers

Die Befugnis zu eigenen Ermittlungen steht dabei nicht nur dem Verletzten, sondern auch dem Beschuldigten und seinem Verteidiger zu. Dies ergibt sich für den Beschuldigten bereits aus seiner verfahrensrechtlichen Subjektstellung und somit aus seinem Recht auf ein faires Verfahren,[33] für seinen Verteidiger darüber hinaus aus dem Grundsatz der Waffengleichheit sowie aus der Stellung des Verteidigers als „berufene[r] unabhängige[r] Berater und Vertreter in allen

---

28 Siehe Kapitel 2 II.4.b).

29 *Arbeitskreis Strafprozeßreform*, Verteidigung, S. 95.

30 *Neuhaus*, in: Widmaier, MAH Strafverteidigung, Teil C § 15 Rn. 7, 12; *Stern*, StraFo 1992, 58 (62); *Rückel*, FG Peters, S. 265 (268 f.).

31 *Dahs*, Hdb Strafverteidiger, Rn. 316, 466.

32 Vgl. *Knierim*, StV 2009, 324 (328, 331); *Krey*, Problematik privater Ermittlungen, S. 35 ff. sowie *Dahs*, NJW 1985, 1113 (1116).

33 BVerfGE 38, 105 (111 ff.); *Krey*, Problematik privater Ermittlungen, S. 23. Dazu schon soeben unter Kapitel 4 I.1.b) sowie später noch ausführlich unter Kapitel 5 II.2.a).

Rechtsangelegenheiten“ (§ 3 Abs. 1 BRAO, § 1 Abs. 3 BORA), d.h. aus seiner Funktion als gesetzlicher Beistand des Beschuldigten.[34]

Zudem wären der Beschuldigte und sein Verteidiger ohne eigenes Ermittlungsrecht oftmals gar nicht in der Lage, die Interessen des Beschuldigten wirksam durchzusetzen, zumal die amtlichen Ermittlungen in vielen Fällen unzureichend und einseitig zum Nachteil des Beschuldigten ausgestaltet sind.[35] Es muss deshalb sowohl dem Beschuldigten als auch dessen Verteidiger gestattet sein, ihre Tätigkeiten auf die Beschaffung von Informationen und Beweismitteln zu richten, die zur Entlastung oder Verbesserung der Position des Beschuldigten führen, auch wenn damit eigene Ermittlungen verbunden sind.[36]

Schließlich wird auch von der StPO ein selbständig tätiger Verteidiger an mehreren Stellen implizit vorausgesetzt: Sowohl § 222 Abs. 1 als auch § 246 Abs. 2 StPO eröffnen dem Angeklagten die Möglichkeit, mit Hilfe seines Verteidigers Erkundigungen über die Beweismittel der Staatsanwaltschaft einzuholen. Hierzu wird er sich seines Verteidigers bedienen.[37] Auch §§ 359 Nr. 5 i.V.m. 364b StPO gehen im Hinblick auf das Auffinden neuer, für das Wiederaufnahmeverfahren erforderlicher Beweismittel von einer Unterstützung des Angeklagten durch einen Verteidiger aus. Schließlich können das gesetzliche Recht des Beschuldigten, in der Hauptverhandlung Beweisanträge zu stellen, auf der einen und die Beistandsfunktion des Verteidigers, die es ihm verbietet Belastendes vorzutragen, auf der anderen Seite im Einzelfall nur harmonisiert werden durch einen Verteidiger, der grundsätzlich befugt ist, eigene Recherchen anzustellen und dadurch die Bedeutung erhaltener Beweise ermitteln kann, bevor er einen entsprechenden Beweisantrag stellt.[38] Auch wenn diese Vorschriften allesamt nicht unmittelbar Ermittlungen in der Phase des Ermittlungsverfah-

---

34 Zu diesen Aspekten BVerfGE 38, 105 (111) sowie ausführlich *Neuhaus*, in: Widmaier, MAH Strafverteidigung, Teil C § 15 Rn. 8. Siehe darüber hinaus *Baumann*, Ermittlungen des Verteidigers, S. 49 ff., 58 ff.; *Moraht*, Private Straftatermittlungen, S. 14, 46 f.; *Rückel*, FG Peters, S. 267; *Jungfer*, StV 1981, 100 (101); *Beulke*, Verteidiger, S. 44. Anders noch der BGH in seinem Beschluss vom 08.08.1979 (BGH – 2 Ars 231/79): „Dem Verteidiger obliegt es nicht, sein eigenes Ermittlungsverfahren zu führen“.

35 *Arbeitskreis Strafprozeßreform*, Verteidigung, S. 95.

36 *Baumann*, Ermittlungen des Verteidigers, S. 26; *Bockemühl*, Private Ermittlungen, S. 32 f.

37 Vgl. *Eckhardt*, Private Ermittlungsbeiträge, S. 7 f.; *Neuhaus*, in: Widmaier, MAH Strafverteidigung, Teil C § 15 Rn. 9; *Moraht*, Private Straftatermittlungen, S. 41; *Jungfer*, StV 1981, 100 (101).

38 *Brunhöber*, GA 2010, 571 (573 f.); *Dahs*, Hdb Strafverteidiger, Rn. 308; *Baumann*, Ermittlungen des Verteidigers, S. 50 f.; *Jungfer*, StV 1981, 100 (102 f.). Vgl. auch *Neuhaus*, in: Widmaier, MAH Strafverteidigung, Teil C § 15 Rn. 15 sowie *Beulke*, Verteidiger, S. 43 f.

rens betreffen, stellen sie dennoch Indizien für die generelle Zulässigkeit eigenen Ermittlungshandelns des Verteidigers dar.

Dementsprechend wird das generelle Recht des Verteidigers, eigene Ermittlungen durchzuführen, heute nicht mehr bestritten: Einem Anwalt sei es „nicht verwehrt, eigene Ermittlungen zu führen, insbesondere Zeugen oder Mitbeschuldigte vor und außerhalb der Hauptverhandlung zu befragen", davon ausgenommen bleibe die Befugnis des Anwalts, den Zeugen „amtlich" zu vernehmen.[39]

2. Zulässigkeit einer originären Ermittlungstätigkeit des im Fokus der staatlichen Ermittlungsbehörden stehenden Unternehmens – Konstellation der Internal Investigations

a) Andere Stoßrichtung der Ermittlung: Entlastung durch gezielte Belastung

Nachdem zunächst zur Zulässigkeit privater Ermittlungen im Allgemeinen Stellung genommen wurde, soll nun untersucht werden, ob auch ein Unternehmen, das aufgrund irgendwelcher Verdachtsmomente bereits im Fokus der staatlichen Ermittlungsbehörden steht, zwecks Kooperation mit den Ermittlungsbehörden und/oder Abwendung eines Bußgeldverfahrens gegen das Unternehmen selbst[40] eigene Ermittlungen durch bestimmte Mitarbeiter bzw. damit eigens beauftragte externe Berater durchführen lassen kann.

Die Notwendigkeit einer gesonderten Behandlung dieses Themenkomplexes ergibt sich dabei nicht nur im Hinblick auf die zentrale Fragestellung und das Thema dieser Arbeit, sondern resultiert vor allem aus der anderen Zielsetzung dieser Ermittlungen: Zwar sind diese Ermittlungen auch auf eine Verbesserung der Position des Unternehmens gerichtet; in dieser Hinsicht ergeben sich auf den ersten Blick noch keine gravierenden Unterschiede zur Ermittlungstätigkeit des Verletzten einer Straftat oder eines Verteidigers in seiner Funktion als Beschuldigtenbeistand. Da die Entlastung des Unternehmens in der Regel aber gerade durch die gezielte Belastung einzelner Unternehmensmitarbeiter erfolgen soll, haben diese Ermittlungen insofern eine andere Stoßrichtung, als dass nicht nur oder zumindest vorrangig entlastendes Material ausfindig gemacht, sondern zu-

---

39 BGHSt 46, 1 (4). Siehe darüber hinaus nur *Häcker*, in: Müller-Gugenberger/Bieneck, WiStra, § 91 Rn. 48 sowie *Dahs*, Hdb Strafverteidiger, Rn. 307 m.w.N.

40 Insbesondere gemäß § 30 OWiG, siehe dazu bereits oben unter Kapitel 2 II.3.a).

gleich belastendes Beweismaterial beschafft werden soll.[41] Im Mittelpunkt der Ermittlungen steht damit nicht primär die Verbesserung der eigenen prozessualen Situation, sondern vielmehr die Schaffung einer hinreichenden Beweisgrundlage zur Überführung der Täter.[42] Im Gegensatz zu Nachforschungen des Verletzten einer Straftat werden Internal Investigations darüber hinaus nicht nur punktuell zur Straftataufklärung eingesetzt, sondern haben eine flächendeckende Aufdeckung aller potentiellen Verstöße innerhalb des Unternehmens zum Ziel. Sie sind außerdem in einem erheblichen Maße organisiert, also mit einer „hohen Ermittlungsmacht" ausgestattet, und von vornherein auf eine spätere, systematische Kooperation mit den staatlichen Ermittlungsbehörden angelegt.[43]

Gegen eine solche Differenzierung mag man zwar einwenden, dass auch im Fall der Ermittlungen eines Verteidigers die Entlastung des Beschuldigten oftmals mit der Entdeckung von belastendem Material im Hinblick auf eine andere Person einher gehen kann. Doch stellt sich die Belastung einer anderen Person in dieser Konstellation erstens nicht als zwingend zu erreichendes Hauptziel dar und zweitens wird der Verteidiger des Beschuldigten die nunmehr verdächtige Person nicht eigenhändig mit den Verdachtsmomenten konfrontieren, sondern das belastende Material allenfalls an die zuständige Staatsanwaltschaft weiterreichen und ihr das weitere Vorgehen überlassen.[44]

Damit stellt sich in der hier gesondert zu behandelnden Konstellation der durch ein Unternehmen angestrengten Internal Investigations neben den oben

---

41 Vgl. die Darstellung im Urteilsmemorandum des DOJ, http://www.siemens.com/press/pool/de/events/2008-12-PK/DOJ2.pdf, S. 16 f.

42 Vgl. *Theile*, StV 2011, 381; *Knierim*, FS Volk, S. 247 (259 f.) sowie *Mende*, Grenzen privater Ermittlungen, S. 94, 148 f. Diesen Unterschied zwischen der originären Tätigkeit des Verteidigers und der des Verletztenanwalts hat schon das Reichsgericht, RGSt 17, 315, erkannt: Der Verteidiger habe das „Recht und die Pflicht zur objektiven Wahrheitsermittlung, wenn auch nur in der besonderen Richtung auf die Nichtschuld oder die geringere Strafbarkeit des Angeklagten." In diesem Sinne auch, *Neuhaus* in: Widmaier, MAH Strafverteidigung, Teil C § 15 Rn. 7 und *Beulke*, Verteidiger, S. 43 f., 107 f. Einen anderen Eindruck versucht jedoch Siemens zu vermitteln, indem das Unternehmen in seiner Pressemitteilung vom 15.12.2008, zu finden unter http://www.siemens.com/press/pool/de/events/2008-12-PK/summary-d.pdf, auf S. 3 betont, dass die Untersuchung nicht „primär zum Ziel [hatte], die Verantwortlichkeit von Einzelpersonen zu ermitteln, sondern […] Strukturdefizite herauszufinden, die das Fehlverhalten überhaupt ermöglichten."

43 *Knauer*, in: Verhandlungen des 67. DJT, L 160. Vgl. auch *de Vries*, in: Arbeitsstrafrecht im Umbruch, § 4 Rn. 33 f.

44 Vgl. *Knauer*, in: Verhandlungen des 67. DJT, L 160, der anschaulich die Unterschiede zwischen Internal Investigations und dem Vorgehen des Fernsehdetektivs „Matula" beschreibt.

bereits erörterten Fragen der Ermittlungsbefugnis des Verteidigers im Kontext von Offizialmaxime und Ermittlungshoheit der Strafverfolgungsbehörden das weitere Problem, dass die Gefahr besteht, dass es zu einer Verschiebung der labilen Gleichgewichtsverhältnisse zwischen Beschuldigtem, Staatsanwalt und Gericht kommt. Denn der einer Straftat Verdächtige sieht sich nicht nur den staatlichen Strafverfolgungsbehörden gegenüber, sondern gleichzeitig auch dem Unternehmen als Geschädigtem, das zur Vermeidung weiterer negativer Presseberichterstattung oder staatlicher Sanktionen, insbesondere der Verhängung eines Bußgeldes, mit allen Mitteln versuchen wird, den wahren Täter zu ermitteln und sowohl zivilrechtlich als auch strafrechtlich zur Verantwortung zu ziehen.[45] Dadurch nimmt das Unternehmen bzw. nehmen die von den Leitungsorganen beauftragten privaten Ermittlungspersonen die Rolle eines „Streitgenossen" ein, stellen sich also an die Seite der staatlichen Ermittler.[46] Der private Ermittler agiert nicht mehr als Rechtsbeistand, sondern vielmehr als „privatisierter Staatsanwalt und Kriminalpolizist".[47]

b) Fallbeispiele

Wie sich derartige Privatermittlungen darstellen und welche Auswirkungen sie haben können, soll nun anhand von einigen praktischen Fallbeispielen veranschaulicht werden.

aa) Die Lopez-Affäre

Bereits Anfang der 1990er Jahre wurde mit der sog. *Lopez-Affäre* ein Anwendungsbeispiel für Internal Investigations bekannt[48]: *Lopez*, seit Mai 1993 stellvertretender Vorstandsvorsitzender der *General Motors Corporation* (GM), sowie weitere Angehörige seines Mitarbeiterstabs wurden von der *Adam Opel AG* (Opel) und GM verdächtigt, sich von Ende 1992 bis März 1993 mehrfach geheime und sensible Einkaufs- und Konstruktionsdaten von GM und Opel verschafft zu haben. Besondere Brisanz erlangte dieser Datendiebstahl dadurch, dass *Lopez* bereits seit November 1992 in Kontakt mit *Ferdinand Piëch* stand, der am 01.01.1993 Vorstandsvorsitzender der *Volkswagen AG* (VW), dem bedeutendsten Konkurrenten von Opel, wurde. Kurze Zeit später, im März 1993,

45 Vgl. *Mende*, Grenzen privater Ermittlungen, S. 95, 148 f.

46 *Mende*, Grenzen privater Ermittlungen, S. 95. Vgl. auch *Knauer*, in: Verhandlungen des 67. DJT, L 160.

47 *Sieg*, FS Buchner, S. 859 (865).

48 Vgl. hierzu *Knierim*, StV 2009, 324 (325); *Mende*, Grenzen privater Ermittlungen, S. 60 f. sowie *Krey*, Problematik privater Ermittlungen, S. 17 ff.

wurde *Lopez* selbst in den VW-Aufsichtsrat berufen. Unmittelbar nach dem Wechsel *Lopez'* zu VW verließen auch seine am Datendiebstahl beteiligten Mitarbeiter ihre damaligen Arbeitgeber GM und Opel und wechselten zu VW. Aufgrund dieser Umstände wurde in der Folge in den Medien ausführlich über den Verdacht der Industriespionage berichtet und *Lopez* vorgeworfen, er habe umfangreiches Datenmaterial seines ehemaligen Arbeitgebers dessen Konkurrenten VW zur Verfügung gestellt. Nach Strafanzeigen durch GM und Opel leitete die Staatsanwaltschaft Ermittlungsverfahren gegen *Lopez* und seine Mitarbeiter wegen des Verdachts des Geheimnisverrats nach § 17 UWG sowie des Verdachts der Untreue nach § 266 StGB ein.

Auch Opel blieb nach Bekanntwerden des Verdachts der Industriespionage nicht untätig, sondern beauftragte seinerseits Rechtsanwälte mit „internen Recherchen" gegen *Lopez* und seine Mitarbeiter. Gegenstand dieser Ermittlungen sollte die Befragung von Betriebsangehörigen von Opel, die Observation von verdächtigen Personen sowie die Kontaktaufnahme mit Beschuldigten und Zeugen von VW sein. Die Staatsanwaltschaft Darmstadt wurde von der Aufnahme dieser privaten Ermittlungen nicht nur in Kenntnis gesetzt, bei ihr wurden die Ermittlungsergebnisse auch aktenkundig gemacht, so dass diese in der Folge für die jeweiligen Strafverfahren verwendet werden konnten.[49]

bb) Der Fall Siemens

Es wurde bereits dargestellt, dass es auch im Fall Siemens zu parallelen Ermittlungen durch die beauftragten Rechtsanwälte von Debevoise sowie zu einer systematischen und umfangreichen Kooperation der privaten Ermittler mit der Münchener Staatsanwaltschaft gekommen ist.[50] Das Ausmaß der Kooperationsbereitschaft, das die Siemens AG in diesem Zusammenhang an den Tag gelegt hat, geht aber über dasjenige Opels noch hinaus: Es wurden nicht nur die Ergebnisse der Internal Investigations an die SEC sowie (inoffiziell) an die zuständige Münchener Staatsanwaltschaft weitergereicht.[51] Nach anfänglichen Diskrepanzen zwischen den internen Ermittlern von Debevoise und den Münchener Staatsanwälten sollen beide Seiten im weiteren Verlauf des Verfahrens derart eng zusammengearbeitet haben, dass ein ständiger gegenseitiger Austausch über

---

49 Das Strafverfahren gegen *Lopez* wurde am Ende gegen eine Zahlung von 400.000 DM nach § 153a StPO eingestellt, http://www.tagesspiegel.de/zeitung/herren-des-verfahrens /780790.html.

50 Dazu schon eingehend oben unter Kapitel 3 III.

51 *Hildebrand*, Welt am Sonntag vom 21.09.2008, http://www.welt.de/wams_print/ article2473233/Aufklaerung-de-luxe.html; *Pfordte*, in: Strafverteidigung im Rechtsstaat, S. 740 (741). Siehe dazu bereits oben unter Kapitel 3 III.2.d)bb).

den Fortschritt der Ermittlungen stattgefunden hat und Ermittlungsschritte koordiniert wurden.[52] Die Münchener Staatsanwaltschaft soll so an Beweismaterial gelangt sein, das sie ohne Mithilfe der Ermittler von Debevoise gar nicht hätte erlangen können. Denn anders als den Münchener Staatsanwälten waren den Anwälten von Debevoise keine territorialen und finanziellen Grenzen gesetzt: Sie ermittelten auch in Russland, China und im Nahen Osten.[53]

cc) Weitere Beispiele: MAN, Porsche

Dass der Fall Siemens keine Einzelerscheinung ist, sondern umfassende interne Sachverhaltsaufklärung durch Privatpersonen in Deutschland an Bedeutung gewinnt, zeigt sich auch an weiteren Fallbeispielen, die sich nach Abschluss der Ermittlungen bei Siemens ereigneten: Im Mai 2009 sah sich der in München ansässige Nutzfahrzeugehersteller *MAN SE* (MAN) mit Korruptionsvorwürfen und -ermittlungen konfrontiert und entschied sich dafür, mit der zuständigen Staatsanwaltschaft zu kooperieren und den den Vorwürfen zugrunde liegenden Sachverhalt umfassend und eigeninitiativ aufzuklären. Hierfür beauftragte das Unternehmen direkt nach Bekanntwerden der Vorwürfe ein Expertenteam, bestehend aus rund 70 externen Anwälten, Steuerexperten und Wirtschaftsprüfern, die die Zahlungen der vergangenen zehn Jahre in allen Teilkonzernen der MAN-Gruppe systematisch analysierten und dabei verdächtige Zahlungen in einer Gesamthöhe von 51,6 Mio. EUR aufdeckten. Rund 80 Verdachtsfälle sowie die Ergebnisse der im Zusammenhang mit dem vom Unternehmen erlassenen Amnestieprogramm durchgeführten Mitarbeiterbefragungen wurden an die Staatsanwaltschaft weitergegeben, die nach Informationen des Konzerns überdies stets ungehinderten Zugang zu den internen Ermittlungen und deren Ergebnissen hatte.[54] Im Mai 2010 wurde bekannt, dass sich auch die *Porsche AG* wegen des Verdachts von Marktmanipulationen am 24.03.2010 gerichtlich dazu verpflichtet hat, diese Vorwürfe mit Hilfe von externen US-amerikanischen Anwälten im

---

52 Vgl. OLG München NZG 2009, 665 (665, 667) sowie *Hamm*, NJW 2010, 1332 (1335 m. Fn. 9).

53 *Hildebrand*, Welt am Sonntag vom 21.09.2008, Fn. 51. Beispielsweise entsendete Debevoise rund 40 Ermittler nach China, die dort sämtliche Unternehmensunterlagen von Siemens East Asia screenten und zahlreiche Mitarbeiter interviewten. Diese Möglichkeiten bleiben den deutschen Staatswanwälten aufgrund des Territorialitätsprinzips verwehrt und hätten allenfalls im Wege der Amtshilfe wahrgenommen werden können. Vgl. ferner *Pfordte*, in: Strafverteidigung im Rechtsstaat, S. 740 (745) sowie *Salvenmoser/Schreier*, in: Achenbach/Ransiek, Hdb WiStra, Kap. XV Rn. 34.

54 Siehe http://www.compliancemagazin.de/markt/unternehmen/man1412009.html sowie http://www.handelsblatt.com/unternehmen/industrie/lkw-branche-man-versucht-sauberen-neustart;2497764.

Rahmen einer umfassenden internen Untersuchung aufzuklären. Wie auch bei Siemens soll den externen Ermittlern Einblick in alle relevanten Vorgänge des Unternehmens gewährt werden. Neben der Sichtung etwaigen Beweismaterials ist auch die systematische Befragung von Mitarbeitern Teil der geplanten Untersuchung.[55]

dd) Zusammenfassung

Diese Beispiele verdeutlichen, wie private Ermittlungen zunehmend systematisch und mit Billigung der staatlichen Strafverfolgungsbehörden durchgeführt und privat erlangte Ermittlungsergebnisse – oftmals ohne eingehende Prüfung ihrer rechtmäßigen Herkunft sowie ihrer Beweiskraft – auch den parallel verlaufenden staatlichen Ermittlungs- und Strafverfahren zugrunde gelegt werden.[56]

c) Zulässigkeit dieser speziellen Form von privaten Ermittlungen

Es stellt sich daher die Frage, ob diese Form von privaten Ermittlungen nach deutschem Recht zulässig ist. Bedenken ergeben sich insbesondere aus dem Umstand, dass die privaten Ermittlungen nicht von einer natürlichen Person, sondern von einem Unternehmen, das zudem Arbeitgeber des potentiell Beschuldigten ist, initiiert werden, sowie daraus, dass die mit der Sachverhaltsaufklärung beauftragten privaten Ermittler über die einem Verteidiger zugedachte Rolle des „berufenen unabhängigen Beraters und Vertreters in allen Rechtsangelegenheiten“ weit hinausgehen, indem sie sich als „privatisierte Staatsanwälte und Kriminalpolizisten“[57] begreifen. Aus Sicht des Beschuldigten besteht insoweit die Gefahr, dass die Schutzvorkehrungen eines förmlichen Ermittlungsverfahrens, d.h. die Verfahrensrechte, die jedem Beschuldigten bei förmlichen Ermittlungen durch die Strafverfolgungsorgane nach der StPO zustehen, durch die gezielte Einschaltung von privaten Ermittlungspersonen bewusst umgangen werden.[58]

Diese Form systematischer Sachverhaltsaufklärung wäre gleichwohl zulässig, wenn sie sich aus bestimmten gesellschaftsrechtlichen und/oder arbeitsrechtlichen Regelungen ableiten ließe. Da Cross Border Investigations typischerweise nur solche Unternehmen betreffen, die am US-amerikanischen Kapi-

---

55 Siehe den Artikel aus der WirtschaftsWoche vom 22.05.2010, S. 42 (42, 44). Weitere Informationen sind bislang nicht veröffentlicht worden.

56 Zu den Aspekten der Organisiertheit von Internal Investigations sowie der Kooperation von externen Ermittlern und Staatsanwaltschaft vgl. auch *Knauer*, in: Verhandlungen des 67. DJT, L 160.

57 *Sieg*, FS Buchner, S. 859 (865).

58 Vgl. *Eckhardt*, Private Ermittlungsbeiträge, S. 13, 16 sowie *Wölfl*, JuS 2001, 481.

talmarkt tätig werden, d.h. in Deutschland als Aktiengesellschaft firmieren, wird der Schwerpunkt der nachfolgenden Ausführungen auf der Verankerung von Internal Investigations im Recht der Aktiengesellschaft liegen. Da aber auch aus Sicht des deutschen Rechts ein generelles Bedürfnis für die Durchführung von unternehmensinternen Sachverhaltsaufklärungen anzuerkennen ist,[59] soll die Zulässigkeit von Internal Investigations nach dem Recht der Gesellschaft mit beschränkter Haftung ebenfalls kurz untersucht werden.

aa) Zulässigkeit von Internal Investigations in einer Aktiengesellschaft

Angesichts der dualistischen Struktur einer deutschen Aktiengesellschaft kommen als Anknüpfungspunkte für das Recht zu Durchführung von Internal Investigations sowohl die Leitungsaufgabe des Vorstands (dazu unter (1)) als auch die Überwachungsaufgabe des Aufsichtsrats (dazu unter (2)) in Betracht.

(1) Internal Investigations als Bestandteil der Leitungsaufgabe des Vorstands

(a) Aktienrechtlicher Begründungsansatz

Wie bereits unter Kapitel 2 II.1.c) festgestellt wurde, existiert mit §§ 76 Abs. 1 und 93 Abs. 1 AktG ein gesetzlicher Anhaltspunkt, aus dem ein Recht des Vorstands einer Aktiengesellschaft zur Vornahme von Internal Investigations abgeleitet werden kann.

Aus § 76 Abs. 1 AktG resultiert die Leitungsaufgabe des Vorstands einer Aktiengesellschaft, die die einzelnen Vorstandsmitglieder gemäß § 93 Abs. 1 AktG mit der Sorgfalt eines ordentlichen und gewissenhaften Geschäftsleiters wahrzunehmen haben. Aus der Leitungsaufgabe des Vorstands folgt dabei nicht nur die Pflicht, ein unternehmensinternes Überwachungssystem einzurichten,[60] sondern dieses auch auf seine Effektivität und Funktionsfähigkeit zu überprüfen[61] und dann, wenn Hinweise auf Gesetzesverletzungen oder sonstige Unregelmäßigkeiten bestehen, den zugrunde liegenden Sachverhalt vollständig aufzuklären.[62] Die „Sorgfalt eines ordentlichen und gewissenhaften Geschäfts-

---

59 Vgl. dazu die Darstellung unter Kapitel 2 II.

60 *Hauschka*, in: Hauschka, Corporate Compliance, § 1 Rn. 5 Fn. 7; *Hüffer*, AktG, § 76 Rn. 9a; *Fleischer* in: Fleischer, Hdb Vorstandsrecht, § 8 Rn. 36; *Schneider*, ZIP 2003, 645 (648 f.).

61 *Hauschka*, in: Hauschka, Corporate Compliance, § 1 Rn. 5; *Knierim*, StV 2009, 324 (326 f.); *Schneider*, ZIP 2003, 645 (647 f.).

62 *Wastl*, NWB 2010, 2221 (2222 f.); *Behrens*, RIW 2009, 22 (29); *Wagner*, CCZ 2009, 8 (12); *Fleischer*, in: Spindler/Stilz, AktG, § 77 Rn. 52 f.; *ders.*, in: Fleischer, Hdb Vorstandsrecht, § 8 Rn. 35.

leiters“ gebietet eine derartige umfassende Sachverhaltsermittlung jedenfalls dann, wenn Verdachtsmomente vorliegen, die von erheblicher Bedeutung für das Unternehmen und damit zugleich für die weiteren Leitungsentscheidungen des Vorstands sind und andere, weniger umfangreiche Formen der Sachverhaltsaufklärung keinen vergleichbaren Aufklärungserfolg versprechen.[63]

Unter Kapitel 2 II.3.b) wurde überdies bereits begründet, dass daneben die gemäß § 9 Abs. 1 Nr. 1 OWiG von den Vorstandsmitgliedern zu erfüllende Aufsichtspflicht im Sinne der §§ 30, 130 OWiG, die über die Pflicht zur systematischen, laufenden Überwachung des Geschäftsbetriebs hinaus eine Pflicht zur umfassenden Aufklärung des den Rechtsverstößen zugrunde liegenden Sachverhalts gebietet[64] und die den Vorstandsmitgliedern gerade auch gegenüber der Gesellschaft obliegt,[65] als Ansatzpunkt für die Zulässigkeit von Internal Investigations herangezogen werden kann.

Diese ihm obliegenden Pflichten kann der Vorstand sowohl an nachgeordnete Unternehmensmitarbeiter als auch an externe Sachverständige delegieren, sofern davon nicht der Kern seiner Leitungsaufgabe betroffen ist und er seiner verbleibenden Überwachungspflicht ausreichend nachkommt.[66]

(b) Arbeitsrechtlicher Begründungsansatz

Neben dem soeben beschriebenen aktienrechtlichen Begründungsansatz lässt sich die Zulässigkeit von Internal Investigations auch mit einem Rekurs auf arbeitsrechtliche Regelungen sowie die Entscheidungspraxis des BAG belegen:

Nicht nur private Ermittlungen durch natürliche Personen sind heute weitgehend anerkannt. Auch einem Unternehmen bleibt es grundsätzlich unbenommen, etwaigen konkreten Verdachtsmomenten gegen seine Mitarbeiter eigenhändig nachzugehen, bevor es die Staatsanwaltschaft einschaltet.[67] Insbesondere dann, wenn das Unternehmen in seiner Eigenschaft als Arbeitgeber wegen des Verdachts einer Straftat eine Verdachtskündigung aussprechen will, ist das Unternehmen nach ständiger Rechtsprechung des BAG aufgrund des das gesamte Kündigungsschutzrecht beherrschenden Verhältnismäßigkeitsgrundsatzes sogar

---

63 *Wagner*, CCZ 2009, 8 (12 f., 16); *Fleischer*, in: Fleischer, Hdb Vorstandsrecht, § 8 Rn. 35; *ders.*, AG 2003, 291 (294). Siehe zum Ganzen bereits oben unter Kapitel 2 II.1.d).

64 *Wagner*, CCZ 2009, 8 (12).

65 *Fleischer*, in: Fleischer, Hdb Vorstandsrecht, § 8 Rn. 34; *ders.*, AG 2003, 291 (294).

66 *Wagner*, CCZ 2009, 8 (14); *Fleischer*, in: Fleischer, Hdb Vorstandsrecht, § 1 Rn. 56 f., § 8 Rn. 28, 32.

67 Vgl. *Fuchs*, in: Bamberger/Roth, § 626 Rn. 49 sowie *Lücke*, BB 1997, 1842 (1843).

verpflichtet, eigene Ermittlungen zur Sachverhaltsaufklärung anzustellen[68] sowie mögliche Beweismittel für die vermutete Pflichtverletzung zu beschaffen und zu sichern.[69]

Zuständig für diese Ermittlungen in arbeitsrechtlicher Hinsicht ist dabei der Vorstand, der die Aktiengesellschaft gemäß § 78 Abs. 1 AktG rechtlich vertritt. Der Vorstand kann bei Vorliegen von Verdachtsmomenten mithin entsprechende Ermittlungen zur Vorbereitung einer Verdachtskündigung vornehmen. Daneben ist er berechtigt, den der Gesellschaft in ihrer Funktion als Arbeitgeber gegenüber den einzelnen Mitarbeitern zustehenden und aus § 666 BGB oder §§ 611, 241 Abs. 2 BGB ableitbaren arbeitsrechtlichen Auskunftsanspruch[70] auszuüben und die in Verdacht geratenen Mitarbeiter sowie potentielle Zeugen zu den Vorwürfen zu befragen.

Angesichts der Vielzahl von Verstößen, die in einem großen Unternehmen wie z.B. der Siemens AG vorkommen können, ist es selbstverständlich, dass der Vorstand nicht jedem einzelnen Rechtsverstoß durch Unternehmensangehörige selbst nachgehen muss. Es ist ihm vielmehr gestattet, die Befugnisse zur Ahndung verdächtiger Mitarbeiter auf ein eigens dafür gebildetes Komitee zu übertragen und firmeneigene Mitarbeiter oder externe Dritte mit der Durchsicht und Auswertung von Beweismaterial oder der Befragung der verdächtigen Mitarbeiter zu beauftragen.[71] Vereinzelt wird sogar gefordert, dass Großunternehmen, in denen sich bereits Korruptionsfälle ereignet haben, zur Sachverhaltsaufklärung stets Personal mit Erfahrung im Bereich der Strafverfolgungstätigkeit einsetzen und die Auswertung der Ermittlungsergebnisse durch erfahrene, externe Berater durchführen lassen müssten, um eine „zero tolerance policy" wirksam durchsetzen und damit Korruption im Unternehmen effektiv bekämpfen zu können.[72]

68 BAG NZA 2008, 809 (810 m.w.N.); *Fuchs*, in: Bamberger/Roth, § 626 Rn. 49; *Lücke*, BB 1997, 1842 (1843, 1847).

69 OLG München NZG 2009, 665 (666); BAG NZA-RR 2006, 440 (442).

70 Zu Herleitung und Grenzen der arbeitsrechtlichen Auskunftspflicht noch ausführlich unter Kapitel 5 II.1.c)aa)(1).

71 OLG München NZG 2009, 665 (666). Zu diesen Dritten zählen auch externe Rechtsanwälte, *Wuttke*, Straftäter im Betrieb, S. 213. Zu dem Aspekt der Auslagerung des arbeitsrechtlichen Auskunftsanspruchs auf die externen Anwälte siehe noch ausführlich unter Kapitel 5 II.1.c)aa)(2).

72 *Hauschka/Greeve*, BB 2007, 165 (172).

(2) Internal Investigations als Bestandteil der Überwachungsaufgabe des Aufsichtsrats

Auch wenn Internal Investigations – wie z.B. im Fall Siemens – nicht durch den Vorstand, sondern durch den Aufsichtsrat bzw. den vom Aufsichtsrat gebildeten Prüfungsausschuss als vom operativen Management unabhängigem Organ[73] initiiert werden, steht dies der Zulässigkeit dieser Form von unternehmensinternen Ermittlungen nicht entgegen.

Gemäß § 111 Abs. 1 AktG bildet die Überwachung der Geschäftsführung des Vorstands die zentrale Aufgabe des Aufsichtsrats. Gegenstand dieser Überwachungsaufgabe ist dabei nicht nur die Überprüfung der Effektivität von internen Kontrollsystemen und Compliance-Strukturen, sondern insbesondere auch die Prüfung der Ordnungsmäßigkeit des Verhaltens der einzelnen Vorstandsmitglieder.[74] Für den Fall, dass einzelne Vorstandsmitglieder selbst in Verdacht stehen, Gesetzes- oder sonstige Normverstöße begangen zu haben, trifft den Aufsichtsrat mithin die Pflicht, diese Verfehlungen umfassend aufzuklären und den den Verdachtsmomenten zugrunde liegenden Sachverhalt zu ermitteln.[75] Die gleiche Pflicht trifft den Aufsichtsrat dann, wenn er der Auffassung ist, der Vorstand komme seiner oben beschriebenen Pflicht zur Sachverhaltsermittlung nicht ausreichend nach.[76]

Zur Erfüllung seiner Überwachungsaufgabe hat der Aufsichtsrat gemäß § 111 Abs. 2 AktG ein umfassendes Einsichts- und Prüfungsrecht, das er nach § 111 Abs. 2 Satz 2 AktG auch auf externe Sachverständige – wie beispielswei-

---

73 Die Einrichtung eines Prüfungsausschusses wird börsennotierten Gesellschaften gemäß Ziffer 5.3.2. DCGK empfohlen. Das sog. audit committee ist insbesondere zuständig für die Überwachung der Einhaltung und Effektivität von Compliance-Strukturen, *Nonnenmacher/Pohle/v. Werder*, DB 2007, 2412 (2413 f.); *v. Hehn/Hartung*, DB 2006, 1909 (1911); *Semler*, in: MünchKomm-AktG, § 107 Rn. 269 ff.

74 *Hüffer*, AktG, § 111 Rn. 4, 6; *Semler*, in: MünchKomm-AktG, § 107 Rn. 270, 111 Rn. 215. Weitergehend *Tiedemann*, FS Tröndle, S. 319 (321), der den Aufsichtsrat als Garant i.S.d. § 13 StGB für die Nichtbegehung von Straftaten und Ordnungswidrigkeiten durch die Geschäftsführung ansieht, der deshalb sogar die Pflicht habe, Straftaten der Geschäftsführung zu verhindern.

75 Grundlegend BGHZ 135, 244 (252 ff.) – ARAG/Garmenbeck. Siehe ferner *Wastl*, NWB 2010, 2221 (2223); *Wagner*, CCZ 2009, 8 (15); *v. Hehn/Hartung*, DB 2006, 1909 (1910 f.); *Mertens*, in: KölnKomm-AktG, § 111 Rn. 17, § 116 Rn. 16. Vgl. auch BGH ZIP 2007, 224 (225) sowie *Nonnenmacher/Pohle/v. Werder*, DB 2007, 2412 (2415) und *Semler*, in: MünchKomm-AktG, § 107 Rn. 270.

76 *Wagner*, CCZ 2009, 8 (15). Vgl. auch *Lutter/Krieger*, Rechte und Pflichten des Aufsichtsrats, Rn. 241 f.

se Anwälte[77] – übertragen kann.[78] Dieses Prüfungsrecht umfasst auch die Befugnis, Unternehmensmitarbeiter zu befragen oder sämtliche Unternehmensunterlagen einzusehen, wenn die benötigten Informationen andernfalls nicht erlangt werden können.[79]

(3) Zwischenergebnis

Die Zulässigkeit von Internal Investigations lässt sich sowohl aus aktienrechtlichen Vorschriften als auch aus arbeitsrechtlichen Grundsätzen ableiten. Es ist primär Bestandteil der Leitungsaufgabe des Vorstands, Hinweisen auf Gesetzesverstöße durch Unternehmensmitarbeiter nachzugehen und hierfür den zugrunde liegenden Sachverhalt aufzuklären oder durch externe Dritte umfassend aufklären zu lassen. Diese Befugnis umfasst neben der Durchsicht von Dokumenten auch die Befragungen verdächtiger Mitarbeiter oder potentieller Zeugen. Soweit einzelne Vorstandsmitglieder in Verdacht stehen, an den Gesetzesverstößen beteiligt gewesen zu sein oder zumindest davon Kenntnis gehabt zu haben, oder der Aufsichtsrat der Auffassung ist, der Vorstand komme seiner Aufklärungspflicht nur unzureichend nach, ist auch der Aufsichtsrat aufgrund seiner Überwachungsfunktion befugt, die entsprechenden Verdachtsmomente aufzuklären. Auch er hat das Recht, die Ermittlungen an externe Dritte zu delegieren.

bb) Zulässigkeit von Internal Investigations in einer Gesellschaft mit beschränkter Haftung

Aus der unterschiedlichen Struktur der Gesellschaft mit beschränkter Haftung ergeben sich im Hinblick auf ihr Recht, Internal Investigations durchzuführen, nur geringfügige Unterschiede gegenüber einer Aktiengesellschaft.

Auch für das GmbH-Recht ist allgemein anerkannt, dass die Einrichtung eines effektiven unternehmensinternen Überwachungssystems zu der Sorgfalt eines ordentlichen und gewissenhaften Geschäftsleiters im Sinne des

77 Der Begriff des Sachverständigen i.S.d. AktG ist untechnisch zu verstehen, besondere Sachkunde genügt, *Hüffer*, AktG, § 109 Rn. 5. Vgl. auch *Lutter*, Information, Rn. 299. Diese Sachkunde weisen die mit Internal Investigations beauftragten Anwälte regelmäßig auf. Ferner ist deren Mandat sowohl sachlich als auch zeitlich begrenzt, so dass auch § 111 Abs. 5 AktG, wonach es dem Aufsichtsrat untersagt ist, seine Aufgaben dauerhaft durch andere wahrnehmen zu lassen, der Beauftragung der externen Ermittler nicht entgegensteht.

78 *Semler*, in: MünchKomm-AktG, § 111 Rn. 292, 298 f., 305, 309; *ders.*, Leitung und Überwachung, Rn. 164 f.; *Mertens*, in: KölnKomm-AktG, § 111 Rn. 47 ff., 52.

79 *Lutter*, Information, Rn. 289, 295, 298, 311-313; *Semler*, Leitung und Überwachung, Rn. 170, 172, 174.

§ 43 Abs. 1 GmbHG gehört.[80] Soweit Hinweise auf Gesetzesverletzungen oder sonstige Regelverstöße innerhalb des Unternehmens bestehen, ist der Geschäftsführer gehalten, diesen unverzüglich nachzugehen und den zugrunde liegenden Sachverhalt aufzuklären, will er nicht gemäß § 43 Abs. 2 GmbHG oder §§ 30, 130 OWiG persönlich zur Verantwortung gezogen werden.[81] Auch soweit die unternehmensinternen Ermittlungen der Ausübung des arbeitsrechtlichen Auskunftsanspruchs oder der Vorbereitung einer Verdachtskündigung dienen, ist es gemäß § 35 Abs. 1 Satz 1 GmbHG Aufgabe des Geschäftsführers, den Anstoß für derartige Ermittlungen zu geben. Sowohl hinsichtlich seiner gesellschaftsrechtlichen Obliegenheiten als auch im Hinblick auf die Wahrnehmung seiner Aufgaben als Arbeitgeber hat er die Möglichkeit, deren Erfüllung teilweise an Dritte zu delegieren.[82]

Gemäß § 46 Nr. 6 GmbHG hat daneben auch die Gesellschafterversammlung das Recht, zwecks Überwachung der Geschäftsführer interne Ermittlungen vorzunehmen oder durch eigens damit betraute Sonderprüfer vornehmen zu lassen. Diese Ermittlungsbefugnis schließt auch die Befragung der Unternehmensmitarbeiter ein.[83] Sie ist insbesondere dann von Bedeutung, wenn Hinweise auf Gesetzesverstöße seitens der Geschäftsführer vorliegen oder wenn die Gesellschafter der Auffassung sind, dass die Geschäftsführer der ihnen obliegenden Organisations- und Überwachungsaufgabe nicht ausreichend nachkommen.

cc) Zusammenfassung

Zusammenfassend lässt sich daher feststellen: (1) Internal Investigations sind grundsätzlich zulässig. Dies ergibt sich sowohl aus speziellen gesellschaftsrechtlichen Vorschriften als auch aus arbeitsrechtlichen Bestimmungen, die den jeweiligen Leitungs- oder Überwachungsorganen bzw. dem Arbeitgeber ein Recht zur Durchführung von umfassenden internen Untersuchungen zugestehen. (2) Die Sicherung der Rechte der verdächtigen Personen kann demnach nicht dadurch erfolgen, dass Internal Investigations als spezielle Form privater Straftat-

---

80 BGHZ 152, 280 (283); *Altmeppen*, in: Roth/Altmeppen, GmbHG, § 41 Rn. 15; *Zöllner/Noack*, in: Baumbach/Hueck, GmbHG, § 43 Rn. 7; *Kleindiek*, in: Lutter/Hommelhoff, GmbHG, § 43 Rn. 22.

81 Vgl. *Kleindiek*, in: Lutter/Hommelhoff, GmbHG, § 43 Rn. 8, 18 sowie *Wagner*, CCZ 2009, 8 (15 f.). Siehe dazu bereits oben unter Kapitel 2 II.1.d) und 3.b).

82 *Altmeppen*, in: Roth/Altmeppen, GmbHG § 43 Rn. 22; *Kleindiek*, in: Lutter/Hommelhoff, GmbHG, § 43 Rn. 22; *Schneider*, in: Scholz, GmbHG, § 43 Rn. 41, 45. In arbeitsrechtlicher Hinsicht gilt insofern nichts anderes als oben bei der Aktiengesellschaft bereits dargestellt.

83 *Roth*, in: Roth/Altmeppen, GmbHG, § 46 Rn. 44; *Bayer*, in: Lutter/Hommelhoff, GmbHG, § 46 Rn. 30; *K. Schmidt*, in: Scholz, GmbHG, § 46 Rn. 116.

aufklärung als grundsätzlich unzulässig eingestuft werden. Vielmehr muss der Gefahr einer Umgehung der förmlichen strafprozessualen Verfahrensrechte, die einem Verdächtigen zustehen, durch Klärung der rechtlichen Schranken, den diese Ermittlungen unterliegen, begegnet werden (dazu sogleich).

II. Rechtliche Schranken privater Ermittlungstätigkeit im Rahmen von Internal Investigations

Nachdem die generelle Zulässigkeit von privaten Ermittlungen in ihren verschiedenen Erscheinungsformen begründet wurde, sollen im Folgenden die rechtlichen Schranken aufgezeigt werden, denen Internal Investigations unterliegen.

1. Generelle Rechtmäßigkeit der Untersuchung

Internal Investigations sind in Übereinstimmung mit dem geltenden Recht und unter besonderer Berücksichtigung der Persönlichkeitsrechte der betroffenen Mitarbeiter durchzuführen. Da eine Internal Investigation typischerweise auch der Wiederherstellung der Rechtstreue und Reputation des Unternehmens dient, wären Rechtsverstöße bei der Untersuchung nicht nur kontraproduktiv, sondern würden überdies ihren Erfolg in Frage stellen, weil bei rechtswidrigem Zugriff auf Unterlagen und Dateien auch mit zivil- und/oder strafprozessualen Beweisverwertungsverboten gerechnet werden muss.[84] Auf der anderen Seite sollte der vorhandene Rechtsrahmen jedoch so weit ausgenutzt werden, dass die im Rahmen der Internal Investigations erlangten Ergebnisse zur Sachverhaltsaufklärung ausreichend und insgesamt belastbar sind.[85] Im Einzelfall gilt es, das Interesse der Unternehmensleitung an einer vollständigen Aufklärung der der Ermittlung zugrunde liegenden Verdachtsmomente mit den Persönlichkeitsrechten der von der internen Untersuchung betroffenen Mitarbeiter, namentlich ihrem allgemeinen Persönlichkeitsrecht gemäß Art. 2 Abs. 1 i.V.m. Art. 1 Abs. 1 GG sowic dem Brief- und Fernmeldegeheimnis nach Art. 10 GG, im Rahmen einer Interessenabwägung in Einklang zu bringen.

---

84 BAG NZA 1998, 307; *Maschmann*, AuA 2009, 72 (73); *Sieg*, FS Buchner, S. 859 (861); *Mengel*, BB 2004, 1445 (1451) und 2014 (2021). Zur Frage der zivilrechtlichen Unverwertbarkeit von rechtswidrig erlangten Beweisen eingehend *Salvenmoser/Schreier*, in: Achenbach/Ransiek, Hdb WiStra, Kap. XV Rn. 64 ff.

85 *V. Hehn/Hartung*, DB 2006, 1909 (1913).

a) Keine direkte Bindung an eine Verfahrensordnung oder die Grundrechte

Wie bereits mehrfach festgestellt, unterliegen interne Aufklärungsmaßnahmen anders als staatliche Ermittlungen keiner Bindung an eine bestimmte Verfahrensordnung. Auch die Grundrechte der von den Internal Investigations betroffenen Mitarbeiter vermögen gegenüber den privaten Ermittlern keine direkte Wirkung zu entfalten. Nach herrschender Auffassung sind Grundrechte primär als Abwehrrechte des Bürgers gegen den Staat ausgestaltet, sollen dem Einzelnen also einen Freiheitsbereich gegenüber der öffentlichen Gewalt garantieren, nicht aber vor privaten Übergriffen schützen.[86] Gleichzeitig verbürgen die Grundrechte jedoch eine objektive Werteordnung, die als verfassungsrechtliche Grundentscheidung für alle Bereiche des Rechts Geltung beansprucht und daher auch die Rechtsbeziehung zwischen Privaten nicht gänzlich unbeeinflusst lässt.[87] Diesem grundrechtstheoretischen Ansatz folgend gelten Grundrechte im Verhältnis zwischen Privatsubjekten stets nur mittelbar, können dem Handeln privater Ermittler also nur indirekt, d.h. über ihre Ausstrahlungswirkung in das Privatrecht, Grenzen setzen.[88] Eine Ausnahme bildet hierbei die Menschenwürdegarantie des Art. 1 Abs. 1 GG, die nach herrschender Auffassung auch unmittelbare Drittwirkung entfaltet[89] und überdies den Wesensgehalt aller anderen Grundrechte (mit)beschreibt.[90] Dieser allen Grundrechten immanente Wesensgehalt ist durch Art. 19 Abs. 2 GG für unantastbar erklärt und nimmt – zumindest soweit der Menschenwürdegehalt des jeweiligen Grundrechts betroffen ist – überdies an dem Schutz durch die Ewigkeitsgarantie des Art. 79 Abs. 3 GG teil.[91] Es besteht daher Einigkeit, dass der Menschenwürdegehalt eines jeden

---

86 Statt aller BVerfGE 7, 198 (204) – *Lüth-Urteil* und *Pieroth/Schlink*, Grundrechte, Rn. 76.

87 BVerfGE 7, 198 (205); 73, 261 (269).

88 Sog. mittelbare Drittwirkung der Grundrechte; BVerfGE 7, 198 (205 ff.); 73, 261 (269). Dazu ausführlich *Pieroth/Schlink*, Grundrechte, Rn. 189 ff.

89 BGHZ 13, 334 (338); 24, 76 f.; *Zippelius*, in: BK-GG, Art. 1 Abs. 1 u. 2 Rn. 35; *Herdegen*, in: Maunz/Dürig, GG, Art. 1 Abs. 1 Rn. 74; *Kunig*, in: v. Münch/Kunig, GG, Art. 1 Rn. 27. Neben Art. 1 GG kommt auch der Koalitionsfreiheit des Art. 9 Abs. 3 Satz 1 GG unmittelbare Drittwirkung zu.

90 Der Menschenwürdegehalt eines Grundrechts ist in der Regel nicht mit seinem Wesensgehalt gleichzusetzen, *Herdegen*, in: Maunz/Dürig, GG, Art. 1 Abs. 1 Rn. 26; *Sachs*, in: Sachs, GG, Art. 19 Rn. 43; *Wolter*, NStZ 1993, 1 (3 f.). Hat das jeweilige Grundrecht jedoch einen Menschenwürdegehalt, dürfte dieser auch häufig mit dem Wesensgehalt dieses Grundrechts übereinstimmen, *Pieroth/Schlink*, Grundrechte, Rn. 320.

91 *Bockemühl*, Private Ermittlungen, S. 53; *Wolter*, NStZ 1993, 1 (3, 5).

Grundrechts auch von Privatpersonen – und damit auch von den privaten Ermittler im Rahmen von Internal Investigations – stets beachtet werden muss.[92]

Ohne die Bindung an eine Verfahrensordnung besteht darüber hinaus auch keine Bindung der privaten Ermittler an internationales Verfahrensrecht oder den internationalen Rechtshilfeverkehr.[93]

b) Bindung an das geltende materielle Recht

Auch wenn die privaten Ermittler keiner direkten Grundrechtsbindung unterworfen sind, macht Art. 2 Abs. 1 GG deutlich, dass die Freiheit des Einzelnen nicht schrankenlos gewährleistet ist, sondern vielmehr nur soweit reicht, als Rechte anderer nicht verletzt werden. Das geschriebene Recht bildet damit die Grenze jeder privaten Ermittlungstätigkeit.[94] Ermittlungen von Privatpersonen sind insbesondere an den gesetzlichen Vorgaben des Bürgerlichen Gesetzbuchs, des Strafgesetzbuchs, des Bundesdatenschutzgesetzes, des Telekommunikationsgesetzes sowie des Betriebsverfassungsgesetzes zu messen.[95]

aa) Straf- und zivilrechtliche Schranken

(1) In Bezug auf die Data Collection

In Bezug auf die Beschaffung sächlicher Beweismittel sind den privaten Ermittlern Grenzen insbesondere durch § 258 und §§ 267 ff. StGB gesetzt: Es ist den Ermittlern verboten, Dokumente und Unternehmensunterlagen zu fälschen, beiseite zu schaffen oder auf andere Art und Weise zu manipulieren.[96] Den privaten Ermittlern ist es gemäß § 201 Abs. 1 Nr. 1, Abs. 2 Nr. 1 StGB ferner verboten, im Rahmen einer Telefonüberwachung oder eines sonstigen „Lauschangriffs" heimlich Gespräche abzuhören oder aufzuzeichnen[97] oder andere verdeckte technische Mittel zur Mitarbeiterkontrolle, wie z.B. Videoüberwachung, einzu-

---

92 *Knierim*, StV 2009, 324 (329); *Bockemühl*, Private Ermittlungen, S. 53 f.; *Wolter*, NStZ 1993, 1 (3, 8).

93 *Knierim*, StV 2009, 324 (325).

94 *Moraht*, Private Straftatermittlungen, S. 66.

95 *Schuster*, ZIS 2010, 68 (69); *Knierim*, StV 2009, 324 (328 f.); *Eckhardt*, Private Ermittlungsbeiträge, S. 12; *Bockemühl*, Private Ermittlungen, S. 49, 55.

96 *Hassemer*, in: Hamm/Leipold, Formularbuch Strafverteidiger, I.B.3.b); *Knierim*, FS Volk, S. 247 (265 ff.); *Häcker*, in: Müller-Gugenberger/Bieneck, WiStra, § 91 Rn. 44; *Beulke*, Strafbarkeit des Verteidigers, Rn. 60; *ders.*, Verteidiger, S. 152.

97 BVerfG NJW 1992, 815; *Lenckner*, in S/S, StGB, § 201 Rn. 4 ff., 19 f.; *Maschmann*, NZA 2002, 13 (18); *Krey*, Problematik privater Ermittlungen, S. 86 ff.

setzen.[98] In arbeitsrechtlicher Hinsicht ist überdies zu beachten, dass es dem Arbeitgeber bzw. den von ihm beauftragten Ermittlern lediglich gestattet ist, diejenigen Unterlagen und E-Mails einzusehen, die sich auf das Arbeitsverhältnis beziehen, nicht jedoch Einsicht in etwaige private Unterlagen des Arbeitnehmers zu nehmen.[99] Hat der Arbeitgeber seinen Mitarbeitern die private Nutzung der PCs nicht im Vorhinein gänzlich untersagt, ist dieses Verbot durch §§ 202a und 206 StGB abgesichert, wonach es dem Arbeitgeber unter Strafdrohung verboten ist, passwortgeschützte private Dateien seines Mitarbeiters auszuspähen oder ausspähen zu lassen[100] oder auf dessen private E-Mails zuzugreifen bzw. diese an die internen Ermittler weiterzugeben.[101] Derartige Maßnahmen stellen Eingriffe in die verschiedenen Schutzbereiche des allgemeinen Persönlichkeitsrechts – Recht am eigenen Bild, Recht am eigenen Wort sowie Schutz der Privatsphäre – des jeweils betroffenen Mitarbeiters dar, die in der Regel nicht zu rechtfertigen sind[102] und sich damit als rechtswidrige Verletzung des allgemeinen Persönlichkeitsrechts darstellen.[103] Ein Verstoß der privaten Ermittler gegen die §§ 201 ff. StGB berechtigt den Betroffenen daher in der Regel dazu, Schadensersatz und Schmerzensgeld gemäß § 280 Abs. 1 BGB und § 823 Abs. 1 und 2 BGB zu verlangen sowie gegebenenfalls einen Beseitigungs- und Unterlas-

98 Vgl. § 6b BDSG sowie BAG DB 1988, 403. Zur Problematik der (heimlichen) Videoüberwachung ausführlich *Salvenmoser/Schreier*, in: Achenbach/Ransiek, Hdb WiStra, Kap. XV Rn. 127 ff.

99 *Sieg*, FS Buchner, S. 859 (862); *Salvenmoser/Schreier*, in: Achenbach/Ransiek, Hdb WiStra, Kap. XV Rn. 94 ff.

100 § 202a StGB. Siehe dazu *Schuster*, ZIS 2010, 68 (69 f.); *Lenckner*, in S/S, StGB, § 202a Rn. 8; *Salvenmoser/Schreier*, in: Achenbach/Ransiek, Hdb WiStra, Kap. XV Rn. 97, 107; *Beckschulze*, DB 2003, 2777 (2783). Für eine generelle Strafbarkeit des Arbeitgebers nach § 202a StGB auch in dem Fall, dass dieser seinen Arbeitnehmern die private Nutzung des PCs von vornherein untersagt hat *Weißgerber*, NZA 2003, 1005 (1008).

101 § 206 StGB. Siehe dazu *Salvenmoser/Schreier*, in: Achenbach/Ransiek, Hdb WiStra, Kap. XV Rn. 104; *Salvenmoser/Hauschka*, NJW 2010, 331 (332) sowie *Lindemann/Simon*, BB 2001, 1950 (1951, 1955).

102 Die privaten Ermittler können sich in der Regel nicht auf positive Erlaubnissätze wie Notwehr, Notstand etc. berufen und auch bei der vorzunehmenden Interessenabwägung überwiegt das Persönlichkeitsrecht des betroffenen Mitarbeiters das Aufklärungsinteresse des Unternehmens bzw. der privaten Ermittler. Dies gilt nicht zuletzt deshalb, weil sich heimliche Telefon- und Videoüberwachung sowie sonstige Lauschangriffe gemäß §§ 201 ff. StGB als strafbares Verhalten darstellen. Siehe dazu ausführlich *Krey*, Problematik privater Ermittlungen, S. 84 ff.

103 *Mengel*, BB 2004, 1445 (1449); *Krey*, Problematik privater Ermittlungen, S. 84 f.

sungsanspruch nach § 1004 BGB analog gegen den Arbeitgeber geltend zu machen.[104]

Schließlich muss der private Ermittler darauf achten, dass er sich durch die Mitteilung der Ermittlungsergebnisse sowie der Weitergabe der entsprechenden Unternehmensunterlagen an die SEC bzw. die zuständige Strafverfolgungsbehörde nicht des Geheimnisverrats im Sinne des § 17 UWG oder des § 203 StGB schuldig macht.[105] Anwälte, Wirtschaftsprüfer oder Steuerberater können als unternehmensfremde Dritte jedoch nicht Täter des § 17 UWG sein.[106] Darüber hinaus wird der Unternehmensinhaber der Offenbarung der Ermittlungsergebnisse in der Regel zugestimmt haben, so dass diese nicht „unbefugt" erfolgt und damit die Voraussetzungen einer Strafbarkeit nach § 17 UWG nicht vorliegen. Auch im Hinblick auf § 203 Abs. 1 Nr. 3 StGB schließt das in der Regel vorhandene Einverständnis der Unternehmensleitung mit der Übermittlung der Untersuchungsergebnisse an die deutschen oder US-amerikanischen Ermittlungsbehörden eine Strafbarkeit von vornherein aus.[107] Die externen Anwälte sind in der Regel vom Unternehmen beauftragt worden, stehen also nur zu diesem, nicht aber auch zu den befragten Mitarbeitern in einem Mandatsverhältnis. Die Weitergabe der ihnen vom befragten Mitarbeiter anvertrauten persönlichen Informationen, wie beispielsweise die Beteiligung an einer Straftat, ist ihnen deshalb nicht nach § 203 StGB untersagt.

(2) Im Hinblick auf die Interviews

Im Hinblick auf die Interviews wird die Aufklärungstätigkeit der privaten Ermittler insbesondere durch § 240 StGB und die §§ 185 ff. StGB begrenzt. Danach dürfen die privaten Ermittler die zu befragenden Mitarbeiter im Rahmen der Interviews nicht derart unter Druck setzen, dass sich ihr Verhalten als Nötigung im Sinne des § 240 StGB darstellt. Auch außerhalb des Anwendungsbereichs von § 240 StGB besteht weitgehend Einigkeit, dass privaten Ermittlern jegliche Form von Zwang, Drohung oder Täuschung untersagt ist, um Zeugen

---

104 *Brunhöber*, GA 2010, 571 (583); *Maschmann*, AuA 2009, 72 (73); *Eckhardt*, Private Ermittlungsbeiträge, S 12; *Mengel*, BB 2004, 1445 (1451); *Beckschulze*, DB 2003, 2777 (2782). Für konkrete Fallbeispiele siehe ferner *Salvenmoser/Schreier*, in: Achenbach/Ransiek, Hdb WiStra, Kap. XV Rn. 43 ff.

105 Vgl. *Knierim*, FS Volk, S. 247 (261).

106 *Köhler*, in: Köhler/Bornkamm, UWG, § 17 Rn. 14: Täter kann nur eine bei dem Unternehmen beschäftigte Person sein.

107 Dies gilt unabhängig davon, ob man in der Zustimmung des Berechtigten zur Offenbarung des Geheimnisses bereits ein tatbestandsausschließendes Einverständnis oder erst eine rechtfertigende Einwilligung sieht, siehe dazu *Cierniak*, in: MünchKomm-StGB, § 203 Rn. 53 f.

und/oder Verdächtige zur Abgabe einer Aussage zu bewegen. Eine derartige Beeinträchtigung der Willensfreiheit stünde im Widerspruch zum allgemeinen Persönlichkeitsrecht des Einzelnen und wird deshalb von der gesamten Rechtsordnung missbilligt.[108] Eine weitere Grenze wird den privaten Ermittlern durch §§ 185 ff. BGB gesetzt: Danach dürfen die Ermittler im Rahmen des Interviews keine Äußerungen tätigen, die geeignet sind, die zu befragende Person in ihrer Ehre zu verletzen.

Schließlich müssen die privaten Ermittler beachten, dass sie während der gesamten Ermittlungstätigkeit, insbesondere während der Befragungen im Rahmen der Interviews, nicht den Anschein erwecken, sie handelten als Vertreter der Strafverfolgungsorgane und dadurch Gefahr laufen, die Grenze der nach § 132 StGB strafbaren Amtsanmaßung oder des nach § 132a StGB sanktionierten Missbrauchs von Berufsbezeichnungen zu überschreiten.[109]

bb) Bindungswirkung für ausländische Ermittler

Dass auch ausländische Privatermittler – wie z.B. die US-amerikanischen Anwälte von Debevoise im Fall Siemens – bei ihren Ermittlungen in deutschen Unternehmen an die Vorgaben des StGB gebunden sind, ergibt sich schon aus den §§ 3, 9 StGB, wonach das deutsche Strafrecht für alle Taten gilt, die auf deutschem Boden begangen werden. Auch im Hinblick auf mögliche zivilrechtliche Schadensersatzansprüche, die der in seinen Rechten verletzte Mitarbeiter gemäß § 823 BGB gegen die privaten Ermittler geltend machen könnte, gilt gemäß Art. 40 Satz 1 EGBGB das Territorialitätsprinzip, ist also der Ort der deliktischen Handlung ausschlaggebend.

---

108 *Hassemer*, in: Hamm/Leipold, Formularbuch Strafverteidiger, I.B.2.a)bb); *Neuhaus*, in: Widmaier, MAH Strafverteidigung, Teil C § 15 Rn. 33. Vgl. auch *Beulke*, Strafbarkeit des Verteidigers, Rn. 28, 50, 58 f.

109 *Schuster*, ZIS 2010, 68 (69); *Salvenmoser/Schreier*, in: Achenbach/Ransiek, Hdb WiStra, Kap. XV Rn. 145. Für eine Strafbarkeit nach § 132 StGB ist nicht erforderlich, dass sich der jeweilige Täter ausdrücklich als Amtsperson ausgibt und in dieser Funktion eine Amtshandlung (im Fall der Internal Investigations die „Vernehmung“ der Mitarbeiter im Rahmen der Interviews) vornimmt. Vielmehr ist es ausreichend, wenn sich der Anschein eines hoheitlichen Auftretens aus den Umständen ergibt oder der Täter lediglich eine Handlung vornimmt, die nur von Amsträgern vorgenommen werden darf, *Hohmann*, in: MünchKomm-StGB, § 132 Rn. 13, 17, 19. Gleichwohl dürfte die Gefahr einer Strafbarkeit der privaten Ermittler nach § 132 StGB gering sein, wenn die Mitarbeiter – wie z.B. im Fall Siemens geschehen – vorab von der Unternehmensleitung über die Funktion sowie den Auftrag der privaten Ermittler informiert wurden.

cc) Fernmeldegeheimnis und Datenschutzrecht

Sowohl das Verfügbarmachen als auch die Durchsicht von (elektronischen) Unternehmensdaten und E-Mails sowie das im Rahmen von Internal Investigations beliebte sog. Mitarbeiter-Screening[110] stellen sich überdies als Datenverarbeitung dar und müssen deshalb den geltenden Bestimmungen zum Datenschutz entsprechen.[111] Welche datenschutzrechtlichen Vorschriften das Unternehmen bzw. die von ihm beauftragten privaten Ermittler bei der data collection konkret zu beachten haben, richtet sich danach, ob die Unternehmensleitung den Mitarbeitern die Nutzung der unternehmenseigenen Kommunikationssysteme wie E-Mail und Telefonanlagen auch zu privaten Zwecken gestattet hat oder nicht.

Ist den Mitarbeitern auch die private Nutzung gestattet oder wird diese von der Unternehmensleitung zumindest geduldet, erbringt das Unternehmen seinen Mitarbeitern gegenüber Telekommunikationsdienste und ist daher nach herrschender Meinung als „Dienstanbieter" im Sinne des § 3 Nr. 6 TKG anzusehen, mit der Folge, dass die Unternehmensleitung dem Fernmeldegeheimnis des § 88 TKG unterliegt.[112] Nach dieser Vorschrift ist es dem Unternehmen untersagt, sich oder anderen von dem Inhalt oder den näheren Umständen der im Unternehmen stattfindenden dienstlichen und privaten Telekommunikation Kenntnis zu verschaffen. Gemäß § 88 Abs. 3 Satz 1 TKG wäre es dem Unternehmen sowie den privaten Ermittlern somit grundsätzlich verboten, Einsicht in die E-Mail-Korrespondenz verdächtiger Mitarbeiter zu nehmen. Allerdings ist zu beachten, dass zur Datengewinnung im Rahmen von Internal Investigations regelmäßig nicht auf den Kommunikationsvorgang als solchen eingewirkt wird, sondern sich die Ermittlungen vielmehr auf vergangene Zeitabschnitte erstrecken und daher lediglich der Zugriff auf E-Mails, die auf lokalen Endgeräten der jeweiligen Mitarbeiter oder auf dem unternehmenseigenen E-Mail-Server gespeichert sind, im Fokus der Ermittlungen stehen. Nach der Rechtsprechung des BVerfG schützt das Fernmeldegeheimnis jedoch nur den Übermittlungsvorgang als solchen, endet mithin, wenn die E-Mail-Nachricht ihren Empfänger erreicht.[113] Demzufolge steht § 88 TKG der Einsichtnahme in die E-Mail-Korrespondenz der Mitarbeiter nur so lange entgegen, bis die E-Mail das Endge-

---

110 Hierbei vergleichen die externen Ermittler mittels spezieller Computerprogramme systematisch die Stammdaten von Unternehmensmitarbeitern und Lieferanten (insbesondere Kontonummer und Adressdaten), siehe *Vogt*, NJOZ 2009, 4206 (4214).

111 *V. Hehn/Hartung*, DB 2006, 1909 (1914).

112 *Behling*, BB 2010, 892; *Hoppe/Braun*, MMR 2010, 80 (81); *Salvenmoser/Hauschka*, NJW 2010, 331 (332); *Zerres*, in: Scheurle/Mayen, § 88 TKG Rn. 20; *Mengel*, BB 2004, 2014 (2017 f.).

113 BVerfG MMR 2006, 217 (219 f.); MMR 2009, 673 (674).

rät des Empfängers (z.B. Notebook oder Desktop-PC) erreicht hat, sich also im Herrschaftsbereich des Mitarbeiters befindet und somit die Gefahren der räumlich distanzierten Kommunikation, vor denen § 88 TKG als einfachgesetzliche Ausgestaltung des Art. 10 GG schützen will, nicht mehr bestehen.[114] Aber auch wenn der Zugriff auf die E-Mail-Korrespondenz verdächtiger Mitarbeiter nicht über das Endgerät des jeweiligen Mitarbeiters, sondern über den E-Mail-Server des Unternehmens erfolgen soll, auf dem die E-Mails zwischengespeichert sind, steht das Fernmeldegeheimnis des § 88 TKG nicht entgegen. Denn auch in diesem Fall fehlt es an einem „technischen Vorgang des Aussendens, Übermittelns und Empfangens von Signalen mittels Telekommunikationsanlagen" und damit an einer Telekommunikation im Sinne des TKG (vgl. die Legaldefinition in § 3 Nr. 22 TKG), so dass § 88 TKG keine Anwendung findet.[115]

Dass das Fernmeldegeheimnis des § 88 TKG vom Unternehmen und den von ihm eingesetzten privaten Ermittlern nicht zu berücksichtigen ist, bedeutet jedoch nicht, dass ein Zugriff auf E-Mail-Korrespondenz der Mitarbeiter schrankenlos möglich ist. Vielmehr sind von den privaten Ermittlern in jedem Fall – auch wenn das Unternehmen seinen Mitarbeitern die private Nutzung der Telekommunikationssysteme von vornherein nicht gestattet hat – die Vorschriften des BDSG zu beachten.[116] Dies folgt aus den aus dem Persönlichkeitsrecht des einzelnen Mitarbeiters abgeleiteten Rechten auf informationelle Selbstbestimmung sowie auf Gewährleistung der Vertraulichkeit und Integrität informationeller Systeme, die ihre einfachgesetzliche Konkretisierung im BDSG erfahren haben.[117]

---

114 Hessischer VGH NJW 2009, 2470 (2471); *Behling*, BB 2010, 892 (893).

115 Vgl. BVerfG MMR 2009, 673 (675) sowie *Behling*, BB 2010, 892 (894). Dass das BVerfG, a.a.O., auf dem E-Mail-Server eines Providers zwischengespeicherte E-Mails gleichwohl dem Schutz des Art. 10 Abs. 1 GG unterstellt, da dieser weiter reiche als der des § 88 TKG, ist in der vorliegenden Konstellation unerheblich, da Art. 10 Abs. 1 GG gemäß Art. 1 Abs. 3 GG nur gegenüber staatlichen Stellen Bindungswirkung entfaltet, privatrechtliche Unternehmen folglich lediglich über § 88 TKG an das Fernmeldegeheimnis gebunden sind, siehe *Behling*, BB 2010, 892 (894) sowie *Zerres*, in: Scheurle/Mayen, § 88 TKG Rn. 1. A.A. *Hoppe/Braun*, MMR 2010, 80 (81): „Aus diesen Feststellungen des BVerfG kann nicht gefolgert werden, dass eine an einen Arbeitnehmer adressierte E-Mail, die auf dem Server des Arbeitgebers eingeht, nicht mehr dem Schutz des Fernmeldegeheimnisses unterliegt."

116 *Hoppe/Braun*, MMR 2010, 80 (81); *Zimmer/Heymann*, BB 2010, 1853 (1855).

117 Siehe § 1 Abs. 1 BDSG: „Zweck dieses Gesetzes ist es, den Einzelnen davor zu schützen, dass er durch den Umgang mit seinen personenbezogenen Daten in seinem Persönlichkeitsrecht beeinträchtigt wird." Vgl. auch Hessischer VGH NJW 2009, 2470 (2472); *Behling*, BB 2010, 892 (895); *Gola/Schomerus*, BDSG, § 4 Rn. 5 sowie *Mengel*, BB 2008, 2014 (2015).

In der Regel enthalten E-Mails neben ihrem Inhalt und dem Datum ihrer Versendung auch die Namen der Kommunikationsteilnehmer. Damit enthalten sie „Einzelangaben über persönliche oder sachliche Verhältnisse einer bestimmten oder bestimmbaren Person" und folglich personenbezogene Daten im Sinne des § 3 Abs. 1 BDSG.[118] Soll Einsicht in bestimmte E-Mails genommen bzw. den privaten Ermittlern eine solche Einsicht gewährt werden, stellt dies eine Erhebung, Verarbeitung und Nutzung[119] personenbezogener Daten dar, die gemäß § 4 Abs. 1 BDSG nur zulässig ist, soweit das BDSG oder eine andere Rechtsvorschrift dies erlaubt oder der Betroffene eingewilligt hat. Stimmt der verdächtige Mitarbeiter einer Einsichtnahme in seine E-Mail-Korrespondenz – wie regelmäßig zu befürchten ist – aber nicht zu und existiert auch keine Betriebsvereinbarung, die dem Arbeitgeber die Erhebung, Verarbeitung oder Nutzung personenbezogener Daten ausdrücklich gestattet, ist eine solche Einsichtnahme zum Zweck der Aufklärung der Verdachtsmomente daher nur unter den engen Voraussetzungen des § 32 Abs. 1 Satz 2 BDSG zulässig. Nach der Neufassung des § 32 Abs. 1 Satz 2 BSDG[120] dürfen personenbezogene Daten von Beschäftigten[121] zur Aufklärung von Straftaten dann erhoben, verarbeitet oder genutzt werden, wenn (1) vom Arbeitgeber genau zu dokumentierende tatsächliche Anhaltspunkte den Verdacht begründen, dass der jeweilige Arbeitgeber im Rahmen seines Beschäftigungsverhältnisses eine Straftat begangen hat, die in einem engen Zusammenhang mit dem Arbeitsverhältnis steht, wenn (2) die Erhebung, Verarbeitung und Nutzung von Daten zur Aufdeckung der Straftat erforderlich und verhältnismäßig ist und wenn (3) der Betroffene kein entgegenstehendes, überwiegendes schutzwürdiges Interesse geltend machen kann. Dabei variieren

---

118 *Behling*, BB 2010, 892 (895); *Schaffland/Wiltfang*, BDSG, § 3 Rn. 4; *Gola/Schomerus*, BDSG, § 3 Rn. 3; *Mengel*, BB 2004, 2014 (2015 f.).

119 Zu den einzelnen Handlungsvarianten siehe die Begriffsdefinitionen in § 3 Abs. 3-5 BDSG und ihre Erläuterungen bei *Gola/Schomerus*, BDSG, § 3 Rn. 23 ff.

120 Neufassung des BDSG vom 14.08.2009, BGBl. I S. 2814, in Kraft seit 01.09.2009. Siehe dazu auch *Wybitul*, BB 2009, 1582 ff. An dieser Stelle sei darauf hingewiesen, dass nach dem „Gesetzesentwurf der Bundesregierung für ein Gesetz zur Regelung des Beschäftigendatenschutzes vom 25.08.2010", http://www.bmi.bund.de/SharedDocs/Downloads/DE/Gesetzestexte/Entwuerfe/Entwurf_Beschaeftigtendatenschutz.pdf;jsessionid=BA4643F3BA82D322C12B003CF52A3EE6?__blob=publicationFile, § 32 BDSG erneut geändert werden soll und die §§ 32a-32l in das BDSG eingefügt werden sollen, siehe hierzu *Schneider*, NZG 2010, 1201 (1204 ff.).

121 Der datenschutzrechtliche Begriff des Beschäftigten wird in § 3 Abs. 11 BDSG legaldefiniert und umfasst vor allem Arbeitnehmer sowie Auszubildende, Beamte, Richter, Soldaten und Zivildienstleistende. Geschäftsführer und Vorstandsmitglieder nehmen hingegen nicht an dem Schutz durch das BDSG teil, *Salvenmoser/Hauschka*, NJW 2010, 331 (333).

die Anforderungen an den Verhältnismäßigkeitsgrundsatz je nachdem, ob lediglich dienstliche Korrespondenz von der Maßnahme betroffen ist oder ob – insbesondere im Falle der vom Arbeitgeber gestatteten privaten Nutzung der Telekommunikationssysteme – nicht auszuschließen ist, dass auch private E-Mails von den Ermittlern eingesehen werden könnten.[122] In jedem Fall gebietet aber der Grundsatz der Datenvermeidung und Datensparsamkeit des § 3a BDSG, dass nicht anonymisierte E-Mail-Korrespondenz nur in dem Umfang eingesehen werden darf, wie dies unbedingt erforderlich ist, um dem Ermittlungszweck gerecht zu werden.[123] Darüber hinaus entbindet die ausnahmsweise Zulässigkeit der Datenerhebung und -verarbeitung bei Vorliegen der Voraussetzungen des § 32 BDSG die privaten Ermittler nicht von ihrer Pflicht, den zuständigen Datenschutzbeauftragten des Unternehmens sowie den Betriebsrat im Vorfeld der geplanten Maßnahme einzubinden.[124] Auch soweit die privaten Ermittler Einsicht in die Inhalte der Personalakten von verdächtigen Mitarbeitern nehmen wollen, unterliegen sie den soeben aufgezeigten bindenden datenschutz- sowie arbeitsrechtlichen Schranken.[125] Vereinzelt wird sogar vertreten, dass nicht nur die data collection, sondern auch die Befragung von Mitarbeitern stets nur bei Vorliegen der Voraussetzungen des § 32 BDSG zulässig sei.[126]

Keine Anwendung findet das BDSG hingegen auf die Auswertung von sonstigen Akten und Dokumenten in Papierform – soweit diese keine personenbezogenen Daten von Beschäftigten im Sinne des § 32 BDSG enthalten –, weil diese in der Regel weder den Begriff der automatisierten Datenverarbeitung noch den Datei-Begriff im Sinne der §§ 1 Abs. 2 Nr. 3, 3 Abs. 2 BDSG erfüllen.[127] Sind die in den Akten enthaltenen Daten aber gleichzeitig automatisch gespeichert oder enthalten die Akten Daten, die offensichtlich aus einer automatisierten Datenverarbeitung stammen, erfüllt die Weitergabe dieser Daten an die externen Ermittler gemäß § 3 Abs. 4 Nr. 3 BDSG die Tathandlung der Daten-

---

122 *Behling*, BB 2010, 892 (895). Vgl. auch *Salvenmoser/Schreier*, in: Achenbach/Ransiek, Hdb WiStra, Kap. XV Rn. 107 sowie *Mengel/Ullrich*, NZA 2006, 240 (242).

123 *Behling*, BB 2010, 892 (895); *Gola/Schomerus*, BDSG, § 3a Rn. 4 f., 7.

124 Siehe die unmissverständliche Regelung in § 32 Abs. 3 BDSG sowie *Behling*, BB 2010, 892 (895); *Salvenmoser/Hauschka*, NJW 2010, 331 (335) und *Thüsing*, NZA 2009, 865 (870). Näheres zu den Grenzen, die den internen Ermittlungen durch das BetrVG gesetzt sind, sogleich unter Kapitel 4 II.1.b)dd).

125 Vgl. § 32 Abs. 2 BDSG. Siehe dazu BAG DB 1987, 2571; *Preis*, in: ErfKomArbR, § 611 BGB, Rn. 625 und *Salvenmoser/Schreier*, in: Achenbach/Ransiek, Hdb WiStra, Kap. XV Rn. 142. Vgl. auch *Thüsing*, NZA 2009, 865 (869 f.).

126 In diesem Sinne *Wybitul*, BB 2009, 1582 (1584).

127 BAG NZA 1990, 933 (das Urteil betrifft allerdings die Zeit vor Einführung des § 32 Abs. 2 BDSG); *Gola/Schomerus*, BDSG, § 27 Rn. 13; *Schaffland/Wiltfang*, BDSG, § 3 Rn. 100 ff.; *Mengel/Ullrich*, NZA 2006, 240 (241).

übermittlung und unterfällt damit gemäß § 27 Abs. 2 BSDG den Beschränkungen des BDSG.[128]

Besondere datenschutzrechtliche Probleme können sich bei Internal Investigations darüber hinaus dann ergeben, wenn diese – wie bei Cross Border Investigations – einen internationalen Umfang haben und personenbezogene Daten im Zuge der Ermittlungen an Empfänger außerhalb der EU übermittelt werden sollen. In diesem Fall muss das EU-adäquate Datenschutzniveau im Sinne der §§ 4b, 4c BDSG hergestellt und nachgewiesen werden.[129]

dd) Arbeitsrechtliche Begrenzungen – Betriebsverfassungsrecht

(1) Informationsrechte des Betriebsrats

Gemäß § 80 Abs. 2 BetrVG trifft den Arbeitgeber eine umfassende Pflicht, den Betriebsrat über alle Maßnahmen zu informieren, die ein Beteiligungsrecht des Betriebsrats, insbesondere die Beteiligungsrechte nach § 80 Abs. 1 BetrVG, berühren könnten. Im Hinblick auf Internal Investigations ist der Betriebsrat sowohl über die geplante Auswertung von schriftlichen oder elektronischen Unternehmensunterlagen im Rahmen der data collection als auch über die Befragung der Mitarbeiter zu unterrichten.[130] Ersteres folgt aus § 80 Abs. 1 Nr. 1 BetrVG, wonach es dem Betriebsrat obliegt, darüber zu wachen, dass die zugunsten der Arbeitnehmer geltenden Gesetze beachtet werden. Zu diesen gesetzlichen Vorgaben gehören auch die zum Schutz der Arbeitnehmer bestehenden Vorschriften des BDSG sowie des TKG, deren Einhaltung der Betriebsrat nur dann überwachen kann, wenn er überhaupt Kenntnis von der anstehenden Datenauswertung hat.[131] Die Unterrichtungspflicht in Bezug auf die Mitarbeiterbefragungen ergibt sich aus dem allgemeinen Informationsrecht des Betriebsrats, wonach dieser in die Lage versetzt werden muss, zumindest die Auswir-

---

128 *Gola/Schomerus*, BDSG, § 27 Rn. 14; *Schaffland/Wiltfang*, BDSG, § 3 Rn. 61, § 27 Rn. 51.

129 *Schaffland/Wiltfang*, BDSG, § 4b Rn. 3 ff.; *Mengel/Ullrich*, NZA 2006, 240 (241). Mit den USA hat die EU ein sog. *safe-harbour*-Abkommen abgeschlossen, wonach von der Angemessenheit des Datenschutzniveaus auszugehen ist, soweit die in den USA ansässigen Datenempfänger die in dem Abkommen enthaltenen Prinzipien als für sich verbindlich anerkennen.

130 *Zimmer/Heymann*, BB 2010, 1853 (1855); *Mengel/Ullrich*, NZA 2006, 240 (244).

131 BAG NZA 1987, 747 (748 f.); *Fitting*, BetrVG, § 80 Rn. 7; *Mengel/Ullrich*, NZA 2006, 240 (244).

kungen der geplanten Befragungen auf seine Beteiligungsrechte beurteilen zu können.[132]

Zu beachten ist allerdings, dass aus den Informationsrechten des Betriebsrats kein Anspruch auf Unterlassung der vom Arbeitgeber geplanten Maßnahme resultiert.[133] Vielmehr kann der Betriebsrat auf Entscheidungen des Arbeitgebers nur insoweit Einfluss nehmen, wie ihm Mitbestimmungsrechte zustehen (dazu nun im Folgenden).

(2) Mitbestimmungsrechte des Betriebsrats

(a) Im Hinblick auf die Data Collection oder die Data Review

Sofern sich die internen Ermittler zur Sachverhaltsaufklärung technischer Einrichtungen bedienen wollen, unterliegen diese Ermittlungsmethoden gemäß § 87 Abs. 1 Nr. 6 BetrVG der vorherigen Mitbestimmung des Betriebsrats.[134] Dies gilt namentlich für den Einsatz von EDV-Anlagen zur Aufzeichnung von Telefongesprächen sowie für Computerprogramme, die eine Kontrolle der E-Mail- sowie der Intra- und Internetnutzung der Unternehmensmitarbeiter ermöglichen.[135] Ebenfalls mitbestimmungspflichtig ist die – wenngleich im Rahmen von Internal Investigations eher selten eingesetzte – Überwachung der Mitarbeiter per Videokamera.[136] Zu beachten ist in diesem Zusammenhang, dass nicht nur die Datenerhebung mittels technischer Einrichtungen, sondern auch die Verarbeitung anderweitig erlangter Daten mit Hilfe technischer Einrichtungen der Mitbestimmungspflicht des § 87 Abs. 1 Nr. 6 BetrVG unterliegt, sofern durch deren Verarbeitung Aussagen über die Leistung oder das Verhalten einzelner Mitarbeiter gewonnen werden sollen.[137]

Die Auswertung von dienstlichen Unternehmensunterlagen ohne Zuhilfenahme von technischen Einrichtungen löst hingegen kein Mitbestimmungsrecht

---

132 BAG NZA 1999, 1345 (1346); *Vogt*, NJOZ 2009, 4206 (4219); *Mengel/Ullrich*, NZA 2006, 240 (244).

133 Vgl. BAG NZA 2003, 1352 (1355); *Fitting*, BetrVG, § 80 Rn. 14.

134 Eine Einschaltung Dritter in den Überwachungs- und Aufklärungsprozess schließt das Mitbestimmungsrecht des Betriebsrats nicht aus, *Richardi*, in: Richardi, BetrVG, § 87 Rn. 492.

135 *Kohte*, in: Düwell, BetrVG, § 87 Rn. 67; *Richardi*, in: Richardi, BetrVG, § 87 Rn. 485, 487; *Maschmann*, NZA 2002, 13 (19).

136 BAG NJW 2003, 3436 (3438); BAG NZA 2004, 1278 (1278, 1281); *Fitting*, BetrVG § 87 Rn. 244.

137 BAG NJW 1985, 450 (451); *Kohte*, in: Düwell, BetrVG, § 87 Rn. 68; *Richardi*, in: Richardi, BetrVG, § 87 Rn. 490 f., 497; *Fitting*, BetrVG, § 87 Rn. 218, 232.

des Betriebsrats aus.[138] Soweit auch private Dokumente, insbesondere E-Mails, Gegenstand der Prüfung sind, kann sich die Untersuchung unter Umständen – nämlich dann, wenn mit ihr zugleich auch geprüft werden soll, ob die Arbeitnehmer die entsprechenden betrieblichen Regelungen zur privaten Nutzung der unternehmensinternen Kommunikationssysteme einhalten – auch auf das Ordnungsverhalten der Mitarbeiter im Betrieb beziehen und folglich gemäß § 87 Abs. 1 Nr. 1 BetrVG mitbestimmungspflichtig sein.[139]

(b) Im Hinblick auf die Mitarbeiterbefragungen

Die Befragung der Mitarbeiter im Rahmen der Interviews löst hingegen keine Beteiligungsrechte des Betriebsrats aus, soweit sich das Auskunftsverlangen lediglich auf die Arbeitspflichten der Mitarbeiter beziehen.[140] Werden bei den Interviews jedoch zusätzlich verhaltensbezogene Themen berührt, die jedenfalls nicht für alle befragten Mitarbeiter Bestandteil ihrer arbeitsrechtlichen Pflichten sind, kann dies ein Mitbestimmungsrecht des Betriesbrats nach § 87 Abs. 1 Nr. 1 BetrVG auslösen.[141] Soll die Befragung der Mitarbeiter nicht per Interview sondern mittels eines Personalfragebogens erfolgen, kann dies daneben ein Mitbestimmungsrecht des Betriebsrats nach § 94 Abs. 1 BetrVG zur Folge haben.[142]

Darüber hinaus besitzt der Arbeitnehmer gemäß § 82 Abs. 2 Satz 2 BetrVG grundsätzlich das Recht, zu seiner Befragung ein Betriebsratsmitglied hinzuzuziehen, sofern die Befragung des jeweiligen Mitarbeiters neben der Aufklärung doloser Handlungen auch die Beurteilung seiner eigenen Arbeitsleistung betrifft. Unabhängig von der Frage, ob diese Voraussetzungen bei der Befragung des Mitarbeiters im Rahmen der Interviews im Einzelfall erfüllt sein können oder ob das Gespräch ausschließlich der Ermittlung des Sachverhalts dient,[143] besteht dieses Recht des Arbeitnehmers jedenfalls dann nicht, wenn die Befragung nicht durch einen Personalverantwortlichen des Unternehmens, sondern durch mit der

138 *Vogt*, NJOZ 2009, 4206 (4218). Vgl. Auch *Richardi*, in: Richardi, BetrVG, § 87 Rn. 194 f.

139 *Mengel/Ullrich*, NZA 2006, 240 (244); *Fitting*, BetrVG, § 87 Rn. 64, 71. Vgl. auch *Richardi*, in: Richardi, BetrVG, § 87 Rn. 187.

140 *Vogt*, NJOZ 2009, 4206 (4218); *Zimmer/Heymann*, BB 2010, 1853 (1854); *Mengel/Ullrich*, NZA 2006, 240 (244); *Maschmann*, NZA 2002, 13 (19).

141 *Vogt*, NJOZ 2009, 4206 (4218); *Mengel/Ullrich*, NZA 2006, 240 (244).

142 BAG NZA 1994, 375 (376) sowie *Zimmer/Heymann*, BB 2010, 1853 (1854).

143 So insbesondere *Mengel/Ullrich*, NZA 2006, 240 (243): Bei einer Befragung im Rahmen von Internal Investigations gehe es regelmäßig nicht um eine Bewertung der Leistung des befragten Mitarbeiters, sondern um die Ermittlung des Sachverhalts. A.A. *Maschmann*, AuA 2009, 72 (76); *Salvenmoser/Schreier*, in: Achenbach/Ransiek, Hdb WiStra, Kap. XV Rn. 168.

Sachverhaltsaufklärung eigens beauftragte externe Ermittler durchgeführt wird.[144] Ein Anspruch auf Hinzuziehung eines Betriebsratsmitglieds zu den im Rahmen der Internal Investigations durchgeführten Interviews besteht daher nicht. Dennoch bieten einige Unternehmen ihren Arbeitnehmern die Möglichkeit, sich von einem Arbeitnehmervertreter zu den Interviews begleiten zu lassen.[145]

(c) Bezüglich sonstiger Aufklärungsmaßnahmen

Erfordert die interne Sachverhaltsaufklärung im Einzelfall private Ermittler in den Betrieb einzugliedern, die sich dann das Vertrauen illoyaler Mitarbeiter erwerben und so an Informationen gelangen sollen, unterliegt diese Maßnahme dem Beteiligungsrecht des Betriebsrats nach § 99 BetrVG.[146] Auch diese Vorgehensweise externer Ermittler dürfte im Rahmen von Internal Investigations im hier zugrunde gelegten Begriffsverständnis allenfalls ausnahmsweise anzutreffen sein, zeichnen sich die Ermittlungen bei Internal Investigations doch gerade dadurch aus, dass die externen Ermittler den Sachverhalt offen, d.h. ohne Einsatz verdeckter technischer Überwachungsinstrumente aufklären und die Mitarbeiter darüber hinaus von der Unternehmensleitung über die Ermittlungsmaßnahmen in Kenntnis gesetzt werden.[147]

(d) Keine Mitbestimmungspflicht im Hinblick auf das „Ob" einer Internal Investigation

Nicht der Mitbestimmung des Betriebsrats unterliegt hingegen die grundsätzliche Entscheidung über den Einsatz von externen Ermittlern zur Durchführung einer Internal Investigation.[148]

---

144 *Salvenmoser/Schreier*, in: Achenbach/Ransiek, Hdb WiStra, Kap. XV Rn. 169. Vgl. auch *Thüsing*, in: Richardi, BetrVG, § 82 Rn. 13.

145 *Sieg*, FS Buchner, S. 859 (863).

146 BAG NZA 1991, 729; *Salvenmoser/Schreier*, in: Achenbach/Ransiek, Hdb WiStra, Kap. XV Rn. 85; *Maschmann*, NZA 2002, 13 (19 f.).

147 Vgl. dazu das Informationsschreiben der Unternehmensleitung von Siemens an seine Belegschaft, abgedruckt bei *Sieg*, FS Buchner, S. 859 (862).

148 *Zimmer/Heymann*, BB 2010, 1853; *Salvenmoser/Schreier*, in: Achenbach/Ransiek, Hdb WiStra, Kap. XV Rn. 167. Vgl. dazu auch BAG NZA 1991, 729 (730) sowie *Fitting*, BetrVG, § 87 Rn. 224.

c) Verbot der Behinderung staatlicher Ermittlungstätigkeit

Grenzen können privaten Ermittlern auch dadurch gesetzt sein, dass sie die Ermittlungstätigkeit der staatlichen Strafverfolgungsbehörden durch ihre eigene Aufklärungsarbeit nicht vorsätzlich und rechtswidrig behindern dürfen, § 164 StPO. Allerdings sind private Ermittlungen nicht per se als Störung oder Behinderung im Sinne des § 164 StPO aufzufassen.[149] Vielmehr wurde bereits festgestellt, dass Privatpersonen grundsätzlich befugt sind, auch parallel zu etwaigen staatlichen Ermittlungen eigene Sachverhaltsaufklärung zu betreiben.[150] Die bloße Wahrnehmung prozessualer Rechte stellt deshalb keine Störung im Sinne des § 164 StPO dar.[151] Die Grenze privater Ermittlungstätigkeit dürfte allerdings dann erreicht sein, wenn die Ermittlungen im Einzelfall ein Ausmaß annehmen, welches geeignet ist, das aus dem Legalitätsprinzip fließende Ermittlungsmonopol der Staatsanwaltschaft im Ganzen gravierend zu beeinträchtigen.[152] Dies ist zumindest dann der Fall, wenn im Nachhinein nicht mehr rekonstruiert werden kann, welches Beweisstück legal und welches illegal, welches von den privaten Ermittlern und welches von den Beamten der Staatsanwaltschaft auf welche Weise beschafft wurde und damit in einem nachfolgenden Strafverfahren insgesamt nicht mehr nachvollziehbar ist, ob die ermittelte Tatsachenlage „verlässlich" ist, d.h. eine eventuelle Anklage trägt, oder der Sachverhalt durch einseitige und unvollständige Ermittlungen verfälscht ist: „Wenn ich nicht wissen kann, ob die Tatsachenbasis meinen Schluss trägt oder nicht, so trägt auch mein Schluss nicht."[153] Kommt es zu einer derartigen Vermischung und Verfälschung der Ermittlungsergebnisse, droht die Feststellung und Durchsetzung des staatlichen Strafanspruchs als Hauptaufgabe des Strafverfahrens[154] und damit der Kernbereich der Effektivität der Rechtspflege insgesamt beeinträchtigt zu werden. In diesem Fall hat private Ermittlungstätigkeit aus übergeordneten öffentlichen Interessen zu unterbleiben, stellt sich mithin als unzulässig dar.[155] Um Konfliktsituationen zu vermeiden, sollte der private Ermittler den amtlichen Ermittlungen daher im Zweifel den Vorrang einräumen oder zumin-

149 *Bockemühl*, Private Ermittlungen, S. 52.

150 Siehe dazu ausführlich oben unter Kapitel 4 I.1.

151 *Erb*, in: LR-StPO, § 164 Rn. 9.

152 *Jahn*, StV 2009, 41 (43).

153 *Hassemer/Matussek*, Opfer als Verfolger, S. 82 ff.

154 Zu diesen Zielen des Strafverfahrens *Beulke*, Strafprozessrecht, Rn. 3.

155 Vgl. *Beulke*, Verteidiger, S. 146; *ders.*, Strafbarkeit des Verteidigers, Rn. 14 sowie *Baumann*, Ermittlungen des Verteidigers, S. 111: „Die Bestimmung des Maßes zulässiger Verteidigung erfordert eine Abwägung der Verteidigungsmöglichkeiten mit dem aus dem Rechtsstaatsprinzip entwickelten Grundsatz der Funktionstüchtigkeit/Effektivität der Rechtspflege".

dest versuchen, sein Vorgehen mit den Strafverfolgungsbehörden abzustimmen.[156]

d) Spezielle Anforderungen an Ermittlungen durch Rechtsanwälte

Aufgrund seiner Stellung im System der Strafrechtspflege können dem Rechtsanwalt neben den für Jedermann geltenden Schranken des geschriebenen Rechts weitere Grenzen gesetzt sein. Als Organ der Rechtspflege unterliegt ein Rechtsanwalt insbesondere der Wahrheitspflicht und dem Gebot der Sachlichkeit, § 43a Abs. 3 BRAO.[157] Demzufolge kann es ihm aufgrund seiner Bindung an das anwaltliche Standesrecht beispielsweise untersagt sein, einem Zeugen für ein bestimmtes Aussageverhalten eine finanzielle Zuwendung zu versprechen.[158] Schließlich gebietet das anwaltliche Standesrecht, dass ein Anwalt bei seinen Ermittlungen Zeugen „nicht einschüchtern, nicht täuschen, nicht drohen und [ihnen gegenüber] erst recht keinen Zwang ausüben" darf.[159] Hierdurch sollen auch solche Verhaltensweisen erfasst werden, die, wie z.B. die Täuschung, vom Nötigungstatbestand des § 240 StGB gar nicht erfasst sind oder die – im Falle der Drohung oder des Zwangs – die Schwelle einer strafbaren Nötigung noch nicht erreichen: „Die Freiheit der Willensentschließung der Kontaktperson darf in keinem Fall beeinträchtigt werden".[160] Da diese standesrechtlichen Anforde-

---

156 *Knierim*, FS Volk, S. 247 (261).

157 BVerfGE 38, 105 (119); 76, 171 (193); *Brunhöber*, GA 2010, 571 (583 f.); *Fischer*, StGB, § 258 Rn. 16; *Henssler*, in: Henssler/Prütting, BRAO § 43a Rn. 130, 137 ff.

158 BGHSt 46, 53 (57 f.). Wo die Grenze zwischen erlaubter und unerlaubter finanzieller Zuwendung zu ziehen ist, ist nach wie vor unklar. So soll es erlaubt sein, Geldzahlungen als Ausgleich für erlittene materielle Schäden oder als Genugtuung für immaterielle Beeinträchtigungen zu leisten. Als unzulässig werden hingegen solche Zahlungen eingestuft, bei denen „zwischen Grund und Höhe der Zuwendung einerseits und den vom Berechtigten durch die Straftat erlittenen Nachteilen andererseits keine Konnexität besteht", siehe These 28 nebst Begründung in: *Strafrechtsausschuss der Bundesrechtsanwaltskammer*, Thesen zur Strafverteidigung, S. 55 f. Zu den Bestimmungen des alten anwaltlichen Standesrechts siehe ferner *Krey*, Problematik privater Ermittlungen, S. 96.

159 Siehe die Begründung zu These 28 in: *Strafrechtsausschuss der Bundesrechtsanwaltskammer*, Thesen zur Strafverteidigung, S. 55 f. Vgl. außerdem *Leipold*, NJW-Spezial 2011, 56; *Prütting*, in: Henssler/Prütting, BRAO, § 43 Rn. 25 sowie *Dahs*, Hdb Strafverteidiger, Rn. 310.

160 Zitat entnommen aus der Begründung zu These 28 in: *Strafrechtsausschuss der Bundesrechtsanwaltskammer*, Thesen zur Strafverteidigung, S. 56. Nach Ansicht des *Strafrechtsausschusses der Bundesrechtsanwaltskammer* müsse schon der bloße Schein eines unseriösen und unlauteren Verhaltens vermieden werden, a.a.O. Zu beachten ist an dieser Stelle allerdings, dass sich die Aussagen des *Strafrechtsausschusses* stets explizit auf den Rechtsanwalt in seiner Stellung als Verteidiger beziehen.

rungen als einfaches Bundesgesetz Außenwirkung entfalten, gelten damit auch für die Ermittlungstätigkeit eines Rechtsanwalts prinzipiell dieselben Schranken, denen die staatlichen Strafverfolgungsorgane gemäß § 136a StPO unterliegen.[161]

Allerdings ist zu beachten, dass die anwaltlichen Standesregeln der BRAO sowie der BORA nur für solche in- oder ausländischen Rechtsanwälte gelten, die in Deutschland niedergelassen und Mitglied einer deutschen Rechtsanwaltskammer sind, § 207 Abs. 2 BRAO, § 34 Abs. 3 BORA[162] – für die im Fall Siemens eingesetzten US-amerikanischen Ermittler von Debevoise entfalten die deutschen Standesregeln daher keine Bindungswirkung. Aber auch das US-amerikanische Pendant zum deutschen Standesrecht, die *Model Rules of Professional Conduct* der *American Bar Association* statuieren in Rule 3.3 und 3.4 eine generelle Wahrheitspflicht sowie ein Verbot der Beweismitteltrübung und verbieten einem Anwalt gemäß Rule 4.4(a) darüber hinaus, bei der Beschaffung von Beweismitteln Methoden einzusetzen, die Rechte Dritter verletzen.[163] Damit sind auch den US-amerikanischen Ermittlern über die rechtlichen Schranken des deutschen Rechts hinaus zusätzliche Grenzen gesetzt, die sie bei der Durchführung von Internal Investigations zu beachten haben.

e) Keine direkte Begrenzung durch die StPO

Wie bereits mehrfach festgestellt, finden die begrenzenden Vorschriften der StPO – insbesondere § 136a StPO – auf private Ermittlungstätigkeit dagegen grundsätzlich keine (direkte) Anwendung.[164] Vielmehr richtet sich die Zulässigkeit der von Privatpersonen eingesetzten Ermittlungsmethoden ausschließlich nach den soeben dargestellten Vorschriften des materiellen Rechts.[165] Es ist je-

---

161 Vgl. *Bittmann/Molkenbur*, wistra 2009, 373 (374) sowie *Bockemühl*, Private Ermittlungen, S. 81 f. Ein Verstoß gegen die standesrechtlichen Regeln berechtigt den von der rechtswidrigen Maßnahme Betroffenen zwar nicht zur Geltendmachung von Schadensersatzansprüchen (weder die BRAO noch die BORA sind Schutzgesetze i.S.d. § 823 Abs. 2 BGB) und führt auch nicht ohne weiteres zur Strafbarkeit des Anwalts, BGHSt 46, 53 (54). Ihm drohen aber berufsrechtliche Konsequenzen, insbesondere die Entziehung der Zulassung, §§ 113 f. BRAO. Siehe dazu *Salvenmoser/Schreier*, in: Achenbach/Ransiek, Hdb WiStra, Kap. XV Rn. 33.

162 *Schroeder*, in: Henssler/Prütting, BRAO, § 207 Rn. 5 ff.

163 Zu finden sind die *ABA Model Rules of Professional Conduct* unter http://www.law.cornell.edu/ethics/aba/current/ABA_CODE.HTM#Part%201%20-%20Client%20Lawyer%20Relationship.

164 Zu einer möglichen analogen Anwendung des § 136a StPO auf die Ermittlungstätigkeit Privater wird an späterer Stelle unter Kapitel 5 II.1.c)cc)(1)(b)(bb) Stellung genommen.

165 *Knauer/Buhlmann*, AnwBl 2010, 387 (391); *Salvenmoser/Schreier*, in: Achenbach/Ransiek, Hdb WiStra, Kap. XV Rn. 41; *Bockemühl*, Private Ermittlungen, S. 49 f.

doch zu beachten, dass es sich bei § 136a StPO um eine einfachgesetzliche Ausformung der Menschenwürdegarantie handelt, so dass von Privaten angewandter Zwang oder eingesetzte Drohungen bzw. Täuschungen aufgrund der überwiegend anerkannten unmittelbaren Drittwirkung der Menschenwürdegarantie im Einzelfall auch unter diesem Aspekt unzulässig sein können.[166]

Die grundsätzliche Unanwendbarkeit der Vorschriften der StPO führt allerdings zu dem Problem, dass interne Ermittlungen einem erheblich geringeren Grad an gesetzlicher Reglementierung unterliegen und dies für die von den privaten Ermittlungsmaßnahmen konkret Betroffenen insgesamt zu einem geringeren Schutzniveau führt. Dies gilt umso mehr, als die soeben betrachteten Vorschriften des materiellen Rechts sehr allgemein gefasst sind und sich ihnen für den Fall ihrer Missachtung auch keine Aussagen zu möglichen prozessualen Konsequenzen entnehmen lassen.[167] Das materielle Recht allein vermag privaten Strafverfolgungsmaßnahmen damit keine ausreichenden Grenzen zu setzen und den in diesem Zusammenhang auftretenden speziellen Problemen wirksam zu begegnen. Angesichts der Tatsache, dass die privat gewonnenen Ermittlungsergebnisse zum Teil Eingang in ein gegen den jeweils verdächtigen Mitarbeiter gerichtetes Strafverfahren finden, besteht für diesen die Gefahr, dass seine strafprozessualen Verfahrensrechte bewusst missachtet und beweisrechtliche Vorgaben gezielt umgangen werden.[168] Diese Problematik darf bei der Untersuchung der rechtlichen Schranken privater Ermittlungstätigkeit nicht außer Acht gelassen werden. Auch im Interesse der Unternehmensleitung ist mit Hinblick auf das Ziel einer Internal Investigation vielmehr zu fragen, ob den im Fall der Umgehung von Verfahrensrechten möglicherweise entstehenden prozessualen Beweisverwertungsverboten nicht dadurch vorgebeugt werden muss, dass sich die privaten Ermittler freiwillig an den Verfahrensrechten und Beweisvorschriften der StPO orientieren und somit bereits auf der Stufe der Beweismittelgewinnung ein Verfahren geschaffen wird, das mit den rechtsstaatlichen Grundsätzen des deutschen Strafprozessrechts übereinstimmt.

Hierauf soll nun im Folgenden unter dem Stichpunkt der Belastbarkeit der im Rahmen der Internal Investigations gewonnenen Beweise näher eingegangen werden.

---

166 Vgl. *Bockemühl*, Private Ermittlungen, S. 79 sowie *Wolter*, NStZ 1993, 1 (6).

167 *Eckhardt*, Private Ermittlungsbeiträge, S. 12 f.

168 *V. Rosen*, BB 2009, 230; *Eckhardt*, Private Ermittlungsbeiträge, S. 13 f., 16. Vgl. auch *Wölfl*, JuS 2001, 478 (481).

2. Belastbarkeit der im Rahmen der Internal Investigations gewonnenen Beweise

Wie soeben bereits skizziert, ist nicht nur das materielle Recht geeignet, den privaten Ermittlungen Grenzen zu setzen. Auch die prozessuale Seite, insbesondere die Frage nach der Belastbarkeit und Verwertbarkeit der im Rahmen der Internal Investigations zutage geförderten Beweise darf bei der Entscheidung über die Art und Weise der Durchführung der internen Ermittlungen nicht außer Acht gelassen werden. Da Internal Investigations immer auch der Vorbereitung von Schadensersatzklagen des Unternehmens sowie Kündigungsprozessen gegen die schuldigen Mitarbeiter dienen, können Beweismittel, die in einem anschließenden straf- oder zivilrechtlichen Verfahren keinerlei Beweiswert haben, weil sie sich dem Verdacht der Fälschung oder Beweistrübung ausgesetzt sehen, oder die nicht verwertbar sind, weil sie unter Verstoß gegen gewichtige Persönlichkeits- und/oder Verfahrensrechte der Betroffenen gewonnen wurden, den Erfolg der Ermittlungen insgesamt in Frage stellen.[169]

a) Gefahr der Beweismitteltrübung

Anders als die Beamten der Staatsanwaltschaft unterliegen private Ermittler keiner gesetzlichen Pflicht zur Objektivität: § 160 Abs. 2 StPO entfaltet gegenüber Privatpersonen keinerlei Bindungswirkung.[170] Daher besteht im Rahmen von Internal Investigations das generelle Problem, dass die privaten Ermittler häufig einseitig interessengeleitet handeln.[171] Ziel der Ermittlungen ist die Entlastung des Unternehmens als Ganzem, die jedoch nur durch gezielte Belastung einzelner Mitarbeiter erfolgen kann.[172] In diesem Sinne stehen alle Mitarbeiter zunächst unter Generalverdacht; der Unschuldsvermutung wird keinerlei Bedeutung beigemessen. Werden im Zuge der internen Aufklärungsmaßnahmen Indizien gefunden, die auf eine Verantwortlichkeit eines Mitarbeiters hindeuten, wird dieser in der Regel solange mit den Verdachtsmomenten konfrontiert, bis er die Tat gesteht oder zumindest den wahren Täter nennt.[173] Mithin besteht die Gefahr, dass Beweise durch Nötigungen oder Erpressungen erlangt oder Ge-

---

169 *Knierim*, StV 2009, 324 (325, 327); *Mengel/Ullrich*, NZA 2006, 240 (241). Zur Vorbereitung von Schadensersatzklagen und arbeitsrechtlichen Maßnahmen als Ziel der Internal Investigations siehe *Breßler/Kuhnke/Schulz/Stein*, NZA 2009, 721.

170 *Theile*, StV 2011, 381 (384); *Knierim*, StV 2009, 324 (325).

171 *Eckhardt*, Private Ermittlungsbeiträge, S. 6 f.; *Mende*, Grenzen privater Ermittlungen, S. 71. Vgl. auch *Brunhöber*, GA 2010, 571 (578) sowie *Dahs*, NJW 1985, 1113 (1116 f.).

172 Siehe dazu schon ausführlich unter Kapitel 4 I.2.a).

173 Vgl. *Sieg*, FS Buchner, S. 859 (869, 874).

ständnisse durch falsche Versprechungen oder eine in Aussicht gestellte Amnestieregelung „erkauft" werden.[174] Folge dieser Einseitigkeit des Ermittlungsansatzes ist, dass die aufgefundenen Beweise „getrübt" sein können, dass also durch die fehlende Objektivität der Ermittler lediglich eine Scheinbeweislage geschaffen wird, die Anforderungen an eine gerichtsverwertbare Sachverhaltsaufklärung jedoch verfehlt werden.[175]

Darüber hinaus besteht für die privaten Ermittler keine gesetzliche Pflicht, Art und Umfang ihrer Vorgehensweise sowie die im Rahmen der Internal Investigations gewonnenen Erkenntnisse und Ergebnisse zu dokumentieren.[176] Auch unterliegen die von den privaten Ermittlern eingesetzten Aufklärungsmaßnahmen – anders als die meisten Ermittlungsbefugnisse der Staatsanwaltschaft – keiner vorherigen oder zumindest nachträglichen richterlichen Prüfung.[177] Schließlich dienen die internen Ermittlungen in der Regel nicht dazu, den Tätern ihre strafrechtliche Schuld auf prozessual ordnungsgemäßem Weg nachzuweisen, sondern haben vielmehr die objektive Aufarbeitung von Mängeln in der Unternehmensorganisation zum Ziel.[178] Werden die im Rahmen der Internal Investigations gewonnenen Beweise sodann auch der Staatsanwaltschaft zur Verfügung gestellt und finden mithin Eingang in ein staatliches Ermittlungsverfahren, wirken sich die beschriebene Einseitigkeit der Ermittlungen sowie die mangelnde Beachtung der Förmlichkeiten in voller Stärke zum Nachteil des Betroffenen aus.[179]

---

174 *Knierim*, StV 2009, 324 (325, 330). Vgl. auch *Jeßberger*, Kooperation und Strafzumessung, S. 284, 287.

175 *Dann*, AnwBl 2009, 84 (85); *Knierim*, StV 2009, 324 (325, 329 f. m. Fn. 26); *ders.*, FS Volk, S. 247 (249). Zum Verbot der Beweismitteltrübung allgemein BGHSt 46, 53 (57); OLG Düsseldorf StV 1994, 472 (472 f.) sowie *Baumann*, Ermittlungen des Verteidigers, S. 113. Vgl. ferner *Brunhöber*, GA 2010, 571 (578); *de Vries*, in: Arbeitsstrafrecht im Umbruch, § 4 Rn. 58; *Dahs*, Hdb Strafverteidiger, Rn. 310 und *Hassemer/Matussek*, Opfer als Verfolger, S. 55 ff.

176 *Knierim*, StV 2009, 324 (325). Siehe dazu bereits oben unter Kapitel 3 III.2.d)aa)(1).

177 *Knierim*, StV 2009, 324 (325).

178 *Knierim*, StV 2009, 324 (329).

179 Vgl. *Knierim*, StV 2009, 324 (326); *Wessing*, in: Strafverteidigung im Rechtsstaat, S. 907 (928) sowie *Hassemer/Matussek*, Opfer als Verfolger, S. 55, 59 ff.

b) Empfohlene Vorgehensweise bei der Durchführung von Internal Investigations

aa) Gewährleistung der Belastbarkeit der Ermittlungsergebnisse

Will oder muss das Unternehmen Internal Investigations durchführen, sollte es demnach darauf achten, dass die Tauglichkeit der Ermittler, d.h. insbesondere deren Sachkunde und Unabhängigkeit gewährleistet wird, dass die Aufklärungsmaßnahmen im Einklang mit den geltenden Gesetzen stehen, dass die Persönlichkeitsrechte der von den Ermittlungen betroffenen Mitarbeiter gewahrt werden und dass die Art und Weise der Sachverhaltsaufklärung sowie die aufgefundenen Beweise umfassend dokumentiert werden.[180] Insbesondere sollte es vermieden werden, etwa durch Drohung mit einer Entlassung oder mit der Einschaltung der Staatsanwaltschaft beim Befragten Druck aufzubauen.[181] Nur so kann auch die „Belastbarkeit" der im Rahmen der Internal Investigations gewonnenen Beweise für ein späteres zivilrechtliches und/oder strafrechtliches Gerichtsverfahren gewährleistet werden. Auch empfiehlt es sich, die Aussagen der befragten Mitarbeiter umfassend zu protokollieren und die Richtigkeit des Protokolls von dem jeweiligen Mitarbeiter nach Beendigung der Befragung durch Unterschreiben des Protokolls bestätigen zu lassen.[182] Dieses Vorgehen ist nicht nur der arbeitgeberseitigen Fürsorgepflicht geschuldet,[183] sondern dient auch dazu, einer Rüge gegen die Reichweite und die Überzeugungskraft, d.h. den Beweiswert von privaten Ermittlungsberichten – jedenfalls soweit diese auch die durch die Personenbefragungen gewonnenen Ergebnisse wiedergeben – vorzubeugen.[184] Zwar dürfen die einzelnen Protokolle aufgrund des Unmittelbarkeitsgrundsatzes des § 250 Satz 2 StPO nicht als Urkundenbeweis in einen

---

180 *Dann*, AnwBl 2009, 84 (85, 88); *Knierim*, StV 2009, 324 (325 f., 331); *ders.*, FS Volk, S. 247 (271); *v. Hehn/Hartung*, DB 2006, 1909 (1913). *Sieg*, FS Buchner, S. 859 (874). Zur Zweckmäßigkeit einer umfassenden Dokumentation des Vorgehens vgl. auch die These 26 in: *Strafrechtsausschuss der Bundesrechtsanwaltskammer*, Thesen zur Strafverteidigung, S. 53 f.

181 *Schürrle/Olbers*, CCZ 2010, 178 (179); *Salvenmoser/Schreier*, in: Achenbach/Ransiek, Hdb WiStra, Kap. XV Rn. 145.

182 *Neuhaus*, in: Widmaier, MAH Strafverteidigung, Teil C § 15 Rn. 43; *Dallmeyer*, in: Heghmanns/Scheffler, Hdb Strafverfahren, B. II. Rn. 372. Zum Recht des befragten Arbeitnehmers, gemäß § 83 BetrVG Einsicht in die Protokolle zu nehmen, siehe bereits die Ausführungen unter Kapitel 3 III.2.c)ee) sowie *Maschmann*, AuA 2009, 72 (76 f.) und *Sieg*, FS Buchner, S. 859 (863 ff.).

183 *Leipold*, NJW-Spezial 2011, 56; *Sieg*, FS Buchner, S. 859 (863 f.).

184 Vgl. *Knierim*, StV 2009, 324 (329) sowie *Wessing II*, in: Volk, MAH WiStra, § 11 Rn. 182.

etwaigen späteren Strafprozess eingeführt werden.[185] Es besteht aber die Möglichkeit, den Inhalt des Protokolls im Wege eines sog. Vorhalts als Vernehmungsbehelf oder allgemein zu Beweiszwecken bei der späteren Befragung des Zeugen/Angeklagten im Rahmen der Hauptverhandlung zu verwenden.[186] Allerdings gilt es stets zu beachten, dass das Protokoll der Mitarbeiterbefragung, soll es auch gegenüber den Strafverfolgungsbehörden verwendet werden, die Aussage des Zeugen vollständig dokumentieren muss, um dem Wahrhaftigkeitsgebot zu genügen.[187]

Im Hinblick auf die Bestimmungen des BDSG ist einem Unternehmen, das einen Betriebsrat hat, ferner zu raten, bereits vor Durchführung der Internal Investigations die Erhebung, Verarbeitung und Nutzung von Arbeitnehmerdaten im Wege einer Betriebsvereinbarung für zulässig zu erklären, um so mögliche Friktionen mit den zugunsten der Arbeitnehmer bestehenden datenschutzrechtlichen Regelungen zu vermeiden.[188]

bb) Gewährleistung der Verwertbarkeit der Aussagen – Einhaltung der Verfahrensrechte

Um auch die Verwertbarkeit der Aussagen umfassend zu gewährleisten, empfiehlt sich für ein Unternehmen die folgende Vorgehensweise:

Im Vorfeld der Befragungen sollte den von den Interviews betroffenen Mitarbeitern zunächst ausdrücklich die Möglichkeit gegeben werden, einen Rechtsbeistand zu konsultieren, der sie auf die Interviews vorbereiten und sie dann gegebenenfalls sogar zu diesen begleiten kann.[189] Denn aufgrund der arbeitgeber-

185 Zum Grundsatz der Unmittelbarkeit siehe ausführlich *Velten*, in: SK-StPO, Vor § 250 Rn. 7 ff. sowie *Diemer*, in: KK-StPO, § 250 Rn. 1.

186 BGHSt 20, 160 (161 ff.); 21, 285 (286 f.); 34, 231 (235). Zu Begriff, Zweck und Beweiskraft des sog. Vorhalts siehe *Diemer*, in: KK-StPO, § 249 Rn. 41 ff., § 250 Rn. 2, 16 sowie *Mosbacher*, in: LR-StPO, § 249 Rn. 92 ff. Gegen die Zulässigkeit einer ergänzenden Verlesung von Protokollen und sonstigen Urkunden zu Beweiszwecken *Frister*, in: SK-StPO, § 249 Rn. 7.

187 *Dallmeyer*, in: Heghmanns/Scheffler, Hdb Strafverfahren, B. II. Rn. 372; *Dahs*, Hdb Strafverteidiger, Rn. 310.

188 *Wybitul*, BB 2009, 1582 (1584 f.); *Gola/Schomerus*, BDSG, § 4 Rn. 10: „Vorrangige Erlaubnisnormen i.S.v. § 4 Abs. 1 BDSG stellen auch die ggf. in Betriebs- und Dienstvereinbarungen enthaltenen Regelungen über die Zu- bzw. Unzulässigkeit der Verarbeitung von Personaldaten durch den Arbeitgeber/Dienstherren dar". Siehe ferner *Mengel*, BB 2004, 2014 (2016) sowie *Lindemann/Simon*, BB 2001, 1950 (1952).

189 *Leipold*, NJW-Spezial 2011, 56. Vgl. auch *v. Rosen*, BB 2009, 230 (231); *Sieg*, FS Buchner, S. 859 (874) sowie *Neuhaus*, in: Widmaier, MAH Strafverteidigung, Teil C § 15 Rn. 42. Vgl. auch die Neuregelung des § 68b Abs. 1 StPO durch das 2. Opfer-

seitigen Fürsorgepflicht[190] hat die Unternehmensleitung sicherzustellen, dass die strukturelle Berufs-Überlegenheit der Vernehmer nicht noch durch eine zahlenmäßige Übermacht bei der Vernehmung verstärkt wird.[191]

Was den eigentlichen Ablauf der Befragungen betrifft, sollten die Mitarbeiter zu Beginn des Interviews zuerst umfänglich mit dem Gegenstand der Vernehmung vertraut gemacht werden.[192] Sodann empfiehlt sich ein Hinweis auf die Rechte und Pflichten des Mitarbeiters: Er ist darüber aufzuklären, dass er – wenn er sich zu einer Aussage entschließt – wahre Angaben machen muss. Anschließend sollte er – sofern er lediglich als Zeuge vernommen wird – über eventuell bestehende Zeugnis- und Auskunftsverweigerungsrechte nach §§ 52, 55 StPO informiert oder – wenn er als Verdächtiger befragt wird – auf sein strafprozessuales Schweigerecht gemäß § 136 Abs. 1 Satz 2 StPO hingewiesen werden.[193] Mangels Anwendbarkeit der StPO auf private Ermittlungstätigkeit entfalten die für die Strafverfolgungsorgane geltenden Belehrungspflichten der §§ 52 ff., 55, 136 Abs. 1 StPO für die privaten Ermittler im Rahmen von Internal Investigations zwar keinerlei Bindungswirkung. Gleichwohl sollte eine Belehrung der Mitarbeiter aus folgenden Gründen erfolgen: Erstens steht häufig bereits zu Beginn einer Internal Investigation fest, dass die Ermittlungsergebnisse – und damit auch die Aussagen der befragten Mitarbeiter – zur Demonstration einer umfassenden Kooperationsbereitschaft an die zuständige Staatsanwaltschaft weitergegeben werden. Zum Teil wird dieser Umstand den Betroffenen sogar ausdrücklich mitgeteilt,[194] so dass es sowohl der allgemeine Fairnessge-

---

rechtsreformgesetz, wonach nunmehr jeder Zeuge, der von den Strafverfolgungsbehörden vernommen werden soll, das Recht auf einen Zeugenbeistand hat, der auch während der gesamten Vernehmung zugegen sein darf.

190 Zur aus dem jeweiligen Arbeitsvertrag resultierenden Fürsorgepflicht des Arbeitgebers ausführlich *Reichold*, in: MünchHdbArbR, § 83 Rn. 1 ff.

191 LAG Hamm MDR 2001, 1361 (1362); *Sieg*, FS Buchner, S. 859 (863, 869); *Wessing II*, in: Volk, MAH WiStra, § 11 Rn. 223; *Minoggio*, Firmenverteidigung, Abschnitt F Rn. 456.

192 *Schürrle/Olbers*, CCZ 2010, 178 (179); *Knierim*, FS Volk, S. 247 (262); *v. Rosen*, BB 2009, 230 (231). Vgl. auch *Beulke*, Strafbarkeit des Verteidigers, Rn. 39: „Sachgerechte Strafverteidigung setzt voraus, dass der Beschuldigte den Tatvorwurf kennt und dazu Stellung nehmen kann."

193 *Knierim*, FS Volk, S. 247 (262); *v. Rosen*, BB 2009, 230 (231). Vgl. auch *Maschmann*, AuA 2009, 72 (76); *Sieg*, FS Buchner, S. 859 (863); *Neuhaus*, in: Widmaier, MAH Strafverteidigung, Teil C § 15 Rn. 39 ff. sowie *Dallmeyer*, in: Heghmanns/Scheffler, Hdb Strafverfahren, B. II. Rn. 372.

194 So insbesondere im Fall Siemens, siehe dazu die bei *Sieg*, FS Buchner, S. 859 (862, 871) abgedruckten an die Belegschaft gerichteten Rundschreiben sowie die auf S. 863

danke als auch die arbeitgeberseitige Fürsorgepflicht gebieten, den Mitarbeiter über seine prozessualen Rechte zu belehren.[195] Zweitens kann nur dann, wenn die Verfahrensrechte des zu befragenden Mitarbeiters bereits auf der Stufe der internen Ermittlungen beachtet wurden, auch gewährleistet werden, dass die Aussagen der Mitarbeiter in einem etwaigen späteren Prozess verwertbar sind und nicht wegen eines unverhältnismäßigen Eingriffs in ihre Persönlichkeits- und Verfahrensrechte einem Verwertungsverbot unterliegen. Denn bislang existiert keine höchstrichterliche Rechtsprechung, die sich mit dem Phänomen der Internal Investigations und dem Problem der teilweise bewussten Missachtung von Verfahrensrechten und Beweisvorschriften durch die im Auftrag des jeweiligen Unternehmens agierenden privaten Ermittler beschäftigt hat. Und es gibt nicht wenige Stimmen in der Literatur, die sich in Fällen der gezielten Umgehung von Verfahrensrechten und der erzwungenen Selbstbelastung im Rahmen privater Ermittlungsmaßnahmen für ein strafprozessuales Beweisverwertungsverbot aussprechen.[196] Um also sicher zu gehen, dass die im Wege der Internal Investigations zutage geförderten Beweise in einem nachfolgenden Prozess auch verwertbar sind, sollten bereits auf der Stufe der internen Ermittlungen die den Mitarbeitern zustehenden strafprozessualen Zeugen- bzw. Beschuldigtenrechte beachtet werden.[197] Nach der Änderung der Richtlinien des DOJ zur Verfolgung von Unternehmensstraftaten im Jahr 2006 dürfen die Mitarbeiter von SEC und DOJ den Umstand, dass das Unternehmen die Rechtsanwaltshonorare beschuldigter Mitarbeiter übernimmt oder deren Verteidigung in sonstiger Weise sicherstellt, auch nicht mehr zum Nachteil des Unternehmens bewerten, so dass das Unternehmen grundsätzlich auch nicht befürchten muss, bei Beachtung der

beschriebene Angst der Mitarbeiter vor einer Weitergabe ihrer Daten an die Ermittlungsbehörden.

195 *Sieg*, FS Buchner, S. 859 (863, 869).

196 Siehe nur *Pfordte*, in: Strafverteidigung im Rechtsstaat, S. 740 (754 ff. m.w.N.); *Brunhöber*, GA 2010, 571 (585 ff.); *Knauer/Buhlmann*, AnwBl 2010, 387 (393); *Bittmann/Molkenbur*, wistra 2009, 373 (378); *Knierim*, FS Volk, S. 247 (272 f.); *Beulke*, Strafprozessrecht, Rn. 481 sowie *Wehnert*, FS Strafrechtsausschuss BRAK, S. 175 (186). Zu diesem Aspekt wird unter Kapitel 6 II. noch eingehend Stellung genommen.

197 Vgl. *Dann*, AnwBl 2009, 84 (86) und *Wessing II*, in: Volk, MAH WiStra, § 11 Rn. 182 ff. Zu diesem Ergebnis gelangt auch der Strafrechtsausschuss der BRAK, der im November 2010 ein Thesenpapier zu dem Thema „Unternehmensanwalt im Strafrecht" verabschiedet und dort auch zu internen Erhebungen durch Anwälte Stellung genommen hat; siehe insbesondere These 3 nebst Begründung, abrufbar unter http://www.brak.de/seiten/pdf/Stellungnahmen/2010/Stn35.pdf.

Zeugen- bzw. Beschuldigtenrechte Abstriche bei ihrer Kooperationsbereitschaft zu riskieren.[198]

Angesichts der Art und Weise der Durchführung der Internal Investigations und der oftmals engen Kooperation der privaten Ermittler mit den staatlichen Ermittlungsbehörden, die nicht selten dazu führt, dass die Strafverfolgungsorgane den Ermittlungsdrang des Unternehmens geradezu ausnutzen und anstelle eigener Ermittlungen direkt auf die aus den internen Untersuchungen stammenden Beweise zugreifen und dem jeweiligen Strafverfahren zugrunde legen, ohne dass die Art und Weise der Beweisbeschaffung jedoch im Einklang mit den Verfahrensrechten und Beweisvorschriften der StPO erfolgt, stellt sich zwar die Frage, ob die verfahrens- und beweisrechtlichen Vorgaben der StPO auf die privaten Ermittlungen im Rahmen der Internal Investigations nicht ohnehin analog angewendet werden müssen, um der Gefahr einer gezielten Umgehung von prozessualen Rechten entgegenzuwirken.[199] Diese grundsätzliche Frage soll und muss an dieser Stelle, an der es zunächst nur darum gehen soll, einem Unternehmen, das sich für die Durchführung von Internal Investigations entschieden hat, eine Strategie aufzuzeigen, um die Belastbarkeit und Verwertbarkeit der im Rahmen dieser internen Untersuchung ermittelten Beweise bestmöglich zu gewährleisten, jedoch noch nicht entschieden werden.[200] Wie bereits angedeutet, sollte es in diesem Abschnitt vielmehr darum gehen, zu begründen, warum es die Zielsetzung einer Internal Investigation – Gewinnung und Sicherung von verwertbaren Beweismitteln für ein späteres straf-, zivil- oder arbeitsrechtliches Verfahren – aus Sicht der Unternehmensleitung erforderlich machen kann, sich bereits auf der Stufe der internen Untersuchungen freiwillig an den Verfahrensrechten und Beweisvorgaben der StPO zu orientieren.

III. Die besondere Problematik von Cross Border Investigations

Nachdem der Fokus in diesem Kapitel bislang auf der Darstellung der Zulässigkeit sowie der rechtlichen Grenzen von unternehmensinternen Ermittlungen von Privatpersonen im Allgemeinen lag, soll im nun folgenden Abschnitt die spezifische Problematik von Cross Border Investigations herausgearbeitet werden.

---

198 Inwieweit diese Änderung von der Praxis auch akzeptiert und durchgesetzt wird, ist jedoch fraglich. Siehe dazu schon oben unter Kapitel 3 I.4.f).

199 Vgl. *Pfordte*, in: Strafverteidigung im Rechtsstaat, S. 740 (755).

200 Dazu später ausführlich unter Kapitel 6 I.

1. Extraterritoriale Anwendung US-amerikanischer Standards auf deutsche Unternehmen – wirtschaftsrechtlicher „Imperialismus“ als Grundproblem der Cross Border Investigations

Die besonderen Probleme von Cross Border Investigations entstehen zum einen dadurch, dass das Unternehmen bei der Durchführung der Internal Investigations – wie soeben unter II. aufgezeigt – die materiell-rechtlichen und prozessualen Schranken des deutschen Rechts zu beachten hat, dieser Umstand aber oftmals die von den US-Ermittlern gewünschte Effektivität sowie das Ausmaß der Untersuchung beeinträchtigen kann und sich die US-amerikanischen Ermittler deshalb nicht selten eigenmächtig oder gar mit stillschweigender Duldung der Unternehmensleitung über die bestehenden Beschränkungen des deutschen Rechts hinwegsetzen.[201] Zum anderen sind Cross Border Investigations aus deutscher Sicht insbesondere deshalb problematisch, weil im Rahmen der internen Ermittlungen häufig Regelungen und Gebräuche des US-amerikanischen Rechtssystems gänzlich unreflektiert über das Hoheitsgebiet der USA hinaus auch auf die in Europa ansässige Konzernspitze der in den USA börsennotierten Gesellschaft angewandt werden, ohne dass insofern eine Anpassung der Vorgehensweise an die Prinzipien und rechtlichen Standards der jeweils betroffenen ausländischen Jurisdiktion erfolgt.[202] So gehört beispielweise der Einsatz von technischen Ermittlungsverfahren, wie z.B. E-Mail- und Telefonüberwachung, zum Standardrepertoire bei Internal Investigations in den USA[203] – mit den Vorgaben des deutschen Rechts wäre ein solches Vorgehen privater Ermittler nicht vereinbar.[204]

---

201 Vgl. *Hamm*, NJW 2010, 1332 (1335) sowie *Wybitul*, BB 2009, 606 (607).

202 *v. Rosen*, BB 2009, 230. Vgl. auch *Wastl/Pusch,* RdA 2009, 376 (376, 380) sowie *Westphal*, Verhandlungen 67. DJT, L 128. Der von den USA ausgehende wirtschaftsrechtliche Imperialismus geht sogar noch weiter: Es besteht das generelle Problem, dass auch zahlreiche der neu geschaffenen deutschen und/oder europäischen Regelungen im Bereich des Kapitalmarktrechts das Ergebnis einer weitgehend kritiklosen Übernahme der US-amerikanischen Vorgaben sowie der dortigen Rechtsvorstellungen bilden und sich für ein deutsches Unternehmen in Anbetracht gewachsener und im Widerspruch zum US-amerikanischen Rechtsverständnis stehender kontinentaleuropäischer Rechtsgrundsätze deswegen bereits im Bereich des täglichen Geschäftsbetriebs erhebliche Abstimmungskonflikte ergeben können. Zu diesem Aspekt ausführlich *Wastl*, Kreditwesen 2008, 604 (604 ff.).

203 *Behrens*, RIW 2009, 22 (28).

204 Siehe dazu ausführlich oben unter Kapitel 4 II.1.b)aa)(1). Vgl. zum unterschiedlichen Verständnis des Datenschutzes in den USA auf der einen und in Deutschland auf der anderen Seite *Spies/Schröder*, MMR 2008, 275 (276 f.).

Hintergrund dieser sich stetig ausweitenden extraterritorialen Anwendung US-amerikanischer Rechtsvorschriften ist nicht zuletzt das Selbstverständnis der mit einer enormen Machtfülle ausgestatteten SEC, die versucht, auch außerhalb der USA als Ermittlungsbehörde umfassend und ubiquitär aufzutreten und die US-amerikanischen Kapitalmarktvorschriften weltweit durchzusetzen.[205]

2. Zentrale Unterschiede zwischen deutschem und US-amerikanischem Recht(sverständnis) als Ursache für Zweifel an der Zulässigkeit von Cross Border Investigations in Deutschland

a) Umfassende Ermittlungen durch Privatpersonen als Standard-Vorgehensweise in den USA

aa) Internal Investigations und pre-trial-discovery-Verfahren

Betrachtet man das US-amerikanische Rechtssystem ganz allgemein, lässt sich zunächst festhalten, dass umfassende interne Ermittlungen durch spezialisierte Anwälte in den USA schon seit Jahrzehnten anerkannt sind und eine gängige Praxis der Sachverhaltsaufklärung darstellen.[206] Dies gilt nicht nur im Hinblick auf die durch die SEC initiierten Internal Investigations, die ihren Ursprung im sog. *Voluntary Disclosure Program* der SEC haben und deren Durchführung bereits in den 1970er Jahren zu einer Standardauflage der SEC avancierte.[207] Auch das US-amerikanische Zivilprozessrecht kennt mit der *pre-trial discovery* ein Verfahren zur Beweiserhebung, das in der Regel umfassende unternehmensinterne Ermittlungen von eigens damit beauftragten Anwaltskanzleien erforderlich macht.[208]

Das pre-trial-discovery-Verfahren eröffnet einer Prozesspartei die Möglichkeit, zur Vorbereitung der Hauptverhandlung Beweismaterial herauszuverlangen, welches sich im Besitz der gegnerischen Partei oder eines Dritten befindet, aber für die eigene Beweisführung von Bedeutung sein könnte.[209] Weigert sich die gegnerische Partei, die verlangten Dokumente herauszugeben oder vernich-

---

205 *Wastl*, Kreditwesen 2008, 604 (606). Vgl. auch *Mann/Barry*, in: Berman, SEC Regulation, S. 480 f.

206 Siemens-Pressemitteilung vom 15.12.2008, Fn. 42, S. 8.

207 Zu Ursprung und historischer Entwicklung der Internal Investigations vgl. bereits oben unter Kapitel 3 I.2.

208 Vgl. *Rieckers*, RIW 2005, 19.

209 Rule 26 der Federal Rules of Civil Procedure (FRCP). Siehe auch *Spies/Schröder*, MMR 2008, 275 (276); *Hay*, US-Amerikanisches Recht, Rn. 184 f.

tet sie diese Dokumente, kann sie sich der Beweisvereitelung (*spoliation*) schuldig machen, die nicht nur erhebliche prozessuale, sondern mitunter sogar strafrechtliche Konsequenzen nach sich ziehen kann.[210] Da die Hauptverhandlung nach US-amerikanischem Recht „in einem Stück" stattfindet und Informationen und Beweise von den Parteien daher nicht nachträglich eingeholt oder vorgetragen werden können, ist das discovery-Verfahren auf eine möglichst umfassende und rückhaltlose Sachverhaltsaufklärung und Informationsbeschaffung angelegt, die oftmals ausforschende Züge annimmt („*fishing expedition*").[211] So kann die Gegenpartei verlangen, dass nicht nur für die Beweisführung direkt erforderliches Material offengelegt wird, sondern dass auch solche Beweisstücke vorzulegen sind, die lediglich zur Entdeckung von weiteren Beweismitteln führen können.[212] In der Regel bedarf es für das Herausgabeverlangen nicht einmal eines richterlichen Beschlusses, vielmehr sieht Regel 26(f) der *Federal Rules of Civil Procedure* (FRCP) vor, dass die Prozessparteien sich „so früh wie praktisch durchführbar" miteinander in Verbindung setzen sollen, um sich über die genaue Durchführung des discovery-Verfahrens zu einigen und festzulegen, welche Kategorien von Dokumenten und sonstigen Informationen der gegnerischen Partei in welcher Form zur Verfügung zu stellen sind.[213] Die Pflicht zur Offenlegung relevanter Dokumente trifft dabei zwar in erster Linie die in der USA verklagte Partei, also beispielsweise ein US-amerikanisches Tochterunternehmen eines deutschen Konzerns, kann sich darüber hinaus aber auch auf Unterlagen erstrecken, die sich im Besitz der außerhalb der USA ansässigen Muttergesellschaft befinden, obwohl diese nicht selbst Partei des Verfahrens ist. Damit kann auch das pre-trial-discovery-Verfahren einen grenzüberschreitenden Bezug aufweisen.[214]

Das discovery-Verfahren umfasst sowohl das Auffinden und die Auswertung von Dokumenten und sonstigen elektronisch gespeicherten Informationen

---

210 *Spies/Schröder*, MMR 2008, 275 (275 f.); *Klinger*, RIW 2007, 108 (110). Von der Vorlagepflicht ausgenommen sind nur solche Dokumente, die dem attorney-client oder dem work-product privilege unterfallen.

211 *Hay*, US-Amerikanisches Recht, Rn. 185; *Klinger*, RIW 2007, 108; *Spies*, MMR 2007, V (V f.); *Junker*, Discovery, S. 36, 97 f.

212 *Hay*, US-Amerikanisches Recht, Rn. 189; *Mössle*, Extraterritoriale Beweisbeschaffung, S. 83, 113 f.

213 *Spies/Schröder*, MMR 2008, 275 (276); *Spies*, MMR 2007, V.

214 Vgl. Rule 34(a) FRCP sowie *Klinger*, RIW 2007, 108 (109) Voraussetzung ist, dass das Tochterunternehmen „control", d.h. die tatsächliche Macht hat, die Vorlage der entsprechenden Beweismittel durch den Gewahrsamsinhaber, d.h. die Muttergesellschaft zu veranlassen, siehe dazu ausführlich *Mössle*, Extraterritoriale Beweisbeschaffung, S. 257 ff.

als auch die außergerichtliche Befragung von potentiellen Zeugen.[215] In größeren Verfahren, insbesondere bei Streitigkeiten, in denen Unternehmen involviert sind, können mehrere tausend Unterlagen zu sichten sein und auch die Befragungen der Unternehmensmitarbeiter ein enormes Ausmaß annehmen, so dass in der Regel eigens darauf spezialisierte Anwaltskanzleien mit den Ermittlungen sowie deren Auswertung beauftragt werden.[216]

Zusammenfassend lässt sich festhalten, dass beiden Formen der internen Sachverhaltsaufklärung und Beweisgewinnung durch externe Berater – Internal Investigations und pre-trial-discovery-Verfahren – zum einen ihr umfassender Ermittlungsansatz gemein ist, der oftmals zu einer Durchleuchtung sämtlicher Geschäftsbereiche eines Unternehmens führt und mit der Sichtung von unzähligen Dokumenten einhergeht, und dass sich beide Verfahren zum anderen auch in ihrem Ablauf stark ähneln.[217] Anhand dieser beiden Beispiele wird deutlich, dass auf umfassende Sachverhaltsaufklärung gerichtete Ermittlungen durch Privatpersonen in den USA eine absolut gängige und bereits langjährig erprobte Praxis darstellen, an deren Zulässigkeit in den USA kaum jemand zweifelt.

bb) Private Sachverhaltsaufklärung als Ausdruck des adversary system

Die gesellschaftliche Akzeptanz von umfassender privater Sachverhaltsaufklärung lässt sich zudem darauf zurückführen, dass sich die interne Sachverhaltsaufklärung durch beauftragte Anwälte letztlich als Ausprägung des in den USA praktizierten und im Bewusstsein der US-amerikanischen Gesellschaft tief verankerten *adversary system* darstellt und auch die Indienststellung Privater für Zwecke der Rechtsdurchsetzung in den USA ein durchaus gängiges Konzept ist (sog. Konzept des privaten Staatsanwalts – *private attorney general*).[218]

Anders stellt sich hingegen die Situation in Deutschland dar: Hier sind umfassend angelegte Ermittlungen durch Privatpersonen ein Novum, wurden Privatpersonen durch ein Unternehmen bislang doch lediglich punktuell und in begrenztem Umfang, beispielsweise im Rahmen der Innenrevision oder zur Durchführung einer Wirtschafts- bzw. Jahresabschlussprüfung, mit Ermittlungen zur Aufklärung eines Sachverhalts betraut. Darüber hinaus ist auch ein derart um-

---

215 *Hay*, US-Amerikanisches Recht, Rn. 184; *Spies*, MMR 2007, V. Eingehend *Junker*, Discovery, S. 145 ff.

216 *Spies*, MMR 2007, V.

217 *Spies/Schröder*, MMR 2008, 275 (276); *v. Rosen*, BB 2009, 230 (231); *Rieckers*, RIW 2005, 19 (19 f.). Vgl. auch *Stürner*, in: Habscheid, Justizkonflikt, S. 14.

218 Zur Bedeutung des adversary systems und des Konzepts des privaten Staatsanwalts für discovery-Maßnahmen siehe *Junker*, Discovery, S. 81 f., 87 ff., 96 f. sowie *Mössle*, Extraterritoriale Beweisbeschaffung, S. 71 ff.

fassender Ermittlungsansatz, wie er sowohl bei Internal Investigations als auch im US-amerikanischen pre-trial-discovery-Verfahren anzutreffen ist, dem deutschen Recht grundsätzlich fremd.

Die deutsche Zivilprozessordnung kennt keine umfassende Aufklärungspflicht der nicht darlegungs- und beweisbelasteten Partei. Ein Antrag auf Herausgabe unzähliger Dokumente und sonstiger Informationen, die möglicherweise als Beweismaterial fungieren könnten, wie er im Rahmen des pre-trial-discovery-Verfahrens üblich ist, stellt sich nach deutschem Recht vielmehr als unzulässige Beweisausforschung dar.[219] Dementsprechend ist das auf einem Beschluss eines US-amerikanischen Gerichts beruhende pre-trial-discovery-Verfahren in Deutschland nach gegenwärtiger Rechtslage nicht erlaubt und auch Rechtshilfeersuchen aus den USA auf Vornahme einer pre-trial discovery werden von den deutschen Gerichten in der Regel zurückgewiesen.[220] Auf diesen Themenkomplex wird an späterer Stelle im Zusammenhang mit der Frage, ob auch das rein private, d.h. nicht auf einem Gerichtsbeschluss beruhende pre-trial-discovery-Verfahren in Deutschland zulässig ist, noch einmal zurückzukommen sein.[221]

Auch die deutsche Strafprozessordnung begrenzt mit dem Erfordernis des Anfangsverdachts den Umfang jeder staatlichen Ermittlungsmaßnahme von vornherein. Während die SEC bereits einen sehr allgemeinen „Verdacht auf Unregelmäßigkeiten" als Anlass nimmt, einem Unternehmen die systematische Durchleuchtung sämtlicher Unternehmensbereiche zu empfehlen oder eine entsprechende interne Untersuchung mit eigenen Mitarbeitern durchzuführen,[222] dürfte die deutsche Staatsanwaltschaft bzw. dürften die von ihr eingesetzen Polizeibeamten nur in Richtung der Straftat ermitteln, für die ein Anfangsverdacht vorliegt. Keinesfalls lässt sich das beschränkte Ermittlungsmandat der deutschen Strafverfolgungsorgane in einen allgemeinen Auftrag zum umfassenden Aufspü-

---

219 *V. Rosen*, BB 2009, 230 (231). Vgl. auch *Schreiber*, in: MünchKomm-ZPO, § 432 Rn. 6, § 445 Rn. 11 sowie *Rieckers*, RIW 2005, 19. Zum Ausforschungsbeweis allgemein siehe *Prütting*, in: MünchKomm-ZPO, § 284 Rn. 78. Einen guten Überblick über die zentralen Unterschiede zwischen deutschem und US-amerikanischem Zivilprozessrecht im Hinblick auf das pre-trial-discovery-Verfahren und die Beweisausforschung bietet *Mössle*, Extraterritoriale Beweisbeschaffung, S. 104 ff.

220 *Spies*, MMR 2007, V (VI); *Junker*, Discovery, S. 284 f. Insoweit hat Deutschland einen entsprechenden Vorbehalt nach Art. 23 Haager Beweisrechtsübereinkommen (HaagBewÜbK) geltend gemacht: „The Federal Republic of Germany declares in pursuance of Article 23 of the Convention that it will not, in its territory, execute Letters of Request issued for the purpose of obtaining pre-trial discovery of documents as known in common law countries."

221 Dazu unter Kapitel 5 I.1.a)bb).

222 *Westphal*, Verhandlungen 67. DJT, L 128.

ren *jeglicher* innerhalb des Unternehmens begangener, zum Beginn der Ermittlungen noch unbekannter Delikte umdeuten, der die systematische und umfassende Sicherung und Auswertung von zahllosen Unternehmensunterlagen sämtlicher Geschäftsbereiche sowie die willkürliche Befragung von Unternehmensmitarbeitern rechtfertigen würde.[223]

Angesichts dieser Befunde verwundert es nicht, dass dem Einsatz von externen Anwälten zur umfassenden und zielgerichteten Durchleuchtung von Unternehmensunterlagen nebst Befragung der Mitarbeiter in Deutschland zumindest mit Skepsis, zum Teil sogar mit Ablehnung begegnet wird.

b) Prosecutorial discretion als beherrschender Grundsatz des US-amerikanischen Strafverfahrens

Als problematisch erweisen sich Cross Border Investigations nach deutschem Recht ferner deswegen, weil die Vorgaben der SEC und des DOJ das jeweilige Unternehmen in der Regel dazu verpflichten, die im Rahmen der internen Sachverhaltsaufklärung gewonnenen Ergebnisse den Ermittlungsbehörden vollumfänglich zur Verfügung zu stellen.[224] Die zuständigen Strafverfolgungsbehörden gelangen auf diesem Weg an Informationen und Beweismaterial, das sie ohne Hilfe der internen Ermittler nicht bekommen hätten, und werden so in die Lage versetzt, auf der Grundlage dieser Informationen Ermittlungsverfahren gegen verdächtige Mitarbeiter einzuleiten.

aa) USA: Opportunitätsprinzip und Verhandlungsmaxime

Soweit sich die Internal Investigation vollständig auf dem Hoheitsgebiet der USA abspielt, bereitet dieser Umstand keine Probleme. Denn erstens kann die SEC eine strafrechtliche Verfolgung des Unternehmens und seiner Mitarbeiter regelmäßig bereits dadurch vermeiden, dass sie das DOJ nicht in die internen Ermittlungen einschaltet und die im Rahmen der Internal Investigations gewonnenen Beweise diesem nicht zur Verfügung stellt.[225] Aber auch wenn sich die SEC dafür entscheidet, dem DOJ die Ermittlungsergebnisse zur Verfügung zu stellen, führt dies nicht automatisch zu einer strafrechtlichen Verfolgung des Unternehmens und seiner Mitarbeiter. Denn anders als im deutschen Strafprozessrecht gilt im US-amerikanischen Strafverfahren das Opportunitätsprinzip, das es den dortigen Ermittlungsbehörden – im Fall der Internal Investigations

223 Vgl. *Weigend*, Anklagepflicht und Ermessen, S. 60.

224 Dazu schon oben unter Kapitel 3 III.2.d)bb).

225 Im Fall der Verletzung von kapitalmarktrechtlichen Regelungen wird das DOJ in der Regel erst auf Aufforderung der SEC tätig, siehe dazu bereits oben unter Kapitel 3 I.3.

also dem FBI sowie den zutändigen US-Attorneys – erlaubt, bei Bekanntwerden von Verdachtsmomenten im Hinblick auf das Vorliegen einer Straftat über die Einleitung eines entsprechenden Strafverfahrens oder die Erhebung einer Anklage nach freiem Ermessen zu entscheiden bzw. ein bereits eingeleitetes Strafverfahren aus Opportunitätsgesichtspunkten einzustellen (sog. *prosecutorial discretion*).[226] Dieses den US-amerikanischen Strafverfolgungsbehörden eingeräumte Ermessen unterliegt zudem keiner gerichtlichen Kontrolle.[227] Daneben verfügen auch Richter und Jury im US-amerikanischen Strafverfahren über ein zum Teil sehr weites Ermessen, soweit die Entscheidungen über die Eröffnung des Hauptverfahrens, über die Verurteilung des Angeklagten sowie über das zu verhängende Strafmaß betroffen sind.[228] Schließlich unterliegt ein US-amerikanisches Gericht anders als ein deutscher Richter[229] auch nicht dem Amtsermittlungsgrundsatz, hat also nicht die Pflicht, die Schuld des Angeklagten umfassend aufzuklären und zu bewerten. Es ist vielmehr an die vom Staatsanwalt in der Anklage vorgenommene rechtliche Bewertung des Prozessgegenstandes sowie an die von ihm präsentierten Beweismittel gebunden und kann mit seinem Schuldspruch daher nicht über den Anklagevorwurf hinausgehen.[230] Dieser Umstand eröffnet dem US-amerikanischen Staatsanwalt weitere Ermessensspielräume, kann er so doch auch über die von ihm zur Anklage gebrachte Tat

---

226 *Engelhart*, Sanktionierung, S. 231 f.; *Wastl*, Kreditwesen 2008, 604 (606); *Harting*, Berufspflichten, S. 258; *Vogler*, ZStW 116 (2004), 129 (129, 131); *Herrmann*, in: Jung, Strafprozess, S. 138 f. Bei seiner Entscheidung kann der US-amerikanische Staatsanwalt im Unterschied zu seinen deutschen Kollegen nicht nur die Beweislage und die Wahrscheinlichkeit einer Verurteilung berücksichtigen, sondern auch echte Opportunitätserwägungen anstellen, *Jeßberger*, Kooperation und Strafzumessung, S. 183.

227 *Jeßberger*, Kooperation und Strafzumessung, S. 183; *Herrmann*, in: Jung, Strafprozess, S. 138. Um einer zu ungleichen Betätigung des Ermessens durch verschiedene Staatsanwälte entgegenzuwirken wird jedoch versucht, die Ermessensausübung durch (allerdings nicht verbindliche) Richtlinien zu strukturieren und zu vereinheitlichen, *Jeßberger*, Kooperation und Strafzumessung, S. 184.

228 *LaFave*, Criminal Law, S. 23. Zum Ablauf des US-amerikanischen Strafverfahrens siehe bereits oben unter Kapitel 3 I.3.b)aa).

229 Ein deutscher Richter ist gemäß §§ 155 Abs. 2, 244 Abs. 2, 264 StPO verpflichtet, den der Anklage zugrunde liegenden Sachverhalt umfassend aufzuklären und ist dabei auch nicht an die durch die Staatsanwaltschaft vorgenommene rechtliche Bewertung des Sachverhalts gebunden. Eine Grenze ist erst dort erreicht, wo die vom Gericht ermittelten Gesichtspunkte zu einer Strafbarkeit wegen einer anderen Tat im prozessualen Sinne führen, siehe dazu *Engelhardt*, in: KK-StPO, § 264 Rn. 1, 9 f., 15 sowie *Beulke*, Strafprozessrecht, Rn. 384 ff.

230 *Engelhart*, Sanktionierung, S. 232; *Jeßberger*, Kooperation und Strafzumessung, S. 187; *Schmid*, Strafverfahren, S. 76; *Herrmann*, in: Jung, Strafprozess, S. 138 f.

auf das Ergebnis des Strafverfahrens gegen den Beschuldigten maßgeblich Einfluss nehmen.[231] Nach US-amerikanischem Recht sind dem Staatsanwalt aufgrund seines Ermessens auch keine Grenzen dahingehend gesetzt, welches Delikt er zur Anklage bringt. So kann er sich beispielsweise damit begnügen, Anklage nur wegen eines weniger schweren Delikts zu erheben als demjenigen, das nach der Beweislage eigentlich einschlägig wäre, also z.B. statt einem Raub nur einen Diebstahl anklagen, ohne dass der Richter die Möglichkeit hat, sich an der tatsächlichen Beweislage zu orientieren und den Angeklagten dementsprechend wegen Raubes zu verurteilen.[232] Stellt sich der Beschuldigte den Strafverfolgungsbehörden als Kronzeuge zur Verfügung, können Letztere die vom Beschuldigten geleistete Ermittlungshilfe im Rahmen des ihnen jeweils eingeräumten Ermessensspielraums nicht nur durch einen (erheblichen) Strafrabatt honorieren, sondern es besteht sogar die Möglichkeit, dem Beschuldigten zuzusichern, dass seine im Zusammenhang mit der Ermittlungshilfe gemachten Aussagen in einem zukünftigen Strafverfahren nicht gegen ihn verwendet werden. Im US-amerikanischen Rechtskreis kann dem Beschuldigten somit sogar völlige Straffreiheit (sog. *immunity*) gewährt werden.[233]

bb) Deutschland: Legalitätsprinzip und Amtsermittlungsgrundsatz

Gelangen aus Internal Investigations stammende Ermittlungsergebnisse hingegen in die Hände des zuständigen deutschen Staatsanwalts, ist dieser – soweit die Ermittlungsergebnisse einen Anfangsverdacht im Hinblick auf eine oder mehrere bestimmte Straftaten begründen – aufgrund des in Deutschland geltenden Legalitätsprinzips grundsätzlich verpflichtet, den dem Verdacht zugrunde liegenden Sachverhalt vollständig aufzuklären (bzw. durch die Polizei aufklären zu lassen) und bei Vorliegen eines hinreichenden Tatverdachts die jeweilige Straftat auch zur Anklage zu bringen, §§ 152 Abs. 2, 160 Abs. 1, 170

231 *Lützner*, Strafprozessuale Zwangs- und Überwachungsmaßnahmen, S. 44.

232 *Jeßberger*, Kooperation und Strafzumessung, S. 187; *Herrmann*, in: Jung, Strafprozess, S. 138. Siehe ferner *Pizzi*, Federal Sentencing Reporter 8 (1996), S. 336.

233 *Körner*, BtMG, § 31 Rn. 13; *Jeßberger*, Kooperation und Strafzumessung, S. 246, 249 f.; *Mössle*, Extraterritoriale Beweisbeschaffung, S. 141 ff. In Deutschland wird einem Kronzeugen in der Regel nur eine Strafmilderung in Aussicht gestellt, das gänzliche Absehen von Strafe kommt nur im Einzelfall und nur in Bezug auf die konkrete Tat in Betracht, bleibt also auch dann hinter der Gewährung von *immunity* nach US-amerikanischem Vorbild zurück, vgl. *v. Heintschel-Heinegg*, in: v. Heintschel-Heinegg, StGB, § 46b Rn. 16, 20.

Abs. 1 StPO.[234] Eine Verletzung des Legalitätsprinzips ist durch § 258a StGB sogar mit Strafe bedroht.[235]

Zwar gilt das Legalitätsprinzip in Deutschland nur für die Verfolgung von Straftaten, nicht hingegen im Bereich des Ordnungswidrigkeitenrechts.[236] Außerdem enthält auch die deutsche Strafprozessordnung mit den §§ 153 ff. StPO einige Durchbrechungen der grundsätzlichen Verfolgungspflicht der Staatsanwaltschaft. Die im Rahmen der Internal Investigations aufzuklärenden Straftaten wie Untreue, Korruption und Steuerhinterziehung stellen aber allesamt Straftaten dar, die von Amts wegen zu verfolgen sind, und bei denen das öffentliche Interesse an einer Strafverfolgung in der Regel auch einer Einstellung des eingeleiteten Strafverfahrens nach § 153 oder § 153a StPO entgegensteht.[237] Dies lässt sich nicht zuletzt mit dem Fall Siemens belegen, in dem die Münchener Staatsanwaltschaft die Ermittlungen mit Entschiedenheit vorantrieb und die im Unternehmensbereich „Power Generation" unter anderem aufgedeckten Fälle der Auslandsbestechung sowie der Untreue unter großem Beifall der Öffentlichkeit zur Anklage brachte.[238]

Auch der im Jahr 2009 neu in die StPO eingefügte § 257c StPO, wonach sich Richter, Staatsanwalt und Angeklagter während der Hauptverhandlung unter bestimmten Voraussetzungen über die Rechtsfolgen der angeklagten Tat verständigen können, wenn der Angeklagte im Gegenzug ein Geständnis ablegt,[239] sowie die ebenfalls im Jahr 2009 neu geschaffene Kronzeugenregelung in

---

234 *Wastl*, Kreditwesen 2008, 604 (606); *Westphal* Verhandlungen des 67. DJT, L 129. Zum Legalitätsprinzip siehe ausführlich *Meyer-Goßner*, StPO, Einl. Rn. 10, § 152 Rn. 2 ff. sowie *Weigend*, Anklagepflicht und Ermessen, S. 17 ff.

235 *Stree/Hecker*, in: S/S, StGB, § 258a Rn. 3; *Beulke*, in: LR-StPO, § 152 Rn. 37. Darüber hinaus kann die Einhaltung des Legalitätsprinzips mittels eines sog. Klageerzwingungsverfahrens überwacht werden. Auch der dem handelnden Staatsanwalt Vorgesetzte hat die Einhaltung der sich aus dem Legalitätsprinzip ergebenden Verpflichtungen zu kontrollieren und kann eventuelle Verstöße im Rahmen der Dienstaufsichtsbeschwerde ahnden.

236 § 47 Abs. 1 OWiG. Siehe dazu schon oben unter Kapitel 2 II.4.b).

237 Vgl. *Schoreit*, in: KK-StPO, § 153 Rn. 25, § 153a Rn. 12 f.

238 Vgl. *Knauer/Buhlmann*, AnwBl 2010, 387 (388). Im angesprochenen Sachverhalt aus dem Bereich „Power Generation" wertete der BGH das Verhalten der Angeklagten als strafbare Untreue, verneinte aber eine Strafbarkeit wegen § 299 oder § 334 StGB i.V.m. Art. 2 § 1 Nr. 2 IntBestG, BGH NStZ 2009, 95 ff.

239 Ob eine Verständigung zwingend ein Geständnis voraussetzt, ist unklar. Gemäß § 257c Abs. 2 Satz 2 StPO „soll" ein Geständnis Bestandteil jeder Verständigung sein. Zur gesetzlichen Regelung des „Deals", seiner strafprozessualen und rechtspolitischen Deutung sowie der an der Neuregelung geäußerten Kritik siehe insgesamt *Jahn/Müller*, NJW 2009, 2625 ff.

§ 46b StGB[240] eröffnen dem einer Straftat Verdächtigen in Anlehung an die Praxis des US-amerikanischen Rechts im Einzelfall die Möglichkeit, gegen Kooperation mit den Strafverfolgungsbehörden einen Strafrabatt zu erhalten.[241] Allerdings sind auch diese beiden Normen an das Vorliegen bestimmter und vom Gesetzgeber genau umschriebener Voraussetzungen geknüpft und sollen den staatlichen Strafverfolgungsanspruch nach der Konzeption des Gesetzes lediglich im Ausnahmefall zur Disposition stellen, nicht aber Legalitätsprinzip und Amtsermittlungsgrundsatz verdrängen.[242] Darüber hinaus verhindert insbesondere § 257c StPO nicht, dass ein Verdächtiger zunächst in den Fokus staatlicher Ermittlungen gerät und dass sogar Anklage gegen ihn erhoben wird. Im Gegensatz zum US-amerikanischen Recht findet die Verständigung hier nicht bereits im Vorfeld statt, also bevor überhaupt über die Erhebung einer Anklage entschieden wird, sondern erst während des laufenden Gerichtsverfahrens, das für sich genommen den Beschuldigten schon stark belasten und zu erheblichen negativen Konsequenzen wie beispielsweise ausgiebiger Berichterstattung in der Öffentlichkeit in Verbindung mit einem Verlust des Ansehens führen kann.[243]

Zusammenfassend lässt sich festhalten, dass der deutschen Staatsanwaltschaft auch durch die §§ 153 ff. StPO kein derart freies Ermessen eingeräumt ist, wie es den US-amerikanischen Staatsanwälten zusteht, haben sie ihre Entscheidung doch sowohl an der Schuld des Täters[244] als auch an dem öffentlichen Interesse an einer Strafverfolgung auszurichten und sind überdies grundsätzlich gehalten, die Zustimmung des Gerichts einzuholen.[245] Gleiches gilt für den deutschen Richter, dem das Anstellen von echten Opportunitätserwägungen gemäß § 257c StPO sowie § 46b StGB nur im Einzelfall gestattet ist und der trotz der durch § 257c StPO eingeräumten Möglichkeit zur konsensualen Erledigung eines Verfahrens gemäß § 257c Abs. 1 Satz 2 StPO an den Amtsermittlungsgrundsatz und damit die Pflicht zur Aufklärung des Sachverhalts gebunden bleibt.[246]

---

240 Dazu schon oben unter Kapitel 2 II.4.c).

241 Zur Vorbereitung eines solchen „Deals“ besteht für Staatsanwaltschaft und Gericht darüber hinaus gemäß §§ 160b, 202a, 212, 257b StPO n.F. noch die Möglichkeit, den Stand des Verfahrens mit den Verfahrensbeteiligten zu erörtern, soweit dies geeignet erscheint, das Verfahren insgesamt zu fördern.

242 Vgl. § 257c Abs. 1 Satz 2 StPO sowie BT-Drs. 16/12310, S. 1, 8 f., 13, 21.

243 Zu diesem Aspekt vgl. *Lange*, Vorermittlungen, S. 22.

244 Dies setzt grundsätzlich – zumindest bei § 153a StPO – auch voraus, dass der Sachverhalt „durchermittelt“ ist, siehe nur *Saliger*, GA 2005, 155 (169, 172, 174 m.w.N.).

245 Vgl. *Schoreit*, in: KK-StPO, § 153 Rn. 2; *Beulke*, in: LR-StPO, § 153 Rn. 38; *Jeßberger*, Kooperation und Strafzumessung, S. 183.

246 Vgl. *Altenhain/Haimerl*, JZ 2010, 327 (329 f.).

cc) *Konsequenzen im Hinblick auf Cross Border Investigations*

Aus diesem Grund hat die von der SEC verlangte vollständige Aufklärung und Offenlegung aller Verdachtsmomente, die sich im Verlauf der Internal Investigations ergeben, nach deutschem Recht zur Folge, dass die deutsche Staatsanwaltschaft aufgrund des Legalitätsprinzips gezwungen ist, allen Verdachtsmomenten nachzugehen. Dies kann aufgrund der Vielzahl von zutage geförderten Anhaltspunkten im Hinblick auf das Vorliegen von Straftaten nicht nur zu einer personellen Überlastung der zuständigen Staatsanwaltschaft führen,[247] sondern kann auch die Bereitschaft der betroffenen Mitarbeiter, sich aktiv an der Sachverhaltsaufklärung durch die privaten Ermittler zu beteiligen, drastisch heruntersetzen, müssen sie doch stets nicht nur arbeits- oder haftungsrechtliche Konsequenzen, sondern vor allem auch Strafverfolgung befürchten.[248] Insoweit sind die Mitarbeiter eines deutschen Unternehmens im Rahmen einer Internal Investigation einem viel höheren faktischen Zwang ausgesetzt, als ihre US-amerikanischen Kollegen, die oftmals davon ausgehen können, dass die SEC die Ermittlungsergebnisse entweder gar nicht an das DOJ weitergibt oder dass sich die zuständigen US-Attorneys aus kriminalpolitischen Gründen zumindest darauf beschränken werden, das Unternehmen als solches[249] oder die Mitglieder der Leitungsorgane strafrechtlich zu belangen, von einer Verfolgung der einfachen Mitarbeiter aber im Wege der Ausübung ihres diesbezüglich eingeräumten Ermessens absehen.[250]

Vor dem Hintergrund dieses zentralen Unterschieds lässt sich auch das nicht gerade zimperliche Vorgehen, das die privaten Ermittler im Fall Siemens an den Tag gelegt haben, erklären: Wo ein Mitarbeiter im Gegenzug für eine umfassende Aussage keinen Schutz vor Strafverfolgung erlangen kann und wo im Übrigen die Bereitschaft, andere Kollegen zu „verpfeifen", im Vergleich mit den USA von vornherein erheblich weniger ausgeprägt ist,[251] bedarf es schon anderer „Argumente", um die Mitarbeiter zu einer Aussage zu bewegen.

---

247 Dies wird seit jeher als Kritik am Legalitätsprinzip geltend gemacht, *Weigend*, Anklagepflicht und Ermessen, S. 45.

248 Vgl. *Knauer/Buhlmann*, AnwBl 2010, 387 (392).

249 Im Gegensatz zum deutschen Strafrecht geht das US-amerikanische Strafrecht von einer eigenständigen Strafbarkeit des Unternehmens aus, siehe nur *Wastl*, Kreditwesen 2008, 604 (604 f.).

250 Vgl. *Schünemann*, FS Tiedemann, S. 429 (443).

251 In Deutschland wird das Institut des Whistleblowing wesentlich kritischer betrachtet als in den USA, weckt es doch bei vielen Assoziationen mit dem Denunziantentum während des Nationalsozialismus sowie in der DDR, siehe dazu *Sieg*, FS Buchner, S. 859 (866); *Mahnhold*, NZA 2008, 737 (738 f.) sowie *Wastl*, Interview in der Wirtschafts-

c) Zentrale Unterschiede im Hinblick auf die Ziele des Strafverfahrens

Die soeben unter b) dargestellten Probleme bei Cross Border Investigations werden zusätzlich durch eine weitere Besonderheit des US-amerikanischen Strafprozesses verschärft, die zwar mit der Institutionalisierung des Opportunitätsprinzips zusammenhängt, aufgrund ihrer Bedeutung für die Vorgehensweise der privaten Ermittler bei Cross Border Investigations hier aber noch einmal gesondert herausgehoben werden soll: Im US-amerikanischen Recht bildet die Suche nach der Wahrheit nicht – wie in Deutschland – das oberste Leitprinzip des Strafprozesses. Vielmehr wird das US-amerikanische Strafverfahren vollständig vom Opportunitätsprinzip und der Dispositionsmaxime beherrscht, d.h. dass Verhandlungen zwischen den verschiedenen Verfahrensbeteiligten, die auf eine einvernehmliche Beendigung des Verfahrens abzielen, im Vordergrund stehen. Die Verfolgung konkreter kriminalpolitischer Ziele wird als wichtiger erachtet als das Prinzip der Wahrheitsfindung oder die Idee einer gleichmäßigen und einheitlichen Durchsetzung der Strafgesetze.[252]

Erklärbar wird dieser Befund, wenn man sich die Rolle und das Selbstverständnis der Institution Staatsanwaltschaft in den USA vergegenwärtigt und mit dem in Deutschland herrschenden Rollenverständnis vergleicht. Im US-amerikanischen Strafprozess wird der Staatsanwalt als Partei angesehen, vertritt also allein die Interessen des Staates sowie seiner Bürger. Da die Staatsanwälte in den USA in der Regel politisch gewählt werden und überdies für ihre Amtsführung nicht einer höheren Behörde, sondern vielmehr allein den Bürgern ihres Distrikts Rechenschaft schulden, führt dieses Rollenverständnis der US-amerikanischen Staatsanwälte häufig dazu, dass sie ihre Ermittlungen auf wählerwirksame Verfahren und die Bekämpfung der von den Wählern als gefährlich empfundenen Straftaten konzentrieren und nicht selten auch aus politischen Gründen von einer Strafverfolgung gänzlich absehen.[253] Dies ist nicht nur dem Prinzip der Wahrheitsfindung abträglich, sondern macht auch – insbesondere da allgemeinverbindliche Richtlinien zur Ausübung des den Staatsanwälten einge-

---

Woche vom 07.08.2008, www.wiwo.de/unternehmen-maerkte/szenisch-effektvoll-und-ueberraschend-303167/.

252 *Pizzi*, Federal Sentencing Reporter 8 (1996), S. 336; *Herrmann*, in: Jung, Strafprozess, S. 136, 138, 140, 148, 151, 155. Vgl. auch *Vogler*, ZStW 116 (2004), 129 (133, 140 ff.); *Weigend*, in: Jescheck/Leibinger, Anklagebehörde, S. 592 f. sowie *Steiner*, Fairnessprinzip, S. 31.

253 *LaFave*, Criminal Law, S. 19; *Lützner*, Strafprozessuale Zwangs- und Überwachungsmaßnahmen, S. 43; *Weigend*, Anklagepflicht und Ermessen, S. 95, 101.

räumten Ermessens fehlen[254] – die einheitliche Anwendung der Strafgesetze nahezu unmöglich. Erschwerend kommt hinzu, dass in den USA weder ein einheitliches materielles Strafrecht, noch eine allgemeinverbindliche Strafprozessordnung existieren, sondern das anzuwendende Recht zwischen den Einzelstaaten divergiert.[255] Zwar existieren mit 18 U.S.C. §§ 3001 ff. sowie den Federal Rules of Criminal Procedure auch bundesweit geltende Regelungen zum US-amerikanischen Strafverfahrensrecht. Allerdings finden diese nur auf solche Taten Anwendung, die nach Bundesrecht geahndet werden.[256] Daneben hat aber auch jeder Bundesstaat der USA das Recht, seine eigene Strafprozessordnung zu erlassen.[257] Insbesondere im Hinblick auf den genauen Ablauf des Strafverfahrens unterscheiden sich die Verfahrensrechte der einzelnen Bundesstaaten zum Teil erheblich.[258]

In Deutschland ist der staatliche Strafanspruch – wie bereits soeben unter b) gezeigt – nicht in gleichem Maße disponibel, so dass kriminalpolitische Ziele und die Erwartungen der Öffentlichkeit nicht in demselben Umfang berücksichtigt werden können. Vielmehr hat sich der deutsche Strafprozess zum einen der Suche nach der materiellen Wahrheit verschrieben, zum anderen kommt auch der Idee der einheitlichen Durchsetzung der Strafgesetze in Deutschland ein hoher Stellenwert zu.[259] Beides ist dabei eng mit dem Selbstverständnis der deut-

---

254 *Jeßberger*, Kooperation und Strafzumessung, S. 184.

255 Allerdings orientieren sich die meisten einzelstaatlichen Strafgesetze weitgehend am *Model Penal Code* und auch das amerikanische Strafprozessrecht der Einzelstaaten wie auch des Bundes wird in erheblichem Maße von den *Bill of Rights* in den ersten 10 Zusatzartikeln der amerikanischen Verfassung sowie der *due process*-Klausel im 14. Zusatzartikel geprägt, so dass zumindest in den Grundzügen eine weitreichende Übereinstimmung des einzelstaatlichen Rechts erreicht wird, *Hay*, US-Amerikanisches Recht, Rn. 681, 704.

256 *Hirschberg*, Amerikanisches und deutsches Strafverfahren, S. 13. Ob ein strafrechtlich relevanter Verstoß nach Bundesrecht geahndet wird, hängt in der Regel vom Tatobjekt (z.B. Straftaten gegen Eigentum des Bundes oder gegen Bundesbeamte) oder davon ab, ob der Täter bei seiner Tat die Grenzen mehrerer Bundesstaaten überschreitet, Einrichtungen des interstate commerce nutzt oder gegen bundesweit geltendes Verwaltungsrecht verstößt, siehe dazu *LaFave*, Criminal Law, S. 195 f. sowie *Lützner*, Strafprozessuale Zwangs- und Überwachungsmaßnahmen, S. 27 ff.

257 *Krüßmann*, Transnationales Strafprozessrecht, S. 167; *Lützner*, Strafprozessuale Zwangs- und Überwachungsmaßnahmen, S. 31; *Hirschberg*, Amerikanisches und deutsches Strafverfahren, S. 13.

258 *Hay*, US-Amerikanisches Recht, Rn. 706.

259 *Beulke*, Strafprozessrecht, Rn. 3; *Weßlau*, in: SK-StPO, Vor §§ 151 ff. Rn. 20. Vgl. auch *Hassemer/Matussek*, Opfer als Verfolger, S. 36 f. sowie *Weigend*, Anklagepflicht und Ermessen, S. 42 f.

schen Staatsanwaltschaft als zwar nicht gänzlich unabhängige,[260] aber gleichwohl der Objektivität, dem Anklagegrundsatz sowie dem Legalitätsprinzip verpflichtete Institution verknüpft:[261] Nach deutschem Rechtsverständnis kann die Staatsanwaltschaft nicht als Partei des Strafprozesses angesehen werden, da sie nicht einseitig die Interessen des Staates vertritt.[262] Vielmehr ist sie gemäß § 160 Abs. 2 StPO gesetzlich dazu verpflichtet, sowohl die zur Belastung als auch die zur Entlastung des Beschuldigten dienenden Umstände zu ermitteln. Ihre Bindung an den Anklagegrundsatz sowie das Legalitätsprinzip verbietet es ihr darüber hinaus grundsätzlich, d.h. außerhalb der §§ 153 ff. StPO, die Verfolgung von Straftaten allein an kriminalpolitischen Zielen oder der öffentlichen Meinung auszurichten oder den staatlichen Strafanspruch generell zur Verhandlungssache zu erklären.[263]

3. Zwischenergebnis

Aufgrund der genannten Unterschiede zwischen deutschem und US-amerikanischem Verfahrensrecht führen Cross Border Investigations in Deutschland zu Problemen. So wie das US-amerikanische Strafverfahren auf der Grundlage des Opportunitätsprinzips und der Dispositionsmaxime seinen Weg der Wahrheitsermittlung und der Durchsetzung des staatlichen Strafanspruchs

260 Die Staatsanwälte unterliegen sowohl einem internen als auch einem externen Weisungsrecht, §§ 146 f. GVG. Die Weisungen selbst müssen jedoch rechtmäßig sein, dürfen also insbesondere nicht gegen das Legalitätsprinzip verstoßen. Diese zum Teil auch politische Abhängigkeit der Staatsanwälte – insbesondere des Generalbundesanwalts sowie der Generalstaatsanwälte, die zum Teil noch die Stellung von politischen Beamten innehaben – wird von vielen zu Recht als bedenklich empfunden. Eine Reform ist bislang jedoch stets gescheitert. Siehe dazu *Beulke*, Strafprozessrecht, Rn. 84 ff.; *Schmid/Schoreit*, in: KK-StPO, § 146 GVG, Rn. 1 ff.

261 *Hassemer/Matussek*, Opfer als Verfolger, S. 35 ff. Vgl. *Roxin/Schünemann*, Strafverfahrensrecht, § 17 Rn. 5 sowie *Weigend*, Anklagepflicht und Ermessen, S. 42 f.

262 *Roxin/Schünemann*, Strafverfahrensrecht, § 17 Rn. 5; *Hassemer/Matussek*, Opfer als Verfolger, S. 35 f.

263 Vgl. *Weßlau*, in: SK-StPO, Vor §§ 151 ff. Rn. 9 sowie *Schoreit*, in: KK-StPO, § 152 Rn. 13, 14, 18. Selbstverständlich ist es nicht gänzlich auszuschließen und angesichts der Knappheit der Ermittlungskapazitäten zum Teil sogar erforderlich, dass die Staatsanwaltschaft bei ihrer Entscheidung, ob sie bei Vorliegen von entsprechenden Verdachtsmomenten ein Ermittlungsverfahren einleitet bzw. Anklage erhebt, auch „externe" Gesichtspunkte, die nichts mit den Zielsetzungen der Strafvorschriften zu tun haben, wie z.B. dienstorganisatorische Notwendigkeiten oder politische Rücksichtnahme, in ihre Entscheidung miteinbezieht, siehe dazu *Erb*, Legalität und Opportunität, S. 33, 86, 89.

gefunden hat und diesen durch spezifische Regelungen und Gebräuche umsetzt und gleichzeitig schützt, hat auch das deutsche Strafverfahren auf Basis des Legalitätsprinzips und des Amtsermittlungsgrundsatzes ein eigenes und strukturkonformes Modell der Wahrheitsermittlung entwickelt, in dem den Verfahrensbeteiligten wohldefinierte Rollen zugewiesen sind.[264] Deshalb kann man nicht einfach einen Teil der US-amerikanischen Praktiken, wie beispielsweise umfassende Ermittlungen durch Privatpersonen, unreflektiert in das deutsche Strafprozessrecht übertragen, ohne dadurch zugleich das gewachsene Verhältnis zwischen den am Strafprozess Beteiligten zu beeinflussen. Die Rollen der einzelnen Verfahrensbeteiligten befinden sich in einem labilen Gleichgewicht, so dass man die Rolle des einen Verfahrensbeteiligten nicht ohne Konsequenzen für die Rolle der anderen Beteiligten oder gar für die fundamentalen Prinzipien der jeweiligen Rechtsordnung ändern kann.[265]

Internal Investigations sind maßgeblich durch das Verständnis des US-amerikanischen Strafprozesses als „Parteiprozess" sowie die (teilweise) Disponibilität des staatlichen Strafanspruchs aufgrund des Opportunitätsprinzips geprägt. Der Staatsanwalt des US-amerikanischen Strafprozessrechts ähnelt eher einer Gegenpartei nach zivilprozessualem Vorbild denn einer staatlichen Behörde und Trägerin von Hoheitsgewalt, wie es die Konzeption der deutschen StPO vorsieht.[266] Demnach bereitet auch die Übertragung von Ermittlungskompetenzen von der Staatsanwaltschaft auf Privatpersonen nach US-amerikanischem Rechtsverständnis viel weniger Probleme, ist dies doch Ausdruck der Dispositionsmaxime, wonach beide am Verfahren beteiligten Parteien (Beschuldigter mit seinem Verteidiger auf der einen und Ankläger auf der anderen Seite) gehalten sind, den dem Verfahren zugrundeliegenden Sachverhalt darzulegen sowie die Beweise beizubringen.[267] Nach deutschem Rechtsverständnis obliegt die Beibringung von (belastendem) Beweismaterial hingegen der Staatsanwaltschaft als Anklagebehörde; die vollständige Herstellung der Entscheidungsgrundlage wird

---

264 Vgl. *Hassemer/Matussek*, Opfer als Verfolger, S. 36 f.; *Herrmann*, in: Jung, Strafprozess, S. 155 f. sowie *Beulke*, Strafprozessrecht, Rn. 15 ff.

265 *Hassemer/Matussek*, Opfer als Verfolger, S. 36. Dies wird insbesondere auch an der Kritik ersichtlich, die gegen die Neuregelung des „Deals" in § 257c StPO vorgebracht wird: Die Vorstellung eines harmonischen Miteinanders von konsensualer Erledigung und „altem" inquisitorisch geprägtem Strafprozess sei realitätsfern; konsensuale Erledigungen stünden vielmehr in einem unauflösbaren Spannungsverhältnis zum Amtsermittlungsgrundsatz, *Altenhain/Haimerl*, JZ 2010, 327 (327 ff.).

266 Vgl. *Beulke*, Strafprozessrecht, Rn. 16 sowie *Hirschberg*, Amerikanisches und deutsches Strafverfahren, S. 6, 43.

267 *Hassemer/Matussek*, Opfer als Verfolger, S. 31 f.; *Herrmann*, in: Jung, Strafprozess, S. 134.

in die Hände des Gerichts gelegt.[268] Der Beschuldigte befindet sich in einer gegenüber dem US-amerikanischen Strafverfahren wesentlich passiveren Rolle: Ihm steht zwar sowohl ein Frage- als auch ein Beweisantragsrecht zu. Ansonsten hat er aber die staatlichen Ermittlungsmaßnahmen zu dulden und ist rechtlich nicht verpflichtet, aktiv zur Sachverhaltsaufklärung beizutragen, also insbesondere Beweismaterial zu beschaffen oder aufzubereiten.[269] Gleiches gilt grundsätzlich auch für die Rolle des Verteidigers. Er ist zwar zu einer bestmöglichen Verteidigung seines Mandanten berufen und hat dabei prinzipiell auch das Recht, eigene Ermittlungen durchzuführen. Keineswegs wird es aber – wie im US-amerikanischen Strafprozess[270] – als seine Pflicht betrachtet, aktiv an der Aufklärung des Sachverhalts mitzuwirken.[271] Diese von der StPO vorausgesetzte Rollenverteilung gilt dabei nicht nur für die Hauptverhandlung. Auch das Ermittlungsverfahren wird von den genannten und für das deutsche Strafprozessrecht charakteristischen Prozessmaximen beherrscht: Hier gelten ebenfalls das Legalitätsprinzip sowie die Offizialmaxime,[272] so dass Privatpersonen auch im Vorfeld der Anklageerhebung nicht ohne weiteres die Rolle der Staatsanwaltschaft übernehmen können, ohne dass dies nach der Konzeption des deutschen Strafprozessrechts zu Konflikten mit den Rechten und Pflichten der anderen Verfahrensbeteiligten führt.

4. Konsequenzen im Hinblick auf Cross Border Investigations

Angesichts der zum Teil gravierenden Unterschiede in den Rechtsordnungen der USA auf der einen und Deutschland auf der anderen Seite stellt sich die Frage, ob Cross Border Investigations, so wie sie beispielsweise im Fall Siemens durchgeführt wurden, mit deutschem Recht überhaupt zu vereinbaren sind.

Zu klären ist zum einen, ob die mit Cross Border Investigations einhergehende extraterritoriale Anwendung von US-Recht auf deutsche Unternehmen

268 *Beulke*, Strafprozessrecht, Rn. 21; *Saliger*, in: Depenheuer, Recht und Lüge, S. 93 (109); *Hassemer/Matussek*, Opfer als Verfolger, S. 32, 36.

269 *Beulke*, Strafprozessrecht, Rn. 123 f., 127; *Herrmann*, in: Jung, Strafprozess, S. 144.

270 Vgl. dazu Rule 4-4.1 der *ABA Criminal Justice Standards: Defense Function*, wonach der Verteidiger die Pflicht hat, eigene Ermittlungen durchzuführen („duty to investigate“). Zwar entfalten diese Standards keine unmittelbare Rechtswirkung. Sie sind aber auch vom US Supreme Court als Richtlinien für die Pflichten eines Strafverteidigers übernommen worden, siehe *König*, StraFo 1996, 98.

271 *Hassemer/Matussek*, Opfer als Verfolger, S. 34; *Hirschberg*, Amerikanisches und deutsches Strafverfahren, S. 15 ff., 65, 68 f.

272 *Hassemer/Matussek*, Opfer als Verfolger, S. 38.

nach allgemeinen völkerrechtlichen Grundsätzen zulässig ist. Dafür bedarf es auch der Klärung, ob angesichts der Initiierung der internen Ermittlungen durch die SEC in Verbindung mit der erheblichen Strafdrohung für den Fall, dass das betroffene Unternehmen sich derartigen internen Ermittlungen verschließt, im speziellen Fall der Cross Border Investigations überhaupt noch von privater Straftataufklärung gesprochen werden kann, oder sich die Ermittlungen nicht vielmehr als hoheitlich darstellen.

Aus Sicht des deutschen Strafprozessrechts ist weiterhin fraglich, ob der umfassende Einsatz externer Ermittler zur Aufklärung von Verdachtsmomenten zu einem von der StPO nicht vorgesehenen „Outsourcing" von Ermittlungshandlungen und der damit verbundenen Gefahr der Umgehung strafprozessualer Verfahrensrechte führt. Daran anknüpfend gilt es sodann konkret zu untersuchen, ob sich diese Gefahr im Fall Siemens realisiert hat, ob also die Vorgehensweise der privaten Ermittler – so wie sie unter Kapitel 3 III. erläutert wurde – tatsächlich im Einklang mit den Vorgaben des deutschen Rechts, insbesondere dem nemo-tenetur-Grundsatz sowie dem Recht auf ein faires Verfahren, stand oder ob es hier bereits zu einem „Ausverkauf" strafprozessualer Garantien gekommen ist.

Da Internal Investigations typischerweise auch darauf gerichtet sind, die ermittelten Beweise für das Vorliegen eines strafrechtlich relevanten Gesetzesverstoßes an die Staatsanwaltschaft weiterzugeben, stellt sich dann, wenn es auf dieser Beweisgrundlage tatsächlich zur Einleitung eines strafrechtlichen Ermittlungsverfahrens oder gar einer Anklage gegen einzelne Mitarbeiter kommt, in verfahrensrechtlicher Hinsicht die weitere Frage, wie der Umstand zu behandeln ist, dass sich die privaten Ermittler auf der Stufe der Beweismittelgewinnung in der Regel nicht an den Vorgaben der StPO orientiert haben. Wie gesehen wurden weder die Belehrungspflichten über Aussage-, Auskunfts- und Zeugnisverweigerungsrechte vollständig beachtet noch den betroffenen Mitarbeitern zu Beginn der Internal Investigations ein Recht auf anwaltlichen Beistand gewährt oder für eine ordnungsgemäße Dokumentation im Hinblick auf Art und Umfang der Vorgehensweise sowie der ermittelten Ergebnisse gesorgt. Zu klären ist hier, ob es der Grundsatz des fairen Verfahrens verlangt, dass die Vorschriften über Auskunfts- bzw. Aussageverweigerungsrechte (§§ 55, 136 Abs. 1 Satz 2 StPO), über das Verbot unzulässiger Ermittlungsmethoden (§ 136a StPO) sowie über das Recht auf anwaltlichen Beistand (§ 137 StPO) auf die durch private Ermittler durchgeführten Mitarbeiterbefragungen im Rahmen der Internal Investigations analog anzuwenden sind oder ob den Strafverfolgungsbehörden zumindest die Verwertung der im Rahmen der Interviews gewonnenen Beweise in einem nachfolgenden Strafverfahren zu untersagen ist.

Zu diesen Fragen wird in den folgenden zwei Kapiteln ausführlich Stellung genommen.

Kapitel 5 Rechtmäßigkeit der von der SEC initiierten grenzüberschreitenden Ermittlungen in deutschen Unternehmen am Beispiel des Falles Siemens – Verstoß gegen Grundsätze des deutschen Strafprozessrechts?

Im vorherigen Kapitel wurde aufgezeigt, dass Internal Investigations nach deutschem Recht grundsätzlich zulässig sind. Auch die rechtlichen Schranken, denen solche unternehmensinternen Privatermittlungen unterliegen, wurden bereits dargestellt. Zu klären bleibt im folgenden Kapitel damit allein, ob auch Cross Border Investigations, d.h. grenzüberschreitende und unter dem bestimmenden Einfluss der SEC durchgeführte interne Ermittlungen durch externe Anwälte, mit deutschem Strafprozessrecht vereinbar sind. Diese Frage soll am Beispiel der Vorgehensweise der internen Ermittler im Fall Siemens erläutert und beantwortet werden.

I. Cross Border Investigations und Internal Investigations als rechtswidrige Parallelverfahren zur deutschen Strafprozessordnung?

Da die Ergebnisse der Internal Investigations in aller Regel an die zuständige Staatsanwaltschaft weiter gegeben werden, ohne dass jedoch auf der Ebene der Beweismittelbeschaffung die in der StPO normierten Verfahrensrechte beachtet wurden, könnte die Einleitung von Strafverfahren, die sich auf derartige Beweise stützen, zur Untergrabung zahlreicher rechtsstaatlicher Prinzipien führen und sich damit im Ergebnis als rechtswidriges Parallelverfahren zur deutschen Strafprozessordnung darstellen.

Unter diesem Blickwinkel soll zunächst (nachfolgend unter I.1.) geklärt werden, ob private Ermittlungen in deutschen Unternehmen, die unter dem Einfluss des US-amerikanischen Aufsichts- und Sanktionssystems der SEC und des DOJ stehen, mit den bestehenden Regelungen des Völkerrechts im Allgemeinen sowie der Rechtshilfe in Strafsachen im Besonderen vereinbar sind oder ob diese Bestimmungen durch einen gezielten Einsatz von Privatermittlern schlicht umgangen werden. Im Anschluss daran (unter I.2.) gilt es zu untersuchen, ob der gezielte Einsatz von Privatpersonen zur Aufklärung von Verdachtsmomenten und zur Beschaffung entsprechenden Beweismaterials nicht faktisch zu einer – von der StPO nicht vorgesehenen und damit rechtswidrigen – Verlagerung der dem Staat zugewiesenen Ermittlungstätigkeit auf private Institutionen führt.

1. Vereinbarkeit von Cross Border Investigations mit supranationalen Regelungen

Es wurde bereits festgestellt, dass Cross Border Investigations immer mit einer zum Teil gänzlich unreflektierten Anwendung US-amerikanischer Rechtsvorschriften und Rechtstraditionen auf deutsche Unternehmen verbunden sind. Es bestehen jedoch Zweifel, ob diese mit den Cross Border Investigations einhergehende extraterritoriale Anwendung von US-Recht auf deutsche Unternehmen nach allgemeinen völkerrechtlichen Grundsätzen zulässig ist. Kontrovers diskutiert wird insbesondere die Frage, ob die internen und unter dem bestimmenden Einfluss von SEC und DOJ stehenden Ermittlungen tatsächlich noch als private oder vielmehr als quasi-staatliche Maßnahmen einzuordnen sind. Letzteres hätte die Konsequenz, dass die zwingenden Verfahrensvorschriften zur internationalen Rechtshilfe in Strafsachen umgangen werden könnten und die Souveränität Deutschlands verletzt würde. Denn nach völkerrechtlichen Grundsätzen ist es einem Staat nicht gestattet, seine Ermittlungstätigkeit auf ein für ihn fremdes Hoheitsgebiet auszuweiten, sondern er hat vielmehr grundsätzlich ein Amts- oder Rechtshilfeersuchen zu stellen.[1]

a) Beachtung der allgemeinen Regeln des Völkerrechts

aa) Das völkerrechtliche Territorialitätsprinzip und seine Bedeutung für die grenzüberschreitende Beweisbeschaffung

Völkerrechtlich gilt das Prinzip, dass ein Übergreifen der Ermittlungstätigkeit eines Staates – sei es in aufsichtsrechtlichen und damit verwaltungsrechtlichen Verfahren oder im Rahmen der Strafverfolgungstätigkeit – auf ein für ihn frem-

1 *Behrens*, RIW 2009, 22 (27 f.); *v. Rosen*, BB 2009, 230 (230 f.). Ein Amtshilfeersuchen ist zu stellen, wenn eine Behörde von einer ausländischen Behörde Unterstützung in verwaltungsrechtlichen Angelegenheiten begehrt, ein Rechtshilfeersuchen zielt hingegen auf die Unterstützung in förmlichen Bußgeld-, Straf- oder Zivilverfahren, siehe *Schmitz*, in: S/B/S, VwVfG, § 2 Rn. 82 ff. sowie *Spatscheck/Alvermann*, IStR 2001, 33 (33 f.).

des Hoheitsgebiet nicht erfolgen darf. Seine Grundlage hat das völkerrechtliche Territorialitätsprinzip im Grundsatz der gleichberechtigten Souveränität aller Staaten, wie er in Art. 2 Nr. 1 der UN-Charta festgeschrieben und darüber hinaus auch als Völkergewohnheitsrecht anerkannt ist.[2] Sowohl in Deutschland als auch in den USA beansprucht das völkerrechtliche Territorialitätsprinzip gemäß Art. 25 GG bzw. Art. 6 der US-Verfassung auch innerstaatlich in Form von Bundesrecht Geltung.[3]

Gleichwohl wird diesem Prinzip durch Deutschland auf der einen und die USA auf der anderen Seite eine unterschiedliche Reichweite beigemessen: Das kontinentaleuropäische, auf dem Begriff der Justizhoheit beruhende Souveränitätsverständnis stuft die Beweisbeschaffung hinsichtlich der einzelnen Beweismittel als gerichtlich veranlassten und gesteuerten Vorgang und damit als hoheitliche Aufgabe ein, deren Wahrnehmung dem Staat vorbehalten bleiben muss und die überdies auf das eigene Hoheitsgebiet beschränkt ist.[4] Aus diesem Blickwinkel heraus erscheint das Begehren einer ausländischen Stelle, außerhalb ihres eigenen Hoheitsgebiets Beweismittel sammeln zu wollen, als ein die Gebietshoheit des von der Beweiserhebung betroffenen Staates gefährdendes Handeln.[5]

Aus Sicht der Staaten des common law-Systems, insbesondere aus Sicht der USA, ist die Sammlung von Beweismitteln nach der sowohl im Zivil- als auch im Strafprozess geltenden Dispositionsmaxime hingegen traditionell keine hoheitliche Aufgabe, sondern vielmehr Aufgabe der Prozessparteien, die außerhalb des eigentlichen Prozesses stattfindet und die auch nicht auf das eigene Hoheitsgebiet beschränkt ist.[6] Nur wenn die Beweisbeschaffung im Ausland ausnahms-

---

2 *Herdegen*, in: Maunz/Dürig, GG, Art. 25 Rn. 20; *Krüßmann*, Transnationales Strafprozessrecht, S. 223. Zum Inhalt dieses völkerrechtlichen Grundprinzips siehe ausführlich *Dahm/Delbrück/Wolfrum*, Völkerrecht, § 166, 167, die dessen Ursprung allerdings in Art. 2 Nr. 4 UN-Charta verankert sehen.

3 *Herdegen*, in: Maunz/Dürig, GG, Art. 25 Rn. 20; *Krüßmann*, Transnationales Strafprozessrecht, S. 224; *Mössle*, Extraterritoriale Beweisbeschaffung, S. 204 ff. Art. 25 GG erfasst dabei allerdings nur diejenigen Regeln aus völkerrechtlichen Abkommen wie der UN-Charta, die – wie die Achtung fremder Souveränität – zugleich Völkergewohnheitsrecht darstellen. In diesen Fällen wird aber nicht der Inhalt des völkerrechtlichen Abkommens über Art. 25 GG inkorporiert, sondern nur die gleichlautenden Bestimmungen des Völkergewohnheitsrechts. Die Inkorporierung des völkerrechtlichen Vertrags erfolgt vielmehr über Art. 59 Abs. 2 GG.

4 *Wastl/Litzka/Pusch*, NStZ 2009, 68 (72); *Krüßmann*, Transnationales Strafprozessrecht, S. 221.

5 *Krüßmann*, Transnationales Strafprozessrecht, S. 221 f.

6 Vgl. *Krüßmann*, Transnationales Strafprozessrecht, S. 222; *Bertele*, Souveränität und Verfahrensrecht, S. 488 ff. sowie *Stadler*, Unternehmensgeheimnis, S. 270.

weise auf Schwierigkeiten stößt, greift das Gericht unterstützend ein, indem es beispielsweise einen US-amerikanischen Staatsbürger mit Wohnsitz im Ausland per Vorladung zur Teilnahme an einem auf dem Hoheitsgebiet der USA stattfindenen Prozess verpflichtet oder einen gerichtlich Beauftragten (sog. *commissioner*) mit der Beweissicherung im Ausland beauftragt.[7] Möchte eine ausländische Behörde im Hoheitsgebiet der USA Beweismaterial erheben, stellt sich dieses Ersuchen aus dem Blickwinkel des US-amerikanischen Rechtsverständnisses nicht als Eingriff in das eigene Hoheitsgebiet, sondern vielmehr als zulässige, private Beweiserhebung einer der am ausländischen Prozess beteiligten Parteien dar. Die nach US-amerikanischem Recht erfolgende Gleichstellung von ausländischen Behörden und inländischen Privaten führt also dazu, dass in solchen Fällen überhaupt kein Eingriff in die eigene Souveränität angenommen wird.[8]

Dieses unterschiedliche Prozessrechtsverständnis der Staaten des common law auf der einen und der des civil law auf der anderen Seite führt im Ergebnis dazu, dass die Staaten des common law auch für Verletzungen der Gebietshoheit fremder Staaten weniger sensibilisiert sind als die Staaten des civil law und dementsprechend auch Auskunftsersuchen und Ermittlungen ihrer eigenen Behörden auf fremdem Hoheitsgebiet nicht unbedingt eine den Grundsatz der Staatensouveränität verletztende Bedeutung beimessen.

bb) Völkerrechtliches Territorialitätsprinzip und Cross Border Investigations

(1) Sichtweise der USA

Überträgt man diesen Befund auf die Konstellation der Cross Border Investigations, stellt sich die Situation aus Sicht der USA wie folgt dar: Unabhängig von der Frage, ob die Maßnahmen der vom Unternehmen beauftragten US-amerikanischen Anwälte letztlich den US-Behörden zuzurechnen oder vielmehr als private Ermittlungen zu klassifizieren sind, erweist sich diese Form der grenzüberschreitenden Beweiserhebung nach US-amerikanischem Rechtsverständnis keineswegs als unerlaubter Übergriff in das Hoheitsgebiet eines fremden Staates, sondern vielmehr als eine nach den Standards des eigenen Prozessrechts zulässige Beweisbeschaffung.

(2) Standpunkt Deutschlands

Anders wird dies hingegen aus dem Blickwinkel des deutschen Rechts beurteilt. Hiernach kommt es entscheidend darauf an, ob die Ermittlungen der beauftrag-

7 *Krüßmann*, Transnationales Strafprozessrecht, S. 221, 233, 239.

8 *Krüßmann*, Transnationales Strafprozessrecht, S. 222; *Schack*, US-amerikanisches Zivilprozessrecht, S. 52.

ten US-Kanzleien als den US-amerikanischen Behörden zuzurechnende hoheitliche Beweisbeschaffung oder vielmehr als private Sachverhaltsaufklärung einzustufen sind. Denn hätte die SEC die Ermittlungen durch ihre eigenen Mitarbeiter durchführen lassen, ohne zuvor die Zustimmung Deutschlands zu diesem Vorgehen einzuholen, hätte darin nach einhelliger Auffassung eine Verletzung der Souveränität Deutschlands gelegen.[9] Ob sich das betroffene Unternehmen mit entsprechenden Ermittlungen einverstanden erklärt, ist dabei ohne Belang: Das Unternehmen kann über das dem Staat zustehende Territorialrecht nicht verfügen.[10] Auch in dem Fall, dass die SEC das betroffene Unternehmen im Rahmen eines formellen Ermittlungsverfahrens durch Androhung von Zwangsmitteln zur Vorlage von Beweisen auffordert, soll nach einer Auffassung in dieser Kombination von Beugemittel und Übergriff in eine fremde Gebietshoheit eine Souveränitätsverletzung liegen. Denn in diesem Fall zwinge die SEC eine ausländische Partei dazu, Handlungen vorzunehmen, die sie selbst nicht durchführen dürfte, ohne fremde Souveränität zu verletzen.[11]

Folgt man der letzten Auffassung, hätte die SEC in den beiden soeben geschilderten Konstellationen – Ermittlungen durch eigene Mitarbeiter oder zwangsbewehrtes Herausgabeverlangen aufgrund gerichtlicher Verfügung – eine Beweismittelbeschaffung nur im Wege der Amts- bzw. Rechtshilfe durchführen dürfen.

(3) Pre-trial-discovery-Verfahren und HaagBewÜbK

Macht der Staat die Beweisermittlung wie beispielsweise im pre-trial-discovery-Verfahren hingegen zur Angelegenheit der Parteien und ist nur die nachfolgende Präsentation der Beweise vor dem Richter oder der Jury als Bestandteil des hoheitlichen Verfahrens einzuordnen, stellt sich die Beweismittelbeschaffung einer Partei im Ausland als rein private Handlung dar, die – vorbehaltlich eines ausdrücklich erklärten Verbots des betroffenen Staates – völkerrechtlich erlaubt ist.[12] Allerdings hat sich Deutschland im Zusammenhang mit dem Erlass des

9 Dies folgt aus dem völkerrechtlichen Verbot des staatlichen Handelns auf fremdem Territorium, vgl. *Bertele*, Souveränität und Verfahrensrecht, S. 110, 493, 518 sowie *Mössle*, Extraterritoriale Beweisbeschaffung, S. 319.

10 *Bertele*, Souveränität und Verfahrensrecht, S. 404; *Mann*, Recueil des Cours 111 (1964-I), 9 (137, 140).

11 Vgl. *Stadler*, Unternehmensgeheimnis, S. 290; *Mössle*, Extraterritoriale Beweisbeschaffung, S. 319; „Brief for the Federal Republic of Germany as Amicus Curiae" im Fall *Aérospatiale*, 25 ILM (1986), 1539 (1546). A.A. *Bertele*, Souveränität und Verfahrensrecht, S. 108; *Junker*, Discovery, S. 393 f.

12 *Bertele*, Souveränität und Verfahrensrecht, S. 406, 478; *Mössle*, Extraterritoriale Beweisbeschaffung, S. 319.

Haager Übereinkommens über die Beweisaufnahme in Zivil- und Handelssachen (HaagBewÜbK) ausdrücklich gegen die Zulässigkeit von pre-trial-discovery-Verfahren in Deutschland ausgesprochen und auch einen entsprechenden Vorbehalt gemäß Art. 23 HaagBewÜbK geltend gemacht, wonach Deutschland ein auf die „pre-trial discovery of documents" gerichtetes Rechtshilfeersuchen nicht ausführen wird.[13] Auch wenn die Beweisaufnahme im Rahmen eines pre-trial-discovery-Verfahrens vor einem durch ein US-amerikanisches Gericht benannten commissioner oder einem US-amerikanischen Konsul stattfinden soll, ist dies gemäß Art. 15-17 HaagBewÜbK nur mit Erlaubnis der zuständigen Behörde statthaft. Insoweit hat Deutschland ebenfalls einen Vorbehalt erklärt, so dass gemäß § 11 Satz 1 AusfG zum HaagBewÜbK[14] auch die Beweisaufnahme durch diplomatische oder konsularische Vertreter unzulässig ist, soweit davon deutsche Staatsangehörige betroffen sind.[15] Die Beweisaufnahme durch commissioner auf deutschem Territorium ist zwar nicht gänzlich untersagt, unterliegt aber gemäß § 12 AusfG zum HaagBewÜbK einer Genehmigung der zuständigen deutschen Behörde sowie einer richterlichen Kontrolle und kann überdies nicht mit Zwangsmitteln durchgesetzt werden.[16]

Nicht vom HaagBewÜbK geregelt ist hingegen die im Vorfeld eines Gerichtsverfahrens erfolgende rein private Beweisaufnahme ohne Auftrag des Gerichts. Hier ist völkerrechtlich umstritten, ob diese Form der Beweisaufnahme auf deutschem Territorium die Souveränität Deutschlands verletzt, weil die Ergebnisse der Ermittlungen nicht bei den Privatpersonen verbleiben, sondern

---

13 Zur pre-trial-discovery sowie zum HaagBewÜbK siehe bereits oben unter Kapitel 4 III.2.a). Unterschiedlich beurteilt wird, ob nur solche Rechtshilfeersuchen zurückzuweisen sind, die sich auf die Vorlage von Urkunden beziehen – wie es der Wortlaut von Art. 23 HaagBewÜbK nahe legt – oder auch solche Rechtshilfeersuchen verweigert werden können, die sich auf die Vernehmung von Zeugen beziehen, siehe dazu *Heinrich*, in: MünchKomm-ZPO, Art. 23 HaagBewÜbK Rn. 2.

14 „Gesetz zur Ausführung des Haager Übereinkommens vom 15. November 1965 über die Zustellung gerichtlicher und außergerichtlicher Schriftstücke im Ausland in Zivil- oder Handelssachen und des Haager Übereinkommens vom 18. März 1970 über die Beweisaufnahme im Ausland in Zivil- oder Handelssachen" vom 22.12.1977, BGBl. I, S. 3105.

15 *Geimer*, Internationales Zivilprozessrecht, Rn. 2432; *Nagel/Gottwald*, Internationales Zivilprozessrecht, § 8 Rn. 52. Im Rahmen des deutsch-amerikanischen Notenwechsels vom 17.10.1979/ 01.02.1980 wurde jedoch vereinbart, dass US-amerikanische Konsuln in Deutschland auch deutsche und andere nicht amerikanische Staatsangehörige auf freiwilliger Basis befragen können.

16 *Nagel/Gottwald*, Internationales Zivilprozessrecht, § 8 Rn. 57, 59.

vielmehr einem US-amerikanischen Gericht als Beweise vorgelegt werden sollen.[17]

Der Umstand, dass die Ermittlungsergebnisse als Beweise in einem anschließenden Gerichtsverfahren dienen sollen, vermag jedoch nichts an der Tatsache zu ändern, dass die Ermittlungen an sich rein private Handlungen darstellen und auch ausschließlich im privaten Interesse der am Prozess beteiligten Parteien vorgenommen werden. Darüber hinaus stellen sich diese Ermittlungen nach deutschem Zivilprozessrecht nicht als „verfahrensförmige Beweisaufnahme" dar, sondern haben lediglich vorbereitenden Charakter.[18] Solange die Mitwirkung einer deutschen Partei in einem US-amerikanischen Verfahren also nicht durch einen Beschluss eines US-Gerichts erzwungen wird, verstößt diese Beweisaufnahme nicht gegen die deutsche Souveränität in Form der Justizhoheit.[19] Anders als andere europäische Staaten hat Deutschland – abgesehen von § 11 SeeAufG, der aber in Zivilprozessen bislang keine Rolle gespielt hat, da davon nur Unterlagen sowie Auskünfte erfasst sind, die sich auf das Schifffahrtsgeschäft beziehen – auch kein *blocking statute* erlassen, wonach die freiwillige Aussage von Beweispersonen oder die freiwillige Preisgabe von vertraulichen Informationen gegenüber ausländischen Autoritäten außerhalb des HaagBewÜbK unter Androhung von Strafe verboten ist.[20]

(4) Cross Border Investigations als rein private Beweisaufnahme oder völkerrechtswidrige Intervention ausländischer Behörden?

Nachdem soeben die allgemeinen völkerrechtlichen Grenzen staatlicher Ermittlungstätigkeit herausgearbeitet wurden und auch die völkerrechtliche Zulässigkeit extraterritorialer privater Ermittlungen im Rahmen des pre-trial-discovery-Verfahrens begründet wurde, gilt es im folgenden Abschnitt zu untersuchen, ob sich auch Cross Border Investigations als die Souveränität fremder Staaten nicht tangierende rein private Beweisaufnahme oder vielmehr als völkerrechtswidri-

---

17 *Geimer*, Internationales Zivilprozessrecht, Rn. 2424, 2429; *Stadler*, Unternehmensgeheimnis, S. 278; *Stürner*, in: Habscheid, Justizkonflikt, S. 23. Vgl. ferner die Stellungnahme der Bundesregierung in: „Brief for the Federal Republic of Germany as Amicus Curiae" im Fall *Aérospatiale*, 25 ILM (1986), 1539 (1547).

18 *Geimer*, Internationales Zivilprozessrecht, Rn. 462.

19 *Nagel/Gottwald*, Internationales Zivilprozessrecht, § 8 Rn. 34; *Schack*, US-amerikanisches Zivilprozessrecht, S. 54 f.; *Stadler*, Unternehmensgeheimnis, S. 296; *Stürner*, ZVglRWiss 81 (1982), 159 (202). A.A. *Wastl/Litzka/Pusch*, NStZ 2009, 68 (72).

20 *Heinrich*, in: MünchKomm-ZPO, Vor HaagBewÜbK, Rn. 3; *Nagel/Gottwald*, Internationales Zivilprozessrecht, § 8 Rn. 67, § 5 Rn. 310 ff.; *Junker*, Discovery, S. 395 ff.

ger Übergriff ausländischer Behörden auf ein für sie fremdes Hoheitsgebiet darstellen.

Zunächst ist festzustellen, dass die unter dem Einfluss der SEC stehende Beweisaufnahme im Rahmen von Cross Border Investigations nach deutschem Rechtsverständnis ein dem Verwaltungsrecht zuzuordnendes Verfahren darstellt und dementsprechend nicht vom HaagBewÜbK erfasst wird.[21] Gleichwohl sind pre-trial-discovery-Verfahren und Cross Border Investigations in vielerlei Hinsicht vergleichbar,[22] so dass es zu überlegen gilt, ob sich die zur Zulässigkeit des pre-trial-discovery-Verfahrens gefundenen Argumente auf die Konstellation der Cross Border Investigations übertragen lassen.

(a) Cross Border Investigations als der SEC zuzurechnende und damit die Souveränität Deutschlands verletzende Maßnahme

Der zentrale Unterschied beider Rechtsinstitute ist allerdings darin zu sehen, dass die Parteien bei der Beweisbeschaffung im pre-trial-discovery-Vefahren ausschließlich in eigenem Interesse tätig werden, während die Durchführung von Cross Border Investigations auch im Interesse von SEC und DOJ erfolgt. Die beauftragten Anwälte nehmen Tätigkeiten wahr, die herkömmlicherweise in den Aufgabenbereich der SEC bzw. des DOJ fallen.[23] Dieser Umstand spricht dafür, die Ermittlungen der US-amerikanischen Anwälte im Rahmen von Cross Border Investigations nicht als rein private und damit die Souveränität Deutschlands nicht tangierende Handlungen einzustufen, sondern diese vielmehr den sog. schlicht-hoheitlichen Ermittlungen auf ausländischem Territorium gleichzusetzen, deren Zulässigkeit nach überwiegender Auffassung neben der Einwilligung des von den Ermittlungen konkret betroffenen Unternehmens auch das Einverständnis des beeinträchtigten Staates erfordert.[24] Hintergrund dieser Überlegungen ist, eine Umgehung der Regeln zur internationalen Rechtshilfe durch ein „Outsourcing" der Ermittlungen auf Privatpersonen zu vermeiden:

---

21 Vgl. *Stürner*, ZVglRWiss 81 (1982), 159 (180).

22 Vergleiche dazu die Darstellung unter Kapitel 4 III.2.a).

23 Vgl. *Bertele*, Souveränität und Verfahrensrecht, S. 408 sowie *Mössle*, Extraterritoriale Beweisbeschaffung, S. 320.

24 *Mössle*, Extraterritoriale Beweisbeschaffung, S. 320 f. Vgl. auch *Dahm/Dellbrück/Wolfrum*, Völkerrecht, § 177, S. 906 f.; *Stürner*, in: Habscheid, Justizkonflikt, S. 23 sowie *Rehbinder*, Extraterritoriale Wirkungen, S. 396.

„What a state cannot lawfully do through its own officials it cannot achieve indirectly by employing a firm of lawyers, accountants or surveyors."[25]

Für die Einordnung einer Maßnahme als privat oder hoheitlich soll es nach dieser Auffassung nicht auf den Status der ermittelnden Person, d.h. darauf ankommen, ob diese als Privatperson oder hoheitlich als Vertreter des fremden Staates tätig wird, sondern vielmehr – im Sinne einer materiellen Betrachtung – auf den Zweck und den Charakter der von ihr ausgeübten Tätigkeit.[26] Sofern also der Zweck der Ermittlungshandlungen zumindest auch darin liegt, die Ermittlungstätigkeit von SEC und DOJ gezielt zu unterstützen, indem z.B. umfangreiches Beweismaterial an die US-amerikanischen Behörden weitergegeben und diesen regelmäßig Bericht erstattet wird, träten die privaten Ermittlungshandlungen funktional an die Stelle hoheitlicher Ermittlungen und müssten dann auch in völkerrechtlicher Hinsicht wie solche behandelt werden.[27] Angesichts der bestimmenden Rolle der SEC, die die exorbitant hohen Strafen, die bei einem Verstoß gegen US-amerikanische Kapitalmarktvorschriften und sonstige anti-fraud-Bestimmungen verhängt werden können, als Drohkulisse benutzt, um die Art und Weise der Ausgestaltung von Cross Border Investigations maßgeblich beeinflussen zu können und die zudem auf eine regelmäßige und umfassende Berichterstattung der von ihr empfohlenen „Vertrauenskanzlei" drängt, stellt sich überdies die Frage, ob die vom Unternehmen eingesetzten externen Ermittler nicht sogar faktisch von der SEC weisungsabhängig sind.[28] Wie an anderer Stelle bereits ausführlich dargestellt, empfinden diejenigen Unternehmen, die in den Fokus der SEC geraten, die Ausgestaltung des US-amerikanischen Sanktionssystems als derart existenzbedrohend, dass sie sich häufig schon in einer Art vorauseilendem Gehorsam den Anforderungen beugen, die die SEC an die Aufklärung der Verdachtsmomente und die Kooperationsbereitschaft stellt, und die internen Ermittlungen vollständig nach den Vorgaben der SEC durchführen.[29] Wo sich diese Einsicht bei den Unternehmen noch nicht durchgesetzt hat, werden spätestens die Anwälte der beauftragten Vertrauenskanzlei dem Unternehmen in dessen Interesse zu einer umfassenden Kooperation mit der SEC raten,

---

25 *Mann*, Recueil des Cours 111 (1964-I), 9 (139 f.). Vgl. auch *Dann/Schmidt*, NJW 2009, 1851 (1852); *Pfordte*, in; Strafverteidigung im Rechtsstaat, S. 741 (742) sowie *Wehnert*, NJW 2009, 1190 (1191).

26 *Dahm/Dellbrück/Wolfrum*, Völkerrecht, § 177, S. 906; *Mann*, Recueil des Cours 111 (1964-I), 9 (140).

27 *Behrens*, RIW 2009, 22 (27); *v. Rosen*, BB 2009, 230 (230 f.); *Wastl/Litzka/Pusch*, NStZ 2009, 68 (70).

28 *V. Rosen*, BB 2009, 230; *Wastl*, Kreditwesen 2008, 604 (606).

29 Siehe dazu bereits oben unter Kapitel 2 III.2.b) und Kapitel 3 I.1.

um die Verhängung erdrückender Sanktionen zu vermeiden.[30] Hieraus wird ersichtlich, dass die SEC sowohl die Ausgestaltung der Internal Investigations im Allgemeinen als auch deren Durchführung im Einzelfall faktisch bis in die Details beeinflussen kann, so dass die externen Ermittler mehr wie ein verlängerter Arm der SEC wirken, denn wie unabhängige externe Ermittler.[31] Auch dieser tatsächliche Befund spricht für eine Gleichsetzung der Beweisaufnahme im Wege von Cross Border Investigations mit sonstigen schlicht-hoheitlichen Ermittlungshandlungen mit der Konsequenz, dass diese nur mit ausdrücklicher Zustimmung Deutschlands vorgenommen werden dürften, andernfalls aber einen Verstoß gegen das Territorialitätsprinzip und damit zugleich eine Verletzung des innerstaatlichen deutschen Rechts darstellten.[32] Ähnlich stellt sich die Situation dar, wenn neben der SEC auch das DOJ in die Ermittlungen involviert ist, da auch das DOJ ein erhebliches Interesse an den Ermittlungsergebnissen hat und die Ermittlungen der beauftragten Anwälte auch insoweit funktional an die Stelle eigener Ermittlungstätigkeit des DOJ treten. Auch in diesem Fall wären die entsprechenden Ermittlungen der beauftragten Anwälte demnach als rechtswidrig einzustufen.

Folgt man dieser Auffassung, die die Ermittlungen durch die externen Anwälte im Rahmen von Cross Border Investigations für rechtswidrig hält, müsste man sich sodann die Folgefrage stellen, ob die auf diesem Weg erlangten Informationen in einem etwaigen späteren Straf- oder Bußgeldverfahren gegen die betroffenen Mitarbeiter oder das Unternehmen verwertet werden dürfen oder ob zum Schutz der Betroffenen vor derart rechtswidrigen Praktiken nicht vielmehr ein Verwertungsverbot eingreifen muss.[33]

(b) Cross Border Investigations als nach völkerrechtlichen Grundsätzen zulässige private Beweisaufnahme

Gegen eine Klassifizierung der formell privaten Ermittlungen als schlicht-hoheitliche Handlungen spricht jedoch, dass weder die SEC noch das DOJ das Unternehmen ausdrücklich zur Vornahme einer Cross Border Investigation auffordern, insbesondere bei Nichtdurchführung keine Zwangsmittel in Aussicht stellen, sondern die Unternehmen vielmehr „freiwillig“ interne Ermittlungen durchführen, um die im Rahmen des Leon-Meredith-Reports bzw. der Richtlinien des DOJ genannten Kriterien der SEC und des DOJ zu erfüllen und damit ein

30 *V. Rosen*, BB 2009, 230.

31 *Behrens*, RIW 2009, 22 (26).

32 Vgl. *Tiedemann*, FS Bockelmann, S. 819 (825).

33 Vgl. zu dieser Frage eingehend *Tiedemann*, FS Bockelmann, S. 819 (825 ff.). Siehe ferner *Hackner/Lagodny/Schomburg/Wolf*, Rechtshilfe, Rn. 237.

möglichst hohes Entgegenkommen bei der Sanktionsfindung zu erreichen.[34] Insoweit ist noch einmal hervorzuheben, dass Cross Border Investigations im hier zugrunde gelegten Begriffsverständnis nicht auf einer formal order der SEC beruhen und sich damit nicht als Teil eines offiziellen Enforcement-Verfahrens darstellen, sondern vielmehr einen informellen Weg der Verfahrensbeendigung beschreiben.[35]

Entscheidet sich ein Unternehmen dafür, mit einer ausländischen Behörde wie der SEC oder dem DOJ zu kooperieren, um damit die eigene Existenz zu sichern oder zumindest drohende Nachteile möglichst gering zu halten, darf ihm diese Möglichkeit nicht dadurch verwehrt werden, dass in dieser Kooperation mit einer ausländischen Behörde eine Verletzung der Souveränität Deutschlands gesehen wird. Andernfalls würde der Zweck des Völkerrechts, der aus Sicht Deutschlands zumindest auch darin liegt, die Interessen der deutschen Staatsbürger zu schützen,[36] konterkariert.[37] Denn wäre den Unternehmen eine freiwillige Kooperation mit den US-amerikanischen Behörden auch über nationale Grenzen hinweg aufgrund völkerrechtlicher Souveränitätsklauseln untersagt, stünden Unternehmen mit Sitz außerhalb der USA schlechter dar, da sie von den Vergünstigungen, die die SEC und das DOJ in ihren Richtlinien zur Verfügung stellen, abgeschnitten wären.[38]

Es lässt sich auch nicht mit Erfolg einwenden, dass die Unternehmen sich nicht freiwillig, sondern nur angesichts der ansonsten von der SEC bzw. dem DOJ verhängten exorbitanten Sanktionen für die Durchführung von Internal Investigations nach den Vorgaben der SEC entschieden und diese Form der Beweisermittlung damit von den US-amerikanischen Behörden faktisch erzwungen würde.[39] Ein lediglich faktischer Zwang kann – zumindest unter völkerrechtlichen Gesichtspunkten – nicht mit einem rechtlichen Zwang gleich gesetzt werden und macht die Entscheidung des betroffenen Unternehmens nicht unfreiwil-

34 Vgl. *Mann*, Recueil des Cours 111 (1964-I), 9 (137). Zu den von der SEC im Leon-Meredith-Report aufgestellten Kriterien und dem durch das US-Sanktionssystem aufgebauten faktischen Zwang zur Durchführung von Internal Investigations siehe bereits oben unter Kapitel 2 III.2.b) und Kapitel 3 I.4.e).

35 Siehe dazu oben unter Kapitel 3 I.a).

36 *Stadler*, Unternehmensgeheimnis, S. 288 f. Vgl. auch *Stürner*, ZVglRWiss 81 (1982), 159 (184) sowie *Mann*, Recueil des Cours 111 (1964-I), 9 (138 f.).

37 Vgl. *Schack*, US-amerikanisches Zivilprozessrecht, S. 53.

38 *Wehnert*, NJW 2009, 1190 (1193).

39 So aber *Stürner*, ZVglRWiss 81 (1982), 159 (209) sowie *ders.*, in: Habscheid, Justizkonflikt, S. 23 f., der eine Zustimmung der von der Beweisaufnahme betroffenen Person nur dann ausreichen lassen will, wenn sie wirklich freiwillig, d.h. auch frei von jeglichem mittelbaren Zwang erfolgt.

lig. Erstens stellen sich die bei einem bestimmten Verhalten zu erwartenden prozessualen Nachteile als allgemeines Prozessrisiko dar, dem auch eine ausländische Partei ausgesetzt ist, wenn sie der fremden Gerichtshoheit unterliegt.[40] Zweitens liegt Freiwilligkeit grundsätzlich auch dann vor, wenn die Wahl zwischen zwei Möglichkeiten besteht, von denen beide mit Nachteilen behaftet sind. Entscheidend ist allein, dass von außen kein Zwang auf die Entscheidung in die eine oder andere Richtung ausgeübt wird.[41] Die für eine freiwillige Entscheidung konstitutive Wahlmöglichkeit bleibt dem Unternehmen aber auch im Fall von Cross Border Investigations enthalten: Nur dasjenige Unternehmen, das ein Entgegenkommen bei der Sanktionsfindung erlangen und somit von den Vorteilen des US-amerikanischen Rechtssystems profitieren möchte, muss kooperieren; rechtlich verpflichtet ist es hierzu jedoch nicht. Vielmehr bleibt es dem betroffenen Unternehmen unbenommen, ein streitiges Verfahren mit den US-amerikanischen Behörden zu führen. Auch die Erwartung der SEC und des DOJ, das betroffene Unternehmen werde sich an den in den verschiedenen Richtlinien niedergelegten Kriterien orientieren und eine Gegenleistung in Form einer umfassenden Kooperation erbringen, macht die tatsächliche Entscheidung über die Erbringung der Kooperationsleistungen nicht unfreiwillig.[42] Im Rahmen der Entscheidungsfindung wird das Unternehmen vielmehr zunächst die verschiedenen Faktoren, die für und gegen eine umfassende Kooperation sprechen, gewichten und erst dann eine abschließende Entscheidung treffen.[43] Wo aber durch das Rechtssystem eines ausländischen Staates kein *rechtlicher* Kooperationszwang statuiert wird, sondern allein ein *faktischer* besteht und eine Kooperation damit zur bloßen Obliegenheit des Unternehmens wird, kann nicht von einer staatlichen Veranlassung der Ermittlungen gesprochen werden.

Darüber hinaus muss man differenzieren: Zwar darf ein Staat sein extraterritoriales Handeln nicht durch die Inanspruchnahme von Privatpersonen tarnen und damit versuchen, völkerrechtliche Beschränkungen gezielt zu umgehen. Andererseits darf ein Staat dem anderen auch nicht vorschreiben, welcher Angelegenheiten sich dieser selbst anzunehmen hat und welche er den Bürgern überlassen kann.[44] Vielmehr muss die Entscheidung des US-amerikanischen Gesetzgebers für das adversary system beachtet und auch respektiert werden, wonach die Beweisermittlung grundsätzlich den Parteien überlassen ist und nicht – wie in Deutschland – als hoheitliche Aufgabe betrachtet wird. Hat sich ein Staat für

---

40 *Stadler*, Unternehmensgeheimnis, S. 289.

41 *Stadler*, Unternehmensgeheimnis, S. 289. Vgl. auch *Gutmann*, Freiwilligkeit, S. 112 f. sowie *Rogall*, Beschuldigter, S. 184.

42 *Knauer/Buhlmann*, AnwBl 2010, 387 (390); *Dann/Schmidt*, NJW 2009, 1851 (1852).

43 Vgl. *Wybitul*, BB 2009, 606 (607).

44 *Bertele*, Souveränität und Verfahrensrecht, S. 91.

eine private Beweisaufnahme entschieden, stellen die entsprechenden Handlungen der Privatpersonen auch im Ausland, das diese Form der Beweiserhebung nicht kennt, Privatakte dar und begründen damit keinen Verstoß gegen das Völkerrecht.[45] Wollte man das Handeln der Privatpersonen hingegen aus Sicht des Staates qualifizieren, in dem gehandelt wird, führte dies dazu, dem anderen Staat mittelbar die eigenen Rechtsvorstellungen aufzudrängen.[46]

Anders wäre die Situation nur dann zu beurteilen, wenn ein Staat eine Privatperson beauftragt, im Ausland in einer Form tätig zu werden, die im Inland nur durch ein Staatsorgan möglich wäre.[47] Dies ist bei Cross Border Investigations hingegen nicht der Fall. Vielmehr setzt die SEC auch bei Ermittlungen in US-amerikanischen Unternehmen, also in Fällen ohne grenzüberschreitenden Bezug, auf private Aufklärungsmaßnahmen und wird nur in seltenen Fällen selbst tätig. Darüber hinaus ist es Privatpersonen nach US-amerikanischem Recht ausdrücklich gestattet, die Beweiserhebung mittels Befragungen von Mitarbeitern, Herausgabeverlangen in Bezug auf bestimmte Dokumente sowie Betreten der Wohn- und Geschäftsräume durchzuführen.[48] Dies ist aber auch der rechtliche Rahmen, innerhalb dessen sich Cross Border Investigations in Deutschland abspielen.

Hinzu kommt, dass auch ein deutsches Gericht im Einzelfall keine Bedenken hat, eine Partei zu Handlungen zu verpflichten, die im Ausland vorgenommen werden müssen,[49] oder nachteilige Rechtsfolgen daran zu knüpfen, dass ein Ausländer die ihm von einem deutschen Prozessgericht auferlegten Mitwirkungspflichten verletzt.[50] Auch die deutschen Finanzgerichte halten sich für befugt, Steuerschuldner dazu anzuhalten, Urkunden zu beschaffen, die sich im Ausland, beispielsweise bei einer konzernverbundenen Gesellschaft befinden.[51]

---

45 *Stürner*, in: Habscheid, Justizkonflikt, S. 23.

46 *Bertele*, Souveränität und Verfahrensrecht, S. 91 f.

47 *Bertele*, Souveränität und Verfahrensrecht, S. 406.

48 Rules 26(a), 30 f., 33-36 FRCP. Dazu eingehend *Junker*, Discovery, S. 145 ff.

49 *Schlosser*, Justizkonflikt, S. 17 ff., 21; *Stürner*, in: Habscheid, Justizkonflikt, S. 25 f. Beispiele: OLG Stuttgart ZZP 1997 (1984), 487 (488): Verurteilung des deutschen Beklagten, auf seinem spanischen Feriengrundstück ein Gitter anzubringen; LG Nürnberg-Fürth IPRspr. 1974, Nr. 188: Verurteilung eines italienischen Beklagten zur Überlassung eines Buchauszuges und einer Abrechung; sowie OLG Nürnberg IPRspr. 1980 Nr. 144: Durchsetzung eines materiell-rechtlichen Auskunftsanspruchs gegen einen im Ausland wohnenden Erbschaftsbesitzer.

50 BGH NJW 1986, 2371 m. Anm. *Schlosser*, IPRax 1987, 153: Der BGH setze selbstverständlich voraus, dass die beklagte Partei – ein italienischer Staatsbürger – wie eine inlandsansässige Partei zur Mitwirkung bei der Beweisaufnahme auf deutschem Territorium verpflichtet sei.

51 BFHE 118, 553 (557 f.).

Schließlich richtet auch das Bundeskartellamt gelegentlich informelle Auskunftsersuchen an ausländische Unternehmen, die es zwar nicht mit Zwang durchsetzen kann, bei denen die befragten Unternehmen aber oftmals im eigenen Interesse – sei es als Verfahrensbeteiligter zur Vermeidung eigener Rechtsnachteile oder zur Förderung des Verfahrens als (beschwerdeführender) Dritter – bereit sind, die entsprechenden Auskünfte zu geben.[52]

Anhand dieser Beispiele wird ersichtlich, dass auch das deutsche Recht nicht davon ausgeht, dass einem Staat die Anordnung von Handlungen, die im Ausland vorzunehmen sind, in völkerrechtlicher Hinsicht grundsätzlich verboten ist oder dass das bloße Inaussichtstellen von prozessrechtlichen Nachteilen einen unzulässigen Zwang zur Kooperation und damit einen Völkerrechtsverstoß begründet.[53] Im Gegenteil: Eine allgemeine Regel des Völkergewohnheitsrechts, die es Gerichten und Behörden eines Staates verbietet, Handlungen anzuordnen, die aus fremdem Territorium heraus vorzunehmen sind, gibt es nicht.[54] Ein Völkerrechtsverstoß steht vielmehr erst dann im Raum, wenn ein Staat versucht, seine Anordnungen mit der Androhung von Zwang durchzusetzen.[55] Trotz dieser Rahmenbedingungen nun zu behaupten, die Anordnung eines US-amerikanischen Gerichts, eine Partei möge ihren Pflichten zur Beweisbeschaffung auch auf deutschem Territorium nachkommen, stelle einen Völkerrechtsverstoß dar, gleiches Verhalten deutscher Behörden und Gerichte aber zu akzeptieren, würde bedeuten, mit zweierlei Maß zu messen. Dies ist im Hinblick auf den völkerrechtlichen Grundsatz der souveränen Gleichheit aller Staaten nicht tragbar.

Befolgt ein ausländisches Unternehmen nun eine derartige – nach völkerrechtlichen Grundsätzen prinzipiell zulässige – staatliche Anweisung bzw. Empfehlung[56], interne Ermittlungen durchzuführen oder durch eigens beauftragte Anwälte durchführen zu lassen, kann man auch nicht argumentieren, allein die im weitesten Sinne staatliche Veranlassung der Sachverhaltsaufklärung mache diese Ermittlungstätigkeit des Unternehmens bzw. der beauftragten Anwälte zu einer hoheitlichen Tätigkeit: Selbst derjenige, der einem staatlichen Hoheitsakt,

---

52 *Wiedemann*, in: Wiedemann, Kartellrecht, § 5 Rn. 56.

53 *Schlosser*, Justizkonflikt, S. 19.

54 *Junker*, Discovery, S. 393; *Schlosser*, Justizkonflikt, S. 21.

55 *Schlosser*, Justizkonflikt, S. 20. Vgl. dazu ferner *Stadler*, Unternehmensgeheimnis, S. 290; *Mössle*, Extraterritoriale Beweisbeschaffung, S. 319; „Brief for the Federal Republic of Germany as Amicus Curiae“ im Fall *Aérospatiale*, 25 ILM (1986), 1539 (1546). A.A. *Bertele*, Souveränität und Verfahrensrecht, S. 108; *Junker*, Discovery, S. 393 f.

56 Da Cross Border Investigations nicht auf einer formal order der SEC beruhen, ließe sich in diesem Zusammenhang besser von einer „Handlungsempfehlung“ der SEC sprechen.

d.h. einer mit Zwang durchzusetzenden hoheitlichen Regelung Folge leistet, handelt nicht selbst hoheitlich.[57] Dies muss dann erst recht gelten, wenn es – wie im Fall von Cross Border Investigations – schon an einer formal order der SEC und damit an einem staatlichen Hoheitsakt fehlt, sondern das Unternehmen sich vielmehr aus eigenem Interesse entscheidet, die Handlungsempfehlungen von SEC und DOJ umzusetzen.

Soweit mit der Behauptung der Völkerrechtswidrigkeit von Cross Border Investigations im Übrigen auch der Zweck verfolgt wird, die durch die interne Sachverhaltsaufklärung in ihren Rechten besonders betroffenen Mitarbeiter des Unternehmens zu schützen,[58] ist dies der falsche Ansatz. Der Schutz der Mitarbeiter ist nicht durch ein generelles Verbot von Cross Border Investigations durchzusetzen, da dies immer auch zu Nachteilen für das Unternehmen im Ganzen führt. Es muss im Gegenteil auf individueller Ebene angesetzt und der Schutz der Mitarbeiter durch eine entsprechende Ausgestaltung der unternehmensinternen Ermittlungen sichergestellt werden.

(c) Zwischenergebnis

Auch wenn das US-amerikanische Sanktionssystem und die Vorgaben der SEC sowie des DOJ die Durchführung und Ausgestaltung von Cross Border Investigations maßgeblich beeinflussen, führt dies nicht dazu, dass diese Form der Beweisaufnahme auf fremdem Territorium als ein die Souveränität des betroffenen Staates verletzendes Handeln einzustufen ist. Vielmehr handelt es sich bei den Ermittlungen der beauftragten Anwälte um eine völkerrechtlich zulässige Form privater Beweisaufnahme.

cc) Ergebnis

Als Ergebnis dieses Abschnitts lässt sich festhalten, dass Cross Border Investigations auch aus deutscher Sicht eine Form rein privater Beweisaufnahme darstellen und damit nicht mit einem völkerrechtlich unzulässigen Übergriff staatlicher Behörden auf ein für sie fremdes Hoheitsgebiet verbunden sind. Cross Border Investigations begründen somit keinen Verstoß gegen das Territorialitätsprinzip und das völkerrechtliche Gebot der Achtung fremder Gebietshoheit.

---

57 *Bertele*, Souveränität und Verfahrensrecht, S. 92 f. Vgl. auch *Stadler*, Unternehmensgeheimnis, S. 284.

58 In diese Richtung *Stürner*, ZVglRWiss 81 (1982), 159 (184, 209).

b) Beachtung des Rechtshilfeabkommens zwischen Deutschland und den USA

Mehr noch als die extraterritoriale Beweisaufnahme in Zivil- und Verwaltungsverfahren unterliegt die Strafverfolgungstätigkeit einer Behörde außerhalb des eigenen Hoheitsgebiets Beschränkungen in völkerrechtlicher Hinsicht.[59] Sollen im Zusammenhang mit einem laufenden Strafverfahren Beweise gesichert werden, die sich auf fremdem Territorium befinden, so ist dies nur im Wege der Rechtshilfe möglich.[60] Ein nicht bewilligtes Tätigwerden ausländischer Ermittlungsorgane auf dem Hoheitsgebiet der Bundesrepublik Deutschland stellt grundsätzlich einen Verstoß gegen ihre Souveränität in Form der Justizhoheit dar.[61]

Da die im Rahmen von Cross Border Investigations durch die privaten Ermittler zu Tage geförderten Ergebnisse in der Regel nicht nur der SEC, sondern auch dem DOJ zur Verfügung gestellt werden und somit als Beweise Eingang in ein strafrechtliches Verfahren gegen das betroffene Unternehmen oder dessen Mitarbeiter in den USA finden können, ist der Verdacht, Cross Border Investigations führten zu einer faktischen Umgehung der zwingenden Verfahrensvorschriften zur internationalen Rechtshilfe in Strafsachen, nicht ganz von der Hand zu weisen.[62] Dies gilt umso mehr, wenn man sich die Ähnlichkeit der Vorgehensweise der US-amerikanischen Anwälte mit denen deutscher Ermittlungsbehörden vor Augen führt: Die im Rahmen von Cross Border Investigations anzutreffenden Ermittlungen sind zielgerichtet, straff organisiert und zeichnen sich durch einen bemerkenswerten finanziellen und logistischen Aufwand aus.[63] Dass es sich bei den beauftragten Ermittlern um Privatpersonen handelt, soll daher nach verbreiteter Auffassung nichts daran ändern, dass sich diese Ermittlungen im Ergebnis als systematische Strafverfolgungstätigkeit darstellen.[64]

Anders als die zuständigen Ermittlungsbehörden sind Privatpersonen jedoch grundsätzlich nicht verpflichtet, ein Rechtshilfeersuchen zu stellen, sondern können auch im Ausland prinzipiell jede beliebige Form von Ermittlungen durchführen. Machen sich nun SEC und DOJ die Ermittlungsergebnisse von

---

59 Vgl. *Hackner/Lagodny/Schomburg/Wolf*, Rechtshilfe, Rn. 35 sowie *Tiedemann*, FS Bockelmann, S. 819 (823).

60 *Behrens*, RIW 2009, 22 (27 f.); *v. Rosen*, BB 2009, 230 (230 f.); *Bertele*, Souveränität und Verfahrensrecht, S. 455; *Tiedemann*, FS Bockelmann, S. 819 (828).

61 *Lagodny*, in: Schomburg/Lagodny/Gleß/Hackner, IRG, Vor § 59 Rn. 5. Vgl. auch die obigen Ausführungen unter Kapitel 5 I.1.a)bb)(2). In der Schweiz ist eine Umgehung des Rechtshilfeverkehrs sogar strafbar, siehe *Knierim*, StV 2009, 324 (325).

62 *Wastl*, Kreditwesen 2008, 604 (607).

63 *Jahn*, StV 2009, 41 (43).

64 *Wastl/Litzka/Pusch*, NStZ 2009, 68 (70).

Cross Border Investigations gezielt zunutze, auf die sie selbst sonst überhaupt nicht oder nur unter mühevoller Inanspruchnahme offizieller Kanäle zugreifen könnten, entsteht der Eindruck, die US-amerikanischen Anwälte agierten in tatsächlicher Hinsicht zumindest auch als Ermittlungshelfer von SEC und DOJ mit der Folge, dass dies im Ergebnis zu einer Umgehung der Vorschriften zur internationalen Rechtshilfe in Strafsachen führen könnte.[65]

Bevor zu diesen Vorwürfen Stellung genommen wird (unter bb)), sollen die für den deutsch-amerikanischen Rechtshilfeverkehr in Strafsachen einschlägigen Normen überblicksartig dargestellt werden (dazu sogleich unter aa)).

aa) Anzuwendende Normen

(1) International: Vertrag zwischen Deutschland und den USA über Rechtshilfe in Strafsachen vom 14.10.2003 nebst Zusatzvertrag vom 18.04.2006

Die bereits oben im Zusammenhang mit der Reichweite des völkerrechtlichen Territorialitätsprinzips angesprochenene unterschiedliche Auffassung der Rechtsordnungen beider Länder im Hinblick auf die Frage, inwieweit ein Staat zur Vornahme von einseitigen Maßnahmen mit extraterritorialer Wirkung befugt ist, hat auch das Zustandekommen eines bindenden Rechtshilfevertrags zwischen Deutschland und den USA lange Zeit erheblich erschwert. So beschränkte sich der Rechtshilfeverkehr zwischen beiden Ländern aus deutscher Sicht zunächst auf die konsularische Rechtshilfe und fand ansonsten – wenn überhaupt – nur in einem informellen Rahmen statt. Erst mit einem Notenwechsel zwischen beiden Ländern vom 07.11.1960/ 28.12.1960/ 03.01.1961,[66] in dem sich beide Seiten ihre Bereitschaft zur gegenseitigen Rechtshilfe versicherten, wurde ein größeres Maß an Rechtssicherheit geschaffen. Weitergehende Versuche, einen bindenden Rechtshilfevertrag über die sog. sonstige Rechtshilfe[67] abzuschließen, scheiterten jedoch stets an den divergierenden Auffassungen beider Staaten hinsichtlich der Reichweite der eigenen Justizhoheit. Erst die durch den Terroranschlag vom 11. September 2001 ausgelöste intensive Zusammenarbeit zwischen deutschen und US-amerikanischen Sicherheitsbehörden führte dazu, dass es am 14.10.2003 zum Abschluss des *Vertrag[s] zwischen der Bundesrepublik Deutschland und den Vereinigten Staaten von Amerika über die Rechtshilfe in Strafsachen* (US-RhV) kommen konnte, der am 18.04.2006 noch um einen Zu-

65 *Dann/Schmidt*, NJW 2009, 1851 (1852); *v. Rosen*, BB 2009, 230 (231); *Wehnert*, NJW 2009, 1190 (1191); *Westphal*, Verhandlungen 67. DJT, L129 f.

66 Abgedruckt in BGBl. 1961 II, S. 472-474.

67 Als sonstige oder kleine Rechtshilfe wird jede Form von Rechtshilfe bezeichnet, die sich nicht auf die Auslieferung von Personen oder die Vollstreckung ausländischer Urteile bezieht.

satzvertrag ergänzt wurde.[68] Das entsprechende Ratifizierungsgesetz, dessen es gemäß Art. 59 Abs. 2 Satz 1 GG bedarf, damit die genannten völkerrechtlichen Verträge auch innerstaatlich Anwendung finden, wurde am 02.11.2007 im Bundesgesetzblatt verkündet.[69]

Als zentrale Bestimmung enthält Art. 1 Abs. 1 US-RhV die Verpflichtung beider Länder, sich gegenseitig Rechtshilfe in strafrechtlichen Ermittlungsverfahren sowie Strafverfahren zu leisten. Auch ein nach deutschem Recht im Hinblick auf eine Ordnungswidrigkeit angestrengtes Verfahren ist dabei als strafrechtliches Ermittlungsverfahren im Sinne des Vertrags zu klassifizieren, soweit dasselbe Vergehen nach US-amerikanischem Recht eine Straftat darstellt und dort zu einem Gerichts- oder Strafverfahren führen kann. Grundsätzlich ist die Leistung von Rechtshilfe aber nicht davon abhängig, dass die zugrunde liegende Handlung, deretwegen das Rechtshilfeersuchen gestellt wurde, in beiden betroffenen Staaten verfolgt wird.[70] Gemäß Art. 1 Abs. 1 Nr. 3 US-RhV in der Fassung des Zusatzvertrags vom 18.04.2006 kann Rechtshilfe nach dem US-RhV ferner auch in Verwaltungsverfahren geleistet werden, sofern die zuständige Verwaltungsbehörde die Ermittlungen zumindest auch mit Blick auf die Weitergabe der Informationen an die zuständige Strafverfolgungsstelle führt. Demnach würde der US-RhV sowohl auf ein Rechtshilfeersuchen des DOJ als auch auf ein solches der SEC Anwendung finden, da die SEC – wie oben bereits beschrieben[71] – ihre im Rahmen ihrer aufsichtsrechtlichen Tätigkeit erlangten Informationen in der Regel auch an das DOJ weitergibt oder das DOJ zumindest deren Offenlegung verlangt.

Als Formen der Rechtshilfe kommen gemäß Art. 1 Abs. 2 US-RhV unter anderem die Abnahme von Aussagen und anderen Erklärungen (Art. 1 Abs. 2 Nr. 3 US-RhV), die Überlassung von Urkunden, Akten und anderen Gegenständen (Art. 1 Abs. 2 Nr. 5 US-RhV) sowie Durchsuchungen und Beschlagnahmen (Art. 1 Abs. 2 Nr. 6 US-RhV) in Betracht. Dabei richtet sich die Erledigung der Rechtshilfeersuchen gemäß Art. 19 Abs. 1 US-RhV stets nach dem Recht des ersuchten Staates. Dies hat einerseits zur Folge, dass die notwendigen Informationen notfalls auch mit Hilfe von Zwangsanwendung erlangt werden können, vgl. Art. 1 Abs. 5 Satz 1 sowie Art. 10 Abs. 1 US-RhV. Andererseits bedeutet dies, dass die Durchführung der entsprechenden Rechtshilfemaßnahmen stets

---

68 Zur historischen Entwicklung der Rechtshilfebeziehungen zwischen Deutschland und den USA siehe *Krüßmann*, Transnationales Strafprozessrecht, S. 497. Zur Bedeutung des Terroranschlags vom 11. September 2001 auf den Abschluss dieses und weiterer zentraler Rechtshilfeabkommen vgl. ferner *Wächtler*, CILIP 76 (3/2003), 57 (57, 64).

69 BGBl. 2007 II, S. 1620.

70 Vgl. Art. 1 Abs. 4 US-RhV sowie *Wächtler*, CILIP 76 (3/2003), 57 (62).

71 Siehe Kapitel 3 I.5.b)dd).

nur im Einklang mit den Vorgaben der deutschen StPO erfolgen darf und insbesondere sämtliche strafprozessuale Verfahrensrechte der Betroffenen – Auskunfts- und Zeugnisverweigerungsrechte, Recht auf anwaltlichen Beistand, Recht auf Akteneinsicht, Anspruch auf rechtliches Gehör etc. – beachtet werden müssen.

(2) National: Gesetz über die internationale Rechtshilfe in Strafsachen (IRG) und Richtlinien für den Verkehr mit dem Ausland in strafrechtlichen Angelegenheiten (RiVASt)

Die innerstaatliche Rechtsgrundlage für deutsche Behörden und Gerichte bei der Unterstützung eines ausländischen Strafverfahrens ist das Gesetz über die internationale Rechtshilfe in Strafsachen (IRG). Dieses Gesetz wird durch eine Staatsanwaltschaften und Behörden gleichermaßen bindende Verwaltungsvorschrift konkretisiert, die Richtlinien für den Verkehr mit dem Ausland in strafrechtlichen Angelegenheiten enthält (RiVASt).[72]

(a) IRG

Neben den „klassischen" Rechtshilfematerien wie Auslieferung, Durchlieferung und Inlandsvollstreckung ausländischer Erkenntnisse zählt gemäß § 59 Abs. 2 IRG auch jede sonstige Unterstützung, die für ein ausländisches Verfahren in strafrechtlichen Angelegenheiten gewährt wird, zu den vom IRG erfassten Rechtshilfesachen und zwar unabhängig davon, ob das ausländische Verfahren vor einer Behörde oder einem Gericht betrieben wird.[73] Ob sich ein Ersuchen auf eine „strafrechtliche Angelegenheit" bezieht, wird dabei aus Sicht des deutschen Rechts beurteilt, indem das konkrete ausländische Verfahren mit demjenigen Verfahren verglichen wird, das in diesem Fall nach deutschem Recht eingeleitet werden würde; dabei ist auch die Einleitung eines Ordnungswidrigkeitenverfahrens ausreichend, um den Begriff der strafrechtlichen Angelegenheit zu erfüllen.[74] Die Beschränkung der Rechtshilfe auf „strafrechtliche Angelegenheiten" bedeutet zwar nicht, dass einem entsprechenden Ersuchen eines ausländischen Staates schon dann nicht stattgegeben werden darf, wenn dieser aus der Straftat auch zivil- und verwaltungsrechtliche Konsequenzen zu ziehen beabsichtigt. Die Beschränkung ist vielmehr dahingehend zu verstehen, dass der er-

72 *Wastl/Litzka/Pusch*, NStZ 2009, 68 (71 f.); *Schuster*, Börsenrecht, S. 636.

73 *Hackner/Lagodny/Schomburg/Wolf*, Rechtshilfe, Rn. 1; *Schuster*, Börsenrecht, S. 636.

74 Vgl. § 1 Abs. 2 IRG. Siehe ferner *Lagodny*, in: Schomburg/Lagodny/Gleß/Hackner, IRG, § 1 Rn. 2, § 59 Rn. 9 sowie *Schuster*, Börsenrecht, S. 636. Das Erfordernis gegenseitiger Strafbarkeit wird demnach vom IRG nicht vorausgesetzt.

suchende Staat diejenigen Informationen, die er im Wege der Rechtshilfe erhält, nur im Rahmen des jeweiligen Strafverfahrens, dessentwegen er um Rechtshilfe ersucht hat, nicht jedoch für mit der Straftat zusammenhängende zivil- und verwaltungsrechtliche Verfahren verwerten darf.[75]

Gemäß § 59 Abs. 3 IRG darf sonstige Rechtshilfe grundsätzlich nur in denjenigen Fällen geleistet werden, in denen auch deutsche Gerichte oder Behörden einander Rechtshilfe leisten dürften. Demnach richtet sich die Zulässigkeit eines Rechtshilfeersuchens in jedem Fall nach den Vorgaben des deutschen Rechts, so dass Rechtshilfe stets nur unter Beachtung sämtlicher Geheimnisschutz-, Immunitäts-, Beschlagnahmeverbots-, Auskunftsverbots- und Beweisbeschränkungsvorschriften sowie der entsprechenden Belehrungsvorschriften, die das deutsche Recht statuiert, möglich ist.[76] Dem von einer Rechtshilfemaßnahme Betroffenen ist darüber hinaus rechtliches Gehör zu gewähren. Er hat ferner auch in einem Rechtshilfeverfahren das Recht auf anwaltlichen Beistand.[77]

Allerdings findet das IRG gemäß § 1 Abs. 3 IRG nur Anwendung, soweit speziellere völkerrechtliche Vereinbarungen, die in innerstaatliches Recht transformiert wurden und damit unmittelbare Geltung beanspruchen, nicht existieren. Das IRG dient damit nur lückenfüllend als Rechtsquelle; die in internationalen Übereinkommen enthaltenen Bestimmungen zur Rechtshilfe haben stets Vorrang.[78] Da Deutschland auch mit den USA ein Rechtshilfeübereinkommen abgeschlossen und ratifiziert hat, findet das IRG auf etwaige Rechtshilfeersuchen der USA allenfalls ergänzende Anwendung. Grundsätzlich richten sich deren Zulässigkeit und Umfang vielmehr allein nach dem soeben unter (1) dargestellten US-RhV nebst Zusatzvertrag vom 18.04.2006.[79]

(b) Richtlinien für den Verkehr mit dem Ausland in strafrechtlichen Angelegenheiten (RiVASt)

Wie bereits erwähnt, werden die verschiedenen völkerrechtlichen Abkommen sowie das IRG durch eine bindende Verwaltungsvorschrift, die *Richtlinien für den Verkehr mit dem Ausland in strafrechtlichen Angelegenheiten* (RiVASt),

---

75 *Lagodny*, in: Schomburg/Lagodny/Gleß/Hackner, IRG, § 59 Rn. 10.

76 Vgl. *Krüßmann*, Transnationales Strafprozessrecht, S. 284 f. sowie *Lagodny*, in: Schomburg/Lagodny/Gleß/Hackner, IRG, § 59 Rn. 31 ff., 56, 60.

77 *Lagodny*, in: Schomburg/Lagodny/Gleß/Hackner, IRG, § 59 Rn. 41 f.

78 *Lagodny*, in: Schomburg/Lagodny/Gleß/Hackner, IRG, Einl. Rn. 5, § 1 Rn. 17 ff.; *Hackner/Lagodny/Schomburg/Wolf*, Rechtshilfe, Rn. 19; *Vogler*, NJW 1983, 2114 (2115).

79 Vgl. *Wastl/Litzka/Pusch*, NStZ 2009, 68 (71) sowie *Lagodny*, in: Schomburg/Lagodny/Gleß/Hackner, IRG, § 1 Rn. 2 i.V.m. dem Inhaltsverzeichnis.

konkretisiert. Die RiVASt dienen als verbindlicher Leitfaden für die Bearbeitung von Rechtshilfevorgängen und enthalten neben generellen Anweisungen auch einen Länderteil (Anhang II), der eine vollständige Auflistung der Staaten und der bilateral im Verhältnis zu Deutschland maßgeblichen Übereinkommen auf Regierungsebene enthält.[80]

In demjenigen Länderteil, der sich auf den Rechtshilfeverkehr mit den USA bezieht, wird unter III. explizit darauf hingewiesen, dass sich die sonstige Rechtshilfe nach dem US-RhV sowie dem insoweit als Vorläufer dienenden und in diesem Zusammenhang bereits kurz angesprochenen Notenwechsel aus den Jahren 1960/61 richtet.[81] Die Nr. 22 des allgemeinen Teils der RiVASt enthält wiederum die Bestimmung, dass jedes Rechtshilfeersuchen eines ausländischen Staates „nach denselben Vorschriften auszuführen [ist], die gelten würden, wenn das Ersuchen von einer deutschen Behörde gestellt worden wäre; dies gilt auch für Zwangsmaßnahmen, die bei der Erledigung des Ersuchens notwendig werden (§ 59 Abs. 3, § 77 IRG).“ Auch die RiVASt erinnern die Vornahmebehörde damit noch einmal daran, dass im Rahmen des Rechtshilfeverkehrs die Belehrungspflichten, die innerstaatlichen Auskunftsverweigerungsrechte, der nemotenetur-Grundsatz sowie alle sonstigen Verfahrensrechte des Betroffenen zu beachten sind.[82]

(3) Fazit

Sowohl der US-RhV als auch das IRG und die RiVASt legen fest, dass eingehende Rechtshilfeersuchen ausschließlich nach dem innerstaatlichen Verfahrensrecht erledigt werden, mit der Konsequenz, dass sowohl Vernehmungen und Zeugenbefragungen als auch die Anforderung oder Beschlagnahme von Dokumenten, die im Wege der Rechtshilfe vorgenommen werden, stets im Einklang mit den Vorgaben des deutschen Strafprozessrechts, insbesondere den individuellen Verfahrensrechten der von den Maßnahmen betroffenen Personen stehen müssen.

Für die Cross Border Investigations im Fall Siemens bedeutet dies, dass dann, wenn SEC und DOJ den formellen Weg eines Rechtshilfeersuchens beschritten hätten (so dieses denn überhaupt erfolgreich gewesen wäre), die Ein-

---

80 *Hackner/Lagodny/Schomburg/Wolf*, Rechtshilfe, Rn. 8.

81 Für den im Rahmen diese Arbeit nicht interessierenden Bereich des Betäubungsmittelstrafrechts ist gemäß III.1 lit. c) ferner das Betäubungsmittelabkommen zwischen Deutschland und den USA vom 17.01.1955/24.08.1957, BGBl. 1957 II, S. 709 zu beachten.

82 *Wastl/Litzka/Pusch*, NStZ 2009, 68 (71 f.). Vgl. auch *Hackner/Lagodny/Schomburg/Wolf*, Rechtshilfe, Rn. 186.

haltung der Zeugen- und Beschuldigtenrechte gesetzlich durch US-RhV, IRG und RiVASt gewährleistet gewesen wäre und von den deutschen Staatsanwälten, die das entsprechende Rechtshilfeersuchen umzusetzen gehabt hätten, hätte beachtet werden müssen.[83] Das grundsätzliche Problem von Cross Border Investigations, dass es durch den Einsatz der privaten Ermittler, die den Restriktionen der StPO nicht unterworfen sind, auf der Ebene der Informationsgewinnung zu einer Umgehung bzw. Verkürzung elementarer Verfahrensrechte wie namentlich des nemo-tenetur-Grundsatzes, des Verbots der Anwendung unzulässiger Verhörsmethoden (§ 136a StPO) oder der Rechte auf anwaltlichen Beistand und Akteneinsicht als Bestandteil des Rechts auf ein faires Verfahren kommen kann, hätte sich im Fall eines offiziellen Rechtshilfeersuchens seitens der SEC bzw. des DOJ gar nicht erst gestellt.

Damit gilt es nun im Folgenden zu klären, ob der Einsatz von externen Ermittlern im Rahmen von Cross Border Investigations zumindest in faktischer Hinsicht eine Umgehung der Vorschriften zur Rechtshilfe in Strafsachen darstellt.

bb) Umgehung der Vorschriften zur Rechtshilfe durch Einsatz externer Ermittler?

(1) Allgemein

Letztendlich geht es auch an dieser Stelle um dieselbe Fragestellung, zu der bereits im Zusammenhang mit dem Verstoß gegen den völkerrechtlichen Territorialitätsgrundsatz Stellung genommen wurde: Handelt es sich bei den Ermittlungen im Rahmen von Cross Border Investigations um eine Form rein privater Beweisaufnahme, die sich außerhalb jeglicher Verfahrensvorschriften und damit auch außerhalb der Bestimmungen zur Rechtshilfe in Strafsachen vollzieht, oder reicht schon die faktische Förderung eines ausländischen Strafverfahrens in Verbindung mit der ansonsten drohenden Umgehung internationaler Rechtshilfe- und Verfahrensvorschriften aus, um diese Form der Beweisaufnahme als hoheitliche Ermittlungstätigkeit einzustufen mit der Konsequenz, dass die soeben skizzierten Vorschriften zur Rechtshilfe zwingend zu beachten sind?

Einerseits könnte man sich wiederum auf den Standpunkt stellen, dass angesichts des besonders diffizilen Netzwerks internationaler Verträge, die sich auf Amts- und Rechtshilfe in Strafsachen beziehen, bereits alle diejenigen Ermittlungshandlungen im Ausland als unzulässig anzusehen sind, die hoheitlich motiviert sind, also zumindest auch auf die Förderung des ausländischen Strafver-

83 *Wastl/Litzka/Pusch*, NStZ 2009, 68 (72).

fahrens abzielen.[84] Da der Zweck von Cross Border Investigations jedenfalls auch in der Übergabe von Informationen an die SEC sowie das DOJ und damit in einer faktischen Unterstützung der Ermittlungstätigkeit dieser US-amerikanischen Behörden besteht, die internen Ermittlungen also auf eine Förderung eines ausländischen Strafverfahrens hinauslaufen, handelt es sich nach dieser Auffassung bei der formellen Einbindung Privater um eine Umgehung des strafrechtlichen Rechtshilfeverkehrs.[85] Allerdings darf die bloße Mitwirkung an der Erfüllung öffentlicher Aufgaben, die auch unbeabsichtigt als Reflex auftreten kann, nicht ohne Weiteres gleichgesetzt werden mit einer gezielten Förderung eines ausländischen Strafverfahrens. Vielmehr muss an dieser Stelle unterschieden werden: Stellt die Förderung eines ausländischen Strafverfahrens nicht das Hauptmotiv für entsprechende Ermittlungsmaßnahmen dar, sondern erfolgt die Sachverhaltsaufklärung primär im eigenen Interesse des Unternehmens – wie dies bei Cross Border Investigations in der Regel der Fall ist –, fehlt eine ausreichende Grundlage dafür, um formell private Ermittlungshandlungen dem ausländischen Staat als hoheitlich zurechnen zu können oder die ermittelnden Anwälte sogar als staatliche Ermittlungsgehilfen von SEC und DOJ zu begreifen.[86] Eine Umgehung der Vorschriften über die internationale Rechtshilfe in Strafsachen ist schließlich auch deshalb zweifelhaft, weil die privaten Ermittlungen nicht unmittelbar in einem strafrechtlichen oder verwaltungsrechtlichen Verfahren vorgenommen werden, sondern vielmehr eine neue Form interner Sachverhaltsaufklärung auf Initiative des Unternehmens darstellen, von denen SEC und DOJ nur mittelbar profitieren.[87]

Damit lässt sich festhalten, dass der bloße Umstand, dass die SEC und das DOJ durch die vor dem Hintergrund des US-amerikanischen Sanktionssystems für die Unternehmen oftmals notwendige Beauftragung von Anwaltskanzleien mit der Durchführung von internen Ermittlungen mittelbar in den Stand gesetzt werden, auf fremdem Hoheitsgebiet Ermittlungen durch Anwälte ihres Vertrau-

---

84 *Tiedemann*, FS Bockelmann, S. 819 (823).

85 *Behrens*, RIW 2009, 22 (27); *Wastl/Litzka/Pusch*, NStZ 2009, 68 (70).

86 *Dann/Schmidt*, NJW 2009, 1851 (1852); *Wybitul*, BB 2009, 606 (607). Zwar fordern die SEC und das DOJ die Unternehmen nicht selten dazu auf, die beauftragten Ermittler von ihrer anwaltlichen Verschwiegenheitspflicht zu entbinden – ein weiterer Aspekt, der für eine staatliche Instrumentalisierung der privaten Ermittler spricht. Eine diesbezügliche Weigerung des Unternehmens darf nach der Änderung der Richtlinien des DOJ jedoch nicht mehr zum Nachteil des Unternehmens gewertet werden, so dass SEC und DOJ insoweit der Zugriff auf die Ermittlungsergebnisse nur noch freiwillig gestattet werden kann, die privaten Ermittler aber keiner faktischen Berichtspflicht mehr unterliegen.

87 *Bittmann/Molkenbur*, wistra 2009, 373 (374).

ens durchführen zu lassen, an der Klassifizierung dieser Ermittlungen als privat nichts zu ändern vermag.[88]

(2) Im Fall Siemens

Neben diesen allgemeinen Erwägungen sprechen im Fall Siemens auch die tatsächlichen Umstände gegen eine Umgehung der Vorschriften zum Rechtshilfeverkehr. So hat nicht nur das Unternehmen selbst (direkt bzw. über Debevoise), sondern auch die Münchener Staatsanwalt in direktem Kontakt mit der SEC und dem DOJ gestanden und sich mit diesen laufend über die weitere Vorgehensweise – auch was Umfang und Ausmaße der internen Ermittlungen betrifft – verständigt. Aus diesem Umstand lässt sich schließen, dass die Münchener Staatsanwaltschaft keine Bedenken im Hinblick auf eine mögliche Umgehung der Vorschriften zum Rechtshilfeverkehr hegte oder – falls anfänglich Bedenken bestanden haben sollten – diese zumindest in direkten Gesprächen mit den US-amerikanischen Behörden ausgeräumt wurden. Dass die Münchener Staatsanwaltschaft von einer Umgehung der Vorschriften zum Rechtshilfeverkehr ausgegangen ist und diese stillschweigend geduldet hat, ist nicht wahrscheinlich. Als für die Entscheidung über die Gewährung von sonstiger Rechtshilfe zuständige Behörde[89] ist vielmehr davon auszugehen, dass die Münchener Staatsanwaltschaft um den Anwendungsbereich der Rechtshilfevorschriften wusste und etwaige Bedenken im Hinblick auf eine Umgehung dieser Vorschriften auch artikuliert hätte. Wie sich der von Siemens herausgegebenen Pressemitteilung vom 15.12.2008 entnehmen lässt, ist auch dem Bundesjustizministerium im Verlauf der internen Ermittlungen ausreichend Gelegenheit gegeben worden, sich davon zu überzeugen, dass die Ermittlungstätigkeit von Debevoise nicht gegen die Vorschriften zur internationalen Rechtshilfe in Strafsachen verstoßen hat.[90]

Hinzu kommt, dass nach Berichten unmittelbar involvierter Siemens-Mitarbeiter[91] SEC und DOJ die internen Ermittlungen durch Debevoise nicht unmittelbar beeinflusst, sondern vielmehr nur „Wünsche" in Bezug auf die

---

88 *Jahn*, StV 2009, 41 (43). Zustimmend *Knauer/Buhlmann*, AnwBl 2010, 387 (390).

89 *Hackner/Lagodny/Schomburg/Wolf*, Rechtshilfe, Rn. 32: Die sonstige Rechtshilfe ist den Ländern übertragen; zuständig sind in der Regel die Gerichte und Staatsanwaltschaften. Vgl. auch § 74 Abs. 2 IRG sowie die entsprechende Zuständigkeitsvereinbarung zwischen der Bundes- und den Landesregierungen vom 28.04.2004, abgedruckt in: *Schomburg/Lagodny/Gleß/Hackner*, IRG, Anhang 10, S. 2236 f.

90 Siemens-Pressemitteilung vom 15.12.2008, http://www.siemens.com/press/pool/de/events/2008-12-PK/summary-d.pdf, S. 5.

91 Mitarbeiter des Projekt Office Compliance, welches die internen Ermittlungen durch Debevoise koordiniert hat und auch in direktem Kontakt mit SEC und DOJ stand.

Reichweite und den Umfang dieser internen Sachverhaltsaufklärung geäußert haben. Von einer Weisungsabhängigkeit der privaten Ermittler und einer entsprechenden Stellung der Ermittler als „Hilfsbeamten" von SEC und DOJ kann im Fall Siemens daher nicht ausgegangen werden.

c) Ergebnis

Die Frage, ob die Durchführung von Cross Border Investigations nach US-amerikanischem Standard eine Umgehung des Rechtshilfeabkommens zwischen den USA und Deutschland oder eine Verletzung sonstiger völkerrechtlicher Bestimmungen darstellt, ist für den Fall Siemens zu verneinen. Diese Schlussfolgerung ist jedoch nur auf die besondere (für Cross Border Investigations gleichwohl typische) Konstellation im Fall Siemens bezogen und schließt es nicht grundsätzlich aus, dass andere Fälle, in denen sich US-amerikanische Behörden Privatpersonen bedienen, um ihre eigene Ermittlungstätigkeit zu unterstützen, anders zu beurteilen sind. Vielmehr kann obige Frage nicht allgemeingültig, sondern aufgrund der Vielzahl der zu beachtenden Umstände nur im Einzelfall beantwortet werden. Insbesondere wird die Beantwortung jeweils davon abhängen, in welchem Umfang der zu untersuchende Sachverhalt Bezüge zum US-amerikanischen Rechtssystem aufweist, wie groß die von SEC und DOJ aufgebaute Drohkulisse ausfällt und in welchem Maße die US-amerikanischen Ermittlungsbehörden spezifischen Einfluss auf die Ermittler sowie die Durchführung der Internal Investigation ausüben können.[92] Eine Grenze wird dort zu ziehen sein, wo ein ausländischer Staat nicht nur versucht, unternehmensinterne Untersuchungen mittelbar zu beeinflussen, um von deren Ergebnissen zu profitieren, sondern dabei ferner gezielt darauf hinwirkt, dass Rechte der Betroffenen umgangen werden. Ein Staat darf Unternehmen nicht derart für eigene Zwecke instrumentalisieren. Handelt er dem zuwider, muss er sich die Handlungen der vom Unternehmen eingesetzten privaten Ermittler zurechnen lassen.[93]

---

92 Vgl. *Behrens*, RIW 2009, 22 (28).

93 *Dann/Schmidt*, NJW 2009, 1851 (1852). Vgl. auch *Dahm/Delbrück/Wolfrum*, Völkerrecht, § 177, S. 907 sowie *Bertele*, Souveränität und Verfahrensrecht, S. 89. So hat das Berufungsgericht im Fall *United States v. Stein* beispielsweise festgestellt, dass der von der US-Regierung im Verfahren vorgebrachte Einwand, die Entscheidung der Wirtschaftsprüfungsgesellschaft KPMG, ihren Mitarbeitern im Zuge einer groß angelegten Internal Investigation wegen des Verdachts der Steuerhinterziehung das Recht auf Rechtsbeistand (verankert im Sixth Amendment) zu verweigern, sei eine rein private gewesen, so dass das Sixth Amendment nicht zur Anwendung komme, nicht durchgreife. Denn angesichts des Umstands, dass KPMG nur aufgrund des durch das DOJ ausgeübten immensen Drucks von der ansonsten langjährig praktizierten Unternehmenspra-

2. Gefahr eines von der StPO nicht vorgesehenen „Outsourcings“ hoheitlicher Ermittlungstätigkeit auf private Institutionen

Da die unternehmensinternen Ermittlungen auch das Ziel haben, strafrechtlich relevantes Verhalten aufzudecken und die zuständigen deutschen Strafverfolgungsbehörden darüber hinaus in der Regel auf die Ergebnisse der Ermittlungen zugreifen und diese als Beweismaterial für von ihnen angestrengte Strafverfahren nutzen, besteht neben der soeben beschriebenen Gefahr der Umgehung völkerrechtlicher Grundsätze auch das Problem, dass derartige interne Ermittlungen zu einer faktischen Verlagerung der eigentlich dem Staat zugewiesenen Ermittlungstätigkeit auf private Institutionen und damit zugleich zu einer Umgehung zentraler strafprozessualer Vorschriften führen könnten.[94]

a) Internal Investigations als Verstoß gegen die Konzeption der StPO?

aa) Straftataufklärung als hoheitliche Aufgabe

Nach der Konzeption des deutschen Strafprozessrechts liegt die Ermittlungshoheit in strafrechtlichen Verfahren von der Schöpfung des Anfangsverdachts bis hin zur Anklageerhebung bei der Staatsanwaltschaft.[95] Diese kann sich gemäß § 161 Abs. 1 Satz 1 StPO zur Unterstützung sog. Ermittlungspersonen im Sinne des § 152 GVG – dies sind in der Regel Polizeibeamte, aber auch Mitarbeiter der Steuer- oder sonstigen Fachbehörden fallen hierunter[96] – bedienen, die gewisse Ermittlungsschritte nach den Weisungen der zuständigen Staatsanwalt-

---

xis, für beschuldigte Mitarbeiter Verteidiger bereitzustellen und deren Kosten zu übernehmen, abgewichen sei und den Mitarbeitern im Einklang mit den Forderungen des DOJ jeglichen Rechtsbeistand verweigert habe, sei davon auszugehen, dass die US-amerikanische Staatsanwaltschaft KPMG gezwungen habe, die Übernahme von Rechtsanwaltshonoraren zu verweigern, die das Unternehmen ohne diesen Zwang gewährt hätte. Damit komme der Entscheidung von KPMG „state action“ zu mit der Folge, dass eine Verletzung des Sixth Amendment gegeben sei. Das Urteil ist zu finden unter http://lawprofessors.typepad.com/whitecollarcrime_blog/files/07-3042-cr_opn.pdf. Siehe zu diesem Urteil ferner *Wehnert*, NJW 2009, 1190 (1192).

94 *V. Rosen*, BB 2009, 230. Vgl. ferner *de Vries*, in: Arbeitsstrafrecht im Umbruch, § 4 Rn. 38 ff.

95 Dies folgt aus der Offizialmaxime, die besagt, dass der Staat Straftaten von Amts wegen zu verfolgen hat. Siehe nur *Bockemühl*, Private Ermittlungen, S. 32 m.w.N. sowie bereits oben unter Kapitel 4 I.1.

96 Eine Aufzählung der Ermittlungspersonen findet sich in der jeweils auf der Basis von § 152 Abs. 2 Satz 1 GVG erlassenen Verordnung des betroffenen Bundeslandes.

schaft und unter deren Aufsicht durchführen.[97] Private Ermittler können indes keine Ermittlungspersonen im Sinne des § 152 GVG sein, denn zur Begründung dieser Stellung bedarf es erstens der Eigenschaft der Person als Beamter oder gleichgestellter Angestellter des Staates und zweitens einer expliziten gesetzlichen Anordnung.[98] Von der StPO ist jedoch nicht vorgesehen, Ermittlungen, die im Zusammenhang mit der Einleitung eines strafrechtlichen Verfahrens vorgenommen werden, teilweise oder sogar vollständig von Privaten durchführen zu lassen.[99] Mithin liegt es dann, wenn staatliche Behörden den Ermittlungsdrang privater Unternehmen geradezu ausnutzen und ihre eigenen Ermittlungsbemühungen entsprechend zurückschrauben, um vor allem die Erkenntnisse der Privatermittler zu nutzen und ihrem weiteren Vorgehen zugrunde zu legen, nicht fern davon zu sprechen, dass es durch die Durchführung von Internal Investigations zu einem von der StPO nicht vorgesehenen „Outsourcing" von Ermittlungshandlungen kommt.[100]

bb) Keine generelle Unzulässigkeit privater Ermittlungen

Es wurde jedoch bereits herausgearbeitet, dass private Ermittlungstätigkeit auch neben parallel laufenden staatlichen Ermittlungsverfahren in strafrechtlichen Angelegenheiten grundsätzlich zulässig ist, sofern sie nicht ein Ausmaß annimmt, das geeignet erscheint, das aus dem Legalitätsprinzip fließende Ermittlungsmonopol der Staatsanwaltschaft auszuhöhlen.[101] Diese Grenze dürfte im Fall Siemens wohl noch nicht überschritten worden sein.[102] Auch wenn die Münchener Staatsanwaltschaft den umfassenden internen Ermittlungen zu Beginn durchaus skeptisch gegenüber stand, spricht der Umstand, dass das Unternehmen und die privaten Ermittler im weiteren Verlauf der Untersuchung sehr

97 *Griesbaum*, in: KK-StPO, § 161 Rn. 28; *Schmid/Schoreit*, in: KK-StPO, § 152, Rn. 16 ff., § 152 GVG, Rn. 6, 14, 19. Eine eigenständige Anordnungskompetenz steht den Ermittlungspersonen nur in Eilfällen zu.

98 *Schmid/Schoreit*, in: KK-StPO, § 152 GVG, Rn. 9 f.

99 *Knauer/Buhlmann*, AnwBl 2010, 387 (391), *Wastl*, Interview in der WirtschaftsWoche vom 07.08.2008, www.wiwo.de/unternehmen-maerkte/szenisch-effektvoll-und-ueberraschend-303167/.

100 So ausdrücklich *Pfordte*, in: Strafverteidigung im Rechtsstaat, S. 740 (741, 755). Vgl. auch *Schneider*, NZG 2010, 1201 (1202).

101 Siehe dazu bereits oben unter Kapitel 4 II.1.c). Dies gilt auch für die Beauftragung ausländischer Privatermittler mit der umfassenden Sachverhaltsaufklärung im Rahmen von Cross Border Investigations, siehe *Bittmann/Molkenbur*, wistra 2009, 373 (374). Wie im vorherigen Abschnitt festgestellt wurde, liegt darin auch keine Umgehung der Vorschriften über die internationale Rechtshilfe in Strafsachen.

102 Zum selben Ergebnis kommt *Jahn*, StV 2009, 41 (43).

eng mit der Münchener Staatsanwaltschaft zusammengearbeitet und sich bezüglich ihres Vorgehens größtenteils abgestimmt haben,[103] gegen die Annahme, durch den umfassenden Ansatz der unternehmensinternen Untersuchung könnte das staatliche Ermittlungsmonopol ausgehöhlt worden sein. Vielmehr hat Siemens nach eigenen Angaben von Anfang an großen Wert darauf gelegt, dass die internen Untersuchungen die Ermittlungen der staatlichen Strafverfolgungsbehörden nicht beeinträchtigen und den öffentlichen Ermittlungen Vorrang eingeräumt, soweit dies erwünscht war.[104]

cc) Zwischenergebnis

Der bloße Umstand, dass im Fall Siemens neben den staatlichen Ermittlern auch Privatpersonen zur Sachverhaltsaufklärung eingesetzt wurden, begründet noch keinen Verstoß gegen die Konzeption der StPO, die die Verfolgung von Straftaten als staatliche Aufgabe ansieht.

b) Gefahr der Umgehung zentraler Formvorschriften zur Beweiserhebung

Allerdings dürfen parallel geführte private Ermittlungen nicht dazu führen, dass die zuständigen Strafverfolgungsorgane die gesetzlich vorgegebenen Voraussetzungen für Ermittlungseingriffe unterlaufen, indem sie einfach auf die Ergebnisse der Privatermittler, die ihrerseits nicht an die Vorschriften der StPO gebunden sind, zugreifen, und dabei der ihnen gesetzlich auferlegten Ermittlungstätigkeit nur noch unzureichend oder gar überhaupt nicht mehr nachkommen. Vielmehr sind die Strafverfolgungsbehörden gehalten, alle Informationen, die ihnen durch die privaten Ermittler oder das Unternehmen zugespielt werden, auf ihren Wahrheitsgehalt zu überprüfen.[105] Sie dürfen grundsätzlich nur die auf einem formal rechtsstaatlichen Weg gewonnenen und eigenständig ermittelten oder zumindest dahingehend überprüften Ergebnisse für ein späteres Strafverfahren

---

103 Vgl. die Darstellung des OLG München NZG 2009, 665 (667) sowie von *Hamm*, NJW 2010, 1332 (1335 m. Fn. 9). Vgl. ferner *Jahn*, StV 2009, 41 (42) sowie *Knauer*, in: Verhandlungen des 67. DJT, L 160. Auch von einigen (ehemaligen) Siemens-Mitarbeitern, die in die internen Untersuchungen involviert waren und die ich interviewt habe, wurde mir berichtet, dass Debevoise und die Münchener Staatsanwaltschaft nach anfänglichen Unstimmigkeiten derart eng zusammengearbeitet haben, dass sogar Beweismaterial ausgetauscht wurde.

104 Siehe dazu die Siemens-Pressemitteilung vom 15.12.2008, Fn. 90, S. 7 f.

105 Vgl. *Knierim*, StV 2009, 324 (329). Siehe in Bezug auf die parallele Problematik der Beteiligung Privater im Verwaltungsverfahren *Kopp/Ramsauer*, VwVfG, § 24 Rn. 10d.

verwenden.[106] Alles andere führte im Ergebnis zu einer Umgehung der Verfahrensrechte der von den Ermittlungen betroffenen Personen sowie sonstiger zentraler Bestimmungen des deutschen Strafprozessrechts.[107]

aa) Internal Investigations als nach der StPO unzulässige „Vor(feld)ermittlungen"?

Da die im Rahmen von Cross Border Investigations privat gewonnenen Ermittlungsergebnisse tatsächlich häufig als Beweisgrundlage für ein späteres Strafverfahren dienen, könnte der von der zuständigen Staatsanwaltschaft geduldetete Einsatz von privaten Ermittlern im Vorfeld des eigentlichen strafrechtlichen Ermittlungsverfahrens – neben der Gefahr einer Beweismitteltrübung sowie der Umgehung zentraler Beschuldigtenrechte[108] – dazu führen, dass das in der StPO verankerte Erfordernis des Anfangsverdachts unterlaufen wird.

(1) Erfordernis eines Anfangsverdachts

Während die SEC bereits einen sehr allgemeinen „Verdacht auf Unregelmäßigkeiten" ausreichen lässt, um einem Unternehmen die Durchführung einer Internal Investigation zu empfehlen oder eine entsprechende interne Untersuchung mit eigenen Mitarbeitern durchzuführen,[109] dürfen die deutschen Strafverfolgungsbehörden gemäß §§ 152 Abs. 2, 160 Abs. 1 StPO grundsätzlich nur bei Vorliegen eines Anfangsverdachts im Hinblick auf eine konkrete Straftat tätig werden.[110] Ein solcher Anfangsverdacht setzt voraus, dass tatsächliche Anhaltspunkte vorliegen, die nach der kriminalistischen Erfahrung die Beteiligung des Betroffenen an einer verfolgbaren strafbaren Handlung als möglich erscheinen lassen. Zwar kann ein Ermittlungsverfahren auch gegen Unbekannt geführt werden. Erforderlich sind gemäß § 152 Abs. 2 StPO aber in jedem Fall „zureichende tatsächliche Anhaltspunkte", d.h. konkrete Tatsachen, die auf die Begehung einer Straftat hindeuten. Bloße Vermutungen oder kriminalistische Hypothesen

---

106 Vgl. BVerfGE 57, 250 (275); *Erb*, in: LR-StPO, § 160 Rn. 35, 37; *Pfordte*, in: Strafverteidigung im Rechtsstaat, S. 740 (741 f.), *Lammer*, in: Verhandlungen des 67. DJT, L 127; *Wastl*, Interview in der WirtschaftsWoche vom 07.08.2008, Fn. 99, sowie *Bockemühl*, Private Ermittlungen, S. 31.

107 *Lammer*, in: Verhandlungen des 67. DJT, L 127.

108 Dazu unter Kapitel 5 I.1.b)bb).

109 *Westphal*, in: Verhandlungen des 67. DJT, L 128.

110 *Kempf*, AnwBl 2010, 381; *Beulke*, in: LR-StPO, § 152 Rn. 22; *Erb*, in: LR-StPO, § 160 Rn. 19; *Wölfl*, JuS 2001, 481; *Weßlau*, Vorfeldermittlungen, S. 36.

reichen hingegen nicht aus.[111] Die Klärung der Frage, ob zureichende tatsächliche Anhaltspunkte vorliegen, ist zwar keine Ermessensentscheidung. Den zuständigen Strafverfolgungsbehörden ist insoweit jedoch ein gewisser Beurteilungsspielraum eingeräumt.[112]

Anders als privaten Ermittlern, die den Begrenzungen der StPO nicht unterliegen, ist es den deutschen Ermittlungsbehörden verwehrt, von sich aus ohne konkrete Anhaltspunkte nach strafbaren Handlungen zu suchen, indem beispielsweise wahllos und umfassend Unterlagen „beschlagnahmt" werden.[113] Auch die Tatsache, dass in bestimmten Bereichen und unter bestimmten Umständen – z.B. in einer bestimmten Unternehmenssparte, die aufgrund ihres (internationalen) Geschäftsfelds in besonderem Maße einem erhöhten Risiko im Hinblick auf Bestechungshandlungen ausgesetzt ist – bereits Straftaten ermittelt worden sind, begründet für sich genommen noch keinen Anfangsverdacht, um Nachforschungen in vergleichbaren Bereichen (im obigen Beispiel: Unternehmenssparten) zu legitimieren.[114]

Das Erfordernis des Anfangsverdachts hat vielmehr in zweierlei Hinsicht eine begrenzende Funktion: Zum einen soll es den Einzelnen ganz allgemein davor schützen, ohne Anlass zum Objekt von staatlichen Ausforschungen zu werden.[115] Ferner dient es dazu, den Betroffenen vor einer Verwertung von Informationen zu schützen, die aus qualifizierten Erhebungseingriffen, d.h. aus solchen Ermittlungsmethoden gewonnen werden, die nach der StPO mindestens einen Anfangsverdacht voraussetzen.[116] Dieser Befund ergibt sich einerseits aus dem Wortlaut der §§ 152 Abs. 2, 160 Abs. 1 StPO („zureichende tatsächliche Anhaltspunkte" bzw. „Kenntnis" vom „Verdacht einer Straftat"), der den deutschen Strafverfolgungsbehörden lediglich ein auf die *jeweilige* Straftat beschränktes Ermittlungsmandat, nicht aber einen allgemeinen Auftrag zum umfassenden Aufspüren von *jeglichen* Delikten erteilt.[117] Andererseits wird dies auch anhand

111 Zum Begriff des Anfangsverdachts siehe statt aller *Beulke*, Strafprozessrecht, Rn. 311. Ein Verdacht im Hinblick auf eine Ordnungswidrigkeit ist nicht ausreichend, *Schoreit*, in: KK-StPO, § 152 Rn. 26. Sofern die Ordnungswidrigkeit aber im Zusammenhang mit einer Straftat steht, ist die Staatsanwaltschaft auch für die Verfolgung der Ordnungswidrigkeit zuständig, *Griesbaum*, in: KK-StPO, § 160 Rn. 8.

112 *Meyer-Goßner*, StPO, § 152 Rn. 4; *Beulke*, in: LR-StPO, § 152 Rn. 28; a.A. *Weßlau*, in: SK-StPO, Vor §§ 151 ff. Rn. 36.

113 *Weßlau*, Vorfeldermittlungen, S. 36.

114 *Erb*, in: LR-StPO, § 160 Rn. 19. Vgl. auch die anschaulichen Beispiele bei *Volk*, StPO, § 8 Rn. 5.

115 *Weßlau*, in: SK-StPO, Vor §§ 151 ff. Rn. 6. Zweifelnd *Rudolph*, Antizipierte Strafverfolgung, S. 204 f., 208.

116 *Böse*, ZStW 119 (2007), 848 (861 f.).

117 *Weigend*, Anklagepflicht und Ermessen, S 60 f.

der nachfolgenden Überlegungen zum Sinn und Zweck des Anfangsverdachts deutlich: Entsprechend dem Ziel eines jeden Strafverfahrens, das auch darin besteht, den durch den Verdacht einer Straftat hervorgerufenen Vertrauensverlust in die Geltungskraft der verletzten Verhaltensnorm und die damit eingetretene Störung des Rechtsfriedens zu beseitigen, indem der Verdacht geklärt und eine etwaige Straftat geahndet oder aber der Beschuldigte freigesprochen wird, bildet der Anfangsverdacht stets sowohl den Grund als auch den Anlass für die Durchführung eines Strafverfahrens. Fehlen zureichende tatsächliche Anhaltspunkte dafür, dass eine Straftat begangen worden ist, kommt es in der öffentlichen Wahrnehmung auch nicht zu einer Erschütterung des Vertrauens in die Geltungskraft der gesetzlich verankerten Verhaltensnormen. Eine Störung des Rechtsfriedens, die das öffentliche Interesse an der Durchführung eines Strafverfahrens überhaupt erst begründet, kann mithin nicht festgestellt werden. In diesem Fall mangelt es sowohl an einem Grund als auch an einem Anlass für die Durchführung eines strafrechtlichen Ermittlungsverfahrens.[118] Vorfeldermittlungen unterhalb der Schwelle eines konkreten Verdachts sind daher grundsätzlich unzulässig.[119]

Von diesen Vorfeldermittlungen zu unterscheiden sind die sog. Vorermittlungen, die darauf abzielen, zu klären, ob aufgrund vorliegender tatsächlicher Anhaltspunkte die Einleitung eines Ermittlungsverfahrens veranlasst ist, die also zur weiteren Aufklärung bereits bestehender, wenn auch lediglich vager Verdachtsmomente dienen.[120] Vorermittlungen sind zulässig, soweit sie nicht mit (schwerwiegenden) Grundrechtseingriffen verbunden sind[121] oder dazu missbraucht werden, dem Beschuldigten seine Verfahrensrechte vorzuenthalten.[122] Grundsätzlich keine Bedenken bestehen demnach gegen informatorische Befragungen und Anhörungen sowie gegen die Einsichtnahme in freiwillig herausgegebene Unterlagen im Vorfeld eines konkreten Anfangsverdachts, während Zwangsmaßnahmen, d.h. hoheitliche Ermittlungsmaßnahmen, die die Grund-

118 Siehe dazu *Böse*, ZStW 119 (2007), 848 (849 f.).

119 *Meyer-Goßner*, StPO, § 152 Rn. 4a; *Weßlau*, in: SK-StPO, Vor §§ 151 ff. Rn. 6; *Schoreit*, in: KK-StPO, § 152 Rn. 18c; *Hilger*, FG Hilger, S. 11 (14 f.).

120 *Meyer-Goßner*, StPO, § 152 Rn. 4a; *Hilger*, FG Hilger, S. 11 (12 f.); *Lange*, Vorermittlungen, S. 69 f.

121 *Bernsmann/Gatzweiler*, Verteidigung bei Korruptionsfällen, Rn. 912. Dass auch bloße Befragungen einen – gleichwohl gerechtfertigten Eingriff – in grundgesetzlich geschützte Freiheitsrechte darstellen, wird heutzutage nicht mehr bestritten.

122 Vgl. BGH NStZ 1983, 86; *Rieß*, in: LR-StPO, § 163a, Rn. 17, 20; *Böse*, ZStW 119 (2007), 848 (862) sowie *Bosch*, Aspekte des nemo-tenetur-Prinzips, S. 247.

rechte der betroffenen Personen in erheblichem Maße tangieren, im Stadium der Vorermittlungen nach einhelliger Auffassung unzulässig sind.[123]

(2) Umfang des Untersuchungsauftrags im Fall Siemens

Wie bereits mehrfach festgestellt, ist erklärter Gegenstand von Internal Investigations nicht die Aufklärung eines konkreten strafrechtlich relevanten Tatverdachts, sondern vielmehr das gezielte Ausspähen und Fahnden nach möglichen weiteren strafrechtlich relevanten Verfehlungen innerhalb des Unternehmens, mithin eine systematische Durchleuchtung sämtlicher (vielleicht auch nur im Ansatzpunkt verdächtiger) Unternehmensstrukturen.[124]

Die Verdachtsmomente, der die Staatsanwaltschaft München im Fall Siemens ursprünglich nachging, bezogen sich zwar nur auf die Festnetzsparte des Unternehmensbereichs „Information and Communication Networks".[125] Gleichwohl erhielt Debevoise den Auftrag, eine vollständige und unabhängige Untersuchung vorzunehmen:

> „'Vollständig' heißt breit angelegt und konsequent. Die Untersuchung ist nicht beschränkt auf Vorwürfe im Zusammenhang mit dem Ermittlungsverfahren der Münchener Staatsanwaltschaft. Sie kann jeden Bereich, jede Region, jede Zentrale Einheit, jedes Projekt und jede Person einschließen. Maßgeblich ist allein die Aufklärung der Fakten."[126]

Dementsprechend erstreckte sich die interne Untersuchung neben der Festnetzsparte des Unternehmensbereichs „Information and Communication Networks"

---

123 *Beulke*, in: LR-StPO, § 152 Rn. 34; *Rudolph*, Antizipierte Strafverfolgung, S. 188 f.; *Groß*, FS Dahs, S. 249 (263 f.); *Hilger*, FG Hilger, S. 11 (13); *Wölfl*, JuS 2001, 478 (481); *Lange*, Vorermittlungen, S. 138.

124 *Theile*, StV 2011, 381; *Jahn*, StV 2009, 41 (42); *Wagner*, CCZ 2009, 8; *Wastl/Litzka/Pusch*, NStZ 2009, 68; *Wastl*, Kreditwesen 2008, 604 (607).

125 Vgl. die Siemens-Pressemitteilung vom 15.12.2008, Fn. 90, S. 3. Siehe fener den Bußgeldbescheid der Staatsanwaltschaft München I, S. 6, zu finden unter http://www.siemens.com/press/pool/de/events/2008-12-PK/MucStaats.pdf.

126 Statement des damaligen Vorsitzenden des Prüfungsausschusses *Cromme* auf der Siemens-Hauptversammlung vom 25.01.2007, zu finden unter http://www.siemens.com/press/pool/de/events/hauptversammlung/sie_hv_speech_cromme_1430860.pdf, S. 3. Ob solche flächendeckenden Ermittlungen, bei denen nur ein allgemeiner, aber kein konkret individueller Verdacht auf bereits begangene Taten besteht, in datenschutzrechtlicher Hinsicht überhaupt zulässig sind, soll hier außer Betracht bleiben. Siehe dazu *Deutsch/Diller*, DB 2009, 1462 (1463 f.); *Schneider*, NZG 2009, 1321 (1326) sowie *Spies/Schröder*, MMR 2008, 275 (277).

noch auf fünf weitere der insgesamt elf operativen Bereiche der Siemens AG[127] sowie ausgewählte Siemens-Regionalgesellschaften. Die Auswahl der zu untersuchenden Unternehmenssparten erfolgte dabei nicht unbedingt auf der Basis von konkreten Verdachtsmomenten in Bezug auf Bestechungszahlungen. Vielmehr wurden diejenigen Bereiche des operativen Geschäfts ausgewählt, die im Hinblick auf Korruption einem besonderen Risiko ausgesetzt waren, bei denen also etwa Geschäfte mit Amtsträgern oder Vermittlungsverträge mit externen Beratern eine große Rolle spielten, die große Infrastrukturprojekte unterstützten oder die allgemein mit Arbeit in Ländern, die für Bestechung bekannt sind, verbunden waren.[128]

Folglich erfassten die Ermittlungen von Debevoise auch Unternehmenssparten, in denen keine zureichenden tatsächlichen Anhaltspunkte für die Existenz von Bestechungs- und/oder Untreuehandlungen vorlagen. Vielmehr erfolgte die Auswahl der zu untersuchenden Unternehmenssparten anhand von bloßen kriminalistischen Vermutungen und Erfahrungswerten, die – wie soeben beschrieben – gerade nicht ausreichend sind, um einen Anfangsverdacht im Sinne der §§ 152 Abs. 2, 160 Abs. 1 StPO zu begründen. Dies bedeutet, dass die zuständige Münchener Staatsanwaltschaft derartige Ermittlungen nicht hätte vornehmen dürfen.[129] Lediglich in denjenigen Bereichen, in denen es zumindest vage Verdachtsmomente für mögliche Bestechungshandlungen gab, wäre es der Münchener Staatsanwaltschaft unter Umständen gestattet gewesen, Vorermittlungen durchzuführen um die Frage zu klären, ob die Verdachtsmomente ausreichend sind, um einen Anfangsverdacht zu begründen. Auch in diesem Fall wären die zulässigen Ermittlungsmethoden aber auf rein informatorische Befragungen oder die Durchsicht von freiwillig herausgegebenen Dokumenten beschränkt gewesen. Keinesfalls hätten die Vermutungen oder lediglich vagen Verdachtsmomente eine systematische Durchleuchtung *sämtlicher* in Papier- und EDV-Form vorhandener Daten, Dokumente und E-Mails sowie eine gezielte Befragung aller möglicherweise beteiligten Personen – wie von Debevoise durchgeführt – rechtfertigen können.[130]

Der Umstand, dass die Münchener Staatsanwaltschaft das im Rahmen der Internal Investigation zusammengetragene Beweismaterial in der Folge gezielt für die Einleitung von enstprechenden Strafverfahren gegen verdächtige Mitar-

127 Dies waren die Unternehmenssparten „Power Generation“, „Power Transmission and Distribution“, „Transportation Systems“, „Industrial Solutions and Services“ sowie „Medical Solutions“.

128 Siehe hierzu insgesamt die Darstellung in der Siemens-Pressemitteilung vom 15.12.2008, Fn. 90, S. 4.

129 Zu diesem Ergebnis kommen auch *Knauer/Buhlmann*, AnwBl 2010, 387 (393).

130 Vgl. *Westphal*, Verhandlungen des 67. DJT, L 129.

beiter verwendet hat, stellt daher im Ergebnis eine Umgehung des Erfordernisses des Anfangsverdachts dar: Ohne die Unterstützung von Debevoise wäre die Münchener Staatsanwaltschaft nicht auf belastendes Beweismaterial gestoßen, da sie entsprechende Ermittlungen mangels Anfangsverdachts gar nicht erst hätte vornehmen dürfen.[131] Ein die Einleitung von Strafverfahren legitimierender Anfangsverdacht hat sich vielmehr erst aufgrund der durch Debevoise durchgeführten unternehmensinternen Untersuchungen ergeben.[132] Mit anderen Worten: Die Auswertung der von Debevoise zur Verfügung gestellten Informationen basiert nicht auf einem bestehenden Anfangsverdacht, sondern zielt erst auf die Gewinnung eines solchen Verdachts, der sodann als Anlass für die Einleitung eines entsprechenden Strafverfahrens herangezogen werden kann.

(3) Konsequenzen

Vor(feld)ermittlungen werden insbesondere deshalb für unzulässig gehalten, weil die Gefahr besteht, dass dem Betroffenen seine strafprozessualen Beschuldigten- oder Zeugenrechte mit der Begründung vorenthalten werden, gegen ihn sei noch kein formelles Ermittlungsverfahren eingeleitet.[133]

Zu einer Bedrohung für die Rechte des Bürgers werden Vorfeldermittlungen ohne konkreten Anfangsverdacht jedoch nur dann, wenn sie nicht aufgrund eines reinen *Tat*verdachts gegen Unbekannt gerichtet sind und sich nicht in der bloßen Durchsicht von freiwillig herausgegebenen Unterlagen erschöpfen, sondern sich vielmehr gegen eine oder mehrere bestimmte verdächtige Personen als mögliche Täter und/oder Zeugen richten. Nur dann laufen diese Personen Gefahr, Eingriffe in ihre (grund-)gesetzlich verankerten Rechte dulden zu müssen, die mangels Anfangsverdachts einer gesetzlichen Grundlage entbehren.[134] Dieser Gefahr kann aber nicht nur dadurch begegnet werden, dass man jegliche Form von Vorfeldermittlungen grundsätzlich für unzulässig erachtet, sondern auch dadurch, dass man die Betroffenen schon bereits vor Einleitung eines förmlichen Ermittlungsverfahrens über die ihnen nach der StPO zustehenden Verfahrensrechte belehrt oder die auf diesem informellen Weg gewonnenen Informationen andernfalls für nicht verwertbar hält.[135] Um eine Umgehung der begrenzenden Anforderungen des Anfangsverdachts zu vermeiden, muss dies nicht nur

131 Vgl. *Böse*, ZStW 119 (2007), 848 (860 f.).

132 *Knauer/Buhlmann*, AnwBl 2010, 387 (393).

133 *Böse*, ZStW 119 (2007), 848 (862).

134 Vgl. *Rudolph*, Antizipierte Strafverfolgung, S. 208 sowie *Wehnert*, FS BRAK, S. 175 (176).

135 *Bernsmann/Gatzweiler*, Verteidigung bei Korruptionsfällen, Rn. 913. Vgl. dazu auch *Rudolph*, Antizipierte Strafverfolgung, S. 208 f.

für staatlich durchgeführte Vorermittlungen gelten, sondern auch für solche Untersuchungen, die von Privatpersonen im Vorfeld eines Anfangsverdachts vorgenommen werden, die sich die Strafverfolgungsbehörden sodann aber zunutze machen. Die betroffenen Personen über ihre Verfahrensrechte zu belehren ist – zumindest im Fall der Internal Investigations, in denen die zu befragenden Personen zu ihren Interviewterminen regelrecht „einbestellt" werden – auch in praktischer Hinsicht leicht umzusetzen.[136]

bb) Gefahr der Beweismitteltrübung und der Umgehung zentraler Beschuldigtenrechte

Dieses soeben beschriebene Problem der Umgehung zentraler Beschuldigtenrechte stellt sich aber nicht nur dann, wenn Private im Vorfeld von staatlichen Ermittlungsverfahren tätig werden, sondern grundsätzlich immer, wenn Privatpersonen für Zwecke der Strafverfogung instrumentalisiert werden. Auf diesen Aspekt der Internal Investigations soll nun im Zusammenhang mit der Art und Weise der Beweismittelgewinnung durch die externen Ermittler und der Übernahme der Untersuchungsergebnisse in das staatliche Strafverfahren näher eingegangen werden. Neben der Umgehung der strafprozessualen Verfahrens- und Mitwirkungsrechte, die dem Beschuldigten nach der StPO zustehen, kann der Einsatz von Privatpersonen auch dazu führen, dass es aufgrund einer unzureichenden Dokumentation der privaten Ermittlungen sowie einer Vermischung von staatlichen und privaten Ermittlungsergebnissen zu einer „Trübung" der für das spätere Strafverfahren herangezogenen Beweisgrundlage kommt.

Wie im Zusammenhang mit der Darstellung des Ablaufs der internen Ermittlungen im Fall Siemens bereits beschrieben wurde,[137] soll die Kooperation zwischen dem Unternehmen und der Münchener Staatsanwaltschaft im Rahmen der Internal Investigations soweit gegangen sein, dass Debevoise und die Münchener Staatsanwaltschaft ihre Ermittlungsergebnisse gegenseitig ausgetauscht haben. Da die Münchener Staatsanwaltschaft über Informationen verfügte, die sie nur aus den internen Interviews haben konnte, ohne die jeweiligen Personen selbst vernommen zu haben, steht auf jeden Fall fest, dass Ergebnisse aus der internen Untersuchung in die Hände der Münchener Staatsanwaltschaft gelangt

---

136 Anders könnte dies beispielsweise bei unübersichtlichen Verkehrsunfällen zu beurteilen sein, bei der jede anwesende Person pauschal als Verdächtiger und/oder Zeuge zu belehren wäre, obwohl deren prozessuale Rolle noch nicht annähernd feststellbar ist, vgl. OLG Stuttgart MDR 1977, 70 sowie *Bosch*, Aspekte des nemo-tenetur-Prinzips, S. 246.

137 Unter Kapitel 3 III.2.d)bb).

sind.[138] Ob, und wenn ja, wie genau die Münchener Staatsanwaltschaft diese Beweise auf ihren Wahrheitsgehalt untersucht hat, indem sie das Beweismaterial nur als Anlass genommen hat, um entsprechende eigene Ermittlungen zu starten, oder ob sie die Beweise ungeprüft zur Grundlage eines Strafverfahrens gemacht hat, kann mangels entsprechender Informationen nicht beurteilt werden. Dass eine Vermischung von privat und staatlich erlangtem Beweismaterial stattgefunden habe, wird vom Unternehmen bestritten: „Es wurde sichergestellt, dass die Staatsanwaltschaft wie auch Debevoise jeweils unabhängig voneinander und ohne gegenseitige Beeinflussung zu ihren entsprechenden Ergebnissen kommen konnten."[139] In eine andere Richtung deuten aber einige Stellungnahmen, wonach die im Verlauf der Internal Investigations gewonnenen Sachbeweise „kartonweise bei der Staatsanwaltschaft angeliefert wurden"[140] und die Münchener Staatsanwaltschaft sodann „erkannte, dass die Ergebnisse der von dieser Ermittlungstruppe [gemeint sind die Anwälte von Debevoise] getätigten Aufklärungsarbeit durchaus für das deutsche Strafverfahren nutzbar gemacht werden konnten."[141] Auch seien die im Zusammenhang mit den Interviews als Verhörspersonen aufgetretenen Debevoise-Anwälte bei der Münchener Staatsanwaltschaft als Berichterstatter erschienen, ohne dort aber formell vernommen worden zu sein.[142] Teilweise sollen sich die Anwälte von Debevoise und die Münchener Staatsanwaltschaft sogar darüber verständigt haben, wer schwerpunktmäßig in welchen Unternehmenssparten die Ermittlungen führt, um den Einsatz der finanziellen und personellen Ressourcen zu optimieren.[143]

Schenkt man diesen Stellungnahmen Glauben, so ergeben sich Zweifel an der Rechtmäßigkeit der Beweisaufnahme im Fall Siemens. Denn wenn schon entgegen der Konzeption der StPO private Ermittlungsergebnisse von den Strafverfolgungsbehörden umfassend nutzbar gemacht werden, müssen diese erstens darauf achten, dass sie dem Grundsatz der Aktenwahrheit und -vollständigkeit – das Ermittlungsverfahren ist ein schriftliches Verfahren (vgl. §§ 163 Abs. 2, 168b Abs. 2 StPO) – dadurch Rechnung tragen, dass sie die privaten Ermitt-

---

138 Vgl. *Westpfahl*, in: Verhandlungen des 67. DJT, L 130; *Hildebrand*, Welt am Sonntag vom 21.09.2008, http://www.welt.de/wams_print/article2473233/Aufklaerung-de-luxe.html sowie *Knauer/Buhlmann*, AnwBl 2010, 387 (388 f.). Dies wurde mir auch von den von mir interviewten Siemens-Mitarbeitern bestätigt.

139 Siemens-Pressemitteilung vom 15.12.2008, Fn. 90, S. 8.

140 *Westphal*, in: Verhandlungen des 67. DJT, L 130.

141 *Hamm*, NJW 2010, 1332 (1335 m. Fn. 9).

142 *Westphal*, in: Verhandlungen des 67. DJT, L 130 f.

143 Die Information stammt von einem Siemens-Mitarbeiter, der von mir interviewt wurde.

lungsergebnisse überprüfen und in den Akten auch als solche ausweisen,[144] und zweitens dafür Sorge tragen, dass die Beschuldigtenrechte des jeweils Betroffenen, insbesondere sein Recht auf Belehrung über bestehende Auskunfts- und Aussageverweigerungsrechte, sein Recht auf anwaltlichen Beistand sowie das Verbot unzulässiger Verhörsmethoden, auf der Stufe der Beweiserhebung gewahrt werden.[145] Bedient sich der Staat zur Erfüllung seiner Pflichten Privatpersonen, bedeutet dies nicht, dass er sich auf diesem Weg auch der ihm durch das Gesetz auferlegten Bindungen entledigen kann.[146] Dies ist nicht nur ein im Öffentlichen Recht allgemein anerkannter Grundsatz. Vielmehr trifft auch die Staatsanwaltschaft gegenüber dem Beschuldigten eine Fürsorgepflicht dahingehend, in zumutbarem Maß Einfluss auf die Ermittlungshandlungen zu nehmen, die Ermittlungsergebnisse gegebenenfalls zu überprüfen und für die Einhaltung der gesetzlichen Vorschriften Sorge zu tragen.[147] Dies muss auch für den Fall gelten, dass die Strafverfolgungsbehörden Privatpersonen zwar nicht gezielt zur Aufklärung von Straftaten einsetzen, entsprechende umfangreiche Privatermittlungen aber dulden und dann für eigene Zwecke nutzbar machen.[148] Denn in einer solchen Konstellation sind die privaten Ermittler – auch wenn sie durchaus im eigenen Interesse bzw. im Interesse des Unternehmens, das sie beauftragt hat, tätig werden – im Ergebnis, d.h. zumindest bezogen auf das Ziel der Straftataufklärung, faktisch nichts anderes als Instrumente der Ermittlungsbehörden.[149] Ob dies zugleich auch einen ausreichenden Zurechnungstatbestand begründet, wonach sich der Staat in Gestalt der Strafverfolgungsbehörden etwaige Verstöße der privaten Ermittler gegen §§ 136, 136a StPO zurechnen lassen muss, soll spä-

---

144 Dazu eingehend *Hassemer/Matussek*, Opfer als Verfolger, S. 82 ff. Siehe auch *Erb*, in: LR-StPO, § 160 Rn. 62.

145 *Erb*, in: LR-StPO, § 160 Rn. 37.

146 *Kämmerer*, Privatisierung, S. 449: Soweit die Privatisierung reicht, trete der Staat als Garant der Grundrechte auf; er habe mit dem Ziel des Grundrechtsschutzes auf die Rechtsbeziehungen der beteiligten Privatrechtssubjekte einzuwirken. Vgl. ferner *Böse*, ZStW 119 (2007), 848 (883); *Lämmerzahl*, Beteiligung Privater, S. 193 sowie *Bosch*, Aspekte des nemo-tenetur-Prinzips, S. 214 f.

147 *Beulke*, Strafprozessrecht, Rn. 79; *Pfordte*, in: Strafverteidigung im Rechtsstaat, S. 740 (75 f.); *Erb*, in: LR-StPO, § 160 Rn. 37; *Hegmann*, Fürsorgepflicht, S. 122, 125. Abgeleitet wird die allgemeine Fürsorgepflicht der Staatsanwaltschaft unter anderem aus dem Grundsatz des sozialen Rechtsstaats aber auch aus dem Recht auf ein faires Verfahren, siehe dazu den Überblick bei *Kielwein*, Prozessuale Fürsorgepflicht, S. 57 f.

148 *Eisenberg*, Beweisrecht, Rn. 401; *Gleß*, in: LR-StPO, § 136a Rn. 10, 13. A.A. *Bosch*, Aspekte des nemo-tenetur-Prinzips, S. 215.

149 *Pfordte*, in: Strafverteidigung im Rechtsstaat, S. 740 (755). Vgl. auch *Hassemer/Matussek*, Opfer als Verfolger, S. 83 f.

ter im Zusammenhang mit einem möglichen Verstoß gegen den nemo-tenetur-Grundsatz näher erörtert werden.[150]

Sofern sich die zuständige Staatsanwaltschaft tatsächlich auf die im Rahmen von Internal Investigations gesammelten Beweise verlässt, ohne diese nachzuprüfen und ohne ausreichend dafür Sorge zu tragen, dass die Verfahrensrechte der Betroffenen auch auf der Ebene der Beweismittelgewinnung durch die privaten Ermittler eingehalten werden, kann dies im Ergebnis zu einem von der StPO nicht vorgesehen Outsourcing von Ermittungshandlungen auf private Institutionen und zu einer Umgehung der strafprozessualen Verfahrensrechte führen.

c) Ergebnis

Private Untersuchungen parallel zu oder im Vorfeld von staatlichen Ermittlungsverfahren sind nicht per se als ein nach der StPO unzulässiges Outsourcing von Ermittlungshandlungen auf private Institutionen oder gar rechtswidriges Parallelverfahren zur deutschen Strafprozessordnung anzusehen. Allerdings haben die vorstehenden Ausführungen aufgezeigt, dass durch umfassende interne Ermittlungen, die mit Billigung der Strafverfolgungsbehörden vorgenommen werden und deren Ergebnisse sich die Strafverfolgungsbehörden gezielt zunutze machen, nicht nur die grundrechtsschützende Funktion des Anfangsverdachts unterlaufen werden kann, sondern auch die Gefahr besteht, dass zentrale Formvorschriften zur Beweisaufnahme sowie die Verfahrensrechte der betroffenen Personen umgangen werden. Dass eine solche Vorgehensweise den Anforderungen an ein rechtmäßiges, d.h. justizförmiges Verfahren widerspricht, liegt auf der Hand. Inwieweit diese einzelnen Verstöße – Umgehung des Anfangsverdachts, Beweismitteltrübung, Umgehung der Beschuldigtenrechte – geeignet sind, einen Verstoß gegen den fair-trial-Grundsatz zu begründen, wird unter II.2.c) untersucht werden.

3. Zusammenfassung und Zwischenergebnis

Die vorstehenden Ausführungen haben gezeigt, dass Cross Border Investigations insbesondere deshalb zahlreiche Probleme mit sich bringen, weil die internen Untersuchungsergebnisse in aller Regel sowohl an die SEC und das DOJ als auch an die zuständige deutsche Staatsanwaltschaft weitergegeben werden, ohne dass auf der Stufe der Beweismittelgewinnung die Vorschriften zum Rechtshilfeverkehr oder die Formvorschriften, die die StPO für staatliche Ermittlungen aufstellt, beachtet werden.

---

150 Hierzu ausführlich unter Kapitel 5 II.1.c)bb)(1)(b).

Gelingt es nicht, dieser drohenden Umgehung elementarer Verfahrensvorschriften angemessen zu begegnen, besteht die Gefahr, dass umfassende interne Untersuchungen zunehmen und sich als rechtswidriges Parallelverfahren zur StPO etablieren könnten.

Die Frage, ob die Durchführung von Cross Border Investigations nach US-amerikanischem Standard zu einer Umgehung des Rechtshilfeabkommens zwischen den USA und Deutschland oder einer Verletzung sonstiger völkerrechtlicher Bestimmungen führt, ist für den Fall Siemens zwar zu verneinen. Aufgrund des Umstands, dass sich auch die nationalen Behörden die Ergebnisse von Internal Investigations bewusst zunutze machen und teilweise eigene Ermittlungen entsprechend zurückschrauben, besteht aus Sicht des deutschen Rechts jedoch die zusätzliche Gefahr, dass zentrale Bestimmungen der StPO wie beispielsweise das die staatliche Machtfülle begrenzende Kriterium des Anfangsverdachts, die auf eine geregelte und nachvollziehbare Beweisaufnahme gerichteten Dokumentations- und Formvorschriften sowie die strafprozessualen Verfahrensrechte der von den Ermittlungsmaßnahmen betroffenen Personen durch den Einsatz von Privatpersonen gezielt umgangen werden. Diese Probleme sind auch im Fall Siemens offensichtlich geworden.

Wie dieser Konflikt zu lösen ist, der dadurch entsteht, dass Privatpersonen, die nicht an die Verfahrensvorschriften der StPO gebunden sind, mit der Sachverhaltsaufklärung beauftragt werden, die im Rahmen dieser informellen Untersuchung aufgefundenen Beweise jedoch an die Staatsanwaltschaft weitergegeben und dort für Zwecke der Strafverfolgung nutzbar gemacht werden, ist einem eigenen Kapitel vorbehalten.[151] Gleichwohl soll an dieser Stelle ein kurzer Ausblick gegeben werden: Das den von Strafverfolgungsmaßnahmen betroffenen Personen nach der StPO zugebilligte Schutzniveau lässt sich nur dann einhalten, wenn entweder die den Betroffenen zustehenden Verfahrensrechte bereits auf der Ebene der Beweismittelgewinnung beachtet werden oder die auf dem soeben beschriebenen nicht-justizförmigen Weg gesammelten Beweise in einem nachfolgenden Strafverfahren nicht verwertet werden dürfen.

II. Rechtmäßigkeit der privaten Ermittlungstätigkeit im Fall Siemens

Im nun folgenden Abschnitt soll es darum gehen, die Art und Weise der internen Untersuchungen im Fall Siemens, wie sie sich nach den verfügbaren Informa-

---

151 Siehe Kapitel 6.

tionen dargestellt und wie sie vorstehend unter Kapitel 3 III. bereits beschrieben wurden, unter ausgewählten Aspekten auf ihre Rechtmäßigkeit zu überprüfen.

Hierfür sollen zu Beginn noch einmal kurz die im Hinblick auf die in der StPO verbürgten Verfahrensrechte kritischen Gesichtspunkte der internen Ermittlungen im Fall Siemens in Erinnerung gerufen werden: Die Atmosphäre bei den Interviews ähnelte einer strafrechtlichen Vernehmung. Da private Ermittler den Vorgaben der StPO generell nicht unterliegen, verzichteten die externen Ermittler im Fall Siemens jedoch regelmäßig auf eine (offizielle) Belehrung über das Recht, im Fall drohender Selbstbelastung die Aussage verweigern zu können. Um die Mitarbeiter zu einer umfassenden Aussage zu bewegen, wurde ihnen für den Fall der Verweigerung einer entsprechenden Kooperation vielmehr mit zivil- und/oder arbeitsrechtlichen Konsequenzen bis hin zur Beendigung des Arbeitsverhältnisses gedroht. Darüber hinaus wurde den betroffenen Personen in der Regel keine Gelegenheit gegeben, das „Protokoll" ihrer Aussage nach Ende der Vernehmung noch einmal zu überprüfen, obwohl die Interviews sich über mehrere Stunden erstreckten und auf Englisch geführt wurden. Die Ergebnisse der Aussagen sowie die infolge der Aussagen aufgefundenen Beweise wurden sodann in großem Umfang an die zuständige Staatsanwaltschaft weitergegeben, wo sie zu Zwecken der Strafverfolgung nutzbar gemacht werden konnten und zum Teil auch wurden – hierauf wurden die betroffenen Mitarbeiter zu Beginn der Interviews auch hingewiesen.

Vor diesem Hintergrund wird sich der folgende Abschnitt darauf konzentrieren, zu untersuchen, ob die Vorgehensweise der internen Ermittler während der Internal Investigation in Verbindung mit der Weitergabe der Ermittlungsergebnisse an die zuständige Staatsanwaltschaft und deren anschließender Verwertung für Strafverfolgungszwecke einen Verstoß gegen den Grundsatz der Selbstbelastungsfreiheit (dazu unter 1.) und/oder das Gebot eines fairen Verfahrens begründet (hierzu unter 2.).

1. Beachtung des Grundsatzes nemo tenetur se ipsum accusare

a) Grundlagen und Geltungsbereich des Grundsatzes nemo tenetur se ipsum accusare

Wenngleich die Geltung des nemo-tenetur-Grundsatzes sowie sein verfassungsrechtlicher Rang heute unbestritten sind, bestehen Schwierigkeiten, seinen Inhalt exakt zu bestimmen, weil der Grundsatz *nemo tenetur se ipsum accusare* weder einfachgesetzlich noch im Verfassungstext ausdrücklich kodifiziert ist.[152] Zwar kommt der rechtlichen Herleitung des nemo-tenetur-Grundsatzes eine gewisse Bedeutung für dessen Auslegung zu. Gleichwohl wird sich die folgende Darstellung darauf beschränken, einen kurzen Überblick über die möglichen rechtlichen Anknüpfungspunkte zu geben. Eine kritische Auseinandersetzung mit den Grundlagen des nemo-tenetur-Grundsatzes ist einerseits bereits Gegenstand zahlreicher Abhandlungen gewesen und würde andererseits über den Rahmen dieser Arbeit hinausgehen. Es sollen vielmehr nur diejenigen Aspekte herausgestellt werden, die für die weitere Untersuchung des hier vorgestellten Problemkreises der Internal Investigations von Bedeutung sind.

aa) Rechtliche Verankerung des nemo-tenetur-Grundsatzes

Ausdrückliche Erwähnung findet der Grundsatz nemo tenetur se ipsum accusare nur in Art. 14 Abs. 3 lit. g des seit 1966 existierenden Internationalen Pakts über staatsbürgerliche und politische Rechte (IPBPR)[153]: „Er [d.h. jeder wegen einer strafbaren Handlung Angeklagte] darf nicht gezwungen werden, gegen sich selbst als Zeuge auszusagen oder sich schuldig zu bekennen." Nach Auffassung des Europäischen Gerichtshofs für Menschenrechte (EGMR) findet der Grundsatz der Selbstbelastungsfreiheit darüber hinaus eine – wenngleich nicht ausdrücklich normierte – gesetzliche Verankerung im Prinzip des fairen Verfahrens, Art. 6 Abs. 1 der Europäischen Menschenrechtskonvention (EMRK).[154] Sowohl der IPBPR als auch die EMRK finden innerhalb Deutschlands unmittelbare Anwendung.[155] Die dort verbürgten Rechte haben den Rang eines einfachen Bun-

---

152 *Eisenhardt*, Nemo tenetur-Prinzip, S. 181.

153 Der Internationale Pakt über bürgerliche und politische Rechte vom 19.12.1966 ist von der Bundesrepublik Deutschland mit Gesetz vom 15.11.1973, abgedruckt in BGBl. II (1973), S. 1533 ff., ratifiziert worden und am 23.03.1976 in Kraft getreten.

154 EGMR, Urt. vom 25.02.1993, *Funke v. Frankreich*, ÖJZ 1993, 532; EGMR, Urt. vom 08.02.1996, *Murray v. Vereinigtes Königreich*, EuGRZ 1996, 587 (590); EGMR NJW 2002, 499; *Grabenwarter*, EMRK, § 24 Rn. 119; *Meyer-Ladewig*, EMRK, Art. 6 Rn. 52; *Eisenhardt*, Nemo tenetur-Prinzip, S. 146, 148. Kritisch *Rogall*, Beschuldigter, S. 112 ff.: Wesentliches Element des Rechts auf ein faires Verfahren sei der Grundsatz der Waffengleichheit zwischen Ankläger und Angeklagtem. Aus diesem Recht auf Waffengleichheit als „Teilhaberecht" könne der nemo-tenetur-Grundsatz aber nicht abgeleitet werden, da er vorrangig als negatives Abwehrrecht des Einzelnen gegenüber dem Staat ausgestaltet ist und somit nicht als Teilaspekt des Rechts auf Waffengleichheit begriffen werden kann.

155 Art. 59 Abs. 2 GG. Sowohl die Garantien des IPBPR sowie die der EMRK sind als unmittelbar geltende und im Einzelnen ipso iure berechtigende Ansprüche formuliert. Die EMRK ist mit Zustimmungsgesetz vom 07.08.1952 in ein innerstaatliches Gesetz um-

desgesetzes.[156] Demnach bilden der IPBPR und die EMRK zwar keinen unmittelbar verfassungsrechtlichen Prüfungsmaßstab. Gleichwohl sind zumindest die Bestimmungen der EMRK in der Form, die sie im Wege der Auslegung durch die Rechtsprechung des EGMR erhalten haben, nach Auffassung des BVerfG als Auslegungshilfe bei der Bestimmung des Inhalts und der Reichweite von Grundrechten und rechtsstaatlichen Grundsätzen des Grundgesetzes einzubeziehen, soweit dies nicht zu einer Einschränkung des Grundrechtsschutzes führen würde.[157] Sowohl Art. 14 Abs. 3 lit. g IPBPR als auch Art. 6 EMRK verbürgen allerdings nur einen Mindeststandard an Rechten, so dass sich diese Normen nicht als konkrete Rechtsgrundlage eignen, aus der Inhalt und Grenzen der Selbstbelastungsfreiheit konturenscharf abgeleitet werden können.[158]

Es hat demzufolge in der Literatur nicht an Versuchen gemangelt, das Verbot des Selbstbelastungszwangs aus dem Grundgesetz abzuleiten.[159] Überwiegend wird die Selbstbelastungsfreiheit dabei als Ausprägung des allgemeinen Persönlichkeitsrechts verstanden und dementsprechend in Art. 2 Abs. 1 i.V.m. Art. 1 Abs. 1 GG verankert, wobei jedoch die Begründungen variieren und insbesondere der Menschenwürdegehalt dieses Grundsatzes umstritten ist.[160] Während einige den nemo-tenetur-Grundsatz als Ausdruck der naturrechtlichen Ge-

---

gesetzt wurden, BGBl. II, S. 685 ff. Siehe dazu *Gaede*, Fairness als Teilhabe, S. 63 f., *Eidam*, Selbstbelastungsfreiheit, S. 31; *Steiner*, Fairnessprinzip, S. 34 sowie *Rogall*, Beschuldigter, S. 109 f., 119 ff.

156 BVerfGE 74, 358 (370); BVerfG JZ 2004, 1171 f.; *Steiner*, Fairnessprinzip, S. 34; *Rogall*, Beschuldigter, S. 110, 121.

157 Grundlegend BVerfGE 74, 358 (370). Siehe auch *Eisenhardt*, Nemo tenetur-Prinzip, S. 145 f.

158 *Bosch*, Aspekte des nemo-tenetur-Prinzips, S. 25 ff. Dies wird insbesondere daran deutlich, dass Art. 14 Abs. 3 lit. g IPBPR den Anwendungsbereich von nemo tenetur seinem Wortlaut nach auf den Beschuldigten eines Strafprozesses beschränkt, obwohl anerkannt ist, dass sich auch der Zeuge auf den Grundsatz der Selbstbelastungsfreiheit berufen kann, wenn er durch seine Aussage Gefahr läuft, sich selbst zu belasten. Ob Art. 14 Abs. 3 lit. g IPBPR daher den nemo-tenetur-Grundsatz nur in dieser eingeschränkten Form garantiert oder einfach nur sprachlich „missglückt" ist, bleibt unklar. Siehe dazu *Reiß*, Besteuerungsverfahren und Strafverfahren, S. 142 f. sowie *Rogall*, Beschuldigter, S. 117 f.

159 Siehe nur *Eisenhardt*, Nemo-tenetur-Prinzip, S. 127 ff., 186 ff.; *Rau*, Schweigen, S. 37 ff.; *Bosch*, Aspekte des nemo-tenetur-Prinzips, S. 24 ff.; *Böse*, GA 2002, 98 ff.; *Schneider*, Selbstbegünstigungsprinzip, S. 37 ff.; *Nothhelfer*, Selbstbezichtigungszwang, S. 10 ff.; *Wolff*, Selbstbelastung und Verfahrenstrennung, S. 28 ff.; *Reiß*, Besteuerungsverfahren und Strafverfahren, S. 155 ff. und *Rogall*, Beschuldigter, S. 104 ff.

160 *Eisenhardt*, Nemo-tenetur-Prinzip S. 199, 212; *Nothhelfer*, Selbstbezichtigungszwang, S. 63 ff., 83; *Rogall*, Beschuldigter, S. 139 ff.

bote des Selbstschutzes und Selbsterhaltungstriebs begreifen,[161] ziehen andere zur Begründung die Objektformel heran: Jeder Zwang zum Geständnis würdige den Menschen zum bloßen Objekt des Verfahrens herab, mache ihn unter Leugnung seiner Subjektstellung allein zum Mittel der Wahrheitsfindung und versto-ße damit gegen die Menschenwürde, deren wesentliches Element die Freiheit zur Selbstbestimmung und Willensentschließung darstelle.[162] Nach diesen Begründungsansätzen dient die durch nemo tenetur verbürgte Selbstbelastungsfreiheit vorrangig der Verteidigung natürlicher Subjektpositionen, die dem Menschen aufgrund seiner naturrechtlich gegebenen Individualität zukommen und die sich auch verfahrensrechtlich in seiner vom Staat zu beachtenden Subjektstellung niederschlagen.[163] Die Abwehrfunktion des nemo-tenetur-Grundsatzes wird in den Vordegrund gestellt.

Andere Autoren sehen den nemo-tenetur-Grundsatz im Rechtsstaatsprinzip, Art. 20 Abs. 3 GG, verortet,[164] oder rekurrieren auf den Anspruch auf rechtliches Gehör (Art. 103 GG)[165] und betonen dadurch vorrangig die Funktion der Selbstbelastungsfreiheit als zur Teilhabe und Leistung berechtigendes zentrales Verfahrens- oder Justizgrundrecht.

Das BVerfG hat sich bislang bei der Herleitung des nemo-tenetur-Grundsatzes nicht auf einen der geschilderten Begründungsansätze festgelegt, sondern vielmehr mal den einen, mal den anderen oder auch mehrere Ansätze in Kombination für die Auslegung herangezogen. In jedem Fall stelle der Zwang zur Selbstbezichtigung einen Eingriff in die allgemeine Handlungsfreiheit sowie

161 Insbesondere *Rogall*, Beschuldigter, S. 145 f.; *ders.*, in: SK-StPO, Vor § 133 Rn. 132. Kritisch *Kölbel*, Selbstbelastungsfreiheiten, S. 167 ff., der Geheimhaltungs- sowie Selbstenthüllungsbedürfnisse als kulturell verankerte, soziale Handlungsmuster begreift, die sodann vom Recht rezipiert wurden.

162 *Schilling*, Illegale Beweise, S. 91; *Nothhelfer*, Selbstbezichtigungszwang, S. 71 ff., 76 f.

163 Vgl. BGHSt 5, 332 (334); *Kölbel*, Selbstbelastungsfreiheiten, S. 192 f.; *Schilling*, Illegale Beweise, S. 89 ff.; *Rogall*, Beschuldigter, S. 145 ff.

164 *Reiß*, Besteuerungsverfahren und Strafverfahren, S. 156 f., 170; *Schneider*, Selbstbegünstigungsprinzip, S. 42, 49; *Bosch*, Aspekte des nemo-tenetur-Prinzips, S. 70: Nemo tenetur als „selbstverständlicher Ausdruck einer rechtsstaatlichen Grundhaltung".

165 *Rau*, Schweigen, S. 38 ff.; *Böse*, GA 2002, 98 (118 ff.): Der nemo-tenetur-Grundsatz sei in Art. 103 Abs. 1 GG verankert, da dieser ein Recht zur Selbstbehauptung im Prozess gewähre, wovon auch die Verteidigung durch Schweigen erfasst sei. Kritisch *Rogall*, in: SK-StPO, Vor § 133 Rn. 135 sowie *Eisenhardt*, Nemo tenetur-Prinzip, S. 196 f.: Gegen die Herleitung aus dem Rechtsstaatsprinzip spreche, dass der nemo-tenetur-Grundsatz nicht nur im Hinblick auf das Strafverfahren, sondern auch außerhalb des Prozesses von Bedeutung ist und Art. 103 Abs. 1 GG dem Betroffenen darüber hinaus das Recht zugesteht, aktiv Einfluss auf das Verfahren zu nehmen, während der nemo-tenetur-Grundsatz dem Beschuldigten gerade ein Recht zur Passivität zubilligt.

das allgemeine Persönlichkeitsrecht gemäß Art. 2 Abs. 1 GG dar und berühre zugleich auch den Menschenwürdegehalt des Art. 1 Abs. 1 GG, denn der „Zwang, durch eigene Aussagen die Voraussetzungen für eine strafgerichtliche Verurteilung oder die Verhängung entsprechender Sanktionen liefern zu müssen", sei „unzumutbar und mit der Würde des Menschen unvereinbar".[166] Ergänzend verweist das BVerfG zudem auf das Rechtsstaatsprinzip sowie auf das Recht auf ein faires Verfahren als verfassungsrechtliche Anknüpfungspunkte für die Herleitung und Auslegung des nemo-tenetur-Grundsatzes.[167] Auch der BGH greift zur Herleitung des nemo-tenetur-Grundsatzes nicht auf eine bestimmte Verfassungsnorm zurück, sondern zieht teilweise die Menschenwürdegarantie,[168] teilweise das Rechtsstaatsprinzip[169] und/oder den Grundsatz des fairen Verfahrens zur dogmatischen Begründung heran.[170]

Unabhängig davon, welcher Auffassung zur verfassungsrechtlichen Herleitung des nemo-tenetur-Grundsatzes man sich anschließt, besteht jedenfalls Einigkeit darüber, dass es sich bei dem Verbot erzwungener Selbstbelastung um eine Gewährleistung handelt, die als „selbstverständlicher Ausdruck einer rechtsstaatlichen Grundhaltung"[171] einen unverzichtbaren Bestandteil eines rechsstaatlichen Strafverfahrens darstellt.

bb) Inhalt des nemo-tenetur-Grundsatzes

(1) Anspruchsinhalt

Der nemo-tenetur-Grundsatz bewahrt den Einzelnen davor, zum Beweismittel gegen sich selbst gemacht zu werden. Er gilt demgemäß dort, wo der Einzelne Gefahr läuft, strafrechtlich verfolgt zu werden.[172] Diesem Schutzzweck entsprechend muss der Betroffene all diejenigen Handlungen unterlassen dürfen, die im Ergebnis auf eine aktive Eigenüberführung hinauslaufen. Er darf in erster Linie Aussagen und Auskünfte verweigern, die eine Strafverfolgung entweder erst auslösen oder die zu einem Schuldspruch führen könnten oder für das Strafmaß

166 BVerfGE 56, 37 (41 f., 49). Vgl. auch BVerfGE 38, 105 (111 ff.); 55, 144 (150). Das BVerfG unterscheidet insoweit zwischen dem Aussagezwang, der lediglich in die allgemeine Handlungsfreiheit eingreift, und dem Selbstbezichtigungszwang, der die Menschenwürde des Betroffenen verletzt, BVerfGE 56, 37 (42, 49), siehe auch *Wolff*, Selbstbelastung und Verfahrenstrennung, S. 113.

167 BVerfG NStZ 1995, 555.

168 BGHSt 34, 39 (46).

169 BGHSt 1, 39 (40); 31, 304 (308); 36, 44 (48); 38, 263 (269).

170 BGHSt 25, 325 (330); 38, 214 (221); 38, 263 (266); 38, 302 (305).

171 BVerfGE 38, 105 (113); BVerfGE 56, 37 (43); BVerfG NStZ 1995, 555.

172 *Rogall*, Beschuldigter, S. 149.

von Bedeutung sind.[173] Der Betroffene ist darüber hinaus ebenfalls berechtigt, die Herausgabe sonstigen Beweismaterials zu verweigern, denn es kann keinen Unterschied machen, ob die Verhängung einer Strafsanktion aufgrund von Aussagen oder aufgrund erzwungener Vorlage von Urkunden oder Augenscheinsobjekten ermöglicht wird.[174]

Einigkeit besteht dahingehend, dass ein Berufen auf den nemo-tenetur-Grundsatz immer dann möglich ist, sobald und solange die Gefahr besteht, wegen einer Straftat oder Ordnungswidrigkeit verfolgt zu werden.[175] Der Schutz von nemo tenetur greift daher schon dann ein, wenn die Aussage des Betroffenen (im Zusammenhang mit anderen Anhaltspunkten) geeignet ist, einen Anfangsverdacht zu wecken.[176] Entscheidender Aspekt für das Eingreifen des nemo-tenetur-Grundsatzes ist demnach das Element des staatlichen Verfolgtwerdens, das die persönliche Konfliktlage des Betroffenen begründet.[177]

(a) Schutz vor staatlich erzwungener Selbstbelastung

Der nemo-tenetur-Grundsatz schützt aber generell nur vor unfreiwilligen Akten des Beschuldigten, denn nur die unfreiwillige Selbstbelastung stellt einen Ein-

---

173 *Eisenhardt*, Nemo tenetur-Prinzip, S. 187 f.; *Rogall*, Beschuldigter, S. 104 f.

174 *Bärlein/Pananis/Rehmsmeier*, NJW 2002, 1825 (1827); *Rogall*, Beschuldigter, S. 157. In diesem Sinne hat auch der EGMR entschieden: Das Recht auf ein faires Verfahren i.S.d. Art. 6 Abs. 1 EMRK umfasse in erster Linie das Recht zu schweigen (Aussagefreiheit), daneben aber auch das Recht, sich nicht selbst belasten zu müssen (Mitwirkungsfreiheit) und beinhalte schließlich auch den Schutz vor staatlichem Zwang, siehe EGMR, Urt. vom 25.02.1993, *Funke v. Frankreich*, ÖJZ 1993, 532; EGMR, Urt. vom 08.02.1996, *Murray v. Vereinigtes Königreich*, EuGRZ 1996, 587 (590); EGMR, Urt. vom 17.12.1996, *Saunders v. Vereinigtes Königreich*, ÖJZ 1998, 32 (33) sowie *Eisenhardt*, Nemo tenetur-Prinzip, S. 149 ff. Diese „Erweiterung“ des nemo-tenetur-Grundsatzes gilt jedoch nur für das Strafverfahren; im Hinblick auf außerstrafrechtliche Aufzeichnungs-, Dokumentations- und Vorlagepflichten kann sich der Betroffene nach Ansicht der Rechtsprechung auch dann nicht auf nemo tenetur berufen, wenn er durch die Erfüllung der Pflicht Informationen preisgibt, mit denen er sich selbst einer Straftat bezichtigt, siehe dazu ausführlich *Szesny*, BB 2010, 1195 (1996 ff.) sowie *Bärlein/Pananis/Rehmsmeier*, NJW 2002, 1825 (1828).

175 *Kölbel*, Selbstbelastungsfreiheiten, S. 93 ff.; *Rogall*, Beschuldigter, S. 167. Ob auch die drohende Verhängung einer bloß disziplinarischen Sanktion ausreicht, um sich auf nemo tenetur berufen zu können, wird hingegen unterschiedlich beurteilt: Für die Einbeziehung von Disziplinarvefahren BVerfGE 56, 37 (43) sowie *Rogall*, Beschuldigter, S. 164 f., 167. Dagegen *Kühne*, in: LR-StPO, Einl. Abschn. J Rn. 97.

176 *Kölbel*, Selbstbelastungsfreiheiten, S. 96; *Reiß*, Besteuerungsverfahren und Strafverfahren, S. 229; *Rogall*, Beschuldigter, S. 167.

177 *Rogall*, Beschuldigter, S. 165. Vgl. auch *Kölbel*, Selbstbelastungsfreiheiten, S. 80 f.

griff in das allgemeine Persönlichkeitsrecht des Betroffenen dar.[178] Unfreiwillig ist der Akt der Selbstbelastung immer dann, wenn die Selbstbelastung erzwungen wird.[179] Die Selbstbelastungsfreiheit garantiert jedoch keinen Schutz vor Zwangswirkungen, die ihren Ursprung nicht in der staatlichen Strafverfolgungstätigkeit haben. Zwangswirkungen, die aus dem sozialen Umfeld des Beschuldigten resultieren – beispielsweise die Angst um seinen guten Ruf, den Arbeitsplatz oder Ähnliches – und die den Betroffenen zu einer Aussage bewegen, sind daher in Hinblick auf den nemo-tenetur-Grundsatz unbeachtlich.[180] Es ist nicht die Funktion von nemo tenetur, jeden auch nur mittelbaren Druck durch außerhalb des Strafverfahrens an die Aussageverweigerung geknüpfte Nachteile für den Betroffenen abzuwehren. Außerhalb des Strafverfahrens darf und muss vielmehr auch etwaigen entgegenstehenden Interessen Privater und des Staates Rechnung getragen werden.[181]

Eine Grenze besteht jedoch dort, wo die negativen Folgen für den Betroffenen im Fall der Ausübung des Schweigerechts im Strafverfahren ein Ausmaß annehmen, dass sich der Betroffene faktisch gezwungen sieht, auf sein Schweigerecht zu verzichten. Entsprechendes gilt, wenn die an die Aussageverweigerung geknüpften nachteiligen Folgen nicht primär zur Verfolgung eines legitimen privaten oder staatlichen Interesses eingesetzt werden, sondern vielmehr als Beugemittel fungieren.[182] Damit die verfassungsrechtlich verbürgte Selbstbelastungsfreiheit in diesen Fällen nicht leerläuft, muss sich der Betroffene auf die Selbstbelastungsfreiheit berufen können, ohne negative Folgen befürchten zu müssen.[183]

(b) Schutz vor selbstbelastenden Aussagen infolge Täuschung?

Ob der nemo-tenetur-Grundsatz auch Schutz vor unfreiwilliger Selbstbelastung im Zuge von Täuschungen gewährt, wird hingegen unterschiedlich beurteilt. Insbesondere die Rechtsprechung nimmt insoweit eine restriktive Haltung ein

178 BVerfGE 56, 37 (49); *Beulke*, Strafprozessrecht, Rn. 125; *Wolff*, Selbstbelastung und Verfahrenstrennung, S. 129; *Rogall*, Beschuldigter, S. 224, 241.

179 BVerfGE 56, 37 (49); *Beulke*, Strafprozessrecht, Rn. 125, 130.

180 *Aselmann*, Selbstbelastungs- und Verteidigungsfreiheit, S. 77. Dies ergibt sich aus der Schutzrichtung des nemo-tenetur-Grundsatzes, der lediglich staatliche Eingriffe in die verfassungsrechtlich verbürgte Selbstbelastungsfreiheit verbietet, siehe nur *Rogall*, NStZ 1989, 288; ders., in: SK-StPO, Vor § 133 Rn. 160 f.

181 *Reiß*, Besteuerungsverfahren und Strafverfahren, S. 267.

182 Vgl. *Reiß*, Besteuerungsverfahren und Strafverfahren, S. 267.

183 Vgl. BGH NJW 1974, 2295 (2296) sowie *Reiß*, Besteuerungsverfahren und Strafverfahren, S. 266 f.

und will irrtumsbedingte Selbstbelastungen generell nicht dem Schutz von nemo tenetur unterstellen.[184]

Da der Schwerpunkt der Diskussion, die im Hinblick auf Internal Investigations und einen möglichen Verstoß gegen den nemo-tenetur-Grundsatz geführt wird, primär in der Frage zu sehen ist, ob die durch die privaten Ermittler im Fall der unzureichenden Aussagebereitschaft angedrohten Sanktionen für den betroffenen Mitarbeiter einen faktischen Zwang zur Selbstbelastung statuieren, der einem staatlichen Zwang gleichzustellen ist, wird an dieser Stelle darauf verzichtet, näher auf diejenigen Auffassungen einzugehen, die auch den Schutz vor Täuschungen in den Anwendungsbereich des nemo-tenetur-Grundsatzes miteinbeziehen wollen. Nach Auffassung der herrschenden Meinung, der sich hier angeschlossen werden soll, ist das Problem einer irrtumsbedingten Selbstbelastung vielmehr bei der Frage nach der Reichweite der Belehrungspflichten des § 55 Abs. 2 bzw. des § 136 Abs. 1 Satz 2 StPO bzw. bei der Auslegung des in § 136a Abs. 1 StPO statuierten Täuschungsverbots zu verorten[185] – zwei Aspekte, auf die im Verlauf dieser Arbeit noch näher einzugehen sein wird.

(c) Außerstrafprozessuale Aussagepflichten und der nemo-tenetur-Grundsatz

Im Hinblick auf den nemo-tenetur-Grundsatz problematisch sind zudem außerstrafprozessuale Aussagepflichten, wie sie z.B. im Insolvenz-, Steuer- oder Wirtschaftsverwaltungsrecht normiert sind,[186] wonach der Betroffene im Einzelfall auch Informationen selbstbelastender Art preisgeben muss. Eine Nichterfüllung dieser Auskunftspflichten ist dabei oftmals mit einem Bußgeld sanktioniert.[187] Sobald der Betroffene in Erfüllung dieser zivil- oder öffentlichrechtlichen Informationspflichten durch seine Auskunft einen Anfangsverdacht für die Verfolgung von Straftaten hervorrufen könnte und die Gefahr besteht, dass diese Informationen zwecks strafrechtlicher Verwertung auch an die zuständige Staatsanwaltschaft weitergegeben werden oder auf andere Art und Weise in die Hände der Strafverfolgungsbehörden gelangen, ist der Schutzbe-

---

184 BVerfGE 56, 37 (49); BGHSt 42, 139 (151 ff.); 44, 129 (133). Zustimmend *Rogall*, in: SK-StPO, Vor § 133 Rn. 141; *Kühne*, in: LR-StPO, Einl. Abschn. J Rn. 88 sowie *Puppe*, GA 1978, 289 (299). Kritisch u.a. *Weßlau*, ZStW 110 (1998), S. 1 (16 ff.) und *Roxin*, NStZ 1995, S. 465 (466 ff.).

185 Vgl. *Rogall*, in: SK-StPO, Vor § 133 Rn. 141; *Kühne*, in: LR-StPO, Einl. Abschn. J Rn. 88; *Weßlau*, ZStW 110 (1998). S. 1 (10 f.) und *Puppe*, GA 1978, 289 (305 f.).

186 Siehe z.B. § 97 Abs. 1 Sätze 1 u. 2 InsO, §§ 90, 93, 97 AO, § 4 Abs. 3 WpHG, § 44 Abs. 1 Satz 1 KWG, § 22 Abs. 1 GastG, § 40 Abs. 2 KrW-/AbfG.

187 *Bärlein/Pananis/Rehmsmeier*, NJW 2002, 1825 (1826). Vgl. auch § 39 Abs. 3 Nr. 1 lit. a, Abs. 4 WpHG, § 56 Abs. 3 Nr. 9 KWG, § 28 Abs. 1 Nr. 11 GastG, § 61 Abs. 2 Nr. 3 KrW-/AbfG.

reich des nemo-tenetur-Grundsatzes berührt.[188] Gelöst werden kann dieser Konflikt zwischen dem Informationsinteresse des Staates oder sonstiger Dritter und der Selbstbelastungsfreiheit des Auskunftspflichtigen grundsätzlich auf zweierlei Weise: Entweder man gesteht dem Auskunftspflichtigen das Recht zu, die Auskunft auch in dem jeweiligen außerstrafrechtlichen Verfahren zu verweigern, wenn er ansonsten selbstbelastende Umstände offenbaren müsste, oder man besteht zwar auf die Auskunftspflicht, hält aber die in außerstrafprozessualem Kontext offen gelegten Informationen für strafrechtlich nicht verwertbar.[189] Dem ersten Lösungsmodell entsprechend sehen die meisten Gesetze, die dem Betroffenen eine Auskunftspflicht auferlegen, zugleich eine Vorschrift vor, die ihm das Recht einräumt, die Auskunft zu verweigern, soweit er sich durch die Beantwortung einer Frage selbst der Gefahr einer strafrechtlichen Verfolgung aussetzen würde.[190] Die Insolvenzordnung löst den oben beschriebenen Konflikt hingegen über ein ausdrücklich normiertes Verbot, die im Insolvenzverfahren erlangten Informationen ohne Zustimmung des Insolvenzschuldners in einem Straf- oder Ordnungswidrigkeitenverfahren gegen ihn zu verwenden, § 97 Abs. 1 Satz 3 InsO. Im Besteuerungsverfahren wird dem nemo-tenetur-Grundsatz dadurch Rechnung getragen, dass die Steuerbehörde selbstbelastende Auskünfte, die eine Steuerstraftat betreffen, nicht mit Zwang durchsetzen kann und selbstbelastende Auskünfte, die andere als Steuerstraftaten betreffen, in einem späteren Strafverfahren von der Staatsanwaltschaft nicht verwertet werden dürfen, § 393 Abs. 1 Sätze 2-4 bzw. Abs. 2 Satz 1 AO.[191] Enthält ein Gesetz zwar eine erzwingbare Auskunftspflicht, nicht aber ein korrespondierendes Auskunftsverweigerungsrecht und ist auch die Verwertung der außerstrafprozessual erlangten Informationen für Zwecke der Strafverfolgung nicht durch ein ausdrückliches Offenbarungs- oder Verwertungsverbot ausgeschlossen, kann zum Schutz des Betroffenen in Anlehnung an den sog. Gemeinschuldnerbe-

---

188 *Eidam*, Selbstbelastungsfreiheit, S. 163; *Kölbel*, Selbstbelastungsfreiheiten, S. 69; *Dingeldey*, NStZ 1984, 529 (530).

189 *Kölbel*, Selbstbelastungsfreiheiten, S. 71. Vgl. auch *Dingeldey*, NStZ 1984, 529 (534).

190 *Bärlein/Pananis/Rehmsmeier*, NJW 2002, 1825 (1827). Siehe § 4 Abs. 9 WpHG, § 44 Abs. 6 KWG, § 22 Abs. 3 GastG, § 40 Abs. 4 KrW-/AbfG.

191 *Kölbel*, Selbstbelastungsfreiheiten, S. 76 ff. Siehe dazu auch den Gemeinschuldner-Beschluss des BVerfG, BVerfGE 56, 37 (49 f.). Ob die Regelungen des Besteuerungsverfahrens einen wirksamen und ausreichenden Schutz des nemo-tenetur-Grundsatzes gewährleisten, wird insbesondere wegen der Verhältnismäßigkeitsklausel des § 393 Abs. 2 Satz 2 AO von vielen bezweifelt, siehe nur *Hellmann*, in: H/H/Sp, § 393 AO Rn. 181 f., *Joecks*, in: F/G/J, Steuerstrafrecht, § 393 Rn. 72 ff.; *Hilgers-Klautzsch*, in: Kohlmann, Steuerstrafrecht, § 393 Rn. 83 und *Reiß*, Besteuerungsverfahren und Strafverfahren, S. 224 ff.

schluss des BVerfG ein strafprozessuales Verwertungsverbot direkt aus der Verfassung hergeleitet werden.[192]

(2) Anspruchsinhaber

In persönlicher Hinsicht gilt die Aussagefreiheit primär für den Beschuldigten sowie für den Zeugen, §§ 136 Abs. 1 Satz 2, 243 Abs. 5 Satz 1, 55 Abs. 1 StPO.[193] Da der Schutzbereich des allgemeinen Persönlichkeitsrechts jedoch weitergeht und gemäß Art. 2 Abs. 1 i.V.m. Art. 1 Abs. 1 GG jeden erfasst, der zum Beweismittel gegen sich selbst gemacht werden soll, kann sich neben Beschuldigtem und Zeugen auch jeder andere auf das nemo-tenetur-Prinzip berufen, der gesetzlich zu Auskünften oder Aussagen verpflichtet ist.[194] Der nemo-tenetur-Grundsatz findet damit unabhängig von der der StPO zugrunde liegenden formalen Rolleneinteilung in Beschuldigte bzw. Zeugen und damit – wie im Zusammenhang mit den außerstrafprozessualen Auskunftspflichten bereits festgestellt – auch außerhalb des Strafverfahrens Anwendung.

(3) Anspruchsgegner

Im Einklang mit der grundrechtlichen Abwehrfunktion des nemo-tenetur-Grundsatzes besteht das Schweigerecht grundsätzlich nur gegenüber dem Staat und seinen Organen.[195] Es soll den Betroffenen davor schützen, durch eine hoheitliche oder zumindest hoheitlich veranlasste Maßnahme zur unfreiwilligen Preisgabe von selbstbelastenden Informationen bewegt zu werden. Ob die Information direkt gegenüber einer staatlichen Stelle offenbart wird, oder ob sie zunächst einem Privaten zugeht, ist hingegen unerheblich.[196]

Ist eine hoheitliche Einflussnahme ausgeschlossen, sondern wird lediglich von privater Seite auf eine verfängliche Äußerung hingewirkt, scheidet eine Berufung auf den nemo-tenetur-Grundsatz nach allgemeiner Ansicht grundsätzlich aus. Anderes gilt nur, soweit man der Menschenwürdegarantie mit der herrschenden Meinung nicht nur einen objektiven Wertmaßstab entnimmt, sondern

---

192 BVerfGE 56, 37 (41, 50). Zum Gemeinschuldnerbeschluss noch ausführlich unter Kapitel 6 II.1.b).

193 Die Aussagefreiheit ist für den Zeugen allerdings verkürzt, da die h.M. einen Aufklärungsanspruch immer erst dann entstehen lässt, wenn sich konkrete Anhaltspunkte für eine Verfolgungsgefahr abzeichnen, *Kölbel*, Selbstbelastungsfreiheiten, S. 60. Vgl. zu diesem Aspekt ferner die Ausführungen unter Kapitel 5 II.1.b)aa)(2).

194 Vgl. auch *Kölbel*, Selbstbelastungsfreiheiten, S. 67 f.

195 Siehe nur OLG Celle NJW 1985, 640 (641); *Rogall*, in: SK-StPO, Vor § 133 Rn. 160; *ders.*, Beschuldigter, S. 108; *Reiß*, Besteuerungsverfahren und Strafverfahren, S. 246.

196 *Kölbel*, Selbstbelastungsfreiheiten, S. 83. Vgl. auch *Samson*, wistra 1988, 130 (132).

ihr auch unmittelbare Drittwirkung zuschreibt.[197] In diesem Fall kann sich der Betroffene in den Fällen, in denen der durch Private ausgeübte Zwang zur Selbstbelastung tatsächlich geeignet ist, seine Menschenwürde zu verletzen, auch dem privaten Ermittler gegenüber direkt auf sein verfassungsrechtlich garantiertes Schweigerecht berufen. Darüber hinaus entfaltet der nemo-tenetur-Grundsatz eine zumindest mittelbare Drittwirkung aufgrund von Art. 1 Abs. 1 Satz 2 GG, wonach der Staat ausdrücklich zur Achtung und zum Schutz der Menschenwürde verpflichtet ist und damit auch alle diejenigen Eingriffe abzuwehren hat, die von dritter Seite drohen.[198] Dieser Schutzverpflichtung kann sich der Staat nicht entziehen.[199] Kann der Staat private Rechtsverletzungen nicht verhindern, kann es ihm untersagt sein, die auf rechtswidrigem Weg gewonnenen Beweise in einem Strafprozess zu verwerten.[200] Über die Möglichkeit eines Verwertungsverbots wirkt der nemo-tenetur-Grundsatz daher jedenfalls faktisch in den Privatbereich hinein und kann den Aufklärungsbemühungen privater Ermittler Grenzen setzen.[201]

cc) Zusammenfassung

Das Verbot, sich nicht selbst belasten zu müssen, ist als Teilaspekt des allgemeinen Persönlichkeitsrechts in Art. 2 Abs. 1 i.V.m. Art. 1 Abs. 1 GG sowie als Bestandteil des Rechtsstaatsprinzips (Art. 20 Abs. 3 GG) verfassungsrechtlich verankert. Es beruht auf dem Gedanken, dass es nach allgemeiner und historisch überlieferter Überzeugung das Recht eines jeden Menschen ist, eigene Verfehlungen geheimzuhalten und dass es deshalb unzumutbar ist, durch Offenbarung der Verfehlungen seine eigene Rechtssphäre zu beeinträchtigen. Aufgrund seiner verfassungrechtlichen Verankerung vermag der nemo-tenetur-Grundsatz den Befugnissen des Staates im Strafprozess eine absolute Grenze zu setzen und ist

197 BGHZ 13, 334 (338); 24, 76 f.; *Zippelius*, in: BK-GG, Art. 1 Abs. 1 u. 2 Rn. 35; *Herdegen*, in: Maunz/Dürig, GG, Art. 1 Rn. 74; *Kunig*, in: v. Münch/Kunig, GG, Art. 1 Rn. 27.

198 Sogenannte mittelbare Drittwirkung der Grundrechte. Dazu bereits oben unter Kapitel 4 II.1.a).

199 Vgl. nur *Herdegen*, in: Maunz/Dürig, GG, Art. 1 Rn. 78 f. und *Kunig*, in: v. Münch/Kunig, GG, Art. 1 Rn. 29 ff.

200 *Rogall*, in: SK-StPO, Vor § 133 Rn. 161 sowie § 136a Rn. 10 ff.; *ders.*, ZStW 91 (1979), 1 (42); *Kölbel*, Selbstbelastungsfreiheiten, S. 84. Ein entsprechendes Beweisverwertungsverbot besteht jedenfalls dann, wenn private Ermittler die Selbstbelastungsfreiheit massiv missachten, vor allem, wenn sie sich der in § 136a StPO beschriebenen Mittel bedienen, *Eisenberg*, Beweisrecht, Rn. 400 f.; *Jahn*, JuS 2000, 441, (444 f.); *Rogall*, ZStW 91 (1979), 1 (42); *ders.*, Beschuldigter, S. 210 f.

201 *Kölbel*, Selbstbelastungsfreiheiten, S. 84; *Rogall*, Beschuldigter, S. 153 f.

damit zugleich ein unverzichtbarer Bestandteil unserer Verfahrensethik und prozessualen Werteordnung, die auf dem Leitgedanken der Achtung der Menschenwürde beruht.[202]

Das nemo-tenetur-Prinzip umfasst sowohl die Freiheit, nicht durch Aussagen und Auskünfte zur eigenen Überführung beizutragen, als auch das Recht, die Herausgabe von belastenden Unterlagen zu verweigern. Es ist primär gegen den Staat gerichtet, entfaltet aber auch zwischen Privatpersonen jedenfalls eine mittelbare Drittwirkung über den aus Art. 1 Abs. 1 Satz 2 GG abgeleiteten staatlichen Schutzauftrag sowie die Ausstrahlungswirkung der Grundrechte ins Privatrecht.

Entsprechend seiner vom BVerfG betonten doppelten Verankerung im Rechtsstaatsprinzip sowie im allgemeinen Persönlichkeitsrecht weist der nemo-tenetur-Grundsatz zwei unterschiedliche Schutzrichtungen auf: (1) Eine objektiv-rechtliche Komponente, die einem rechtsstaatlichen Staatsverständnis und damit dem Rechtsstaatsprinzip als Leitzielbestimmung zuzuordnen ist (staatliche Schutz- und Fürsorgepflicht) und die dazu dient, Gefährdungen auch von privater Seite vorzubeugen, damit der Einzelne seine grundrechtlich gewährleistete Chance zur Selbstbestimmung tatsächlich wahrnehmen kann sowie (2) eine abwehrrechtliche Komponente in Form eines subjektiven Rechts auf Freiheit der Willensausübung und Schutz vor hoheitlichen Zwangseinwirkungen.[203]

Daneben kommt dem nemo-tenetur-Grundsatz auch eine Ausstrahlungswirkung in außerstrafrechtliche Bereiche zu. Soweit der Auskunftspflichtige sich durch die Offenbarung von Informationen selbst der Begehung einer Straftat bezichtigen würde, darf er die Auskunft entweder verweigern oder unterliegen die entsprechenden Informationen einem strafprozessualen Verwertungsverbot.

b) Absicherung des nemo-tenetur-Grundsatzes durch die strafprozessualen Belehrungspflichten und die Beweismethodenverbote des § 136a StPO

aa) Die Belehrungspflichten des § 136 Abs. 1 Satz 2 StPO und des § 55 Abs. 2 StPO

(1) Die Belehrungsvorschriften als prozessrechtliche Ergänzungen des nemo-tenetur-Grundsatzes

Die StPO normiert den Grundsatz der Selbstbelastungsfreiheit nicht ausdrücklich. Gleichwohl besteht ein Zusammenhang zwischen dem Verbot der Selbstbe-

---

202 BVerfGE 38, 105 (113 ff.); 56, 37 (43); BGHSt 14, 358 (364); *Rogall*, Beschuldigter, S. 148, 169.

203 *Eisenhardt*, Nemo tenetur-Prinzip, S. 194.

lastung und den Belehrungspflichten der §§ 55 Abs. 2, 136 Abs. 1 Satz 2 StPO[204]: Die an das Schweigerecht anknüpfende Belehrungspflicht ist überall dort normiert, wo der zu Befragende in die Gefahr gerät, sich selbst wegen einer Straftat zu belasten.[205] Der Hinweis auf die Aussagefreiheit des Beschuldigten bzw. des verdächtigen Zeugen ist daher nichts anderes als eine Belehrung über das Recht, sich nicht selbst belasten zu müssen und damit Ausfluss der Art. 2 Abs. 1, 1 Abs. 1 GG.[206] Das Persönlichkeitsrecht beinhaltet, dass der Betroffene frei und eigenverantwortlich darüber entscheiden können muss, ob er eine Aussage machen will oder nicht. Die freie und eigenverantwortliche Entscheidung über die Wahrnehmung dieses Rechts setzt voraus, dass der Betroffene von dem Bestehen dieses Rechts weiß. Dies kann nur dadurch garantiert werden, dass er zuvor über die Freiwilligkeit der Mitwirkung belehrt worden ist.[207] Die Belehrungsvorschriften ergänzen damit den verfassungsrechtlich begründeten Schutz vor Selbstbelastung, ohne dieses Recht aber zu konstituieren.[208] Sie beschreiben nur die Art und Weise, ob und in welcher Form dem nemo-tenetur-Grundsatz prozessrechtlich Rechnung getragen werden soll.[209] Das Schweigerecht selbst ist hingegen ein außerhalb der StPO stehendes materielles Recht, das von der StPO seit jeher vorausgesetzt wird.[210]

In ihrer Funktion, den nemo-tenetur-Grundsatz prozessrechtlich auszugestalten, sind die Belehrungsvorschriften zudem Bestandteil des Rechts auf ein faires Verfahren, welches es gebietet, verfahrensrechtliche Vorkehrungen zum Schutz

204 Da im Zusammenhang mit Internal Investigations ausschließlich die Belehrungsvorschriften des § 136 Abs. 1 Satz 2 StPO sowie des § 55 Abs. 2 StPO interessieren, bleiben die anderen Belehrungsvorschriften des §§ 115 Abs. 3 Satz 1, 243 Abs. 5 Satz 1 StPO nebst Verweisungsvorschriften im Folgenden außer Betracht.

205 *Lange*, Vorermittlungen, S. 118.

206 *Rogall*, in: SK-StPO, Vor § 133 Rn. 168; *Grünwald*, Beweisrecht, S. 37, 59.

207 *Eidam*, Selbstbelastungsfreiheit, S. 83; *Schilling*, Illegale Beweise, S. 92 f., 100; *Lange*, Vorermittlungen, S. 116; *Bosch*, Aspekte des nemo-tenetur-Prinzips, S. 140, 295. Vgl. auch *Eisenberg*, Beweisrecht, Rn. 1628 sowie *Verrel*, Selbstbelastungsfreiheit, S. 122.

208 BGHSt 1, 39 (40); 25, 325 (330); BGH NJW 1966, 1718 (1719); *Eidam*, Selbstbelastungsfreiheit, S. 83; *Aselmann*, Selbstbelastungs- und Verteidigungsfreiheit, S. 53; *Wolff*, Selbstbelastung und Verfahrenstrennung, S. 69 f.; *Bosch*, Aspekte des nemo-tenetur-Prinzips, S. 260; *Rogall*, Beschuldigter, S. 186 f., 214 f. Vgl. ferner BGHSt 38, 214 (221).

209 *Rogall*, Beschuldigter, S. 214 f.

210 *Aselmann*, Selbstbelastungs- und Verteidigungsfreiheit, S. 53; *Schneider*, Selbstbegünstigungsprinzip, S. 37; *Reiß*, Besteuerungsverfahren und Strafverfahren, S. 144 f., 157; *Rogall*, Beschuldigter, S. 104 f. Da die Aussagefreiheit bereits vor Einführung der Belehrungsvorschriften anerkannt war, hat die Normierung der Belehrungspflichten in der StPO auch nicht zu einer Änderung des materiellen Gehalts der Aussagefreiheit geführt.

subjektiver Rechte vorzusehen und das Verfahren so auszugestalten, dass sich die entsprechenden Rechte auch entfalten können,[211] sowie Ausdruck der prozessrechtlichen Fürsorgepflicht, die eine Aufklärung des Beschuldigten über seine Mitwirkungsfreiheit jedenfalls dann gebietet, wenn die Strafverfolgungsorgane ihn mit dem Ziel der Überführung zur Sache vernehmen.[212] Daneben dienen die Belehrungsvorschriften auch allgemein dazu, die Vernehmungs- und Kommunikationsstruktur zu formalisieren und damit zu einer Stärkung der Handlungskompetenz des Beschuldigten beizutragen (Grundrechtsschutz durch Verfahren).[213]

(2) Die Belehrungspflichten des § 136 Abs. 1 Satz 2 StPO und des § 55 Abs. 2 StPO im Vergleich

§ 55 Abs. 2 StPO, der das dem Zeugen nach § 55 Abs. 1 Var. 1 StPO zukommende Auskunftsverweigerungsrecht prozessrechtlich absichern soll, wurde bereits 1950 durch das Rechtsvereinheitlichungsgesetz in die StPO aufgenommen, während die Vorschriften über die Belehrung des Beschuldigten erst mit dem Gesetz zur Änderung der Strafprozessordnung und des Gerichtsverfassungsgesetzes vom 19.12.1964 (StPÄG) in der StPO verankert wurden.[214]

Da die Schutzwirkung des nemo-tenetur-Grundsatzes nicht nur dem Beschuldigten, sondern jedem zugute kommt, der durch seine Aussage Gefahr läuft, sich selbst der Strafverfolgung auszusetzen, lässt sich § 55 Abs. 2 StPO als notwendiges Korrelat zur Belehrung des Beschuldigten nach § 136 Abs. 1 Satz 2 StPO begreifen.[215] Die in § 55 Abs. 2 StPO getroffene Regelung belegt darüber hinaus, dass nach Auffassung des Gesetzgebers im Konfliktfall zwischen dem Beweisinteresse des Staates und dem Eigeninteresse des von einer

---

211 *Rogall*, in: SK-StPO, Vor § 133 Rn. 110, 169; *Bosch*, Aspekte des nemo-tenetur-Prinzips, S. 73, 77; *Stürner*, NJW 1981, 1757 (1758).

212 BGHSt 25, 325 (330); *Aselmann*, Selbstbelastungs- und Verteidigungsfreiheit, S. 53 f.; *Hegmann*, Fürsorgepflicht, S. 131, 160, 165; *Rogall*, Beschuldigter, S. 219. Die Herleitung aus der Fürsorgepflicht ablehnend *Bosch*, Aspekte des nemo-tenetur-Prinzips, S. 130 ff.

213 *Bosch*, Aspekte des nemo-tenetur-Prinzips, S. 140 ff. Dies wird auch dadurch deutlich, dass der Hinweis auf die Aussagefreiheit nicht nur in allen verschiedenen Verfahrensabschnitten angeordnet ist, sondern auch von verschiedenen Personengruppen bzw. Prozessbeteiligten abgegeben werden muss: Ermittlungs- und Haftrichter, Vorsitzender, Staatsanwalt, Polizeibeamter, siehe dazu *Rogall*, Beschuldigter, S. 212.

214 *Aselmann*, Selbstbelastungs- und Verteidigungsfreiheit, S. 33.

215 BVerfGE 56, 37 (44 f.); *Reiß*, Besteuerungsverfahren und Strafverfahren, S. 182.

Strafverfolgung Bedrohten ausnahmslos Letzterem der Vorrang eingeräumt wird.[216]

Anders als die dem Beschuldigten gemäß dem nemo-tenetur-Grundsatz zugebilligte umfassende Aussagefreiheit besteht das Auskunftsverweigerungsrecht des Zeugen jedoch nur im Hinblick auf die Punkte, die die in § 55 Abs. 1 StPO genannte Gefahr der Strafverfolgung auslösen könnten. Es muss also infolge konkreter Anhaltspunkte eine Verfolgungsgefahr wegen einer vor der Aussage begangenen Tat als möglich erscheinen.[217] Allerdings sind an den Grad der drohenden Gefahr der Strafverfolgung keine allzu strengen Anforderungen zu stellen. Sind z.B. schon allgemeine Angaben zur Person des Zeugen oder zu seinem Arbeitsbereich geeignet, ihn zu einem Verdächtigen werden zu lassen, ist der Zeuge berechtigt, die Aussage unter Berufung auf § 55 Abs. 1 Var. 1 StPO in vollem Umfang zu verweigern. Die Reichweite des Auskunftsverweigerungsrechts des Zeugen muss daher im Gegensatz zum umfassenden Aussageverweigerungsrecht des Beschuldigten stets konkret festgestellt werden.[218] Da der Zeuge im Unterschied zum Beschuldigten einer Wahrheitspflicht unterliegt, darf er die belastenden Tatsachen nicht einfach verschweigen, sondern muss von seinem Auskunftsverweigrungsrecht stets durch ausdrückliche Willenserklärung Gebrauch machen und dessen Voraussetzungen gemäß § 56 Satz 1 StPO auf Aufforderung des Vernehmenden sogar glaubhaft machen.[219]

Auch wenn die Belehrung des Zeugen gemäß dem Wortlaut des § 55 Abs. 2 StPO erst dann gefordert wird, wenn ein Grund zu der Annahme besteht, dass die Voraussetzungen des § 55 Abs. 1 StPO vorliegen, sollte der Zeuge möglichst frühzeitig, eigentlich schon zu Beginn der Vernehmung über ein mögliches Recht zur Auskunftsverweigerung belehrt werden, damit das Auskunftsverweigerungsrecht sowie sein verfassungsrechtliches Recht auf Selbstbelastungsfreiheit nicht beispielsweise dadurch leerläuft, dass der Zeuge glaubt, zur Offenbarung des selbstbelastenden Umstands verpflichtet zu sein und deshalb eine umfassende Aussage macht.[220] Eine Belehrung sollte jedenfalls dann zu Beginn der Vernehmung erfolgen, wenn die Gefahr der Selbstbelastung für die

---

216 *Reiß*, Besteuerungsverfahren und Strafverfahren, S. 183.

217 BGHSt 9, 34 (35); *Bosch*, Aspekte des nemo-tenetur-Prinzips, S. 256; *Wolff*, Selbstbelastung und Verfahrenstrennung, S. 80 f.

218 *Wolff*, Selbstbelastung und Verfahrenstrennung, S. 81.

219 *Meyer-Goßner*, StPO, § 55 Rn. 11; *Bosch*, Aspekte des nemo-tenetur-Prinzips, S. 253; *Wolff*, Selbstbelastung und Verfahrenstrennung, S. 82 f.

220 *Grünwald*, Beweisrecht, S. 37; *Geerds*, FS Stock, S. 171 (188); *Rogall*, Beschuldigter, S. 189. Gegen eine pauschale Belehrung zu Beginn der Vernehmung *Bosch*, Aspekte des nemo-tenetur-Prinzips, S. 258 f.

Vernehmungsperson zu diesem Zeitpunkt bereits erkennbar ist.[221] Demgegenüber ist der Beschuldigte stets vor Beginn der eigentlichen Vernehmung auf sein umfassendes Schweigerecht hinzuweisen.[222] Der Beschuldigte muss dessen Voraussetzungen weder glaubhaft machen, noch braucht er die Inanspruchnahme seines Schweigerechts ausdrücklich zu erklären.

Was die Art und Weise der Belehrung betrifft, so ist sie so vorzunehmen, dass jede Fehlvorstellung des Beschuldigten bzw. Zeugen über seine Aussagefreiheit vermieden wird. Der Betroffene muss klar erkennen können, welche Wahlmöglichkeiten ihm zur Verfügung stehen.[223] Prinzipiell kommt es dabei auf die Belehrung durch die Organe der Strafverfolgungsbehörden an. Da es im Hinblick auf den nemo-tenetur-Grundsatz im Ergebnis aber entscheidend ist, dass der Betroffene sein Schweigerecht kennt, kann ihm diese Kenntnis theoretisch auch auf anderem Weg vermittelt werden.[224]

bb) Die Beweismethodenverbote des § 136a StPO und der nemo-tenetur-Grundsatz

§ 136a StPO, der über die Verweisungsvorschrift des § 69 Abs. 3 StPO auch auf die Vernehmung des Zeugen entsprechende Anwendung findet, dient der verfahrensrechtlichen Absicherung des grundrechtlichen Anspruchs auf Achtung der Menschenwürde und ist in Zusammenschau mit seiner materiellrechtlichen „Parallelvorschrift“ § 343 StGB Beleg dafür, wie sehr das heutige deutsche Recht die Freiheit der Willensentschließung und Willensbetätigung der Betroffenen im Prozess schützt.[225] Die in § 136a StPO getroffene Regelung bringt zum Ausdruck, dass sich die von einer Vernehmung betroffene Person frei von Zwang und sonstiger unzulässiger Beeinträchtigung entscheiden können muss, ob sie sich zu den Verdachtsmomenten äußern will oder ob sie schweigt.[226]

Auch § 136a StPO dient daher insofern der Sicherung des nemo-tenetur-Grundsatzes, als dass sie klarstellt, dass den Strafverfolgungsbehörden alle Maßnahmen untersagt sind, die darauf abzielen, den Beschuldigten durch Ein-

---

221 *Reiß*, Besteuerungsverfahren und Strafverfahren, S. 285.

222 *Bosch*, Aspekte des nemo-tenetur-Prinzips, S. 204.

223 *Rogall*, Beschuldigter, S. 190.

224 *Rogall*, Beschuldigter, S. 195. Die Nichtbelehrung durch ein Strafverfolgungsorgan stellt dann zwar einen Prozessverstoß dar, doch könnte eine Revision nicht mit Erfolg auf diesen Verstoß gegründet werden, da das Urteil aufgrund der Kenntnis des Beschuldigten nicht auf diesem Prozessverstoß beruhen kann.

225 *Gleß*, in: LR-StPO, § 136a Rn. 1, 3, 18; *Rogall*, Beschuldigter, S. 105.

226 *Gleß*, in: LR-StPO, § 136a Rn. 1; *Saliger*, in: Wen schützt das Strafrecht, S. 195 (201); *Wolff*, Selbstbelastung und Verfahrenstrennung, S. 70.

satz der verbotenen Mittel zum Beweismittel gegen sich selbst zu machen.[227] Gleichwohl enthält das nemo-tenetur-Prinzip nur das Verbot des Zwangs zur selbstbelastenden Mitwirkung, bietet nach bislang herrschender Auffassung aber nicht schlechthin Schutz gegen Täuschung und Irrtum.[228] Hieran wird ersichtlich, dass § 136a StPO und der nemo-tenetur-Grundsatz nicht deckungsgleich sind, sondern der Schutz des § 136a StPO im Einzelfall weiter geht als es im Hinblick auf die Selbstbelastungsfreiheit eigentlich geboten wäre.[229]

Genau wie die Belehrungsvorschriften dienen damit auch die Beweismethodenverbote des § 136a StPO lediglich der Ergänzung des verfassungsrechtlich begründeten Schutzes vor Selbstbelastung, ohne den nemo-tenetur-Grundsatz jedoch zu rechtfertigen oder die Reichweite seines Schutzbereichs abschließend zu bestimmen.[230] § 136a StPO listet nur die gröbsten Fälle eines Verstoßes gegen nemo tenetur auf und beschreibt damit die Art und Weise, wie gegen den Beschuldigten vorgegangen werden darf, regelt aber nicht die Frage, ob der Beschuldigte überhaupt zu einer wahrheitsgemäßen Aussage oder generell zu einer aktiven Mitarbeit verpflichtet ist.

c) Mögliche Verstöße gegen den nemo-tenetur-Grundsatz im Rahmen einer Internal Investigation

Wie im vorstehenden Abschnitt herausgearbeitet wurde, schützt der nemo-tenetur-Grundsatz nicht vor jeder unbedachten Äußerung mit selbstbelastendem Charakter. Vielmehr soll nemo tenetur den Beschuldigten nur davor schützen, dass er durch Zwang oder unter dem Schein von Zwang zu einer Aussage gegen sich selbst genötigt wird.[231]

Vor diesem Hintergrund soll in dem nun folgenden Abschnitt untersucht werden, ob die Beweisbeschaffung im Rahmen der Internal Investigations – am Beispiel des Falles Siemens – einen Verstoß gegen den nemo-tenetur-Grundsatz begründet. Dies könnte einerseits der Fall sein, weil die befragten Mitarbeiter unabhängig von einer damit möglicherweise verbundenen Selbstbelastung arbeitsrechtlich zu einer umfassenden Auskunft verpflichtet sind (dazu unter aa)).

---

227 *Rogall*, Beschuldigter, S. 105.

228 BVerfGE 56, 37 (42); *Kühne*, in: LR-StPO, Einl. Abschn. J Rn. 88; *Rogall*, Beschuldigter, S. 181, 186.

229 *Rogall*, Beschuldigter, S. 209.

230 *Aselmann*, Selbstbelastungs- und Verteidigungsfreiheit, S. 53; *Kölbel*, Selbstbelastungsfreiheiten, S. 30 f.; *Eisenhardt*, Nemo tenetur-Prinzip, S. 193; *Wolff*, Selbstbelastung und Verfahrenstrennung, S. 69 f.; *Rogall*, Beschuldigter, S. 105 f., 214 f. Zustimmend *Bosch*, Aspekte des nemo-tenetur-Prinzips, S. 260. Vgl. auch BGHSt 38, 214 (221).

231 *Rogall*, Beschuldigter, S. 181.

Ein Verstoß gegen den nemo-tenetur-Grundsatz könnte andererseits auch dann in Betracht kommen, wenn sich die Strafverfolgungsbehörden das Verhalten der privaten Ermittler zurechnen lassen müssten, weil sie diese gezielt für die ihnen obliegende Aufgabe der Straftataufklärung herangezogen haben (dazu unter bb)). Schließlich könnte auch die Verwertung des im Rahmen der internen Untersuchung privat gewonnenen Beweismaterials in einem nachfolgenden Strafverfahren einen Verstoß gegen die Selbstbelastungsfreiheit begründen (dazu unter cc)).

aa) Verstoß gegen den nemo-tenetur-Grundsatz aufgrund des Bestehens einer arbeitsrechtlich verankerten Aussagepflicht des befragten Mitarbeiters

Da der Anwendungsbereich des nemo-tenetur-Grundsatzes wie gesehen nicht auf den Bereich des Strafrechts bzw. Strafprozessrechts beschränkt ist, können auch außerstrafrechtliche Mitwirkungspflichten grundsätzlich zu einer Kollision mit dem nemo-tenetur-Prinzip führen, wenn durch die Erfüllung der Mitwirkungspflicht selbstbelastende Informationen preisgegeben werden, von denen auch die Strafverfolgungsbehörden Kenntnis nehmen können.[232]

Ist ein Mitarbeiter arbeitsrechtlich verpflichtet, eine Aussage zu machen, die auch auf die Offenbarung eigener strafbarer Handlungen gerichtet ist, eröffnet sich für ihn ein Spannungsfeld: In einem strafrechtlichen Ermittlungsverfahren stünde ihm als Beschuldigtem ein Schweigerecht gemäß § 136 Abs. 1 Satz 2 StPO zur Seite, als Zeuge könnte er gemäß § 55 Abs. 1 Var. 1 StPO die Auskunft verweigern, soweit er mit einer wahrheitsgemäßen Aussage Gefahr liefe, sich selbst zu belasten. Dieses Schweigerecht wird unterlaufen, wenn die Aussage, die der Mitarbeiter gegenüber einem privaten Ermittler tätigt, durch Vernehmung des vom Unternehmen im Nachhinein von seiner Schweigepflicht befreiten privaten Ermittlers als Zeuge in einem späteren strafrechtlichen Verfahren[233] gegen den Mitarbeiter verwertet werden dürfte.[234] Es fragt sich deshalb, ob in der Konstellation der Internal Investigations, in denen der einzelne Mitarbeiter arbeitsrechtlich zu einer umfassenden Auskunft verpflichtet ist, zugleich aber die möglicherweise selbstbelastenden Informationen, die er in Erfüllung dieser Auskunftspflicht preisgibt, an die zuständige Staatsanwaltschaft wei-

232 *Knauer/Buhlmann*, AnwBl 2010, 387 (389); *Wastl/Litzka/Pusch*, NStZ 2009, 68 (70).

233 Da über die Interviews keine Protokolle angefertigt werden (nur Gedächtnisnotizen), erhält die Staatsanwaltschaft in dieser Hinsicht – anders als bei Sachbeweisen – in der Regel kein belastendes schriftliches Beweismaterial, *Westphal*, Verhandlungen 67. DJT, L 130.

234 *Bittmann/Molkenbur*, wistra 2009, 373 (374); *Jahn*, StV 2009, 41 (44).

tergegeben werden, ein Verstoß gegen den nemo-tenetur-Grundsatz begründet liegt.

Zur Beantwortung dieser Frage sollen zunächst Grundlage und Reichweite der arbeitsrechtlichen Mitwirkungspflicht erläutert werden, bevor dazu Stellung genommen wird, ob allein das Bestehen der arbeitsrechtlichen Auskunftspflicht einen Verstoß gegen den nemo-tenetur-Grundsatz darstellt.

(1) Bestehen und Reichweite einer arbeitsrechtlichen Mitwirkungspflicht im Rahmen unternehmensinterner Ermittlungen

Je größer die dem Unternehmen angedrohten Sanktionen sind, desto größer ist das Interesse des Unternehmens an der Aufklärung des Vorfalls. Dazu ist das Unternehmen auf die Mitwirkung seiner Mitarbeiter angewiesen, denen in ihrer Funktion als Täter oder Zeuge bei der Aufklärung der Verdachtsmomente eine zentrale Rolle zukommt.[235] Das Unternehmen kann jedoch nur dann auf das Wissen seiner Mitarbeiter zugreifen, wenn diese ihr Wissen entweder freiwillig offenbaren oder aber gesetzlich zu einer Auskunft verpflichtet sind, die notfalls auch zwangsweise durchgesetzt werden kann. Die Bereitschaft, die entscheidenden Informationen freiwillig preiszugeben, ist naturgemäß dann besonders gering, wenn der jeweilige Mitarbeiter an den Verstößen beteiligt war, muss er doch bei Offenbarung der selbstbelastenden Informationen zumindest arbeitsrechtliche, unter Umständen auch zivil- oder strafrechtliche Konsequenzen befürchten.[236] Allerdings kann den Mitarbeiter in seiner Funktion als Arbeitnehmer eine Auskunftspflicht gegenüber seinem Arbeitgeber, d.h. dem Unternehmen treffen. Diese Auskunftspflicht kann sich aus verschiedenen rechtlichen Grundlagen ergeben und ist in ihrer Herleitung und Reichweite davon abhängig, worauf sich die Auskunft des Arbeitnehmers beziehen soll.[237]

(a) Herleitung und Begründung der arbeitsrechtlichen Auskunftspflicht

Den Arbeitnehmer trifft unstreitig dann eine umfassende Auskunftspflicht, wenn die Aussage Teil der geschuldeten und vergüteten Arbeitsleistung ist, sich also als vereinbarte Hauptleistungspflicht des Arbeitsvertrags darstellt. Allerdings ist eine derartige vertragliche Abrede in der Praxis eher selten anzutreffen. Denkbar ist sie etwa bei Detektiven, angestellten Rechtsanwälten oder Compliance-Beauftragten.[238]

---

235 *Böhm*, WM 2009, 1923; *Göpfert/Merten/Siegrist*, NJW 2008, 1703 (1704).

236 *Göpfert/Merten/Siegrist*, NJW 2008, 1703 (1704).

237 *Diller*, DB 2004, 313.

238 *Böhm*, WM 2009, 1923 (1924); *Rieble*, ZIP 2003, 1273 (1275).

Begehrt der Arbeitgeber Auskunft im Hinblick auf solche Umstände, die zwar nicht direkt vertraglich geregelt sind, aber gleichwohl in unmittelbarem Zusammenhang mit der vertraglich geschuldeten Arbeitsleistung stehen, lässt sich eine umfassende Auskunftspflicht des betroffenen Arbeitnehmers aus §§ 666, 675 BGB herleiten.[239] Insbesondere ein leitender Angestellter, zu dessen Aufgaben die Führung und Überwachung der Mitarbeiter in seinem Verantwortungsbereich gehört, ist seinem Arbeitgeber gemäß §§ 666, 675 BGB rechenschaftspflichtig.[240]

In den übrigen Fällen folgt eine Auskunftspflicht des Arbeitnehmers als Nebenpflicht aus dem Arbeitsverhältnis, §§ 611, 241 Abs. 2 BGB.[241] Jedem Schuldverhältnis sind gemäß dem Grundsatz von Treu und Glauben Treue- und Rücksichtnahmepflichten gegenüber der anderen Vertragspartei immanent.[242] Bei einem Dauerschuldverhältnis wie dem Arbeitsverhältnis sind diese Rücksichtnahmepflichten besonders stark ausgeprägt.[243] Zu den nebenvertraglichen Rücksichtnahmepflichten gehört auch die allgemeine Pflicht des Arbeitnehmers, drohende Schäden vom Arbeitgeber abzuwehren.[244] Droht etwa die SEC mit Geldbußen gegen das Unternehmen, wenn ein Bestechungsfall nicht lückenlos aufgeklärt wird, kann der Arbeitnehmer aufgrund seiner Schadensminderungspflicht verpflichtet sein, zur Aufklärung des Sachverhalts beizutragen. Diese nebenvertragliche Auskunfts- und Rücksichtnahmepflicht besteht jedoch nicht umfassend, sondern bezieht sich nur auf solche Umstände, die dem dienstlichen Bereich zuzuordnen sind, die also wenigstens im Zusammenhang mit der vertraglich geschuldeten Tätigkeit des Arbeitnehmers stehen.[245]

Verlangt der Arbeitgeber Auskünfte, die nichts mit dem jeweiligen Arbeitsbereich des Arbeitnehmers oder dessen Arbeitsergebnis zu tun haben, lässt sich eine Auskunftspflicht des Arbeitnehmers aus dem allgemeinen vertraglichen

---

239 BGH NJW-RR 1989, 614; BAG NZA 2002, 618 (620); *Fritz/Nolden*, CCZ 2010, 170 (171); *Böhm*, WM 2009, 1923 (1924); *Dann/Schmidt*, NJW 2009, 1851 (1852); *Jahn*, StV 2009, 41 (43).

240 *Böhm*, WM 2009, 1923 (1924); *Mengel/Ullrich*, NZA 2006, 240 (243).

241 *Dann/Schmidt*, NJW 2009, 1851 (1852 f.); *Wastl/Litzka/Pusch*, NStZ 2009, 68 (70); *Göpfert/Merten/Siegrist*, NJW 2008, 1703 (1705); *Rieble*, ZIP 2003, 1273 (1275).

242 Siehe nur BGH NJW-RR 1989, 614 (615) sowie *Grüneberg*, in: Palandt, § 241 Rn. 6.

243 *Weidenkaff*, in: Palandt, § 611 Rn. 39; *Rieble*, ZIP 2003, 1273 (1275).

244 BGH NJW-RR 1989, 14 (615); *Weidenkaff*, in: Palandt, § 611 Rn. 39 f. *Reichold*, in: MünchHdbArbR, § 49 Rn. 8 ff.; *Zimmer/Stetter*, BB 2006, 1445 (1451).

245 *Böhm*, WM 2009, 1923 (1925). Vgl. auch BGH NJW-RR 1989, 614 (615). A.A. *Diller*, DB 2004, 313 (314), der eine aus der allgemeinen Schadensabwendungspflicht resultierende Hinweispflicht für alle Gefahren befürwortet, die dem Arbeitgeber drohen, unabhängig davon, ob diese dem konkreten Arbeitsbereich des Arbeitnehmers zuzuordnen sind oder nicht.

Auskunftsanspruch herleiten, den die Rechtsprechung aus §§ 242, 241 Abs. 2, 261 BGB entwickelt hat und der auch im Arbeitsverhältnis gilt.[246] Danach schuldet der Arbeitnehmer Auskunft, wenn

- ein Arbeitsvertrag mit seinem Arbeitgeber besteht,
- der Arbeitgeber in entschuldbarer Weise über Bestehen oder Umfang seines Rechts im Ungewissen ist oder seine Rechtsposition zwar kennt, diese aber in entschuldbarer Weise nicht beweisen kann und
- der auf Auskunft in Anspruch genommene Arbeitnehmer die zur Beseitigung der Ungewissheit oder Beweisnot erforderliche Auskunft unschwer, d.h. zumutbar geben kann.[247]

Anhand dieser Darstellung wird ersichtlich, dass der Umfang der Auskunftspflicht des Arbeitnehmers maßgeblich davon abhängt, ob sich die interne Untersuchung ausschließlich auf seinen unmittelbaren Arbeitsbereich bezieht oder darüber hinaus geht und welche Leistung der Arbeitnehmer arbeitsvertraglich schuldet.[248]

Neben der Auskunftspflicht trifft den Arbeitnehmer auch eine Herausgabepflicht im Hinblick auf dienstliche Unterlagen aus § 855 BGB[249] oder § 667 i.V.m. § 675 BGB, so dass die internen Ermittler als Beauftragte des Unternehmens uneingeschränkt auf alle Akten und Unterlagen des Unternehmens, gleich ob in Papier- oder elektronischer Form, zugreifen können, soweit dies datenschutzrechtlich zulässig ist. Von der Einsichtnahme ausgeschlossen sind hingegen private oder persönliche Dokumente und E-Mails.[250]

(b) Grenzen der arbeitsrechtlichen Aussagepflicht

Auch bei den Grenzen der arbeitsrechtlichen Aussagepflicht muss zwischen den verschiedenen in Betracht kommenden Grundlagen der Auskunftspflicht differenziert werden:

---

246 BAG DB 1967, 1327; DB 1996, 634; *Diller*, DB 2004, 313 (313 f.).

247 BAG DB 1996, 634; BGHZ 81, 21 (24); *Rieble*, ZIP 2003, 1273 (1276). Zum allgemeinen vertraglichen Auskunftsanspruch siehe ferner *Grüneberg*, in: Palandt, § 260 Rn. 4 ff.

248 *Göpfert/Merten/Siegrist*, NJW 2008, 1703 (1705).

249 Der Arbeitnehmer ist Besitzdiener des Arbeitgebers.

250 *Wuttke*, Straftäter im Betrieb, S. 162 f.; *Göpfert/Merten/Siegrist*, NJW 2008, 1703 (1705); *Mengel/Ullrich*, NZA 2006, 240 (241). Zu den datenschutzrechtlichen Grenzen der Einsichtnahme in Akten, sonstige Unterlagen und E-Mails bereits oben unter Kapitel 4 II.1.b)cc).

Soweit sich die Auskunftspflicht aus der vertraglich geschuldeten Arbeitsaufgabe nach §§ 666, 675 BGB herleiten lässt, ist grundsätzlich keine Interessenabwägung durchzuführen.[251] Nur ausnahmsweise kann die Auskunftspflicht wegen Unzumutbarkeit der Informationsgewährung entfallen. Für die Annahme einer solchen Unzumutbarkeit reicht aber nicht schon der Umstand aus, dass der Arbeitnehmer sich ansonsten einer strafbaren Handlung bezichtigen müsste.[252] Daher ist ein Arbeitnehmer regelmäßig zur Beantwortung aller Fragen verpflichtet, die im Zusammenhang mit seiner Tätigkeit stehen und sich allein auf die Arbeitsleistung beziehen.[253]

Basiert die Auskunftspflicht des Arbeitnehmers auf der arbeitsvertraglichen Treuepflicht gemäß §§ 611, 241 Abs. 2 BGB, müssen auch die Grenzen dem Grundsatz von Treu und Glauben entnommen werden.[254] Deshalb reicht die Auskunftspflicht in diesem Fall nur soweit, wie sie dem Arbeitnehmer zugemutet werden kann. Erforderlich ist eine Interessenabwägung, bei der unter anderem die Höhe des drohenden Schadens, ein etwaiges (Mit-)Verschulden des Arbeitgebers, die möglichen negativen Folgen für den Arbeitnehmer, der Umfang der Tatbeteiligung des Arbeitnehmers sowie das Vorhandensein anderer Mittel zur Schadensabwehr zu berücksichtigen sind.[255] Innerhalb der vorzunehmenden Interessenabwägung ist auch das Recht des Arbeitnehmers, sich nicht selbst belasten zu müssen, zu berücksichtigen.[256] Allerdings kann die erforderliche Interessenabwägung noch nicht alleine deshalb zugunsten des Arbeitnehmers ausgehen, weil sich dieser durch die Auskunftserteilung selbst einer Straftat oder Ordnungswidrigkeit bezichtigen müsste.[257] Es bedarf vielmehr einer umfassenden Interessenabwägung. Eine Aussagepflicht trifft den Arbeitnehmer daher nur, wenn seine Auskunft von gewissem Gewicht für die Aufklärung des Sachverhalts ist und der Arbeitgeber – z.B. weil der Sachverhalt ohne die Aussage des

---

251 *Diller*, DB 2004, 313 (314).

252 BGHZ 41, 318 (322); *Sprau*, in: Palandt, § 666 Rn. 1; *Böhm*, WM 2009, 1923 (1924); *Vogt*, NJOZ 2009, 4206 (4212); *Reichold*, in: MünchHdbArbR, § 49 Rn. 7; *Diller*, DB 2004, 313 (314).

253 *Vogt*, DJOZ 2009, 4206 (4212); *Mengel/Ullrich*, NZA 2006, 240 (243). Vgl. auch BAG DB 1996, 634.

254 BAG NZA 1988, 130 (131); BGH NJW-RR 1989, 614 (615); *Boewer*, in: Münch HdbArbR, § 69 Rn. 46.

255 *Fritz/Nolden*, CCZ 2010, 170 (172); *Dann/Schmidt*, NJW 2009, 1851 (1853); *Diller*, DB 2004, 313 (314).

256 BGH NJW-RR 1989, 614 (615); BAG NJW 2009, 1897 (1898); *Göpfert/Merten/Siegrist*, NJW 2008, 1703 (1705); *Diller*, DB 2004, 313 (314). Vgl. auch *Dann/Schmidt*, NJW 2009, 1851 (1853).

257 LAG Hamm, Urt. vom 03.03.2009 – 14 Sa 1689/08, BeckRS 2009, 74015; *Böhm*, WM 2009, 1923 (1925); *Diller*, DB 2004, 313 (314).

Arbeitnehmers nicht aufgeklärt werden kann – ein besonderes schutzwürdiges Interesse an der Aussage des Arbeitnehmers hat und die Auskunftspflicht den Arbeitnehmer nicht unzumutbar belastet.[258]

Auch soweit die Auskunftspflicht aus dem allgemeinen vertraglichen Auskunftsanspruch hergeleitet wird, gilt der Grundsatz der Zumutbarkeit, so dass die Grenzen der Auskunftspflicht durch eine Abwägung der widerstreitenden Interessen von Arbeitgeber und Arbeitnehmer gewonnen werden müssen.[259] Der Arbeitgeber muss ein „berechtigtes, billigenswertes und schutzwürdiges Interesse“ an der Beantwortung seiner Fragen haben und die Auskunftspflicht darf den Arbeitnehmer nicht übermäßig belasten, insbesondere nicht unverhältnismäßig in sein Persönlichkeitsrecht eingreifen.[260] Allerdings soll sich der Auskunftsverpflichtete nach Ansicht des BGH sowie zweier Arbeitsgerichte in diesem Zusammenhang nicht auf sein Recht auf Selbstbelastungsfreiheit berufen können.[261]

Aus alldem wird ersichtlich, dass zugunsten des Arbeitnehmers auch dann kein generelles Auskunftsverweigerungsrecht besteht, wenn er durch seine Aussage Gefahr läuft, sich selbst einer Straftat zu bezichtigen.[262] Vielmehr kann der Arbeitnehmer nur dann die Aussage verweigern, wenn seine Interessen, namentlich sein Interesse, sich nicht selbst belasten zu müssen, nach Abwägung mit den entgegenstehenden Interessen des Arbeitgebers schutzwürdiger erscheinen und ihm daher eine umfassende Aussagepflicht nicht zugemutet werden kann.[263] Soweit die Aussagepflicht aus §§ 666, 675 BGB abgeleitet wird, besteht schon aufgrund der Beauftragungssituation ein umfassender Auskunftsanspruch des Arbeitgebers, der nur ausnahmsweise durch Zumutbarkeitserwägungen begrenzt wird. Auf ein strafprozessuales Auskunfts- bzw. Aussageverweigerungsrecht (§ 55 Abs. 1 Var. 1 bzw. § 136 Abs. 1 Satz 2 StPO) kann sich der betroffene Arbeitnehmer ebenfalls nicht ohne weiteres berufen, gelten diese Vorschriften doch nur bei staatlichen Vernehmungen durch die Polizei, die Staatsanwaltschaft oder den Richter.[264] Ob und inwieweit durch eine arbeitsrechtliche Aussagepflicht die Selbstbelastungsfreiheit der betroffenen Arbeitnehmer tangiert ist und

---

258 *Schürrle/Olbers*, CCZ 2010, 178; *Böhm*, WM 2009, 1923 (1925); *Krey*, Problematik privater Ermittlungen, S. 52 f.

259 *Diller*, DB 2004, 313 (314).

260 BAG DB 1996, 634.

261 BGHZ 41, 318 (322); BGH NJW 1990, 510 (511); ArbG Saarlouis ZIP 1984, 364 (365); LAG Hamm, Urt. vom 03.03.2009 – 14 Sa 1689/08, BeckRS 2009, 74015.

262 *Böhm*, WM 2009, 1923 (1926).

263 *Theile*, StV 2011, 381 (383 f.); *Salvenmoser/Schreier*, in: Achenbach/Ransiek, Hdb WiStra, Kap. XV Rn. 143.

264 *Gleß*, in: LR-StPO, § 136 Rn. 1 f.; *Krey*, Problematik privater Ermittlungen, S. 52.

welche Konsequenzen hieraus zu ziehen sind – analoge Anwendung der Auskunfts- bzw. Aussageverweigerungsvorschriften oder Annahme eines Beweisverwertungsverbots – kann jeweils nur im Einzelfall festgestellt werden und wird daher im Zusammenhang mit den Folgerungen für den Fall Siemens unter (3) diskutiert.

(2) Auskunftspflicht gegenüber unternehmensexternen Ermittlungsteams?

Als Nebenleistungspflicht aus dem Arbeitsvertrag besteht die Auskunftspflicht des Arbeitnehmers grundsätzlich gegenüber dem Arbeitgeber und kann nur von diesem bzw. von seinen Vertretern (z.B. dem Geschäftsführer/dem Vorstand) oder von einem direkten Vorgesetzten sowie dem Personalleiter geltend gemacht werden.[265] Auch die externen Anwälte handeln jedoch als Beauftragte des Unternehmens und sind aus diesem Grunde ebenfalls zu dessen Vertretung gegenüber den Arbeitnehmern und damit auch zur Geltendmachung des Auskunftsanspruchs befugt.[266]

Eine gewisse Sondersituation ergibt sich allerdings dadurch, dass die Anwälte nicht nur an die Unternehmensleitung, sondern auch an die SEC und das DOJ sowie an die zuständige deutsche Staatsanwaltschaft berichten. Die betroffenen Mitarbeiter sehen sich nach Ansicht von *Göpfert/Merten/Siegrist* deswegen einer sehr viel größeren Gefahr von persönlichen Nachteilen, insbesondere der Gefahr der Strafverfolgung ausgesetzt, als dies der Fall wäre, wenn sie lediglich von der Unternehmensleitung oder einem Vorgesetzten befragt würden.[267] Auch vermögen die externen Anwälte nach Auffassung *Jahns* oftmals nicht in gleichem Maße wie der Arbeitgeber zu übersehen, ob ein Aussagegegenstand dem unmittelbaren oder bloß dem mittelbaren Arbeitsbereich des Betroffenen zuzuordnen ist, ob den Arbeitnehmer also von vornherein eine Aussagepflicht trifft oder ob es einer Interessenabwägung bedarf.[268]

Diese Nachteile für den Arbeitnehmer, die durch das „Outsourcing" der Geltendmachung des arbeitsrechtlichen Auskunftsanspruchs des Arbeitgebers auf

265 *Göpfert/Merten/Siegrist*, NJW 2008, 1703 (1706); *Rieble*, ZIP 2003, 1273 (1278).

266 *Bittmann/Molkenbur*, wistra 2009, 373 (376); *Göpfert/Merten/Siegrist*, NJW 2008, 1703 (1706); *Mengel/Ullrich*, NZA 2006, 240 (241), siehe zu diesem Aspekt bereits oben unter Kapitel 4 I.2.c)aa)(1)(b). A.A. *Jahn*, StV 2009, 41 (44 f.), der davon ausgeht, dass der Auskunftsanspruch nach dem Willen der Parteien nicht i.S.d. §§ 164 ff. BGB nur durch Debevoise geltend gemacht, sondern Debevoise dieses Recht insgesamt übertragen wurde. Da die selbständige Abtretung des dienstvertraglichen Auskunftsanspruchs aufgrund seiner Höchstpersönlichkeit aber nicht möglich sei, bestehe für die Arbeitnehmer auch keinerlei Aussagepflicht gegenüber den Debevoise-Anwälten.

267 *Göpfert/Merten/Siegrist*, NJW 2008, 1703 (1706).

268 *Jahn*, StV 2009, 41 (45).

externe Anwälte entstehen, sind jedoch nicht geeignet, die Zulässigkeit der Geltendmachung des Auskunftsanspruchs durch die externen Ermittler zu verneinen. Zum einen besteht schon in praktischer Hinsicht ein erhebliches Interesse daran, die Sachverhaltsaufklärung auf externe Ermittler zu übertragen, verfügt die Unternehmensleitung doch oftmals nicht über genügend personelle Ressourcen, um – wie z.B. im Fall Siemens – innerhalb kürzester Zeit insgesamt 1.750 Interviews und weitere 800 informelle Gespräche mit Mitarbeitern aller Konzernbereiche im In- und Ausland[269] zu führen. Zum anderen bietet auch die Geltendmachung des Auskunftsanspruchs durch den Arbeitgeber selbst keine Garantie dafür, dass die Rechte des Arbeitnehmers in ausreichendem Maße beachtet werden. Entscheidet sich das Unternehmen gegen den Einsatz von externen Ermittlern, ist statt diesen die Unternehmensleitung direkter Ansprechpartner der SEC und des DOJ. An den Forderungen, die die SEC und das DOJ als Gegenleistung für eine größtmögliche Strafmilderung aufgestellt haben, ändert dies jedoch nichts. Das Unternehmen sieht sich nach wie vor einer vollumfänglichen Kooperationspflicht ausgesetzt, die neben der vorbehaltlosen Aufklärung der Verdachtsmomente auch beinhaltet, dass die im Rahmen der internen Untersuchung gesammelten Informationen den zuständigen deutschen Strafverfolgungsbehörden sowie der SEC bzw. dem DOJ unmittelbar nach Ende der Untersuchungen vollständig zur Verfügung gestellt werden.[270] Auch ohne den Einsatz von externen Ermittlern besteht in dieser Konstellation für den Arbeitnehmer daher die direkte Gefahr einer Weitergabe der Ermittlungsergebnisse an die Strafverfolgungsorgane mit der Konsequenz der Einleitung eines strafrechtlichen Ermittlungsverfahrens. Zudem dürfte auch die Unternehmensleitung, insbesondere bei einem weltweit operierenden Konzern wie der Siemens AG, nicht in der Lage sein, den unmittelbaren Tätigkeitsbereich jedes zu befragenden Arbeitnehmers zu überblicken, so dass auch hier in gleichem Maße Unsicherheiten über die Reichweite der Auskunftspflicht bestehen wie dies beim Einsatz externer Ermittler der Fall ist.

Insgesamt lässt sich damit festhalten, dass die Arbeitnehmer gehalten sind, ihre arbeitsrechtliche Auskunftspflicht – sofern eine solche im Einzelfall besteht – auch gegenüber den externen Ermittlern zu erfüllen.[271]

269 Zahlen entnommen aus der Siemens-Pressemitteilung vom 15.12.2008, Fn. 90, S. 5. *Werres*, managermagazin 7/2008, S. 40 (44), geht sogar von vier- bis fünftausend vernommenen Mitarbeitern aus.

270 Vgl. dazu bereits oben unter Kapitel 3 I.4.e) und f).

271 Zu diesem Ergebnis gelangen – trotz der ihrer Ansicht nach erhöhten Gefahrenlage für den Arbeitnehmer – auch *Theile*, StV 2011, 381 (383) sowie *Göpfert/Merten/Siegrist*,

(3) Folgerungen für SEC-veranlasste Ermittlungen im Hinblick auf den nemo-tenetur-Grundsatz

(a) Bestehen einer Aussagepflicht im Fall Siemens

Ob die Selbstbelastungsfreiheit der Arbeitnehmer überhaupt tangiert ist, hängt zu allererst davon ab, ob in der Konstellation der Internal Investigations eine gesetzlich festgelegte Auskunftspflicht besteht, ob also die gegebenenfalls vorzunehmende Interessenabwägung zugunsten des Arbeitgebers ausfällt.

Zu Lasten von Siemens ist zu berücksichtigen, dass den Konzern ein gewisses Mitverschulden daran trifft, dass es durch nicht ausreichende Einhaltung existierender Compliance-Vorschriften überhaupt zur Durchführung einer verdachtsunabhängigen und großflächigen Untersuchung gekommen ist, die die Mitarbeiter erst in die Lage gebracht hat, externen Anwälten Rede und Antwort stehen zu müssen.[272] Zudem bestünde eine Auskunftspflicht des Arbeitnehmers gemäß den oben genannten Kriterien nur, wenn der Arbeitgeber auf die Auskünfte des betroffenen Arbeitnehmers angewiesen ist, weil der Erfolg der Internal Investigation gerade von der Aussage der betroffenen Mitarbeiter abhängt, diese also unbedingt erforderlich macht. Dies ist zumindest dann nicht der Fall, wenn der Sachverhalt auch ohne die Aussage des Arbeitnehmers aufgeklärt werden kann, weil sich die notwendigen Informationen aus den Akten und Unterlagen ergeben, die der Mitarbeiter herauszugeben hat. Schließlich besteht Einigkeit darüber, dass das Persönlichkeitsrecht des Arbeitnehmers nicht über Gebühr belastet werden darf.[273] Insoweit ist zugunsten des Arbeitnehmers sein Recht auf Selbstbelastungsfreiheit anzuführen, das dann tangiert sein kann, wenn die Ergebnisse seiner Befragung an die staatlichen Strafverfolgungsorgane weitergegeben werden.

Allerdings ist es dem Unternehmen nicht untersagt, die Ergebnisse aus den internen Untersuchungen an die Strafverfolgungsbehörden weiterzugeben: Sobald ein Unternehmen ein vernünftiges und gewichtiges Interesse an der Weiterleitung der Informationen hat, steht das Persönlichkeitsrecht des Arbeitnehmers dem nicht entgegen.[274] Es gilt vielmehr der Grundsatz, dass jeder – und damit

---

NJW 2008, 1703 (1706). Für eine Unzulässigkeit der Geltendmachung des Auskunftsanspruchs durch die externen Ermittler hingegen *Jahn*, StV 2009, 41 (45).

272 *Dann/Schmidt*, NJW 2009, 1851 (1853); *Jahn*, StV 2009, 41 (44).

273 *Göpfert/Merten/Siegrist*, NJW 2008, 1703 (1705); *Diller*, DB 2004, 313 (318); *Krey*, Problematik privater Ermittlungen, S. 56 ff.

274 Dies ergibt sich bereits daraus, dass das Persönlichkeitsrecht gemäß Art. 2 Abs. 1 GG dem Schrankentrias (Rechte anderer, verfassungsmäßige Ordnung, Sittengesetz) unterliegt. Siehe ferner ausdrücklich BAG DB 1990, 1522 sowie *Bittmann/Molkenbur*, wistra 2009, 373 (376).

auch der Arbeitnehmer – für die Folgen des eigenen Fehlverhaltens einzustehen hat.[275] Ein derart gewichtiges Interesse des Unternehmens an der Weitergabe der Informationen wird dabei insbesondere dann angenommen, wenn das Unternehmen die Informationen an Dritte weiterleiten will, um selbst einen Vorteil zu erlangen oder Schäden vom Unternehmen abzuwenden.[276] Da die Offenbarung der Ermittlungsergebnisse im Fall Siemens aber gerade davon motiviert war, den Forderungen der SEC und des DOJ nachzukommen, um die dem Unternehmen angedrohten exorbitanten Sanktionen abzuwenden, ist ein erhebliches und gewichtiges Interesse der Unternehmensleitung sowohl an der Durchführung der Interviews als auch an der Offenlegung der hierdurch erlangten Ergebnisse anzuerkennen. In diesem Zusammenhang ist noch einmal darauf hinzuweisen, dass auch den Arbeitnehmer eine aus seiner Treuepflicht abzuleitende Verpflichtung trifft, auf die Interessen seines Arbeitgebers Rücksicht zu nehmen und dadurch Schaden von ihm abzuwenden.[277]

Zwar statuieren die US-amerikanischen Richtlinien keinen unwiderstehlichen Zwang, Mitarbeiter unter Einsatz von Drohungen zur Selbstbelastung zu drängen.[278] Das betroffene Unternehmen befindet sich jedoch in einer faktischen Zwangslage, da jeder Abstrich, den es in Bezug auf die Kooperation mit den US-amerikanischen Behörden macht, in der Regel mit einem geringeren Nachlass bei den zu erwartenden Sanktionen „bestraft" wird.[279] Soweit dagegen eingewandt wird, ein Unternehmen demonstriere nicht nur dann volle Kooperationsbereitschaft, wenn auch die Mitarbeiter bei der Sachverhaltsaufklärung in die Pflicht genommen werden, sondern es genüge, dass das Unternehmen versucht habe, vollumfänglich zu kooperieren,[280] geht das an dem von der SEC und dem DOJ in der Praxis angelegten Maßstab vorbei.[281]

Soweit weiterhin eingewandt wird, dass der von der Befragung betroffene Mitarbeiter ohnehin meistens nicht mehr zugäbe, als sowieso dokumentiert ist,

---

275 BGHZ 41, 318 (324, 327); OLG Karlsruhe NStZ 1989, 287.

276 Zum Ganzen *Diller*, DB 2004, 313 (318). Siehe ferner *Momsen*, ZIS 2011, 508 (511).

277 Siehe nur *Weidenkaff*, in: Palandt, § 611 Rn. 40 und *Krey*, Problematik privater Ermittlungen, S. 51 f.

278 *Dann/Schmidt*, NJW 2009, 1851 (1853).

279 Siehe dazu bereits ausführlich oben unter Kapitel 3 I.; a.A. *Jahn*, StV 2009, 41 (44), der den Schluss von einer umfassenden Kooperation auf einen möglichst hohen Strafnachlass als lediglich „vage Hoffnung" der Unternehmensleitung abtut.

280 In diesem Sinne *Bittmann/Molkenbur*, wistra 2009, 373 (376) und *Dann/Schmidt*, NJW 2009, 1851 (1853).

281 Vgl. dazu insbesondere die Ausführungen unter Kapitel 3 I.4.f).

eine Auskunft der Arbeitnehmer daher nicht erforderlich sei,[282] kann dem zumindest für den Fall Siemens nicht gefolgt werden. Dies liegt schon daran, dass das Unternehmen zur Förderung der Aussagebereitschaft seiner Mitarbeiter ein Amnestieprogramm bzw. eine Kronzeugenregelung verabschiedet hat, wonach den Mitarbeitern als Gegenleistung für eine umfassende und wahrheitsgemäße Aussage der Verzicht auf arbeits- und haftungsrechtliche Konsequenzen zugesichert wurde.[283] Beide Programme sind auf regen Zuspruch der Belegschaft gestoßen und dürften die Bereitschaft zu einer umfassenden und wahrheitsgemäßen Aussage gefördert haben. Allein der Umstand, dass sich Siemens zur Förderung der Aussagebereitschaft ihrer Mitarbeiter zum Erlass einer solchen Amnestieregelung verpflichtet sah, deutet darauf hin, dass die Aussagen der Mitarbeiter nach Einschätzung des Unternehmens für die umfassende und zügige Aufklärung der Verdachtsmomente erforderlich waren.

Schließlich standen die Korruptions- und Untreuevorwürfe sowie der Verdacht der Verletzung von Aufsichtspflichten allesamt in Zusammenhang mit der Tätigkeit des jeweils befragten Arbeitnehmers, so dass die Fragen der externen Ermittler in der Regel auch darauf gerichtet waren, Auskünfte zu erlangen, die unmittelbar mit der vertraglich geschuldeten Tätigkeit der Arbeitnehmer in Verbindung standen.

Es spricht also vieles dafür, dass die Interessen von Siemens an einer umfassenden Aufklärung der Verdachtsmomente die Interessen der betroffenen Mitarbeiter, namentlich deren Interesse, sich nicht selbst einer strafbaren Handlung bezichtigen zu müssen, überwogen haben, mit der Konsequenz, dass eine umfassende Auskunftspflicht der Arbeitnehmer bestand.[284]

Auch der Umstand, dass das BAG in einer Entscheidung aus dem Jahr 2008[285] angenommen hat, dass der Arbeitnehmer schweigen können muss, weil er nicht gehalten sei, dem Arbeitgeber einen Kündigungsgrund zu liefern bzw. ihn beim Beweisen desselben zu unterstützen, ist nicht geeignet, dieses Ergebnis in Frage zu stellen:[286] Zum einen müssen zumindest diejenigen Mitarbeiter, die am Amnestieprogramm partizipieren, keine arbeitsrechtlichen Konsequenzen

282 *Dann/Schmidt*, NJW 2009, 1851 (1853). Vgl. auch *Wastl/Litzka/Pusch*, NStZ 2009, 68 (73).

283 Siehe dazu bereits oben unter Kapitel 3 III.2.c)aa).

284 Zu diesem Ergebnis gelangen auch *Böhm*, WM 2009, 1923 (1928) und *Pfordte*, in: Strafverteidigung im Rechtsstaat, S. 740 (744 ff.) sowie – losgelöst vom Fall Siemens – *Fritz/Nolden*, CCZ 2010, 170 (174). A.A. *Dann/Schmidt*, NJW 2009, 1851 (1854) und *Jahn*, StV 2009, 41 (44 f.). Differenzierend *Bittmann/Molkenbur*, wistra 2009, 373 (376).

285 BAG NJW 2009, 1897 ff.

286 So aber *Maschmann*, in: Maschmann, Compliance und Arbeitsrecht, S. 149 (173 f.).

fürchten, so dass der Arbeitnehmer durch seine Aussage auch nicht befürchten muss, einen Kündigungsgrund herbeizuführen oder seinem Arbeitgeber entsprechende Beweise zu liefern. Zum anderen führte die Anwendung dieser Einzelfallentscheidung auf die komplexe Situation der Internal Investigation zu einer nicht hinnehmbaren Verkürzung der Interessen des Arbeitgebers, da ihm die wohl wichtigste Auskunftsquelle von vornherein verschlossen bliebe. Im vom BAG entschiedenen Fall hatte der Arbeitgeber immerhin die Möglichkeit, gemäß § 475 StPO Auskünfte aus einem bereits gegen die Arbeitnehmerin laufenden Strafverfahren zu erlangen.

Es bleibt daher dabei, dass zumindest im Fall Siemens die besseren Gründe dafür sprechen, von einer umfassenden Auskunftspflicht der Arbeitnehmer auszugehen.

Gleichwohl ist das bloße Bestehen einer arbeitsrechtlichen Aussagepflicht nicht gleichbedeutend mit einem Verstoß gegen den nemo-tenetur-Grundsatz. Hinzukommen muss zum einen das Bestehen einer Zwangslage, d.h. einer Situation, in der sich der Arbeitnehmer nicht mehr frei entscheiden kann, ob er sich selbst belastet oder nicht. Zum anderen muss durch die Aussage die Gefahr begründet worden sein, sich der Strafverfolgung auszusetzen.

(b) Bestehen einer Zwangslage

Das Bestehen einer Zwangslage ist deshalb fraglich, weil der Arbeitgeber seinen Auskunftsanspruch gegen den Arbeitnehmer zwar gerichtlich einklagen kann, ein etwaig erwirktes Urteil, das den Arbeitnehmer zur Erteilung einer umfassenden Auskunft verpflichtet, aufgrund des höchstpersönlichen Charakters der arbeitsrechtlichen Zeugenpflicht gemäß § 888 Abs. 3 ZPO aber nicht vollstreckbar ist.[287] Dementsprechend muss der Arbeitnehmer bei Verweigerung einer Aussage unter Umständen mit einem Gerichtsverfahren rechnen, kann jedoch nicht durch staatlichen Zwang in Form von Zwangsgeld oder Zwangshaft zu einer Aussage gezwungen werden.

Allerdings wird die Entscheidungsfreiheit des Arbeitnehmers im Rahmen von Internal Investigations dadurch massiv beeinträchtigt, dass dem Arbeitnehmer bei mangelnder Kooperationsbereitschaft in der Regel erhebliche zivil- und

287 Gemäß § 888 Abs. 3 ZPO gilt für höchstpersönliche Pflichten aus Dienstverhältnissen ein Vollstreckungsverbot, *Brehm*, in: S/J-ZPO, § 888 Rn. 39 ff.; *Gruber*, in: MünchKomm-ZPO, § 888 Rn. 3, 21; *Rieble*, ZIP 2003, 1273 (1279). A.A. *Knauer/Buhlmann*, AnwBl 2010, 387 (389); *Wuttke*, Straftäter im Betrieb, S. 141 f.; *Bittmann/Molkenbur*, wistra 2009, 373 (375) und *Böhm*, WM 2009, 1923 (1925) mit der schlichten und nicht näher belegten Behauptung, unter § 888 Abs. 3 ZPO fielen nur die Hauptleistungspflichten des Schuldners.

arbeitsrechtliche Nachteile – Geltendmachung von zivilrechtlichen Schadensersatzansprüchen (sowohl wegen des eigentlichen Vergehens als auch wegen Verletzung der Auskunftspflicht) sowie Kündigung und sonstige arbeitsrechtliche Nachteile (Kürzung von Gehalt oder Pensionsansprüchen) – angedroht werden.[288] Damit stellt sich die Frage, ob auch eine derartige wirtschaftliche Drucksituation eine die Anwendung des nemo-tenetur-Grundsatzes rechtfertigende Zwangslage begründet.

Wie bereits mehrfach festgestellt wurde, garantiert das Gebot der Selbstbelastungsfreiheit nur Schutz vor staatlich verursachten Zwangslagen. Zwangswirkungen, die aus dem sozialen oder beruflichen Umfeld des Beschuldigten resultieren, sind daher in Hinblick auf nemo tenetur prinzipiell unbeachtlich. Der nemo-tenetur-Grundsatz hat nicht die Aufgabe, jeden auch nur mittelbaren Druck durch außerhalb des Strafverfahrens an die Aussageverweigerung geknüpfte Nachteile für den Betroffenen abzuwehren.[289] Vielmehr müssen auch etwaige entgegenstehende legitime Interessen Privater oder des Staates ausreichend Berücksichtigung finden.[290] Eine Begrenzung erfährt die Durchsetzung privater Interessen nach dieser Auffassung nur durch die materiellen Gesetze, insbesondere § 240 StGB.[291]

Gegen die Annahme einer vergleichbaren Zwangslage spricht daher der Umstand, dass der Arbeitgeber nicht nur einen Anspruch auf Auskunftserteilung, sondern – vor dem Hintergrund des US-amerikanischen Sanktionssystems und den Ansprüchen der SEC und des DOJ – auch ein erhebliches legitimes Interesse an der Auskunftserteilung hat. Gleichwohl darf nicht verkannt werden, dass die dem Arbeitnehmer angedrohten Maßnahmen im Einzelfall durchaus existenzbedrohende Ausmaße annehmen können, so dass der durch den Arbeitgeber bzw. durch die von ihm beauftragten Ermittler ausgeübte Druck auf die Entscheidungsfreiheit des Arbeitnehmers dieselbe Intensität erreichen kann, wie der Zwang eines staatlich angeordneten Verfahrens.[292] Außerdem kann es vorkommen, dass der Arbeitgeber die ihm zustehenden arbeits- bzw. zivilrechtlichen Sanktionsmöglichkeiten bewusst dazu benutzt, den Arbeitnehmer zu einer

288 *Dann/Schmidt*, NJW 2009, 1851 (1854); *Göpfert/Merten/Siegrist*, NJW 2008, 1703 (1706 f.). Vgl. auch *Hubbell*, Stanford Law Review 32 (1980), 1163 (1172 f.).

289 Dies ergibt sich aus der Schutzrichtung des nemo-tenetur-Grundsatzes, der lediglich staatliche Eingriffe in die verfassungsrechtlich verbürgte Selbstbelastungsfreiheit verbietet, siehe nur *Rogall*, NStZ 1989, 288; *ders.*, in: SK-StPO, Vor § 133 Rn. 154 sowie bereits ausführlich unter Kapitel 5 II.1.a)bb)(1).

290 *Reiß*, Besteuerungsverfahren und Strafverfahren, S. 267.

291 *Knauer/Buhlmann*, AnwBl 2010, 387 (391) sowie *Kramer*, JURA 1988, 520 (522).

292 *Böhm*, WM 2009, 1923 (1928).

Aussage zu bewegen, also gezielt auf seine Entscheidungsfreiheit einwirkt.[293] Dies gilt umso mehr, wenn man sich die tatsächlichen Umstände der Befragungen noch einmal vergegenwärtigt: Der betroffene Mitarbeiter sieht sich in den Interviews oftmals nicht nur einem, sondern einer Vielzahl von externen Anwälten gegenüber, die ihn über Stunden befragen und deren autoritärem Auftreten und fachlicher Übermacht er sich kaum zu erwehren weiß.[294] Aus Sicht des Arbeitnehmers besteht demnach kein erheblicher Unterschied zwischen dem vom Arbeitgeber ausgeübten wirtschaftlichen Druck und dem Zwang eines staatlich geordneten Verfahrens, solange die Drucksituation nur eine vergleichbare Intensität aufweist und der Arbeitnehmer daher nicht mehr frei entscheiden kann, ob er sich auf sein Schweigerecht beruft oder eine umfassende Aussage macht.[295]

Allein diese faktische Zwangslage, in der sich der Arbeitnehmer befindet, rechtfertigt es aber noch nicht, den fehlenden rechtlichen Zwang durch ein hoheitliches Verfahren zu substituieren und hierin eine im Hinblick auf den nemo-tenetur-Grundsatz relevante erzwungene Selbstbelastung zu erblicken.[296] Dies ergibt sich bereits aus der Existenz des Amnestieprogramms, das dem Arbeitnehmer die Möglichkeit eröffnet, als Gegenleistung für volle Kooperation einen unternehmensseitigen Verzicht auf die gefürchteten arbeits- oder zivilrechtlichen Sanktionen zu erhalten.[297] Entscheidet sich der Arbeitnehmer dafür, eine Aussage machen zu wollen, kann er von der Amnestieregelung profitieren und muss keinerlei arbeits- oder zivilrechtliche Konsequenzen befürchten. Da die Auskunftspflicht darüber hinaus nicht vollstreckbar ist,[298] muss er im Fall des Schweigens zwar unter Umständen mit für ihn negativen Konsequenzen in Bezug auf sein Arbeitsverhältnis oder seine Finanzen rechnen, sicher ist dies jedoch nicht, weil sowohl eine auf sein Fehlverhalten gestützte (Verdachts-) Kündigung als auch die Geltendmachung von Schadensersatzansprüchen immer auch voraussetzt, dass der Arbeitgeber dem Arbeitnehmer sein Fehlverhalten nachweisen kann.

Erhellend wirkt ferner ein Vergleich der im Fall Siemens vorgefundenen Situation mit der Konstellation, dass der Arbeitgeber seinen Auskunftsanspruch durchzusetzen versucht, indem er den jeweiligen Arbeitnehmern mit Kündigung

---

293 *Wastl/Litzka/Pusch*, NStZ 2009, 68 (70 f.).

294 *Wastl/Litzka/Pusch*, NStZ 2009, 68 (71).

295 *Knauer/Buhlmann*, AnwBl 2010, 387 (388); *Böhm*, WM 2009, 1923 (1928); *Wastl/Litzka/Pusch*, NStZ 2009, 68 (71); *Knauer*, Verhandlungen 67. DJT L 159.

296 *Jahn*, StV 2009, 41 (44). Vgl. auch *Gutmann*, Freiwilligkeit, S. 114 f.: „Das Vorliegen von Druck auf eine Person ist keine hinreichende Bedingung für die Annahme, dass diese Person unter Zwang steht."

297 Vgl. *Beulke*, Strafprozessrecht, Rn. 481.

298 § 888 Abs. 3 ZPO, siehe dazu bereits oben. Vgl. ferner OLG Karlsruhe NStZ 1989, 287.

oder vergleichbaren Konsequenzen droht und dadurch erheblich unter Druck setzt, aber gleichwohl keine Weitergabe der Ermittlungsergebnisse an die Strafverfolgungsbehörden geplant hat. In diesem Fall ist die wirtschaftliche Drucksituation, mit der sich der Arbeitnehmer für den Fall seines Schweigens konfrontiert sieht, vergleichbar. Dennoch würde in dieser Konstellation voraussichtlich niemand eine wegen des nemo-tenetur-Grundsatzes unzulässige Zwangslage annehmen. Unbehagen resultiert im Fall Siemens daher nicht aus der Einflussnahme des Arbeitgebers auf die Entscheidungsfreiheit des Arbeitnehmers per se, sondern allein aus dem weiteren Umstand, dass von vornherein eine Weitergabe der Ermittlungsergebnisse an die zuständige Staatsanwaltschaft geplant war.

Schließlich gelten auch in diesem Zusammenhang die oben[299] gemachten Ausführungen entsprechend: Ein lediglich faktischer Zwang kann nicht mit einem rechtlichen Zwang gleich gesetzt werden und macht die Entscheidung des Betroffenen nicht unfreiwillig.[300] Stellen sich die angedrohten Konsequenzen als rechtlich zulässige Sanktionierung des eigenen Fehlverhaltens dar, gilt vielmehr der Grundsatz, dass jeder für die Folgen des eigenen Fehlverhaltens einzustehen hat.

Damit lässt sich festhalten, dass es im Hinblick auf eine Verletzung des nemo-tenetur-Grundsatzes entscheidend darauf ankommt, ob von Seiten des Staates ein irgendwie gearteter Druck auf die Entscheidung in die eine oder andere Richtung ausgeübt wird. Ist dies – wie bei Siemens – nicht der Fall, handelt es sich nicht um eine im Hinblick auf nemo tenetur unzulässige Zwangslage.

(c) Verwertung der Informationen zu Zwecken der Strafverfolgung als entscheidendes Moment für den Verstoß gegen den nemo-tenetur-Grundsatz

Die vorstehenden Ausführungen haben gezeigt, dass ein Verstoß gegen den nemo-tenetur-Grundsatz schon wegen der nur faktischen Zwangslage des Arbeitnehmers ausscheidet. Will man sich dem nicht anschließen, so kann in dem bloßen Bestehen einer arbeitsrechtlichen Auskunftspflicht gleichwohl kein Verstoß gegen nemo tenetur gesehen werden.

Zwar begibt sich der von den Interviews betroffene Arbeitnehmer durch seine Aussage in die Gefahr, strafrechtlich verfolgt zu werden. Dies liegt aber nur

---

299 Unter Kapitel 5 I.1.a)bb)(4)(b).

300 Auch der US Supreme Court geht im Zusammenhang mit Schuldanerkenntnissen, die im Rahmen des sog. *plea bargaining* erfolgen, davon aus, dass die im Raum stehende Drohung, bei Ablehnung des Kooperationsgebots schärfer bestraft zu werden, die Entscheidung des Betroffenen nicht unfreiwillig macht, *Jeßberger*, Kooperation und Strafzumessung, S. 270; grundlegend *Brady v. United States*, 397 US 742 (1970). Vgl. ferner *Gutmann*, Freiwilligkeit, S. 112 f.

daran, dass Siemens – um den von der SEC und dem DOJ aufgestellten Anforderungen zu genügen – von vornherein beabsichtigt hat, die Informationen aus den Interviews auch an die zuständige Staatsanwaltschaft weiterzugeben.[301] Hieraus wird ersichtlich, dass der im Hinblick auf den nemo-tenetur-Grundsatz entscheidene Verletzungsakt nicht in dem bloßen Bestehen einer arbeitsrechtlichen Auskunftspflicht liegt, sondern vielmehr in der *Offenbarung* der selbstbelastenden Aussagen gegenüber den Strafverfolgungsbehörden und der nachfolgenden *Verwertung* derselben im Zuge eines gegen den jeweiligen Arbeitnehmer gerichteten Strafverfahrens.[302] Das verfassungsrechtliche Recht auf Selbstbelastungsfreiheit droht im Zusammenhang mit einer arbeitsrechtlichen Auskunftspflicht nur dann unterlaufen zu werden, wenn die Informationen aus den Interviews nicht beim Arbeitgeber verbleiben, sondern an die Strafverfolgungsbehörden weitergegeben werden, denn nur dann muss der Arbeitnehmer strafrechtliche Konsequenzen befürchten, vor denen allein der nemo-tenetur-Grundsatz schützen will.[303] Da ein Unternehmen von Rechts wegen nicht zur Weitergabe etwaiger selbstbelastender Aussagen seiner Mitarbeiter an die staatlichen Ermittlungsbehörden verpflichtet ist, ist der staatliche Verwertungsakt dem Auskunftsanspruch des Arbeitgebers nicht immanent.[304] Das bloße Bestehen einer arbeitsrechtlichen Auskunftspflicht ist daher nicht gleichbedeutend mit einem Verstoß gegen den nemo-tenetur-Grundsatz.

(4) Ergebnis

Festzuhalten bleibt daher, dass die in der Literatur viel diskutierte Entwertung des nemo-tenetur-Grundsatzes nicht aus dem bloßen Bestehen einer arbeitsrechtlichen Auskunftspflicht resultiert, sondern das Recht auf Selbstbelastungsfreiheit erst durch die Verwertung der Informationen zu Zwecken der Strafverfolgung durch die jeweils zuständige Staatsanwaltschaft verletzt zu werden droht.

---

301 Vgl. das entsprechende Rundschreiben der Siemens AG, abgedruckt bei *Sieg*, FS Buchner, S. 859 (871).

302 Diese Sichtweise stimmt mit der Auffassung des EGMR überein, der in der Verwertung eines unter Verstoß gegen die Selbstbelastungsfreiheit gewonnenen Beweises den eigentlichen Verletzungakt sieht, Urt. vom 05.11.2002, *Allan v. Großbritannien*, StV 2003, 257 (260). Vgl. auch LAG Hamm, Urt. vom 03.03.2009 – 14 Sa 1689/08, BeckRS 2009, 74015 sowie *Dencker*, Verwertungsverbote, S. 112.

303 Siehe dazu oben unter Kapitel 5 II.1.a)bb)(1).

304 Vielmehr dürfte das Unternehmen im Gegenteil regelmäßig ein großes Interesse daran haben, dass über schwere betriebsinterne Straftaten Stillschweigen gewahrt wird, siehe *Krey*, Problematik privater Ermittlungen, S. 55 sowie *Wuttke*, Straftäter im Betrieb, S. 148.

Die Abwägung der Interessen von Arbeitgeber und Arbeitnehmer hat für den Fall Siemens zu einem Überwiegen der Arbeitgeberinteressen geführt. Man kann dieses Ergebnis nicht einfach missachten und dem Arbeitnehmer bereits gegenüber den Auskunftsersuchen des Arbeitgebers in Anlehnung an die Bestimmungen des Straf- oder Zivilprozessrechts ein umfassendes Aussage- bzw. Auskunftsverweigerungsrecht zugestehen.[305] Vielmehr muss der Schutz des Arbeitnehmers dort ansetzen, wo auch die für die Verletzung des nemo-tenetur-Grundsatzes entscheidende Handlung angesiedelt ist: auf der Ebene der Verwertung der selbstbelastenden Informationen für ein Strafverfahren.[306]

Hält man die durch den Arbeitgeber im Zuge der Ausübung seines Auskunftsrechts erlangten selbstbelastenden Informationen im Rahmen eines nachfolgenden Strafverfahrens für unverwertbar, ist damit die Gefahr eines Verstoßes gegen den nemo-tenetur-Grundsatz gebannt. Dies hat zugleich zur Folge, dass es dem Arbeitnehmer zumutbar ist, gegenüber den Ermittlern eine umfassende Aussage zu machen.

bb) Verstoß gegen den nemo-tenetur-Grundsatz aufgrund staatlich veranlasster Ermittlungstätigkeit Privater zum Zweck der Aufklärung von Straftaten

Der nemo-tenetur-Grundsatz könnte aber deswegen berührt sein, weil die privaten Ermittler durch die Strafverfolgungsbehörden gezielt zur Aufklärung von Straftaten instrumentalisiert werden. Zwar werden die privaten Ermittler durch das Unternehmen beauftragt und handeln daher primär in dessen Interesse.[307] Gleichwohl wurde bereits an mehreren Stellen herausgearbeitet, dass sich auch die zuständige Staatsanwaltschaft die Ergebnisse der internen Untersuchung gezielt zunutze macht und ihren eigenen Ermittlungen zugrunde legt, so dass die internen Ermittlungen mittelbar auch den Strafverfolgungsbehörden dienen. Wenn aber staatliche Behörden den Ermittlunsgdrang von Privatpersonen geradezu ausnutzen, indem sie anstatt eigene Ermittlungen durchzuführen ungehindert auf die Ermittlungsergebnisse der Privatermitter zugreifen und für eigene Zwecke verwerten, könnte man zu dem Ergebnis gelangen, dass das Verhalten der Privatermittler den Behörden zugerechnet werden muss.[308]

---

305 Für diese Lösung aber OLG München NZG 2009, 665 (668) sowie *Jahn*, StV 2009, 41 (43); *Diller*, DB 2004, 313 (317) und *Rieble*, ZIP 2003, 1273 (1277). Siehe dazu ausführlich nachfolgend unter Kapitel 6 I.

306 Ähnlich *Brunhöber*, GA 2010, 571 (585); *Wuttke*, Straftäter im Betrieb, S. 141 und *Böhm*, WM 2009, 1923 (1929).

307 *Dann/Schmidt*, NJW 2009, 1851 (1852); *Wybitul*, BB 2009, 606 (607).

308 So insbesondere *Pfordte*, in: Strafverteidigung im Rechtsstaat, S. 740 (741, 755).

(1) Umgehung rechtsstaatlicher Grundsätze durch gezielten Einsatz privater Ermittler zu Zwecken der Straftataufklärung durch deutsche Ermittlungsbehörden?

Bei formeller Betrachtung müsste ein Verstoß gegen den nemo-tenetur-Grundsatz bereits deshalb verneint werden, weil die Selbstbelastungsfreiheit nur davor schützt, durch *staatlich* vermittelten Zwang zu einer selbstbelastenden Aussage gedrängt zu werden.[309] Die dadurch eröffneten Möglichkeiten, den Schutz des Betroffenen durch die verfassungsrechtlich verbürgte Selbstbelastungsfreiheit auszuhebeln, indem man ihn durch Privatpersonen vernehmen lässt, liegt auf der Hand: Die formelle Einbindung Privater ändert nichts daran, dass es in der Sache um die gezielte Aufklärung von Straftaten geht.[310]

Diesen Umgehungsmöglichkeiten könnte man dadurch begegnen, dass man eine materielle Betrachtung zugrunde legt und fragt, inwieweit auch staatlich gesteuerte Handlungen privater Dritter eine Vernehmungssituation erzeugen können, die die Belehrungspflichten der §§ 136, 55 StPO sowie die Beweismethodenverbote des § 136a StPO auslöst und damit auch zur Anwendbarkeit des nemo-tenetur-Grundsatzes führt.[311]

(a) Gezielte Beauftragung privater Dritter mit Ermittlungen

Bedienen sich die Strafverfolgungsbehörden gezielt privater Dritter, indem sie diese mit Ermittlungen und/oder Vernehmungen beauftragen, lässt sich die Handlung des Privaten den Strafverfolgungsbehörden bereits nach allgemeinen Grundsätzen des Verwaltungrechts – keine Entledigung der Grundrechtsbindung durch Flucht ins Privatrecht bzw. Parallele zur Figur des Verwaltungshelfers – unmittelbar zurechnen.[312] In diesem Sinne hat auch der BGH für den Fall, dass die Strafverfolgunsgbehörden einen Mitgefangenen dazu veranlassen, mit unzulässigen Mitteln im Sinne des § 136a StPO derart auf den Beschuldigten einzu-

309 *Knauer/Buhlmann*, AnwBl 2010, 387 (389); *Jahn*, StV 2009, 41 (43); *Bosch*, Aspekte des nemo-tenetur-Prinzips, S. 205 m.w.N.; *Verrel*, Selbstbelastungsfreiheit, S. 139.

310 *Wastl/Litzka/Pusch*, NStZ 2009, 68 (70).

311 *Bosch*, Aspekte des nemo-tenetur-Prinzips, S. 213.

312 *Eidam*, Selbstbelastungsfreiheit, S. 87 ff.; *Bosch*, Aspekte des nemo-tenetur-Prinzips, S. 214 f.; *Dencker*, StV 1994, 667 (671); *Kramer*, JURA 1988, 520 (522), Vgl. auch *Godenzi*, GA 2008, 500 (503); *Mende*, Grenzen privater Ermittlungen, S. 179; *Roxin*, NStZ 1997, 18 (18 f.); *Joerden*, JuS 1993, 927 (928) sowie *Fincke*, ZStW 95 (1983), 918 (939). Grundsätzlich a.A. der BGH, BGHSt 39, 335 (341); 40, 211 (213); 42, 139 (145 ff.); BGH NStZ 1995, 557. In einen wenigen Ausnahmekonstellationen hat jedoch auch der BGH eine Zurechnung der privaten Handlungen zum Staat bejaht (siehe die Nachweise in den Fn. 313 und 314).

wirken, dass dieser bestimmte Angaben zu seiner Tat macht, über die der Mitgefangene im Anschluss als Zeuge vernommen werden kann, angenommen, dass sich die staatlichen Behörden das Verhalten der Privatperson zurechnen lassen müssen mit der Folge der Unverwertbarkeit der erlangten Informationen im nachfolgenden Strafverfahren.[313] Gleiches gilt nach Auffasung des 3. Strafsenats auch für den Fall, dass der Beschuldigte auf Veranlassung der Polizei durch eine Privatperson befragt wird, obwohl er zuvor in einer Vernehmung ausdrücklich erklärt hat, keine Angaben zur Sache machen zu wollen.[314]

Wurde die Privatperson zwar im Auftrag der Strafverfolgungsbehörden tätig, hat sie aber nicht mit unzulässigen Mitteln im Sinne des § 136a StPO auf die Willensentschließungsfreiheit des Beschuldigten eingewirkt, sondern diesen im Rahmen eines Gesprächs, das auf die Erlangung von Informationen über den Untersuchungsgegenstand gerichtet war, nur konkludent über die Ermittlungsabsicht getäuscht, so liegt hierin nach Auffassung des BGH jedenfalls dann kein Verstoß gegen die Vorschriften der StPO oder sie ergänzende rechtsstaatliche Grundsätze, insbesondere den nemo-tenetur-Grundsatz, wenn es sich bei der aufzuklärenden Tat um eine Straftat von erheblicher Bedeutung handelt und die Erforschung des Sachverhalts andernfalls weniger erfolgsversprechend oder wesentlich erschwert gewesen wäre.[315]

Zusammenfassend bedeutet dies, dass immer dann, wenn ein privater Dritter wegen seiner staatlichen Beauftragung mit der Ermittlung straftatrelevanter Informationen quasi als Vernehmungsgehilfe der Staatanwaltschaft einzustufen ist, die §§ 136, 136a StPO zumindest entsprechende Anwendung finden müssen.[316] In Bezug auf den nemo-tenetur-Grundsatz ergibt sich für diese Konstellation die Konsequenz, dass sich der Betroffene auch bei Befragungen durch einen privaten Dritten zumindest dann auf seine Selbstbelastungsfreiheit berufen können muss, wenn der Private auf die Willensentschließungsfreiheit des Betroffenen durch Zwang im Sinne des § 136a StPO unzulässig einwirkt, weil es sich aufgrund der staatlichen Veranlassung der Befragung mittelbar um einen staatlich

313 BGHSt 34, 362 (363); 44, 129 (134 ff.).

314 BGHSt 52, 11 (16 ff.). Dies hatte auch der Große Senat für Strafsachen in BGHSt 42, 139 (155) bereits in Erwägung gezogen. Dieser Auffassung ist ferner der EGMR, Urt. vom 05.11.2002, StV 2003, 257 (259).

315 BGHSt 42, 139 (145, 151 ff.).

316 BGHSt 44, 129 (134); BGH NStZ 1996, 200 (201) sowie *Rogall*, in: SK-StPO, §136a Rn. 12; *Jahn*, StV 2009, 41 (45); *Pfordte*, in: Strafverteidigung im Rechtsstaat, S. 740 (755); *Roxin/Schünemann*, Strafverfahrensrecht, § 24 Rn. 65; *Diemer*, in: KK-StPO, §136a Rn. 4; *Godenzi*, GA 2008, 500 (504); *Roxin*, NStZ 1997, 18 sowie *Dencker*, StV 1994, 667 (671 f.); *Joerden*, JuS 1993, 927 (928) und *Kramer*, JURA 1988, 520 (522).

vermittelten Aussagezwang handelt.[317] Wird der nemo-tenetur-Grundsatz nicht ausreichend beachtet, liegt ein dem Staat zurechenbarer Rechtsverstoß bei der Beweisbeschaffung vor, der gemäß § 136a Abs. 3 Satz 2 StPO ein unselbständiges Beweisverwertungsverbot nach sich ziehen kann.[318]

(b) Bloßes Ausnutzen privater Ermittlungsergebnisse

Anders stellt sich jedoch die Situation im Fall von Internal Investigations dar. Hier werden die privaten Ermittler nicht auf Veranlassung der Strafverfolgungsbehörden, sondern vielmehr im Auftrag des Unternehmens tätig. Die jeweilige Staatsanwaltschaft profitiert nur deswegen von den privaten Aufklärungsmaßnahmen, weil die privaten Ermittler ihre Ergebnisse nach Abschluss der Ermittlungen an die Strafverfolgungsbehörden weiterleiten. In solchen Fällen wird eine Zurechnung des Handelns der Privatpersonen überwiegend abgelehnt, da es am Merkmal der staatlichen Veranlassung der Ermittlungshandlung und damit an einem ausreichenden Zurechnungstatbestand fehle.[319]

Allein der Umstand, dass die Münchener Staatsanwaltschaft und die Debevoise-Anwälte im Fall Siemens sehr eng kooperiert haben und sogar Vernehmungstermine und sonstige Ermittlungsmaßnahmen koordiniert worden sein sollen,[320] begründet nach dieser Auffassung noch keine Zurechnung des Handelns der Anwälte zum Staat.[321] Denn eine Zurechnung muss – wenn schon keine Beauftragung des Privaten vorliegt – zumindest voraussetzen, dass die Strafverfolgungsbehörden die konkrete Durchführung der Ermittlungsmaßnahmen beeinflussen können.[322] Dies war im Fall Siemens aber gerade nicht der Fall. Vielmehr bestand die Kooperation zwischen den Anwälten von Debevoise und der Münchener Staatsanwaltschaft darin, sich über die Reichweite der Ermittlungen insgesamt sowie über die zeitliche Koordination der Interviews mit den

---

317 Vgl. BGHSt 42, 139 (152 f.); *Bosch*, Aspekte des nemo-tenetur-Prinzips, S. 217.

318 *Godenzi*, GA 2008, 500 (504).

319 BGH NJW 1989, 843 (844 f.); *Momsen*, ZIS 2011, 508 (513); *Jahn*, StV 2009, 41 (45); *Godenzi*, GA 2008, 500 (505); *Bosch*, Aspekte des nemo-tenetur-Prinzips, S. 215; *Fincke*, ZStW 95 (1983), 918 (939). Vgl. auch *Eckhardt*, Private Ermittlungsbeiträge, S. 116; *Gaede*, StV 2004, 46 (52); *Roxin*, NStZ 1997, 18 (21) sowie *Peters*, Gutachten für den 46. DJT, S. 91 (161 f.). Siehe auch *Bertele*, Souveränität und Verfahrensrecht, S. 90: Die Zurechnung von Handlungen Privater, die zwar nicht vom Staat provoziert, aber doch geduldet, jedenfalls nicht verhindert wurden, obwohl dies möglich war, sei zweifelhaft.

320 Siehe dazu oben unter Kapitel 3 III.2.d)bb) sowie Kapitel 5 I.2.b)bb).

321 *Momsen*, ZIS 2011, 508 (513); *Jahn*, StV 2009, 41 (45).

322 *Eckhardt*, Private Ermittlungsbeiträge, S. 118, 126. Vgl. auch *Frank*, Verwertbarkeit rechtswidriger Tonbandaufnahmen, S. 34 ff.

staatlichen Vernehmungen zu verständigen.[323] Einen Einfluss auf die konkrete Durchführung der data collection oder den Ablauf der Interviews hat die Staatsanwaltschaft nicht genommen. Im Gegenteil, die Haltung der Münchener Staatsanwaltschaft scheint eher eine abwartende gewesen zu sein: Man hat die privaten Ermittler erst einmal gewähren lassen, um zu sehen, ob die Ergebnisse auch für die eigenen Ermittlungen interessant sein könnten.

Aber auch wenn man den Umstand, dass die zuständige Staatsanwaltschaft ihre eigenen Ermittlungen angesichts der Möglichkeit, auf die Erkenntnisse der privaten Untersuchung zugreifen zu können, eingeschränkt und sich damit die privaten Ermittlungen gezielt zunutze gemacht hat, zusätzlich berücksichtigt und für eine Zurechnung der privaten Ermittlungstätigkeit fruchtbar zu machen versucht, ergibt sich kein anderes Ergebnis. Aufgrund des Ermessensspielraums, der den Strafverfolgungbehörden bei der Ausgestaltung ihrer Ermittlungen zukommt, ist eine Zurückhaltung bei der eigenen Ermittlungstätigkeit noch nicht geeignet, eine Zurechnung der privaten Ermittlungen unter Heranziehung des Gedankens des pflichtwidrigen Unterlassens zu rechtfertigen.[324]

(c) Weitergehende Literaturauffassungen

Vereinzelt wird gleichwohl versucht, eine Zurechnung mit materiellen Erwägungen zu begründen: Wo es aus Sicht der Strafverfolgungsorgane sowohl in tatsächlicher als auch in prozessualer Hinsicht einfacher und schneller ist, die Ergebnisse der privaten Ermittlungen zu nutzen und eigene Ressourcen zu schonen – anders als die staatlichen Behörden sind die privaten Ermittler nicht an die Normen der StPO gebunden, können auch Ermittlungen im Ausland durchführen, ohne zuvor den oftmals steinigen Weg der Rechtshilfe zu bemühen und haben weitaus mehr Geld für ihre Ermittlungen zur Verfügung –, sich die Strafverfolgungsorgane also die Vorteile privater Ermittlungen bewusst zunutze machen, müssen sie auch die Nachteile, d.h. eine Zurechnung von etwaigen Verfahrensverstößen in Kauf nehmen.[325]

In diesem Sinne ist auch *Lammer* der Auffassung, dass privat erlangte Erkenntnisse immer dann an den staatlichen Maßstäben gemessen werden müssen, wenn sie das Ergebnis einer Aufklärung, d.h. eines von einem Aufklärungswil-

---

323 Vgl. die Siemens-Pressemitteilung vom 15.12.2008, Fn. 90, S. 7 f.

324 *Jahn*, StV 2009, 41 (45); a.A. *Pfordte*, in: Strafverteidigung im Rechtsstaat, S. 740 (755). Kritisch ebenfalls *Keller*, FS Grünwald, S. 267 (277 f.), der aber ein Verwertungsverbot der auf diesem Weg erlangten privaten Beweise jedenfalls dann ablehnt, wenn die privaten Ermittler rechtmäßig handelten.

325 Vgl. *Pfordte*, in: Strafverteidigung im Rechtsstaat, S. 740 (741, 755) sowie *Keller*, FS Grünwald, S. 267 (276 ff.).

len getragenen Vorgehens sind. Nur so könne der Problematik vorgebeugt werden, dass ein Outsourcing von Ermittlungen stattfindet und sich die Strafverfolgungsbehörden damit ihrer Bindungen entledigen.[326]

Keller versucht, eine staatliche Verantwortlichkeit für privates Handeln über den Gedanken der Ingerenzhaftung zu begründen. Danach sei die rechtswidrige Handlung der Privatpersonen dem Staat dann zurechenbar, wenn sich in dem rechtswidrigen Übergriff eine von den Organen der Strafverfolgungsbehörden gesetzte gesteigerte Gefahr realisiert. Eine solche Sondergefahr könne unter anderem dadurch begründet werden, dass die zuständige Strafverfolgungsbehörde der ihr gesetzlich obliegenden Aufklärungstätigkeit nicht ausreichend nachkommt, sondern diese vielmehr bewusst privaten Ermittlern überlässt.[327]

Einige Stimmen in der Literatur gehen noch darüber hinaus und sprechen sich ganz generell dafür aus, dass – unabhängig von einem Zurechnungstatbestand – auch für Privatpersonen unter bestimmten Umständen eine entsprechende Anwendung des § 136a StPO in Betracht kommt.

Nach Ansicht *Leschs* soll es beispielsweise unabhängig davon, ob das Handeln der Privatperson den Ermittlungsbehörden zugerechnet werden kann oder ob die Privatperson ausschließlich aus eigener Initiative handelt, grundsätzlich geboten sein, auch die informelle Ausforschungstätigkeit einer Privatperson in den Anwendungsbereich des § 136a StPO einzubeziehen.[328] Unverwertbar seien die durch Private erlangten Aussagen aber erst dann, wenn die Willensentschließungs- und Betätigungsfreiheit des Betroffenen durch die gleichzeitige Verletzung einer strafrechtlich sanktionierten Verhaltensnorm bewirkt wurde.[329] Auch *Gleß* spricht sich für eine weitreichende Einbeziehung von Privatpersonen in den Anwendungsbereich des § 136a StPO aus. Zurechenbar seien private Ermittlungsmaßnahmen nicht nur bei staatlicher Beauftragung der Privaten oder einer gezielten Ausnutzung des rechtswidrigen Handelns der Privatpersonen, sondern bei jeder staatlich veranlassten oder geförderten Informationssammlung durch Private.[330] Vergleichbar ist der Ansatz von *Diemer*, der nicht zwischen dem bloßen Ausnutzen der von Privatpersonen in rechtswidriger Art und Weise erlangten Beweise durch die Organe der Strafverfolgungsbehörden und der Zurechnung des privaten Handelns zum Staat unterscheidet. In beiden Fällen sei

---

326 *Lammer*, Verhandlungen 67. DJT, L 126/127.

327 *Keller*, FS Grünwald, S. 267 (277 f.).

328 *Lesch*, in: KMR-StPO, § 136a Rn. 10.

329 *Lesch*, in: KMR-StPO, § 136a Rn. 11.

330 *Gleß*, in: LR-StPO, § 136a Rn. 10.

ein Verwertungsverbot gemäß § 136a Abs. 3 Satz 2 StPO gleichermaßen diskutabel.[331]

Bosch versucht, eine Geltung des nemo-tenetur-Grundsatzes für Beeinträchtigungen der Willensfreiheit durch Privatpersonen anhand einer funktionalen Betrachtung von nemo tenetur zu begründen. Danach schütze die Selbstbelastungsfreiheit nicht generell die Freiheit der Willensentschließung und Willensbetätigung des Beschuldigten vor staatlicher Beeinträchtigung, sondern sei darauf gerichtet, die Herbeiführung des Erfolgs der Selbstüberführung durch Anwendung von Zwang zu verhindern. Konsequenz dieser funktionalen Betrachtung des nemo-tenetur-Grundsatzes ist, dass nicht der Handlungsunwert, sondern vielmehr der Erfolgsunwert, d.h. der Grad der tatsächlichen Beeinträchtigung der Entschließungsfreiheit des Beschuldigten entscheidend ist.[332]

Alle diese Ansichten vermögen aber nicht zu überzeugen, da sie einer genauen dogmatischen Grundlage entbehren und vielmehr ergebnisgeleitet argumentieren.[333] Unsere Rechtsordnung unterscheidet in allen Bereichen klar zwischen privater und staatlicher Tätigkeit, für die unterschiedliche Freiheiten auf der einen sowie unterschiedliche Grenzen auf der anderen Seite gelten. Eine Zurechnung privaten Handelns zum Staat mit der Konsequenz der strikten Bindung an Grundrechte und die daraus abgeleiteten Verfahrensnormen bedarf stets – und zwar in allen Rechtsgebieten – eines Zurechnungstatbestands.[334] Hierfür kommen neben der Beauftragung der Privatpersonen mit der Vornahme dem Staat zugewiesener Handlungen als engstem Zurechnungskriterium – beispielhaft seien an dieser Stelle der Beliehene oder der Verwaltungshelfer als Figuren des Verwaltungsrechts[335] sowie die Begründung der Amtsträgerschaft einer Privatperson nach § 11 Abs. 1 Nr. 2 lit. c StGB genannt[336] – auch die bestimmende

331 *Diemer*, in: KK-StPO, § 136a Rn. 4. Neben der Frage nach der Zurechenbarkeit privaten Ermittlungshandelns zum Staat spielt diese Auffassung naturgemäß auch eine Rolle für die Frage, wann rechtswidriges privates Handeln ein unselbständiges Beweisverwertungsverbot begündet, siehe dazu sogleich unter Kapitel 5 II.1.c)cc)(1)(a).

332 *Bosch*, Aspekte des nemo-tenetur-Prinzips, S. 230. Vgl. auch *Rogall*, Beschuldigter, S. 206 und *Aselmann*, Selbstbelastungs- und Verteidigungsfreiheit, S. 45 f.

333 Vgl. *Godenzi*, GA 2008, 500 (505 f.).

334 Vgl. BGHSt 44, 129 (134); *Godenzi*, GA 2008, 500 (505); *Lämmerzahl*, Beteiligung Privater, S. 192; *Demko*, HRRS 2004, 382 (384 ff.); *Gaede*, StV 2004, 46 (47 f.); *Schilling*, Illegale Beweise, S. 60 ff.; *Frank*, Verwertbarkeit rechtswidriger Tonbandaufnahmen, S. 32 ff.; *Peters*, Gutachten für den 46. DJT, S. 91 (161 f.).

335 Siehe dazu *Maurer*, Verwaltungsrecht, § 23 Rn. 56 ff. sowie *Lämmerzahl*, Beteiligung Privater, S. 183 ff.

336 Siehe nur *Saliger*, in: NK-StGB, § 11 Rn. 28 f. und *Rudolphi/Stein*, in: SK-StGB, § 11 Rn. 26a, 30b f.: Die Begründung der Amtsträgerschaft setzt immer eine Beauftragung sowie einen Bestellungsakt voraus.

Einflussnahme des Staates auf das Tätigwerden der Privatpersonen in Betracht – als Beispiel dienen hier insbesondere die gemischt-wirtschaftlichen Unternehmen im öffentlichen Wirtschaftsrecht, bei denen der Staat über eine (qualifizierte) Mehrheitsbeteiligung verfügt und die Unternehmen daher als „verlängerter Arm“ des Staates anzusehen sind.[337] Auch der Umgehungsgedanke vermag eine Zurechnung im Einzelfall zu begründen, wenn Vorschriften, die die staatliche Tätigkeit beschränken, durch den Einsatz von Privatpersonen gezielt ausgehebelt werden sollen.[338] Für keine dieser Fallgruppen ist es aber ausreichend, dass der Staat erst im Nachhinein auf privat erlangte Ermittlungsergebnisse zugreift, mögen diese auch von den Privatpersonen rechtswidrig erlangt worden sein. Erforderlich ist in jedem Fall eine bestimmende Einflussnahme auf das Handeln der Privatpersonen im Zeitpunkt der Durchführung der jeweiligen Maßnahme. Der Staat muss einen „maßgeblichen Beitrag zur Handlung der Privatperson geleistet und damit einen hinreichenden Zurechnungsgrund gesetzt“ haben.[339] An einer derart bestimmenden Einflussnahme fehlt es im Fall der Internal Investigations aber regelmäßig. Eine Zurechnung der privaten Ermittlungstätigkeit zum Staat ist demnach abzulehnen.

(2) Private Ermittler als Ermittlungsgehilfen der SEC?

Die Ermittlungen der privaten Ermittler im Fall Siemens sind auch nicht deswegen als hoheitlich einzustufen, weil die US-amerikanischen Anwälte funktional betrachtet zugleich als „Ermittlungsgehilfen“ der SEC und des DOJ fungieren.

Zwar liegt der Zweck der privaten Ermittlungshandlungen im Rahmen von Internal Investigations zumindest auch darin, die Ermittlungstätigkeit von SEC und DOJ gezielt zu unterstützen, indem z.B. umfangreiches Beweismaterial an die US-amerikanischen Behörden weitergegeben und diesen regelmäßig Bericht erstattet wird. Gleichwohl wurde bereits festgestellt, dass der Einsatz der priva-

---

337 *Lämmerzahl*, Beteiligung Privater, S. 53; *Kämmerer*, Privatisierung, S. 466 f., der allerdings davon ausgeht, eine Grundrechtsbindung treffe das gemischt-wirtschaftliche Unternehmen erst, wenn der Staat über eine Beteiligung von über 75 % verfüge. Auch der BGH hält ein gemischt-wirtschaftliches Unternehmen nur dann für eine „sonstige Stelle“ i.S.d. § 11 Abs. 1 Nr. 2 lit. c StGB, wenn der Private über keine Sperrminorität verfügt, BGHSt 50, 299 (303 ff.). Zustimmend *Saliger*, NJW 2006, 3377 (3379 f.).

338 *Beulke*, Strafprozessrecht, Rn. 480a; *Schilling*, Illegale Beweise, S. 62, 137 f.; *Lämmerzahl*, Beteiligung Privater, S. 193; *Gaede*, StV 2004, 46 (50 ff.); *Joerden*, JuS 2003, 927 (928). Von einer Gesetzesumgehung wird dabei dann gesprochen, wenn auf einem nicht ausdrücklich verbotenen Weg ein gesetzlich missbilligtes Ergebnis erreicht werden soll, BGHSt 42, 139 (148).

339 *Godenzi*, GA 2008, 500 (503). Siehe ferner ausführlich *Eckhardt*, Private Ermittlungsbeiträge, S. 94 ff., 115 ff.

ten Ermittler gerade nicht auf einer formal order der SEC beruht, sondern die US-amerikanischen Anwälte vom Unternehmen beauftragt werden und auch vorrangig dessen Interessen verpflichtet sind. Auch konnte eine bestimmende Einflussnahme auf die konkreten Ermittlungshandlungen der externen Anwälte oder gar eine Weisungsabhängigkeit derselben im Fall Siemens nicht festgestellt werden.[340]

(3) Ergebnis

Weder der Gedanke der Umgehung rechtsstaatlicher Verfahrensvorschriften durch den gezielten Einsatz der privaten Ermittler zum Zwecke der Straftataufklärung noch der Umstand, dass die privaten Ermittler im Rahmen von Internal Investigations regelmäßig auch an die SEC und/oder das DOJ berichten, vermögen eine Zurechnung der privaten Ermittlungstätigkeit zum Staat zu begründen mit der Folge, dass die privaten Ermittler bei ihrer Beweisbeschaffung den Grenzen des nemo-tenetur-Grundsatzes unterworfen sind. Im Fall von Internal Investigations fehlt es in der Regel an einem eindeutigen und von der Rechtsordnung anerkannten Zurechnungstatbestand.

Eine Verletzung des nemo-tenetur-Grundsatzes lässt sich demnach auch nicht unter dem Gesichtspunkt feststellen, dass die privaten Ermittler durch die deutschen und/oder US-amerikanischen Strafverfolgungsbehörden gezielt zur Aufklärung von Straftaten instrumentalisiert worden sind.

cc) Verstoß gegen den nemo-tenetur-Grundsatz wegen Verwertung der durch die Interviews erlangten Informationen für ein späteres Strafverfahren

Da sich eine staatliche Beauftragung der privaten Ermittler im Fall Siemens nicht feststellen ließ, könnte eine Verletzung des nemo-tenetur-Grundsatzes nur noch unter dem Aspekt der Verwertung der durch die Interviews erlangten Informationen für ein Strafverfahren eingetreten sein, wenn für die privat erlangten Beweise ein strafprozessuales Verwertungsverbot besteht.

Die in diesem Zusammenhang aufgeworfene Frage, ob bei erzwungener Selbstbelastung außerhalb staatlicher Verfahren mit einem Beweisverwertungsverbot reagiert werden muss, ist bislang noch nicht geklärt.[341] Einigkeit besteht dahingehend, dass sich diese Frage nur anhand der bislang existierenden Dogmatik der Beweisverwertungsverbote beantworten lässt.[342] Ein Verwertungsverbot könnte dementsprechend anzunehmen sein, wenn die Methoden der privaten

340 Siehe dazu unter Kapitel 5 I.1.b)bb)(2). A.A. *Wastl/Litzka/Pusch*, NStZ 2009, 68 (71).
341 *Jahn*, StV 2009, 41 (43).
342 *Rogall*, in: SK-StPO, § 136a Rn. 14 ff.

Ermittler unrechtmäßig waren und es dem Staat verwehrt ist, eine Verurteilung auf diese mit dem Makel der Rechtswidrigkeit behafteten Beweise zu stützen (unselbständiges Verwertungsverbot, dazu unter (1)) oder – für den Fall, dass die Beweiserlangung durch die privaten Ermittler rechtmäßig war – wenn die Verwertung der auf Basis der arbeitsrechtlichen Auskunftspflicht erlangten Beweise einen eigenständigen Verstoß gegen den nemo-tenetur-Grundsatz darstellt (selbständiges Verwertungsverbot, dazu unter (2)).

(1) Verwertung verstößt gegen ein unselbständiges Verwertungsverbot

Als unselbständige Verwertungsverbote bezeichnet man diejenigen Verwertungsverbote, die sich als Folge eines Verstoßes gegen Beweiserhebungsvorschriften darstellen.[343] Sie ergeben sich entweder aus direkter gesetzlicher Anordnung (z.B. § 136a Abs. 3 Satz 2 StPO) oder leiten sich aus einem Verstoß gegen Beweiserhebungsvorschriften ab. Allerdings existiert kein zwingender Zusammenhang zwischen einem Beweiserhebungs- und einem Beweisverwertungsverbot. Vielmehr muss dort, wo ein positiv normiertes Verwertungsverbot fehlt, anhand der Sachlage und der Art des Verbots im Einzelfall geprüft werden, ob der Verstoß gegen die verletzte Norm ein Verwertungsverbot rechtfertigt.[344]

(a) Besonderheiten beim Handeln Privater

Ob und gegebenenfalls in welchem Umfang die rechtswidrige Beweiserlangung durch Privatpersonen zu einem an die deutschen Strafverfolgungsbehörden gerichteten Verbot, die Beweise im Rahmen eines Strafverfahrens zu verwerten, führen kann, ist nach wie vor umstritten.

Die wohl herrschende Auffassung geht davon aus, dass Rechtsverstöße durch Privatpersonen auf der Stufe der Beweiserhebung für die Organe der Strafverfolgungsbehörden nur dann relevant sind, also zu einem Verwertungsverbot führen können, wenn der Private die Informationen durch „extreme Menschenrechtswidrigkeiten" erlangt hat, womit insbesondere folterähnliche Maß-

343 *Jahn*, Gutachten C zum 67. DJT, C 32; *Jäger*, GA 2008, 473 (474); *Rogall*, ZStW 91 (1979), 1 (3).

344 *Beulke*, Strafprozessrecht, Rn. 458; *Godenzi*, GA 2008, 500 (501); *Jahn*, Gutachten C zum 67. DJT, C 34 f.; *Müssig*, GA 1999, 119 (138).

nahmen oder sonstige nachhaltige Eingriffe in die körperliche Unversehrtheit erfasst werden sollen.[345]

Ähnliche Ergebnisse werden von einer Literaturauffassung erzielt, die – insoweit einem anderen dogmatischen Grundansatz folgend – sich dafür aussprechen, dass § 136a StPO und damit auch das in § 136a Abs. 3 Satz 2 StPO normierte Verwertungsverbot zumindest dann auf die Ermittlungstätigkeit Privater Anwendung finden müssen, wenn die Privatperson bei der Beweiserhebung gegen die Verhaltensmodalitäten des § 136a StPO verstoßen oder solche Vernehmungsmethoden angewandt hat, die, wie beispielsweise die Nötigung im Sinne des § 240 StGB, auch Privatleuten unter Strafandrohung verboten, also rechtswidrig sind.[346] Zur Begründung wird auf die gesetzgeberische Intention rekurriert, wonach die Vorschrift des § 136a StPO auch für den Fall gelte, dass sich der Staat in Gestalt der deutschen Strafverfolgungsbehörden aus seiner ihm gesetzlich auferlegten Verantwortung für die Ermittlungen verabschiedet und sie stattdessen einer durch Täuschung, unzulässigen Zwang oder Drohung geprägten systematischen Aufklärungsarbeit von Privatpersonen überlässt.[347] Der Staat dürfe nicht zum „Hehler“ rechtswidrig erlangten Wissens werden.[348] Daneben, d.h. unterhalb der Stufe des § 136a StPO sollen nach dieser Auffassung auch alle übrigen Eingriffe von Privatpersonen, die den Schutzgehalt der Menschenwürdegarantie berühren, zu einem Beweisverwertungsverbot führen.[349]

Ein anderer Teil des Schrifttums hält das rechtswidrige Verhalten Privater hingegen nicht für allein ausschlaggebend, sondern will über die Frage der Verwertbarkeit von durch Privatpersonen auf rechtswidrigem Weg erlangten Beweismitteln nach denselben Kriterien entscheiden, die bei der Frage nach der Verwertung von Beweismitteln, die durch Organe der Strafverfolgungsbehörden erlangt wurden, angelegt werden.[350] Erforderlich sei demnach stets eine abwä-

---

345 *Meyer-Goßner*, StPO, § 136a Rn. 3; *Beulke*, Strafprozessrecht, Rn. 479; *Diemer*, in: KK-StPO, § 136a Rn. 3; *Krey*, Problematik privater Ermittlungen, S. 100, 103; *Otto*, FS Kleinknecht, S. 319 (338).

346 *Jahn*, StV 2009, 41 (45); *ders.*, Gutachten C zum 67. DJT, C 102 f.; *Lesch*, in: KMR-StPO, § 136a Rn. 11; *Joerden*, JuS 1993, 927 (928); *Mende*, Grenzen privater Ermittlungen, S. 223 ff.; *Sydow*, Beweisverbote, S. 123.

347 *Jahn*, StV 2009, 41 (45); *ders.*, Gutachten C zum 67. DJT, C 102 f.

348 *Joerden*, JuS 1993, 927 (928). Zustimmend *Jahn*, JuS 2000, 441 (445).

349 *Jahn*, Gutachten C zum 67. DJT, C 102 f.; *Bockemühl*, Private Ermittlungen, S. 53 f.; 125 f.; *Otto*, FS Kleinknecht, S. 319 (332).

350 *Bienert*, Private Ermittlungen, S. 97 f., 113 ff., 152 ff; *Frank*, Verwertbarkeit rechtswidriger Tonbandaufnahmen, S. 109 ff., 127; *Rogall*, ZStW 91 (1979), 1 (41); *ders.*, Beschuldigter, S. 210 f. Vgl. auch *Bockemühl*, Private Ermittlungen, S. 128 f.; *Otto*, FS Kleinknecht, S. 319 (331) sowie *Dencker*, Verwertungsverbote, S. 106 ff.

gende und folgenorientierte Bewertung der widerstreitenden Interessen.[351] Neben den üblichen Abwägungskriterien sei innerhalb der Interessenabwägung jedoch zusätzlich der Umstand zu berücksichtigen, dass den Staat eine aus den Grundrechten ableitbare besondere Pflicht zur Gewährleistung eines effektiven Grundrechtsschutzes treffe, die auch gegenüber Beeinträchtigungen durch Privatpersonen greife. Dieser Schutz, der auch durch die Beweiserhebungs- und Beweisverwertungsregeln gewährleistet werden soll, verlange es in der Regel, verfahrensbezogene Rechtsverstöße Privater prozessrechtlich zu sanktionieren.[352]

Schließlich existiert noch die Auffassung, dass die Frage der Verwertbarkeit rechtswidrig erlangter Beweise durch Private anhand von hypothetischen Überlegungen einer Lösung zuzuführen sei: Waren die Ermittlungen der Privatpersonen rechtswidrig, dürfen die entsprechenden Beweise jedenfalls dann nicht verwertet werden, wenn sie auch von staatlichen Behörden nicht rechtmäßig hätten erhoben werden können.[353] Nach dieser Auffassung knüpft das strafprozessuale Verwertungsverbot nicht mehr unmittelbar an das private Beschaffungsunrecht, sondern an die sodann zu prüfende hypothetische Unmöglichkeit rechtmäßiger staatlicher Beweiserlangung an und stellt sich damit im Ergebnis als ein „unechtes“ selbständiges Beweisverwertungsverbot dar.[354]

Die strafrechtliche Abteilung des 67. Deutschen Juristentags hat zur im Fall Siemens aufgeworfenen Problematik der Beweiserlangung durch umfassend angelegte interne Untersuchungen durch Privatpersonen ebenfalls differenzierend Stellung genommen. Der Mehrheit zu Folge soll die Verwertbarkeit privat erlangter Beweise nicht schon dann ausgeschlossen sein, wenn die Beweise in rechtswidriger Art und Weise erlangt wurden. Unverwertbar sollen die Beweise

351 *Rogall*, in: SK-StPO, § 136a Rn. 14; *Eisenberg*, Beweisrecht, Rn. 399, 633. Vgl. auch *Krey*, Problematik privater Ermittlungen, S. 100.

352 *Rogall*, in: SK-StPO, § 136a Rn. 13; *ders.*, ZStW 91 (1979), 1 (20 f., 41 f.); *Mende*, Grenzen privater Ermittlungen, S. 112 f., 181, 194; *Hassemer/Matussek*, Opfer als Verfolger, S. 77 ff.; *Sydow*, Beweisverbote, S. 109 f., 116 f. In diese Richtung auch BGHSt 44, 129 (136) und *Joerden*, JuS 1993, 927 (928). Kritisch *Störmer*, Verwertungsverbote, S. 124 ff.

353 *Godenzi*, GA 2008, 500 (512). Die Begründung des Verwertungsverbots über eine Beweishypothese entspricht der ständigen Praxis des schweizerischen Bundesgerichts, siehe z.B. BGer SJZ 77 (1981), 130 (132); OGer ZH SJZ 77 (1981), 130 (131). Einen ähnlichen Ansatz verfolgt auch § 477 Abs. 2 Satz 2 StPO, wonach personenbezogene Daten, die in Zusammenhang mit einem bestimmten Strafverfahren durch Einsatz einer speziellen Maßnahme erhoben wurden, in einem anderen Strafverfahren nur dann verwertet werden dürfen, wenn diese Maßnahme auch in dem anderen Strafverfahren zulässigerweise hätte angeordnet werden dürfen. Kritisch *Rogall*, ZStW 91 (1979), 1 (33).

354 *Godenzi*, GA 2008, 500 (512).

vielmehr nur dann sein, wenn sie mit strafbaren Mitteln oder unter Verletzung der Menschenwürde erlangt worden sind.[355]

Auch wenn die soeben dargestellen Ansätze von ihrem dogmatischen Ansatz als auch von ihrer Begründung her variieren, ist ihnen jedoch allen gemeinsam, dass sie die Rechtswidrigkeit der Beweismittelerlangung durch die Privatpersonen voraussetzen. In Bezug auf die Konstellation der Internal Investigations bedeutet dies, dass die Annahme eines unselbständigen Beweisverwertungsverbots in jedem Fall voraussetzt, dass die privaten Ermittler auf der Stufe der Beweisgewinnung gegen für sie geltende Rechtsnormen verstoßen haben.[356] Denn nur dann ließe sich überhaupt davon sprechen, dass mit der Übernahme und Nutzung des Beweismaterials durch die Strafverfolgungsbehörden der „Makel“ der unzulässigen Beweiserlangung in der Verwertung der Beweise fortwirkt.[357]

(b) Verstoß gegen Beweiserhebungsvorschriften oder materielles Strafrecht

In Betracht kommt ein Verstoß der privaten Ermittler gegen § 136 Abs. 1 Satz 2 oder § 136a Abs. 1 StPO sowie gegen § 240 StGB.

(aa) Verstoß gegen § 136 Abs. 1 Satz 2 und § 55 Abs. 2 StPO

Die Vorschrift des § 136 Abs. 1 Satz 2 StPO richtet sich unmittelbar nur an den Richter. Über die Verweisungsnomen des § 163a Abs. 3 Satz 2 bzw. des § 163a Abs. 4 Satz 2 StPO gilt die Belehrungspflicht darüber hinaus auch für die Staatsanwaltschaft sowie die Polizei. Bereits ein gerichtlicher Sachverständiger in seiner Funktion als „Richtergehilfe“ ist nach Auffassung der herrschenden Meinung nicht zur Belehrung des Beschuldigten verpflichtet.[358] Nach überwiegender Auffassung findet § 136 Abs. 1 Satz 2 StPO dementsprechend auch auf private Ermittlungsgehilfen weder unmittelbar noch analog Anwendung.[359] Denn

> „Sinn und Zweck dieser Vorschriften ist es nicht, dem Tatverdächtigen zu Bewusstsein zu bringen, dass er von einer Amtsperson oder einer mit den Ermittlungsbehör-

---

355 Die Beschlüsse der strafrechtlichen Abteilung des 67. DJT sind zu finden unter http://www.djt.de/files/djt/67/djt_67_beschluesse.pdf.

356 *Godenzi*, GA 2008, 500 (514 f.); *Bienert*, Private Ermittlungen, S. 113, 144; *Störmer*, Verwertungsverbote, S. 113. Vgl. auch *Roxin/Schünemann*, Strafverfahrensrecht, § 24 Rn. 65 f.

357 Vgl. *Müssig*, GA 1999, 119 (138) sowie *Bienert*, Private Ermittlungen, S. 114.

358 *Rogall*, in: SK-StPO, § 136 Rn. 25 f. m.w.N.; *Lesch*, in: KMR-StPO, § 136 Rn. 3; *Diemer*, in: KK-StPO, § 136 Rn. 3.

359 *Lesch*, in: KMR-StPO, § 136 Rn. 30. Kritisch *Eidam*, Selbstbelastungsfreiheit, S. 91 ff.

den zusammenarbeitenden Privatperson befragt wird. [...] Durch die Belehrung soll vielmehr gegenüber dem Beschuldigten eindeutig klar gestellt werden, dass es ihm freisteht, nicht auszusagen, obwohl ihn ein Richter, Staatsanwalt oder Polizeibeamter in amtlicher Eigenschaft befragt. Das Belehrungsgebot will sicherstellen, dass der Beschuldigte vor der irrtümlichen Annahme einer Aussagepflicht bewahrt wird, zu der er möglicherweise eben durch die Konfrontation mit dem amtlichen Auskunftsverlangen veranlasst werden könnte. § 136a StPO ist vor diesem Hintergrund einer kraft staatlicher Autorität vorgenommenen Befragung zu verstehen. Dieser Sinn wird nicht verletzt, wenn eine Privatperson, sei es auch auf Veranlassung der Ermittlungsbehörden, den Tatverdächtigen in ein Gespräch zu ziehen und von ihm Äußerungen zu erlangen sucht, durch die er sich gegebenenfalls selbst belastet. Er weiß, dass er sich – wie auch sonst gegenüber beliebigen Dritten – nicht zu äußern braucht. Zum Ausgleich der Autorität, mit der die amtliche Befragung durchgeführt wird, bedarf es in dieser Situation keines Gegengewichts, wie es die StPO im Interesse einer effektiven Gewährleistung der Schweigebefugnis mit dem Belehrungsgebot schaffen will."[360]

Wie sich dem Zitat entnehmen lässt, ist es Sinn und Zweck der Belehrungsvorschrift des § 136 Abs. 1 Satz 2 StPO, den Beschuldigten vor der irrtümlichen Annahme einer Aussagepflicht bei amtlichen Auskunftsverlangen zu schützen. Dieses Schutzes bedarf der von den Interviews betroffene Mitarbeiter nicht, da es für ihn erkennbar ist, dass lediglich sein Arbeitgeber an ihn herantritt.[361] Darüber hinaus würde eine Belehrungspflicht jedenfalls dann leerlaufen, wenn man – wie für den Fall Siemens angenommen – unterstellt, dass die Arbeitnehmer arbeitsrechtlich zu einer Aussage verpflichtet waren, ihnen also gerade kein Schweigerecht zustand. Besteht aber schon kein Schweigerecht, dann muss über ein solches auch nicht belehrt werden.

Entsprechendes gilt auch für die Belehrungspflicht nach § 55 Abs. 2 StPO. Auch diese wendet sich unmittelbar nur an den Richter, verpflichtet aber gemäß § 161a Abs. 1 Satz 2 bzw. § 163a Abs. 5 StPO auch die Staatsanwaltschaft sowie die Beamten des Polizeidienstes. Eine analoge Anwendung der Vorschrift auf private Ermittlungspersonen ist dagegen nach ihrem Sinn und Zweck aus den oben bereits genannten Gründen ebenfalls ausgeschlossen.

Aus alledem ergibt sich, dass die internen Ermittler im Fall Siemens zumindest rechtlich nicht verpflichtet waren, die zu befragenden Mitarbeiter gemäß §§ 55 Abs. 2 bzw. § 136 Abs. 1 Satz 2 StPO zu belehren. Ein Beweisverwertungsverbot wegen eines Verstoßes gegen diese Vorschriften scheidet damit aus.

---

360 BGHSt 42, 139 (147).

361 *Knauer/Buhlmann*, AnwBl 2009, 387 (392).

(bb) Verstoß gegen § 136a Abs. 1 StPO

Auch die Verbote des § 136a StPO richten sich entsprechend ihrer Rechtsnatur als Vorschriften des Strafverfahrensrechts grundsätzlich nur an den Richter (§§ 136a, 69 Abs. 3 StPO), den Staatsanwalt (§ 163a Abs. 3 Satz 2 StPO) und an die Polizei (§ 163a Abs. 4 Satz 2 StPO), also an die Organe der Rechtspflege.[362]

Die Verwertung von Aussagen und Geständnissen, die ein Privater unter Anwendung von Mitteln, die Organen der staatlichen Rechtspflege durch §§ 136a, 69 Abs. 3 StPO verboten sind, erlangt hat, ist damit prozessrechtlich noch nicht per se gemäß § 136a Abs. 3 Satz 2 StPO unzulässig. Es ist vielmehr eine Frage der freien richterlichen Beweiswürdigung, ob und inwieweit solchen Aussagen ein Beweiswert zuzumessen ist (§ 261 StPO).[363] Selbst wenn man aber die selektive Anwendung des § 136a StPO auf Beweisbeschaffungen Privater im Einzelfall befürwortete, ist zweifelhaft, ob das Verhalten der privaten Ermittler im Fall Siemens gegen § 136a Abs. 1 StPO verstoßen hat.

Wie sich aus dem Wortlaut des § 136a Abs. 1 StPO ergibt, sind die dort beschriebenen Beweismethodenverbote nur auf amtliche Vernehmungen zugeschnitten. Das Verbot, die Willensentschließungs- und Willensbetätigungsfreiheit des Betroffenen durch Ermüdung, Täuschung oder Hypnose zu beeinträchtigen, ist nur durch den Zusammenhang mit einer amtlichen Befragung sinnvoll zu erklären und führte bei einer entsprechenden Anwendung auf den Bereich privater Ermittlungstätigkeit ins Uferlose.[364] Die Verbote mittels Zwang, Drohung oder Versprechen eine Aussage zu „erpressen" werden sogar inhaltlich allein durch Bezugnahme auf Vorschriften des Strafverfahrensrechts näher ausgestaltet. Unzulässig ist ausweislich des Gesetztestexts nur ein solcher Zwang, den das Strafverfahrensrecht nicht vorsieht (§ 136a Abs. 1 Satz 2 StPO), bzw. die Drohung mit einer nach der StPO unzulässigen Maßnahme oder das Versprechen eines gesetzlich nicht vorgesehen Vorteils (§ 136a Abs. 3 Satz 3 StPO).

Privatpersonen ist die Anwendung von strafverfahrensrechtlichen (Zwangs-) Maßnahmen ohnehin nicht gestattet, so dass man sich auf den Standpunkt stellen könnte, bei Anwendung eines nur irgendwie gearteten Zwangs bzw. durch Ausspruch einer irgendwie gearteten Drohung verstoße der Private gegen § 136a StPO. Dabei würde aber verkannt, dass die dem Staat gesetzten Grenzen aufgrund dessen unmittelbarer Bindung an die Grundrechte (Art. 1 Abs. 3, 20 Abs. 3 GG) enger sein müssen, als die einem Privaten gesetzten, für den die Grundrechte nur über deren Ausstrahlungswirkung mittelbare Geltung erlangen.

---

362 *Gleß*, in: LR-StPO, § 136a Rn. 6; *Rogall*, in: SK-StPO, § 136a Rn. 7.

363 OLG Oldenburg NJW 1953, 1237; *Diemer*, in: KK-StPO, § 136a Rn. 3.

364 *Lesch*, in: KMR-StPO, § 136a Rn. 11.

Während der Staat die Freiheit der Willensentschließung und Willensbetätigung des Beschuldigten umfänglich akzeptieren muss und diese nicht beeinträchtigen darf, hat der Private diese nur insoweit zu beachten, wie sie ihm gegenüber gesetzlich geschützt ist.[365]

Hieraus folgt, dass die Beweismethodenverbote des § 136a StPO auf Privatpersonen keine sinnvolle Anwendung finden können, sondern sich die Ermittlungstätigkeit von Privaten grundsätzlich nach den allgemeinen Bestimmungen zu richten hat, die den Umgang zwischen Privatpersonen reglementieren.[366] Im Einklang mit der hinter § 136a StPO stehenden gesetzgeberischen Intention, nicht schlechthin jedes rechtswidrige Verhalten der Strafverfolgungsbehörden mit einem Verwertungsverbot zu sanktionieren und damit von vornherein zu unterbinden,[367] lässt sich eine entsprechende Anwendung des § 136a Abs. 3 Satz 2 StPO auf Privatpersonen daher nur für solche Fälle diskutieren, in denen nicht bereits die Verletzung eines beliebigen Verbots oder das bloße Ausnutzen einer faktischen Zwangslage des Betroffenen in Frage steht, sondern der Eingriff in die Willensentschließungs- und Willensbetätigungsfreiheit der Auskunftsperson mit dem Verstoß gegen eine strafrechtlich sanktionierte Verhaltensnorm einhergeht.[368]

Damit vermag § 136a StPO den privaten Ermittlern keine über die durch die Vorschriften des materiellen Strafrechts gesetzten Grenzen hinausgehenden Beschränkungen aufzuerlegen. Für die Frage nach der Rechtswidrigkeit der privaten Ermittlungen im Fall Siemens kommt es damit allein darauf an, ob die externen Anwälte gegen geltende Strafnormen verstoßen haben. Da für einen Verstoß gegen eine andere Strafnorm als § 240 StGB keine ausreichenden Anhaltspunkte ersichtlich sind, konzentriert sich die folgende Darstellung darauf, zu untersuchen, ob die privaten Ermittler im Fall Siemens durch Androhung von Kündigung und Schadensersatzansprüchen für den Fall unzureichender Kooperation der Aussageperson eine strafbare Nötigung begangen haben.

(cc) Verstoß gegen § 240 StGB

Das Inaussichtstellen einer Kündigung, der Kürzung von Gehaltsbestandteilen oder die Geltendmachung von Schadensersatzansprüchen bei mangelnder Koo-

---

365 Vgl. *Godenzi*, GA 2008, 500 (507) sowie *Grünwald*, Beweisrecht, S. 163 f.

366 *Keller*, FS Grünwald, S. 267 (280); a.A. *Mende*, Grenzen privater Ermittlungen, S. 220 ff., 225, der § 136a StPO generell auf jede rechtswidrige Beweismittelerlangung durch Private analog anwenden will.

367 Vgl. *Gleß*, in: LR-StPO, § 136a Rn. 18 und *Diemer*, in: KK-StPO, § 136a Rn. 8.

368 *Lesch*, in: KMR-StPO, § 136a Rn. 11; *Müssig*, GA 1999, 138. Vgl. ferner *Gleß*, in: LR-StPO, § 136a Rn. 10.

perations- und insbesondere Aussagebereitschaft des Mitarbeiters stellt für den Betroffenen ein empfindliches Übel im Sinne des Nötigungstatbestands dar. Strafbar ist dieses Verhalten gemäß § 240 Abs. 2 StGB gleichwohl nur, wenn es für sich genommen oder in Verbindung mit dem angestrebten Zweck als verwerflich erscheint.

Die Verwerflichkeit ergibt sich nicht schon aus den dem Arbeitnehmer angedrohten Nachteilen, da diese sich allesamt als rechtlich zulässige Maßnahmen darstellen. Wie bereits festgestellt wurde, ist davon auszugehen, dass die betroffenen Arbeitnehmer in der Regel aufgrund ihres Arbeitsvertrags in Verbindung mit dem Grundsatz von Treu und Glauben verpflichtet waren, gegenüber den externen Anwälten eine umfassende Aussage zu machen. Weigern sich die Betroffenen, stellt dies mithin eine Verletzung ihrer arbeitsvertraglichen Pflichten dar, die die Zurückbehaltung von Gehaltsbestandteilen gemäß § 273 BGB genauso rechtfertigt wie die Geltendmachung eines zivilrechtlichen Schadensersatzanspruchs gemäß § 280 Abs. 1 BGB oder den Ausspruch einer arbeitsrechtlichen Abmahnung.[369] Verweigert der Arbeitnehmer trotz des Erhalts einer Abmahnung weiterhin die gebotene Mitwirkung im Rahmen der Sachverhaltsaufklärung, kommt als ultima ratio auch die Kündigung des Arbeitsverhältnisses in Betracht.[370] Besteht der Verdacht, der befragte Arbeitnehmer habe sich an den Korruptionstaten beteiligt bzw. sei für das Einrichten oder Unterhalten einer schwarzen Kasse verantwortlich gewesen und weigert sich der Arbeitnehmer, hierzu im Rahmen der Interviews Stellung zu nehmen, kann der Arbeitgeber dies zum Anlass nehmen, eine Verdachtskündigung auszusprechen.[371] Kann der Arbeitgeber dem Arbeitnehmer die Beteiligung an den genannten Straftaten nachweisen, rechtfertigt dies sogar den Ausspruch einer (außerordentlichen) verhaltensbedingten Kündigung des Arbeitsverhältnisses sowie wiederum die Geltendmachung von vertraglichen Schadensersatzansprüchen (§ 280 Abs. 1 BGB).[372]

Ist aber das angedrohte Übel erlaubt, kann sich die Verwerflichkeit nur noch aus der Inadäquanz der Zweck-Mittel-Relation ergeben.[373] Dafür ist im Wege einer umfassenden Abwägung unter Berücksichtigung sämtlicher Umstände des Einzelfalls und einer darauf aufbauenden Gesamtwürdigung der Wertverhältnis-

---

369 *Wuttke*, Straftäter im Betrieb, S. 142 f.; *Göpfert/Merten/Siegrist*, NJW 2008, 1703 (1706 f.).

370 *Wuttke*, Straftäter im Betrieb, S. 142; *Göpfert/Merten/Siegrist*, NJW 2008, 1703 (1707).

371 *Göpfert/Merten/Siegrist*, NJW 2008, 1703 (1707); *Zimmer/Stetter*, BB 2006, 1445 (1450).

372 *Wybitul*, BB 2009, 606 (611); *Zimmer/Stetter*, BB 2006, 1445 (1449).

373 *Eser/Eisele*, in: S/S, StGB, § 240 Rn. 20; *Lackner/Kühl*, StGB, § 240 Rn. 24; *Toepel*, in: NK-StGB, § 240 Rn. 153.

se und des sachlichen Zusammenhangs von Zweck und Mittel zu klären, ob die Androhung der oben genannten arbeits- und zivilrechtlichen Konsequenzen zu dem Zweck der Förderung der Aussagebereitschaft der betroffenen Arbeitnehmer einen erhöhten Grad sozialethischer Missbilligung aufweist, so dass dieses Verhalten eine strafwürdige Nötigung darstellt.[374] Im Rahmen der vorzunehmenden Abwägung finden dabei insbesondere die Zwangsintensität, die auf dem Spiel stehenden Rechte, Güter und Interessen von Täter und Opfer sowie die Motivation des Täters inklusive der von ihm erfolgten Ziele Berücksichtigung.[375] Dabei erscheint der angewandte Zwang umso tolerierbarer, je billigenswerter der verfolgte Zweck anmutet.[376]

Nach diesen Kriterien erscheint die Drucksituation, die die externen Ermittler im Fall Siemens aufgebaut haben, noch nicht als nach § 240 StGB strafbares Nötigungsunrecht. Wie bereits ausführlich beschrieben wurde, verfolgt das Unternehmen mit der internen Aufklärung des den Verfehlungen zugrunde liegenden Sachverhalts den legitimen Zweck, Strafsanktionen vom Unternehmen abzuwenden oder zumindest zu minimieren. Die Drucksituation, der der Arbeitnehmer im Einzelfall ausgesetzt wird, kann zwar existenzbedrohende Züge annehmen. Allerdings darf nicht verkannt werden, dass die angedrohten Sanktionen allesamt zulässig sind und sich überdies auch als unmittelbare Folge des dem jeweiligen Arbeitnehmer vorwerfbaren Fehlverhaltens darstellen, also auf demselben Sachverhalt beruhen.[377] Darüber hinaus ist Siemens seinen Mitarbeitern entgegen gekommen und hat die bestehende Drucksituation dadurch abgemildert, dass es ihnen die Möglichkeit einer arbeits- und zivilrechtlichen Amnestie angeboten hat. Schließlich ist zu berücksichtigen, dass das im Zusammenhang mit den Interviews berührte Recht des Arbeitnehmers, sich nicht selbst belasten zu müssen, gerade keinen Abwehranspruch gegenüber dem Arbeitgeber bzw. den externen Anwälten, sondern nur gegenüber dem Staat begründet. Dem Arbeitgeber gegenüber ist der Arbeitnehmer vielmehr zu einer Aussage verpflichtet, so dass neben dem Eingriff in die Willensentschließungs- und Willensbetätigungsfreiheit keine weiteren Interessen oder Rechtsgüter des Arbeitnehmers, insbesondere nicht der nemo-tenetur-Grundsatz, betroffen sind.

---

374 Vgl. *Eser/Eisele*, in: S/S, StGB, § 240 Rn. 17; *Gropp/Sinn*, in: MünchKomm-StGB, § 240 Rn. 122.

375 *Gropp/Sinn*, in: MünchKomm-StGB, § 240 Rn. 122; *Toepel*, in: NK-StGB, § 240 Rn. 160.

376 *Eser/Eisele*, in: S/S, StGB, § 240 Rn. 17; *Gropp/Sinn*, in: MünchKomm-StGB, § 240 Rn. 124.

377 Zu diesem Aspekt – keine Verwerflichkeit, wenn angedrohtes Übel und abgenötigtes Verhalten auf demselben Sachverhalt beruhen – siehe *Toepel*, in: NK-StGB, § 240 Rn. 173.

(dd) Extreme Menschenrechtswidrigkeit

Auch als „extrem menschenrechtswidrig" wird man das Vorgehen der externen Ermittler im Fall Siemens nicht bezeichnen können. Weder stellt sich das Drohen mit einem empfindlichen Übel zur Erlangung einer Aussage als folterähnliche Maßnahme dar, noch wurde von nachhaltigen Eingriffen in die körperliche Unversehrtheit berichtet. Da der nemo-tenetur-Grundsatz gegenüber den privaten Ermittlern keine unmittelbare Wirkung entfaltet, kann eine Verletzung der Menschenwürdegarantie auch nicht unter dem Aspekt des Verstoßes gegen die Selbstbelastungsfreiheit angenommen werden.

(c) Zwischenergebnis

Die privaten Ermittler im Fall Siemens haben weder gegen geltendes Strafrecht verstoßen, noch sich sonst schwerer Verletzungen der Menschenwürdegarantie schuldig gemacht. Die Beweiserhebung durch die privaten Ermittler stellt sich mithin als rechtmäßig dar, so dass die Annahme eines unselbständigen Beweisverwertungsverbots nach allen Ansichten ausscheidet und sich eine Verletzung des nemo-tenetur-Grundsatzes mithin nicht darauf stützen lässt, die Strafverfolgungsbehörden hätten bei der Verwertung der selbstbelastenden Aussagen gegen ein bestehendes unselbständiges Verwertungsverbot verstoßen.

(2) Verwertung als Verstoß gegen ein selbständiges Verwertungsverbot

(a) Kurzer Überblick über die Dogmatik der selbständigen Verwertungsverbote

Die Unzulässigkeit der Beweiserhebung ist aber nicht unbedingte Voraussetzung für die Annahme eines Verwertungsverbots. Vielmehr kann auch die Verwertung rechtsfehlerfrei erlangter Beweise den Strafverfolgungsbehörden im Einzelfall untersagt sein, nämlich dann, „wenn die Verwertbarkeit von Beweismitteln gegen Obersätze des Grundgesetzes (z.B. Schutz der Menschenwürde) verstoßen würde, auch wenn den staatlichen Verfolgungsbehörden nicht der Vorwurf unzulässiger Beweiserhebung gemacht werden kann."[378] Dieser Grundsatz – Annahme eines Verwertungsverbots trotz rechtmäßiger Beweisgewinnung – gilt dabei unabhängig davon, ob das Beweismittel durch staatliche Organe oder Privatpersonen beschafft wurde.[379]

378 OLG Celle VRS 41 (1971), 206 (207); *Rogall*, ZStW 91 (1979), 1 (4). Vgl. auch BVerfGE 34, 238 (245); BGHSt 14, 358 (364 f.) sowie BGHSt 19, 325 (331).

379 *Bockemühl*, Private Ermittlungen, S. 116 f.

Das Konzept des selbständigen Beweisverwertungsverbots hat der BGH in zwei grundlegenden Entscheidungen, die die Verwertbarkeit von durch Private unbefugt hergestellten Tonbandaufnahmen[380] sowie die Verwertung eines ohne den Willen des Verfassers in die Hände der Strafverfolgungsbehörden gelangten Tagebuchs[381] betrafen, anerkannt. In beiden Entscheidungen knüpfte der BGH ein Verwertungsverbot nicht an die rechtswidrige private Beschaffungshandlung, sondern an den davon losgelösten Umstand, dass die staatliche Verwertung der Tonbandaufnahmen bzw. der Tagebuchaufzeichnungen unzulässig in grundrechtlich geschützte Belange der Betroffenen eingriff. Der BGH stützte das Verwertungsverbot mithin jeweils auf die auch gegenüber dem staatlichen Verwertungsakt generell beachtliche Abwehrfunktion der Grundrechte, die eine Verwertung des Beweismittels untersagt, sobald eine Rechtfertigung für den Grundrechtseingriff fehlt.[382]

Auch das BVerfG hat zu der Problematik der selbständigen Beweisverwertungsverbote in einer grundsätzlichen Entscheidung Stellung genommen und die Sphärentheorie entwickelt.[383] Dieser Theorie zufolge richtet sich die Verwertbarkeit des Beweismittels danach, in welche Sphäre des allgemeinen Persönlichkeitsrechts durch den Verwertungsakt eingegriffen wird. Beweismittel, die durch Eingriff in den nach Art. 2 Abs. 1 GG gewährleisteten unantastbaren Kernbereich privater Lebensgestaltung erlangt wurden und deren Verwertung eine erneute Verletzung dieses Bereichs befürchten lässt, sind wegen des hier absolut geltenden Grundrechtsschutzes im Strafverfahren unverwertbar. Eingriffe in den Privatbereich, der Sphäre außerhalb des Kernbereichs, führen hingegen nur dann zu einer Unverwertbarkeit, wenn das Interesse der Allgemeinheit an der Verwertung das Interesse des Betroffenen an der Geheimhaltung der Informationen nicht überwiegt oder der Verwertungsakt den Verhältnismäßigkeitsgrundsatz verletzen würde. Unbeschränkt verwertbar sind hingegen Beweismittel, die unter Beeinträchtigung der auf der dritten und schwächsten Eingriffsstufe zu verortenden Sozialsphäre erlangt wurden. Hier ist der durch das allgemeine Persönlichkeitsrecht geschützte Privatbereich nur am Rande berührt, aber nicht

380 BGHSt 14, 358 ff.

381 BGHSt 19, 325 ff.

382 BGHSt 14, 358 (364 f.); 19, 325 (329 ff.); *Godenzi*, GA 2008, 500 (501, 504); *Dencker*, Verwertungsverbote, S. 102 ff.; *Grünwald*, JZ 1966, 489 (496 f.). Vgl. auch BVerfGE 34, 238 (245 ff.).

383 BVerfGE 34, 238 ff.

mehr betroffen, weil der private Charakter innerhalb des Geschehens keine prägende Kraft hat, sondern der soziale Bezug im Vordergrund steht.[384]

Anders als bei den unselbständigen Verwertungsverboten, wo die Frage, welche Kriterien für die Bestimmung der Verwertbarkeit des Beweismittels herangezogen werden können, streitig ist, besteht daher im Einklang mit den Entscheidungen von BVerfG und BGH bei den selbständigen Beweisverwertungsverboten Einigkeit darüber, dass deren Bestimmung nur anhand einer Abwägung im Einzelfall erfolgen kann.[385] Für die Verwertbarkeit sprechen dabei insbesondere die Schwere des Tatvorwurfs sowie die Unverzichtbarkeit des Beweismittels für die Organe der Strafverfolgungsbehörden. Der Rang des im Einzelfall betroffenen Grundrechts sowie die Schwere des konkreten Eingriffs sind hingegen Aspekte, die gegen die Verwertbarkeit des Beweismittels sprechen.[386] Würde die Verwertung des Beweises indessen den unantastbaren Kernbereich des betroffenen Grundrechts verletzen, ist eine Verwertung von vornherein, d.h. ohne dass es noch einer Abwägung bedürfte, ausgeschlossen.[387]

Dass auch der nemo-tenetur-Grundsatz zumindest nach Auffassung der Rechtsprechung zu diesem abwägungsresistenten Kernbereich des allgemeinen Persönlichkeitsrechts gehört, lässt sich einer Entscheidung des 3. Strafsenats des BGH[388] entnehmen. In dieser Entscheidung begründet der Senat das Verwertungsverbot unmittelbar mit einem Verstoß gegen die Selbstbelastungsfreiheit, ohne zuvor auch nur annähernd eine Abwägung mit der Pflicht des Staates zu einer effektiven Strafverfolgung vorgenommen zu haben.[389]

(b) Konsequenzen für den Fall Siemens

Auf den Fall Siemens bezogen bedeutet dies, dass die Verwertung der unter dem von den externen Ermittlern ausgeübten faktischen Zwang zustande gekommenen selbstbelastenden Aussagen der betroffenen Mitarbeiter dann unzulässig ist,

---

384 Siehe hierzu insgesamt BVerfGE 34, 238 (245 ff.). Dem folgend BGHSt 27, 355 (357); 29, 23 (25); 31, 296 (299 f.). Siehe ferner *Eisenberg*, Beweisrecht, Rn. 386 f. sowie *Störmer*, Verwertungsverbote, S. 23 f.

385 BGHSt 19, 325 (329); *Beulke*, Strafprozessrecht, Rn. 458; *Jahn*, Gutachten C zum 67. DJT, C 79; *Götting*, Beweisverwertungsverbote, S. 81; *Rogall*, ZStW 91 (1979), 1 (22).

386 BGH JR 1994, 430; *Beulke*, Strafprozessrecht, Rn. 471; *Störmer*, Verwertungsverbote, S. 35 f.

387 BGHSt 52, 11 (23); *Götting*, Beweisverwertungsverbote, S. 81; *Rogall*, ZStW 91 (1979), 1 (22).

388 BGHSt 52, 11 ff.

389 BGHSt 52, 11 (23). Zustimmend *Eisenberg*, Beweisrecht, Rn. 400; *Kretschmer*, HRRS 2010, 343 (347) sowie *Schilling*, Illegale Beweise, S. 89.

wenn der staatliche Verwertungsakt die in Art. 2 Abs. 1 i.V.m. Art. 1 Abs. 1 GG verbürgte Selbstbelastungsfreiheit der Betroffenen verletzen würde.

Störmer und *Theile* sind der Auffassung, dass eine Verwertung des von Privatpersonen durch Anwendung von Zwang erpressten Geständnisses durch das Gericht einen Verstoß gegen den aus der Selbstbelastungsfreiheit resultierenden Abwehranspruch des Betroffenen aus Art. 2 Abs. 1 i.V.m. Art. 1 Abs. 1 GG darstelle. Würde ein unter Zwang erlangtes Geständnis verwertet, führte dies im Ergebnis dazu, dass der Beschuldigte die Voraussetzungen für seine strafgerichtliche Verurteilung liefern müsste. Sein aus dem Selbstbelastungsverbot resultierendes Schweigerecht drohte entwertet und zu einer „Hülle ohne Inhalt" zu werden.[390] Zur Begründung seines Ergebnisses zieht *Störmer* die Aussagen des BVerfG aus dem Gemeinschuldnerbeschluss heran, wonach ein Zwang, durch eigene Aussagen die Voraussetzungen für eine strafrechtliche Verurteilung liefern zu müssen, unzumutbar und mit der Würde des Menschen unvereinbar ist.[391] *Theile* leitet die Annahme eines Beweisverwertungsverbots direkt aus dem nemo-tenetur-Grundsatz ab: Auch die Duldung des Transfers einer außerstrafrechtlich geschuldeten selbstbelastenden Aussage in das Strafverfahren stelle einen unverhältnismäßigen Eingriff in das allgemeine Persönlichkeitsrecht des Betroffenen dar.[392]

So sehr die Annahme eines Verwertungsverbots im Fall der Verwertung eines durch privaten Zwang erlangten Geständnisses auch erstrebenswert erscheint, so wenig vermögen die dogmatischen Begründungen *Störmers* und *Theiles* zu überzeugen. *Störmer* verkennt, dass der nemo-tenetur-Grundsatz kein für alle Subjekte gleichermaßen bindender Verfahrensgrundsatz ist, sondern sowohl von seiner historischen Entwicklung als auch von seiner maßgeblichen Interpretation durch das BVerfG stets nur an den Staat adressiert ist. Im Sinne des

390 *Theile*, StV 2011, 381 (385); *Störmer*, Verwertungsverbote, S. 131 f. Siehe auch *Rogall*, Beschuldigter, S. 206 f., 211. Dass *Störmer* hier als Beispiel das „durch qualvolle Martern" erpresste Geständnis zugrunde legt, ist für seine weitere Argumentation unerheblich, da er gerade nicht darauf abstellt, ob die Privatpersonen ihrerseits gegen geltende (Straf-)normen verstoßen haben, sondern er allein den staatlichen Verwertungsakt für die maßgebliche Grundrechtsverletzung hält. Insoweit beziehen sich *Störmers* Ausführungen – wie sich aus dem Zusammenhang sowie aus seiner in der bezeichneten Monographie generell vertretenen Auffassung ergibt – gerade nicht nur auf den Fall der rechtswidrigen Beweiserlangung durch Private, sondern beanspruchen auf für den Fall, dass die Privatpersonen sich rechtmäßig verhalten haben, Geltung. Demnach haben die Ausführungen *Störmers* auch für den Fall der Internal Investigations, in der sich die privaten Ermittler nach der hier vertretenen Auffassung rechtmäßig verhalten haben, Relevanz.

391 BVerfGE 56, 37 (49).

392 *Theile*, StV 2011, 381 (385).

nemo-tenetur-Grundsatzes unzulässig ist nur ein *staatlich* vermittelter Zwang, der eine unfreiwillige Selbstbelastung zum Ziel hat.[393] Daran fehlt es aber regelmäßig in denjenigen Fällen, in denen der Zwang lediglich durch Privatpersonen ausgeübt wird. Der Gemeinschuldnerbeschluss, auf den sich *Störmer* in seiner Argumentation maßgeblich stützt, bildet insoweit eine Ausnahme, als die betroffene Auskunftsperson hier zwar zugunsten privater Gläubiger aber unter Zuhilfenahme der hierfür in der damaligen Konkursordnung (KO) explizit zur Verfügung gestellten *staatlichen* Zwangsmittel – Zwangsvorführung und Beugehaft, § 101 Abs. 2 KO a.F. – zu selbstbelastenden Äußerungen angehalten wurde. *Theile* gesteht selbst ein, dass durch seine Lösung „der traditionelle Anwendungsbereich des nemo-tenetur-Grundsatzes [...] erweitert" wird, da passive Duldungspflichten regelmäßig weniger intensiv in die durch den nemo-tenetur-Grundsatz geschützte Freiheit der Willensentschließung eingriffen als die Nötigung, durch eigene Äußerungen strafbare Handlungen offenbaren zu müssen.[394] Der von *Störmer* und *Theile* vorgeschlagenen Lösung, in Fällen des von Privatpersonen erpressten Geständnisses ein „direkt aus dem Selbstbezichtigungsverbot des Art. 2 Abs. 1 i.V.m. Art. 1 Abs. 1 GG resultierendes Verwertungsverbot"[395] anzunehmen, kann daher nicht gefolgt werden.

Diese grundsätzlichen Einwände verhindern auch im Fall Siemens, dass in der Verwertung der durch die privaten Ermittler durch faktischen Zwang erlangten selbstbelastenden Aussagen ein Verstoß gegen den nemo-tenetur-Grundsatz gesehen werden kann. Auch in der Situation der Internal Investigations fehlt es regelmäßig an einer staatlich veranlassten Zwangslage, da sich der gegenüber den betroffenen Arbeitnehmern bestehende Auskunftsanspruch des Arbeitgebers zwar einklagen, aber wegen § 888 Abs. 3 ZPO nicht vollstrecken und damit nicht mit staatlichen Zwangsmitteln durchsetzen lässt. Der durch die externen Ermittler lediglich faktisch vermittelte Zwang steht insoweit einem staatlichen Zwang nicht gleich, weil er die Willensentschließungs- und Willensbetätigungsfreiheit der betroffenen Auskunftsperson nicht in gleichem Maße beeinträchtigt.[396] Die Verwertung der unter dieser faktischen Drucksituation zustande gekommenen selbstbelastenden Aussagen in einem späteren Strafverfahren verursacht zwar ein „diffuses Unbehagen"[397], kann aber nicht ohne größere dogmatische Brüche unter Hinweis auf einen durch den Verwertungsakt erfolgenden Verstoß gegen den nemo-tenetur-Grundsatz für unzulässig erklärt werden. Die

393 Siehe dazu ausführlich oben unter Kapitel 5 II.1.a)bb)(1)(a).

394 *Theile*, StV 2011, 381 (385 m. Fn. 55).

395 *Störmer*, Verwertungsverbote, S. 132; *Theile*, StV 2011, 381 (385).

396 Siehe dazu bereits die Ausführungen unter Kapitel 5 II.1.c)aa)(3)(b).

397 *Jahn*, Gutachten C zum 67. DJT, C 103 f.

Verletzung des nemo-tenetur-Grundsatzes setzt stets voraus, dass die selbstbelastende Aussage, die zu Zwecken der Strafverfolgung verwertet werden soll, unter Einsatz *staatlichen Zwangs* erlangt wurde.

Die Verwertung der im Rahmen der Interviews erlangten Aussagen verstößt auch nicht deshalb gegen den nemo-tenetur-Grundsatz, weil es die externen Ermittler zum Teil versäumt haben, die betroffenen Arbeitnehmer vor Beginn der Befragung auf ihr strafprozessuales Schweigerecht hinzuweisen. Wie bereits festgestellt, wenden sich die Belehrungspflichten des § 136 Abs. 1 Satz 2 sowie des § 55 Abs. 2 StPO nur an die staatlichen Strafverfolgungsbehörden und auch eine analoge Anwendung dieser Belehrungspflichten auf Privatpersonen scheidet nach dem Sinn und Zweck der Vorschriften aus.[398]

Selbst wenn man aber die hier vertretene Meinung nicht teilen wollte und der Auffassung ist, die betroffenen Arbeitnehmer im Fall Siemens treffe keine umfassende Auskunftspflicht, sondern ihnen stattdessen ein Auskunftsverweigerungsrecht zugesteht, begründete die Verwertung der ohne einen entsprechenden Hinweis auf dieses arbeitsrechtliche Schweigerecht zustande gekommenen Aussagen keinen Verstoß gegen nemo tenetur: Nach ständiger Rechtsprechung schützt der nemo-tenetur-Grundsatz nur davor, durch *Zwang* zu einer selbstbelastenden Aussage gedrängt zu werden. Nicht in den Schutzbereich der Selbstbelastungsfreiheit fällt hingegen die Freiheit von Täuschung. Glaubten die Arbeitnehmer daher, auch gegenüber den erkennbar als Vertreter des Arbeitgebers auftretenden Ermittlern zu einer Aussage verpflichtet zu sein, begründete dieser Irrtum zumindest unter dem Aspekt der Selbstbelastungsfreiheit kein Verwertungsverbot.[399]

(3) Zwischenergebnis

Damit lässt sich festhalten, dass sich eine Verletzung des nemo-tenetur-Grundsatzes auch nicht unter dem Aspekt der Verwertung der durch die Interviews erlangten Informationen für Zwecke der Strafverfolgung ergibt, da die selbstbelastenden Aussagen der Mitarbeiter zumindest unter dem Aspekt des nemo-tenetur-Grundsatzes keinem strafprozessualen Verwertungsverbot unterliegen.

---

398 Vergleiche die Darstellung unter Kapitel 5 II.1.c)cc)(1)(b)(aa).

399 *Jahn*, StV 2009, 41 (45).

d) Ergebnis

Die voranstehenden Ausführungen haben gezeigt, dass weder die Art und Weise der Aussagegewinnung noch die Verwertung der durch die privaten Ermittler erlangten selbstbelastenden Aussagen der betroffenen Mitarbeiter zu einer Verletzung des nemo-tenetur-Grundsatzes führen. Angesichts der immensen wirtschaftlichen Drucksituation, in der sich die Arbeitnehmer während der internen Ermittlungen befinden, und der fehlenden bzw. unzureichenden rechtlichen Rahmenbedingungen, denen die mit hoher Organisationsmacht ausgestatteten und in das Vorfeld eigentlicher strafrechtlicher Ermittlungsverfahren verlagerten unternehmensinternen Ermittlungen unterliegen, erscheint dieses Ergebnis unbefriedigend. Es verbleibt ein „diffuse[s] Unbehagen, das solche Ermittlungen ohne Rückbindung an rechtsstaatliche Grundsätze verursacht“.[400]

Würde man bei diesem Ergebnis stehen bleiben und es damit zulassen, dass private Dritte faktisch die Arbeit der Strafverfolgungsbehörden übernehmen, dabei aber nicht deren rechtlichen Bindungen unterliegen, führte dies letztlich dazu, dass man die Rechtsstaatlichkeit des Strafverfahrens insgesamt aufgäbe.[401] Dass ein derartiges Ergebnis nicht überzeugen kann, liegt auf der Hand. Es fragt sich also, ob neben dem nemo-tenetur-Grundsatz noch weitere Rechtssätze existieren, die durch Internal Investigations berührt sind und die zum Schutz der betroffenen Arbeitnehmer ein Verwertungsverbot einfordern. Eine bloße Übertragung der in Rechtsprechung und Literatur für den Einsatz von Privatpersonen zur Beweismittelbeschaffung bislang erarbeiteten Lösungskonzepte verbietet sich.[402] Denn im Gegensatz zu diesen Konstellationen der Beweisbeschaffung durch Privatpersonen zeichnen sich Internal Investigations dadurch aus, dass die privaten Ermittler nicht nur punktuell als Beweismittelbeschaffer, sondern vielmehr flächendeckend und umfassend als „privatisierte Staatsanwälte“ tätig werden, so dass die herkömmlichen Lösungskriterien auf diese neue Fallgestaltung nicht passen.[403] Als möglicher Lösungsansatz kommt jedoch der in Ausgestaltung und Reichweite flexible, weil eine Gesamtwürdigung des Geschehens ermöglichende fair-trial-Grundsatz in Betracht.

400 *Jahn*, Gutachten C zum 67. DJT, C 103 f.

401 Vgl. *Hassemer/Matussek*, Opfer als Verfolger, S. 73.

402 Siehe dazu bereits oben unter Kapitel 4 I.2.a).

403 Vgl. *Theile*, StV 2011, 381 sowie *Hassemer/Matussek*, Opfer als Verfolger, S. 80.

2. Verstoß gegen das Recht auf ein faires Verfahren

> „Zu einem rechtsstaatlichen Verfahren zählt immer auch der rechtmäßige, d.h. justizförmige Weg eines Strafverfahrens, bei welchem die Rechte der Betroffenen nicht zugunsten einer öffentlichkeitsbefriedigenden Aufklärung außer Acht gelassen und beschnitten werden dürfen.“[404]

Ob diese Anforderungen in der Konstellation der Internal Investigations noch erfüllt sind, oder ob eine Gesamtbetrachtung der vielen problematischen Aspekte und „Beinaheverstöße“ gegen geltendes Strafprozessrecht, die im Verlauf dieser Arbeit bereits festgestellt wurden, vielmehr ergibt, dass das Verfahren für den Betroffenen insgesamt nicht mehr als fair und rechtmäßig bezeichnet werden kann und zu einer unzumutbaren Verkürzung der ihm zustehenden Verfahrensrechte geführt hat, soll im nun folgenden Abschnitt untersucht werden. Denn als „rechtmäßig“ und „justizförmig“ stellt sich ein Strafverfahren nicht bereits dann dar, wenn alle ausdrücklich gesetzlich normierten Bestimmungen eingehalten wurden. Ausweislich des Wortlauts von Art. 20 Abs. 3 GG garantieren die Gesetze allein noch kein gerechtes Strafverfahren, weil der Begriff „Recht“ nicht mit der Gesamtheit der geschriebenen Gesetze identisch ist, sondern ein aus der verfassungsmäßigen Rechtsordnung als einem Sinnganzen ableitbares Korrektiv darstellt, das dann eingreifen muss, wenn das geschriebene Recht eine Regelungslücke enthält und seine Anwendung damit zu unbefriedigenden Ergebnissen führt.[405] Eine solche Kontrollfunktion gegenüber den positivierten Verfahrensregelungen ist insbesondere dem fair-trial-Grundsatz immanent, der als oberster Grundsatz des gesamten Strafprozessrechts immer dann Anwendung findet, wenn die Vorschriften der StPO nicht ausreichen, um den Besonderheiten eines Falles gerecht zu werden.[406]

Bevor zum Fall Siemens Stellung genommen wird (unter c)), sollen als Ausgangspunkt der Argumentation zunächst die rechtliche Verankerung und inhaltliche Ausgestaltung des fair-trial-Grundsatzes (unter a)) sowie daran anschließend (unter b)) die Entwicklung und Reichweite dieses Rechtsgrundsatzes in der Rechtsprechung kurz dargestellt werden.

---

404 *Pfordte*, in: Strafverteidigung im Rechtsstaat, S. 740 (742). Siehe ferner *Eisenhardt*, Nemo tenetur-Prinzip, S. 127 f. Vgl. auch *Rogall*, in. SK-StPO, Vor § 133 Rn. 113: Die Strafverfolgungsorgane treffe die Pflicht zur Wahrung der Justizförmigkeit des Verfahrens, die vorschreibt, die Normen der StPO zu beachten.

405 BVerfGE 9, 338 (349). Vgl. auch die Ausführungen von *Schmidt*, Fürsorgepflicht und fair trial, S. 69 ff. sowie *Rönnau*, Absprache, S. 207.

406 *Momsen*, ZIS 2011, 508 (513); *Knauer/Buhlmann*, AnwBl 2010, 387 (392); *Roxin/Schünemann*, Strafverfahrensrecht, § 11 Rn. 5; *Roxin*, in: 40 Jahre BGH, S. 66 (91).

a) Überblick über die rechtliche Verankerung und inhaltliche Ausgestaltung des fair-trial-Grundsatzes

aa) Normative Grundlage und Rechtsnatur des Fairnessprinzips

Vergleichbar dem nemo-tenetur-Prinzip ist auch der fair-trial-Grundsatz ein zwar allgemein anerkannter verfassungsrechtlicher Grundsatz, jedoch fehlt es an einer ausdrücklichen Normierung des Fairnessprinzips[407] im deutschen Recht.

Allerdings lässt sich der fair-trial-Grundsatz sowohl aus den Rechtsgarantien des Art. 6 Abs. 1 Satz 1 EMRK sowie des § 14 Abs. 1 Satz 1 IPBPR[408] als auch aus dem in Art. 20 Abs. 3 GG verankerten Rechtstaatsprinzip ableiten.[409] Zum Teil wird auch die enge Verbindung dieses Rechtsprinzips mit dem allgemeinen Persönlichkeitsrecht (Art. 2 Abs. 1 i.V.m. Art. 1 Abs. 1 GG), der Menschenwürde (Art. 1 Abs. 1 GG) sowie dem Sozialstaatsprinzip (Art. 20 Abs. 1, 28 Abs. 1 Satz 1 GG) betont.[410]

Anders als die speziellen Justizgrundrechte oder auch das nemo-tenetur-Prinzip enthält der fair-trial-Grundsatz keine in allen Einzelheiten bestimmten Ge- oder Verbote, sondern lässt sich vielmehr als ein allgemeines prozessuales Recht mit Auffangcharakter bezeichnen.[411] Dabei ist die Reichweite des Fairnessprinzips jedoch insofern beschränkt, als es lediglich rechtliche Mindeststandards garantiert.[412] Nicht jeder Verfahrensverstoß führt somit auch zu einer Verletzung des Rechts auf ein faires Verfahren. Konkrete Folgerungen für die Verfahrensgestaltung können aus dem fair-trial-Grundsatz mithin erst dann abgeleitet werden, „wenn sich bei Berücksichtigung aller Umstände und nicht zuletzt der im Rechtsstaatsprinzip selbst angelegten Gegenläufigkeiten unzweideutig ergibt, dass rechtsstaatlich unverzichtbare Erfordernisse nicht mehr gewahrt sind“.[413] Der fair-trial-Grundsatz besitzt demnach vor allem eine Kontroll- und

---

407 Die Rechtsprechung verwendet insoweit keine einheitliche Terminologie. Im Folgenden werden die Begriffe fair-trial-Grundsatz, Fairnessprinzip, Fairnessgebot sowie Recht auf ein faires Verfahren daher ebenfalls synonym verwendet.

408 Zu der unmittelbaren Geltung dieser völkerrechtlichen Normen siehe bereits oben unter Kapitel 5 II.1.a)aa).

409 BVerfGE 26, 66 (71); 57, 250 (275 f.); BGHSt 24, 125 (131); 37, 10 (13); *Rogall*, in: SK-StPO, Vor § 133 Rn. 101; *Steiner*, Fairnessprinzip, S. 33, 35 ff.

410 BVerfGE 57, 250 (275); *Roxin/Schünemann*, Strafverfahrensrecht, § 11 Rn. 4; *Steiner*, Fairnessprinzip, S. 41, 44 f., 88 f.; *Roxin*, in: 40 Jahre BGH, S. 66 (91); *Störmer*, Verwertungsverbote, S. 57.

411 *Rogall*, in: SK-StPO, Vor § 133 Rn. 101; *Kühne*, in: LR-StPO, Einl. Abschn. I Rn. 105; *Steiner*, Fairnessprinzip, S, 45 f.; *Geppert*, Jura 1992, 597 (599).

412 *Rogall*, in: SK-StPO, Vor § 133 Rn. 101.

413 BVerfGE 57, 250 (276); 63, 45 (61); 70, 297 (308 f.); 86, 288 (318).

Berichtigungsfunktion im Sinne einer allgemeinen *due process*-Klausel.[414] Sein Ziel ist die größtmögliche Optimierung verfassungsmäßiger Werte.[415]

bb) Adressaten des fair-trial-Grundsatzes

Adressat des fair-trial-Grundsatzes ist zu allererst der Gesetzgeber, dessen Aufgabe es ist, die unbestimmten Ge- und Verbote dieses Rechtssatzes durch den Erlass von Verfahrensvorschriften zu konkretisieren. Daneben wirkt das Fairnessgebot auch als Auslegungsdirektive für das Prozessrecht, wobei die Gerichte das Gebot eines fairen Verfahrens jedoch grundsätzlich nur innerhalb der vom Gesetzgeber festgelegten Grenzen zur Rechtsauslegung heranziehen dürfen.[416] Auch alle anderen staatlichen Organe, die im Einzelfall auf den Gang des Strafverfahrens Einfluss nehmen können, wie beispielsweise Staatsanwaltschaft und Polizei als Vertreter der Exekutive, unterliegen dem Gebot einer rechtsstaatlich-fairen Verfahrensgestaltung.[417] Schließlich beinhaltet der fair-trial-Grundsatz nicht nur objektive Garantien, sondern gewährt dem Betroffenen auch ein subjektives Recht in Gestalt eines individuellen Teilhabe- und Abwehrrechts, das dieser notfalls im Wege der Verfassungsbeschwerde geltend machen kann.[418]

Es besteht weitgehend Einigkeit, dass sich nicht nur der Beschuldigte, sondern jeder Verfahrensbeteiligte, der im Verfahren staatlichen Zugriffen ausgesetzt ist, auf den Grundsatz des fairen Verfahrens berufen kann.[419]

cc) Inhaltliche Ausgestaltung und Reichweite des Fairnessgebots

(1) Zentrale Forderung des Fairnessgebots

Das Recht auf ein faires Verfahren verlangt, dass verfahrensrechtliche Vorkehrungen zum Schutz subjektiver Rechte geschaffen werden und das Verfahren so ausgestaltet wird, dass Übergriffe staatlicher Stellen oder anderer Verfahrensbeteiligter angemessen abgewehrt werden können.[420] Dies beinhaltet als zentrale

---

414 *Rogall*, in: SK-StPO, Vor § 133 Rn. 102.

415 *Roxin/Schünemann*, Strafverfahrensrecht, § 11 Rn. 5; *Steiner*, Fairnessprinzip, S. 140 ff.

416 BVerfGE 63, 45 (61); *Störmer*, Verwertungsverbote, S. 55; *Geppert*, Jura 1992, 597 (599); *Roxin*, in: 40 Jahre BGH, S. 66 (92).

417 BVerfGE 57, 282 f.; *Steiner*, Fairnessprinzip, S. 151.

418 *Rogall*, in: SK-StPO, Vor § 133 Rn. 103; *Rzepka*, Fairness im Strafverfahren, S. 218; *Geppert*, Jura 1992, 597 (599).

419 BVerfGE 38, 105 (112); BVerfG NJW 2006, 136 (137); *Schmidt*, Fürsorgepflicht und fair trial, S. 52; *Kühne*, in: LR-StPO, Einl. Abschn. I Rn. 111; *Gaede*, Fairness als Teilhabe, S. 165; *Steiner*, Fairnessprinzip, S. 91, 153.

420 BVerfGE 38, 105 (111); 57, 250 (275); *Rogall*, in: SK-StPO, Vor § 133 Rn. 104; *Bosch*, Aspekte des nemo-tenetur-Prinzips, S. 73.

Forderung, dass der Beschuldigte nicht als bloßes Objekt des Verfahrens behandelt werden darf, sondern die Möglichkeit haben muss, zur Wahrung seiner Rechte auf den Gang und das Ergebnis des Verfahrens Einfluss zu nehmen.[421] Demnach würde es dem Gedanken eines fairen Verfahrens zuwiderlaufen, wenn der Staat die rechtsstaatlichen Grenzen strafprozessualer Ermittlungsmaßnahmen sowie die Rechte des Beschuldigten durch eine (wenn auch mittelbare) Instrumentalisierung Privater für Zwecke der Strafverfolgung zu umgehen versucht.[422] Insgesamt verlangt der fair-trial-Grundsatz, dass „das Verfahren im Ganzen sowie die Behandlung des Beschuldigten so beschaffen sein müssen, dass ein verständiger Beobachter, dem an einer sachgerechten Ausbalancierung der divergierenden Interessen des Beschuldigten und des Staates gelegen ist, dem Procedere seinen Respekt, seine Anerkennung nicht versagen kann“.[423] Der fair-trial-Grundsatz beschreibt mithin nichts anderes als die Forderung nach einem justizförmigen, am Leitgedanken der Billigkeit und materiellen Gerechtigkeit ausgerichteten Strafverfahren. Insofern bildet der fair-trial-Grundsatz ein oberstes Grundprinzip des gesamten deutschen Strafprozessrechts.[424]

(2) Spezielle Ausprägungen des fair-trial-Grundsatzes

Neben seinem allgemeinen Inhalt als Verfahrensgrundsatz und Optimierungsgebot enthält der fair-trial-Grundsatz auch eine Reihe spezieller Garantien, die die Stellung des Beschuldigten sowie das zulässige Verhalten der Strafverfolgungsbehörden konkretisieren und eine effektive Teilhabe des Beschuldigten am Strafprozess sicherstellen sollen.

Als wesentliches Element des Fairnessgebots gilt dabei die aus dem angloamerikanischen Rechtskreis übernommene und bereits angedeutete Forderung nach Waffengleichheit zwischen Ankläger und Angeklagtem, die sich, übertragen auf die andersartige Ausgestaltung des deutschen Strafprozessrechts,[425] hierzulande in dem Bedürfnis nach einem ausbalancierten Verfahren im Sinne einer *Chancengleichheit* ausdrückt: Der Beschuldigte muss eine faire Chance erhalten, sich gegen die Übermacht der Strafverfolgungsorgane effektiv verteidigen zu können, was voraussetzt, dass er die Möglichkeit erhält, das von ihnen

421 BVerfGE 26, 66 (71); 38 105 (111); 46, 202 (210); 65, 171 (174 f.); 66, 313 (318). Dem folgend BGHSt 36, 305 (309).

422 Vgl. *Böse*, ZStW 119 (2007), 848 (883) sowie *Rogall*, in: SK-StPO, Vor § 133 Rn. 105.

423 *Steiner*, Fairnessprinzip, S. 187.

424 *Roxin/Schünemann*, Strafverfahrensrecht, § 11 Rn. 5; *Jahn*, Gutachten C zum 67. DJT, C 80; *Roxin*, in: 40 Jahre BGH, S. 66 (91).

425 Zur unterschiedlichen Ausgestaltung von US-amerikanischem und deutschem Strafprozessrecht siehe ausführlich oben unter Kapitel 4 III.2.

zusammengetragene Beweismaterial kritisch zu analysieren und darauf zu reagieren.[426] Dieses Prinzip der Chancengleichheit enthält nicht nur einen grundlegenden Gestaltungsauftrag an den Gesetzgeber, sondern verpflichtet auch die Gerichte, seine Verwirklichung im Rahmen des rechtlich Zulässigen sicherzustellen.[427]

Daneben sind als wichtige Ausgestaltungen des fair-trial-Grundsatzes die Belehrungs-, Hinweis- und Fürsorgepflichten hervorzuheben. Sie dienen dazu, dem Beschuldigten oder sonst betroffenen Verfahrensbeteiligten eine effektive Verteidigung zu ermöglichen und eine sachgerechte Wahrnehmung seiner bzw. ihrer Verfahrensrechte sicherzustellen.[428] Hierzu zählt neben den in §§ 52 f., 55 Abs. 2 sowie § 136 Abs. 1 Satz 2 und § 243 Abs. 5 Satz 1 StPO verankerten Belehrungspflichten auch die allgemeine gerichtliche Fürsorgepflicht, die insbesondere das Gericht, aber auch die Staatsanwaltschaft und die Beamten des Polizeidienstes dazu anhält, die Subjektstellung des Beschuldigten sowie der anderen Verfahrensbeteiligten umfassend abzusichern.[429]

In engem Zusammenhang mit dem durch die Belehrungs- und Hinweispflichten verfolgten Ziel, dem Beschuldigten eine effektive Verteidigung zu ermöglichen, steht das ebenfalls durch das Fairnessprinzip verbürgte Recht auf einen Verteidiger.[430] Dieses Recht steht nach Auffassung des BVerfG dabei nicht nur dem Beschuldigten, sondern auch dem Zeugen zu, der zu einer richterlichen Vernehmung in Begleitung eines Rechtsbeistands erscheinen dürfe, da nur so sicher gestellt werden könne, dass er sich selbständig und sachgerecht für die Ausübung oder Nichtausübung seiner Rechte entscheiden kann.[431] Dementsprechend kann bereits die Vorenthaltung einer Verteidigerkonsultation einen Verstoß gegen das Recht auf ein faires Verfahren begründen.[432]

In Zusammenhang mit Fragen des Beweisrechts hat das BVerfG zudem mehrfach betont, dass der fair-trial-Grundsatz auch erfordert, dass Entscheidungen, die den Entzug der persönlichen Freiheit betreffen, auf zureichender rich-

---

426 *Roxin/Schünemann*, Strafverfahrensrecht, § 11 Rn. 7; *Rogall*, in: SK-StPO, Vor § 133 Rn. 106 f.; *ders.*, Beschuldigter, S. 113.

427 *Rogall*, in: SK-StPO, Vor § 133 Rn. 108.

428 *Rogall*, in: SK-StPO, Vor § 133 Rn. 110, 114, 116.

429 BVerfGE 38, 105 (111); BGHSt 53, 294 (304); *Rogall*, in: SK-StPO, Vor § 133 Rn. 111, 113, 115; *Roxin*, in: 40 Jahre BGH, S. 66 (93); *Hegmann*, Fürsorgepflicht, S. 142 ff.

430 *Bosch*, Aspekte des nemo-tenetur-Prinzips, S. 75.

431 BVerfGE 38, 105 (112 ff.). Allerdings steht dieses Recht unter dem Vorbehalt einer Abwägung insbesondere mit dem Grundsatz der Gewährleistung einer funktionstüchtigen Rechtspflege.

432 BVerfGE 39, 156 (163); *Beulke*, Strafprozessrecht, Rn. 469.

terlicher Sachaufklärung beruhen müssen und eine in tatsächlicher Hinsicht genügende Grundlage benötigen.[433]

Schließlich zählen auch die Unschuldsvermutung,[434] das Beschleunigungsgebot,[435] der Gedanke des Vertrauensschutzes,[436] der bereits ausführlich diskutierte Grundsatz der Selbstbelastungsfreiheit[437] sowie das ebenfalls bereits mehrfach angesprochene Missbrauchsverbot, wonach es dem Staat verwehrt ist, die in der StPO verbürgten Verfahrensrechte gezielt zu umgehen, indem Privatpersonen mit Ermittlungen beauftragt oder sonst für Zwecke der Strafverfolgung instrumentalisiert werden, zu den durch den fair-trial-Grundsatz gewährleisteten Garantien.[438]

(3) Geltungsbereich

Als allgemeiner Verfahrensgrundsatz gilt das Fairnessgebot für alle Abschnitte des Strafverfahrens.[439] Insbesondere im Ermittlungsverfahren ist wegen der Bedeutung dieses Verfahrensabschnitts für den weiteren Verlauf des Strafverfahrens, der Dominanz der Staatsanwaltschaft sowie dem vergleichsweise geringen Informationsstand des Beschuldigten darauf zu achten, dass die Rechte des Betroffenen gewahrt werden und dadurch einem Verstoß gegen das Fairnessprinzip vorgebeugt wird.[440] Da im Ermittlungsverfahren das Beweismaterial gesammelt wird und somit die Weichen für die späteren Verfahrensabschnitte gestellt werden, können sich unfaire Verhaltensweisen der Ermittlungsbehörden direkt auf die späteren Abschnitte des Strafverfahrens auswirken und die Verteidigungsmöglichkeiten des Betroffenen insgesamt wesentlich verschlechtern.[441]

---

433 BVerfGE 58, 208 (230); 70, 297 (308). Derselben Auffassung ist die EKMR, siehe EuGRZ 1987, 151 (153).

434 BVerfGE 74, 358 (370 f.); *Schmidt*, Fürsorgepflicht und fair trial, S. 82 f.

435 BVerfG NJW 1992, 2472. Siehe hierzu ausführlich *Rogall*, in: SK-StPO, Vor § 133 Rn. 118 ff.

436 BGHSt 32, 44 (45); BGH NStZ 1981, 100; BGH StV 1982, 523 (524); StV 1988, 9; *Roxin*, in: 40 Jahre BGH, S. 66 (92).

437 Siehe dazu die Ausführungen unter Kapitel 5 II.1.

438 *Rogall*, in: SK-StPO, Vor § 133 Rn. 104; *Bosch*, Aspekte des nemo-tenetur-Prinzips, S. 75; *Geppert*, Jura 1992, 597 (603 f.); *Roxin*, in: 40 Jahre BGH, S. 66 (93).

439 *Kühne*, in: LR-StPO, Einl. Abschn. I Rn. 112; *Rzepka*, Fairness im Strafverfahren, S. 193; *Steiner*, Fairnessprinzip, S. 150; *Rönnau*, Absprache, S. 208.

440 *Steiner*, Fairnessprinzip, S. 150 f.

441 Vgl. *Gaede*, Fairness als Teilhabe, S. 199, 201 f. sowie *Hegmann*, Fürsorgepflicht, S. 41 f.

b) Entwicklung und Ausgestaltung des fair-trial-Grundsatzes in der Rechtsprechung des EGMR, des BVerfG sowie des BGH

Nachdem soeben die rechtlichen Grundlagen sowie die inhaltliche Ausgestaltung des fair-trial-Grundsatzes dargestellt wurden, soll nachfolgend ein kurzer Überblick über die Entwicklung und Ausgestaltung des Fairnessgebots in der Rechtsprechung gegeben werden. Dabei wird neben der Rechtsprechung von BVerfG und BGH auch die des EGMR betrachtet, da sie für die Entwicklung und Ausgestaltung des fair-trial-Grundsatzes von erheblicher Bedeutung ist und auch die Rechtsprechung von BVerfG und BGH immer stärker prägt. Keineswegs verfolgt die Arbeit an dieser Stelle jedoch den Anspruch, eine vollständige Übersicht über die verschiedenen Fallgestaltungen zu geben, in denen der Grundsatz eines fairen Verfahrens in der Rechtsprechung bislang eine Rolle gespielt hat.[442] Vielmehr werden nur die in Bezug auf die Konstellation der Internal Investigations wichtigen Aspekte herausgestellt.

aa) Die Rechtsprechung des EGMR und der Grundsatz eines fair trial

Für den EGMR stellt der in Art. 6 Abs. 1 EMRK verankerte Grundsatz des fairen Verfahrens ein Grundprinzip einer demokratischen Gesellschaft dar.[443] Wesentliches Element eines fair trial sei insbesondere das Prinzip der Waffen- oder Chancengleichheit.[444]

Der EGMR geht davon aus, dass die in Art. 6 Abs. 1 bis 3 EMRK verbürgten speziellen Garantien nur besondere Ausprägungen des in Art. 6 Abs. 1 Satz 1 EMRK festgeschriebenen fair-trial-Grundsatzes darstellen und dass die Garantie eines fairen Strafverfahrens mehr umfasst als die Summe der in Art. 6 Abs. 1 bis 3 EMRK genannten Einzelrechte.[445] Dementsprechend zeigt sich in seiner Entscheidungspraxis die Tendenz, weniger auf eine mögliche Verletzung einzelner Teilgarantien abzustellen, sondern vielmehr in einer Art Gesamtbetrachtung zu überprüfen, ob das Verfahren insgesamt, d.h. in all seinen Stadien, den Anforderungen eines fairen Verfahrens genügt.[446]

---

442 Für einen umfassenden Überblick siehe *Schmidt*, Fürsorgepflicht und fair trial, S. 73 ff. sowie *Steiner*, Fairnessprinzip, S. 41 ff.

443 EGMR, Urt. vom 29.10.1991, *Helmers v. Schweden*, EuGRZ 1991, 415 (416).

444 *Steiner*, Fairnessprinzip, S. 86.

445 EGMR, Urt. vom 16.12.1992, *Hadjianastassiou v. Griechenland*, EuGRZ 1993, 70 (70 f.); *Gaede*, Fairness als Teilhabe, S. 56, 159 ff.; *Rzepka*, Fairness im Strafverfahren, S. 82, 101.

446 Siehe z.B. EGMR, Urt. vom 25.12.1992, *Lüdi v. Schweiz*, EuGRZ 1992, 300 (301 f.); EKMR, Entsch. vom 05.09.1990, ÖJZ 1991, 319 (322); *Eisenhardt*, Nemo tenetur-

Beispielsweise hat der EGMR auch die strafprozessuale Verwertung von Beweisen, die Privatpersonen ohne staatliche Beteiligung illegal beschafft haben, am Grundsatz des fair trial nach Art. 6 Abs. 1 EMRK gemessen und dazu festgestellt, dass die Verwertung solcher Beweise nicht per se unfair und damit konventionswidrig sei, sondern vielmehr die Gesamtumstände des Verfahrens betrachtet werden müssten und erst danach entschieden werden könne, ob der Anspruch des Beschuldigten auf ein insgesamt faires Verfahren gewahrt worden ist und die Beweise mithin verwertet werden können oder nicht.[447] Dabei ist hervorzuheben, dass nach Auffassung des EGMR auch dann, wenn auf der Stufe der Beweisgewinnung kein wirklicher Verstoß gegen geltendes Prozessrecht festgestellt werden kann, aus mehreren, im Einzelnen keine Verletzung tragenden Verfahrensmängeln verschiedenster Art über eine Gesamtschau gleichwohl eine Verletzung des Rechts auf ein faires Verfahrens hergeleitet werden kann.[448]

bb) Entwicklung des Rechts auf ein faires Verfahren in der Rechtsprechung des BVerfG

Soweit ersichtlich, wird das Recht auf ein faires Verfahren vom BVerfG erstmalig in seinem Beschluss vom 03.06.1969 erwähnt, in dem es heißt:

> „Das Recht auf Verteidigung und das Recht auf ein faires Verfahren gehören zu den wesentlichen Grundsätzen eines rechtsstaalichen Strafverfahrens. Der Angeklagte darf nicht nur Objekt des Verfahrens sein, ihm muss vielmehr die Möglichkeit gegeben werden, zur Wahrung seiner Rechte auf den Gang und das Ergebnis des Verfahrens Einfluss zu nehmen."[449]

Seitdem rekurriert das BVerfG in unterschiedlichen Fallgestaltungen immer wieder auf den fair-trial-Grundsatz und hat ihm auf diesem Weg zu allgemeiner Anerkennung verholfen.[450]

Das BVerfG geht davon aus, dass der fair-trial-Grundsatz keine in allen Einzelheiten bestimmten Ge- und Verbote enthält. Seine Reichweite sei vielmehr situationsabhängig zu bestimmen und bedürfe stets der Konkretisierung im Ein-

---

Prinzip, S. 147; *Gaede*, Fairness als Teilhabe, S. 427 ff.; *Rzepka*, Fairness im Strafverfahren, S. 26, 101 f.

447 *Godenzi*, GA 2008, 500 (501 f.).

448 *Jäger*, GA 2008, 473 (480 f.); *Gaede*, JR 2009, 493 (494 f.); *ders.*, Fairness als Teilhabe, S. 162 f.

449 BVerfGE 26, 66 (71).

450 Siehe nur BVerfGE 38, 105 (111); 46, 202 (210); 65, 171 (174 f.); 66, 313 (318). Für einen umfassenden Überblick über die verschiedenen vom BVerfG unter Bezugnahme auf den fair-trial-Grundsatz entschiedenen Fallkonstellationen siehe *Schmidt*, Fürsorgepflicht und fair trial, S. 73 ff. sowie *Steiner*, Fairnessprinzip, S. 41 ff.

zelfall. Ob ein Verfahren noch als fair angesehen werden kann, kann dabei nach Aufassung des BVerfG jeweils nur anhand einer Gesamtbetrachtung in der Art bestimmt werden, dass das Verfahrensrecht sowie seine Auslegung und Anwendung durch die Gerichte daraufhin überprüft werden, ob rechtsstaatlich zwingende Folgerungen gezogen und rechtsstaatlich Unverzichtbares nicht preisgegeben wurde.[451] In dieser Hinsicht entspricht die Vorgehensweise des BVerfG derjenigen des EGMR, der bei der Prüfung, ob gegen Art. 6 Abs. 1 EMRK verstoßen wurde, ebenfalls eine umfassende Gesamtbetrachtung vornimmt.[452] Gelangt das BVerfG im Wege der Gesamtbetrachtung zu der Auffassung, es sei gegen das Recht auf ein faires Verfahren verstoßen wurden, hält es die Annahme eines Verwertungsverbots für eine adäquate rechtliche Folge.[453]

cc) Die Ausgestaltung des Fairnessgebots in der Rechtsprechung des BGH

Auch der BGH zieht bei der Interpretation von Vorschriften der StPO häufig den fair-trial-Grundsatz heran. Neben den speziellen Garantien des Fairnessgebots, wie beispielsweise des Rechts auf Verteidigung, der Hinweis- und Fürsorgepflichten sowie des Gebots der Verfahrensbeschleunigung, auf die der BGH in seinen Entscheidungen immer wieder rekurriert,[454] ist auch der BGH – ebenso wie der EGMR und das BVerfG – der Auffassung, dass aus dem Gebot des fairen Verfahrens darüber hinaus ein allgemeiner Anspruch auf ein „an den Grundsätzen der Gerechtigkeit und Billigkeit orientiertes Verfahren“[455] resultiere und dass eine Verletzung des fair-trial-Grundsatzes anhand einer „Gesamtschau der Umstände“[456] festzustellen sei.

Der BGH hat zudem bereits mehrfach entschieden, dass es Fälle geben kann, in denen der Grundsatz des fairen Verfahrens einer Verwertung von Beweismitteln entgegenstehen kann.[457] In diesem Zusammenhang sei insbesondere auf die sog. Hörfallenentscheidung des Großen Strafsenats[458] verwiesen, in der der BGH festgestellt hat, dass man in Fällen, in denen der nemo-tenetur-

---

451 BVerfGE 57, 250 (275 f.); 63, 45 (61); 70, 297 (308 f.); BVerfG NJW 2007, 204 (205).

452 Siehe dazu die unmittelbar vorstehenden Ausführungen unter Kapitel 5 II.2.b)aa) sowie *Gaede*, Fairness als Teilhabe, S. 440.

453 BVerfG NStZ 1995, 555 (555 f.); *Rzepka*, Fairness im Strafverfahren, S. 138.

454 Siehe die ausführliche Übersicht über die zum fair-trial-Grundsatz ergangene Rechtsprechung des BGH bei *Schmidt*, Fürsorgepflicht und fair trial, S. 92 ff. sowie *Steiner*, Fairnessprinzip, S. 65 ff.

455 BGHSt 24, 125 (131).

456 BGHSt 53, 294 (299, 304 f.).

457 BGHSt 24, 125 (131 f.); 29, 109 (111); 53, 294 (299, 304); BGH NStZ 1995, 410 (411); BGH NJW 1996, 1547 (1549); BGH JR 2008, 160 (163 f.).

458 BGHSt 42, 139 ff.

Grundsatz zwar nicht verletzt ist, eine Gesamtbetrachtung jedoch zu dem Ergebnis führt, dass „das in Frage stehende Vorgehen der Ermittlungsbehörden einem Verstoß gegen den nemo-tenetur-Grundsatz nahekomm[t]“, bei diesem Ergebnis nicht stehen bleiben dürfe, sondern vielmehr prüfen müsse, ob „aus der Nähe zu dem genannten Grundsatz [...] sowie dem Rechtsstaatsprinzip und dem aus ihm hervorgehenden Grundsatz des fairen Verfahrens“ nicht dennoch ein Beweisverwertungsverbot abzuleiten sei.[459] An dieser Gesamtbetrachtung hat der BGH auch in einer jüngeren Entscheidung[460] ausdrücklich festgehalten und aus der „besondere[n] Fallgestaltung [...] die dadurch gekennzeichnet ist, dass gleich mehrere unverzichtbare rechtsstaatliche Grundsätze tangiert wurden [...] die einzelnen Grundsätze – jeweils für sich isoliert betrachtet – [zwar] noch nicht in einem Ausmaß verletzt [sind], dass allein schon aus dem jeweils einzelnen Grundsatz ein Verwertungsverbot abzuleiten wäre“ gefolgert, „dass eine der Gesamtsituation angemessene Bewertung nur durch eine Betrachtung des Verfahrens als Ganzes – also bei Berücksichtigung aller Umstände [...] – erfolgen kann“.[461] Aus dieser Gesamtschau der Umstände ergebe sich sodann nach Auffassung des erkennenden Senats, dass die Ermittlungsbehörden in der zur Entscheidung stehenden Konstellation, in der es ebenfalls um eine dem Beschuldigten gestellte Hörfalle ging, gegen das Recht auf ein faires Verfahren verstoßen haben und dass dieser Verstoß mit einem Beweisverwertungsverbot zu ahnden sei.[462]

Insgesamt lässt sich festhalten, dass es auch nach Ansicht des BGH keine Strafverfolgung um jeden Preis geben darf, weil gewisse rechtsstaatliche Grenzen nicht überschritten werden dürfen, und dass ein Verstoß gegen den Grundsatz des fairen Verfahrens dann zu einem Verwertungsverbot führen muss, wenn die Rechte des Beschuldigten und die Fairness des Verfahrens anders nicht garantiert werden können.

dd) Zusammenfassung

Hervorzuheben ist, dass alle drei Gerichte der Auffassung sind, dass ein Verstoß gegen den fair-trial-Grundsatz in der Regel nicht punktuell aus einem einzelnen Verfahrensverstoß abgeleitet werden kann, sondern dass hierfür immer das Verfahren als Ganzes betrachtet werden muss. Es sei nicht erforderlich, dass überhaupt ein normativ zu verankernder Verfahrensverstoß festgestellt wurde. Vielmehr dürfe das Verfahren nicht gegen die Grundsätze der Gerechtigkeit und Bil-

459 BGHSt 42, 139 (156 f.).
460 BGHSt 53, 294 ff.
461 BGHSt 53, 294 (306).
462 BGHSt 53, 294 (299, 304, 310).

ligkeit verstoßen, sondern müsse sich insgesamt als rechtsstaatlich und fair präsentieren. Sind diese Anforderungen nicht gewahrt, liege eine Verletzung des fair-trial-Grundsatzes vor, die nach Auffassung aller drei Gerichte im Einzelfall auch zu einem Beweisverwertungsverbot führen kann.

c) Konsequenzen für den Fall Siemens

aa) Verstoß gegen das Recht auf ein faires Verfahren

Im Zuge der Untersuchung wurde bereits festgestellt, dass sich die Konstellation der Internal Investigations dadurch auszeichnet, dass es sich um ein „Novum“[463] innerhalb des deutschen Strafprozessrechts handelt, das ein „diffuse[s] Unbehagen“[464] bei den Betrachtern hervorruft. Gleichzeitig hat die Untersuchung jedoch auch ergeben, dass ein greifbarer Rechtsverstoß der privaten Ermittler oder des Staates nicht ermittelt werden konnte. Vielmehr konnte bei allen untersuchten Aspekten nur festgestellt werden, dass das jeweils betroffene Verfahrensrecht oder die jeweils berührte Verfahrensvorschrift nur „beinahe“ verletzt wurden. Wie aus den obigen Ausführungen zum fair-trial-Grundsatz ersichtlich wird, kann in diesen Fällen dennoch gegen das Recht auf ein faires Verfahren verstoßen worden sein.

Es ist jedoch zu beachten, dass sich das Gebot eines fairen Verfahrens zunächst an den Gesetzgeber wendet und dieser dem Fairnessgedanken bei der Ausgestaltung der StPO weitgehend Rechnung getragen hat. Grundsätzlich ist das Verhalten der Strafverfolgungsbehörden daher ausschließlich an den Vorschriften der StPO zu messen.[465] Ein Rückgriff auf den fair-trial-Grundsatz kommt nur in Betracht, wenn die existierenden Vorschriften dem Beschuldigten im Einzelfall keinen ausreichenden Schutz bieten und der Fairnessgedanke daher zur Korrektur eines ansonsten unbilligen und mit rechtsstaatlichen Grundsätzen nicht zu vereinbarenden Verfahrens angezeigt erscheint.[466] Die Konstellation der Internal Investigations hat aber eine Schutzlücke in den Rechten des Betroffenen offenbart: In ihrer Konzeption ist die StPO gerade nicht auf Ermittlungen durch Pivatpersonen zugeschnitten, sondern hat nur den „klassischen“ Fall der Sachverhaltsaufklärung durch die Organe der Strafverfolgungsbehörden im Blick. Die StPO enthält für die Konstellation der Internal Investigations, die ihrerseits nicht lediglich private Ermittlungen im herkömmlichen Sinne sind, sondern sich vielmehr als eine umfassend angelegte, organisierte und speziali-

463 Vgl. *Wehnert*, NJW 2009, 1190 (1191): Mit der umfassenden Aufklärung von innerbetrieblichen Straftaten durch private Ermittler werde „Neuland“ betreten.

464 *Jahn*, Gutachten C zum 67. DJT, C 103 f.

465 BVerfGE 63, 45 (61); BGHSt 42, 170 (172); 53, 294 (304, 306).

466 *Knauer/Buhlmann*, AnwBl 2010, 387 (391 f.).

sierte Sachverhaltsaufklärung darstellen und damit den Ermittlungen durch Staatsanwaltschaft und Polizei in vielen Aspekten sehr ähnlich sind, keine begrenzenden Bestimmungen. Diese Schutzlücke gilt es unter Rückgriff auf den fair-trial-Grundsatz zu schließen.[467]

Im Einklang mit der Rechtsprechung des EGMR, des BVerfG sowie des BGH soll demnach im Folgenden anhand einer Gesamtbetrachtung untersucht werden, ob die vielen im Verlauf der Arbeit bereits aufgezeigten „Beinaheverstöße" gegen geltendes Strafprozessrecht im Ergebnis dazu führen, dass die Position des Beschuldigten durch das Vorgehen der privaten Ermittler sowie das Verhalten der Strafverfolgungsbehörden im Fall Siemens derart verkürzt wurde, dass das Verfahren in einem erheblichem Maße unbillig erscheint und damit als Verstoß gegen den fair-trial-Grundsatz zu werten ist.

(1) Nichteinhaltung der Mindesterfordernisse für eine zuverlässige Wahrheitserforschung

Das Recht auf ein faires Verfahren setzt nach Auffassung des BVerfG auch „Maßstäbe für die Aufklärung des Sachverhalts und damit für eine hinreichende tatsächliche Grundlage für richterliche Entscheidungen".[468] Bei der Sachverhaltsaufklärung muss sichergestellt werden, dass „die vom Gesetzgeber vorgegebene Verfahrensstruktur beachtet wird".[469] Dies ist nicht zuletzt auch Ausdruck des dem Fairnessgebots immanenten Gedanken des Vertrauensschutzes, der insbesondere die Transparenz des Strafverfahrens für die Beteiligten sicherstellen will. Das Verfahren muss durchsichtig, nachvollziehbar und frei von Überraschungen sein und das Urteil auf einer verlässlichen Entscheidungsgrundlage beruhen.[470]

Legt man diesen Maßstab zugrunde, erscheint die Ordnungsmäßigkeit der Beweiserhebung im Fall Siemens unter dem Aspekt zweifelhaft, dass mit der Vermischung der Beweisergebnisse von privaten Ermittlern und Strafverfolgungsbehörden sowie der mangelnden Dokumentation der Ermittlungsschritte eine Situation eingetreten sein könnte, in der diese „Mindesterfordernisse für eine zuverlässige Wahrheitserforschung"[471] nicht mehr beachtet worden sind.

467 *Knauer/Buhlmann*, AnwBl 2010, 387 (391 f.). Zustimmend *Momsen*, ZIS 2011, 508 (513 f.).

468 BVerfGE 70, 297 (308).

469 BVerfG EuGRZ 1994, 591 (592); vgl. auch BVerfG NJW 1987, 2662 (2663); BVerfGE 52, 131 (145, 147); 86, 288 (317);

470 *Steiner*, Fairnessprinzip, S. 173. Vgl. auch BVerfG NStZ 1997, 94.

471 BVerfGE 70, 297 (308); ähnlich BVerfGE 86, 288 (317).

Wie im Verlauf der Untersuchung bereits festgestellt wurde, entsprechen die Ermittlungen durch Debevoise in weiten Teilen nicht den Formerfordernissen der StPO und bieten deshalb keine ausreichende Gewähr für die Wahrheitsfindung und den Schutz des Beschuldigten.[472] Schon der Ermittlungsansatz von Internal Investigations unterscheidet sich deutlich von den „klassischen" Ermittlungen der Strafverfolgungsbehörden. Während Letztere das Ziel verfolgen, den Tätern ihre strafrechtliche Schuld auf prozessual ordnungsgemäßem Weg nachzuweisen, ist der Ermittlungsansatz von Internal Investigations darauf gerichtet, etwaige Mängel in der Unternehmensorganisation aufzuarbeiten, wobei die dabei eingesetzten Methoden regelmäßig nachrangig erscheinen.[473] Zudem treten die privaten Ermittler in der Regel erkennbar als Vertreter des Unternehmens auf, handeln also einseitig interessengeleitet, und setzten sich damit auch in Widerspruch zu dem aus dem Legalitätsprinzip folgenden Gebot der Unparteilichkeit des Ermittlungsverfahrens (vgl. § 160 Abs. 2 StPO).[474]

Darüber hinaus ist das Ermittlungsverfahren nach der Konzeption der StPO ein grundsätzlich schriftliches Verfahren (vgl. §§ 163, 168b StPO), das durch den Grundsatz der Aktenwahrheit und Aktenvollständigkeit näher ausgestaltet wird.[475] So verlangt z.B. § 168b Abs. 2 StPO für den Fall einer offiziellen Vernehmung durch die Strafverfolgungsorgane regelmäßig die Protokollierung der Aussage.[476] Da die durch die Vertrauenskanzleien durchgeführten Interviews typischerweise nicht protokolliert werden und auch keine Pflicht zur Erstellung eines schriftlichen Ermittlungsberichts besteht, stehen die Ermittlungen der externen Anwälte in formeller Hinsicht im Widerspruch zu den Vorgaben der StPO. Die mangelnde Dokumentation der Vorgehensweise hat zudem zur Folge, dass der Betroffene auch im Nachhinein keinerlei Möglichkeit hat, etwaige Verfahrensverstöße durch die externen Ermittler zu beweisen.[477] Dies gilt umso mehr, wenn es – wie es vermutlich auch im Fall Siemens der Fall gewesen ist – darüber hinaus zu einer Vermischung der Beweisstücke gekommen ist, so dass im Nachhinein nicht mehr rekonstruiert werden kann, welches Beweisstück

---

472 Siehe dazu und zum Folgenden bereits oben unter Kapitel 4 II.2.a) sowie Kapitel 5 I.2.b)bb).

473 *Knierim*, StV 2009, 324 (328 f.).

474 Vgl. *Brunhöber*, GA 2010, 571 (578).

475 *Mende*, Grenzen privater Ermittlungen, S. 142; *Schlothauer*, in: Widmaier, MAH Strafverteidigung, Teil B § 3, Rn. 35. Vgl. dazu auch die jüngst ergangene Entscheidung BGH StV 2010, 285 (285 f.), in der der BGH zum Grundsatz der Aktenwahrheit Stellung nimmt.

476 *Griesbaum*, in: KK-StPO, § 163 Rn. 26.

477 Vgl. *Wehnert*, FS Müller, S. 729 (736) und *Bosch*, Aspekte des nemo-tenetur-Prinzips, S. 81 f.

rechtmäßig und welches rechtswidrig, welches von den privaten Ermittlern und welches von den Beamten der Staatsanwaltschaft auf welche Weise beschafft wurde, und damit insgesamt nicht mehr nachvollziehbar ist, ob die ermittelte Tatsachenlage „verlässlich" ist, d.h. eine eventuelle Anklage trägt oder der Sachverhalt durch einseitige und unvollständige Ermittlungen verfälscht ist.

Wenn somit weder die angewandte Methodik und die eingesetzten Mittel noch der Inhalt der Maßnahmen sowie die Verlässlichkeit der Ergebnisse überprüfbar sind und sodann auf Basis dieser Beweise gleichwohl ein Strafverfahren eingeleitet wird, innerhalb dessen die so gewonnenen Beweise zum Nachteil des Beschuldigten verwertet werden, läuft dies dem Gedanken eines transparenten und nachvollziehbaren Strafverfahrens und damit dem fair-trial-Grundsatz zuwider.[478]

(2) Beeinträchtigung des Rechts auf Verteidigung

Wie gesehen beinhaltet das Recht auf ein faires Verfahren als zentrale Forderung, dass der Beschuldigte nicht als bloßes Objekt des Verfahrens behandelt werden darf, sondern die Möglichkeit haben muss, zur Wahrung seiner Rechte auf den Gang und das Ergebnis des Verfahrens Einfluss zu nehmen.[479] Dies setzt zum einen voraus, dass der Betroffene über das ihm vorgeworfene Vergehen sowie die ihm zustehenden Verfahrensrechte umfassend aufgeklärt wird. Zum anderen muss ihm ermöglicht werden, sich in jeder Verfahrenslage des Beistands eines Verteidigers seiner Wahl zu bedienen.[480] Auch einem Zeugen ist dieses Recht nach Auffassung des BVerfG zumindest im Fall einer richterlichen Vernehmung zuzugestehen, wenn anders nicht sichergestellt werden kann, dass der Zeuge selbständig und sachgerecht über die Ausübung oder Nichtausübung seiner Rechte entscheiden kann.[481]

Dadurch, dass die betroffenen Mitarbeiter im Rahmen der Internal Investigations in der Regel gar nicht oder jedenfalls nicht umfassend über den ihnen zur Last gelegten Tatvorwurf sowie die ihnen zustehenden Verteidigungsmöglichkeiten informiert wurden und ihnen zudem nicht immer gestattet wurde, zu den Interviews in Begleitung eines Rechtsanwalts zu erscheinen, die durch die Aussagen gewonnenen Erkenntnisse aber gleichwohl Eingang in ein später gegen

478 Vgl. *Knierim*, StV 2009, 324 (325 f.); *Bienert*, Private Ermittlungen, S. 82 ff., 95 sowie *Hassemer/Matussek*, Opfer als Verfolger, S. 55 f., 59 ff.
479 BVerfGE 26, 66 (71); 38 105 (111); 46, 202 (210); 65, 171 (174 f.); 66, 313 (318). Dem folgend BGHSt 36, 305 (309).
480 *Rzepka*, Fairness im Strafverfahren, S. 390.
481 BVerfGE 38, 105 (112 f.).

den Mitarbeiter eingeleitetes Strafverfahren gefunden haben, könnten die Mitarbeiter auch in ihrem Recht auf Verteidigung beeinträchtigt worden sein.

Aufgrund ihrer Einbettung in das Unternehmen und seine Verteidigungsstrategie, die auf eine vollständige Kooperation mit den Ermittlungsbehörden ausgerichtet ist und dafür auch auf die Wahrung der prozessualen Rechte des Unternehmens sowie seiner Mitarbeiter nur allzu bereitwillig verzichtet,[482] haben die betroffenen Mitarbeiter keine reale Möglichkeit mehr, selbst über die für sie beste Verteidigungsstrategie zu entscheiden. Sie werden vielmehr vor die Wahl gestellt, vollumfänglich zu kooperieren oder sich empfindlichen arbeits- und/oder haftungsrechtlichen Sanktionen ausgesetzt zu sehen. Die Entscheidungsfreiheit der betroffenen Mitarbeiter tendiert gegen Null. Ihnen wird faktisch keine Wahl gelassen außer mit den vom Unternehmen eingesetzten Ermittlern zusammenzuarbeiten und sich der Verteidigungsstrategie des Unternehmens unterzuordnen. Zudem wird ihnen die Konsultation eines von ihnen gewählten Verteidigers, mit dem sie sich vor den Interviews besprechen und von dem sie sich ausführlich beraten lassen können, nur zurückhaltend gestattet.[483] Dies alles wäre dann noch hinnehmbar, wenn die auf diesem Weg erlangten Ergebnisse beim Unternehmen verblieben. Indem diese aber an die Strafverfolgungsbehörden weitergereicht und dort für Zwecke der Strafverfolgung verwendet werden, wirkt sich die Verkürzung der dem Betroffenen aus Gründen der Fairness und Rechtsstaatlichkeit zuzugestehenden Kontroll-, Mitwirkungs- und Verteidigungsrechte in voller Schärfe und zu seinem Nachteil auch im Rahmen des staatlichen Strafverfahrens aus. Die Beweise finden Eingang in das staatliche Strafverfahren, ohne dass der Beschuldigte Einfluss auf die Art und Weise ihrer Erhebung nehmen konnte oder die Möglichkeit hatte, sich gegen die Vorwürfe effektiv zu verteidigen. Dadurch ist nicht nur die Offenheit und Transparenz des Strafverfahrens insgesamt nicht mehr gewährleistet, sondern der Betroffene

---

482 Siehe dazu *Hamm*, NJW 2010, 1332 (1334): Die im Rahmen von Cross Border Investigations anzutreffende umfassende Kooperation des Unternehmens mit den Ermittlungsbehörden beinhaltet nicht nur einen Verzicht auf die Wahrung prozessualer Rechte des Unternehmens, sondern gleichzeitig immer auch einen Verzicht auf die persönlichen Rechte der mitbetroffenen Unternehmensmitarbeiter.

483 Den Mitarbeitern wurde zwar auf Kosten des Unternehmens ein Rechtsanwalt als „Zeugenbeistand“ zur Seite gestellt, mit dem sie sich vorab besprechen konnten und der sie zu den Befragungen begleitete, der aber nicht in den eigentlichen Ablauf des Interviews eingreifen durfte. Siehe dazu ausführlich oben unter Kapitel 3 III.2.c)cc).

auch nachhaltig in seiner verfahrensrechtlichen Subjektstellung beeinträchtigt und damit in seinem allgemeinen Persönlichkeitsrecht verletzt.[484]

Darüber hinaus führt die faktische Ausgliederung des Ermittlungsverfahrens auf die privaten Ermittler dazu, dass dem Beschuldigten das ihm durch den fair-trial-Grundsatz ebenfalls garantierte Recht auf Zugang zu Informationen genommen wird, denn das Akteneinsichtsrecht des Beschuldigten erstreckt sich nur auf die Ermittlungsakten der Strafverfolgungsbehörden, in denen die privaten Ermittlungsergebnisse oftmals nur unzureichend festgehalten werden.[485] Ferner wird dem betroffenen Mitarbeiter in der Regel – trotz des ihm nach § 83 Abs. 1 Satz 1 BetrVG insoweit zustehenden Rechts – jegliche Einsichtnahme in die Mitschriften der Interviews verwehrt. Er weiß also nicht, mit welchem Inhalt seine Aussage protokolliert wurde und welche Informationen an die Staatsanwaltschaft – sei es auch nur in mündlicher Form – weitergegeben wurden. Auch diese Aspekte führen im Ergebnis zu einer starken Beeinträchtigung seiner Verteidigungsmöglichkeiten.

Diese Beeinträchtigung des Rechts auf effektive Verteidigung kann dem Staat über den ebenfalls aus dem fair-trial-Grundsatz ableitbaren Gedanken der staatlichen Fürsorgepflicht, wonach die Organe der Strafverfolgungsbehörden verpflichtet sind, dem Beschuldigten eine wirkungsvolle Verteidigung zu ermöglichen und die Staatsanwaltschaft eine Eingriffspflicht hat, wenn sie Anhaltspunkte dafür erkennt, dass der Beschuldigte nicht in der Lage ist, sein Recht auf Verteidigung zu realisieren,[486] zugerechnet werden. Wenn die Strafverfolgungsbehörden ihrer Fürsorgepflicht nicht nachkommen, sondern vielmehr etwaige unterlassene Belehrungen durch die Unternehmen in voller Kenntnis der für den einzelnen Mitarbeiter bestehenden Problemlage bewusst ausnutzen, kann dieser Widerspruch zum Gebot einen fairen Strafverfahrens nur dadurch relativiert werden, dass man die auf diesem Weg erlangten Erkenntnisse für unverwertbar hält.[487]

---

484 Vgl. BVerfGE 38, 105 (114): Jeder Bürger habe ein Recht auf „aktive Teilnahme […] an dem ihm zukommenden Rechtsschutz“ sowie *Hassemer/Matussek*, Opfer als Verfolger, S. 71.

485 Vgl. *Böse*, ZStW 119 (2007), 848 (857) für die parallele Problematik der Ausgliederung von Teilen des strafrechtlichen Ermittlungsverfahrens auf Aufsichtsbehörden.

486 *Hegmann*, Fürsorgepflicht, S. 75 ff.

487 *Dann/Schmidt*, NJW 2009, 1851 (1855); *Pfordte*, in: Strafverteidigung im Rechtsstaat, S. 740 (755). Vgl. auch *Meyer-Goßner*, § 136a Rn. 3 sowie *Eisenberg*, Beweisrecht, Rn. 401.

(3) Unzulässige Vertauschung von Verfahrensrollen

Die faire Gestaltung des Strafverfahrens verlangt weiterhin, dass die verschiedenen Rollen, die den unterschiedlichen Verfahrensbeteiligten nach der StPO zugeordnet worden sind, nicht zum Zweck der Umgehung der mit einer Rolle verbundenen Rechtsnachteile vertauscht werden.[488] Das Konzept der StPO geht aber – insoweit anders als die US-amerikanischen Strafprozessordnungen, die Ankläger und Angeklagten als gleichberechtigte Parteien ansehen, – davon aus, dass es allein die Aufgabe des Staatsanwalts ist, dem Angeklagten seine Schuld zu beweisen. Den Beschuldigten trifft weder eine Beweislast, noch ist er verpflichtet, das Gericht durch die Angabe entlastender Umstände bei der Wahrheitsfindung zu unterstützen.[489] Aufgrund seiner prozessualen Autonomie hat er vielmehr einen Anspruch darauf, soweit wie möglich nicht gegen seinen Willen in den objektiven Prozess der Wahrheitserforschung einbezogen zu werden.[490]

Indem der Arbeitgeber die selbstbelastenden Aussagen des Arbeitnehmers gegen dessen Willen an die zuständige Strafverfolgungsbehörde weitergibt und diese den Inhalt der Aussagen sodann in den Prozess einführen und zum Bestandteil des auf die Findung der materiellen Wahrheit gerichteten Erkenntnisprozesses machen kann, wird der Beschuldigte entgegen der ihm von der StPO zugewiesenen Rolle und gegen seinen Willen als Beweismittel missbraucht. Auch hierin liegt eine Beeinträchtigung seiner verfahrensrechtlichen Subjektposition.

(4) Nichtbeachtung des Kriteriums des Anfangsverdachts

Gemäß § 152 Abs. 2 StPO sind die Strafverfolgungsbehörden nur dann zur Aufnahme von Ermittlungen berechtigt, wenn ein Anfangsverdacht vorliegt.[491] Aus Sicht des fair-trial-Grundsatzes, der insbesondere auch Übergriffe des Staates in die geschützten Freiheitssphären des Bürgers verhindern will, stellt sich die Verwertung der privaten Ermittlungsergebnisse durch die Strafverfolgungsbehörden demnach dann als problematisch dar, wenn die Strafverfolgungsbehörden dieselben Beweise nicht hätten erheben dürfen, weil im Hinblick auf die letztendlich verfolgte Straftat nur vage Vermutungen vorlagen, nicht aber ein Anfangsverdacht im Sinne des § 152 Abs. 2 StPO bestand. Durch die Verwertung derartiger Beweise wird in eine Freiheitssphäre des Bürgers eingegriffen,

---

488 Vgl. *Tiedemann*, FS Bockelmann, S. 819 (823 f.) und *Peters*, GS Peters, S. 891 (895 ff.).

489 *Saliger*, in: Depenheuer, Recht und Lüge, S. 93 (109); *Rogall*, Beschuldigter, S. 260.

490 *Bosch*, Aspekte des nemo-tenetur-Prinzips, S. 189.

491 Siehe dazu ausführlich oben unter Kapitel 5 I.2.b)aa)(1).

die dem staatlichen Zugriff durch die gesetzlich Regelung des § 152 Abs. 2 StPO eigentlich entzogen ist.

Wie bereits festgestellt,[492] wurden die externen Anwälte von Debevoise im Hinblick auf viele der durchleuchteten Unternehmenssparten nur aufgrund allgemeiner Verdachtsmomente oder bloßer Risikofaktoren tätig, die nach dem Maßstab des § 152 Abs. 2 StPO nicht geeignet gewesen wären, einen Anfangsverdacht zu begründen und derart weitreichende Ermittlungen durch die Strafverfolgungsbehörden zu legitimieren. Die zuständige Staatsanwaltschaft hätte derartige Ermittlungen mangels Bestehens eines Anfangsverdachts gar nicht erst vornehmen dürfen und wäre dementsprechend auch nicht auf belastendes Beweismaterial gestoßen.[493] Vielmehr hat sich ein die Einleitung von Strafverfahren legitimierender Anfangsverdacht gerade erst aufgrund der durch Debevoise durchgeführten unternehmensinternen Untersuchungen ergeben.[494] Es wäre ihr mithin auch verwehrt gewesen, im Rahmen dieser „Vorermittlungen" als belastend identifizierte Unterlagen zu beschlagnahmen.[495] Dadurch, dass die Staatsanwaltschaft die Dokumente nicht selber beschlagnahmt, sondern sich diese vielmehr vom Unternehmen bzw. den externen Ermittlern hat „aushändigen" lassen, hat sie sich den begrenzenden Wirkungen des Anfangsverdachts auf bequeme Art und Weise entledigt und dadurch die Freiheitssphäre des Betroffenen, der unterhalb der Schwelle des Anfangsverdachts grundsätzlich keinerlei „Ausforschung" durch den Staat befürchten muss,[496] verletzt.[497]

(5) Verkürzung des Rechts auf Aussagefreiheit

Auch der bereits ausführlich dargestellte nemo-tenetur-Grundsatz und das aus ihm resultierende Recht, sich nicht selbst belasten und dadurch zu seiner eigenen Überführung beitragen zu müssen, sind nach überwiegender Auffassung Bestandteile des Rechts auf ein faires Verfahren.[498] Zwar schützt der nemo-tenetur-Grundsatz nur vor staatlich vermitteltem Aussagezwang und ist daher in der hier zu untersuchenden Konstellation der Internal Investigations im Ergebnis nicht verletzt. Der Schutzgehalt des fair-trial-Prinzips geht aber über denjenigen des

---

492 Oben unter Kapitel 5 I.2.b)aa)(2).

493 Vgl. *Böse*, ZStW 119 (2007), 848 (860 f.).

494 *Knauer/Buhlmann*, AnwBl 2010, 387 (393).

495 Vgl. *Beulke*, in: LR-StPO, § 152 Rn. 34; *Groß*, FS Dahs, S. 249 (263 f.).

496 Siehe dazu wiederum oben unter Kapitel 5 I.2.b)aa)(1).

497 Vgl. *Knauer/Buhlmann*, AnwBl 2010, 387 (393) sowie *Momsen*, ZIS 2011, 508 (516).

498 Vgl. die Darstellungen zum Inhalt des fair-trial-Grundsatzes unter Kapitel 5 II.2.a)cc) sowie die jüngst ergangene Entscheidung des BGH zum Fairnessgebot im Strafverfahren, BGHSt 53, 294 (305).

nemo-tenetur-Grundsatzes hinaus, da er auch Fälle erfasst, in denen zwar rechtlich kein Verstoß gegen die Selbstbelastungsfreiheit festzustellen ist, es aber faktisch zu einer unsachgemäßen Verkürzung des Rechts auf Aussagefreiheit gekommen ist[499] oder Fehlvorstellungen über die Aussagepflicht und über Folgen des Schweigens in einem späteren Strafverfahren bewusst ausgenutzt worden sind.[500]

Zumindest für den Fall der Vorermittlungen, in denen die Verfahrensrechte dem Verdächtigen mangels Inkulpationsakts nach überwiegender Auffassung noch nicht zustehen, wird vertreten, dass es eine rechtsstaatswidrige Verkürzung der Beschuldigtenrechte darstelle, wenn eine Verurteilung ausschließlich auf die in diesem Stadium der Vorermittlungen gemachten Angaben der Auskunftsperson gestützt wird, obwohl diese Person später, nachdem sie in den Beschuldigtenstatus versetzt und über ihre Rechte belehrt worden ist, jegliche Aussage zur Sache verweigert.[501] Ähnlich wie im Fall der Vorermittlungen stellt sich aber auch die Situation im Fall von Internal Investigations dar. Hier wie dort soll die Aussage des späteren Beschuldigten, die er gemacht hat, ohne zuvor über sein Schweigerecht oder seine sonstigen Rechte belehrt worden zu sein, in einem nachfolgenden Strafverfahren verwertet werden. Ein Rechtsverstoß liegt in dieser unterbliebenen Belehrung jedoch nicht, fehlt es doch im Fall der Vorermittlungen an der Beschuldigtenstellung des Betroffenen[502] und im Fall der Internal Investigations an einem staatlichen Ermittlungsverfahren, so dass die Belehrungsvorschriften der StPO (noch) keine Anwendung finden. Gleichwohl führen beide Konstellationen dazu, dass die dem Betroffenen zustehenden Verfahrensrechte im Ergebnis leerlaufen, hielte man die im Vorfeld des eigentlichen Ermittlungsverfahrens getätigten selbstbelastenden Aussagen des unbelehrten Betroffenen für verwertbar. Für die Fallgestaltung der Internal Investigations gilt dies umso mehr, da die betroffenen Mitarbeiter nicht nur schlicht befragt, sondern durch Androhung erheblicher finanzieller Nachteile bewusst zu einer selbstbelastenden Aussage „gezwungen“ werden und eine Aussagefreiheit damit faktisch nicht existiert.

---

499 Vgl. BGHSt 42, 139 (156 f.); 53, 294 (305 ff.) sowie darauf aufbauend *Knauer/Buhlmann*, AnwBl 2010, 387 (391 f.).

500 *Stürner*, NJW 1981, 1757 (1758).

501 *Bosch*, Aspekte des nemo-tenetur-Prinzips, S. 248; *Gerling*, Informatorische Befragung, S. 101 f. Vgl. auch BGH NStZ 1983, 86 sowie *Wölfl*, JuS 2001, 478 (481).

502 Die Begründung der Beschuldigtenstellung setzt nach h.M. neben einem Tatverdacht zusätzlich einen Willensakt der Strafverfolgungsbehörde voraus, in dem zum Ausdruck kommt, dass sie das Verfahren gegen den Verdächtigen als Beschuldigten betreiben will, siehe nur *Beulke*, Strafprozessrecht, Rn. 111.

Auch wenn in dieser faktischen Verkürzung der Aussagefreiheit des von den Interviews betroffenen Mitarbeiters kein Verstoß gegen den nemo-tenetur-Grundsatz gesehen werden kann, können sowohl die enorme faktische Drucksituation, in der sich der betroffene Mitarbeiter während der Interviews befindet, als auch der Umstand, dass die Interviews entsprechend ihrer Struktur und Gesprächsführung darauf angelegt sind, zu einer Selbstbelastung zu führen, bei der wertenden Gesamtbetrachtung, die im Rahmen des fair-trial-Grundsatzes vorzunehmen ist, berücksichtigt werden und die Verwertbarkeit der Aussagen beeinträchtigen.[503] Steht zudem vor Beginn des Interviews bereits fest, dass die Aussage des Mitarbeiters nicht nur an den Arbeitgeber, sondern zugleich auch an externe Behörden weitergeleitet wird, so sind die mangelnde Belehrung sowie der auf den Betroffenen ausgeübte Druck den Strafverfolgungsbehörden zwar nicht direkt zuzurechnen.[504] Gleichwohl darf bei wertender Betrachtung nicht außer Betracht bleiben, dass die externen Ermittler die Informationen auch im Interesse der Ermittlungsbehörden selbst sammeln, diese ihre eigenen Ermittlungen sogar teilweise in entsprechendem Ausmaß zurückschrauben und gezielt auf die Erkenntnisse der privaten Ermittler zurückgreifen und die privaten Ermittlungen damit faktisch an die Stelle der staatlichen Ermittlungen treten.[505] Es muss insofern berücksichtigt werden, dass die Argumente, die zur Bejahung einer Auskunftspflicht des Arbeitnehmers geführt haben, gegenüber den Strafverfolgungsbehörden keinen Bestand haben. Vielmehr belegen §§ 55, 136, 136a StPO, dass das Informationsinteresse des Staates gegenüber dem Recht des Arbeitsnehmers auf Freiheit von Zwang zur Selbstbezichtigung stets zurückzutreten hat.[506] Diese Wertung darf nicht dadurch unterlaufen werden, dass es den Strafverfolgungsbehörden ohne Einschränkungen und ohne Nachteile für die Beweisführung gestattet wird, gezielt auf die Ergebnisse privater Sachverhaltsaufklärung zurückzugreifen.

Entsprechen die Ermittlungen und insbesondere die Vernehmungen der privaten Ermittler nicht den in der StPO normierten rechtstaatlichen Mindeststandards, läuft es damit dem Gedanken eines fairen Strafverfahrens zuwider, wenn die Verurteilung der betroffenen Mitarbeiter auf die unter erheblichem Druck

---

503 Vgl. BGHSt 42, 139 (156 f.); 53, 294 (305 ff.); *Knauer/Buhlmann*, AnwBl 2010, 387 (392).

504 Siehe oben unter Kapitel 5 II.1.c)bb).

505 Vgl. *Dann/Schmidt*, NJW 2009, 1851 (1855); *Pfordte*, in: Strafverteidigung im Rechtsstaat, S. 740 (741, 746) sowie *Steiner*, Fairnessprinzip, S. 82 f.

506 *Knauer/Buhlmann*, AnwBl 2010, 387 (393).

und ohne effektive Verteidigungsmöglichkeiten zustande gekommenen selbstbelastenden Aussagen gestützt wird.[507]

(6) Verkürzung der Rechtsschutzmöglichkeiten des Betroffenen

Die Forderung des fair-trial-Grundsatzes nach einem transparenten Strafverfahren gebietet nicht nur, dass die Sachverhaltsaufklärung durchsichtig, nachvollziehbar und frei von Überraschungen betrieben wird und das Urteil auf einer verlässlichen Entscheidungsgrundlage beruht, sondern verlangt auch, dass der Bürger gegen ihn betreffende Ermittlungsmaßnahmen Rechtsschutz in Anspruch nehmen kann. Dies folgt sowohl aus dem allgemeinen Justizgewährungsanspruch als Bestandteil des Rechtsstaatsprinzips, der jedem einen grundsätzlich gleichen Zugang zu den Gerichten garantiert,[508] als auch aus Art. 19 Abs. 4 GG, wonach demjenigen, der von der öffentlichen Gewalt in seinen Rechten verletzt wurde, die Möglichkeit gerichtlichen Rechtsschutzes eingeräumt werden muss.

Während die StPO mit dem verfahrenssichernden Richtervorbehalt und der Möglichkeit, angeordnete Ermittlungsmaßnahmen gemäß § 98 Abs. 2 Satz 2 StPO (analog) jederzeit einer richterlichen Überprüfung zuzuführen, ausreichende Rechtsschutzmöglichkeiten für den Betroffenen zur Verfügung stellt, stehen demjenigen, der im Zuge privater Ermittlungen in seinen Rechten beeinträchtigt wird, keine vergleichbaren Beschwerderechte oder sonstigen Rechtsschutzmöglichkeiten zu.[509]

So kann der Betroffene gegen eine offizielle Beschlagnahme beispielsweise gemäß § 98 Abs. 2 Satz 1 StPO Widerspruch erheben oder gemäß § 98 Abs. 2 Satz 2 StPO eine richterliche Überprüfung der Maßnahme beantragen und muss über diese Rechtsschutzmöglichkeiten sogar belehrt werden (§ 98 Abs. 2 Satz 7 StPO).[510] Eine Überprüfung der von den privaten Ermittlern eingesetzten Aufklärungsmaßnahmen, ihrer Ergebnisse sowie der Dokumentation kann hingegen frühestens in einem vom Betroffenen in der Folge angestrengten Arbeitsrechts- oder Zivilprozess in Zusammenhang mit dem vom Arbeitgeber geltend gemachten Kündigungsgrund oder den vom Betroffenen darzulegenden Voraussetzungen eines Schadensersatzanspruchs erfolgen oder innerhalb eines nachfolgenden Strafverfahrens stattfinden, in dem diese Aspekte bei der Frage zu prüfen sind, welchen Beweiswert man den intern erhobenen Beweisen zukommen

507 Vgl. *Knierim*, FS Volk, S. 247 (262).

508 *Schmidt-Aßmann*, in: Maunz/Dürig, GG, Art. 19 Rn. 16, 20.

509 Vgl. *Knierim*, StV 2009, 324 (325) sowie *Mende*, Grenzen privater Ermittlungen, S. 137.

510 *Knierim*, StV 2009, 324 (325).

lässt.[511] Der Betroffene kann weder aktiv gegen eine bevorstehende und ihn betreffende Befragung der internen Ermittler vorgehen – er ist nach der hier vertretenen Auffassung arbeitsrechtlich ja gerade zu einer Aussage verpflichtet – noch die Weitergabe der von ihm gemachten Aussage verhindern.[512] Er hat lediglich die Möglichkeit, etwaige ihm entstandene Schäden im Wege einer zivilrechtlichen Schadensersatzklage ersetzt zu verlangen oder, falls der Übergriff in seine Rechte zugleich einen Straftatbestand verletzt, die dafür verantwortliche Privatperson anzuzeigen. Mangels vollständiger und wahrheitsgemäßer Dokumentation der Ermittlungsmaßnahmen durch die privaten Ermittler wird sich ein Rechtsverstoß allerdings nicht immer leicht beweisen lassen.[513]

Zwar ist im Zusammenhang mit der Aufgabenprivatisierung im Verwaltungsrecht anerkannt, dass eine Privatisierung auch zu einer Minderung des Grundrechtsschutzes sowie der Rechtsschutzmöglichkeiten führen kann.[514] Dieses Ergebnis braucht jedoch im Hinblick auf Internal Investigations nicht hingenommen zu werden, da hier die Privatisierung des staatlichen Ermittlungsverfahrens anders als im öffentlichen Recht nicht auf einer gesetzlichen Grundlage beruht, also nicht gesetzlich legitimiert ist, sondern vielmehr ein faktisches Phänomen darstellt.

Ob die angewandte Methodik, die eingesetzten Mittel sowie die Ergebnisse der Ermittlungen den Anforderungen an eine transparente und zuverlässige Sachverhaltsaufklärung genügen, darf daher nicht erst im Zusammenhang mit späteren Zivilprozessen oder bei der Frage nach dem Beweiswert der im Rahmen der Internal Investigations gewonnenen Beweise in einem späteren Strafverfahren geklärt werden.[515] Vielmehr muss der Betroffene die Möglichkeit haben, die Vorgehensweise der Ermittler bereits zuvor einer justizförmigen Überprüfung zu unterziehen und seine gegen eine Weitergabe der im Wege der Interviews gewonnenen Erkenntnisse an unternehmensfremde Dritte sprechenden

511 *Knierim*, StV 2009, 324 (325).

512 Ein Unterlassungsanspruch steht den befragten Mitarbeitern insbesondere deswegen nicht zu, weil die externen Anwälte vom Unternehmen beauftragt wurden, also nur zu diesem, nicht aber auch zu den befragten Mitarbeitern in einem Mandatsverhältnis stehen, so dass ihnen die Weitergabe der ihnen vom befragten Mitarbeiter anvertrauten persönlichen Informationen, wie beispielsweise die Beteiligung an einer Straftat, nicht nach § 203 StGB untersagt ist. Soweit der Arbeitnehmer wirklich an einer Straftat beteiligt war, wird er durch die Weitergabe dieser zutreffenden Information auch nicht in seinem Persönlichkeitsrecht beeinträchtigt, so dass sich ein Unterlassungsanspruch auch nicht aus § 1004 BGB analog herleiten lässt.

513 Siehe dazu oben unter Kapitel 5 II.2.c)aa)(1). Vgl. auch *Wehnert*, FS Müller, S. 729 (736).

514 *Kämmerer*, Privatisierung, S. 453 ff.

515 *Knierim*, StV 2009, 324 (326).

Argumente vorzutragen und insgesamt auf eine gerichtliche Klärung zu drängen.[516] Da ihm diese Möglichkeit durch die Auslagerung des Ermittlungsverfahrens auf Privatpersonen genommen wird, geraten Internal Investigations in Konflikt mit dem grundrechtlich verankerten Justizgewährungsanspruch und widersprechen daher auch in Bezug auf diesen Aspekt einem fairen und rechtsstaatlichen Verfahren.[517]

(7) Zwischenergebnis: Verstoß gegen den fair-trial-Grundsatz

Die Gesamtbetrachtung hat ergeben, dass die vielen im Verlauf der Arbeit bereits aufgezeigten „Beinaheverstöße" gegen geltendes Strafprozessrecht, mit denen die Internal Investigations im Fall Siemens einhergegangen sind, im Ergebnis dazu führen, dass die Verfahrensrechte des Beschuldigten auf vielfältige Art und Weise verkürzt und seine Verteidigungsmöglichkeiten in Bezug auf ein nachfolgendes Strafverfahren stark beeinträchtigt wurden.

Zwar sind die einzelnen rechtsstaatlichen Grundsätze und Anforderungen, die durch die Durchführung der Internal Investigations tangiert wurden, jeweils isoliert betrachtet noch nicht in einem Ausmaß verletzt, dass schon aus der jeweiligen Beeinträchtigung der einzelnen Verfahrensrechte ein Verwertungsverbot abzuleiten wäre. Eine derart isolierte Betrachtung würde jedoch der Gesamtsituation insofern nicht gerecht, als dann wichtige Aspekte wie die planmäßig und systematisch angelegte Vorgehensweise der internen Ermittler, die hinsichtlich Organisation und Ablauf mit staatlichen Ermittlungen vergleichbar ist, sowie die enge Kooperation von internen Ermittlern und Strafverfolgungsbehörden ebenso wenig Berücksichtigung fänden wie die bereits von Anbeginn der Ermittlungen geplante Verwendung der Ermittlungsergebnisse für spätere Strafverfahren. Angezeigt ist vielmehr eine Betrachtung der Fallgestaltung der Internal Investigations als Ganzes einschließlich der Auswirkungen, die die einzelnen Verkürzungen der dem Betroffenen zustehenden Verfahrensrechte auf seine Stellung und Verteidigungsposition in einem nachfolgenden Strafverfahren insgesamt bedeuten.[518]

Setzt man die einzelnen Beeinträchtigungen, die den Mitarbeitern im Verlauf der internen Ermittlungen widerfahren sind, in Bezug zueinander und berücksichtigt zudem, dass auf Basis dieser dem Leitbild der StPO in vielen Aspekten widersprechenden Sachverhaltsaufklärung und unter Verwendung der dort zusammengetragenen Beweise ein Strafverfahren gegen den Betroffenen eingeleitet wird, innerhalb dessen die Verkürzungen seiner Verfahrensrechte

516 *Knierim*, StV 2009, 324 (326); *Wastl/Litzka/Pusch*, NStZ 2009, 68 (74).

517 Vgl. *Wastl/Litzka/Pusch*, NStZ 2009, 68 (74).

518 Vgl. BGHSt 42, 139 (156 f.); 53, 294 (306).

fortwirken und seine Verteidigungsposition zum Teil ganz erheblich schwächen, gelangt man zu dem Ergebnis, dass das gegen den Betroffenen betriebene Verfahren insgesamt den Anforderungen an ein justizförmiges, am Leitgedanken der Billigkeit und materiellen Gerechtigkeit ausgerichteten, d.h. einem insgesamt fairen und rechtsstaatlichen Strafverfahren, nicht mehr entspricht und den von einer späteren Strafverfolgung betroffenen Mitarbeiter mithin in seiner aus Art. 2 Abs. 1 i.V.m. Art. 1 Abs. 1 sowie 20 Abs. 3 GG abzuleitenden verfahrensrechtlichen Subjektposition und damit in seinem Recht auf ein faires Verfahren verletzt.[519]

bb) Rechtsfolge des Fairnessverstoßes: Verwertungsverbot

Da der Fairnessgedanke in der StPO nicht ausdrücklich normiert ist, lässt sich aus dem Gesetz keine eindeutige Rechtsfolge ableiten. Wie herausgearbeitet wurde, beinhaltet der fair-trial-Grundsatz aber auch kein lediglich moralisches Gebot, sondern bildet ein dem Strafverfahren zugrunde liegendes und zwingend zu beachtendes Rechtsprinzip. Ein Verstoß gegen den fair-trial-Grundsatz darf demnach nicht folgenlos bleiben.[520]

(1) Revisionsgrund, Strafzumessungserwägungen oder Verfahrenshindernis keine angemessenen Lösungen

Einigkeit besteht dahingehend, dass eine Verletzung des Fairnessgebots zu einem Revisionsgrund führt.[521] Die bloße Annahme eines Revisionsgrunds ist jedoch in der Konstellation der Internal Investigations nicht ausreichend, weil der Fairnessverstoß, der sich auf der Stufe der Beweisgewinnung zugetragen hat, in einem erneuten Verfahren nicht ausgeglichen werden kann: Die Nichtbeachtung der dem Betroffenen zustehenden Verfahrensrechte durch die privaten Ermittler bei gleichzeitiger Weitergabe der Ermittlungsergebnisse an die Strafverfolgungsbehörden hat die Verteidigungsmöglichkeiten des Betroffenen irreparabel beeinträchtigt. Auch wenn die Belehrung im Hinblick auf das Schweigerecht in einem etwaigen späteren Strafverfahren nachgeholt wird, kann eine einmal erfolgte Selbstbelastung gegenüber den privaten Ermittlern angesichts der Tatsache, dass diese in der Hauptverhandlung als „Zeugen vom Hörensagen“ über die

519 Vgl. auch *Knauer/Buhlmann*, AnwBl 2010, 387 (392): „Aus einer Gesamtschau der Umstände vor dem Hintergrund der besonderen Situation des betroffenen Arbeitnehmers folgt jedoch, dass die Umstände der Beweisgewinnung in faktischer Hinsicht nicht hinnehmbar sind.“

520 Vgl. *Steiner*, Fairnessprinzip, S. 192 f.

521 BGHSt 32,44 (44 f., 47); *Meyer-Goßner*, StPO, § 338 Rn. 59; *Roxin/Schünemann*, Strafverfahrensrecht, § 11 Rn. 8.

Angaben des Mitarbeiters gehört und befragt werden oder die Mitschriften der Interviews beschlagnahmt werden können,[522] grundsätzlich nicht mehr rückgängig gemacht werden.

Aus den gleichen Gründen muss auch die insbesondere von der Rechtsprechung in Fällen von Verstößen gegen den fair-trial-Grundsatz favorisierte Strafzumessungslösung[523] als geeignete Kompensation des Fairnessverstoßes ausscheiden. Diese materiell-rechtliche Lösung wird der Problematik im Fall der Internal Investigations insbesondere dann nicht gerecht, wenn Taten abgeurteilt werden, die ohne Mitwirkung der privaten Ermittler überhaupt nicht entdeckt worden wären, weil die Strafverfolgungsbehörden wegen § 152 Abs. 2 StPO nicht hätten ermitteln dürfen.[524]

Die Annahme eines Verfahrenshindernisses, wie es für einige Fälle, in denen in eklatanter Weise gegen den fair-trial-Grundsatz verstoßen wurde, ebenfalls diskutiert wird,[525] erscheint hingegen für die Fallkonstellation der Internal Investigations als zu weitgehend.

Ein angemessener Schutz des Betroffenen kann daher nur durch die Annahme eines Verwertungsverbots gewährleistet werden.

(2) Beweisverwertungsverbot

Wie oben festgestellt wurde,[526] folgt der Verstoß gegen den fair-trial-Grundsatz nicht bereits daraus, dass die privaten Ermittler gewisse Förmlichkeiten und Verfahrensrechte auf der Ebene der Beweismittelgewinnung nicht beachtet haben. Der Betroffene wird vielmehr erst dadurch in seinem Recht auf ein faires Verfahren verletzt, dass die durch die externen Ermittler gegen den Betroffenen in nicht justizförmiger Weise und unter Missachtung seiner verfahrensrechtlichen Subjektstellung gesammelten Beweise von der zuständigen Staatsanwaltschaft in einem staatlichen Strafverfahren gegen ihn verwendet werden. Es ist mithin von einem grundrechtlichen, d.h. selbständigen Beweisverwertungsverbot auszugehen.

---

522 Aufgrund ihrer Stellung als Anwälte des Unternehmens steht ihnen im Hinblick auf den Aussageinhalt der einzelnen Mitarbeiter auch von vornherein kein Zeugnisverweigerungsrecht gemäß §§ 53, 53a StPO zu. Aus denselben Gründen unterliegen die Mitschriften aus den Interviews keinem Beschlagnahmeverbot nach § 97 Abs. 1 StPO. Siehe *Pfordte*, in: Strafverteidigung im Rechtsstaat, S. 740 (752) sowie *Wessing*, in: Strafverteidigung im Rechtsstaat, S. 907 (924, 926 f.).

523 Siehe hierzu *Rzepka*, Fairness im Strafverfahren, S. 151 f.

524 Vgl. *Knauer/Buhlmann*, AnwBl 2010, 387 (393).

525 *Steiner*, Fairnessprinzip, S. 197 ff.

526 Siehe Kapitel 5 II.2.c)aa)(7).

Nach der herkömmlichen Dogmatik der Beweisverwertungsverbote bedarf es auch im Hinblick auf die Bestimmung eines selbständigen Beweisverwertungsverbots nach allgemeiner Auffassung einer umfassenden Abwägung, in die auf Seiten des Betroffenen insbesondere das Gewicht des Verfahrensverstoßes, dessen Bedeutung für die rechtlich geschützte Sphäre des Betroffenen sowie die Erwägung, dass die Wahrheit nicht um jeden Preis erforscht werden darf, und auf Seiten des Staates das Bedürfnis nach einer funktionstüchtigen Strafrechtspflege und die Möglichkeit hypothetisch rechtmäßiger Beweiserlangung einzustellen sind.[527] Dies bedeutet für den Fall Siemens Folgendes:

Zugunsten des Betroffenen muss berücksichtigt werden, dass die Ausgestaltung der Internal Investigations im Allgemeinen und die Weitergabe der Ermittlungsergebnisse an die Strafverfolgungsbehörden im Besonderen dazu führen, dass er in seinen Verfahrensrechten nicht nur beeinträchtigt wird, sondern dass diese faktisch leerlaufen und ihm jedwede effektive Verteidigungsmöglichkeit gegen den ihm gemachten strafrechtlichen Vorwurf genommen wird. Der bevorstehenden Verwertung eines Beweismittels, das unter Missachtung der prozessrechtlichen Subjektstellung des Beschuldigten erlangt wurde, stünde damit in jedem Fall der aus dem allgemeinen Persönlichkeitsrecht folgende, auf Unterlassung gerichtete grundrechtliche Abwehranspruch aus Art. 2 Abs. 1 i.V.m. Art. 1 Abs. 1 GG entgegen.[528]

Gegen eine uneingeschränkte Verwertung der von Privatpersonen anhand systematischer Sachverhaltsaufklärung erlangten Ermittlungsergebnisse spricht – von den Interessen des jeweils konkret Betroffenen losgelöst – ferner der Umstand, dass andernfalls den Schutzmechanismen der in der StPO normierten Beweiserhebungs- und Beweisverwertungsregeln, die den Ablauf eines justizförmigen Ermittlungsverfahrens sichern sollen, eine schrittweise Entwertung droht. Denn die Strafverfolgungsbehörden müssten nicht mehr selbst ermitteln und wären dabei an die Reglementierungen der StPO gebunden, sondern könnten zur Schonung der eigenen Ressourcen und zur Steigerung der Effektivität ihrer Ermittlungen ungestraft auf die Ergebnisse der Privatermittler, die ihrerseits die Verfahrensvorschriften der StPO nicht zu beachten haben, zugreifen.[529] Dieser „Flucht aus dem Rechtsstaatsprinzip" darf nicht dadurch Vorschub geleistet werden, dass man die Verwertung derjenigen Beweise, deren Erhebung rechts-

527 BGHSt 38, 214 (219 f.); 38, 372 (373 f.); 42, 139 (156 f.); 42, 170 (172); 44, 46 (48 f.); *Jahn*, Gutachten C zum 67. DJT, C 45 ff., *Kühne*, in: LR-StPO, Einl. Abschn. I Rn. 110; *Steiner*, Fairnessprinzip, S. 195 f.; *Rzepka*, Fairness im Strafverfahren, S. 133 f. Zur Dogmatik der selbständigen Beweisverwertungsverbote siehe bereits oben unter Kapitel 5 II.1.c)cc)(2)(a).

528 *Störmer*, Verwertungsverbote, S. 57.

529 *Mende*, Grenzen privater Ermittlungen, S. 181.

staatlichen Grundsätzen nicht genügt, uneingeschränkt zulässt.[530] Auch der Disziplinierungsgedanke fordert mithin ein Beweisverwertungsverbot.

Zwar beeinträchtigt eine Unverwertbarkeit der im Rahmen der Internal Investigations gewonnenen Ermittlungsergebnisse die Funktionstüchtigkeit der Strafrechtspflege, die sich nicht nur der Erforschung des wahren Sachverhalts verschrieben hat, sondern auch eine Ahndung der durch die Mitarbeiter begangenen Straftaten erfordert. Allerdings kann der Gedanke der Effektivität der Strafverfolgung nicht als „Totschlagargument" gegen ein Verwertungsverbot gebraucht werden. Vielmehr steht mit dem Grundsatz des fairen Verfahrens eine besonders wichtige Verfahrensgarantie auf dem Spiel, die nicht durch Zweckmäßigkeits- und Effizienzüberlegungen ausgehöhlt werden darf. Bereits für sich genommen ist die Justizförmigkeit des Verfahrens höher zu bewerten als die Funktionstüchtigkeit der Strafrechtspflege: Die Wahrheit darf nicht um jeden Preis erforscht werden.[531] Die Abwägung muss daher erst recht zugunsten der Justizförmigkeit des Verfahrens ausfallen, wenn dem Betroffenen – wie im vorliegenden Fall – „lediglich" Wirtschaftsdelikte wie Untreue und Korruption aber keine Kapitaldelikte zur Last gelegt werden, sich die Verwertung der Beweise demgegenüber aber als vergleichsweise schwerer Verfahrensverstoß darstellt.

Zu Lasten der Strafverfolgungsbehörden ist in der hier zu untersuchenden Konstellation darüber hinaus zu beachten, dass auch eine hypothetische Betrachtung kein anderes Ergebnis nahe legt: Wegen § 152 Abs. 2 sowie §§ 55, 136 Abs. 1 Satz 2 und § 136a StPO hätten die Strafverfolgungsbehörden dieselben Beweise nicht erheben dürfen. Denn es ist zugunsten der betroffenen Mitarbeiter davon auszugehen, dass sie ohne den durch die Privatermittler ausgübten wirtschaftlichen Druck und bei ordnungsgemäßer Belehrung von ihrem Schweigerecht Gebrauch gemacht hätten oder – mangels Anfangsverdachts – überhaupt nicht in das Visier der Strafverfolgungsbehörden geraten wären.

Auch der bereits mehrfach angesprochene Gedanke der den Strafverfolgungsbehörden obliegenden Fürsorgepflicht spricht gegen eine Verwertung der im Wege der internen Sachverhaltsaufklärung gewonnenen Beweise. Gemäß Art. 1 Abs. 3, 20 Abs. 3 sowie 28 Abs. 1 GG verlangt der fair-trial-Grundsatz auch, dass die Organe der Strafverfolgungsbehörden darauf zu achten und dafür Sorge zu tragen haben, dass die Beweisaufnahme im Einklang mit den Verfahrensvorschriften der StPO erfolgt und die Grundrechte der Betroffenen gewahrt bleiben.[532] Können sie dies nicht gewährleisten, da an ihrer Stelle Privatpersonen die Sachverhaltsaufklärung übernehmen, dürfen sie das entsprechende Ma-

---

530 *Mende*, Grenzen privater Ermittlungen, S. 213.

531 BGHSt 38, 214 (220); 38, 372 (373 f.); *Mende*, Grenzen privater Ermittlungen, S. 217.

532 Siehe dazu die Ausführungen oben unter Kapitel 5 I.2.b)bb).

terial auch nicht verwerten.[533] Dies gilt erst recht, wenn die Strafverfolgungsbehörden die privaten Ermittler bewusst gewähren lassen und ihre einem justizförmigen Verfahren widersprechenden Methoden – wie z.B. ohne Belehrung und unter Zwang durchgeführte Mitarbeiterbefragungen – dulden, weil sie im Nachhinein von den privat erlangten Ergebnissen profitieren wollen.[534]

Zur Unterstützung dieses Ergebnisses lässt sich daneben das Prinzip der Ingerenzhaftung fruchtbar machen. Dadurch, dass die Strafverfolgungsbehörden eine systematische private Strafverfolgung, die an die Verfahrensrechte nicht gebunden ist, zulassen und die eigene Ermittlungstätigkeit entsprechend zurückschrauben, wird im Hinblick auf die Verletzung von Beschuldigtenrechten eine gesteigerte Gefahrenlage geschaffen. Realisiert sich diese Gefahr, werden also Verfahrensrechte von den privaten Ermittlern nicht ausreichend beachtet, darf der Staat die privaten Ermittlungsergebnisse nicht verwerten, weil dies eine Vertiefung desjenigen Schadens bedeutete, den der Staat eigentlich zu verhindern verpflichtet ist.[535]

Schließlich spricht auch folgender Vergleich gegen eine Verwertbarkeit der von den privaten Ermittlern im Fall Siemens erlangten Beweise: Beweismittel, die von ausländischen Strafverfolgungsbehörden unter Verstoß gegen grundlegende Prinzipien des deutschen Strafprozess- und Verfassungsrechts, insbesondere die §§ 136, 136a StPO sowie den nemo-tenetur-Grundsatz, erlangt wurden, sind in einem Strafverfahren vor deutschen Gerichten nicht verwertbar.[536] Insbesondere im Hinblick auf diese Vorschriften, aber auch unter sonstigen normativen Gesichtspunkten ist die Schutzbedürftigkeit des von Internal Investigations betroffenen Mitarbeiters jedoch nicht geringer, wenn die SEC und das DOJ die Befragungen nicht selbst vornehmen, sondern es ihnen vielmehr gelingt, das betroffene Unternehmen dazu zu bewegen, seine Mitarbeiter mit Hilfe fragwürdiger Vernehmungsmethoden zu einer Selbstbelastung zu zwingen.[537]

Es lässt sich damit festhalten, dass die Abwägung im Fall Siemens zugunsten der betroffenen Mitarbeiter ausfällt, so dass von einem Beweisverwertungsverbot auszugehen ist.

---

533 Vgl. *Knierim*, StV 2009, 324 (326); *Jahn*, Gutachten C zum 67. DJT, C 103 sowie *Hassemer/Matussek*, Opfer als Verfolger, S. 82 ff.

534 *Brunhöber*, GA 2010, 571 (587); *Dann/Schmidt*, NJW 2009, 1851 (1855); *Pfordte*, in: Strafverteidigung im Rechtsstaat, S. 740 (755).

535 Vgl. *Mende*, Grenzen privater Ermittlungen, S. 211 f.

536 *Gleß*, in: LR-StPO, § 136a Rn. 11.

537 *Wastl/Litzka/Pusch*, NStZ 2009, 68 (71).

(3) Umfang und Reichweite des Beweisverwertungsverbots

(a) Umfang des Beweisverwertungsverbots

Im Hinblick auf den Umfang des Beweisverwertungsverbots ist zu differenzieren:

Soweit privat erlangte Beweismittel wie z.B. Unternehmensunterlagen oder von den privaten Ermittlern selbständig erstellte Dokumentationen über ihre Vorgehensweise während der internen Ermittlungen ungeprüft in die staatliche Ermittlungsakte übernommen wurden, obwohl diese Beweismittel den Mindesterfordernissen für eine zuverlässige Wahrheitserforschung nicht genügen – sei es, dass ihre Objektivität nicht gewährleistet ist oder sei es, dass sie den Sachverhalt nur unvollständig wiedergeben – oder die privat erlangten Beweismittel in der Ermittlungsakte schlicht nicht als solche gekennzeichnet wurden, stellt sich die Ermittlungakte insgesamt nicht als eine ausreichend transparente und verlässliche Grundlage dar, um darauf die Einleitung eines Strafverfahrens stützen zu können. Die in der Ermittlungsakte aufgeführten Beweise sind deshalb zwar nicht per se unverwertbar. Ihr Beweiswert ist jedoch kritisch zu hinterfragen.[538]

Generell unverwertbar sind hingegen die unter Beeinträchtigung des Rechts auf Verteidigung und unter eklatanter Verkürzung der Aussagefreiheit zustande gekommenen selbstbelastenden Aussagen der betroffenen Mitarbeiter. Insofern verbietet es sich nicht nur, ein über das Interview gegebenenfalls angefertigtes Protokoll im nachfolgenden Strafverfahren gegen den Willen des Betroffenen zu verwerten, sondern auch die privaten Vernehmungspersonen als Zeugen vom Hörensagen über Ablauf und Inhalt des Interviews zu befragen.[539]

Eine differenzierende Betrachtung ist hingegen im Hinblick auf diejenigen sonstigen Beweismittel angezeigt, die von den privaten Ermittlungspersonen im Zuge ihrer systematischen und Unternehmenssparten übergreifenden Sachverhaltsaufklärung erlangt und sodann freiwillig den Strafverfolgungsbehörden zur Verfügung gestellt wurden. In diesem Zusammehang bietet es sich an, auf eine hypothetische Betrachtung abzustellen und zu fragen, ob die Strafverfolgungsbehörden die ihnen von den Privatermittlern ausgehändigten Unterlagen auf rechtmäßigem Weg selbständig hätten erlangen können.[540] Soweit das belastende Beweismaterial aus Unternehmenssparten oder Geschäftsbereichen stammt, für die kein Anfangsverdacht im Sinne des § 152 Abs. 2 StPO vorlag, hätten diese Beweise von der Staatsanwaltschaft mangels Ermittlungsbefugnis nicht

---

538 Vgl. OLG Oldenburg NJW 1953, 1237; *Knierim*, StV 2009, 324 (329). Für eine generelle Unverwertbarkeit hingegen *Hassemer/Matussek*, Opfer als Verfolger, S. 84.

539 Vgl. *Gatzweiler*, in: Strafverteidigung im Rechtsstaat, S. 480 (481).

540 Vgl. *Beulke*, Strafprozessrecht, Rn. 483 und *Gleß*, in: LR-StPO, § 136a Rn. 12.

rechtmäßig erhoben werden können. Hätte die Staatsanwaltschaft in der entsprechenden Unternehmenssparte aber mangels Anfangsverdachts keine Ermittlungen vornehmen dürfen, hätte sie die dabei aufgespürten und auf die Begehung von Straftaten hindeutenden Unterlagen auch nicht beschlagnahmen dürfen.[541] Die Beweise, die unter Missachtung des Erfordernisses des Anfangsverdachts von den privaten Ermittlern erlangt wurden, dürfen mithin in einem späteren Strafverfahren nicht zu Lasten des verdächtigen Mitarbeiters verwertet werden.

(b) Reichweite des Beweisverwertungsverbots

Mit der Frage nach der Reichweite des Beweisverwertungsverbots ist die schwierige Frage angeschnitten, ob und wenn ja, in welchem Umfang dem aus dem Verstoß gegen den fair-trial-Grundsatz resultierenden Beweisverwertungsverbot Fernwirkung zukommt, ob also auch alle weiteren mittelbaren Beweise, die aufgrund der selbstbelastenden Aussagen oder auf Basis der unter Nichtbeachtung des Kriteriums des Anfangsverdachts ermittelten Beweise erzielt wurden, in einem nachfolgenden Strafverfahren unverwertbar sind.

Die Frage nach der Fernwirkung von Beweisverwertungsverboten ist nach wie vor umstritten.[542] Der BGH hat sich in ständiger Rechtsprechung gegen eine Fernwirkung von Beweisverwertungsverboten ausgesprochen, da es nicht sein dürfe, dass ein Verfahrensverstoß das gesamte Strafverfahren lahm lege und sich überdies kaum jemals feststellen lasse, dass die Strafverfolgungsbehörden das weitere Beweismittel nicht auch ohne den vorhergehenden Verfahrensverstoß gefunden hätten.[543] Demgegenüber hält eine starke Gegenauffassung unter Rekurs auf die US-amerikanische *fruit-of-the-poisonous-tree-doctrin* auch die aufgrund des unverwertbaren Beweismittels mittelbar erlangten weiteren Beweise für unverwertbar, weil andernfalls der Sinn und Zweck der Beweisverwertungsverbote unterlaufen zu werden drohte.[544] Eine dritte vermittelnde Meinung will die Reichweite des Beweisverwertungsverbots stets im jeweiligen Einzelfall durch Abwägung zwischen dem Gewicht des Verfahrensverstoßes und der Schwere der verfolgten Tat bestimmen.[545]

---

541 Siehe dazu ausführlich oben unter Kapitel 5 I.2.b)aa)(1) und (2).

542 *Beulke*, Strafprozessrecht, Rn. 482; *Jahn*, Gutachten C zum 67. DJT, C 91.

543 BGHSt 27, 355 (358); 32, 68 (71); 34, 362 (364); 35, 32 (34); 51, 1 (8). Zustimmend *Meyer-Goßner*, StPO, § 136a Rn. 31; *Bittmann/Molkenbur*, wistra 2009, 373 (378); *Gössel*, in: LR-StPO, Einl. L Rn. 106.

544 *Volk*, StPO, § 28 Rn. 43; *Roxin*, in: 40 Jahre BGH, S. 66 (95).

545 *Eisenberg*, Beweisrecht, Rn. 403; *Jahn*, Gutachten C zum 67. DJT, C. 94 f.; *Senge*, in: KK-StPO, Vor § 48 Rn. 47; *Gleß*, in: LR-StPO, § 136a Rn. 75 f.; *Joerden*, JuS 1993, 927 (931).

Insbesondere für die schwierige Konstellation der Internal Investigations, in der gerade nicht ein gravierender, sondern viele kleine Verstöße gegen die Anforderungen an eine justizförmige Wahrheitsermittlung festzustellen sind, die erst in einer Gesamtbetrachtung zu einer Verletzung des fair-trial-Grundsatzes führen, erscheint eine differenzierende Beantwortung dieser Frage vorzugswürdig. Ausgangspunkt ist insoweit der fair-trial-Grundsatz, der lediglich verlangt, solche Beweise für unverwertbar zu erklären, deren Zustandekommen den Betroffenen in seiner verfahrensrechtlichen Subjektstellung unzumutbar beeinträchtigt hat. Das Recht auf ein faires Verfahren verbietet es aber nicht generell, derartige Beweise als Anlass für weitere Ermittlungen zu nehmen, sofern die Ermittlungen sodann im Einklang mit den Vorgaben der StPO erfolgen und insbesondere die Verfahrensrechte des Betroffenen gewahrt werden. Auch darf das Interesse des Staates an einer funktionstüchtigen Strafrechtspflege nicht gänzlich außer Acht gelassen werden.

Es erscheint daher im Hinblick auf den fair-trial-Grundsatz unbedenklich, die im Rahmen der Interviews erteilten Auskünfte zum Anlass für die Einleitung eines staatlichen Ermittlungsverfahrens zu nehmen, in welchem dann unter Beachtung der bestehenden gesetzlichen Regelungen von der Auskunft unabhängige Beweise gewonnen werden können.[546] Als unzulässig wäre es hingegen anzusehen, wenn die im Rahmen der Interviews gewonnenen Erkenntnisse im Ermittlungsverfahren genutzt würden, indem etwa die entsprechenden Informationen dem Beschuldigten vorgehalten oder zur Rechtfertigung von strafprozessualen Maßnahmen, wie beispielsweise zur Anordnung von Untersuchungshaft, herangezogen würden.[547] Gleiches muss auch in Bezug auf die Verwertbarkeit derjenigen Beweise gelten, die mittelbar aufgrund der unter Verstoß gegen das Kriterium des Anfangsverdachts ermittelten Beweise aufgefunden worden sind. Auch hier würde das Zuerkennen einer Fernwirkung das Interesse des Staates an einer effektiven Aufklärung von Straftaten unangemessen beeinträchtigen, so dass auch diese Beweise als Ermittlungs- oder Spurenansatz für die Aufnahme weiterer Ermittlungen herangezogen werden dürfen.

---

546 *Bittmann/Molkenbur*, wistra 2009, 373 (375, 378); a.A. *Brunhöber*, GA 2010, 571 (586) und *Wastl/Litzka/Pusch*, NStZ 2009, 68 (73), die annehmen, dass die im Rahmen der Interviews gewonnenen Informationen weder zur Einleitung noch sonst im Rahmen des Strafverfahrens berücksichtigt werden dürfen. A.A. auch *Böhm*, WM 2009, 1923 (1929), der von einem Beweis*verwendungs*verbot ausgeht, das er durch eine Analogie zu § 97 Abs. 1 Satz 3 InsO zu begründen versucht.

547 Sog. Fortwirkung des Beweisverwertungsverbots, *Meyer-Goßner*, StPO, § 152 Rn. 4b; *Roxin/Schünemann*, Strafprozessrecht, § 24 Rn. 61; *Bosch*, Aspekte des nemo-tenetur-Prinzips, S. 350.

Die gegenteilige Auffassung, die für eine Fernwirkung dieser Beweisverwertungsverbote votiert, verkennt, dass mit der Unverwertbarkeit der unmittelbar den Aussagen entnommenen Beweise sowie der Unverwertbarkeit der unter Nichtbeachtung des § 152 Abs. 2 StPO ermittelten Erkenntnisse eine ohnehin schon sehr weitreichende Beschränkung der staatlichen Beweiserhebungsbefugnis besteht und der Betroffene durch die private Erhebung und nachträgliche Verwertung der entgegen dem Leitbild der StPO erhobenen Beweise zwar insgesamt in seiner verfahrensrechtlichen Subjektstellung verletzt wird, dass keiner dieser Verstöße für sich genommen jedoch derart schwerwiegend ist, dass er eine Fernwirkung erforderte.

cc) Zwischenergebnis

Als Zwischenergebnis ist festzuhalten, dass im Fall Siemens nur die Annahme eines Beweisverwertungsverbots geeignet ist, die dem betroffenen Mitarbeiter im Zusammenhang mit der Durchführung der Internal Investigations widerfahrenen Verkürzungen seiner verfahrensrechtlichen Subjektposition zu relativieren und damit einen Verstoß gegen den fair-trial-Grundsatz zu verhindern. Umfang und Reichweite dieses Beweisverwertungsverbots sind jedoch differenzierend zu beurteilen; insbesondere kommt dem jeweiligen Beweisverwertungsverbot keine Fernwirkung zu. Allerdings ist der Beweiswert aller privat erlangten Ermittlungsergebnisse, die in einem späteren Strafverfahren gegen den Betroffenen Verwendung finden sollen, kritisch zu hinterfragen.

3. Ergebnis

Die Untersuchung der Rechtmäßigkeit der privaten Ermittlungen im Fall Siemens hat ergeben, dass eine Verletzung des nemo-tenetur-Grundsatzes mangels staatlich vermittelten Aussagezwangs nicht festgestellt werden konnte.

Eine wertende Betrachtung der Gesamtumstände des Falles hat jedoch gezeigt, dass die Ausgestaltung des Verfahrens zu einer unangemessenen Verkürzung der dem jeweils Betroffenen zustehenden Verfahrensrechte geführt hat und die Verwertung der auf diesem Weg gewonnenen Beweise den Betroffenen mithin in seiner aus dem fair-trial-Grundsatz ableitbaren verfahrensrechtlichen Subjektposition verletzen würde.

Zum Schutz der Verfahrensrechte des betroffenen Mitarbeiters ist daher von einem Verwertungsverbot auszugehen, das sich auf diejenigen Beweise erstreckt, die unter Missachtung seiner Subjektstellung erlangt wurden. Dies betrifft namentlich den Inhalt einer unter faktischem Druck erlangten Aussage, aber auch solche Beweisunterlagen, die die Staatsanwaltschaft mangels Anfangsverdachts nicht hätte beschlagnahmen dürfen. Nur durch ein Beweisverwertungsverbot kann gewährleistet werden, dass die vielen Beinaheverstöße auf der Stufe der Beweismittelgewinnung kompensiert werden und sich im Strafprozess nicht weiterhin zu Lasten des Betroffenen auswirken.

III. Zusammenfassung und Ergebnis des Kapitels

Das vorstehende Kapitel hat sich zunächst der Frage gewidmet, ob Internal Investigations, die sowohl im Hinblick auf ihren systematischen und umfassenden Ermittlungsansatz als auch bezüglich ihres Ablaufs der Ermittlungstätigkeit der deutschen Strafverfolgungsbehörden sehr ähnlich sind, nach deutschem Recht zulässig sind oder sich vielmehr als rechtswidriges Parallelverfahren zur deutschen Strafprozessordnung darstellen.

Zwar konnte insoweit festgestellt werden, dass sich die internen Ermittlungen im Fall Siemens nicht – wie teilweise behauptet[548] – als eine Umgehung des Rechtshilfeabkommens zwischen den USA und Deutschland darstellen oder zu einer Verletzung sonstiger völkerrechtlicher Bestimmungen geführt haben. Gleichwohl wurde aufgezeigt, dass durch den von der StPO nicht vorgesehenen systematisch-umfassenden Einsatz von internen Ermittlern die Gefahr besteht, dass zentrale Bestimmungen der StPO, wie beispielsweise das die staatliche Machtfülle begrenzende Kriterium des Anfangsverdachts, die auf eine geregelte und nachvollziehbare Beweisaufnahme gerichteten Dokumentations- und Formvorschriften sowie die strafprozessualen Verfahrensrechte der von den Ermittlungsmaßnahmen betroffenen Personen, ausgehöhlt werden. Die durch die Vorschriften der StPO nicht limitierte Vorgehensweise der internen Ermittler wird für den Betroffenen dann zu einem Problem, wenn die auf diesem Weg gewonnenen Beweise an die Strafverfolgungsbehörden weitergegeben und sodann in einem nachfolgenden Strafverfahren gegen den Betroffenen verwendet werden.

Bereits aufgrund der ernstzunehmenden Gefahr, dass umfassende interne Untersuchungen zunehmen und sich als Parallelverfahren zur StPO etablieren, weil die deutschen Strafverfolgungsbehörden zur Schonung der eigenen Ressourcen vermehrt gezielt auf die Ergebnisse der privaten Sachverhaltsaufklärung zugreifen und die eigenen Ermittlungen entsprechend zurückschrauben, aber auch zum Schutz der Verfahrensrechte der betroffenen Mitarbeiter müssen internen Ermittlungen in Unternehmen über das materielle Recht hinaus Grenzen gesetzt werden. Um aber die legitimen Interessen des Unternehmens – die gerade in Fallgestaltungen mit Bezug zum US-amerikanischen Kapitalmarkt wegen

548 *Wastl/Litzka/Pusch*, NStZ 2009, 68 (71 f.); *v. Rosen*, BB 2009, 230 (230 f.).

der Einflussmöglichkeiten der SEC und des DOJ besonders evident sind – nicht zu stark zu verkürzen, ist der Schutz der Betroffenen nicht bereits auf der Ebene der Beweisgewinnung durch eine analoge Anwendung der strafprozessualen Verfahrensvorschriften, sondern vielmehr dadurch zu gewährleisten, dass die Verwertbarkeit der im Rahmen von Internal Investigations gewonnenen Beweise im Hinblick auf ein späteres Strafverfahren eingeschränkt wird. Richtiger dogmatischer Ansatzpunkt für ein solches Beweisverwertungsverbot ist dabei nicht der nemo-tenetur-Grundsatz – es fehlt an einem *staatlich* vermittelten Zwang zur Selbstbelastung –, sondern vielmehr das jedem Verfahrensbeteiligten zustehende und aus Art. 2 Abs. 1, 20 Abs. 3 GG ableitbare Recht auf ein faires Verfahren.

Kapitel 6 Mögliche Lösungsmöglichkeiten des Spannungsverhältnisses zwischen der Forderung nach justizförmiger Sachverhaltsaufklärung und dem vermehrten Einsatz von privaten Ermittlungspersonen

Abschließend soll – losgelöst vom Fall Siemens – zu der generellen Frage Stellung genommen werden, wie derartige Fallgestaltungen, in denen der Sachverhalt nicht primär durch die Strafverfolgungsorgane aufgeklärt wird, sondern die Ermittlungen Privatpersonen überlassen werden, strafprozessual zu behandeln sind und welcher der möglichen Lösungsansätze, die für die Konstellation der Internal Investigations in der Literatur vertreten werden, insgesamt vorzugswürdig erscheint. Dies erscheint insbesondere angesichts der Tatsache, dass der Fall Siemens kein Einzelfall bleiben wird, sondern Internal Investigations für deutsche Unternehmen auch in Zukunft Bedeutung haben werden,[1] für eine umfassende Analyse dieser neuartigen Form privater Sachverhaltsaufklärung erforderlich.

Wie im Verlauf der Arbeit bereits mehrfach angedeutet wurde, können die Probleme, die mit den Einsatz von privaten Ermittlern zur umfassenden Sachverhaltsaufklärung verbunden sind, primär auf zweierlei Weise gelöst werden: Entweder man versucht, der dem Betroffenen drohenden Verkürzung seiner Verfahrensrechte dadurch vorzubeugen, dass man die durch die StPO garantierten Verfahrensrechte, insbesondere die strafprozessualen Auskunfts- bzw. Aussageverweigerungsrechte, bereits auf der Ebene der privaten Beweismittelgewinnung für analog anwendbar erklärt, oder man plädiert dafür, dass die auf nicht-justizförmigem Weg gesammelten Beweise in einem nachfolgenden Strafverfahren nicht verwertet werden dürfen.

Beide Lösungswege sind insoweit austauschbar, als sie in der Lage sind, den Betroffenen vor einem „Ausverkauf" seiner strafprozessualen Rechte, mit dem der systematische Einsatz privater Ermittler zur Sachverhaltsaufklärung einhergeht, zu schützen. Während ein Beweisverwertungsverbot den vorherigen Eingriff in die Verfahrensrechte sowie die prozessrechtliche Subjektstellung des Betroffenen über die Annahme der Unverwertbarkeit der auf diesem Weg erlangten Beweise neutralisiert, verhindert die analoge Heranziehung der Verfahrensrechte einen solchen Eingriff von vornherein, indem die privaten Ermittler

---

1 *Schneider*, NZG 2010, 1201 (1202); *Zimmer/Heymann*, BB 2010, 1853.

auf den von der StPO vorgezeichneten und damit justizförmigen Weg der Beweismittelbeschaffung verwiesen werden.[2]

Im Folgenden soll es darum gehen, losgelöst vom Fall Siemens beide Lösungsmöglichkeiten kurz darzustellen (unter I. und II.) und sodann daraufhin zu untersuchen, welcher Lösungsansatz unter Einbeziehung seiner dogmatischen Herleitung und Überzeugungskraft sowie der praktischen Durchführbarkeit und sonstiger Vor- und Nachteile geeigneter erscheint (unter III.2.). Daneben wird ein kurzer Seitenblick auf weitere mögliche Ansätze zur Lösung des im Rahmen der Internal Investigations offenbar gewordenen Interessenkonflikts geworfen (unter III.1.).

I. Lösung über Aussage- bzw. Auskunftsverweigerungsrecht des Betroffenen – „Auskunftsverweigerungslösung"

Ein Teil der Literatur spricht sich dafür aus, dass der drohenden Aushöhlung der strafprozessrechtlich garantierten Verfahrensrechte der Betroffenen durch eine entsprechende Anwendung der strafprozessualen Verfahrensvorschriften, namentlich des § 55 sowie der §§ 136, 136a StPO zu begegnen sei, so dass der betroffene Mitarbeiter dann, wenn er sich durch seine Aussage im Rahmen der Interviews der Gefahr eines strafrechtlichen Ermittlungsverfahrens aussetzen würde oder ein solches bereits anhängig ist, berechtigt sei, die Aussage insgesamt bzw. zumindest die Beantwortung der kritischen Fragen zu verweigern.[3]

Auch das OLG München hat sich in einer der wenigen Entscheidungen, die zum Fall Siemens bislang ergangen sind, im Zusammenhang mit der Prüfung der Zulässigkeit einer außerordentlichen Kündigung für ein Auskunftsverweigerungsrecht ausgesprochen: Wenn gegen den Mitarbeiter zum Zeitpunkt der Befragung ein strafrechtliches Ermittlungsverfahren läuft, habe er wegen der gesetzlichen Wertung des § 136 Abs. 1 Satz 2 StPO und dem Grundsatz der Einheitlichkeit der Rechtsordnung grundsätzlich auch gegenüber seinem Arbeitgeber das Recht, entsprechende Auskünfte zu verweigern. Auf jeden Fall könne allein die fehlende Bereitschaft, sich zu strafrechtlich relevanten Vorwürfen zu äußern, eine außerordentliche Kündigung nicht rechtfertigen.[4]

---

2 Vgl. *Kölbel*, Selbstbelastungsfreiheiten, S. 71 f. sowie *Wolff*, Selbstbelastung und Verfahrenstrennung, S. 135 ff.

3 *Dann/Schmidt*, NJW 2009, 1851 (1853 f.); *v. Rosen*, BB 2009, 230 (231); *Wastl/Litzka/Pusch*, NStZ 2009, 68 (72 f.).

4 OLG München NZG 2009, 665 (668).

Rieble und *Diller* sind ebenfalls der Auffassung, dass ein Arbeitnehmer grundsätzlich nicht verpflichtet ist, selbstbelastende Angaben zu machen. Sie begründen dieses Auskunftsverweigerungsrecht jedoch nicht mit einer analogen Anwendung des § 55 Abs. 1 bzw. § 136 Abs. 1 Satz 2 StPO, sondern mit einer entsprechenden Anwendung des in § 384 Nr. 2 ZPO für den Zivilprozess normierten Auskunftsverweigerungsrechts.[5]

1. Dogmatische Konstruktion

Auf welchem dogmatischen Weg die Auskunftsverweigerungslösung zu ihrem Ziel gelangen will, geht aus den einzelnen Beiträgen selten klar hervor. Oftmals wird lediglich für das Bestehen eines Auskunftsverweigerungsrechts plädiert, ohne dass aber zugleich eine dogmatisch saubere Begründung geliefert wird.

Folgende drei Begründungsansätze erscheinen gangbar: Entweder man nimmt – entgegen der hier vertretenen Auffassung – an, dass die Schutzinteressen des Arbeitnehmers, namentlich sein Interesse, sich nicht selbst belasten zu müssen, die Auskunftsinteressen des Arbeitgebers in jedem Fall überwiegen, so dass in Fällen der drohenden Selbstbezichtigung schon das Bestehen einer arbeitsrechtlichen Auskunftspflicht verneint wird, oder man geht zwar grundsätzlich von einer arbeitsrechtlichen Auskunftsverpflichtung des Arbeitnehmers aus, wendet aber außerhalb des Arbeitsrechts ausdrücklich normierte Auskunftsverweigerungsrechte im Wege eines Analogieschlusses auch auf das privatrechtliche Verhältnis zwischen Arbeitgeber und Arbeitnehmer an. Schließlich könnte ein Auskunftsverweigerungsrecht auch direkt aus der Verfassung, namentlich dem nemo-tenetur-Grundsatz, hergeleitet werden.

a) Generelles Überwiegen der Arbeitnehmerinteressen

Insbesondere *Jahn* hält es im Fall von verdachtsunabhängigen und großflächig angelegten internen Untersuchungen für zweifelhaft, ob die Interessen des Arbeitgebers die Interessen des Arbeitnehmers überwiegen.[6] Auch nach Auffassung von *Dann/Schmidt* ist eine Selbstbelastungspflicht in SEC-Fällen stets abzulehnen.[7] *Rieble* und *Diller* sind der Auffassung, dass die privatrechtliche Aussagepflicht des Arbeitnehmers gegenüber seinem Arbeitgeber generell nicht weiter gehen kann, als diejenige gegenüber dem Staat, so dass immer dann, wenn die Voraussetzungen des in § 384 Nr. 2 ZPO normierten Zeugnisverwei-

5 *Rieble*, ZIP 2003, 1273 (1279); *Diller*, DB 2004, 313 (317).

6 *Jahn*, StV 2009, 41 (44).

7 *Dann/Schmidt*, NJW 2009, 1851 (1854).

gerungsrechts vorliegen, der Arbeitnehmer sich durch seine Aussage also der Gefahr der Strafverfolgung aussetzen würde, ihm die Aussage unzumutbar ist.[8] Auch die Ausführungen, die das BAG in seinem Urteil vom 23.10.2008[9] im Zusammenhang mit einer auf die unterlassene Mitwirkung des Arbeitnehmers gestützten Verdachtskündigung gemacht hat, lassen sich dahingehend interpretieren, dass der Arbeitnehmer, der Gefahr läuft, sich durch seine Aussage selbst zu belasten, stets berechtigt sei, die Auskunft zu verweigern.

Eine derart pauschale Beurteilung ist jedoch Zweifeln ausgesetzt, die sich aus der Herleitung der arbeitsrechtlichen Auskunftspflicht selbst ergeben. Der Umfang der arbeitsrechtlichen Auskunftspflicht ist nicht starr, sondern in der Regel – d.h. zumindest dann, wenn es sich nicht um die aus §§ 666, 675 BGB abzuleitende umfassende Auskunftspflicht handelt – anhand einer Interessenabwägung zu bestimmen, in der die Auskunftsinteressen des Arbeitgebers den Schutzinteressen des Arbeitnehmers gegenüber gestellt werden.[10] Ob es einem von den Interviews betroffenen Arbeitnehmer zugemutet werden kann, auch selbstbelastende Informationen preiszugeben, oder ob seine Interessen die Informationsinteressen des Arbeitgebers überwiegen und ihm deshalb ein Auskunftsverweigerungsrecht zugestanden werden muss, kann deshalb nur auf der Grundlage der Umstände des konkreten Einzelfalls entschieden werden. Insoweit ist zu beachten, dass die Interessen des Unternehmens an einer lückenlosen Aufklärung des Sachverhalts durchaus gewichtig sein und auch die Interessen des Arbeitnehmers überwiegen können.[11]

b) Analogieschluss

aa) Analoge Anwendung der strafprozessualen Auskunfts- bzw. Aussageverweigerungsrechte

Eine analoge Anwendung der Belehrungspflichten sowie der Auskunftsverweigerungsrechte der StPO auf die Konstellation der Internal Investigation setzt voraus, dass die arbeitsrechtlichen Vorschriften in Bezug auf das Auskunftsverweigerungsrecht eine planwidrige Regelungslücke enthalten und die Situation, in der sich der Arbeitnehmer bei systematisch angelegter interner Sachverhaltsaufklärung befindet, mit derjenigen eines staatlichen Ermittlungsverfahrens vergleichbar ist.

---

8 *Rieble*, ZIP 2003, 1273 (1277); *Diller*, DB 2004, 313 (317).

9 BAG NJW 2009, 1897 ff.

10 *Böhm*, WM 2009, 1923 (1927).

11 Zur Interessenabwägung im Fall Siemens siehe auführlich oben unter Kapitel 5 II.1.c)aa)(3)(a).

(1) Vergleichbare Interessenlage

Besteht für den Mitarbeiter die Gefahr, dass seine Aussagen nicht nur an den Arbeitgeber, sondern zugleich auch an externe Behörden, insbesondere die zuständige Staatsanwaltschaft, weitergeleitet und von diesen dann für Zwecke der Strafverfolgung genutzt werden, so befindet er sich in einer Situation, die durchaus mit der Situation vergleichbar ist, in welcher die externen Ermittler die Informationen im Auftrag der Ermittlungsbehörden sammeln und die privaten Ermittlungen daher dem Staat zuzurechnen sind, oder in der der Staat selbst ermittelnd tätig wird.[12]

Die Vergleichbarkeit der Gefährdungslage, in denen sich der von den Internal Investigations betroffene Mitarbeiter befindet, ergibt sich insbesondere aus einer näheren Betrachtung der tatsächlichen Umstände der Befragungen: So führt der Umstand, dass die privaten Ermittler im Rahmen von Internal Investigations oftmals nicht als reine Privatpersonen auftreten, sondern den betroffenen Mitarbeitern durch ihr rigoroses Auftreten, die wenig zimperlichen Verhörmethoden sowie die Betonung ihres Ermittlungsauftrags vielmehr wie ein „privatisierter Staatsanwalt" oder Kriminalpolizist[13] erscheinen, nach Auffassung der Vertreter der Auskunftsverweigerungslösung dazu, dass die Situation, in der sich der Betroffene während des Interviews befindet, nicht mit einem Gespräch unter Privatpersonen vergleichbar sei, in dem der Betroffene sich jederzeit frei entscheiden könne, ob und was er seinem Gegenüber im Einzelnen mitteilen möchte. Vielmehr sei die Befragungssituation strukturell durch ein Über-/Unterordnungsverhältnis geprägt, wie es auch kennzeichnend für staatliche Ermittlungen sei, und darüber hinaus von vornherein gezielt auf eine Selbstbelastung angelegt.[14] Anders als z.B. bei einem Gespräch mit einem Kollegen, bei dem der Einzelne „seine Rechte" gegenüber der anderen Privatperson kennt und deshalb keinerlei Belehrung bedarf, befinde sich der durch die Interviews Betroffene in einer Situation, in der er in der Regel gerade nicht weiß, ob er zu einer Aussage verpflichtet ist oder sich gegebenenfalls auf sein Schweigerecht berufen kann.[15] Um eine Aushöhlung der in §§ 55, 136 Abs. 1 Satz 2 StPO garantierten Aussagefreiheit der Betroffenen durch den Einsatz von Privatermittlern zu vermeiden, sei daher nicht nur eine den Anforderungen der StPO genügende Belehrung der zu befragenden Mitarbeiter erforderlich, sondern müsse

---

12 Vgl. *Pfordte*, in: Strafverteidigung im Rechtsstaat, S. 740 (746); *Wastl/Litzka/Pusch*, NStZ 2009, 68 (70).

13 *Sieg*, FS Buchner, S. 859 (865).

14 Vgl. *Wessing*, in: Strafverteidigung im Rechtsstaat, S. 907 (924 f.); *Wastl/Litzka/Pusch*, NStZ 2009, 68 (71) sowie *Sieg*, FS Buchner, S. 859 (865, 869).

15 Vgl. *Eckhardt*, Private Ermittlungsbeiträge, S. 17 Fn. 51.

ihnen vielmehr das Recht eingeräumt werden, die Aussage immer dann verweigern zu können, wenn sie andernfalls Gefahr liefen, sich selbst zu belasten.

(2) Planwidrige Regelungslücke

Problematisch ist hingegen das Vorliegen einer planwidrigen Regelungslücke. Es wurde im Zusammenhang mit möglichen Verstößen der im Fall Siemens eingesetzten externen Ermittler gegen den nemo-tenetur-Grundsatz bereits ausführlich begründet, dass sich eine analoge Anwendung der §§ 55, 136 StPO auf Privatpersonen nach dem Sinn und Zweck dieser Vorschriften verbietet.[16]

bb) Analoge Anwendung sonstiger gesetzlich normierter Auskunftsverweigerungsrechte

Auch eine analoge Anwendung des zivilprozessualen oder der wirtschaftsverwaltungsrechtlichen Auskunftsverweigerungsrechte sieht sich erheblichen Zweifeln ausgesetzt.

Zunächst ist darauf hinzuweisen, dass der Arbeitnehmer zwar grundsätzlich verpflichtet ist, seinem Arbeitgeber die in Bezug zu seiner geschuldeten Arbeitsleistung stehenden Auskünfte zu erteilen, dass sich der konkrete Umfang dieser Auskunftspflicht jedoch regelmäßig erst anhand einer Abwägungsentscheidung ermitteln lässt, in der insbesondere die Gefahr der Selbstbezichtigung zu berücksichtigen ist. Im Einzelfall kann die Selbstbelastungsfreiheit demnach zu einer Unzumutbarkeit der Auskunftserteilung führen und damit bereits von vornherein den Umfang der arbeitsrechtlichen Auskunftspflicht begrenzen, so dass der Arbeitnehmer gar nicht erst in eine vergleichbare Gefährdungslage gelangt.

Darüber hinaus hat auch der BGH in einer ähnlichen Fallgestaltung, die die Reichweite der werkvertraglichen Auskunftspflicht eines Architekten gegenüber dem Bauherrn zum Gegenstand hatte, entschieden, dass die insoweit einschlägigen §§ 666, 259, 260 BGB keine Regelungslücke enthielten, die eine analoge Anwendung des in § 384 Nr. 2 ZPO normierten Auskunftsverweigerungsrechts rechtfertigen würde.[17] Auch eine Gesamtbetrachtung aller Vorschriften, in denen der Gesetzgeber ein Auskunfts- bzw. Aussageverweigerungsrecht normiert hat, führt zu der Erkenntnis, dass diese stets nur dort gesetzlich festgeschrieben sind, wo die Auskunftspflicht des Betroffenen – wie insbesondere im Wirtschaftsverwaltungsrecht – unmittelbar gegenüber dem Staat besteht oder die Auskunft – wie beispielsweise im Zivil- und Strafprozess, im Besteuerungs- sowie im Insolvenzverfahren – zumindest im Rahmen eines staatlichen Verfahrens begehrt

16 Kapitel 5 II.1.c)cc)(1)(b)(aa).

17 BGHZ 41, 318 (322 f.).

wird. Gemeinsames Kennzeichen der bestehenden Regelungen ist damit, dass die unmittelbare Gefahr einer *staatlichen* Wahrnehmung der offenbarten selbstbelastenden Informationen besteht. Die arbeitsrechtliche Auskunftspflicht besteht hingegen nur gegenüber dem Arbeitgeber. Da den Arbeitgeber zudem keine Pflicht trifft, diese Informationen an die Strafverfolgungsbehörden weiterzuleiten, ist die Interessenlage für den Zeugen im Zivilprozess, den Insolvenz- oder Steuerschuldner sowie das von wirtschaftsverwaltungsrechtlichen Aufsichtsmaßnahmen betroffenen Subjekt auf der einen und den Arbeitnehmer auf der anderen Seite keineswegs vergleichbar, so dass grundsätzlich nicht von einer vergleichbaren Regelungsbedürftigkeit auszugehen ist. Die in Bezug auf die arbeitsrechtliche Auskunftspflicht des Arbeitnehmers bestehende Regelungslücke erscheint daher nicht planwidrig, sondern vielmehr begründet. [18]

cc) Zwischenergebnis

Zwar ist mit dem Phänomen der Internal Investigations ein neuartiger Interessenkonflikt zwischen Arbeitgeber- und Arbeitnehmerinteressen entstanden, der vom Gesetzgeber so nicht bedacht worden ist. Auch erscheint der Arbeitnehmer aufgrund der von den externen Ermittlern aufgebauten Drohkulisse, unter der die selbstbelastende Aussage oftmals „erzwungen" wird, der von Anfang an geplanten Weitergabe der Ermittlungsergebnisse an die zuständige Staatsanwaltschaft sowie der bislang ungeklärten Auflösung der zwischen arbeitsrechtlicher Aussagepflicht und strafprozessualem Schweigerecht bestehenden Kollisionslage als besonders schutzbedürftig. Diese tatsächliche Erkenntnis führt aber nur dazu, dass in rechtspolitischer Hinsicht ein Bedürfnis für eine gesetzliche Lösung des Interessenkonflikts anzuerkennen ist, vermag aber nicht gleichzeitig das Vorliegen einer planwidrigen Regelungslücke und damit die Voraussetzungen für eine analoge Anwendung der gesetzlich normierten Auskunftsverweigerungsrechte zu begründen.

c) Herleitung aus der Verfassung

Möglich erschiene es grundsätzlich auch, das dem Arbeitnehmer zuzubilligende Auskunftsverweigerungsrecht direkt aus dem verfassungsrechtlich verankerten nemo-tenetur-Grundsatz abzuleiten. Diesen Weg scheinen einige Vertreter der Auskunftsverweigerungslösung auch zu beschreiten, die mit dem pauschalen Hinweis, der Arbeitnehmer sei aufgrund des nemo-tenetur-Grundsatzes nicht verpflichtet, selbstbelastende Angaben zu machen, für ein Auskunftsverweige-

---

18 Vgl. BGHZ 41, 318 (322 f.); *Fritz/Nolden*, CCZ 2010, 170 (174 f.) sowie *Böhm*, WM 2009, 1923 (1927).

rungsrecht des von Internal Investigations betroffenen Mitarbeiters plädieren.[19] Es existiert jedoch kein übergeordneter Rechtssatz, der es verbietet, von einem Schuldner selbstbelastende Auskünfte zu verlangen.[20] Schutz vor einer Selbstbezichtigung wird dem Arbeitnehmer nur insoweit zugestanden, wie der Anwendungsbereich von nemo tenetur betroffen ist. Wie bereits mehrfach betont wurde, fungiert der nemo-tenetur-Grundsatz nach herrschender Auffassung jedoch lediglich als Abwehrrecht gegenüber *staatlichen* und *mit Zwang durchsetzbaren* Auskunftsersuchen und findet im Verhältnis zwischen Privatpersonen keine unmittelbare Anwendung.[21]

2. Umfang des Auskunftsverweigerungsrechts

Bedenken an der Auskunftsverweigerungslösung ergeben sich auch im Hinblick darauf, dass es angesichts der zu Beginn der Befragungen oftmals noch nicht feststehenden Rolle des jeweiligen Mitarbeiters schwierig erscheint, den Umfang des Auskunftsverweigerungsrechts festzulegen bzw. die Belehrung entsprechend zu gestalten. So wollen sich auch die Vertreter der Auskunftsverweigerungslösung in der Regel nicht festlegen, ob der Arbeitnehmer generell befugt sei, die Auskunft zu verweigern oder ob ihm dieses Recht nur in Hinblick auf bestimmte, besonders „gefährliche" Fragen zustehe.

Angesichts der Tatsache, dass der Arbeitgeber in der Regel ein berechtigtes Informationsinteresse hat und dieses nicht über Gebühr verkürzt werden darf, wird man Letzteres annehmen und dem Arbeitnehmer jedenfalls nur ein partielles Auskunftsverweigerungsrecht in Bezug auf solche Fragen zugestehen müssen, deren Beantwortung direkt zur Offenbarung von selbstbelastenden Informationen führt.

3. Konsequenzen

Als Konsequenzen dieses Lösungsansatzes sind folgende Aspekte besonders hervorzuheben:

Die Auskunftsverweigerungslösung führt dazu, dass die Verfahrensrechte des Betroffenen sowie die sonstigen Vorschriften, die die StPO im Hinblick auf die Art und Weise der Beweismittelgewinnung statuiert, auf die umfassend an-

---

19 In diese Richtung insbesondere *Maschmann*, AuA 2009, 72 (76); *Rieble*, Ritsumeikan Law Review 26 (2009), 191 (203) und *Wastl/Litzka/Pusch*, NStZ 2009, 68 (71).

20 BGHZ 41, 318 (323).

21 Siehe dazu bereits ausführlich oben unter Kapitel 5 II.1.a)bb)(3) sowie BVerfGE 56, 37 (42) und BGHZ 41, 318 (325, 327).

gelegte, systematische Sachverhaltsaufklärung durch Privtpersonen entsprechende Anwendung finden. Wenn aber den betroffenen Arbeitnehmern für den Fall der Selbstbelastungsgefahr ein Auskunftsverweigerungsrecht zugestanden wird, stellt sich die Drohung mit wirtschaftlichen Nachteilen für den Fall der nunmehr berechtigten Auskunftsverweigerung als inkonnexe Sanktion und damit als strafrechtliche Nötigung dar.[22] Auch eine darüber hinausgehende Befürwortung der analogen Anwendung strafprozessualer Verfahrensrechte auf die privaten Ermittlungen im Rahmen der Internal Investigations hätte angesichts des Umstands, dass diese Form der Sachverhaltsaufklärung den Anforderungen der StPO an eine zuverlässige und justizförmige Wahrheitserforschung in vielerlei Hinsicht widerspricht,[23] die Konsequenz, dass von der Rechtswidrigkeit der privaten Ermittlungen auszugehen wäre. Ist das Verhalten der privaten Ermittler aber als rechtswidrig oder sogar strafbar zu klassifizieren, müsste sodann diskutiert werden, ob deswegen im Hinblick auf diejenigen Beweise, die unter Verstoß gegen die Verfahrensvorschriften der StPO oder materiell-rechtliche Strafnormen erlangt wurden, von einem unselbständigen Beweisverwertungsverbot ausgegangen werden muss.[24]

Da die Besonderheiten, die hierbei für den Fall der privaten Beweisbeschaffung gelten, im Zusammenhang mit der Verwertbarkeit von unter faktischem Druck von Privatpersonen erlangten Aussagen bereits ausführlich dargestellt wurden,[25] soll dies hier nicht wiederholt werden. Es sei in diesem Zusammenhang nur noch einmal hervorgehoben, dass die Frage der Rechtmäßigkeit oder Rechtswidrigkeit der privaten Beweisgewinnung für die Frage der Verwertbarkeit der entsprechend gewonnenen Beweismittel eine erhebliche Bedeutung besitzt und dass die Auskunftsverweigerungslösung daher nur dann zu einem Verwertungsverbot der rechtswidrig erlangten Beweismittel führen kann, wenn man entgegen der herrschenden Meinung eine Unverwertbarkeit nicht erst bei besonders schwerwiegenden Menschenrechtsverletzungen annimmt.[26]

---

22 Vgl. *Eser/Eisele*, in: S/S, StGB, § 240 Rn. 21.

23 Siehe dazu ausführlich oben unter Kapitel 5 I.2.b) sowie II.2.c)aa).

24 Zu den verschiedenen Ansichten, die zu diesem Problem vertreten werden, siehe ausführlich oben unter Kapitel 5 II.1.c)cc)(1)(a).

25 Siehe dazu oben unter Kapitel 5 II.1.c)cc)(1)(a).

26 Zu den Auswirkungen privater Beweisgewinnung auf die Verwertbarkeit der Beweismittel vergleiche die Ausführungen unter Kapitel 5 II.1.c)cc)(1)(a).

II. Strafprozessuales Beweisverwertungsverbot – „Verwertungslösung"

Ist man demgegenüber der Auffassung, dass die in der StPO normierten Auskunfts- bzw. Aussageverweigerungsrechte mangels planwidriger Regelungslücke auf systematische Ermittlungen durch Privatpersonen keine analoge Anwendung finden können, kann der Schutz des Betroffenen – wie gezeigt – auch über die Annahme eines Beweisverwertungsverbots sichergestellt werden.[27] Denn durch ein Verwertungsverbot wird verhindert, dass die im Rahmen der unternehmensinternen Untersuchungen erzwungene Selbstbezichtigung in eine Selbstüberführung umschlägt und sich die Beeinträchtigungen, die der Betroffene hierbei im Hinblick auf den fair-trial-Grundsatz erleidet, im Strafprozess zu seinem Nachteil auswirken.

1. Dogmatische Begründung

Herleiten lässt sich ein solches strafprozessuales Verwertungsverbot aus der allgemeinen Dogmatik der Beweisverwertungsverbote. Unterstützend kann auch ein Vergleich mit dem sog. Gemeinschuldnerbeschluss des BVerfG herangezogen werden.

a) Begründung aus der Dogmatik der Beweisverwertungsverbote

Da die StPO keine abschließende Regelung über Beweisverwertungsverbote beinhaltet, muss zur Begründung der Unverwertbarkeit auf die allgemeine Dogmatik der Beweisverwertungsverbote zurückgegriffen werden.[28] Es ist insoweit zwischen den sog. unselbständigen Beweisverwertungsverboten, die sich als Folge eines Verstoßes gegen Beweiserhebungsvorschriften darstellen, und den sog. selbständigen Beweisverwertungsverboten, die keinen vorherigen Verfahrensverstoß verlangen, sondern vielmehr unmittelbar aus der Verfassung hergeleitet werden können, zu unterscheiden.[29] Sowohl dann, wenn die Unverwertbarkeit des Beweismittels mit einem vorherigen Verstoß gegen Beweiserhebungsvorschriften begründet werden soll, als auch im Fall eines selbständigen

---

27 Diesen Lösungsweg beschreiten auch *Brunhöber*, GA 2010, 571 (585 ff.); *Beulke*, Strafprozessrecht, Rn. 481; *Knauer/Buhlmann*, AnwBl 2010, 387 (393); *Bittmann/Molkenbur*, wistra 2009, 373 (378); *de Vries*, in: Arbeitsstrafrecht im Umbruch, § 4 Rn. 65; *Knierim*, FS Volk, S. 247 (272 f.); *Rogall*, in: SK-StPO, Vor § 133 Rn. 140 sowie *Wehnert*, FS Strafrechtsausschuss BRAK, S. 175 (186).

28 *Rogall*, in: SK-StPO, § 136a Rn. 12.

29 Siehe nur *Beulke*, Strafprozessrecht, Rn. 457.

Beweiverwertungsverbots ist nach herrschender Meinung dort, wo die StPO keine ausdrückliche Regelung enthält, über die Unverwertbarkeit des Beweismittels anhand einer umfassenden Abwägung zu entscheiden.[30]

Nach der hier vertretenen Auffassung, die sowohl ein Auskunftsverweigerungsrecht des betroffenen Mitarbeiters im Besonderen als auch die entsprechende Anwendung der Verfahrensvorschriften der StPO auf private Ermittlungen im Allgemeinen ablehnt und von der Rechtmäßigkeit der privaten Ermittlungen ausgeht, kann ein Beweisverwertungsverbot nur in Form eines selbständigen, d.h. direkt aus der Verfassung herzuleitenden Beweisverwertungsverbots angenommen werden.[31] Es wurde bereits ausführlich dargelegt, dass die Verwertbarkeit der durch die Interviews erlangten Beweise nicht mit der Begründung ausgeschlossen werden kann, die Verwendung der unter faktischem Druck zustande gekommenen selbstbelastenden Aussagen führte zu einem Verstoß gegen den verfassungsrechtlich verankerten nemo-tenetur-Grundsatz – es fehlt insoweit an einem *staatlich* versursachten Zwang zur Selbstbezichtigung.[32] Vielmehr wurde gezeigt, dass die Verwertung der im Rahmen der Internal Investigations gewonnenen Beweise zu einer unzumutbaren Beeinträchtigung der verfahrensrechtlichen Subjektstellung des betroffenen Mitarbeiters führen und der Verwertungsakt ihn daher in seinem aus Art. 2 Abs. 1 i.V.m. Art. 1 Abs. 1 sowie Art. 20 Abs. 3 GG ableitbaren Recht auf ein faires Verfahren verletzten würde.[33] In jedem Fall ist der richtige dogmatische Anknüpfungspunkt für die Begründung der Unverwertbarkeit der durch Internal Investigations gewonnenen Beweise im Wesensgehalt der Grundrechte zu sehen, der auch durch ein Outsourcing des Ermittlungsverfahrens auf Privatpersonen nicht angetastet werden darf.[34]

b) Parallele zum Gemeinschuldnerbeschluss des BVerfG

Ergänzend lassen sich die Ausführungen des BVerfG in seinem oben bereits erwähnten Gemeinschuldnerbeschluss[35] zur Begründung eines Beweisverwertungsverbots heranziehen.

30 *Jahn*, Gutachten C zum 67. DJT, C 45 ff., C 58 ff., C 79; *Müssig*, GA 1999, 119 (139).

31 Vgl. *Bockemühl*, Private Ermittlungen, S. 116, 120.

32 Siehe hierzu eingehend oben unter Kapitel 5 II.1.c)cc)(2).

33 Vergleiche die Ausführungen unter Kapitel 5 II.2.c).

34 *Jahn*, Gutachten C für den 67. DJT, C 104. Vgl. auch *Pfordte*, Strafverteidigung im Rechtsstaat, S. 740 (754); *Gleß*, in: LR-StPO, § 136a Rn. 12 sowie *Bockemühl*, Private Ermittlungen, S. 63 ff.

35 BVerfGE 56, 37 ff.

Zum Problem der Kollision von außerstrafrechtlichen Auskunftspflichten und dem nemo-tenetur-Prinzip hat das BVerfG erstmals im Gemeinschuldnerbeschluss aus dem Jahre 1981 Stellung genommen. Zugrunde lag der Entscheidung die Verfassungsbeschwerde eines in Konkurs geratenen Kaufmanns, der in dem Vernehmungstermin vor dem Konkursgericht die Aussage verweigerte, weil gegen ihn ein Ermittlungsverfahren wegen des Verdachts eines Konkursvergehens lief und er deshalb befürchtete, sich durch die wahrheitsgemäße Beantwortung der vom Konkursgericht gestellten Fragen möglicherweise selbst einer strafbaren Handlung bezichtigen zu müssen. Da die Konkursordnung jedoch kein Auskunftsverweigerungsrecht vorsah, ordnete das Konkursgericht zur Erzwingung der Aussage Beugehaft an. Hierdurch sah sich der Gemeinschuldner in seiner verfassungsrechtlichen Selbstbelastungsfreiheit verletzt.

Das BVerfG stellte fest, dass der nemo-tenetur-Grundsatz keinen lückenlosen Schutz gegen Selbstbezichtigungen ohne Rücksicht darauf gebiete, ob dadurch schutzwürdige Belange Dritter beeinträchtigt werden, und erklärte die uneingeschränkte Auskunftspflicht des Gemeinschuldners für verfassungskonform. Auch wenn das nemo-tenetur-Prinzip zu den Grundsätzen eines rechtsstaatlichen und auf dem Leitgedanken der Achtung der Menschenwürde beruhenden Strafverfahrens gehöre, könne der Gemeinschuldner dieses Recht nicht in gleichem Maße in Anspruch nehmen wie ein Beschuldigter in einem Strafverfahren, weil seine Rechte ihre Grenzen in den Rechten und schutzwürdigen Belangen der Gläubiger fänden, die auf die Auskünfte des Gemeinschuldners angewiesen seien. Jedenfalls dann, wenn es sich um Auskünfte zur Erfüllung berechtigter Informationsinteressen Dritter handelt, sei der Gesetzgeber befugt, die Belange der verschiedenen Beteiligten gegeneinander abzuwägen.[36] Dem der Verfassungsbeschwerde zugrunde liegenden Begehren des Gemeinschuldners kam das Gericht dennoch im Ergebnis weitgehend nach, indem es die erzwingbare umfassende Auskunftspflicht des Gemeinschuldners um ein strafrechtliches Verwertungsverbot ergänzte und so den nach Auffassung des Gerichts unverhältnismäßigen Eingriff in das verfassungsrechtlich verbürgte Persönlichkeitsrecht des Gemeinschuldners relativierte.[37]

Diese Aussagen des BVerfG lassen sich auch für die Kollision zwischen dem Recht auf Selbstbelastungsfreiheit der von den Interviews betroffenen Mitarbeiter und den berechtigten Informationsinteressen des Arbeitgebers fruchtbar machen. Zwar unterscheidet sich die Situation in dem für wesentlich zu erach-

---

36 BVerfGE 56, 37 (43, 45, 48 f.).

37 BVerfGE 56, 37 (50). An dieser Rechtsprechung hat das BVerfG in einer Reihe von nachfolgenden Kammerentscheidungen festgehalten, BVerfG wistra 2004, 19; NJW 2005, 352; WM 2008, 989.

tenden Punkt, dass die arbeitsrechtliche Auskunftspflicht des Mitarbeiters anders als die des Gemeinschuldners nicht mit staatlichen Mitteln erzwingbar ist.[38] Dennoch gibt das BVerfG im Gemeinschuldnerbeschluss eine gewisse Leitlinie vor, wie vom Gesetzgeber nicht geregelte Kollisionslagen zwischen dem verfassungsrechtlich verbürgten Schweigerecht und den berechtigten Informationsinteressen Dritter aufzulösen sind: Es ist zwar vorrangig Aufgabe des Gesetzgebers, die Belange der verschiedenen Beteiligten gegeneinander abzuwägen und gegebenenfalls bestehende Lücken im Schutz der Selbstbelastungsfreiheit durch Normierung eines Auskunftsverweigerungsrechts oder eines Verwertungsverbots zu schließen. Wo der Gesetzgeber dies versäumt hat, sich eine Norm mithin als ergänzungsbedürftig erweist, muss der Rechtsanwender diese Aufgabe vorübergehend übernehmen. Er ist dabei jedoch verpflichtet, die der Auskunftspflicht zugrunde liegenden Interessen angemessen zu berücksichtigen und die Kollisionslage in möglichst enger Anlehnung an das geltende Recht und unter Berücksichtigung der divergierenden Interessen zu schließen. Wenn das Zubilligen eines umfassenden Auskunftsverweigerungsrechts die Interessen der auskunftsberechtigten Dritten zu stark beeinträchtigen würde, darf der Rechtsanwender lediglich ein Verwertungsverbot befürworten, da sich dieses gegenüber einem Auskunftsverweigerungsrecht als geringerer Eingriff in die Interessen betroffener Dritter darstellt.[39]

Auch bei Internal Investigations besteht wegen der geplanten Weitergabe der selbstbelastenden Aussagen an die Ermittlungsbehörden, die im Ergebnis zu einem Leerlaufen des in § 136 Abs. 1 Satz 2 StPO normierten Schweigerechts des Betroffenen führt, eine vergleichbare Konfliktlage zwischen dem Recht des Arbeitnehmers, sich nicht selbst belasten zu müssen, und dem berechtigten Auskunftsanspruch des Arbeitgebers. Angesichts der Tatsache, dass diese Konfliktlage vom Gesetzgeber bislang gesetzlich nicht geregelt wurde, ist es Aufgabe des Rechtsanwenders, die widerstreitenden Interessen in Ausgleich zu bringen. Da die Auskunfts- und Informationsinteressen des Arbeitgebers insbesondere in Fällen von Cross Border Investigations, in denen die internen Ermittlungen unter dem beherrschenden Einfluss der SEC und des DOJ stehen, erheblich sind, würde eine Lösung über das Zubilligen eines umfassenden Auskunftsverweigerungsrechts des betroffenen Arbeitnehmers die Informationsinteressen des Arbeitgebers unsachgemäß verkürzen, weil er außer Stande gesetzt würde, den

38 Aus diesem Grund ist auch das OLG Karlsruhe der Auffassung, dass die im Gemeinschuldnerbeschluss entwickelten Grundsätze auf die Rechtsstellung des Arbeitnehmers gegenüber dem Arbeitgeber nicht anwendbar sind, NStZ 1989, 287.

39 Vgl. BVerfGE 56, 37 (47, 49 ff.). Siehe ferner *Wolff*, Selbstbelastung und Verfahrenstrennung, S. 137 ff., 143, 197 f.

Sachverhalt aufzuklären und demzufolge den ungemilderten (Straf-)Sanktionen der SEC sowie des DOJ ausgesetzt wäre. Vielmehr erscheint in diesen Fällen ein Verwertungsverbot die angemessene Lösung, weil auf diesem Weg sowohl die Informationsinteressen des Arbeitgebers ausreichend berücksichtigt würden, gleichzeitig aber auch der Arbeitnehmer vor einer zu seinem Nachteil erfolgenden Verwertung seiner selbstbelastenden Aussage geschützt wäre.[40]

2. Umfang und Reichweite des Beweisverwertungsverbots

Wie im Zusammenhang mit den konkreten Ausführungen zum Fall Siemens bereits ausführlich dargelegt und begründet wurde,[41] sind die unter faktischem Druck und unter Inkaufnahme von Beeinträchtigungen der Verteidigungsposition des betroffenen Mitarbeiters zustande gekommenen Aussagen in jedem Fall unverwertbar. Anderes kann nur für solche Auskünfte des Arbeitnehmers gelten, die gänzlich freiwillig, d.h. ohne oder unabhängig von einem durch Inaussichtstellen von Kündigung oder sonstigen wirtschaftlichen Nachteilen erzeugten faktischen Zwang getätigt wurden.[42] Was die von den privaten Ermittlern unter Nichtbeachtung der in der StPO statuierten formellen Anforderungen erlangten oder selbständig erstellten Beweismittel betrifft, ist hingegen eine differenzierende Betrachtung angezeigt, die neben dem aktuellen Beweiswert der oftmals intransparent dokumentierten Beweise auch hypothetische Erwägungen zur Rechtmäßigkeit von an Stelle der privaten Sachverhaltsaufklärung durchgeführten staatlichen Ermittlungen berücksichtigt.

Im Einklang mit der im deutschen Recht vorherrschenden Meinung und der im Gemeinschuldnerbeschluss geäußerten Auffassung des BVerfG kommt den soeben genannten Beweisverwertungsverboten jedoch keine Fernwirkung zu. Eine derartige Fernwirkung würde die Effektivität der Strafverfolgung über Gebühr beeinträchtigen und ist überdies nicht erforderlich, weil der Betroffene durch die private Erhebung und nachträgliche Verwertung der entgegen dem Leitbild der StPO erhobenen Beweise zwar insgesamt in seiner verfahrensrechtlichen Subjektstellung verletzt wird, aber keiner dieser Verstöße für sich ge-

40 Vgl. auch ArbG Saarlouis ZIP 1984, 364 (365); LAG Hamm, Urt. vom 03.03.2009 – 14 Sa 1689/08, BeckRS 2009, 74015 sowie *Böhm*, WM 2009, 1923 (1927).

41 Siehe Kapitel 5 II.2.c)bb)(3).

42 *Rogall*, in: SK-StPO, Vor § 133 Rn. 140; *Beulke*, Strafprozessrecht, Rn. 481; *Böhm*, WM 2009, 1923 (1927). Vgl. auch *Bosch*, Aspekte des nemo-tenetur-Prinzips, S. 348 f.

nommen schwerwiegend ist.[43] Die unverwertbaren Beweise dürfen daher als Anlass für weitere Ermittlungen durch die Strafverfolgungsbehörden herangezogen werden.

III. Weitere Lösungsmöglichkeiten und Stellungnahme

Neben den vorstehend dargestellten Lösungsmodellen soll nun noch ein kurzer Seitenblick auf mögliche weitere Ansätze zur Lösung des bestehenden Interessenkonflikts zwischen den Interessen des Mitarbeiters an einer Wahrung seiner strafprozessualen Rechte und dem Interesse des Unternehmens an einer möglichst weitgehenden und effektiven Aufklärung der den Ermittlungen zugrunde liegenden Verdachtsmomente geworfen werden, bevor dann zu den einzelnen Lösungsansätzen abschließend Stellung genommen wird.

1. Weitere denkbare Lösungsansätze

a) Generelle Unzulässigkeit von Internal Investigations

Neben der analogen Anwendung der strafprozessualen Verfahrensvorschriften oder der Annahme eines Beweisverwertungsverbots ließe sich der im Rahmen der Internal Investigations aufgetretene Interessenkonflikt auch dadurch verhindern, dass man die unternehmensinterne Sachverhaltsaufklärung im Wege von Internal Investigations per se für unzulässig erklärte.

b) Offenbarungsverbot

Denkbar wäre auch, die Kollision zwischen den Schutzinteressen des Arbeitnehmers und den Informationsinteressen des Arbeitgebers durch die Annahme eines Offenbarungsverbots aufzulösen. Nach dieser Lösung dürfte sich der Arbeitnehmer gegenüber den Auskunftsverlangen seines Arbeitgebers bzw. der von ihm beauftragten externen Ermittler zwar nicht auf ein Auskunftsverweigerungsrecht berufen, sondern müsste die ihm gestellten Fragen umfassend und wahrheitsgemäß beantworten. Es wäre dem Arbeitgeber jedoch untersagt, die auf diesem Weg erlangten Informationen an die Strafverfolgungsbehörden weiterzugeben. Durch diese Lösung wird also nicht nur die Verwertung der selbst-

43 Siehe dazu bereits oben unter Kapitel 5 II.2.c)bb)(3)(b) sowie *Bittmann/Molkenbur*, wistra 2009, 373 (378); *Stürner*, NJW 1981, 1757 (1758). A.A. *Theile*, StV 2011, 381 (385 f.).

belastenden und auf nicht-justizförmigem Weg zustande gekommenen Beweise untersagt, sondern bereits verhindert, dass diese Beweise zur Kenntnis der Strafverfolgungsbehörden gelangen und sodann zum Ausgangspunkt für weitere Ermittlungen gegen den Betroffenen genommen werden können.[44]

2. Stellungnahme

Wie aufgezeigt wurde, existieren mehrere Möglichkeiten, die bei der Durchführung von Internal Investigations bestehenden widerstreitenden Interessen in Ausgleich zu bringen und eine Umgehung der strafprozessualen Schutzrechte des betroffenen Mitarbeiters zu vermeiden. Nicht alle der vorstehend aufgezeigten Lösungsansätze erscheinen jedoch gleich geeignet und in gleichem Maße dogmatisch überzeugend begründbar.

Internal Investigations generell für unzulässig zu erklären, erscheint angesichts des erheblichen praktischen Bedürfnisses nach unternehmensinternen Ermittlungen als ein in der Praxis nicht gangbarer Lösungsweg. Insoweit sei insbesondere auf die Forderungen der SEC und des DOJ und die im Fall der Nichtbeachtung zu befürchtenden exorbitanten Sanktionen[45] sowie auf die Möglichkeit, Internal Investigations in Deutschland als freiwilliges Instrument zur Krisenbewältigung einzusetzen,[46] hingewiesen.

Hingegen scheint auf den ersten Blick viel für die Auskunftsverweigerungslösung zu sprechen, ist sie doch in der Lage, die Rechte des Betroffenen am effektivsten zu schützen, weil durch die Annahme eines Auskunftsverweigerungsrechts bereits verhindert wird, dass die selbstbelastende Aussage überhaupt in die Welt gelangt und die darin enthaltenen Informationen somit gegen den Betroffenen verwendet werden können. Dies gilt umso mehr, wenn man, wie es der hier vertretenen Meinung entspricht, dem Beweisverwertungsverbot keine Fernwirkung zukommen lassen will und die mittelbar auf der selbstbelastenden Aussage beruhenden Beweise für verwertbar hält. Darüber hinaus hat die Auskunftsverweigerungslösung den Vorteil, dass sie vergleichsweise einfach umzusetzen ist, da sie in Fällen der drohenden Selbtsbelastung eine „pauschale" Lösung bietet und auf eine Abwägungsentscheidung, wie sie der Verwertungslösung immanent ist, verzichtet. Die Auskunftsverweigerungslösung steht ferner im Einklang mit dem Lösungsweg, den auch der Gesetzgeber in Fällen der Kol-

44 Zur Lösung des Konflikts über die Annahme eines Offenbarungsverbots vergleiche auch das abweichende Votum des Richters *Heußner* zum Gemeinschuldnerbeschluss, BVerfGE 56, 37 (52 ff.).

45 Siehe insoweit die Ausführungen zu Kapitel 2 III.2.b).

46 Zu diesem Aspekt vergleiche die Darstellung unter Kapitel 2 II.4.

lision von aufsichtsrechtlichen Auskunftspflichten mit dem nemo-tenetur-Grundsatz überwiegend eingeschlagen hat.[47]

Dennoch erscheint im Ergebnis die Verwertungslösung vorzugswürdig, da sie mit der ihr immanenten Abwägungsentscheidung eine flexiblere und besser auf den Einzelfall zugeschnittene Lösung der aufgezeigten Konfliktlage ermöglicht. Anders als die Auskunftsverweigerungslösung, die primär entwickelt wurde, um eine Umgehung des nemo-tenetur-Grundsatzes zu verhindern, liegt der Verwertungslösung ein umfassendes Konzept zugrunde. Im Rahmen der Verwertungslösung können nicht nur der Verstoß gegen die Belehrungspflichten bzw. die drohende Umgehung des strafprozessualen Schweigerechts berücksichtigt werden, sondern es können auch alle sonstigen Verkürzungen der Beschuldigtenrechte, wie beispielsweise Verstöße gegen das Gebot der Aktenwahrheit und -vollständigkeit, eine unzulässige Vorverlagerung der Ermittlungen, eine Verletzung des Rechts auf Verteidigung oder eine Verkürzung der Rechtsschutzmöglichkeiten in die im Rahmen des Verwertungsverbots durchzuführende Abwägung eingestellt werden. Darüber hinaus führt das Zugestehen eines umfassenden Auskunftsverweigerungsrechts dazu, dass der Unternehmensleitung die Sachverhaltsaufklärung, an der das Unternehmen oftmals ein vitales Interesse hat, deutlich erschwert wird. Während die Verwertungslösung die schützenswerten Interessen betroffener Dritter im Rahmen der Abwägungsentscheidung berücksichtigen kann, führt die pauschale Annahme eines Auskunftsverweigerungsrechts oftmals zu einer unangemessenen Verkürzung der rechtlich schützenswerten Drittinteressen.[48]

Im Übrigen sieht sich die Auskunftsverweigerungslösung auch Bedenken im Hinblick auf die Tragfähigkeit ihrer dogmatischen Begründung ausgesetzt. So ist – wie bereits gezeigt wurde – insbesondere das Vorliegen einer planwidrigen Regelungslücke als unverzichtbare Voraussetzung für die analoge Anwendung eines gesetzlich normierten Auskunftsverweigerungsrechts zweifelhaft. Daneben steht die Auskunftsverweigerungslösung auch nicht im Einklang mit dem Gemeinschuldnerbeschluss des BVerfG: Es gibt kein ausnahmsloses Gebot, dass niemand zu Auskünften oder sonstigen Handlungen gezwungen werden darf, durch die er eine von ihm begangene strafbare Handlung offenbart. Art und Umfang des dem Betroffenen zugestandenen Schutzes hängen vielmehr davon ab,

---

47 Siehe z.B. § 4 Abs. 9 WpHG, § 44 Abs. 6 KWG, § 22 Abs. 3 GastG, § 40 Abs. 4 KrW-/AbfG sowie *Szesny*, BB 2010, 1995 (1996) und *Bärlein/Pananis/Rehmsmeier*, NJW 2002, 1825 (1827).

48 Vgl. BVerfGE 56, 37 (42, 45, 47, 49); *Aselmann*, Selbstbelastungs- und Verteidigungsfreiheit, S. 136 ff., 160 ff.; *Kölbel*, Selbstbelastungsfreiheiten, S. 71 f. m. Fn. 225 sowie – im Zusammenhang mit der Ausstrahlungswirkung von nemo tenetur auf das Verwaltungsrecht – *Wolff*, Selbstbelastung und Verfahrenstrennung, S. 191 f., 197 f.

ob und inwieweit Drittempfänger auf die Information der Auskunftsperson angewiesen sind.[49] Wo die unterlassene Mitwirkung des Verpflichteten zu Lasten Dritter geht und die verlangten Auskünfte der Erfüllung eines berechtigten Informationsbedürfnisses dienen, muss dem nemo-tenetur-Grundsatz nicht durch ein Auskunftsverweigerungsrecht, sondern durch ein Verwertungsverbot Rechnung getragen werden.[50]

Genau diese Verkürzung schützenswerter Drittinteressen spricht auch gegen die Lösung über ein Offenbarungsverbot, die von ihrer Schutzintensität zwischen Auskunftsverweigerungs- und Verwertungslösung anzusiedeln ist und damit zunächst als eine erwägenswerte Kompromisslösung erscheint. Zwar wird dem betroffenen Arbeitnehmer durch die Annahme eines Offenbarungsverbots im Ergebnis ein besserer Schutz zuteil als es die Verwertungslösung zu leisten vermag. Allerdings ist zweifelhaft, ob diese Lösung auch den Interessen des Arbeitgebers in ausreichendem Maße gerecht wird. Zudem ist die Weitergabe der Ermittlungsergebnisse der internen Untersuchungen zentrale Forderung der SEC sowie des DOJ, die auch in die Beurteilung der Kooperationsbereitschaft des Unternehmens einfließt. Würde einem Unternehmen daher untersagt, die internen Ermittlungsergebnisse gegenüber den zuständigen staatlichen Ermittlungsbehörden sowie gegenüber der SEC und dem DOJ offenzulegen, führte dies zu einer schlechteren Bewertung der Kooperationsbereitschaft des Unternehmens und mündete so in schärferen Sanktionen. Schließlich wäre die Lösung über ein Offenbarungsverbot zum Schutz des betroffenen Arbeitnehmers auch nicht erforderlich. Der Erfolg der Selbstüberführung wird bereits durch die Annahme eines Verwertungsverbots im Hinblick auf die unter wirtschaftlichem Druck zustande gekommenen selbstbelastenden Aussagen verhindert.

3. Ergebnis

Die abschließende Gegenüberstellung der verschiedenen Lösungsansätze hat gezeigt, dass die im Rahmen dieser Arbeit hergeleitete Lösung, die durch das Phänomen der Internal Investigations aufgeworfenen Konflikte zwischen Mitarbeiter- und Unternehmensinteressen über die Annahme eines punktuellen Verwertungsverbots in Ausgleich zu bringen, sowohl inhaltlich als auch von ihrer dogmatischen Begründung her am überzeugendsten erscheint.

49 BVerfGE 56, 37 (45 f.); *Szesny*, BB 2010, 1995 (1998).
50 BVerfGE 56, 37 (49 ff.); *Szesny*, BB 2010, 1995 (1998 f.).

IV. Rechtspolitisches Bedürfnis nach einer gesetzlichen Regelung

Zwar besteht wie gezeigt die Möglichkeit, den immensen Problemen, die mit dem Phänomen der Internal Investigations in das deutsche Recht hereingetragen wurden, im Einzelfall über die Annahme eines Beweisverwertungsverbots angemessen zu begegnen. Dennoch stellt sich angesichts der befürchteten Zunahme von systematisch angelegten unternehmensinternen Sachverhaltsaufklärungen durch Privatpersonen die weitergehende Frage, ob der damit verbundenen drohenden Aushöhlung elementarer strafprozessualer Verfahrensrechte sowie formeller Beweiserhebungsvorschriften nicht mit einer gesetzlichen Regelung begegnet werden muss.[51]

1. Denkbare Kodifizierungsmöglichkeiten

Möglich wäre zum einen – in Anlehnung an die Auskunftsverweigerungslösung und bereits kodifizierte Auskunftsverweigerungsrechte – die Interessenkollision durch gesetzliche Normierung eines zivilrechtlichen Auskunftsverweigerungsrechts aufzulösen. Kernpunkt dieser Regelung, die beispielsweise als neuer § 612b in das BGB oder als eigenständige Regelung in ein spezielles Arbeitnehmerdatenschutzgesetz[52] eingefügt werden könnte, muss es sein, dem Arbeitnehmer im Fall einer möglichen Selbstbelastung gegenüber dem Arbeitgeber oder gegenüber von diesem beauftragten externen Ermittlern ein partielles Auskunftsverweigerungsrecht bezüglich solcher Fragen zuzugestehen, mit denen sich der Arbeitnehmer selbst der Gefahr der Strafverfolgung aussetzen würde. Gleichzeitig sollte – über das bislang in § 612a BGB normierte Maßregelungsverbot hinaus – gesetzlich festgelegt werden, dass es dem Arbeitgeber untersagt ist, an die berechtigte Auskunftsverweigerung des Arbeitnehmers eine verhaltensbedingte Kündigung oder sonstige arbeits- oder zivilrechtliche Nachteile zu

---

51 Für eine gesetzliche Regelung auch *Brunhöber*, GA 2010, 571 (588), *Mende*, Grenzen privater Ermittlungen, S. 78, 95 sowie jüngst *Wehnert* auf dem Deutschen Anwaltstag 2010, siehe hierzu den Tagungsbericht von *Brexl*, AnwBl 2010, 498.

52 Ein derartiges Gesetz, das umfassende gesetzliche Regelungen für den Arbeitnehmerdatenschutz enthält und die bestehenden einzelgesetzlichen Bestimmungen bündelt, wird bereits seit Jahren vor allem von Praktikern gefordert. Am 25.08.2010 ist ein erster vom Bundesinnenministerium erarbeiteter Gesetzesentwurf von der Bundesregierung verabschiedet worden. Zu finden ist der Entwurf unter http://www.bmi.bund.de/SharedDocs/Downloads/DE/Gesetzestexte/Entwuerfe/Entwurf_Beschaeftigtendateschutz.pdf;jsessionid=BA4643F3BA82D322C12B003CF52A3EE6?__blob=publicationFile.

knüpfen.[53] Flankiert werden sollte dieses Recht schließlich von einer entsprechenden Belehrung zu Beginn des jeweiligen Interviews, die ebenfalls als arbeitgeberseitige Pflicht in die gesetzliche Regelung aufzunehmen wäre.[54]

Ebenfalls möglich erscheint – in Anlehung an die Verwertungslösung und insbesondere die in der InsO sowie in der AO bereits normierten Verwertungsverbote – die unter wirtschaftlichem Druck im Rahmen der Internal Investigations zustande gekommenen selbstbelastenden Aussagen der Mitarbeiter in einem etwaigen gegen den jeweils Betroffenen eingeleiteten Strafverfahren für unverwertbar zu erklären. Als Standort einer derartigen Regelung böte sich insbesondere das Umfeld der unternehmensbezogenen Regelungen der §§ 30, 130 OWiG an.[55]

Schließlich wäre es auch denkbar – in Anlehnung an die Lösung über ein Offenbarungsverbot – dem Arbeitnehmer zwar kein Auskunftsverweigerungsrecht zuzubilligen, dem Arbeitgeber bzw. der Unternehmensleitung aber gesetzlich zu untersagen, die im Wege der Interviews gewonnenen Erkenntnisse an die deutschen Strafverfolgungsbehörden weiterzugeben und sie darüber hinaus auch zu verpflichten, dafür Sorge zu tragen, dass dieses Verbot nicht durch den Einsatz von privaten Ermittlern umgangen wird. Verankert werden könnte eine derartige Regelung sowohl im Bereich der unternehmensbezogenen Vorschriften der §§ 30, 130 OWiG als auch als Bestandteil eines eigenständigen Arbeitnehmerdatenschutzgesetzes. Es wurde allerdings bereits darauf hingewiesen, dass eine derartige Regelung im Widerspruch zu den Vorgaben der SEC und des DOJ stünde, die eine vollständige Offenlegung der Ermittlungsergebnisse als notwendigen Kooperationsakt betrachten, weshalb eine solche Regelung den betroffenen Unternehmen im Hinblick auf die nach US-amerikanischem Recht möglichen Sanktionen zum Nachteil gereichen könnte.

Nicht erstrebenswert erscheint es hingegen, eine eigens auf die Fälle systematischer Straftataufklärung durch Privatpersonen zugeschnittene Verfahrensordnung zu erlassen, die sich an den Vorgaben der StPO, insbesondere an den elementaren Verfahrensrechten und wichtigsten Formvorgaben, orientiert und

---

53 So auch *Momsen/Grützner*, DB 2011, 1792 (1797), die eine derartige Regelung in § 626 BGB verankern wollen.

54 Derartige Bestrebungen gibt es bereits für das Phänomen des Whistleblowing, für das seit dem Jahr 2008 eine gesetzliche Regelung im Gespräch ist, die Voraussetzungen und Reichweite des Meldens von Straftaten oder entsprechenden Verdachtsmomenten durch Unternehmensmitarbeiter gesetzlich fixieren und die als neuer § 612a in das BGB eingefügt werden soll. Siehe hierzu die Ausschussdrucksache 16(10)849 des Deutschen Bundestags, Ausschuss für Ernährung, Landwirtschaft und Verbraucherschutz, sowie *Pfordte*, in: Strafverteidigung im Rechtsstaat, S. 740 (756) und *Koch*, ZIS 2008, 500 ff.

55 *Pfordte*, in: Strafverteidigung im Rechtsstaat, S. 740 (756).

mithin die private Ermittlungstätigkeit von vornherein reglementiert.[56] Eine Angleichung der für Internal Investigations geltenden Standards an die für staatliche Ermittlungen geltenden Regelungen, isnbesondere die §§ 136, 136a StPO, hätte die Einengung der zulässigen Ermittlungsmethoden zur Folge, ohne dass den privaten Ermittlern im Gegenzug der StPO vergleichbare Eingriffs- und Zwangsbefugnisse zugestanden würden.[57] Hinzu kommt die Schwierigkeit, die Vielgestaltigkeit und vom konkreten Einzelfall abhängige Ausgestaltung interner Ermittlungen in generell-abstrakter Form zu regeln. Insgesamt würde mit einer entsprechenden, an die StPO angelehnten Verfahrensordnung für private Ermittlungen ein dem deutschen Strafprozessrecht gänzlich fremdes und mit Art. 33 Abs. 4 GG nicht mehr zu vereinbarendes[58] System umfassender privater Straftataufklärung gesetzlich verankert, das in Konkurrenz zur staatlichen Strafrechtspflege treten und ein willkürfreies, an den Grundrechten ausgerichtetes und insgesamt faires Strafverfahren nicht mehr gewährleisten würde.[59]

2. Thesen der BRAK zum Unternehmensanwalt im Strafrecht

Einen ersten Versuch, den Ablauf interner Ermittlungen generell-abstrakt zu regeln, hat indes die Bundesrechtsanwaltskammer mit ihren „Thesen zum Unternehmensanwalt im Strafrecht“ unternommen.[60] Wie sich aus These 3 und der zugehörigen Begründung[61] ergibt, ist der von der Bundesrechtsanwaltskammer eingeschlagene Weg im Grundsatz auf eine Angleichung von internen Ermittlungen an die für staatliche Ermittlungen geltenden Standards gerichtet. Zu diesen Standards zählt der Strafrechtsausschuss neben den allgemeinen „Standards eines staatlichen, justizförmigen Verfahrens“ insbesondere das Recht des Mitarbeiters, einen Anwalt seiner Wahl und seines Vertrauens auf Kosten des Unternehmens zu konsultieren, worüber er zu belehren ist, das generelle Verbot der unlauteren Einwirkung auf den Mitarbeiter, insbesondere die Anwendung nach § 136a StPO unzulässiger Methoden, die Belehrung über die Möglichkeit der

56 So im Ergebnis auch *Momsen/Grützner*, DB 2011, 1792.

57 *Momsen/Grützner*, DB 2011, 1792 (1793).

58 BVerfGE 9, 268 (284); BVerwGE 57, 55 (59).

59 Vgl. *Momsen*, ZIS 2011, 508 (514) sowie *Mende*, Grenzen privater Ermittlungen, S. 94 f.

60 „Thesen der Bundesrechtsanwaltskammer zum Unternehmensanwalt im Strafrecht“, November 2010, BRAK-Stellungnahme-Nr. 35/2010, abrufbar unter http://www.brak.de/zur-rechtspolitik/stellungnahmen-pdf/stellungnahmen-deutschland/2010/november/stellungnahme-der-brak-2010-35.pdf.

61 Ziffer 3 und 4, S. 10 f.

Weitergabe der aus der Befragung des Mitarbeiters gewonnenen Erkenntnisse an die Ermittlungsbehörden sowie das Erfordernis der Dokumentation der Befragungsergebnisse nebst Einsichtnahmerecht des Mitarbeiters in diese Aufzeichnungen. Bei Nichteinhaltung dieser Standards soll dem Mitarbeiter ein Recht zur Aussageverweigerung zustehen, ohne dass hieran negative Konsequenzen geknüpft werden dürfen.[62]

Der Ansatz der Bundesrechtsanwaltskammer, die Rechtsstellung interner Ermittler durch Formulierung von Leitlinien zu konturieren, ist zwar durchaus zu begrüßen. Neben den vorstehend unter 1. geschilderten Problemen, die eine normative Angleichung der für private Ermittler geltenden Standards an staatliche Untersuchungen mit sich bringen würde, sind die von der Bundesrechtsanwaltskammer aufgestellten Thesen jedoch auch deswegen unzureichend, weil lediglich die Rechtsstellung des Unternehmensanwalts, nicht aber die Rechtsstellung der übrigen an Internal Investigations Beteiligten – Unternehmensleitung, Betriebsrat, Datenschutzbeauftragte, Compliance-Officer sowie insbesondere der zu befragenden Mitarbeiter – aufgearbeitet wird.[63] Insbesondere die im Verlauf der Arbeit angesprochenen arbeitsrechtlichen, arbeitsvertraglichen und datenschutzrechtlichen Probleme und Friktionen mit dem Strafprozessrecht bleiben außer Betracht. Schließlich vermeidet es der Strafrechtsausschuss der Bundesrechtsanwaltskammer, zu der Frage der Verwertbarkeit der im Rahmen der internen Ermittlungen gewonnenen Beweise ausdrücklich Stellung zu beziehen.

3. Leitlinien für interne Ermittlungen in Anlehnung an den DCGK

Der Anspruch der Bundesrechtsanwaltskammer, durch die Formulierung erster Thesen Leitlinien für den Ablauf interner Ermittlungen durch Privatpersonen vorzugeben, sollte allerdings durchaus als Ausgangspunkt für den zukünftigen Umgang mit dem Phänomen Internal Investigations begriffen werden. Anstelle oder zusätzlich zu den oben (unter 1.) aufgelisteten Möglichkeiten, den im Rahmen von Internal Investigations entstehenden Problemen durch punktuelle Gesetzesänderungen zu begegnen, erscheint die Kodifizierung von entsprechenden Verhaltensstandards für sämtliche an unternehmensinternen Untersuchungen Beteiligte in einem dem Deutschen Corporate Governance Kodex ver-

62 Ziffer 5, S. 11.

63 Zu dieser sowie der im Weiteren vorgebrachten Kritik vgl. ausführlich *Momsen/Grützner*, DB 2011, 1792 ff.

gleichbaren Regelwerk eine adäquate Lösung.[64] Inhaltlich könnten sich die Leitlinien an den unter Kapitel 4 II.1. und 2. dieser Arbeit ausführlich dargelegten rechtlichen Rahmenbedingungen orientieren. Durch die Zusammenfassung in einem einheitlichen Kodex entstünde Transparenz und Klarheit, ohne dass aber – aufgrund der fehlenden rechtlichen Verbindlichkeit und Durchsetzbarkeit der Regelungen – mit der Kodifizierung zugleich die Gefahr einer die StPO aushöhlenden parallelen Verfahrensordnung geschaffen würde. Zudem fügte sich diese Lösung nahtlos in die unter Präventionsgesichtspunkten derzeit populäre Strategie der „regulierten Selbstregulierung" ein.[65] Dass derartige Regelwerke das Verhalten der Betroffenen trotz ihrer rechtlichen Unverbindlichkeit positiv beeinflussen können, hat der Deutsche Corporate Governance Kodex in der Vergangenheit unter Beweis gestellt.

---

64 Zu diesem Ergebnis gelangen auch *Momsen/Grützner*, DB 2011, 1792 (1798) sowie *Wehnert*, die auf dem Deutschen Anwaltstag 2010 vorgeschlagen hat, einen „German Corporate Investigation Kodex" zu formulieren, siehe hierzu den Tagungsbericht von *Brexl*, AnwBl 2010, 498.

65 Man denke nur an die Implementierung von Compliance-Programmen, den Einsatz von Compliance-Officern sowie die Einrichtung von Whistleblower-Hotlines, siehe hierzu ausführlich *Engelhart*, Sanktionierung, S. 590 ff., 649 ff. sowie *Bock*, Criminal Compliance, S. 203 ff., 222 ff., 771.

Kapitel 7 Zusammenfassung

Die Ergebnisse dieser Arbeit lassen sich wie folgt zusammenfassen:

- Der Begriff Internal Investigations beschreibt eine bestimmte Form unternehmensinterner Sachverhaltsaufklärung durch externe Ermittler, die aus dem US-amerikanischen Rechtskreis stammt und deren Durchführung maßgeblich durch die US-amerikanischen Kapitalmarktvorschriften, das US-amerikanische Sanktionssystem sowie die Vorgaben der SEC und des DOJ geprägt wird. Bislang sind insbesondere weltweit operierende Konzerne mit Zugang zum US-amerikanischen Kapitalmarkt zum Ziel einer derartigen internen Untersuchung geworden.
- Dennoch ist diese Form privater Straftataufklärung nicht auf Sachverhalte mit grenzüberschreitendem Bezug beschränkt, sondern findet auch in rein nationalen Sachverhalten vermehrt Anwendung. Hierfür sind zum Teil rechtliche Vorgaben verantwortlich, wie namentlich die gesellschafts-, kapitalmarktrechtlichen oder sonstigen spezialgesetzlichen Vorschriften, die ein Unternehmen zur Implementierung von effektiven Compliance-Organisationsstrukturen und deren – durch Straf- oder Budgelddrohung abgesicherten – Überprüfung verpflichten. Teilweise stellen sich Internal Investigations aus Sicht des betroffenen Unternehmens darüber hinaus als ein zweckmäßiges Instrument zur Krisenbewältigung dar, weil eine umfassende Kooperation mit den Ermittlungsbehörden auch nach deutschem Recht zu einer milderen Sanktionierung, insbesondere zu erheblichen Strafnachlässen, führen kann.
- Kennzeichen einer jeden Internal Investigation ist ihr umfassender Ermittlungsansatz, der eine unternehmens- oder sogar konzernweite Sichtung des Daten- und Dokumentenbestandes zum Gegenstand hat und der auf die Aufklärung von sämtlichen unternehmensinternen Gesetzesverstößen gerichtet ist. Zentrales Mittel der Aufklärung bildet dabei neben der Auswertung von Dokumenten die Befragung der Mitarbeiter in sog. Interviews, die im Hinblick auf Struktur und Ablauf einer strafverfahrensrechtlichen Vernehmung vergleichbar sind.
- Internal Investigations sind von vornherein auf eine sehr enge Kooperation zwischen dem Unternehmen, den externen Ermittlern und den zuständigen Ermittlungsbehörden angelegt. Es wird von den Unternehmen erwartet, dass sie ihre Aufklärungsbemühungen mit den zuständigen Ermittlungsbehörden abstimmen und ihnen sämtliche im Rahmen der internen Ermittlung gesammelten Beweise für Zwecke der Strafverfolgung zur Verfügung stellen.

- Als problematisch erweisen sich Internal Investigations nach deutschem Recht insbesondere deshalb, weil die Gefahr besteht, dass es durch den zunehmenden und umfassenden Einsatz von privaten Ermittlern zur Straftataufklärung sowie der Weitergabe der durch sie gesammelten Beweise an die Ermittlungsbehörden zu einem „Outsourcing" von eigentlich den staatlichen Strafverfolgungsbehörden obliegenden Ermittlungshandlungen auf Privatpersonen kommt und sich auf diese Weise ein rechtswidriges Parallelverfahren zur StPO etabliert. Dies kann im Ergebnis dazu führen, dass die Rechtsstaatlichkeit des Strafverfahrens insgesamt verloren geht. Da private Ermittler nicht an die Beschränkungen der StPO gebunden sind, drohen durch ihren Einsatz neben den formellen Anforderungen an eine zuverlässige Wahrheitsfindung auch die elementaren Verfahrensrechte der Betroffenen umgangen zu werden.
- Internal Investigations sind nach deutschem Recht gleichwohl nicht per se unzulässig. Es muss jedoch sichergestellt werden, dass den aufgezeigten Gefahren durch eine strikte Beachtung der rechtlichen Rahmenbedingungen sowie der Verfahrensrechte der Betroffenen angemessen begegnet wird. Aus diesem Grund sollten sich die unternehmensinternen Ermittler bei der Durchführung ihrer internen Aufklärungsmaßnahmen an den Vorgaben der StPO orientieren, auch wenn diese auf derartige Privatermittlungen keine direkte oder analoge Anwendung finden.
- Verstoßen die internen Ermittler bei ihren Aufklärungsbemühungen gegen die Anforderungen an eine objektive, nachprüfbare und insgesamt transparente Sachverhaltsaufklärung oder kommt es im Verlauf der Ermittlungen zu einer unangemessenen Verkürzung zentraler Beschuldigtenrechte, wie beispielsweise des Rechts auf Selbstbelastungsfreiheit, des Rechts auf Hinzuziehung eines Rechtsbeistands oder des Rechts auf ein faires Verfahren, dürfen die derart gewonnenen Beweise in einem nachfolgenden Strafverfahren nicht zu Lasten des Betroffenen verwertet werden. Alles andere hieße, die Rechtsstaatlichkeit des Strafverfahrens preiszugeben. Dies darf auch bei Berücksichtigung des Umstands, dass Internal Investigations sich zunehmend als unverzichtbarer Bestandteil eines globalisierten Wirtschaftsstrafverfahrens darstellen, das teilweise anderen Anforderungen unterliegt als das dem Leitbild der StPO entsprechende „herkömmliche" Strafverfahren, nicht zugelassen werden.

Literaturverzeichnis

Achenbach, Hans: Ausweitung des Zugriffs bei den ahndenden Sanktionen gegen die Unternehmensdelinquenz, wistra 2002, S. 441-445.

ders./Ransiek, Andreas (Hrsg.): Handbuch Wirtschaftsstrafrecht, 2. Aufl., Heidelberg 2008. Zitiert als: *Bearbeiter*, in: Achenbach/Ransiek, Hdb WiStra.

Alder, Markus B.: Die Strafzumessungsrichtlinien der USA in ihrem Kontext mit Plea Bargaining, zugl.: Bern (Schweiz), Univ., Diss., 2001, Frankfurt a. M. 2001. Zitiert als: *Alder*, Strafzumessungsrichtlinien.

Altenhain, Karsten/Haimerl, Michael: Die gesetzliche Regelung der Verständigung im Strafverfahren – eine verweigerte Reform, JZ 2010, S. 327-337.

Androulakis, Ioannis N.: Die Globalisierung der Korruptionsbekämpfung. Eine Untersuchung zur Entstehung, zum Inhalt und zu den Auswirkungen des internationalen Korruptionsstrafrechts unter Berücksichtigung der sozialökonomischen Hintergründe, zugl.: Halle-Wittenberg, Univ., Diss., 2006, Baden-Baden 2007. Zitiert als: *Androulakis*, Globalisierung der Korruptionsbekämpfung.

Arbeitskreis „Externe und Interne Überwachung der Unternehmung" der Schmalenbach-Gesellschaft für Betriebswirtschaft e.V.: Auswirkungen des Sarbanes-Oxley-Act auf die Interne und Externe Unternehmensüberwachung, BB 2004, S. 2399-2407.

Arbeitskreis Strafprozeßreform: Die Verteidigung, Gesetzesentwurf mit Begründung, Heidelberg/Karlsruhe 1979. Zitiert als: *Arbeitskreis Strafprozessreform*, Verteidigung.

Aselmann, Maike: Die Selbstbelastungs- und Verteidigungsfreiheit: Ein Beitrag zu den Garantiewirkungen von Verfahrensrechten im Hinblick auf die Beweiswürdigung, Strafzumessung und Strafbarkeit des Beschuldigten im Strafprozess, zugl.: Göttingen, Univ., Diss., 2004, Frankfurt a. M. 2004. Zitiert als: *Aselmann*, Selbstbelastungs- und Verteidigungsfreiheit.

Bachmann, Gregor/Prüfer, Gerald: Korruptionsprävention und Corporate Governance, ZRP 2005, S. 109-113.

Baker, John S. Jr.: Reforming Corporations through Threats of Federal Prosecution, Cornell Law Review 89 (2003-2004), S. 310-355.

Bamberger/Roth: Kommentar zum Bürgerlichen Gesetzbuch, hrsg. von *Heinz Georg Bamberger* und *Herbert Roth*, Bd. 2: §§ 611-1296, 2. Aufl., München 2008. Zitiert als: *Bearbeiter*, in: Bamberger/Roth, BGB.

Bärlein, Michael/Pananis, Panos/Rehmsmeier, Jörg: Spannungsverhältnis zwischen der Aussagefreiheit im Strafverfahren und den Mitwirkungspflichten im Verwaltungsverfahren, NJW 2002, S. 1825-1830.

Bassett, Robert A.: Canadian Companies Beware: The U.S. Foreign Corrupt Practices Act Applies to You!, Alberta Law Review 36 (1997-1998), S. 455-472.

Baumann, Martin: Eigene Ermittlungen des Verteidigers, zugl.: Konstanz, Univ., Diss., 1998, Baden-Baden 1999. Zitiert als: *Baumann*, Ermittlungen des Verteidigers.

Baumbach/Hueck: Beck'sche Kurz-Kommentare, Bd. 20: Gesetz betreffend die Gesellschaften mit beschränkter Haftung, begr. von *Adolf Baumbach*, fortgef. von *Alfred Hueck*, 19. Aufl., München 2010. Zitiert als: *Bearbeiter*, in: Baumbach/Hueck, GmbHG.

Becker, Thorsten: Die Haftung für den deutschen Corporate Governance Kodex, zugl.: Mainz, Univ., Diss., 2005, Baden-Baden 2005. Zitiert als: *Becker*, Haftung.

Beckschulze, Martin: Internet-, Intranet- und E-Mail-Einsatz am Arbeitsplatz – Rechte der Beteiligten und Rechtsfolgen bei Pflichtverletzungen –, DB 2003, S. 2777-2786.

Behling, Thorsten: Compliance versus Fernmeldegeheimnis, BB 2010, S. 892-896.

Behrens, Alexander: Internal Investigations: Hintergründe und Perspektiven anwaltlicher „Ermittlungen“ in deutschen Unternehmen, RIW 2009, S. 22-33.

Berman, Mark (Hrsg.): SEC Regulation Outside the United States, 5. Aufl., London 2005. Zitiert als: *Bearbeiter*, in: Berman, SEC Regulation.

Bernsmann, Klaus/Gatzweiler, Norbert: Verteidigung bei Korruptionsfällen, Heidelberg 2008. Zitiert als: *Bernsmann/Gatzweiler*, Verteidigung bei Korruptionsfällen.

Bertele, Joachim: Souveränität und Verfahrensrecht: Eine Untersuchung der aus dem Völkerrecht ableitbaren Grenzen staatlicher extraterritorialer Jurisdiktion im Verfahrensrecht, zugl.: Freiburg (Breisgau), Univ., Diss., 1997-1998, Tübingen 1998. Zitiert als: *Bertele*, Souveränität und Verfahrensrecht.

Beulke, Werner: Strafprozessrecht, 11. Aufl., Heidelberg 2010. Zitiert als: *Beulke*, Strafprozessrecht.

ders.: Die Strafbarkeit des Verteidigers, Heidelberg 1989. Zitiert als: *Beulke*, Strafbarkeit des Verteidigers.

ders.: Der Verteidiger im Strafverfahren: Funktionen und Rechtsstellung, zugl.: Göttingen, Univ., Habil.-Schr., Frankfurt a. M. 1980. Zitiert als: *Beulke*, Verteidiger.

Bienert, Anja: Private Ermittlungen und ihre Bedeutung auf dem Gebiet der Beweisverwertungsverbote, zugl.: Köln, Univ., Diss., 1997, Aachen 1997. Zitiert als: *Bienert*, Private Ermittlungen.

Bittmann, Folker/Molkenbur, Josef: Private Ermittlungen, arbeitsrechtliche Aussagepflicht und strafprozessuales Schweigerecht, wistra 2009, S. 373-379.

Block, Ulrich: Neue Regelungen zur Corporate Governance gemäß Sarbanes-Oxley Act, BKR 2003, S. 774-787.

Bock, Dennis: Criminal Compliance, zugl.: Kiel, Univ., Habil.-Schr., 2010-2011, Baden-Baden 2011. Zitiert als: *Bock*, Criminal Compliance.

Bockemühl, Jan: Private Ermittlungen im Strafprozess, zugl.: Regensburg, Univ., Diss., 1995/1996, Baden-Baden 1996. Zitiert als: *Bockemühl*, Private Ermittlungen.

Böhm, Ulrike: Amerikanisches Zivilprozessrecht, Köln 2005. Zitiert als: *Böhm*, Amerikanisches Zivilprozessrecht.

Böhm, Wolf-Tassilo: Strafrechtliche Verwertbarkeit der Auskünfte von Arbeitnehmern bei unternehmensinternen Untersuchungen – Ein Beitrag zur aktuellen Compliance-Debatte –, WM 2009, S. 1923-1929.

Bonner Kommentar zum Grundgesetz: Bd. 1: Einleitung-Art. 3, hrsg. von *Rudolf Dolzer* u. a., Stand: 149. Lfg. Dezember 2010, Heidelberg 2010. Zitiert als: *Bearbeiter*, in: BK-GG.

Boos, Karl-Heinz/Fischer, Reinfrid/Schulte-Mattler, Hermann (Hrsg.): Kreditwesengesetz, Kommentar, 3. Aufl., München 2008. Zitiert als: *Bearbeiter*, in: B/F/S-M, KWG.

Bosch, Nikolaus: Aspekte des nemo-tenetur-Prinzips aus verfassungsrechtlicher und strafprozessualer Sicht: Ein Beitrag zur funktionsorientierten Auslegung des Grundsatzes „nemo tenetur se ipsum accusare", zugl.: Augsburg, Univ., Diss., 1997, Berlin 1998. Zitiert als: *Bosch*, Aspekte des nemo-tenetur-Prinzips.

Böse, Martin: Aufsichtsrechtliche Vorermittlungen in der Grauzone zwischen Strafverfolgung und Gefahrenabwehr, ZStW 119 (2007), S. 848-886.

ders.: Die verfassungsrechtlichen Grundlagen des Satzes „Nemo tenetur se ipsum accusare", GA 2002, S. 98-128.

Breßler, Steffen/Kuhnke, Michael/Schulz, Stephan/Stein, Roland: Inhalte und Grenzen von Amnestien bei Internal Investigations, NZG 2009, S. 721-727.

Brexl, Tanja: Tagungsbericht vom 61. Deutschen Anwaltstag, Ausschüsse Strafrecht und Informationsrecht, Compliance: Viele Fragen ungeklärt. Interne Unternehmensbefragung und -ermittlung, AnwBl 2010, S. 498.

Brown, H. Lowell: The Corporate Director's Compliance Oversight Responsibility in the Post Caremark Era, Delaware Journal of Corporate Law 26 (2001), S. 1-145.

ders.: The Extraterritorial Reach of the U.S. Government's Campaign Against International Bribery, Hastings International and Comparative Law Review 22 (1999), S. 407-522.

Brückner, Andreas: Die Aufarbeitung von Compliance-Verstößen – Praktische Erfahrungen und Fallstricke, BB-Special 4/2010: Compliance, S. 21-27.

Brunhöber, Beatrice: Privatisierung des Ermittlungsverfahrens im Strafprozess, GA 2010, S. 571-588.

Buntschek, Martin/Biermann, Jörg: „Legal Privilege" des Syndikusanwalts – Paradigmenwechsel im EG-Bußgeldverfahren?, wistra 2004, S. 457-462.

Bürkle, Jürgen: Corporate Compliance – Pflicht oder Kür für den Vorstand der AG?, BB 2005, S. 565-570.

Bussmann, Kai.-D./Matschke, Sebastian: Der Einfluss nationalen Rechts auf Kontroll- und Präventionsmaßnahmen von Unternehmen – ein Vergleich zwischen den USA und Deutschland –, wistra 2008, S. 88-95.

Dahm, Georg (Begr.)/Delbrück, Jost/Wolfrum, Rüdiger: Völkerrecht, Bd. I/3: Die Formen des völkerrechtlichen Handels. Die inhaltliche Ordnung der internationalen Gemeinschaft, 2. Aufl., Berlin 2002. Zitiert als: *Dahm/Delbrück/Wolfrum*, Völkerrecht.

Dahs, Hans: Handbuch des Strafverteidigers, 7. Aufl., Köln 2005. Zitiert als: *Dahs*, Hdb Strafverteidiger.

ders.: Zur Verteidigung im Ermittlungsverfahren, NJW 1985, S. 1113-1118.

Dann, Matthias: Compliance-Untersuchungen im Unternehmen: Herausforderungen für den Syndikus. Zum Zusammenspiel von Rechtsabteilung und externen Anwälten bei internen Ermittlungen, AnwBl 2009, S. 84-89.

ders./Schmidt, Kerstin: Im Würgegriff der SEC? – Mitarbeiterbefragungen und die Selbstbelastungsfreiheit, NJW 2009, S. 1851-1855.

Darmer, M.K.B.: The Federal Sentencing Guidelines after Blakely and Booker: The Limits of Congressional Tolerance and a Greater Role for Juries, South Carolina Law Review 56 (2004-2005), S. 533-579.

De Vries, Hinrich: Arbeitnehmer als Mittäter und Mitwisser im klassischen Wirtschaftsstrafrecht, in: Arbeitsstrafrecht im Umbruch, 5. Ludwigsburger Rechtsgespräch, hrsg. von *Volker Rieble* u. a., München 2009, S. 75-97. Zitiert als: *de Vries*, in: Arbeitsstrafrecht im Umbruch.

Demko, Daniela: Zur Rechtsprechung des EGMR in Sachen „Hörfalle", HRRS 2004, S. 382-387.

Dencker, Friedrich: Über Heimlichkeit, Offenheit und Täuschung bei der Beweisgewinnung im Strafverfahren – Anmerkung aus Anlass zweier Entscheidungen des BGH –, StV 1994, S. 667-683.

ders.: Verwertungsverbote im Strafprozess: Ein Beitrag zur Lehre von den Beweisverboten, zugl.: Bonn, Univ., Habil.-Schr., 1974, Köln u. a. 1977. Zitiert als: *Dencker*, Verwertungsverbote.

Diller, Martin: Der Arbeitnehmer als Informant, Handlanger und Zeuge im Prozess des Arbeitgebers gegen Dritte, DB 2004, S. 313-319.

Dingeldey, Thomas: Der Schutz der strafprozessualen Aussagefreiheit durch Verwertungsverbote bei außerstrafrechtlichen Aussage- und Mitwirkungspflichten, NStZ 1984, S. 529-534.

Dölling, Dieter (Hrsg.): Handbuch der Korruptionsprävention, München 2007. Zitiert als: *Bearbeiter*, in: Dölling, Hdb Korruptionsprävention.

Dreher, Meinrad: Kartellrechtscompliance. Voraussetzungen und Rechtsfolgen unternehmens- oder verbandsinterner Maßnahmen zur Einhaltung des Kartellrechts, ZWeR 2004, S. 75-106.

ders./Schaaf, Martin: Versicherungsunternehmensrecht und Risikomanagement – Gesamtverantwortung der Geschäftsleitung, Outsourcing des Risikomanagements und konzernweites versicherungsaufsichtsrechtliches Riskomanagement –, WM 2008, S. 1765-1774.

Düwell, Franz Josef (Hrsg.): Betriebsverfassungsgesetz: Handkommentar, 3. Aufl., Baden-Baden 2010. Zitiert als: *Bearbeiter,* in: Düwell, BetrVG.

Eckhardt, Sebastian: Private Ermittlungsbeiträge im Rahmen der staatlichen Strafverfolgung, zugl.: Freiburg (Breisgau), Univ., Diss., 2007-2008, Frankfurt a. M. 2009. Zitiert als: *Eckhardt*, Private Ermittlungsbeiträge.

Eidam, Gerd: Die Verbandsgeldbuße des § 30 Abs. 4 OWiG – eine Bestandsaufnahme, wistra 2003, S. 447-456.

Eidam, Lutz: Die strafprozessuale Selbstbelastungsfreiheit am Beginn des 21. Jahrhunderts, zugl.: Frankfurt (Main), Univ., Diss., 2006, Frankfurt a. M. 2007. Zitiert als: *Eidam*, Selbstbelastungsfreiheit.

Eisenberg, Ulrich: Beweisrecht der StPO, Spezialkommentar, 7. Aufl., München 2011. Zitiert als: *Eisenberg*, Beweisrecht.

Eisenhardt, Urte: Das nemo tenetur-Prinzip: Grenze körperlicher Untersuchungen beim Beschuldigten. Am Beispiel des § 81a StPO, zugl.: Frankfurt (Main), Univ., Diss., 2006, Frankfurt a. M. 2007. Zitiert als: *Eisenhardt*, Nemo tenetur-Prinzip.

Engelhart, Marc: Sanktionierung von Unternehmen: Eine rechtsvergleichende Analyse des Straf- und Ordnungswidrigkeitenrechts in Deutschland und den USA, zugl.: Freiburg, Univ., Diss., 2009-2010, Berlin 2010. Zitiert als: *Engelhart*, Sanktionierung.

Erb, Volker: Legalität und Opportunität. Gegensätzliche Prinzipien der Anwendung von Strafrechtsnormen im Spiegel rechtstheoretischer, rechtsstaatlicher und rechtspolitischer Überlegungen, zugl.: Mainz, Univ., Habil.-Schr., 1997-1998, Berlin 1999. Zitiert als: *Erb*, Legalität und Opportunität.

Erbs/Kohlhaas: Beck'sche Kurzkommentare Bd. 17: Strafrechtliche Nebengesetze, Bd. 2: E-K, begr. von *Georg Erbs*, vormals hrsg. von *Max Kohlhaas*, hrsg. von *Friedrich Ambs*, Stand: 182. Lfg. November 2010, 17. Aufl., München 2007. Zitiert als: *Bearbeiter*, in: Erbs/Kohlhaas, Strafrechtliche Nebengesetze.

Erfurter Kommentar zum Arbeitsrecht: Beck'sche Kurzkommentare, Bd. 51, hrsg. von *Rudi Müller-Glöge* u. a., 11. Aufl., München 2011. Zitiert als: *Bearbeiter*, in: ErfKomArbR.

Feigen, Hanns W.: Strafjustiz durch die BaFin?, in: Strafverteidigung im Rechtsstaat, 25 Jahre Arbeitsgemeinschaft Strafrecht des Deutschen Anwaltsvereins, hrsg. von der *Arbeitsgemeinschaft Strafrecht des Deutschen Anwaltsvereins*, Baden-Baden 2009, S. 466-479. Zitiert als: *Feigen*, in: Strafverteidigung im Rechtsstaat.

Fincke, Martin: Zum Begriff des Beschuldigten und den Verdachtsgraden, ZStW 95 (1983), S. 918-972.

Fischer, Daniel: Corporate Governance und der Sarbanes-Oxley Act aus strafrechtlicher Sicht, zugl.: Freiburg, Univ., Diss., 2008, Bern 2008. Zitiert als: *Fischer*, Corporate Governance und Sarbanes-Oxley Act.

Fischer, Thomas (Bearb.): Beck'sche Kurzkommentare, Bd. 10: Strafgesetzbuch und Nebengesetze, begr. von *Otto Schwarz*, fortgeführt von *Eduard Dreher* (23.-37. Aufl.) und *Herbert Tröndle* (38.-49. Aufl.), 58. Aufl., München 2011. Zitiert als: *Fischer*, StGB.

Fischer, Veronika: The SEC and BaFin: US and German capital market supervision in comparison, Augsburg, Univ., Diss., 2008. Zitiert als: *Fischer*, SEC and BaFin.

Fitting: Betriebsverfassungsgesetz: Handkommentar, begr. von *Karl Fitting*, fortgef. von *Fritz Auffahrt* (4.-17. Aufl.), *Heinrich Kaiser* (10.-21.Aufl.), *Friedrich Heither*, (15.-21-Aufl.) und *Gerd Engels* (ab 22. Aufl.), 25. Aufl., München 2010. Zitiert als: *Fitting*, BetrVG.

Fleischer, Holger (Hrsg.): Handbuch des Vorstandsrechts, München 2006. Zitiert als: *Bearbeiter*, in: Fleischer, Hdb Vorstandsrecht.

ders.: Vorstandsverantwortlichkeit und Fehlverhalten von Unternehmensangehörigen – Von der Einzelüberwachung zur Errichtung einer Compliance-Organisation, AG 2003, S. 291-300.

Frank, Christoph/Titz, Andrea: Die Kronzeugenregelung zwischen Legalitätsprinzip und Rechtsstaatlichkeit, ZRP 2009, S. 137-140.

Frank, Peter H.: Die Verwertbarkeit rechtswidriger Tonbandaufnahmen Privater: Überlegungen zu einem einheitlichen Schutz des Rechts am gesprochenen Wort im Straf- und Strafverfahrensrecht, zugl.: Würzburg, Univ., Diss., 1995, Baden-Baden 1996. Zitiert als: *Frank*, Verwertbarkeit rechtswidriger Tonbandaufnahmen.

Franzen/Gast/Joecks: Steuerstrafrecht mit Zoll- und Verbrauchsteuerstrafrecht, Kommentar, begr. von *Klaus Franzen* und *Brigitte Gast-de Haan*, 7. Aufl., München 2009. Zitiert als: *Bearbeiter*, in: F/G/J, Steuerstrafrecht.

Freidank, Carl-Christian/Peemöller, Volker H. (Hrsg.): Corporate Governance und Interne Revision, Handbuch für die Neuausrichtung des Internal Auditings, Berlin 2008. Zitiert als: *Bearbeiter*, in: Freidank/Peemöller, Corporate Governance.

Fritz, Hans-Joachim/Nolden, Dagmar: Unterrichtungspflichten und Einsichtsrechte des Arbeitnehmers im Rahmen von unternehmensinternen Untersuchungen, CCZ 2010, S. 170-177.

Gaede, Karsten: Beweisverbote zur Wahrung des fairen Strafverfahrens in der Rechtsprechung des EGMR insbesondere bei verdeckten Ermittlungen – Meinungsstand und Perspektiven nach dem neuen leading case Bykov vs. Russland unter Berücksichtigung des § 136a StPO, JR 2009, S. 493-502.

ders.: Fairness als Teilhabe – Das Recht auf konkrete und wirksame Teilhabe durch Verteidigung gemäß Art. 6 EMRK, zugl.: Zürich, Univ., Diss., 2005, Berlin 2007. Zitiert als: *Gaede*, Fairness als Teilhabe.

ders.: Das Verbot der Umgehung der EMRK durch den Einsatz von Privatpersonen bei der Strafverfolgung, StV 2004, S. 46-53.

Gatzweiler, Norbert: Zur Frage der Wirksamkeit und Durchsetzbarkeit strafprozessualer Beweisverwertungsverbote – dargestellt an Beispielen aus dem Insolvenz- und Steuerrecht, in: Strafverteidigung im Rechtsstaat, 25 Jahre Arbeitsgemeinschaft Strafrecht des Deutschen Anwaltsvereins, hrsg. von der *Arbeitsgemeinschaft Strafrecht des Deutschen Anwaltsvereins*, Baden-Baden 2009, S. 907-929. Zitiert als: *Gatzweiler*, in: Strafverteidigung im Rechtsstaat.

Geerds, Friedrich: Auskunftsverweigerungsrecht oder Schweigebefugnis? Zur Problematik der §§ 55, 56 StPO, in: Studien zur Strafrechtswissenschaft, Festschrift für Ulrich Stock zum 70. Geburtstag am 8. Mai 1966, hrsg. von *Günter Spendel*, Würzburg 1966, S. 171-196. Zitiert als: *Geerds*, FS Stock.

Geimer, Reinhold: Internationales Zivilprozessrecht, 5. Aufl., Köln 2005. Zitiert als: *Geimer*, Internationales Zivilprozessrecht.

Geppert, Klaus: Zum „fair-trial-Prinzip“ nach Art. 6 Abs. 1 Satz 1 der Europäischen Menschenrechtskonvention, Jura 1992, S. 597-604.

Gerling, Andreas: Informatorische Befragung und Auskunftsverweigerungsrecht, zugl.: Bochum, Univ., Diss., 1986, Bochum 1987. Zitiert als: *Gerling*, Informatorische Befragung.

Gerum, Elmar: Das deutsche Corporate Governance-System. Eine empirische Untersuchung, Stuttgart 2007. Zitiert als: *Gerum*, Corporate Governance-System.

Godenzi, Gunhild: Das strafprozessuale Verbot staatlicher Beweismittelhehlerei: Königsweg oder Luftschloss?, GA 2008, S. 500-515.

Göhler: Beck'sche Kurzkommentare, Bd. 18: Gesetz über Ordnungswidrigkeiten, begr. von *Erich Göhler* (1.-12. Aufl.), fortgef. von *Franz Gürtler* und *Helmut Seitz*, 15. Aufl., München 2009. Zitiert als: *Bearbeiter*, in: Göhler, OWiG.

Gola/Schomerus: Bundesdatenschutzgesetz: Kommentar, bearb. von *Peter Gola* u. a., 10. Aufl., München 2010. Zitiert als: *Gola/Schomerus*, BDSG.

Göpfert, Burkard/Merten, Frank/Siegrist, Carolin: Mitarbeiter als „Wissensträger“. Ein Beitrag zur aktuellen Compliance-Diskussion, NJW 2008, S. 1703-1709.

Götting, Susanne: Beweisverwertungsverbote in Fällen gesetzlich nicht geregelter Ermittlungstätigkeit durch V-Leute, Scheinaufkäufer und Privatleute, zugl.: München, Univ., Diss., 2000, Frankfurt a. M. 2001. Zitiert als: *Götting*, Beweisverwertungsverbote.

Grabenwarter, Christoph: Europäische Menschenrechtskonvention, 4. Aufl., München u. a. 2009. Zitiert als: *Grabenwarter*, EMRK.

Groß, Karl-Heinz: Zur Notwendigkeit des strafrechtlichen Anfangsverdachts – Keine falschen Umkehrschlüsse aus § 152 Abs. 2 StPO, in: Festschrift für Hans Dahs, hrsg. von *Gunter Widmaier* u. a., Köln 2005, S. 249-265. Zitiert als: *Groß*, FS Dahs.

Grünwald, Gerald: Das Beweisrecht der Strafprozessordnung, Baden-Baden 1993. Zitiert als: *Grünwald*, Beweisrecht.

ders.: Beweisverbote und Verwertungsverbote im Strafverfahren, JZ 1966, S. 489-501.

Gutmann, Thomas: Freiwilligkeit als Rechtsbegriff, zugl.: München, Univ., Diss., 2001, München 2000. Zitiert als: *Gutmann*, Freiwilligkeit.

Habscheid, Walther J. (Hrsg.): Der Justizkonflikt mit den Vereinigten Staaten von Amerika, Bielefeld 1986. Zitiert als: *Bearbeiter*, in: Habscheid, Justizkonflikt.

Hackner, Thomas/Lagodny, Otto/Schomburg, Wolfgang/Wolf, Norbert: Internationale Rechtshilfe in Strafsachen. Ein Leitfaden für die Praxis, München 2003. Zitiert als: *Hackner/Lagodny/Schomburg/Wolf*, Rechtshilfe.

Halfpap, Patrick: Kapitalmarktaufsicht in Europa und den USA. Ein institutioneller Vergleich, zugl.: Bonn, Univ., Diss., 2007, Frankfurt a. M. 2008. Zitiert als: *Halfpap*, Kapitalmarktaufsicht.

Hamm, Rainer/Leipold, Klaus (Hrsg.): Beck'sches Formularbuch für den Strafverteidiger, 5. Aufl., München 2010. Zitiert als: *Bearbeiter*, in: Hamm/Leipold, Formularbuch Strafverteidiger.

Hamm, Reiner: Compliance vor Recht? Anwälte bei der Bewältigung eines „Datenskandals", NJW 2010, S. 1332-1336.

Hart-Hönig, Kai: Verteidigung von Unternehmen und Compliance im globalisierten Strafrecht, in: Strafverteidigung im Rechtsstaat, 25 Jahre Arbeitsgemeinschaft Strafrecht des Deutschen Anwaltsvereins, hrsg. von der *Arbeitsgemeinschaft Strafrecht des Deutschen Anwaltsvereins*, Baden-Baden 2009, S. 907-929. Zitiert als: *Hart-Hönig*, in: Strafverteidigung im Rechtsstaat.

Harting, Anabel: Berufspflichten des Strafverteidigers und Sanktionierung pflichtwidrigen Verhaltens: Eine Untersuchung mit Blick auf das spanische, niederländische und US-amerikanische Berufsrecht sowie den Verhaltenskodex für Verteidiger am Internationalen Strafgerichtshof, zugl.: Köln, Univ., Diss., 2007, Bonn 2008. Zitiert als: *Harting*, Berufspflichten.

Hassemer, Winfried/Matussek, Karin: Das Opfer als Verfolger. Ermittlungen des Verletzten im Strafverfahren, Frankfurt a. M. 1996. Zitiert als: *Hassemer/Matussek*, Opfer als Verfolger.

Hauschka, Christoph E. (Hrsg.): Corporate Compliance, Handbuch der Haftungsvermeidung im Unternehmen, 2. Aufl., München 2010. Zitiert als: *Bearbeiter*, in: Hauschka, Corporate Compliance.

ders.: Compliance am Beispiel der Korruptionsbekämpfung, ZIP 2004, S. 877-883.

ders./Greeve, Gina: Compliance in der Korruptionsbekämpfung – was müssen, was sollen, was können die Unternehmen tun?, BB 2007, S. 165-173.

Hay, Peter: US-Amerikanisches Recht, 4. Aufl., München 2008. Zitiert als: *Hay*, US-Amerikanisches Recht.

Heghmanns, Michael/Scheffler, Uwe (Hrsg.): Handbuch zum Strafverfahren, München 2008. Zitiert als: *Bearbeiter*, in: Heghmanns/Scheffler, Hdb Strafverfahren.

Hegmann, Jürgen: Fürsorgepflicht gegenüber dem Beschuldigten im Ermittlungsverfahren, Bochum 1981. Zitiert als: *Hegmann*, Fürsorgepflicht.

Hehn, Paul A. von/Hartung, Wilhelm: Unabhängige interne Untersuchungen in Unternehmen als Instrument guter Coporate Governance – auch in Europa?, DB 2006, S. 1909-1914.

Heidelberger Kommentar zur Strafprozessordnung: Bearb. von *Michael Lemke* u. a., 3. Aufl., Heidelberg 2001. Zitiert als: *Bearbeiter,* in: HK-StPO.

Heintschel-Heinegg, Bernd von (Hrsg.): Strafgesetzbuch, Kommentar, München 2010. Zitiert als: *Bearbeiter*, in: v. Heintschel-Heinegg, StGB.

Henssler/Prütting: Bundesrechtsanwaltsordnung, Kommentar, hrsg. von *Martin Henssler* und *Hanns Prütting*, 3. Aufl., München 2010. Zitiert als: *Bearbeiter*, in: Henssler/Prütting, BRAO.

Hermanns, Ferdinand/Kleier, Ulrich F.: Grenzen der Aufsichtspflicht in Betrieben und Unternehmen: Zur Bedeutung des § 130 OWiG in der Praxis, Köln u. a. 1987. Zitiert als: *Hermanns/Kleier*, Grenzen der Aufsichtspflicht.

Hilber, Marc/Hartung, Jürgen: Auswirkungen des Sarbanes-Oxley Acts auf deutsche WP-Gesellschaften: Konflikte mit der Verschwiegenheitspflicht der Wirtschaftsprüfer und dem Datenschutzrecht, BB 2003, S. 1054-1060.

Hilger, Hans: Vor(feld)ermittlungen/Datenübermittlungen, in: Datenübermittlungen und Vorermittlungen, Festgabe für Hans Hilger, hrsg. von *Jürgen Wolter* u. a., Heidelberg 2003, S. 11-24. Zitiert als: *Hilger*, FG Hilger.

Hirschberg, Max: Das amerikanische und deutsche Strafverfahren, Neuwied am Rhein/Berlin 1963. Zitiert als: *Hirschberg*, Amerikanisches und deutsches Strafverfahren.

Hoffmann-Riem, Wolfgang: Übergang der Polizeigewalt auf Private? Überlegungen zur Entwicklung gewerblicher Sicherheitskräfte, ZRP 1977, S. 277-284.

Hommelhoff, Peter/Hopt, Klaus J./Werder, Axel von: Handbuch Corporate Governance. Leitung und Überwachung börsennotierter Unternehmen in der Rechts- und Wirtschaftspraxis, Köln/Stuttgart 2003. Zitiert als: *Bearbeiter*, in: Hommelhoff/Hopt/v. Werder, Hdb Corporate Governance.

Hoppe, René/Braun, Frank: Arbeitnehmer-E-Mails: Vertrauen ist gut – Kontrolle ist schlecht, Auswirkungen der neuesten Rechtsprechung des BVerfG auf das Arbeitsverhältnis, MMR 2010, S. 80-84.

Hubbell, Jim: Discovery of Internal Corporate Investigations, Stanford Law Review 32 (1980), S. 1163-1181.

Hübschmann/Hepp/Spitaler: Abgabenordnung/Finanzgerichtsordnung: Kommentar, Bd. 10, §§ 374-415 AO, §§ 1-13 FGO, Stand: 210. Lfg. Dezember 2010, Köln 1981. Zitiert als: *Bearbeiter*, in H/H/Sp.

Hüffer, Uwe: Beck'sche Kurz-Kommentare, Bd. 53: Aktiengesetz, 9. Aufl., München 2010. Zitiert als: *Hüffer*, AktG.

Jäger, Christian: Beweiserhebungs- und Beweisverwertungsverbote als prozessuale Regelungsinstrumente im strafverfolgenden Rechtsstaat: Zugleich ein Beitrag zum 67. Deutschen Juristentag, GA 2008, S. 473-499.

Jahn, Matthias: Ermittlungen in Sachen Siemens/SEC – legitimer Baustein des globalisierten Wirtschaftsstrafverfahrens oder rechtswidriges Parallelverfahren zur Strafprozessordnung?, StV 2009, S. 41-46.

ders.: Beweiserhebungs- und Beweisverwertungsverbote im Spannungsfeld zwischen den Garantien des Rechtsstaates und der effektiven Bekämpfung von Kriminalität und Terrorismus, Gutachten C zum 67. Deutschen Juristentag Erfurt 2008, München 2008. Zitiert als: *Jahn*, Gutachten C zum 67. DJT.

ders.: Ausforschung eines Beschuldigten durch Wahrsagerin in der Untersuchungshaft – BGHSt 44, 129, JuS 2000, S. 441-445.

ders./Müller, Martin: Das Gesetz zur Regelung der Verständigung im Strafverfahren – Legitimation und Reglementierung der Absprachenpraxis, NJW 2009, S. 2625-2631.

Jansen, Nicola: Wettbewerbsbeschränkende Abreden im Vergabeverfahren, WuW 2005, S. 502-513.

Jescheck, Hans-Heinrich/Leibinger, Rudolf (Hrsg.): Funktion und Tätigkeit der Anklagebehörde im ausländischen Recht, Baden-Baden 1979. Zitiert als *Bearbeiter*, in: Jescheck/Leibinger, Anklagebehörde.

Jeßberger, Florian: Kooperation und Strafzumessung. Der Kronzeuge im deutschen und amerikanischen Strafrecht, zugl.: Köln, Univ., Diss., 1998-1999, Berlin 1999. Zitiert als: *Jeßberger*, Kooperation und Strafzumessung.

Joerden, Jan C.: Verbotene Vernehmungsmethoden – Grundfragen des § 136a StPO, JuS 1993, S. 927-931.

Jung, Heike (Hrsg.): Der Strafprozess im Spiegel ausländischer Verfahrensordnungen – Frankreich, Österreich, Schweiz, UdSSR, USA, Berlin 1990. Zitiert als: *Bearbeiter*, in: Jung, Strafprozess.

Jungfer, Gerhard: Eigene Ermittlungen des Strafverteidigers – Strafprozessuale und standesrechtliche Möglichkeiten und Grenzen, StV 1981, S. 100-105.

Junker, Abbo: Discovery im deutsch-amerikanischen Rechtsverkehr, zugl.: Münster (Westfalen), Univ., Diss., 1986, Heidelberg 1987. Zitiert als: *Junker*, Discovery.

Kämmerer, Jörn Axel: Privatisierung: Typologie – Determinanten – Rechtspraxis – Folgen, zugl.: Tübingen, Univ., Habil-Schr., 2000, Tübingen 2001. Zitiert als: *Kämmerer*, Privatisierung.

Karlsruher Kommentar zum Gesetz über Ordnungswidrigkeiten: Hrsg. von *Lothar Senge*, begr. von *Karl-Heinz Boujong*, 3. Aufl., München 2006. Zitiert als *Bearbeiter*, in: KK-OWiG.

Karlsruher Kommentar zur Strafprozessordnung mit GVG, EGGVG und EMRK: Hrsg. von *Rolf Hannich*, 6. Aufl., München 2008. Zitiert als: *Bearbeiter*, in: KK-StPO.

Keller, Rainer: Privatisierung von Polizeifunktionen und strafprozessuale Beweisverwertungsverbote, in: Festschrift für Gerald Grünwald zum siebzigsten Geburtstag, hrsg. von *Erich Samson* u. a., Baden Baden 1999, S. 267-283. Zitiert als: *Keller*, FS Grünwald.

Kempf, Eberhard: Das (neue?) Berufsbild des Strafverteidigers, AnwBl 2010, S. 381.

Kielwein, Andreas: Die prozessuale Fürsorgepflicht im Strafverfahren: Ein Beitrag zur inhaltlichen und systematischen Erfassung eines umstrittenen Rechtsbegriffes, zugl.: Konstanz, Univ., Diss., 1985, Konstanz 1985. Zitiert als: *Kielwein*, Prozessuale Fürsorgepflicht.

Klein, Susan R.: The Return of Federal Judicial Discretion in Criminal Sentencing, Valparaiso University Law Review 39 (2004-2005), S. 693-740.

Klinger, Michael: „Vernichtet und verloren?" Zum Einfluss der US-amerikanischen pre-trial-discovery-Regeln auf die Obliegenheiten deutscher Unternehmen zur Aufbewahrung von Dokumenten und zur Sicherung elektronischer Daten, RIW 2007, S. 108-113.

Knauer, Christoph/Buhlmann, Erik: Unternehmensinterne (Vor-)Ermittlungen – was bleibt von nemo-tenetur und fair-trial? Grenzen der strafprozessualen Verwertbarkeit unternehmensinterner Ermittlungen, AnwBl 2010, S. 387-393.

Knierim, Thomas C.: Das Verhältnis von strafrechtlichen und internen Ermittlungen, StV 2009, S. 324-331.

ders.: Detektivspiele – vom Sinn und Unsinn privater Ermittlungen, in: In dubio pro libertate, Festschrift für Klaus Volk zum 65. Geburtstag, hrsg. von *Winfried Hassemer* u. a., München 2009, S. 247-274. Zitiert als: *Knierim*, FS Volk.

Koch, Arnd: Korruptionsbekämpfung durch Geheimnisverrat? Strafrechtliche Aspekte des Whistleblowing, ZIS 2008, S. 500-505.

Köhler, Helmut/Bornkamm, Joachim (Bearb.): Beck'sche Kurzkommentare, Bd. 13a: Gesetz gegen den unlauteren Wettbewerb, begr. von *Adolf Baumbach*, 28. Aufl., München 2010. Zitiert als: *Bearbeiter*, in: Köhler/Bornkamm, UWG.

Kohlmann, Günter (Begr.): Steuerstrafrecht mit Ordnungswidrigkeitenrecht und Verfahrensrecht, Kommentar zu den §§ 369-412 AO 1977, Bd. 2: §§ 378-

412, Stand: 42. Lfg. April 2010, Köln 2007. Zitiert als: *Bearbeiter*, in: Kohlmann, Steuerstrafrecht.

Kölbel, Ralf: Selbstbelastungsfreiheiten: Der nemo-tenetur-Satz im materiellen Strafrecht, teilw. zugl.: Jena, Univ., Habil.-Schr., 2005, Berlin 2006. Zitiert als: *Kölbel*, Selbstbelastungsfreiheiten.

Kölner Kommentar zum Aktiengesetz: Bd. 2: §§ 76-94, hrsg. von *Wolfgang Zöllner*, 2. Aufl., Köln u. a. 1996. Zitiert als: *Bearbeiter*, in: KölnKomm-AktG.

Kommentar zur Strafprozessordnung KMR: Bd. 2: §§ 112-212b, begr. von *Theodor Kleinknecht*, fortgef. von *Hermann Müller*, neubearb. von *Gerhard Fezer*, Stand: 59. Lfg. November 2010. Zitiert als: *Bearbeiter*, in: KMR-StPO.

König, Stefan: Wege und Grenzen eigener Ermittlungstätigkeit des Strafverteidigers, StraFo 1996, S. 98-104.

Kopp/Ramsauer: Verwaltungsverfahrensgesetz, Kommentar, begr. von *Ferdinand O. Kopp*, fortgef. von *Ulrich Ramsauer*, 11. Aufl., München 2010. Zitiert als: *Kopp/Ramsauer*, VwVfG.

Körner, Harald Hans (Bearb.): Beck'sche Kurz-Kommentare, Bd. 37: Betäubungsmittelgesetz und Arzneimittelgesetz, 6. Aufl., München 2007. Zitiert als: *Körner*, BtMG.

Kort, Michael: Verhaltensstandardisierung durch Corporate Compliance, NZG 2008, S. 81-86.

Kramer, Bernhard: Unerlaubte Vernehmungsmethoden in der Untersuchungshaft – BGH v. 28.4.1987 – 5 StR 666/86 –, JURA 1988, S. 520-525.

Kretschmer, Joachim: Schutz vor staatlich veranlasstem Zwang und inszenierter Täuschung: Anmerkung zu BGH v. 18.5.2010 – 5 StR 51/10 = HRRS 2010 Nr. 573, HHRS 2010, S. 343-347.

Krey, Volker: Zur Problematik privater Ermittlungen des durch die Straftat Verletzten, Berlin 1994. Zitiert als: *Krey*, Problematik privater Ermittlungen.

Krölls, Albert: Die Privatisierung der inneren Sicherheit, GewArch 1997, S. 445-456.

Krüßmann, Thomas M.: Transnationales Strafprozessrecht, zugl.: Passau, Univ., Habil.-Schr., 2006, Baden-Baden 2009. Zitiert als: *Krüßmann*, Transnationales Strafprozessrecht.

Kuhlen, Lothar: Strafrechtliche Haftung von Führungskräften, in: Corporate Compliance und Arbeitsrecht, Mannheimer Arbeitsrechtstag 2009, hrsg. von *Frank Maschmann*, Baden-Baden 2009, S. 11-30. Zitiert als: *Kuhlen*, in: Maschmann, Compliance und Arbeitsrecht.

LaFave, Wayne R.: Criminal Law, Fourth Edition, 2003. Zitiert als: *LaFave*, Criminal Law.

Lämmerzahl, Torsten: Die Beteiligung Privater an der Erledigung öffentlicher Aufgaben: Eine Untersuchung ihrer verfassungs- und verwaltungsrechtlichen Möglichkeiten und Grenzen, zugl.: Potsdam, Univ., Diss., 2006, Berlin 2007. Zitiert als: *Lämmerzahl*, Beteiligung Privater.

Lampert, Thomas: Gestiegenes Unternehmensrisiko Kartellrecht – Risikoreduzierung durch Competition-Compliance-Programme, BB 2002, S. 2237-2243.

Lange, Nicole: Vorermittlungen: Die Behandlung des staatsanwaltschaftlichen Vorermittlungsverfahrens unter besonderer Berücksichtigung von Abgeordneten, Politikern und Prominenten, zugl.: Göttingen, Univ., Diss., 1999, Frankfurt a. M. u. a. 1999. Zitiert als: *Lange*, Vorermittlungen.

Leipold, Klaus: Der Strafverteidiger als Unternehmensanwalt, NJW-Spezial 2011, S. 56-57.

Lindemann, Achim/Simon, Oliver: Betriebsvereinbarungen zur E-Mail-, Internet- und Intranet-Nutzung, BB 2001, S. 1950-1956.

Linklater, William J./McElyea, John R.: Die Auswirkungen von „Corporate Compliance Codes" auf die strafrechtliche Haftung eines Unternehmens unter den „Federal Sentencing Guidelines", RIW 1994, S. 117-122.

Lomas, Paul/Kramer, Daniel J. (Hrsg.): Corporate Internal Investigations: An International Guide, New York 2008. Zitiert als: *Lomas/Kramer*, Corporate Internal Investigations.

Loss, Louis/Seligman, Joel: Fundamentals of Securities Regulation, Third Edition, Gaithersburg u. a. 1995. Zitiert als: *Loss/Seligman*, Securities Regulation.

Lotze, Sascha: US-amerikanisches Kapitalmarktrecht und Internet: Aufsichts- und haftungsrechtliche Fragen des Internet-Einsatzes bei Wertpapieremissionen und im Wertpapierhandel, zugl.: Osnabrück, Univ., Diss., 2002, Frankfurt a. M. u. a. 2002. Zitiert als: *Lotze*, Kapitalmarktrecht und Internet.

Löwe/Rosenberg: Die Strafprozessordnung und das Gerichtsverfassungsgesetz, Großkommentar, hrsg. von *Volker Erb* u. a., Bd. 1: Einleitung, §§ 1-47, 26. Aufl., Berlin 2006, Bd. 4: §§ 112-150, 26. Aufl., Berlin 2007, Bd. 5: §§ 151-212b, 26. Aufl., Berlin 2008. Zitiert als: *Bearbeiter*, in: LR-StPO.

Lücke, Oliver: Unter Verdacht: Die Verdachtskündigung, BB 1997, S. 1842-1848.

Lutter, Marcus: Information und Vertraulichkeit im Aufsichtsrat, 3. Aufl., Köln u. a. 2006. Zitiert als: *Lutter*, Information.

ders.: Die Erklärung zum Corporate Governance Kodex, ZHR 166 (2002), S. 523-543.

Lutter/Hommelhoff: GmbH-Gesetz: Kommentar, hrsg. von *Marcus Lutter* und *Peter Hommelhoff*, 17. Aufl., Köln 2009. Zitiert als: *Bearbeiter*, in: Lutter/Hommelhoff, GmbHG.

Lützner, Axel: Strafprozessuale Zwangs- und Überwachungsmaßnahmen im Recht der USA und der Bundesrepublik Deutschland, zugl.: Leipzig, Univ., Diss., 1997-1998, Leipzig 1999. Zitiert als: *Lützner*, Strafprozessuale Zwangs- und Überwachungsmaßnahmen.

Mahnhold, Thilo: „Global Whistle" oder „deutsche Pfeife" – Whistleblowing-Systeme im Jurisdiktionenkonflikt, NZA 2008, S. 737-743.

Maier, Bernhard: Verbrechensaufklärung durch Privatdetektive. Oder: sind Ermittlungen im Strafverfahren eine rein hoheitliche Aufgabe?, KR 2001, S. 670-672.

Mann, Frederick Alexander: The Doctrine of Jurisdiction in International Law, Recueil des Cours 111 (1964-I), S. 9-158.

Maschmann, Frank: Mitarbeiterkontrolle und private Ermittlungen, in: Corporate Compliance und Arbeitsrecht, Mannheimer Arbeitsrechtstag 2009, hrsg. von *Frank Maschmann*, Baden-Baden 2009, S. 149-183. Zitiert als: *Maschmann*, in: Maschmann, Compliance und Arbeitsrecht.

ders.: Corporate Compliance: Neue Herausforderungen für das Arbeitsrecht, AuA 2009, S. 72-77.

ders.: Zuverlässigkeitstests durch Verführung illoyaler Mitarbeiter?, NZA 2002, S. 13-22.

Mathews, Arthur F.: Internal Corporate Investigations, Ohio State Law Journal 45 (1984), S. 655-702.

Maunz/Dürig: Kommentar zum Grundgesetz, Bd. 1: Art. 1-5, begr. von *Theodor Maunz* und *Günter Dürig*, hrsg. von *Roman Herzog* u. a., Stand: 60. Lfg. Oktober 2010, München 2010. Zitiert als: *Bearbeiter*, in: Maunz/Dürig, GG.

Maurer, Hartmut: Allgemeines Verwaltungsrecht, 17. Aufl., München 2009. Zitiert als: *Maurer*, Verwaltungsrecht.

Mende, Boris: Grenzen privater Ermittlungen durch den Verletzten einer Straftat, zugl.: Berlin, Humboldt-Univ., Diss., 2001, Berlin 2001. Zitiert als: *Mende*, Grenzen privater Ermittlungen.

Meng, Werner: Extraterritoriale Jurisdiktion im öffentlichen Wirtschaftsrecht, zugl.: Mainz, Univ., Habil.-Schr., 1993, Berlin u. a. 1994. Zitiert als: *Meng*, Extraterritoriale Jurisdiktion.

Mengel, Anja: Kontrolle der E-Mail- und Internetkommunikation am Arbeitsplatz, Wege durch einen juristischen Irrgarten, BB 2004, S. 2014-2021.

dies.: Kontrolle der Telekommunikation am Arbeitsplatz, Wege durch einen juristischen Irrgarten, BB 2004, S. 1445-1453.

dies./Ullrich, Thilo: Arbeitsrechtliche Aspekte unternehmensinterner Investigations, NZA 2006, S. 240-246.

Menzies, Christof (Hrsg.): Sarbanes-Oxley und Corporate Compliance. Nachhaltigkeit, Optimierung und Integration, Stuttgart 2006. Zitiert als: *Menzies*, Sarbanes-Oxley und Corporate Compliance.

Meyer-Goßner, Lutz: Beck'sche Kurzkommentare, Bd. 6: Strafprozessordnung, 53. Aufl., München 2010. Zitiert als: *Meyer-Goßner*, StPO.

Meyer-Ladewig, Jens: Europäische Menschenrechtskonvention, Handkommentar, 2. Aufl., Baden-Baden 2006. Zitiert als: *Meyer-Ladewig*, EMRK.

Meyer, Frank: Gesprengte Ketten? Zur Zukunft des Guidelines Sentencing im US-amerikanischen Strafzumessungsrecht, ZStW 118 (2006), S. 512-546.

Minoggio, Ingo: Firmenverteidigung: Die Vertretung von Unternehmensinteressen im Straf- und OWi-Verfahren, Bonn 2005. Zitiert als: *Minoggio*, Firmenverteidigung.

Momsen, Carsten: Internal Investigations zwischen arbeitsrechtlicher Mitwirkungspflicht und strafprozessualer Selbstbelastungsfreiheit, ZIS 2011, S. 508-516.

ders./Grützner, Thomas: Verfahrensregeln für interne Ermittlungen – Kritische Würdigung der Thesen der BRAK zum Unternehmensanwalt im Strafrecht – DB 2011, S. 1792-1798.

Moraht, Mona: Private Straftatermittlungen, Hamburg, Univ., Diss., 1999. Zitiert als: *Moraht*, Private Straftatermittlungen.

Mosiek, Marcus: Risikosteuerung im Unternehmen und Untreue – zur Untreuestrafbarkeit Unternehmensverantwortlicher in Aktiengesellschaft und GmbH bei Verstößen gegen gesetzliche Risikosteuerungspflichten, wistra 2003, S. 370-375.

Mössle, Klaus P.: Extraterritoriale Beweisbeschaffung im internationalen Wirtschaftsrecht: Eine vergleichende Untersuchung unter besonderer Berücksichtigung des US-amerikanischen und deutschen Rechts, zugl.: Tübingen, Univ., Diss., 1989, Baden-Baden 1990. Zitiert als: *Mössle*, Extraterritoriale Beweisbeschaffung.

Müller-Gugenberger, Christian/Bieneck, Klaus (Hrsg.): Wirtschaftsstrafrecht: Handbuch des Wirtschaftsstraf- und Ordnungswidrigkeitenrechts, 4. Aufl., Köln 2006. Zitiert als: *Bearbeiter*, in: Müller-Gugenberger/Bieneck, WiStra.

v. Münch/Kunig: Grundgesetz-Kommentar, begr. von *Ingo von Münch*, hrsg. von *Philip Kunig*, Bd. 1: Präambel-Art. 19, 5. Aufl., München 2000, Bd. 2: Art. 20-69, 5. Aufl., München 2001. Zitiert als: *Bearbeiter*, in: v. Münch/Kunig, GG.

Münchener Handbuch zum Arbeitsrecht: Bd. 1: Individualarbeitsrecht, hrsg. von *Reinhard Richardi* u. a., 3. Aufl., München 2009. Zitiert als: *Bearbeiter*, in: MünchHdbArbR.

Münchener Kommentar zum Aktiengesetz: Bd. 3: §§ 76-117, hrsg. von *Bruno Kropff* und *Johannes Semler*, 2. Aufl., München 2004. Zitiert als: *Bearbeiter*, in: MünchKomm-AktG.

Münchener Kommentar zur Zivilprozessordnung mit Gerichtsverfassungsgesetz und Nebengesetzen: Hrsg. von *Thomas Rauscher, Peter Wax* und *Joachim Wenzel*, Bd. 1: §§ 1-510c, 3. Aufl., München 2008, Bd. 2: §§ 511-945, 3. Aufl., München 2007, Bd. 3: §§ 946-1085 und IZPR, 3. Aufl., München 2008. Zitiert als: *Bearbeiter*, in: MünchKomm-ZPO.

Müssig, Bernd: Beweisverbote im Legitimationszusammenhang von Strafrechtstheorie und Strafverfahren, GA 1999, S. 119-142.

Nagel, Heinrich (Begr.)/Gottwald, Peter (Bearb.): Internationales Zivilprozessrecht, 5. Aufl., Köln/Münster 2002. Zitiert als: *Nagel/Gottwald*, Internationales Zivilprozessrecht.

Nomos-Kommentar Strafgesetzbuch: Hrsg. von *Urs Kindhäuser*, *Ulfrid Neumann* und *Hans-Ullrich Paeffgen*, Bd. 1: §§ 1-145d, Bd. 2: §§ 146-358, jeweils 3. Aufl., Baden-Baden 2010. Zitiert als: *Bearbeiter*, in: NK-StGB.

Nonnenmacher, Rolf/Pohle, Klaus/Werder, Axel von: Aktuelle Anforderungen an Prüfungsausschüsse – Leitfaden für Prüfungsausschüsse (Audit Committees) unter Berücksichtigung der 8. EU-Richtlinie –, DB 2007, S. 2412-2417.

Nothhelfer, Martin: Die Freiheit von Selbstbezichtigungszwang: Verfassungsrechtliche Grundlagen und einfachgesetzliche Ausformungen, zugl.: Heidelberg, Univ., Diss., 1987, Heidelberg 1989. Zitiert als: *Nothhelfer*, Selbstbezichtigungszwang.

Ohrtmann, Nicola: Korruption im Vergaberecht – Konsequenzen und Prävention –, NZBau 2007, S. 201-205 (Teil 1) und S. 278-281 (Teil 2).

Otto, Harro: Die strafprozessuale Verwertbarkeit von Beweismitteln, die durch Eingriff in Rechte anderer von Privaten erlangt wurden, in: Strafverfahren im Rechtsstaat, Festschrift für Theodor Kleinknecht zum 75. Geburtstag am 18. August 1985, hrsg. von *Karl Heinz Gössel* und *Hans Kauffmann*, München 1985, S. 319-340. Zitiert als: *Otto*, FS Kleinknecht.

Palandt: Beck'sche Kurzkommentare Bd. 7: Bürgerliches Gesetzbuch, 70. Aufl., München 2011. Zitiert als: *Bearbeiter*, in: Palandt.

Partsch, Christoph: The Foreign Corrupt Practices Act (FCPA) der USA: das amerikanische Bestechungsverbot und seine Auswirkungen auf Deutschland, Berlin 2007. Zitiert als: *Partsch*, FCPA.

Peglau, Jens: Die neue „Kronzeugenregelung“ (§ 46b StGB), wistra 2009, S. 409-414.

Peters, Karl: Strafprozesslehre: Zugleich ein Beitrag zur Rollenproblematik im Strafprozess, in: Gedächtnisschrift Hans Peters, hrsg. von *Hermann Conrad* u. a., Berlin u. a. 1967, S. 891-906. Zitiert als: *Peters*, GS Peters.

ders.: Beweisverbote im deutschen Strafverfahren: Gutachten für den 46. Deutschen Juristentag, in: Verhandlungen des sechsundvierzigsten Deutschen Juristentags Essen 1966, Bd. I (Gutachten), Teil 3A: Beweisverbote im Strafprozess, hrsg. von der *Ständigen Deputation des Deutschen Juristentages*, München und Berlin 1966, S. 91-163. Zitiert als: *Peters*, Gutachten für den 46. DJT.

Pfordte, Thilo: „Outsourcing of Investigations?“ Anwaltskanzleien als Ermittlungsgehilfen der Staatsanwaltschaft, in: Strafverteidigung im Rechtsstaat, 25 Jahre Arbeitsgemeinschaft Strafrecht des Deutschen Anwaltsvereins, hrsg. von der *Arbeitsgemeinschaft Strafrecht des Deutschen Anwaltsvereins*, Baden-Baden 2009, S. 907-929. Zitiert als: *Pfordte*, in: Strafverteidigung im Rechtsstaat.

Pieroth, Bodo/Schlink, Bernhard: Grundrechte, 25. Aufl., Heidelberg 2009. Zitiert als: *Pieroth/Schlink*, Grundrechte.

Pizzi, William T.: Fact-Bargaining: An American Phenomenon, Federal Sentencing Reporter 8 (1995-1996), S. 336-338.

Posadas, Alejandro: Combating Corruption under International Law, Duke Journal of Comparative and International Law 10 (1999-2000), S. 345-414.

Prieß, Hans-Joachim: Exclusio corruptoris? – Die gemeinschaftsrechtlichen Grenzen des Ausschlusses vom Vergabeverfahren wegen Korruptionsdelikten, NZBau 2009, S. 587-592.

ders./Stein, Roland M.: Nicht nur sauber, sondern rein: Die Wiederherstellung der Zuverlässigkeit durch Selbstreinigung, NZBau 2008, S. 230-232.

Puppe, Ingeborg: List im Verhör des Beschuldigten, GA 1978, S. 289-306.

Radtke, Henning: Privatisierung von Geschwindigkeitsüberwachung – Einbruch in das staatliche Gewaltmonopol?, NZV 1995, S. 428-431.

Rau, Philipp: Schweigen als Indiz der Schuld: Ein Vergleich des deutschen und englischen Rechts zur Würdigung des Schweigens des Beschuldigten, zugl.: Frankfurt (Main), Univ., Diss., 2003, Frankfurt a. M. 2004. Zitiert als: *Rau*, Schweigen.

Rebmann/Roth/Herrmann: Gesetz über Ordnungswidrigkeiten: Kommentar, bearb. von *Kurt Rebmann*, *Werner Roth* und *Siegfried Herrmann*, 3. Aufl., 15. Lfg. März 2010, Stuttgart u. a. 2010. Zitiert als: *Bearbeiter*, in: Rebmann/Roth/Herrmann, OWiG.

Reed, Jean D.: Corporate Self-Investigations Under the Foreign Corrupt Practices Act, University of Chicago Law Review 47 (1980), S. 803-823.

Rehbinder, Eckard: Extraterritoriale Wirkungen des deutschen Kartellrechts, zugl.: Frankfurt (Main), Univ., Diss., 1964, Baden-Baden 1965. Zitiert als: *Rehbinder*, Extraterritoriale Wirkungen.

Reiß, Wolfram: Besteuerungsverfahren und Strafverfahren: Zugleich ein Beitrag zur Bedeutung des Grundsatzes von nemo tenetur se ipsum prodere im Besteuerungsverfahren, zugl.: Bonn, Univ., Habil.-Schr., 1985-1986, Köln 1987. Zitiert als: *Reiß*, Besteuerungsverfahren und Strafverfahren.

Richardi, Reinhard: Betriebsverfassungsgesetz mit Wahlordnung: Kommentar, 12. Aufl., München 2010. Zitiert als: *Bearbeiter*, in: Richardi, BetrVG.

Rieble, Volker: Regeldurchsetzung im Unternehmen (Compliance) als Systemfrage an der Schnittstelle zwischen Zivil- und Arbeitsrecht, Ritsumeikan Law Review 26 (2009), S. 191-208.

ders.: Schuldrechtliche Zeugenpflicht von Mitarbeitern, ZIP 2003, S. 1273-1283.

Rieckers, Oliver: Europäische Wettbewerbsverfahren und US-amerikanische Discovery. Zugleich eine Besprechung von Intel Corp. v. Advanced Micro Devices. Inc., 124 S.Ct. 2466, 159 L.Ed.2d 355 (2004), RIW 2005, S. 19-24.

Riegert, Robert A.: Das amerikanische Administrative Law, Berlin 1967. Zitiert als: *Riegert*, Administrative Law.

Rimbeck, Michael: Rechtsfolgen fehlerhafter Ad-hoc Mitteilungen im deutschen und US-amerikanischen Recht, zugl.: Augsburg, Univ., Diss., 2005, München 2005. Zitiert als: *Rimbeck*, Fehlerhafte Ad-hoc Mitteilungen.

Rogall, Klaus: Anm. zu OLG Karlsruhe, Beschl. v. 6.9.1998 – 1 Ss 68/88, NStZ 1989, S. 288.

ders.: Gegenwärtiger Stand und Entwicklungstendenzen der Lehre von den strafprozessualen Beweisverboten, ZStW 91 (1979), S. 1-44.

ders.: Der Beschuldigte als Beweismittel gegen sich selbst, zugl.: Bonn, Univ., Diss., 1975-1976, Berlin 1977. Zitiert als: *Rogall*, Beschuldigter.

Rönnau, Thomas: Anmerkung zu BGH, Urt. v. 21.12.2005 – 3 StR 470/04 („Mannesmann"), NStZ 2006, S. 214-221.

ders.: Die Absprache im Strafprozess: Eine rechtsstaatliche Untersuchung der Zulässigkeit von Absprachen nach dem geltenden Strafprozessrecht, zugl.: Kiel, Univ., Diss., 1989, Baden-Baden 1990. Zitiert als: *Rönnau*, Absprache.

Rosen, Rüdiger von: Rechtskollision durch grenzüberschreitende Sonderermittlungen, BB 2009, S. 230-232.

Roth, Günter H./Altmeppen, Holger: Gesetz betreffend die Gesellschaften mit beschränkter Haftung (GmbHG): Kommentar, 6. Aufl., München 2009. Zitiert als: *Roth/Altmeppen*, GmbHG.

Roxin, Claus: Zum Hörfallen-Beschluss des Großen Senats für Strafsachen, NStZ 1997, S. 18-21.

ders.: Nemo tenetur: Die Rechtsprechung am Scheideweg, NStZ 1995, S. 465-469.

ders.: Die Rechtsprechung des Bundesgerichtshofs zum Strafverfahrensrecht – Ein Rückblick auf 40 Jahre –, in: 40 Jahre Bundesgerichtshof, Festveranstaltung am 1. Oktober 1990, Heidelberg 1991, S. 66-99. Zitiert als: *Roxin*, in: 40 Jahre BGH.

ders./Schünemann, Bernd: Strafverfahrensrecht, 26. Aufl., München 2009. Zitiert als: *Roxin/Schünemann*, Strafverfahrensrecht.

Rückel, Christoph: Die Notwendigkeit eigener Ermittlungen des Strafverteidigers, in: Wahrheit und Gerechtigkeit im Strafverfahren: Festgabe für Karl Peters aus Anlass seines 80. Geburtstages, hrsg. von *Klaus Wasserburg* und *Wilhelm Haddenhorst,* Heidelberg 1984, S. 265-284. Zitiert als: *Rückel*, FG Peters.

Rudolph, Bernd: Antizipierte Strafverfolgung: Zum Regelungsstandort der Strafverfolgungsvorsorge unter Beachtung strafverfahrensrechtlich-funktionaler Aspekte, zugl.: Halle, Univ., Diss., 2000, Köln 2005. Zitiert als: *Rudolph*, Antizipierte Strafverfolgung.

Rzepka, Dorothea: Zur Fairness im deutschen Strafverfahren, zugl.: Frankfurt a. M., Univ., Habil.-Schr., 1998/1999, Frankfurt a. M. 2000. Zitiert als: *Rzepka*, Fairness im Strafverfahren.

Sachs, Michael (Hrsg.): Grundgesetz: Kommentar, 5. Aufl., München 2009. Zitiert als: *Bearbeiter*, in: Sachs, GG.

Sahan, Oliver/Berndt, Thomas: Neue Kronzeugenregelung – aktive Beendigung von Korruptionssystemen durch effiziente Compliance-Strukturen alternativlos, BB 2010, S. 647-652.

Saliger, Frank: Kick-Back, „PPP", Verfall – Korruptionsbekämpfung im „Kölner Müllfall", NJW 2006, S. 3377-3381.

ders.: Verbotene Vernehmungsmethoden und Menschenwürde. Überlegungen im Anschluss an den Frankfurter Folterfall, in: Wen schützt das Strafrecht?, Vorträge auf dem 29. Strafverteidigertag 4. bis 6. März 2005 in Aachen, hrsg. von den *Strafverteidigervereinigungen*, Berlin 2006, S. 195-216. Zitiert als: *Saliger*, in: Wen schützt das Strafrecht.

ders.: Kann und soll das Recht die Lüge verbieten?, in: Recht und Lüge, hrsg. von *Otto Depenheuer*, Münster 2005, S. 93-116. Zitiert als: *Saliger*, in: Depenheuer, Recht und Lüge.

ders.: Grenzen der Opportunität: § 153a StPO und der Fall Kohl. Zugleich Besprechung von LG Bonn, Beschluss vom 28.2.2001, GA 2005, S. 155-176.

Salvenmoser, Steffen/Hauschka, Christoph E.: Korruption, Datenschutz und Compliance, NJW 2010, S. 331-335.

Samson, Erich: Steuerhinterziehung, nemo tenetur und Selbstanzeige – eine Dokumentation, wistra 1988, S. 130-136.

ders./Langrock, Marc: Bekämpfung von Wirtschaftskriminalität im und durch Unternehmen, DB 2007, S. 1684-1689.

Satzger, Helmut/Schmitt, Bertram/Widmaier, Gunter (Hrsg.): Strafgesetzbuch: Kommentar, Köln 2009. Zitiert als: *Bearbeiter*, in: S/S/W, StGB.

Schack, Haimo: Einführung in das US-amerikanische Zivilprozessrecht, 3. Aufl., München 2003. Zitiert als: *Schack*, US-amerikanisches Zivilprozessrecht.

Schaffland, Hans-Jürgen/Wiltfang, Noeme: Bundesdatenschutzgesetz (BDSG): Ergänzbarer Kommentar nebst einschlägigen Rechtsvorschriften, Stand: Lfg. 4/10, Berlin 2010. Zitiert als: *Schaffland/Wiltfang*, BDSG.

Scheurle, Klaus-Dieter/Mayen, Thomas (Hrsg.): Telekommunikationsgesetz: Kommentar, 2. Aufl., München 2008. Zitiert als: *Bearbeiter*, in: Scheurle/Mayen, TKG.

Schilling, Hellen: Illegale Beweise: Eine Untersuchung zum Beweisverfahren im Strafprozess, zugl.: Frankfurt a. M., Univ., Diss., 2003, Baden-Baden 2004. Zitiert als: *Schilling*, Illegale Beweise.

Schlosser, Peter: Der lange Arm der deutschen Kindschafts- und Familiengerichte (Anm. zu BGH, 9.4.1986 – IV b ZR 27/85), IPRax 1987, S. 153-155.

ders.: Der Justizkonflikt zwischen den USA und Europa, Berlin 1985. Zitiert als: *Schlosser*, Justizkonflikt.

Schmid, Niklaus: Strafverfahren und Strafrecht in den Vereinigten Staaten: Eine Einführung, 2. Aufl., Heidelberg 1993. Zitiert als: *Schmid*, Strafverfahren.

Schmidt, Wolfgang: Prozessuale Fürsorgepflicht und fair trial: Identität und Unterschiede, zugl.: Trier, Univ., Diss., 2009, Hamburg 2010. Zitiert als: *Schmidt*, Fürsorgepflicht und fair trial.

Schneider, Hartmut: Grund und Grenzen des strafrechtlichen Selbstbegünstigungsprinzips auf der Basis eines generalpräventiv-funktionalen Schuldmodells, zugl.: Berlin, Univ., Diss., 1990, Berlin 1991. Zitiert als *Schneider*, Selbstbegünstigungsprinzip.

Schneider, Uwe H.: Investigative Maßnahmen und Informationsweitergabe im konzernfreien Unternehmen und im Konzern, NZG 2010, S. 1201-1207.

ders.: Compliance als Aufgabe der Unternehmensleitung, ZIP 2003, S. 645-650.

Scholz: Kommentar zum GmbH-Gesetz, Bd. 2: §§ 35-52, 10. Aufl., Köln 2007. Zitiert als: *Bearbeiter*, in: Scholz, GmbHG.

Schomburg, Wolfgang/Lagodny, Otto/Gleß, Sabine/Hackner, Thomas: Beck'sche Kurz-Kommentare, Bd. 47: Internationale Rechtshilfe in Strafsachen, 4. Aufl., München 2006. Zitiert als: *Bearbeiter*, in: Schomburg/Lagodny/ Gleß/Hackner, IRG.

Schönke/Schröder: Strafgesetzbuch: Kommentar, begr. von *Adolf Schönke*, fortgef. von *Horst Schröder*, 28. Aufl., München 2010. Zitiert als: *Bearbeiter*, in: S/S, StGB.

Schulte, Martin/Görts, Cornelius: Die SEC-Untersuchung nach dem Foreign Corrupt Practices Act, RIW 2006, S. 561-568.

Schünemann, Bernd: Strafrechtliche Sanktionen gegen Wirtschaftsunternehmen?, in: Festschrift für Klaus Tiedemann zum 70. Geburtstag, hrsg. von *Ulrich Sieber*, Köln 2008, S. 429-447. Zitiert als: *Schünemann*, FS Tiedemann.

ders.: Unternehmenskriminalität und Strafrecht: Eine Untersuchung der Verantwortlichkeit der Unternehmen und ihrer Führungskräfte nach geltendem und geplantem Straf- und Ordnungswidrigkeitenrecht, Köln u. a. 1979. Zitiert als: *Schünemann*, Unternehmenskriminalität.

Schürrle, Thomas/Olbers, Lucy Anne Mary: Praktische Hinweise zu Rechtsfragen bei eigenen Untersuchungen im Unternehmen, CCZ 2010, S. 178-183.

dies.: Compliance-Verantwortung in der AG – Praktische Empfehlungen zur Haftungsbegrenzung an Vorstände und Aufsichtsräte, CCZ 2010, S. 102-107.

Schuster, Frank Peter: IT-gestützte interne Ermittlungen in Unternehmen – Strafbarkeitsrisiken nach den §§ 202a, 206 StGB, ZIS 2010, S. 68-75.

Schuster, Gunnar: Die internationale Anwendung des Börsenrechts, zugl.: Heidelberg, Univ., Diss., 1994/95, Berlin u. a. 1996. Zitiert als: *Schuster*, Börsenrecht.

Semler, Johannes: Leitung und Überwachung der Aktiengesellschaft, zugl.: Bochum, Univ., Diss., 1980, 2. Aufl., Köln u. a. 1996. Zitiert als: *Semler*, Leitung und Überwachung.

Senderowitz, Stephen J./Ugarte, Ricardo E./Cortez, Marlén: Die Durchsetzung US-amerikanischer Wertpapiergesetze auf internationaler Ebene – Ausweitung auf deutsche Unternehmen, wistra 2008, S. 281-285.

Sieg, Rainer: Arbeitnehmer im Banne von Compliance-Programmen – zwischen Zivilcourage und Denunziantentum, in: Festschrift für Herbert Buchner zum 70. Geburtstag, hrsg. von *Jobst-Hubertus Bauer* u. a., München 2009, S. 859-874. Zitiert als: *Sieg*, FS Buchner.

Spies, Axel: USA: Falscher Griff in die Tasche – Foreign Corrupt Practices Act, MMR 2009, S. XIII-XIV.

ders.: USA: Grenzüberschreitende elektronische Beweiserhebung (Discovery) vs. Datenschutz?, MMR 2007, S. V-VII.

ders./Schröder, Christian: Auswirkungen der elektronischen Beweiserhebung (eDiscovery) in den USA auf deutsche Unternehmen, MMR 2008, S. 275-281.

Spindler, Gerald: Unternehmensorganisationspflichten: Zivilrechtliche und öffentlich-rechtliche Regelungskonzepte, zugl.: Frankfurt, Univ., Habil.-Schr., 1996, Köln u. a. 2001. Zitiert als: *Spindler*, Unternehmensorganisationspflichten.

Spindler/Stilz: Kommentar zum Aktiengesetz, Bd. 1: §§ 1-149, hrsg. von *Gerald Spindler* und *Eberhard Stilz*, 2. Aufl., München 2010. Zitiert als: *Bearbeiter*, in: Spindler/Stilz, AktG.

Sporkin, Stanley: Worldwide Banning of Schmiergeld: A Look at the Foreign Corrupt Practices Act on its Twentieth Birthday, Northwest Journal of International Law and Business 18 (1998), S. 269-281.

Stadler, Astrid: Der Schutz des Unternehmensgeheimnisses im deutschen und U.S.-amerikanischen Zivilprozess und im Rechtshilfeverfahren, zugl.: Konstanz, Univ., Diss., 1987/88, Tübingen 1989. Zitiert als: *Stadler*, Unternehmensgeheimnis.

Ständige Deputation des Deutschen Juristentages (Hrsg.): Verhandlungen des siebenundsechzigsten Deutschen Juristentages: Erfurt 2008, Bd. II/2: Sitzungsberichte – Diskussion und Beschlussfassung, München 2008. Zitiert als: *Diskussionsteilnehmer*, in: Verhandlungen des 67. DJT.

Stein, Friedrich/Jonas, Martin (Hrsg.): Kommentar zur Zivilprozessordnung, Bd. 8: §§ 828-915h, 22. Aufl., Tübingen 2004. Zitiert als: *Bearbeiter*, in: S/J-ZPO.

Steiner, Dirk: Das Fairnessprinzip im Strafprozess, zugl.: München, Univ., Diss., 1995, Frankfurt a. M. 1995. Zitiert als: *Steiner*, Fairnessprinzip.

Stelkens/Bonk/Sachs: Verwaltungsverfahrensgesetz, Kommentar, hrsg. von *Paul Stelkens*, 7. Aufl., München 2008. Zitiert als: *Bearbeiter*, in: S/B/S, VwVfG.

Stern, Steffen: Die Beschaffung von Beweismaterial durch den Verteidiger, StraFo 1992, S. 58-65.

Störmer, Rainer: Dogmatische Grundlagen der Verwertungsverbote – Eine Untersuchung über die Strukturen strafprozessualer Verwertungsverbote unter dem Einfluss der Verfassung und der Grundsätze des öffentlichen Rechts –, zugl.: Marburg, Univ., Diss., 1992, Marburg 1992. Zitiert als: *Störmer*, Verwertungsverbote.

Strafrechtsausschuss der Bundesrechtsanwaltskammer: Thesen zur Strafverteidigung, München 1992. Zitiert als: *Strafrechtsausschuss der Bundesrechtsanwaltskammer*, Thesen zur Strafverteidigung.

Stürmer, Ulrich: Die neuere Entwicklung der extraterritorialen Anwendung amerikanischer Securities Regulations, RIW 1983, S. 641-646.

Stürner, Rolf: Die Gerichte und Behörden der U.S.A. und die Beweisaufnahme in Deutschland, ZVglRWiss 81 (1982), S. 159-214.

ders.: Strafrechtliche Selbstbelastung und verfahrensförmige Wahrheitsermittlung, NJW 1981, S. 1757-1763.

Sydow, Fritz: Kritik der Lehre von den „Beweisverboten", Würzburg, 1979. Zitiert als: *Sydow*, Beweisverbote.

Systematischer Kommentar zur Strafprozessordnung: Begr. von *Hans Joachim Rudoplhi*, hrsg. von *Jürgen Wolter*, Bd 2: §§ 94-136a, 4. Aufl., Köln 2010, Bd. 3: §§ 137-197, 4. Aufl., Köln 2011, Bd. 4: Vor § 198-§ 263, 3. Aufl. Stand: 64. Lfg. Oktober 2009, Neuwied u. a. 2009. Zitiert als: *Bearbeiter*, in: SK-StPO.

Szesny, André-M.: § 4 Abs. 3 WpHG: Mitwirkungspflicht trotz Selbstbelastungsgefahr?, BB 2010, S. 1995-2000.

Theile, Hans: „Internal Investigations" und Selbstbelastung – Zum Verantwortungstransfer bei Akkumulation privater und staatlicher Ermittlungen – StV 2011, S. 381-386

Thüsing, Gregor: Datenschutz im Arbeitsverhältnis. Kritische Gedanken zum neuen § 32 BDSG, NZA 2009, S. 865-870.

Tiedemann, Klaus: Untreue bei Interessenkonflikten. Am Beispiel der Tätigkeit von Aufsichsratsmitgliedern, Festschrift für Herbert Tröndle zum 70. Geburtstag am 24. August 1989, hrsg. von *Hans-Heinrich Jescheck* und *Theo Vogler,* Berlin/New York 1989, S. 319-335. Zitiert als: *Tiedemann*, FS Tröndle.

ders.: Privatdienstliche Ermittlungen im Ausland – strafprozessuales Verwertungsverbot?, in: Festschrift für Paul Bockelmann zum 70. Geburtstag am 7. Dezember 1978, hrsg. von *Arthur Kaufmann* u. a., München 1979, S. 819-830. Zitiert als: *Tiedemann,* FS Bockelmann.

Többens, Hans: Die Bekämpfung der Wirtschaftskriminalität durch die Troika der §§ 9, 30, 130 des Gesetzes über Ordnungswidrigkeiten, NStZ 1999, S. 1-8.

Verrel, Torsten: Die Selbstbelastungsfreiheit im Strafverfahren: Ein Beitrag zur Konturierung eines überdehnten Verfahrensgrundsatzes, zugl.: München, Univ., Habil.-Schr., 2001, München 2001. Zitiert als: *Verrel*, Selbstbelastungsfreiheit.

Vogler, Richard: Konsensuale Elemente im Strafprozess in England und Wales sowie in den USA, ZStW 116 (2004), S. 129-149.

Vogler, Theo: Das neue Gesetz über die internationale Rechtshilfe in Strafsachen, NJW 1983, S. 2114-2124.

Vogt, Volker: Compliance und Investigations – Zehn Fragen aus Sicht der arbeitsrechtlichen Praxis, NJOZ 2009, S. 4206-4220.

Volk, Klaus: Grundkurs StPO, 7. Aufl., München 2010. Zitiert als: *Volk*, StPO.

ders. (Hrsg.): Münchener Anwaltshandbuch, Verteidigung in Wirtschafts- und Steuerstrafsachen, München 2006. Zitiert als: *Bearbeiter*, in: Volk, MAH WiStra.

Wabnitz, Heinz-Bernd/Janovsky,Thomas (Hrsg.): Handbuch des Wirtschafts- und Steuerstrafrechts, 3. Aufl., München 2007. Zitiert als: *Bearbeiter*, in: Wabnitz/Janovsky, Hdb WiStra.

Wächtler, Hartmut: Rechtshilfe ohne Rechtsschutz: Rechtshilfe- und Auslieferungsabkommen mit den USA, Bürgerrechte & Polizei/CILIP 76 (3/2003), S. 57-64.

Wagner, Jens: „Internal Investigations" und ihre Verankerung im Recht der AG, CCZ 2009, S. 8-17.

Walisch, Wilfried B.: Organisatorische Prävention gegen strafrechtliche Haftung deutscher Unternehmen und ihrer Leitungen nach US-Recht, Berlin 2004. Zitiert als: *Walisch*, Organisatorische Prävention.

Walther, Susanne: Neues im Strafzumessungsrecht der USA, MschrKrim 2005, S. 362-379.

Wastl, Ulrich: Unternehmensinterne Privatermittlungen in mittelständischen Unternehmen: Pflichten und Haftungsrisiken der Unternehmensleitung, NWB 2010, S. 2221-2231.

ders.: Europäisierte Finanz- und Kapitalmarktrechtssysteme: ein gefährliches aber notwendiges Übel, Kreditwesen 2008, S. 604-607.

ders./Litzka, Philippe/Pusch, Martin: SEC-Ermittlungen in Deutschland – eine Umgehung rechtsstaatlicher Mindeststandards!, NStZ 2009, S. 68-74.

ders./Pusch, Martin: Haftungsrechtliche Konsequenzen einer so genannten Mitarbeiter-Amnestie – dargestellt am Beispiel „Siemens": Ein weiteres Lehrstück für die Notwendigkeit der Berücksichtigung deutschen Rechts bei der Anwendung US-amerikanischer Rechtstraditionen, RdA 2009, S. 376-380.

Wecker, Gregor/van Laak, Hendrik (Hrsg.): Compliance in der Unternehmenspraxis, 2. Aufl., Wiesbaden 2009. Zitiert als: *Bearbeiter*, in: Wecker/van Laak, Compliance.

Wegner, Carsten: Die Auswirkungen fehlerhafter Organisationsstrukturen auf die Zumessung der Unternehmensgeldbuße, wistra 2000, S. 361-368.

Wehnert, Anne: Die US-amerikanischen Richtlinien zur Strafverfolgung von Unternehmen – Ein importiertes Schrecknis auf dem Rückmarsch, NJW 2009, S. 1190-1193.

dies.: SEC: Kapitulation vor der (un)heimlichen Übermacht?, in: Festschrift für Egon Müller, hrsg. von *Heike Jung,* Baden-Baden 2008, S. 729-737. Zitiert als: *Wehnert*, FS Müller.

dies.: Strafverteidigung vor neuen Herausforderungen, in: Festschrift zu Ehren des Strafrechtsausschusses der Bundesrechtsanwaltskammer, hrsg. von *Werner Beulke* und *Eckhardt Müller,* Neuwied 2006, S. 175-186. Zitiert als: *Wehnert*, FS Strafrechtsausschuss BRAK.

Weigend, Thomas: Anklagepflicht und Ermessen. Die Stellung des Staatsanwalts zwischen Legalitäts- und Opportunitätsprinzip nach deutschem und amerikanischem Recht, Baden-Baden 1978. Zitiert als: *Weigend*, Anklagepflicht und Ermessen.

Weißgerber, Michael: Das Einsehen kenntwortgeschützter Privatdaten des Arbeitnehmers durch den Arbeitgeber, NZA 2003, S. 1005-1009.

Wessing, Jürgen: Der Einfluss von Compliance, Revision und firmeninternen Ermittlungen auf die Strafverteidigung, in: Strafverteidigung im Rechtsstaat, 25 Jahre Arbeitsgemeinschaft Strafrecht des Deutschen Anwaltsvereins, hrsg. von der *Arbeitsgemeinschaft Strafrecht des Deutschen Anwaltsvereins*, Baden-Baden 2009, S. 907-929. Zitiert als: *Wessing*, in: Strafverteidigung im Rechtsstaat.

Weßlau, Edda: Zwang, Täuschung und Heimlichkeit im Strafverfahren, ZStW 110 (1998), S. 1-37.

dies.: Vorfeldermittlungen: Probleme der Legalisierung „vorbeugender Verbrechensbekämpfung" aus strafprozessualer Sicht, zugl.: Hamburg, Univ., Diss., 1988, Berlin 1989. Zitiert als: *Weßlau*, Vorfeldermittlungen.

Weyand, Rudolf: Praxiskommentar Vergaberecht: zu GWB, VgV, VOB/A, VOL/A, VOF, Stand: 23.12 2010, München 2010. Zitiert als: *Weyand*, Vergaberecht.

Widmaier, Gunter (Hrsg.): Münchener Anwaltshandbuch: Strafverteidigung, München 2006. Zitiert als: *Bearbeiter*, in: Widmaier, MAH Strafverteidigung.

Wiedemann, Gerhard (Hrsg.): Handbuch des Kartellrechts, 2. Aufl., München 2008. Zitiert als: *Bearbeiter*, in: Wiedemann, Kartellrecht.

Wiesner, Till: Zur Rechtmäßigkeit einer „Bonusregelung" im Kartellrecht, WuW 2005, S. 606-615.

Wolff, Heinrich Amadeus: Selbstbelastung und Verfahrenstrennung: Das Verbot des Zwangs zur aktiven Mitwirkung am eigenen Strafverfahren und seine Ausstrahlungswirkung auf die gesetzlichen Mitwirkungspflichten des

Verwaltungsrechts, zugl.: Speyer, Hochsch. für Verwaltungswiss., Diss., 1996, Berlin 1997. Zitiert als: *Wolff*, Selbstbelastung und Verfahrenstrennung.

Wölfl, Bernd: Vorermittlungen der Staatsanwaltschaft, JuS 2001, S. 478-482.

Wolter, Jürgen: Verfassungsrecht im Strafprozeß- und Strafrechtssystem. Zugleich ein Beitrag zur Verfassungsmäßigkeit der Norm und zum rechtsfreien Raum „vor dem Tatbestand“, NStZ 1993, S. 1-10.

Wuttke, Inken: Straftäter im Betrieb, zugl.: München, Univ., Diss., 2009, München 2010. Zitiert als: *Wuttke*, Straftäter im Betrieb.

Wybitul, Tim: Das neue Bundesdatenschutzgesetz: Verschärfte Regeln für Compliance und interne Ermittlungen, BB 2009, S. 1582-1585.

ders.: Interne Ermittlungen auf Aufforderung von US-Behörden – ein Erfahrungsbericht, BB 2009, S. 606-611.

Zimmer, Mark/Heymann, Robert C. J.: Beteiligungsrechte des Betriebsrats bei unternehmensinternen Ermittlungen, BB 2010, S. 1853-1856.

Zimmer, Mark/Stetter, Sabine: Korruption und Arbeitsrecht, BB 2006, S. 1445-1452.

SCHRIFTEN ZUM STRAFRECHT UND STRAFPROZESSRECHT

Herausgegeben von Manfred Maiwald und Carsten Momsen

Band 1 Christian-Peter Frees: Die steuerrechtliche Selbstanzeige. Zur kriminalpolitischen Zweckmäßigkeit des § 371 AO. 1991.

Band 2 Norbert Joachim: Der Hörensagenbeweis im Strafverfahren. 1991.

Band 3 Alfred A. Göbel: Die Einwilligung im Strafrecht als Ausprägung des Selbstbestimmungsrechts. 1991.

Band 4 Karl-Heinz Vehling: Die Abgrenzung von Vorbereitung und Versuch. 1991.

Band 5 Heiko Hartmut Lesch: Das Problem der sukzessiven Beihilfe. 1992.

Band 6 Dirk Schwerdtfeger: Besondere persönliche Unrechtsmerkmale. 1992.

Band 7 Stefan Göhring: Polizeiliche Kontrollstellen und Datenverarbeitung. § 163 d StPO und novellierte Polizeigesetze der Länder zwischen Strafverfolgung, Gefahrenabwehr und vorbeugender Straftatenbekämpfung. 1992.

Band 8 Werner Kemper: Horizontale Teilrechtskraft des Schuldspruchs und Bindungswirkung im tatrichterlichen Verfahren nach der Zurückverweisung. §§ 353, 354 Abs. 2 StPO. 1993.

Band 9 Ovvadias Namias: Die Zurechnung von Folgeschäden im Strafrecht. 1993.

Band 10 Jan Zopfs: Unfallflucht bei eindeutiger Haftungslage? Unverzüglichkeitsgebot und Wahlmöglichkeit in § 142 Abs. 2 und 3 StGB. 1993.

Band 11 Stefan Hiebl: Ausgewählte Probleme des Akteneinsichtsrechts nach § 147 StPO. 1994.

Band 12 Ralf Krack: List als Straftatbestandsmerkmal. Zugleich ein Beitrag zu Täuschung und Irrtum beim Betrug. 1994.

Band 13 Henning Radtke: Zur Systematik des Strafklageverbrauchs verfahrenserledigender Entscheidungen im Strafprozeß. 1994.

Band 14 Bernd J. A. Müssig: Schutz abstrakter Rechtsgüter und abstrakter Rechtsgüterschutz. Zu den materiellen Konstitutionskriterien sog. Universalrechtsgüter und deren normentheoretischem Fundament – am Beispiel der Rechtsgutsbestimmung für die §§ 129, 129a und 324 StGB. 1994.

Band 15 Heinz Koriath: Über Beweisverbote im Strafprozeß. 1994.

Band 16 Burkhard Niepoth: Der untaugliche Versuch beim unechten Unterlassungsdelikt. 1994.

Band 17 Karsten Altenhain: Die Strafbarkeit des Teilnehmers beim Exzeß. 1994.

Band 18 Ina Walbaum: Schuldspruch in der Revisionsinstanz nach freisprechendem Urteil des Tatgerichts. 1996.

Band 19 Birgit Dalbkermeyer: Der Schutz des Beschuldigten vor identifizierenden und tendenziösen Pressemitteilungen der Ermittlungsbehörden. 1994.

Band 20 Thomas Hackner: Der befangene Staatsanwalt im deutschen Strafverfahrensrecht. 1995.

Band 21 Hartmut Loritz: Kritische Betrachtungen zum Wert des strafprozessualen Zwischenverfahrens. 1996.

Band 22 Heinz-Hermann Berghof: Therapie und Strafe im Betäubungsmittelrecht. Recht und Wirklichkeit der Behandlung Drogenabhängiger unter besonderer Berücksichtigung der §§ 35 ff BtMG. 1995.

Band 23 Oliver Mertens: Strafprozessuale Grundrechtseingriffe und Bindung an den Wortsinn der ermächtigenden Norm. 1996.

Band 24 Sönke Bahnsen: Das Akteneinsichtsrecht der Verteidigung im Strafverfahren. Dogmatische Grundlagen und Einzelprobleme im Lichte einer rechtsstaatlichen Verfahrensgestaltung. 1996.

Band 25 Dirk Schwieger: Der Vorteilsbegriff in den Bestechungsdelikten des StGB. 1996.

Band 26 Stephanie Meinecke: Die Auswirkungen von Verfahrensfehlern auf die Strafbarkeit nach den Aussagedelikten. 1996.

Band 27 Ute Lambrecht: Strafrecht und Disziplinarrecht. Abhängigkeiten und Überschneidungen. 1997.

Band 28 Carsten Momsen: Verfahrensfehler und Rügeberechtigung im Strafprozeß. Die Strukturen der Revisionsberechtigung unter besonderer Berücksichtigung des Begriffs "Rechtsnormen, die lediglich zugunsten des Angeklagten gegeben sind" in § 339 StPO. 1997.

Band 29 Ursula Epp: Die Abgeordnetenbestechung – § 108 e StGB. 1997.

Band 30 Bernd Scheiff: Wann beginnt der Strafrechtsschutz gegen kriminelle Vereinigungen (§ 129 StGB)? 1997.

Band 31 Ulrike Fontaine: Max Grünhut (1893-1964). Leben und wissenschaftliches Wirken eines deutschen Strafrechtlers jüdischer Herkunft. 1998.

Band 32 Claudia Keiser: Das Kindeswohl im Strafverfahren. Zur Notwendigkeit eines am Kindeswohl orientierten Umgangs mit minderjährigen Opfern und Zeugen, den Möglichkeiten de lege lata und den Erfordernissen de lege ferenda. 1998.

Band 33 Wiebke Schürer-Mohr: Erlaubte Risiken. Grundfragen des "erlaubten Risikos" im Bereich der Fahrlässigkeitsdogmatik. 1998.

Band 34 Stephan Voigtel: Zum Freibeweis bei Entscheidungen der Strafvollstreckungskammer. Eine Untersuchung zu ausgewählten Fragen des Beweisrechts im gerichtlichen Verfahren in Strafvollstreckungs- und Strafvollzugssachen. 1998.

Band 35 Volkmar Wißgott: Das Beweisantragsrecht im Strafverfahren als Kompensation der richterlichen Inquisitionsmaxime. Die Judikatur des Reichsgerichts zum strafprozessualen Beweisrecht. 1998.

Band 36 Susanne Merz: Strafrechtlicher Ehrenschutz und Meinungsfreiheit. 1998.

Band 37 Uwe Schlömer: Der elektronisch überwachte Hausarrest. Eine Untersuchung der ausländischen Erfahrungen und der Anwendbarkeit in der Bundesrepublik Deutschland. 1998.

Band 38 Michael Liedke: Die Vermögensstrafe gemäß § 43a StGB in ihrer kriminalpolitischen Bedeutung. 1999.

Band 39 Danja Domeier: Gesundheitsschutz und Lebensmittelstrafrecht. Zur Konkretisierung der Verkehrspflichten und ihrer Strafbewehrung, insbesondere mit Blick auf §§ 8 ff. LMBG. 1999.

Band 40 Ritva Westendorf: Die Pflicht zur Verhinderung geplanter Straftaten durch Anzeige. Eine kritische Betrachtung der §§ 138, 139 StGB im Kontext der Unterlassungsdelikte. 1999.

Band 41 Hans Theile: Tatkonkretisierung und Gehilfenvorsatz. 1999.

Band 42 Nicole Lange: Vorermittlungen. Die Behandlung des staatsanwaltschaftlichen Vorermittlungsverfahrens unter besonderer Berücksichtigung von Abgeordneten, Politikern und Prominenten. 1999.

Band 43 Tanja Gunder: Der Umgang mit Kindern im Strafverfahren. Eine empirische Untersuchung zur Strafverfolgung bei Sexualdelinquenz. 1999.

Band 44 Sven-Markus Thiel: Die Konkurrenz von Rechtfertigungsgründen. 2000.

Band 45 Jan Schlüter: Die Strafbarkeit von Unternehmen in einer prozessualen Betrachtung nach dem geltenden Strafprozeßrecht. 2000.

Band 46 Detlef Heise: Der Insiderhandel an der Börse und dessen strafrechtliche Bedeutung. Eine Untersuchung des neuen deutschen Insiderrechts speziell unter Bezugnahme auf die strafrechtstheoretischen und strafrechtsdogmatischen Grundlagen. 2000.

Band 47 Hermann Wichmann: Das Berufsgeheimnis als Grenze des Zeugenbeweises. Ein Beitrag zur Lehre von den Beweisverboten. 2000.

Band 48 Rainer T. Cherkeh: Betrug (§ 263 StGB), verübt durch Doping im Sport. 2000.

Band 49 Kristian Hohn: Die Zulässigkeit materieller Beweiserleichterungen im Strafrecht. Eine Untersuchung über Erscheinungsformen und Grenzen der Lösung beweisrechtlicher Probleme im materiellen Strafrecht. 2000.

Band 50 Malte Rabe von Kühlewein: Der Richtervorbehalt im Polizei- und Strafprozeßrecht. 2001.

Band 51 Donata Meinecke: Die Gesetzgebungssystematik der Versuchsstrafbarkeit von Verbrechen und Vergehen im StGB. 2001.

Band 52 Joachim Bock: Begriff, Inhalt und Zulässigkeit der Beweislastumkehr im materiellen Strafrecht. 2001.

Band 53 Gabriele Rose: Grenzen der journalistischen Recherche im Strafrecht und Strafverfahrensrecht. 2001.

Band 54 Wiebke Reitemeier: Täuschungen vor Abschluß von Arbeitsverträgen. Zum Verhältnis zwischen dem Straftatbestand des Betrugs und dem Anfechtungsrecht wegen arglistiger Täuschung (§§ 263 Abs. 1 StGB, 123 Abs. 1 Alt. 1 BGB). 2001.

Band 55 Peter Rackow: Das DNA-Identitätsfeststellungsgesetz und seine Probleme. 2001.

Band 56 Frank Zschieschack: Geiselnahme und erpresserischer Menschenraub (§§ 239a, 239b StGB) im Zwei-Personen-Verhältnis. 2001.

Band 57 Natascha Sëyfi: Das Sicherungsverfahren (§§ 413 - 416 StPO). 2002.

Band 58 Dirk Seiler: Die *Sperrwirkung* im Strafrecht. 2002.

Band 59 Dorothee Sydow: Die actio libera in causa nach dem Rechtsprechungswandel des Bundesgerichtshofs. 2002.

Band 60 Inga Metrikat: Die Unterbringung in einer Entziehungsanstalt nach § 64 StGB – Eine Maßregel im Wandel? Eine vergleichende, empirische Untersuchung zur Entscheidung des Bundesverfassungsgerichts vom 16.03.1994, BVerfGE 91, 1 ff. 2002.

Band 61 Sabine Caroline Bechtoldt: Die Erledigungserklärung im Maßregelvollzug des § 63 StGB. Eine empirische Untersuchung der Erledigungserklärung und zugleich rechtsdogmatische Erörterung ihrer Rechtskraftproblematik. 2002.

Band 62 Sandra Schulte-Nover: Strafrichter in Deutschland und England. Ein systematischer Rechtsvergleich im Hinblick auf die richterlichen Kompetenzen im Strafverfahren. 2003.

Band 63 Tim Schurig: Belehrung und Beratung des Beschuldigten über sein Aussageverhalten. Eine gemeinsame Aufgabe von Gericht und Verteidigung? 2003.

Band 64 Markus Laski: Die strafrechtlichen Bezüge des Bundes-Bodenschutzgesetzes. 2003.

Band 65 Gunnar Lüer: Die Versäumung im Berufungsverfahren. Das strafprozessuale Anwesenheitsprinzip im Spannungsfeld von autonomer Subjektstellung und öffentlichen Interessen am Beispiel des § 329 Abs. 1,2 StPO. 2003.

Band 66 Thomas Grützner: Die Sanktionierung von Submissionsabsprachen. Eine Untersuchung der bestehenden Möglichkeiten einer Bekämpfung von Submissionsabsprachen unter besonderer Berücksichtigung des § 298 StGB. 2003.

Band 67 Bettina Noltenius: Kriterien der Abgrenzung von Anstiftung und mittelbarer Täterschaft. Ein Beitrag auf der Grundlage einer personalen Handlungslehre. 2003.

Band 68 Bettina Kraft: Tendenzen in der Entwicklung des Jugendstrafrechts seit der Jugendgerichtsbewegung. 2004.

Band 69 Jessica Däbritz: Die Bestimmung strafbaren fahrlässigen Verhaltens in der Forschung am Beispiel ärztlicher Humanerprobungen. Ein Beitrag zur methodischen Ermittlung und inhaltlichen Bestimmung von Sorgfaltspflichten in der Humanforschung. 2004.

Band 70 Maike Steenbock: Über die Unfallflucht als Straftat. Eine kritische Untersuchung zum Zusammenhang der Strafbarkeit der Unfallflucht mit den Besonderheiten des Straßenverkehrs. 2004.

Band 71 Holger Mann: Beschleunigungspotential im Jugendstrafverfahren. 2004.

Band 72 Dorothee Krutisch: Strafbarkeit des unberechtigten Zugangs zu Computerdaten und -systemen. 2004.

Band 73 Heinz-Helmut Fuhrmann: Das Begehen der Straftat gem. § 25 Abs. 1 StGB. Unter besonderer Berücksichtigung der sogenannten "eigenhändigen" Delikte. 2004.

Band 74 Gerwin M. Moldenhauer: Eine Verfahrensordnung für Absprachen im Strafverfahren durch den Bundesgerichtshof? 2004.

Band 75 Dirk Busch: Konzernuntreue. Eine Untersuchung spezifischer Untreuestrafbarkeit innerhalb von Konzernverbindungen mit Aktiengesellschaften und Gesellschaften mit beschränkter Haftung. 2004.

Band 76 Mitsuru Iijima: Die Entwicklung des strafrechtlichen Unrechtsbegriffs in Japan. Eine kritische Betrachtung aus strafrechtsdogmatischer und rechtsphilosophischer Perspektive. 2004.

Band 77 Lena Barbara Kötter: Private Elemente in der Strafvollstreckung. Zur Privatisierung von Bewährungshilfe, Gerichtshilfe und gemeinnütziger Arbeit. 2004.

Band 78 Martin Maria Laufen: Der Wucher (§ 291 Abs. 1 Satz 1 StGB). Systematische Einordnung und dogmatische Struktur. 2004.

Band 79 Maike Aselmann: Die Selbstbelastungs- und Verteidigungsfreiheit. Ein Beitrag zu den Garantiewirkungen von Verfahrensrechten im Hinblick auf die Beweiswürdigung, Strafzumessung und Strafbarkeit des Beschuldigten im Strafprozess. 2004.

Band 80 Ingmar Wolf: Graffiti als kriminologisches und strafrechtsdogmatisches Problem. 2004.

Band 81 Misuk Son: Straftatfolgen im deutschen und koreanischen Strafrecht. Ein prinzipieller Vergleich. 2004.

Band 82 Matthias Saal: Die Beteiligung an einer Schlägerei (§ 231 StGB). Ein Plädoyer für die Streichung der schweren Folge. 2004.

Band 83 Michael Stüber: Die Entwicklung des Prinzips der Unmittelbarkeit im deutschen Strafverfahren. 2005.

Band 84 Patrick Gerberding: Das Rechtsmittelsystem im US-amerikanischen Strafverfahren. Eine rechtsvergleichende Betrachtung. 2005.

Band 85 Rouven Seeberg: Aufgedrängte Nothilfe, Notwehr und Notwehrexzess. 2005.

Band 86 Andre Knoerchen: Schadenswiedergutmachung über anwaltliche Schlichtungsstellen. Rechtsökonomische Analyse eines Modellprojekts. 2005.

Band 87 Andreas Quante: Sanktionsmöglichkeiten gegen juristische Personen und Personenvereinigungen. 2005.

Band 88 Gundula Momsen-Pflanz: Die sportethische und strafrechtliche Bedeutung des Dopings. Störung des wirtschaftlichen Wettbewerbs und Vermögensrelevanz. 2005.

Band 89 Klaus Kleinbauer: Rechtsmittelverzicht und Rechtsmittelzurücknahme des Beschuldigten im Strafprozeß. 2006.

Band 90 Manuel Fumagalli: Rechtsprobleme vorgeburtlicher Diagnoseverfahren. Die personenrechtliche Begründung von Pränataldiagnostik und Präimplantationsdiagnostik. 2006.

Band 91 Matthias Dann: Staatliche Tatprovokation im deutschen, englischen und schottischen Recht. Rechtsvergleichende Untersuchung unter besonderer Berücksichtigung europäischer und internationaler Entwicklungslinien. 2006.

Band 92 Shahryar Ebrahim-Nesbat: Die Herausbildung der strafrechtlichen Teilnahmeformen im 19. Jahrhundert. 2006.

Band 93 Christoph Paglotke: Notstand und Notwehr bei Bedrohungen innerhalb von Prozesssituationen. 2006.

Band 94 Sebastian Olk: Die Abgabe von Sacherklärungen des Angeklagten durch den Verteidiger. 2006.

Band 95 Bernadette Pape: Legalverhalten nach Sexualdelinquenz. Eine empirische Analyse der Delinquenzkarrieren nach Sexualstraftaten an Kindern. 2007.

Band 96 Uttam Das: Möglichkeiten der Angleichung materiellen Strafrechts zwischen England und Deutschland im Rahmen des Art. K 31 EUV. 2007.

Band 97 Dennis Miller: Die Beteiligung am Verbrechen nach italienischem Strafrecht. Ein Beitrag zur Geschichte und Gegenwart von Einheits- und Differenzierungsmodellen der strafbaren Beteiligung mehrerer Personen. 2007.

Band 98 Michael Nehring: Kriminelle und terroristische Vereinigungen im Ausland. Auslegung und Analyse des im Zuge der Terrorismusbekämpfung nach dem 11. September 2001 geschaffenen § 129b Strafgesetzbuch. 2007.

Band 99 Bernadette Berger: Das Gesinnungsmoment im Strafrecht. 2008.

Band 100 Peter Rackow: Neutrale Handlungen als Problem des Strafrechts. 2007.

Band 101 Simone Mölders: Bestechung und Bestechlichkeit im internationalen geschäftlichen Verkehr. Zur Anwendbarkeit des § 299 StGB auf Sachverhalte mit Auslandsbezug. 2009.

Band 102 Anke David: Die Entwicklung des Mordtatbestandes im 19. Jahrhundert. 2009.

Band 103 Arne Habenicht: Die Beteiligung an sexuellen Gewalttaten. 2009.

Band 104 Marwan Hamdan: Drittmittelforschung in der Medizin. Eine Gratwanderung zwischen strafbarer Vorteilsannahme und verfassungsgarantierter Forschungsfreiheit. 2009.

Band 105 Carl-Friedrich von Scherenberg: Die sozialethischen Einschränkungen der Notwehr. 2009.

Band 106 Andreas Poppe: Die Akzessorietät der Teilnahme. Eine kritische Analyse der dogmatischen Grundlagen. 2011.

Band 107 Jonathan Burmeister: Die schuldangemessene Bewertung von Ehrenmorden im deutschen Strafrecht. Differenzierte Schuldmerkmale auf Tatbestandsebene bei sonstigen niedrigen Beweggründen. 2011.

Band 108 Philipp Reinhold: Amtsträgerbestechung. Unrechtsgehalt und Grenzen der §§ 331 ff. StGB. 2011.

Band 109 Simone Reiß: Verbotsirrtum und Subventionsbetrug. Unter Berücksichtigung der Besonderheiten bei der betrügerischen Erlangung von EU-Subventionen. 2012.

Band 110 Johannes Altenburg: Die Unlauterkeit in § 299 StGB. Ein Beitrag zur Harmonisierung von Strafrecht und Wettbewerbsrecht. 2012.

Band 111 Christoph Skoupil: Handeltreiben mit Betäubungsmitteln. Strafbarkeitsvorverlagerungen vor und nach der Entscheidung des Großen Senats für Strafsachen vom 26.10.2005. 2012.

Band 112 Frederike Wewerka: Internal Investigations. Private Ermittlungen im Spannungsfeld von strafprozessualen Grundsätzen und Anforderungen eines globalisierten Wirtschaftsstrafverfahrens. Eine Problemanalyse unter besonderer Berücksichtigung des Falles Siemens. 2012.

www.peterlang.de

Peter Lang · Internationaler Verlag der Wissenschaften

Marc Sänger

Whistleblowing in der börsennotierten Aktiengesellschaft

Frankfurt am Main, Berlin, Bern, Bruxelles, New York, Oxford, Wien, 2011. 278 S.
ISBN 978-3-631-60658-2 · geb. € 52,80*

Zielsetzung dieser Arbeit ist es, die Bedeutung von Whistleblowing für nach deutschem Recht gegründete, börsennotierte Aktiengesellschaften und die in deren unmittelbarem Umfeld agierenden Akteure aus rechtlicher und ökonomischer Perspektive zu bestimmen. Hierfür werden die insoweit bestehenden institutionellen Rahmenbedingungen herausgearbeitet und die Erforderlichkeit von Modifikationen erörtert. Abschließend werden Vorschläge für Maßnahmen auf unternehmensinterner und gesetzgeberischer Ebene unterbreitet, um Whistleblowing als kostenneutrales Instrument zur Vermittlung von Informationen über mögliche Regelverstöße effektiv zu fördern.

Aus dem Inhalt: Whistleblowing · Corporate Compliance · Corporate Governance · Gesellschaftsrecht · Aktienrecht · Ökonomische Analyse des Rechts · Sarbanes-Oxley Act of 2002 · Informationsvermittlung in der Aktiengesellschaft

*inklusive der in Deutschland gültigen Mehrwertsteuer. Preisänderungen vorbehalten

Frankfurt am Main · Berlin · Bern · Bruxelles · New York · Oxford · Wien
Auslieferung: Verlag Peter Lang AG
Moosstr. 1, CH-2542 Pieterlen
Telefax 00 41 (0) 32 / 376 17 27
E-Mail info@peterlang.com

Seit 40 Jahren Ihr Partner für die Wissenschaft
Homepage http://www.peterlang.de

www.ingramcontent.com/pod-product-compliance
Ingram Content Group UK Ltd.
Pitfield, Milton Keynes, MK11 3LW, UK
UKHW021831290926
8980IPUK00004B/379